U0519963

思想的历史

曾振宇 —— 著

商务印书馆
The Commercial Press

山东大学儒学高等研究院科研成果
曾智明"曾子学术基金"科研成果
山东大学曾子研究所科研成果
曾子研究院科研成果

作者简介

曾振宇，全国著名儒学专家，山东大学二级教授，博士生导师。儒学领域"泰山学者"，"山东省社会科学名家"，山东省第九、十、十一届政协委员，美国康涅狄格大学访问学者。

序　言

在全书付梓出版之际，有些感慨在笔端如潮水喷涌而出。在中国近一百来年文化史上，有一个文化思潮容易被人误读误解。很多人只注意到了自"五四"和新文化运动以来，众多"先进的中国人"如何猛烈批孔非儒，却忽略了一个更加深刻的文化现象：当年怒发冲冠批孔非儒的那些人，在"五四"和新文化运动之后大多进入了自我反省与检讨之中。换言之，在如何客观公正评价孔子与儒家的问题上，出现了一个否定之否定的心路历程，我称之为"集体反思"。

譬如，国学大师章太炎在1902年撰写的《订孔》一文中，借日本人远藤隆吉之口大骂孔子是"支那之祸本"。在1906年撰写的《诸子学略说》中讥讽孔子是"湛心利禄"的"国愿"。迨至晚年，立场与观点大变。1933年，章太炎在苏州成立"国学会"，此后又创设"章氏国学讲习会"。章太炎在这一时期讲学的目的，在于弘扬民族文化、呼吁尊孔读经、激励爱国热情。在1935年《答张季鸾问政书》中断言："中国文化本无宜舍弃者。"章太炎将经籍归为史类，读史即读经。章太炎在晚年不遗余力地呼吁尊孔读经："民族于以立，风气于以正。一切顽固之弊，不革而自祛，此余所以谓有千利无一弊也。"前有《訄书》，后有《检论》，以今日之是非昨日之非。像章太炎先生这样在"五四"与新文化运动时期猛烈批孔反儒，在"五四"与新文化运动之后又反思自我，在思想上经历了否定之否定心路历程的人，大有人在。胡适早年主张"全盘西化"，呼吁批孔，"捣碎，烧去！"晚年却一再申明："我不能说我自己在本质上是反儒的。"1954年，胡适在一次演讲中又认为"孔子是一个了不得的教育家"。在"五四"与新文化运动的先驱者中，钱玄同可以说是一员骁将，多次撰文呼吁废除汉字，"欲废孔学，不可不先废汉文"。不仅如此，对历史上的孔子与儒教，要"摔破，捣烂，好叫大家不能再去用它"。但是，在1926年4月致周作人的信中，对待孔子和传统文化的心态已趋向平和、宽容："前几年那种排斥孔教，排斥旧文学的态度很应改变。"陈独秀在"五四"与新文化运动中是"打倒孔家店的英雄"，叱咤风云、名盛一时。在1916至1918年短短两年时间，陈独秀发表了21篇文章批孔反儒。早年曾断言"倘以旧有之孔教为是，则不得不以新输入之欧化为非。新旧之间，绝无调和两存之余地"。但是，晚年陈独秀又撰文提出"对孔子重新评定价值"，认为在现代知识的评定之下，孔子思想仍有其现代价值："在孔子积极的教义中，若除去'三纲'的礼教，剩下来的只是些仁、恕、忠、信等美德。"风云变幻、世事如棋。在尘埃落定的"五四"与新文化运动之后，绝大多数中国知识分子都进入了集体反思之中。因为如果不能从片面激愤地批判中国传统文化的心结升华到对传统文化有一全面、辩证的认识，甚至"同情之理解"，就无法在知识和道德人格上实现自我超越。可喜可贺的是，当时绝大多数中国知识分子都已实现了这一内在自我超越。掩卷而思，那批"先进的中国人"对孔子与儒家的批判其实具有一定的历史合理性和必要性。他们拍案而起，猛烈批判的孔子与儒家，其实是帝制时代意识形态

序　言

层面的"儒术"。孔子是被利用了的孔子，而非本真自我意义上的真孔子。只有"打倒孔家店"，才能救出真孔子。将帝制时代意识形态层面的"儒术"与哲学史意义上的"儒学"相剥离，儒家思想才能显露"本来面目"，其内在的"现代性"价值才能真正朗现。胡适当年在《中国哲学史大纲》预言，五十年之后，或者一百年之后，中国有可能产生一种"世界的哲学"。他所说的"世界的哲学"，应该是在贯通古今、融摄中西基础之上产生的中国哲学新形态。

是为序。

曾振宇

·目 录·

序 言 / 1

第一章 孔子与曾子 / 1

一、从"仁者安仁"到"仁以为己任" / 3
    （一）仁具有不可言说性 / 3
    （二）"仁者安仁"：孔子之"仁"是人内在普遍本质 / 7
    （三）"仁以为己任"：曾子对孔子仁学的继承与开显 / 12
    余 论 / 26

二、以爱释孝：曾子对孔子孝道的赓续与发明 / 32
    （一）从敬到爱：孝行道德基础的嬗变 / 32
    （二）从"事父母几谏"到"以正致谏" / 45

三、道路之争：先秦儒家从"孝本论"到"仁本论"的转向 / 57
    （一）天经地义：《孝经》"孝本论"的理论建构 / 57
    （二）"饱乎仁义"：孟子"仁本论"的哲学意义 / 64

第二章 老子与庄子 / 77

一、"气是自生"：竹书《恒先》的思想史意义 / 79
    （一）从"气是自生"考证《恒先》在古代气学史上之地位 / 79

（二）从"浊气生地，清气生天"考证《恒先》与道家思想之关系 / 86
　　（三）从道、气关系推论《恒先》学派属性与写作年代 / 93

二、"道在瓦甓"：老子道论的多种面向 / 100
　　（一）"道"是实体性存在？ / 101
　　（二）"道"蕴含精神属性？ / 106
　　（三）道是价值本源 / 112
　　（四）道是生命理想境界 / 117
　　（五）《老子》道论内在逻辑缺陷的弥补 / 126

三、"振于无竟"：庄子道论特点及其人文关怀 / 133
　　（一）"道无终始"：生命逍遥的理论根基 / 134
　　（二）"独与天地精神往来"："得道""体道"与逍遥 / 148
　　（三）"道"之"德"：逍遥自由的人性论根基 / 160

第三章　孟子与荀子 / 171

一、"只是要正人心"：孟子人性论的奥秘 / 173
　　（一）"君子所性"：孟子旨在论证"人性"有善端 / 175
　　（二）"从其小体为小人"：孟子并未否定"人性"有恶端 / 196

二、"性质美"：荀子人性论再认识 / 210
　　（一）"先仁而后礼"：仁是礼之"天地精神" / 210
　　（二）"向高度提"：道德形上学视域下的仁与人性 / 215

第四章　墨子与商鞅 / 229

一、竹简《鬼神之明》与墨家关系考辨 / 231
　　（一）"鬼神"观念考 / 232

目 录

(二)"赏善罚暴"考 / 240

二、墨家从"尚天"到"贵义"的转向 / 245

(一)"尚同于天":前期墨家"天本论"的建构 / 247

(二)"贵义":后期墨家"义本论"的建构 / 255

三、商鞅:一位被深度误解的思想家 / 264

(一)"至德复立":商鞅并未否定伦理道德正当性 / 265

(二)"比德于殷、周":商鞅的社会理想愿景 / 273

第五章 董仲舒 / 285

一、民心即天命:董仲舒政治哲学评议 / 287

(一)民心即天命 / 288

(二)"屈君而伸天":君权必须制约 / 297

二、"人道义":董仲舒以义论孝 / 315

(一)从宇宙论论证孝存在正当性 / 316

(二)"人道义":"义"是孝行的道德基础 / 324

(三)"一准乎礼":儒家孝道对中国古代法律之影响 / 334

第六章 程颐与朱熹 / 357

一、"善便有一个元底意思":程伊川"天理"思想的哲学指向 / 359

(一)理气关系:"理无形"与"离了阴阳更无道" / 359

(二)天理"元善":仁善源于天理至善 / 373

二、"在理上看"和"在物上看":朱子论理与气 / 386

(一)"在理上看":形而上的维度 / 388

（二）"在物上看"：理气合一 / 391

三、"理不外乎气"：陈淳对朱熹思想的继承与发明 / 397

（一）"理气合一" / 398

（二）"五常一体" / 406

四、"理气一物"：罗钦顺对程朱哲学"接着讲" / 420

（一）"错看"：从"理一分殊"到"气一分殊" / 421

（二）"发明"：从"性即理"到"性即气" / 429

第七章　陆象山与王阳明 / 437

一、"须大做一个人"：陆象山的心学底色及其扩展 / 439

（一）从"仁者安仁"到"恻隐之心，仁之端也" / 439

（二）"斯人千古不磨心" / 443

（三）"须大做一个人"：仁是自然权利 / 451

二、"须是有个深爱做根"：王阳明孝论的人文价值 / 457

（一）"见父自然知孝"：以孝诠释良知普遍必然性 / 458

（二）以知行合一范导"如何行孝" / 466

（三）"耻其不能致得自己良知"：耻是唤醒良知的情感装置 / 472

第八章　张载与古代气学 / 479

一、"托神道以设教"：李淳风"气占"考论 / 481

（一）"气占"判断吉凶的依据和原则 / 482

（二）李淳风《乙巳占》对气占思想的发展 / 486

（三）"验人事之是非，托神道以设教" / 492

二、本体主体化：张载气学特点及其人文关怀 / 501

    （一）理气合一：太虚是气与神的统一 / 501

    （二）"虚者仁之原"：太虚创造意义世界 / 513

三、响应西方：严复与中国古代气学的"西化" / 525

    （一）"所恨中国文字，经词章家遣用败坏，多含混闪烁之词" / 526

    （二）反向格义：严复对"气"概念的颠覆与重构 / 531

第一章 孔子与曾子

一、从"仁者安仁"到"仁以为己任"

在孔子仁学研究领域，目前学界不同程度地存在"窄化"现象。主要体现在两个方面：其一，仅仅将孔子之"仁"界定为伦理学意义上的概念，而忽略了孔子之"仁"其实也是一哲学本体概念，"仁"具有最高普遍性和不可言说性；其二，深受子贡"子罕言性与天道"误导，对孔子仁学与人性内在关系缺乏深入研究，对"仁"先在性、普遍性特质有所忽略，并且对徐复观、牟宗三等人研究成果关注不多。

（一）仁具有不可言说性

《论语》属于"与人相答问辩难"的语录体作品。大多由弟子门人提问，孔子作答。众多弟子分别在不同场合、不同时间，向孔子"问仁"，孔子的回答居然都不一样。即使面对同一位弟子数次"问仁"，孔子的回答也迥然有异。我们以《雍也》与《颜渊》两篇为例进行分析。在《雍也》篇中，先后有樊迟、宰我和子贡三位弟子"问仁"，孔子的回答因人而异。

[樊迟]问仁。曰："仁者先难而后获，可谓仁矣。"[1]

---

[1] 朱熹：《论语集注·雍也第六》，《四书章句集注》，中华书局1983年版，第89页。

宰我问曰："仁者，虽告之曰：'井有仁焉。'其从之也？"子曰："何为其然也？君子可逝也，不可陷也；可欺也，不可罔也。"[1]

子贡曰："如有博施于民而能济众，何如？可谓仁乎？"子曰："何事于仁，必也圣乎！尧、舜其犹病诸！夫仁者，己欲立而立人，己欲达而达人。能近取譬，可谓仁之方也已。"[2]

《论语》记载樊迟三次"问仁"，孔子三次答复皆不同。在《雍也》篇中孔子对樊迟所做的答复，并非泛泛而论。朱熹认为"此必因樊迟之失而告之"[3]。樊迟年少好勇、血气方刚，所以孔子又以"居处恭，执事敬，与人忠"[4]劝勉。对于宰我的答复也是有感而发，刘聘君认为："宰我信道不笃，而忧为仁之陷害，故有此问。"[5] "仁者虽切于救人而不私其身，然不应如此之愚也。"[6]孔子之答，是对宰我立志践行仁道的勉励。至于对子贡的答复，吕公著认为："子贡有志于仁，徒事高远，未知其方。孔子教以于己取之，庶近而可入。是乃为仁之方，虽博施济众，亦由此进。"[7]为仁之方，在于"能近取譬"，脚踏实地，不可好高骛远，空发高论。

在《颜渊》篇中，有颜渊、仲弓、司马牛和樊迟先后"问仁"。颜渊性格恬静、安贫乐道，"不迁怒，不贰过"[8]，孔子仍以"克己复礼为

---

[1] 朱熹：《论语集注·雍也第六》，《四书章句集注》，中华书局1983年版，第91页。
[2] 朱熹：《论语集注·雍也第六》，《四书章句集注》，中华书局1983年版，第91—92页。
[3] 朱熹：《论语集注·雍也第六》，《四书章句集注》，中华书局1983年版，第90页。
[4] 朱熹：《论语集注·子路第十三》，《四书章句集注》，中华书局1983年版，第146页。
[5] 朱熹：《论语集注·雍也第六》，《四书章句集注》，中华书局1983年版，第91页。
[6] 朱熹：《论语集注·雍也第六》，《四书章句集注》，中华书局1983年版，第91页。
[7] 朱熹：《论语集注·雍也第六》，《四书章句集注》，中华书局1983年版，第92页。
[8] 朱熹：《论语集注·雍也第六》，《四书章句集注》，中华书局1983年版，第84页。

第一章　孔子与曾子

仁"¹作答，其间必有深意。程颐诠释说："非礼处便是私意。既是私意，如何得仁？须是克尽己私，皆归于礼，方始是仁。"²孔子曾评价颜渊"其心三月不违仁"³，因此，孔子以"克己复礼为仁"相赠，当是对颜渊道德修行的肯定与期许，希望聪慧过人的颜渊有朝一日能"克尽己私"，成为仁者。仲弓出身于"贱人"之家，以"德行"著称，孔子对"仲弓问仁"的答复为："出门如见大宾，使民如承大祭。己所不欲，勿施于人。在邦无怨，在家无怨。"⁴孔子所答，其实完全可用一个"敬"字来概括。夫子之言，影响了仲弓一生，仲弓一生以"敬"待人接物，"居敬而行简，以临其民，不亦可乎？"⁵司马牛性格"多言而躁"，所以孔子答以"仁者其言也讱"⁶。朱子注曰："讱，忍也，难也。"⁷面对夫子之答，司马牛有些困惑不解，难道在日常生活中做到"其言也讱"，就达到仁德境界了吗？殊不知孔子是根据问者"高下大小之不同"⁸，有针对性地"去其病"。

基于对《雍也》与《颜渊》两篇的分析，我们不难发现，在大多数语境中，孔子立足于伦理学与工夫论层面讨论"为仁之方"，而非形上学意义上的"仁是什么"。但是，在逻辑学和道德哲学层面，孔子自己是否对"仁是什么"存在一个哲学的思考和逻辑上的定义？这是我们今天颇感兴趣的话题。孔子曾经主动告诉曾子"吾道一以贯之"，类似的

1　朱熹：《论语集注·颜渊第十二》，《四书章句集注》，中华书局1983年版，第131页。
2　朱熹：《论语集注·颜渊第十二》，《四书章句集注》，中华书局1983年版，第132页。
3　朱熹：《论语集注·雍也第六》，《四书章句集注》，中华书局1983年版，第86页。
4　朱熹：《论语集注·颜渊第十二》，《四书章句集注》，中华书局1983年版，第132页。
5　朱熹：《论语集注·雍也第六》，《四书章句集注》，中华书局1983年版，第83页。
6　朱熹：《论语集注·颜渊第十二》，《四书章句集注》，中华书局1983年版，第133页。
7　朱熹：《论语集注·颜渊第十二》，《四书章句集注》，中华书局1983年版，第133页。
8　朱熹：《论语集注·颜渊第十二》，《四书章句集注》，中华书局1983年版，第133页。

语录也出现于孔子与子贡的对话中，但子贡对孔子所言领悟不深。曾子从工夫论角度将"一以贯之"之"一"解析为"忠"与"恕"，焦循进而认为"忠"是"成己"，"恕"是"及物"[1]，成就自己的同时也成就他人、他物。"忠"与"恕"结合起来就是"一"，"一"是一种隐喻性表达。换言之，"一"是类似《老子》"强为之名"的表述。因为在孔子思想架构中，仁具有最高普遍性。仁是上位概念，在属种概念关系中，已经找不到位阶更高的概念来对"仁"加以界说。一切描述性语言已不是仁本身，而是被语言遮蔽了的仁。在《大希庇亚篇》中，苏格拉底与希庇亚讨论"美是什么"。希庇亚罗列了美丽的陶壶、美丽的竖琴和美丽的少女。苏格拉底打断他的陈述，指出"那么它们之所以美的原因在于有一种共同具有的基本性质"[2]。当我们夸耀一位女孩美丽，"那么我们就要回答她为什么有权被称作美"[3]。在美丽的陶壶、美丽的竖琴、美丽的少女等等具体的美之上，"你必须告诉我美本身是什么"[4]，因为正是"美本身"的存在，才得以可能将"美的性质赋予一切事物"。苏格拉底与希庇亚反复辩论与探究"美是什么"，最后得出的结论却是"美的事物是难懂的"[5]，朱光潜先生将此句译为"美是难的"。在这一场辩论中，虽然无法知道"美是什么"，但已从理性上明确知道"美不是什么"，思维的高度已有所提升。从古希腊苏格拉底、柏拉图以来，一直在探寻"美是什么"，但这是一个永远也不可能有最终共识性答案的问题。缘此，让我们再回到孔子思想，"仁"作为孔子思想体系中最核心的观

---

1 程树德：《论语集释·里仁下》，程俊英、蒋见元点校，中华书局1990年版，第259页。
2 ［古希腊］柏拉图：《柏拉图全集》第四卷，王晓朝译，人民出版社2017年版，第57页。
3 ［古希腊］柏拉图：《柏拉图全集》第四卷，王晓朝译，人民出版社2017年版，第35页。
4 ［古希腊］柏拉图：《柏拉图全集》第四卷，王晓朝译，人民出版社2017年版，第35页。
5 ［古希腊］柏拉图：《柏拉图全集》第四卷，王晓朝译，人民出版社2017年版，第429页。

念,是"多"中之"一",我们姑且只能以"一"来界说,或者从工夫论层面来体悟与接近,因为仁具有不可言说性。有人曾问程子:"何谓至善?"程子回答说:"理义精微,不可得而名言也,姑以至善目之,默识可也。"[1] 在人类用语言建构的意义世界中,"目之"与"默识"蕴含直觉体悟和信仰的成分。知性认识无法达到对本体的概念性把握,直觉体悟、道德践行和信仰或许是接近本体的有效路径。孔子之"仁",在本体论上是一种可能的知识,而不是现实的知识。因此,面对孔子之"仁","目之"与"默识",何尝又不是接近本体的一种可能路径?

(二)"仁者安仁":孔子之"仁"是人内在普遍本质

我们可以更换一个视角,进一步讨论孔子仁学所达到的哲学理论高度。孔子之仁是否与人性论有涉?如果仁内在于人性,那么仁具有先在性和普遍性,仁就是人之所以为人的内在普遍本质。既然如此,仁就不仅仅是伦理学层面的概念,而是哲学意义上的概念。弟子子贡说孔子的文章"可得而闻",孔子的"性与天道"思想"不可得而闻"。学人多拘囿于子贡所言,认为孔子谈论人性的材料犹如雪泥鸿爪,除了"性相近也,习相远也"[2],似乎已找不出其他的论据来讨论孔子的人性思想。殊不知孔子不对子贡谈论人性,并不意味孔子对颜回、子夏和曾子等人也不讨论人性。"中人以下,不可以语上也"[3] 是孔子"因材施教"的教育方法,王阳明对此也有所解释:"圣人的心,忧不得人人都做圣人。只是人的资质不同,施教不可躐等。中人以下的人,便与他说性说命,

---

1 程颢、程颐:《二程集·粹言》卷一《论道篇》,王孝鱼点校,中华书局2004年版,第1208页。
2 朱熹:《论语集注·阳货第十二》,《四书章句集注》,中华书局1983年版,第175页。
3 朱熹:《论语集注·雍也第六》,《四书章句集注》,中华书局1983年版,第89页。

他也不省得，也须慢慢琢磨他起来。"[1]子贡当年对孔子"一以贯之"提撕之语毫无反应，足以说明子贡虽是孔子晚年学生领袖，但不是"传经"或"传道"之人。

"仁者安仁，知者利仁"[2]犹如空谷足音，代表孔子仁学所臻至的最高哲学水平。《礼记·表记》进而将"仁"细分为三大层次："仁者安仁，知者利仁，畏罪者强仁。"[3]"安"是理解"仁者安仁"命题的关键。"安"在《论语》出现了17次。"安"是心安，程树德《论语集释》引《四书辨疑》"'所安'者，言其本心所主定止之处也"[4]，心"定止"于仁，心才能有所安。《论语·为政》篇"视其所以，观其所由，察其所安"[5]在《逸周书·官人解》中也出现过，但无"察其所安"四字，"察其所安"应该是孔子所加。皇侃在《论语义疏》中诠释说："情性所安，最为深隐，故云察也。"[6]皇侃点明"安"与"情性"有关，这一诠释属于原样理解。《礼记·表记》记载孔子语录："中心安仁者，天下一人而已矣。"[7]《礼记》属于战国儒家作品，但儒家思想发生与演变的轨迹隐伏其间。"天下一人"就是人同此心，心同此理。以仁为安，实质上就是以仁为乐。战国楚简《郭店楚简校释·语丛（一）》认为仁"由中出"[8]"或生于内"[9]，《礼记·乐记》继而指出乐有别于礼，"乐由中出，礼自外作"[10]。乐与仁相近，所以仁也是

---

1 陈荣捷：《王阳明〈传习录〉详注集评》，重庆出版社2022年版，第251页。
2 朱熹：《论语集注·里仁第四》，《四书章句集注》，中华书局1983年版，第69页。
3 孙希旦：《礼记集解·表记第三十二》，沈啸寰、王星贤点校，中华书局1989年版，第1301页。
4 程树德：《论语集释·为政上》，程俊英、蒋见元点校，中华书局1990年版，第93页。
5 朱熹：《论语集注·为政第二》，《四书章句集注》，中华书局1983年版，第56页。
6 皇侃：《论语义疏·为政第二》，高尚榘点，中华书局2013年版，第33页。
7 孙希旦：《礼记集解·表记第三十二》，沈啸寰、王星贤点校，中华书局1989年版，第1304页。
8 刘钊：《郭店楚简校释·语丛（一）》，福建人民出版社2005年版，第181页。
9 刘钊：《郭店楚简校释·语丛（一）》，福建人民出版社2005年版，第182页。
10 孙希旦：《礼记集解·乐记第十九之一》，沈啸寰、王星贤点校，中华书局1989年版，第987页。

第一章 孔子与曾子

"由中出"。楚简《五行》云"不仁不安,不安不乐,不乐无德"[1]。乐源自心安,心安源自内在仁德的自然展现。《大戴礼记·曾子立事》云"仁者乐道,智者利道"[2],卢辩诠释说:"上者率其性也,次者利而为之。"[3]"安仁"即乐仁,仁在人,朗现为性。仁是人内在普遍的本质,不是外在强制性行为规范。《史记·滑稽列传》裴骃《集解》云:"安仁者,性善者也;利仁者,力行者也;强仁者,不得已者也。"[4]反求诸己,体悟自性先验存有仁心,人性先天有善,无须外假,人生之幸福莫过于此。也正是在这一意义上,君子可以"安仁""乐道"。孔子以仁为"安"、以仁为"乐",实质上说明仁本体在人,落实为仁性。仁在人性具有普遍性,仁内在于生命本然。正如牟宗三先生所言:孔子之"仁即是性,即是天道"[5]。徐复观也认为"孔子实际是以仁为人生而即有、先天所有的人性"[6],孔子"五十而知天命"[7],"天命"不是上天人格神的意志,"天命"实质上是指"天生德于予"[8]之先在性、超越性的德性。"天生德与予"的仁性是天之所命,属于定言命令。具有先在性和"无限超越性"的仁性,在五十即至的实践主体面前,才有可能真正完全呈现。[9]仁心既然源自人性,就具有普遍性特点。普遍性意味着平等性。人性平等,在孔子思想中已有所萌芽。既然"仁者安仁",而非"利仁""强仁",仁就不是手段,

---

[1] 刘钊:《郭店楚简校释·五行》,福建人民出版社2005年版,第78页。
[2] 王聘珍:《大戴礼记解诂》,王文锦点校,中华书局1983年版,第77页。
[3] 王聘珍:《大戴礼记解诂》,王文锦点校,中华书局1983年版,第77页。
[4] 司马迁:《史记·滑稽列传》,裴骃集解,司马贞索隐,张守节正义,中华书局编辑部点校,中华书局1982年版,第3214页。
[5] 牟宗三:《名家与荀子》,《牟宗三先生全集》第二册,联经出版公司2003年版,第173页。
[6] 徐复观:《中国人性论史·先秦篇》,九州出版社2014年版,第91页。
[7] 朱熹:《论语集注·为政第二》,《四书章句集注》,中华书局1983年版,第54页。
[8] 朱熹:《论语集注·述而第七》,《四书章句集注》,中华书局1983年版,第98页。
[9] 徐复观:《中国人性论史·先秦篇》,九州出版社2014年版,第91页。

而是目的本身。君子行仁，是内在仁心仁德之彰显，自然纯粹，犹如鱼不离水、瓜不离秧。"安仁者不知有仁，如带之忘腰，屦之忘足。利仁者是见仁为一物，就之则利，去之则害"[1]，朱熹以庄释孔，"忘"与"不知"旨在说明仁心内在于生命本性，仁是人这一类存在物共同具有的本质特性，这一共同的本性恰恰构成人成其为人的原因。《中庸》"仁者人也"[2]、《孟子·尽心下》"仁也者，人也"[3]和《礼记·表记》"仁者人也"等表述接踵而起，应当是对孔子"仁者安仁"思想的因循与展开。

亚里士多德认为，苏格拉底的"美德即知识"其哲学意义在于建构了一种理性主义的道德哲学，赋予道德价值客观性和普遍性特性。与此同时，亚里士多德也批评苏格拉底的"美德即知识"忽略了情感的作用。因为苏格拉底认为所有美德都存在于灵魂的理性部分，忽略了灵魂中的非理性部分，从而也就漠视了情感的作用。康德也重视以道德义务，而非道德情感作为伦理学的出发点。孔子仁学在伦理学层面，既重视以道德义务作为出发点，也非常强调以道德情感作为出发点。道德义务与道德情感双管齐下，比翼齐飞。"居处恭，执事敬，与人忠"[4]"己欲立而立人，己欲达而达人"[5]"出门如见大宾，使民如承大祭"[6]属于道德义务范畴；"克己复礼"[7]"仁者必有勇"[8]"刚毅木讷，近仁"[9]涉及道德情感

---

[1] 黎靖德编：《朱子语类》卷二十六《论语八》，王星贤点校，中华书局1986年版，第643页。朱熹这一表述或受庄子影响，《庄子·达生》篇云："忘足，履之适也；忘要，带之适也；忘是非，心之适也。"

[2] 朱熹：《中庸章句》，《四书章句集注》，中华书局1983年版，第28页。

[3] 朱熹：《孟子集注·尽心章句下》，《四书章句集注》，中华书局1983年版，第367页。

[4] 朱熹：《论语集注·子路第十三》，《四书章句集注》，中华书局1983年版，第146页。

[5] 朱熹：《论语集注·雍也第六》，《四书章句集注》，中华书局1983年版，第92页。

[6] 朱熹：《论语集注·颜渊第十二》，《四书章句集注》，中华书局1983年版，第132页。

[7] 朱熹：《论语集注·颜渊第十二》，《四书章句集注》，中华书局1983年版，第131页。

[8] 朱熹：《论语集注·宪问第十四》，《四书章句集注》，中华书局1983年版，第149页。

[9] 朱熹：《论语集注·子路第十三》，《四书章句集注》，中华书局1983年版，第148页。

第一章　孔子与曾子

与意志。在诸多有关道德情感与意志的论述中，孔子以"爱人"释仁最具代表性[1]，《大戴礼记·主言》所记孔子语录"是故仁者莫大于爱人"[2]，正好印证了《论语》所载。战国楚简《郭店楚简校释·语丛（二）》进而有"爱生于性"[3]之类表述。孔子以爱释仁，也就是以情感诠释仁本体，将爱这一情感作为仁本体展开的起始，恰如朱子所论"爱人，仁之施"[4]，人首先是情感的存在，其次才是理性的存在，道德情感是人类行为的原初动力。以爱释仁，以情感作为仁体出发点，孔子这一思想被历代大儒所绍承，并且成为儒家道统核心思想之一。战国楚简《郭店楚简校释·语丛（三）》云："爱，仁也。"[5]孟子说："仁者爱人。"[6]荀子说："仁，爱也。"[7]董仲舒说："故仁者所以爱人类也。"[8]《说苑·谈丛》说："仁之所在，天下爱之。"[9]韩愈"博爱之谓仁"[10]，曾经饱受二程、朱子驳难。程朱批评韩愈只看到情，没有看到性；只看到用，没有看到体。但是，在"爱是仁出发点"这一基本问题上，程、朱并没有完全否定韩愈的观点。程子认为"天理"具有"公"与"善"之特质，天理与人道的结合，具体呈现为仁落实于心，首先表现于爱。"故仁，所以能恕，所以能爱，恕则仁之施，爱则仁之用也。"[11]

1　樊迟问仁。子曰："爱人。"参见朱熹：《论语集注·颜渊第十二》，《四书章句集注》，中华书局1983年版，第139页。
2　王聘珍：《大戴礼记解诂》，王文锦点校，中华书局1983年版，第8页。
3　刘钊：《郭店楚简校释·语丛（二）》，福建人民出版社2005年版，第199页。
4　朱熹：《论语集注·颜渊第十二》，《四书章句集注》，中华书局1983年版，第139页。
5　刘钊：《郭店楚简校释·语丛（三）》，福建人民出版社2005年版，第215页。
6　朱熹：《孟子集注·离娄章句下》，《四书章句集注》，中华书局1983年版，第298页。
7　王先谦：《荀子集解》，沈啸寰、王星贤点校，中华书局1988年版，第491页。
8　苏舆：《春秋繁露义证》，钟哲点校，中华书局1992年版，第257页。
9　刘向：《说苑疏证》，赵善诒疏证，华东师范大学出版社1985年版，第434页。
10　屈守元、常思春主编：《韩愈全集校注》，四川出版社1996年版，第2662页。
11　程颢、程颐：《二程集·遗书》卷十五《伊川先生语一》，王孝鱼点校，中华书局2004年版，第153页。

缘此，从"安仁""乐仁""爱人"等观念分析，孔子仁论不属于认识论层面的概念，也不仅仅是道德论层面的概念，实际上应该将其视为具体形上学层面的本体概念。不仅如此，孔子仁学重心不在于从认识论维度界说"仁是什么"，也不单纯在道德层面表述"应该""如何"，而是更多地关注心与性合一、身与心合一。换言之，天与人合一。孔子仁学具有一些审美境界的特点，这种审美境界的仁学，对外在客观必然性已有所超越，其中蕴含着自由与自由意志的色彩。

（三）"仁以为己任"：曾子对孔子仁学的继承与开显

曾子是孔子晚年高足，在颜回去世之后，实际上成为孔子心目中"传道"与"传经"的主要人物。有关孔子弟子的著述，在《汉书·艺文志》尚可见到《漆雕子》《宓子》和《曾子》等几种。自《隋书·经籍志》以降，只有《曾子》部分保存于世，其他弟子的著述已经佚失。在《礼记·曾子问》中，曾子连续向孔子问了三十多个问题，孔子不厌其烦一一作答，这也从一个侧面反映了孔子对曾子厚爱有加。由此而来，我们需讨论的一个问题是：在儒家仁学史上，曾子对孔子仁学是否有所继承与发展？

作为对这一问题的回答，我们主要从两个层面探讨。

1. 曾子从宇宙本体论高度论证仁义存在正当性

在《大戴礼记·曾子天圆》中，弟子单居离向曾子请教宇宙起源问题："天圆而地方者，诚有之乎？"[1]曾子认为这种"宣夜说"宇宙生成

---

[1] 王聘珍：《大戴礼记解诂》，王文锦点校，中华书局1983年版，第98页。

第一章 孔子与曾子

论存在逻辑不自洽的错误，假如"天圆而地方"，那么必然"四周之不掩"。曾子继而话锋一转，将宇宙生成论转换为宇宙本体论。"天道曰圆，地道曰方。"[1]"天圆"是指天道圆而明，"地方"是指地道方而幽。天是阳气的具象化表达，地是阴气的具象化表达。"阳之精气曰神，阴之精气曰灵。"[2]"神灵"相摩相感，化生天地万物。"神灵者，品物之本也，而礼乐仁义之祖也，而善否治乱所兴作也。"在这一段表述中，有三个闪光点值得我们深入讨论。

其一，阴阳与气"牵手"。学界普遍认为气论与阴阳学说的"联姻"，肇始于《国语》太史伯阳父论地震，"神"则起源于古人对自然界闪电打雷现象的思考。如果我们将曾子思想中的"气""阴阳"和"神"置于中国古代哲学史视野考察，其思想史意义将凸显无遗。《易经》作者发明"━"和"--"符号，借此对天地万物进行分类，"━"和"--"两种对立又互补的力量交互感应、运动变化，化生出天地万物。《易传》作者进而将"━"和"--"符号界定为阳气与阴气，阴阳二气氤氲交感与相摩相荡，宇宙万物产生得以可能。相映成趣的是，通行本《老子》只出现了1次"阴阳"，而且"道生一，一生二，二生三，三生万物。万物负阴而抱阳，冲气以为和"一段话不见于竹简本《老子》。上海博物馆藏战国楚竹书《凡物流形》有"聎（闻）之曰：一生两，两生厽（参），厽（参）生女（母？），女（母？）城（成）结。是古（故）又（有）一，天下亡（无）不又（有）；亡（无）一，天下亦亡（无）一又（有）"[3]，这篇文章虽然大量出现"一"，而且有类似于通行本《老子》四十二章

---

[1] 王聘珍：《大戴礼记解诂》，王文锦点校，中华书局1983年版，第98页。
[2] 王聘珍：《大戴礼记解诂》，王文锦点校，中华书局1983年版，第99页。
[3] 此段文句参照王中江教授考证和重新编联的结论，参见王中江：《〈凡物流形〉编联新见》，简帛网，2009年3月3日，网址：http://www.bsm.org.cn/?chujian/5200.html。

"一生二,二生三"文句,但仍然没有"道生一""万物负阴而抱阳"等论断。通行本《老子》"万物负阴而抱阳"文句,或许是战国时期某位文人所添加。《庄子·田子方》的阴阳观念与《老子》有所不一:"至阴肃肃,至阳赫赫;肃肃出乎天,赫赫发乎地;两者交通成和,而物生焉,或为之纪而莫见其形。"[1]阴阳二气"交通成和",化生天地万物。值得深究的是,与《易传》宇宙生成论不同之处在于:赫赫阳气发自地,肃肃阴气出于天。《庄子·田子方》的阴阳理论与银雀山汉简《曹氏阴阳》有相近之处。《曹氏阴阳》是早期阴阳学家的著作,文中出现"气""阴阳""五行""春夏秋冬""动静""神明"等概念,并且已可看出用阴阳气论建构宇宙图式的雏形。但是,《曹氏阴阳》的阴阳理论与我们常见的战国秦汉时代的文献表述不尽相同,譬如,认为天阴地阳,日阴月阳:"……天无为也,主静,行阴事。地生物,有动,行阳事。"[2]"日阴也,月阳也,星阴也,星阳窅暝。"[3]《易传》等传世文献材料常见的表述却是天阳地阴、日阳月阴。由此可见,先秦时期存在两种阴阳与气学说:一种是以《庄子》和《曹氏阴阳》为代表的气论;另一种是以《易传》《老子》《曾子》和《管子》为代表的气论。

在《易传》宇宙生成论体系中,阴阳二气是已分之气。在阴阳之气的背后,还隐藏着"未分之气"——精气。"精气为物,游魂为变,是故知鬼神之情状。与天地相似,故不违。"[4]《易传》作者以"精"训"气",有其自身独特的哲学思考。《易传·文言》说:"纯粹,精也。"孔颖达疏云:"纯粹,不杂也。""纯粹"意味着"精气"不是经验世界

---

[1] 郭庆藩:《庄子集释》,王孝鱼点校,中华书局1961年版,第712页。
[2] 吴九龙释:《银雀山汉简释文》,文物出版社1985年版,第55页。
[3] 吴九龙释:《银雀山汉简释文》,文物出版社1985年版,第114页。
[4] 王弼注,孔颖达疏:《周易正义》,北京大学出版社1999年版,第266—267页。

第一章 孔子与曾子

中可以直观认识的、有聚散变化的具体存在，而是本体论层面无时空规定的实有。《管子·内业》中也出现有"精气"概念，"精也者，气之精者也"[1]，而且"精"的含义是"其细无内，其大无外"[2]。需要加以分辨的是，《管子》"黄老四篇"既以"其细无内，其大无外"界说"气"，又以"其细无内，其大无外"界说"道"，道与气基本上已实现合一，而且"黄老四篇"中的"道"充溢着工夫论、境界论的色彩。因此，具体就《易传》而言，以"纯粹""不杂"训释"精气"，旨在表明精气不是被产生出来的，也不可能消亡。精气在本质上属于在思想中被把握的、超越时空的本原，精气是天地万物之所以如此的共同本质。《易传》的"精气"有几分类似于爱利亚学派巴门尼德的"存在"。"存在"已不是一般的具体的物质形态，而是世界万事万物之共同本质的概括。相比较而言，《大戴礼记·曾子天圆》中的精气粗略分为"阳之精气"与"阴之精气"，缺乏像《易传》和《管子》"纯粹""其细无内，其大无外"等界定。因此，《大戴礼记·曾子天圆》中的阴阳气论相对而言比较原始，其发生的时间应该早于《易传》和《管子》。

其二，神。甲骨文已出现"神"，与自然界电闪雷鸣现象有涉。《易传》中的"神"已经上升为一哲学意味浓郁的概念。《周易·系辞》同时出现"易""道""神"三个概念，这三大概念位阶显然高于阴阳二气，属于隐伏于阴阳之气背后、解答阴阳之气化生天地万物何以可能的本原论层面的概念："知变化之道者，其知神之所为乎"[3]，"乾坤毁，则无以见易。易不可见，则乾坤或几乎息矣。是故形而上者谓之道，形而下者谓之器"[4]。

---

1 黎翔凤撰，梁运华整理：《管子校注·内业第四十九》，中华书局2004年版，第937页。
2 黎翔凤撰，梁运华整理：《管子校注·内业第四十九》，中华书局2004年版，第950页。
3 王弼注，孔颖达疏：《周易正义》，北京大学出版社1999年版，第283页。
4 王弼注，孔颖达疏：《周易正义》，北京大学出版社1999年版，第292页。

金景芳先生认为，易、道、神属于"一个事物的三面观"[1]，这"一个事物"就是气。金景芳的观点颇具启发意义。易、道和神"无方""无体"，不可以时间和空间加以界定，不是经验世界中的存在。析而论之，三者之间还存在细微差异。易是从哲学性质角度界定，属于通论性的表述，易"无思""无为"。易是静，不是动，静恰恰是本原所具有的一般特性。道侧重于界说本原所涵摄的自然与社会中的规律、法则，"一阴一阳之谓道，继之者善也，成之者性也"[2]。道强调规律与法则的客观性，规律与法则的存在，不以人的意志为转移。"神"这一概念比较费解。殷商卜辞中有"兹神其雨"等记载，"神"是指上天将降雷电云雨之气。《周易·说卦》"神也者，妙万物而为言者也"之"神"，其内涵与本质已有很大变化。牟宗三先生认为《说卦》中的"神"与"阴阳不测之谓神""知变化之道也，其知神之所为乎"两句中的"神"含义不一样。"神也者，妙万物而为言者也"之"神"，蕴含本原的意义。"'妙'是什么意思呢？就是它在万物后面运用，这个妙表示运用的意思，妙运呀。妙是个运用，它是个主动，万物是个被动。万物要后面有个神在运用才能够变化，生生不息，有千变万化，无穷的复杂。无穷的复杂就是神在后面妙来运用它。所以，'神也者，妙万物而为言者也'。这句话有本体的意义。"[3] "所以中国人了解这个神是通过function这个观念来了解，function是作用。这个function跟普通说的function不同，就'神也者，妙万物而为言者也'说，在万物后面起作用的神只有一个，不能说妙桌子的这个神跟妙粉笔的那个神是两个神。这样一来，这个运用，这个function，就着天地万物而言，就着它能够妙这个天地万物而为言，

---

[1] 金景芳、吕绍纲：《周易全解》，吉林大学出版社2013年版，第412页。
[2] 王弼注，孔颖达疏：《周易正义》，北京大学出版社1999年版，第269页。
[3] 牟宗三：《周易哲学演讲录》，华东师范大学出版社2004年版，第74页。

第一章　孔子与曾子

那么，这个function，一定是无限的作用。"[1]牟宗三认为，"神"则是"妙万物"背后的本体，"妙"是神之作用，是万物背后的主宰者和发动者属性的显现。统而论之，牟宗三认为"神"属于宇宙本体论层面的概念，确属精当之论。神与易、道的细微差别，或许体现为"神"侧重于强调本原的功能与作用。尽管"神无方而易无体"，但作为宇宙本体论，必须从哲学维度回答"范围天地之化而不过，曲成万物而不遗"何以可能，天地氤氲变化的内在动力因何在，而且这种"回答"强调的是人对"妙万物"背后的本原的认识和表达。值得注意的是，《易传》中"神"观念在张载"气本"论中，也得到了崭新的发展。"一物两体，气也；一故神，（两在故不测）"[2]，"神"有别于"化"。"神"是太虚本体蕴含之理，"化"是阴阳二气的作用与功能。两者界限分明，不可混淆为一。"凡言神，亦必待形然后著"[3]，在可以用语言解释的现象世界背后，一定隐藏着难以用语言与逻辑界说的本体世界。太虚与神虽然"不可致思"[4]，但仍勉强通过人揭示其意义。人能弘道，而这也恰恰是"神而明之"的含义。缘此，《大戴礼记·曾子天圆》将"神"训释为"阳之精气"，"灵"是"阴之精气"，"神灵"创生天地万物。从"毛虫毛而后生，羽虫羽而后生"等材料分析，《大戴礼记·曾子天圆》之"神"的哲学抽象水平远不如《易传》。《大戴礼记·曾子天圆》的"神"应该早于《易传》之"神"，或许是《易传》作者借用了曾子"神"这一概念用以诠释宇宙万物的生成变化。

其三，"礼乐仁义之祖"。曾子认为神灵精气是"礼乐仁义之祖"，

1　牟宗三：《周易哲学演讲录》，华东师范大学出版社2004年版，第74页。
2　张载：《张载集·正蒙·太和》，章锡琛点校，中华书局1978年版，第10页。
3　张载：《张载集·横渠易说》，章锡琛点校，中华书局1978年版，第208页。
4　张载：《张载集·正蒙·神化》，章锡琛点校，中华书局1978年版，第17页。

"祖"与"品物之本"之"本"含义相同,都指谓本原,礼乐仁义源出于神灵精气。换言之,神灵精气是礼乐仁义本体。气与天理、心、良知等观念不同,气是一具有实有性特点的第一概念。既然如此,气如何能成为仁义之本?揆诸史实,《周易·说卦》云:"昔者圣人之作《易》也,将以顺性命之理。是以立天之道曰阴与阳,立地之道曰柔与刚,立人之道曰仁与义。"[1]天、地、人是《易》的三才,《易》涵括天道、地道与人道。人道的具体内涵是仁义,仁义源出于《易》本体。帛书《五行》和《礼记·乡饮酒义》继而出现"仁气""义气""礼气"等概念,气与仁义礼相结合构成两个复合词,气由此具有精神本体特质。"仁气"用以比拟"天地之温厚之气","义气"用以比拟"天地之尊严气"。《郭店楚简校释·语丛(一)》又出现"民气"概念,"民气"是指"民之情性之气"。与此相应,楚简《性自命出》认为"喜怒哀悲"等情感是情性之气,情感之气统摄在"性"这一集合概念之内。《大戴礼记·曾子天圆》也出现有"民气""民情"等概念,两者之间或许存在思想的延续现象。张载在《易传》《礼记》思想基础上,进一步从太虚(气)本体高度论证仁存在正当性,"虚者,仁之原"[2],"虚则生仁,仁在理以成之"[3]。"敦厚虚静,仁之本;敬和接物,仁之用。"[4]"敦厚虚静"本来用于描述太虚本体遍在性、无形无象、无生灭变化等特性,现在被"移植"用于界说仁的特点。仁甚至也像太虚一样,有"本"与"用"的区分。张载用"原""生"等概念界说太虚与仁之间关系,力图证明仁是太虚本体的属性与作用。从太虚本体属性视域而论,太虚是仁之本

---

[1] 王弼注,孔颖达疏:《周易正义》,北京大学出版社1999年版,第326页。
[2] 张载:《张载集·张子语录》,章锡琛点校,中华书局1978年版,第325页。
[3] 张载:《张载集·张子语录》,章锡琛点校,中华书局1978年版,第325页。
[4] 张载:《张载集·张子语录》,章锡琛点校,中华书局1978年版,第325页。

第一章　孔子与曾子

源；从太虚作用视域而言，仁是太虚所生化。

我们发现《大戴礼记·曾子天圆》的思维逻辑及其观点与《周易·说卦》有近似之处。《周易·说卦》从气论推导出天道、地道与人道是圣人所立，目的在于为人间建构社会秩序与道德精神。《大戴礼记·曾子天圆》也是首先从阴阳精气推导出圣人降生不同于其他生物，毛羽之虫是"阳气之所生"[1]，"介麟之虫"是"阴气之所生"[2]，圣人则是"阴阳之精"结合所生，因而最为天下贵："是故圣人为天地主，为山川主，为鬼神主，为宗庙主。"圣人发现天地自然规律，制定历法；圣人发现社会治理规律，制定礼法；圣人发现"民望""民气"与"民情"，制定了"五礼""五谷""五声""五味"和"五色"之名。圣人"发现"了自然规律、社会治理规律和道德精神，而不是创设了自然秩序、社会秩序和道德精神。从《郭店楚简校释·语丛（一）》和《大戴礼记·曾子天圆》皆出现"民气"概念推断，郭店楚简中"语丛"这一部分内容所展现的思想风貌与曾子学派关系比较密切。

2. 曾子以"忠恕"释仁

《论语·里仁》记载的一段师生对话，颇具深意。首先，在《论语》所载师生问答中，一般是弟子提问，孔子答疑，但是，晚年孔子在这一次师生交流中主动与曾子对话，而且是当着众弟子的面与曾子交谈："参乎！吾道一以贯之。"其次，众弟子不是向孔子本人咨询何谓"一以贯之"，而是在"子出"，即孔子走出学堂大门之后，众弟子转身向曾子询问"何谓也"。由此可见，曾子在晚年孔子及其弟子心目中的地位非同

1　王聘珍：《大戴礼记解诂》，王文锦点校，中华书局1983年版，第99页。
2　王聘珍：《大戴礼记解诂》，王文锦点校，中华书局1983年版，第100页。

一般。朱熹指出在孔子三千弟子中，"曾氏之传独得其宗"[1]并非虚言。

曾子对孔子"吾道一以贯之"的回答是："夫子之道，忠恕而已矣。"[2]孔子"一以贯之"之"一"是仁。《中庸》引孔子"忠恕违道不远，施诸己而不愿，亦勿施于人"正好印证了曾子的理解符合孔子原意。曾子以"忠恕"诠释"仁"，其哲学意义何在？

其一，曾子以"忠恕"诠释"仁"，有别于有子以孝悌释仁。有子将孝悌建构为"仁之本"，实质上以血缘伦理诠释仁的本质，将人类社会伦理秩序理解为血缘伦理的放大。与此相对，曾子以忠恕诠释仁，致力于发掘仁的社会客观公共性特质，力图将人类社会道德秩序建立在共同性基础之上。与有子相比较，曾子思想显然具有一定的现代性色彩。

其二，"'夫子之道，忠恕而已矣。'这就行上说"[3]，朱熹这一"提撕"之语犹如醍醐灌顶，解析曾子"忠恕"思想是从知行关系的工夫论层面诠释仁学。既然孔子哲学之仁，不可做逻辑界定，从工夫论径路接近仁本体，未尝不是一条切实可行的道路。换言之，孔子在人性论、工夫论和政治哲学等领域皆有所创发。在孔子之后的儒家仁学史上，曾子着重开显了工夫论路径；孟子侧重于从心性之学层面诠释孔子仁学，道德形上学的建构是孟子仁学一大特点。细而论之，曾子仁学侧重工夫论，孟子仁学侧重心性道德形上学，荀子重点发展了孔子的政治哲学。曾子、孟子与荀子对孔子儒家思想各有侧重、各有发展，从而铸成先秦儒学三足鼎立局面。

何谓"忠"？《大戴礼记·曾子立事》云："君子不绝人之欢，不尽人之礼，来者不豫，往者不慎也。去之不谤，就之不赂，亦可谓忠

---

[1] 朱熹：《大学章句序》，《四书章句集注》，中华书局1983年版，第2页。
[2] 朱熹：《论语集注·里仁第四》，《四书章句集注》，中华书局1983年版，第72页。
[3] 黎靖德编：《朱子语类》卷二十七《论语九》，王星贤点校，中华书局1986年版，第680页。

矣。"¹ 这是曾子从"应然"意义上解释如何行忠，犹如"为人谋而不忠乎"一样，但不是从逻辑上界定"忠是什么"。"言忠必及意，言信必及身"²，《国语》这一段话比较贴近曾子"忠"观念的内涵。所谓"意"就是《大学》所言"诚其意""毋自欺"。《论语》虽然已出现"诚"，但都不是名词，孔子论诚基本上通过"主忠信"来表达。

何谓"恕"？《大戴礼记·卫将军文子》载孔子语录："高柴执亲之丧，则难能也；开蛰不杀，则天道也；方长不折，则恕也。恕则仁也，汤恭以恕，是以日跻也。"³"恕心"不仅用于恕人，也拓展到恕物。借助恕心及人及物，可以逐渐接近仁。当年，孔子在回答子贡"有一言而可以终身行之者乎"时说："其恕乎！己所不欲，勿施于人。"⁴严格地说，"己所不欲，勿施于人"以及《中庸》"施诸己而不愿，亦勿施于人"也都是从工夫论角度发论，并不是界说"恕是什么"。"圣人以己度人者也。以心度心，以情度情，以类度类，古今一也。类不悖，虽久同理，故性缘理而不迷也"⁵，韩婴在相信"人同此心"而不是"私人语言"逻辑前提下，相信以己"心"可以实现"度"他人之心，以己"情"可以实现"度"他人之情。恰如王弼所论"恕者，反情以同物者也"⁶，认为"反情"不仅可以推度人之情，也可以推度物之情，由"返"实现"同"。相比较而言，王弼这一表述接近形式逻辑意义上对"恕是什么"的界定。

朱子"尽己之谓忠，推己之谓恕"的诠释，对后世影响巨大。追根究底，以"尽己"释"忠"、以"推己"释"恕"应该追溯至程子：

1　王聘珍：《大戴礼记解诂》，王文锦点校，中华书局1983年版，第72页。
2　左丘明：《国语集解·周语下》，徐元诰集解，王树民、沈长云点校，中华书局2002年版，第88页。
3　王聘珍：《大戴礼记解诂》，王文锦点校，中华书局1983年版，第112页。
4　朱熹：《论语集注·卫灵公第十五》，《四书章句集注》，中华书局1983年版，第167页。
5　赖炎元注译：《韩诗外传今注今译》，台湾商务印书馆1979年版，第131页。
6　程树德：《论语集释·里仁下》，程俊英、蒋见元点校，中华书局1990年版，第265页。

"尽己之谓忠,以实之谓信。发己自尽为忠,循物无违谓信,表里之义也。"[1] "尽己之谓忠,推己之谓恕。忠,体也,恕,用也。"[2] 王弼以情释忠恕,是从道德情感角度立论;二程、朱子以心释忠恕,是从道德理性角度阐发。但是,二程和朱子都将"忠恕"视为体用关系,忠为体,恕为用。这一理解属于过度诠释。忠与恕在曾子思想中属于平行关系,忠是对自己的道德要求,恕是对他人的道德态度。缘此,回到曾子思想本身,以曾释曾,可能更能透显曾子思想本意。

综合传世文献与出土文献,以"慎独"来进一步解读"忠恕",可能有助于我们深入理解曾子思想。《大戴礼记》"曾子十篇"每一篇都谈"君子",曾子将君子视为人人践行仁德有望臻至的道德人格。美国学者狄百瑞认为,孔子儒学实际上就是君子之学,"虽然《论语》作为一部语录和逸事的集子看起来缺乏系统的结构,叙述也颇为游离,但是它作为一个整体仍然具备自身的焦点——君子。从君子入手十分有利于我们更好地理解《论语》。《论语》的魅力之所以经久不衰,并不在于它阐释了一套哲学或者思想体系,而是在于它通过孔子展现了一个动人的君子形象"[3]。"君子"一词在《论语》中出现107次,《孟子》中出现82次,《易传》中出现84次,《大戴礼记》"曾子十篇"中出现73次。《大戴礼记》"曾子十篇"中"君子"出现次数虽然少于前面三种典籍,但《大戴礼记》"曾子十篇"每篇都大量讨论"君子",这种现象在先秦两汉典籍中比较少见。安大简《仲尼曰》十三支简中出现"君子"6次,出现频率比较高。"君子"往往与"小人"同时出现,"君子"是指"有德者",

---

[1] 程颢、程颐:《二程集·遗书》卷十一《明道先生语一》,王孝鱼点校,中华书局2004年版,第133页。
[2] 程颢、程颐:《二程集·经说》卷六《论语解》,王孝鱼点校,中华书局2004年版,第1138页。
[3] [美]狄百瑞:《儒家的困境》,黄水婴译,北京大学出版社2009年版,第34页。

而不是"在位者"。反观《论语》中的"君子"既指"有德者",也涵摄"在位者"。因此,《仲尼曰》的"君子"思想与《论语》有所不同,体现的可能是孔子某位弟子的思想。

在曾子思想体系中,臻于君子人格境界的主要修身方法是"慎独"。"所谓诚其意者,毋自欺也。如恶恶臭,如好好色。此之谓自谦,故君子必慎其独也。"[1]郑玄注:"慎独者,慎其闲居之所为。"[2]朱子继而认为:"独者,人所不知而己所独知之地。"[3]"独"往往与心有关,但先秦儒家的"慎独"有别于王阳明、刘宗周等宋明儒家的"慎独"。前者慎独之"独"指的是即使在"独知之地"也必须"诚其意",恰如《荀子·不苟》所言"不诚则不独";王阳明、刘宗周等宋明儒家的慎独之"独"已浸染本体论色彩。牟宗三先生认为《大学》是"从诚意讲"慎独,《中庸》讲慎独是"从工夫上开主体"。不仅如此,牟宗三进而指出,在儒学史上,第一个讲"慎独"的思想家不是孔子而是曾子:"慎独这个观念孔子没讲,孟子也没讲。如果你要追溯这个观念的历史渊源,那当该追溯到谁呢?当该是曾子。"[4]"慎"字在《论语》中出现7次,安大简《仲尼曰》也出现相关记载:"仲尼曰:'君子所慎,必在人之所不闻与人之所不见。'"[5]不仅如此,《仲尼曰》明确出现了"慎其独"[6]。在安大简发现之前已出土郭店楚简《五行》篇也有"慎其独":"'淑人君子,其仪一也。'能为一,然后能为君子,君子慎其独也。"[7]"一"是指一心专注于"仁义礼智圣"五德,"仁义礼智"是人道,"圣"是天道,践行仁义

---

[1] 朱熹:《大学章句序》,《四书章句集注》,中华书局1983年版,第7页。
[2] 郑玄注,孔颖达疏:《礼记正义》,北京大学出版社1999年版,第1422页。
[3] 朱熹:《大学章句序》,《四书章句集注》,中华书局1983年版,第7页。
[4] 牟宗三:《中国哲学十九讲》,联经出版公司2003年版,第80页。
[5] 黄德宽、徐在国主编:《安徽大学藏战国竹简》二,中西书局2022年版,第81页。
[6] 黄德宽、徐在国主编:《安徽大学藏战国竹简》二,中西书局2022年版,第83页。
[7] 刘钊:《郭店楚简校释·五行》,福建人民出版社2005年版,第77页。

礼智四德，才能跻身于"圣"。相比较而言，安大简《仲尼曰》"慎其独"哲学思辨水平略逊于郭店楚简与帛书《五行》。在儒家"慎独"观念的演化史上，曾子无疑是一位重要的思想家。在孔门弟子中，曾子是道德反省意识最强的弟子。反省意识是人与动物差异之所在，曾子所言"吾日三省吾身"，孟子以"守约"加以高度概括。牟宗三认为，"守约"的精神就是慎独。在工夫论层面，曾子以慎独来贯通忠恕。在家风家训方面，慎独思想体现得尤其典型。

其一，公共场域中的慎独。"曾子曰：'十目所视，十手所指，其严乎！'富润屋，德润身，心广体胖，故君子必诚其意。"[1] "十目""十手"是概指，公共场域中的慎独是"众中之独"，必须以"诚意"引导自身的言行。值得注意的是，安大简《仲尼曰》出现有类似记载："仲尼曰：'弟子如出也，十手指汝，十目视汝，汝乌敢为不善乎！盖君子慎其独也。'"[2] 安大简《仲尼曰》标明这句话是"仲尼曰"，《大学》明确记载是"曾子曰"。《大学》这段话的重心在于"诚其意"，安大简《仲尼曰》的落脚点是"慎其独"。慎独以诚意为道德内核，《大学》"诚其意"对安大简《仲尼曰》"慎其独"在哲学高度上有所拔升。曾子经常讲"爱其身"，弗洛姆《爱的艺术》将爱分为几类，"自爱"也是爱的内涵之一。曾子"爱其身"并非仅仅说明身体发肤源自父母，更重要的还在于：人依赖"身"才能践行"心"，道德生命理想的实现不可脱离生理生命的修行。其二，私人场域的慎独。"曾子曰：君子攻其恶，求其过，强其所不能。去私欲，从事于义，可谓学矣。"[3] "攻"即"治"，君子贵在"攻"己之恶，而不是"攻"他人之恶。"攻其恶""求其过"和"去

---

[1] 朱熹：《大学章句序》，《四书章句集注》，中华书局1983年版，第7—8页。
[2] 黄德宽、徐在国主编：《安徽大学藏战国竹简》二，中西书局2022年版，第83页。
[3] 王聘珍：《大戴礼记解诂》，王文锦点校，中华书局1983年版，第69页。

第一章　孔子与曾子

私欲",彰显的都是曾子"自省"道德工夫。曾子的"三省"对孟子有所影响,孟子的"夜气"并不可简单等同于良知,而是指在人与物无接的平旦之时,处于澄明无翳状态的情、欲可以与良知之心实现无缝对接。

无论是公共场域的慎独,抑或私人场域的慎独,所遵循的道德理性是忠恕,所体现的道德精神是诚。诚这一观念本来与儒家的本体宇宙论有涉,天道本体为诚,这是以德行指代本体。天道之诚下贯于天、地、人三才的人道,成为人德性之基,也就是"诚之"。在伦理学上,诚是"不自欺",也就是朱子所言"无少伪妄"。曾子在临终之际换床席的故事,值得加以分析。卧室本来是私人居所,但是因为有仆童在场,私人场域便转换为公共场域。曾子在临终之前要求孩子换席,表面上看是对"博学于文,约之以礼"外在礼仪的恪守,其实更本质上是在于对"吾欲仁,斯仁至矣"心性内省修养路径的践行。

此外,在家风建设中,曾子将慎独贯彻到日常言行中。曾子家风敦厚淳朴,瓜瓞绵绵。曾子临终之际,从四个方面告诫曾元、曾华:

其一,勿以利害义,"是故君子苟无以利害义,则辱何由至哉!"[1]

其二,行孝应及时,"亲戚既殁,虽欲孝,谁为孝?"[2]

其三,君子"修身",贵在知行合一,"言不远身,言之主也;行不远身,行之本也。言有主,行有本,谓之有闻矣。君子尊其所闻,则高明矣;行其所闻,则广大矣"[3]。

其四,交友贵"以友辅仁","与君子游,如长日加益,而不自知也"[4]。曾子的临终嘱咐既涉及私德与公德,也涵括修身与治国平天下。

---

[1] 王聘珍:《大戴礼记解诂》,王文锦点校,中华书局1983年版,第97页。
[2] 王聘珍:《大戴礼记解诂》,王文锦点校,中华书局1983年版,第97页。
[3] 王聘珍:《大戴礼记解诂》,王文锦点校,中华书局1983年版,第97页。
[4] 王聘珍:《大戴礼记解诂》,王文锦点校,中华书局1983年版,第98页。

曾子一生以"忠恕"自勉。孔子曾经从四个方面对曾子的道德修养进行评价:"孝,德之始也;弟,德之序也;信,德之厚也;忠,德之正也。参也中夫四德者矣哉!"[1]孝、悌、忠、信四德,在曾子道德生命的"省身"中已完全呈现。子贡对曾子的德行也有所评价:"满而不满,实如虚,通之如不及,先生难之,不学其貌,竟其德,敦其言,于人也无所不信,其桥大人也,常以皓皓,是以眉寿,是曾参之行也。"[2]曾子不仅在孔子思想的学理上,已经"通之";在日常生活的修身方面,也已经达到"实如虚"境界。

孔子"仁者安仁"命题蕴含自由与自由意志思想。孔子从普遍性、先在性的人性论高度论证"仁者爱人"何以可能,从本体论与审美境界表述"安仁""乐仁"与"爱人"。曾子继而从三个层面深化孔子仁学:其一,从神灵之气论证"人性仁",人心何以安于仁,已有宇宙本体论的阐释;其二,从社会共同性视域诠释仁,将人类社会道德秩序建立在客观共同性价值观之上,而不是像有子那样,将人类社会道德秩序建立于血缘伦理之上;其三,从工夫论视域诠释仁,"尽己"为忠,"推己"为恕,将仁学"下贯"于经验世界的劈柴挑水日常生活之中,形而上的仁学切切实实显现为世俗个体生命的学问。

余 论

孔子仁学在逻辑上具有不可界说特性,只有通过"什么是仁"去体悟"仁是什么"。在人性论层面,仁体落实为仁性。"仁者人也",仁成

---

[1] 王聘珍:《大戴礼记解诂》,王文锦点校,中华书局1983年版,第110页。
[2] 王聘珍:《大戴礼记解诂》,王文锦点校,中华书局1983年版,第110页。

第一章 孔子与曾子

为人之所以为人的普遍本质。"仁者安仁"命题的建构意味着孔子开始将仁学建基于人性论基础上。仁具有先在性、普遍性和超越性特点，仁由此上升为一哲学观念。曾子接续孔子"我欲仁，斯仁至矣"[1]而发，以忠恕释仁，继而在经验世界以慎独通贯"尽己"与"推己"。在孔子去世之后，儒家仁学呈现出三种发展路径：一是以曾子为代表的工夫论路径；二是以孟子为代表的心性本体论路径；三是以荀子为代表的政治哲学路径。孟子并非不重视工夫论和政治哲学，笔者于此只是想揭明孟子在儒学史上的最大贡献在于，从知识论、形式逻辑和人类普遍情感经验多种维度证明"人皆有不忍人之心"；从日常生活场域的"孺子入井"证明人皆有"恻隐之心"。此心是已发的情感，在"恻隐之心"背后隐伏的是未发的、先在性的仁性。人性有"善端"，人人应该以此"善端"为性，而不应该以"小体"为性。"《孟子》一书，只是要正人心"[2]，正因为人性有善，生命存在内在超越之潜能。诚如李明辉所言："'内在超越'——的特性是儒家思想乃至整个中国文化的一大特色。"[3]概而论之，工夫论、心性论和政治哲学塑造了儒学内在的基本架构。这一基本架构的铸造，曾子、孟子和荀子各领风骚。

此外，需赘述一句的是，安大简《仲尼曰》的发现对曾子思想的研究极有可能起到一个推波助澜的作用。安大简《仲尼曰》有可能是曾子或曾子学派的作品，理由有四。

其一，安大简《仲尼曰》十三支简有四条材料与《大戴礼记》"曾子十篇"有内在关联：

---

1 朱熹：《论语集注·述而第七》，《四书章句集注》，中华书局1983年版，第100页。
2 朱熹：《孟子序说》，《四书章句集注》，中华书局1983年版，第199页。
3 李明辉：《儒家视野下的政治思想》，北京大学出版社2005年版，第7页。

例一，安大简《仲尼曰》："仲尼曰：'华繁而实厚，天；言多而行不足，人。'"

《大戴礼记·曾子疾病》："曾子疾病，曾元抑首，曾华抱足。曾子曰：'微乎！吾无夫颜氏之言，吾何以语汝哉？然而君子之务，尽有之矣。夫华繁而实寡者，天也；言多而行寡者，人也。鹰鹯以山为卑而曾巢其上，鱼鳖鼋鼍以渊为浅而厥穴其中，卒其所以得之者，饵也。是故君子苟无以利害义，则辱何由至哉？'"

例二，安大简《仲尼曰》："仲尼曰：'君子之择人劳，其用之逸；小人之择人逸，其用之劳。'"

《大戴礼记·主言》："曾子曰：'敢问不费不劳，可以为明乎？'孔子愀然扬麋曰：'参，女以明主为劳乎，昔者舜左禹而右皋陶，不下席而天下治。夫政之不中，君之过也。政之既中，令之不行，职事者之罪也。明主奚为其劳也！'"

例三，安大简《仲尼曰》："仲尼曰：'回，汝幸，如有过，人不谨汝，汝能自改。赐，汝不幸，如有过，人弗疾也。'"

《大戴礼记·曾子立事》："君子好人之为善，而弗趣也；恶人之为不善，而弗疾也。疾其过而不补也，饰其美而不伐也。伐则不益，补则不改矣。"

《大戴礼记·曾子立事》："君子不先人以恶，不疑人以不信；不说人之过，成人之美；存往者，在来者，朝有过夕改则与之，夕有过朝改则与之。"

其二，《大戴礼记》"曾子十篇"每篇都讲"君子"，安大简《仲尼曰》虽然字数不多，但6次出现"君子"，"君子"往往与"小人"并举，"君子"是指"有德者"，而不是"在位者"。"君子"这一概念的特点与《大戴礼记》"曾子十篇"雷同，但与《论语》相差比较大。因为

《论语》所讲的"君子"既指"有德者",也泛指"在位者"。

其三,安大简《仲尼曰》谈"慎其独",涉及慎独、爱身修身等方面的内容比较多。这一现象与曾子"吾日三省吾身"思想极其吻合。

其四,在传世文献中,"论语"作为书名或篇名,首见于《礼记·坊记》。[1]根据安大简《仲尼曰》整理者黄德宽、徐在国等人的研究,《仲尼曰》中已出现"论语"两字:"仲尼之《论语》也,朴慧周极。"[2]因此,安大简《仲尼曰》写作时间应该不会晚于《礼记·坊记》。

统而论之,安大简《仲尼曰》写作时间应该早于齐《论》和鲁《论》。黄德宽指出《仲尼曰》辑录的孔子言论三分之二不见于今本《论语》,见于今本《论语》的八条在文字上也有所不同,"不大可能是《论语》的战国摘抄本"[3]。从行文风格分析,《仲尼曰》每段话都标注"仲尼曰",《仲尼曰》应该是孔子弟子所记录的孔子生前言论的作品,《颜氏家训·风操》认为"孔子弟子记事者,皆称仲尼"。《礼记》中的各篇文章有两个来源,一是河间献王所得孔子弟子与其后学所记录作品;二是刘向整理先秦古籍所得。安大简《仲尼曰》应该是河间献王和刘向皆未能亲睹之先秦作品,极有可能是曾子有选择性地记录孔子生前语录的一部分,其后又由曾子弟子所保存。安大简《仲尼曰》中的孔子思想被曾子吸收并融化进自己的思想,继而体现在《大戴礼记》"曾子十篇"之中。

根据钱穆先生的考证,曾子的生卒年为公元前505—前436年。[4]曾参

---

1 《礼记·坊记》:"子云:君子驰其亲之过而敬其美。《论语》曰:'三年无改于父之道,可谓孝矣。'"
2 黄德宽、徐在国主编:《安徽大学藏战国竹简》二,中西书局2022年版,第88页。
3 常河、丁一鸣:《"安大简"最新研究成果发布》,《光明日报》2022年8月20日。
4 钱穆:《先秦诸子系年》,商务印书馆2002年版,第694页。

父子同为孔子弟子,但曾子入孔门的时间比较晚,可能是在孔子结束周游列国回到鲁国之后。曾子比孔子小46岁,在孔门弟子中年龄最小。在孔子最得意的学生颜回去世之后,曾参成为在道统上继承与传播孔子学说的主要代表人物。孔子对曾参也寄予了殷切希望,在先秦典籍中可以发现许许多多师徒之间的对话。譬如,《大戴礼记·主言》篇记录的全是孔子、曾子问答之语。在"孔子闲居,曾子侍"之时,曾子问:"敢问何谓主言?""敢问不费不劳可以为明乎?""敢问何谓七教?""敢问何谓三至?"此外,在《礼记》《孝经》中也可见到大量的两人之间的问答。曾子在多年的学生生涯中,也逐渐摸索出了如何有针对性地向老师提问的诀窍:"君子学必由其业,问必以其序。问而不决,承间观色而复之,虽不说亦不强争也。"[1]公元前476年,曾子为孔子守丧结束后,开始在故乡设帐,讲学授徒、著书立说,广泛传播孔子学说。在儒学发展史上,正因为曾子肩负传道者的重任,在先秦典籍中存在着大量的孔子、曾子言辞非常近似的材料:

  孔子曰:"父在观其志,父没观其行。三年无改于父之道,可谓孝矣。"[2]

  曾子曰:"吾闻诸夫子:孟庄子之孝也,其他可能也,其不改父之臣与父之政,是难能也。"[3]

  孔子曰:"后生可畏,焉知来者之不如今也?四十、五十而无闻焉,斯亦不足畏也已。"[4]

---

1 王聘珍:《大戴礼记解诂》,王文锦点校,中华书局1983年版,第69页。
2 朱熹:《论语集注·学而第一》,《四书章句集注》,中华书局1983年版,第51页。
3 朱熹:《论语集注·子张第十九》,《四书章句集注》,中华书局1983年版,第191页。
4 朱熹:《论语集注·子罕第九》,《四书章句集注》,中华书局1983年版,第114页。

第一章　孔子与曾子

曾子曰："三十、四十之间而无艺，则无艺矣；五十而不以善闻矣。"[1]

孔子曰："生，事之以礼；死，葬之以礼，祭之以礼。"[2]

曾子曰："生，事之以礼；死，葬之以礼，祭之以礼，可谓孝矣。"[3]

语言文字上的相似与雷同，恰恰间接证明曾子在儒家文化薪传过程中的重要地位。这正如元朝文宗所赞："朕惟孔子之道，曾氏独得其宗，盖本于诚身而已也。观其始于'三省'之功，卒闻'一贯'之妙，是以友于颜渊而无愧，授之思、孟而不湮者与！"[4]

值得注意的是，近些年发现的郭店楚墓竹简的内容与《大戴礼记》中的《曾子》十篇多有相似之处：

例一，郭店楚简《缁衣》简文："子曰：王言如丝，其出如纶；王言如索，其出如□。故大人不倡流。《诗》云：'慎尔出话，敬尔威仪。'"[5]"故大人不倡流"一句，在《曾子立事》篇记为"君子不唱流言"，《礼记·缁衣》篇记为"故大人不倡游言"。流言即"游言"，即无根据的言论。

例二，郭店楚简《缁衣》简文："子曰：可言不可行，君子弗言；可行不可言，君子弗行。"[6]《曾子立事》谓："人信其言，从之以行，人信其行，从之以复……"楚简《缁衣》和《曾子立事》都强调言行应一致。

例三，郭店楚简《六德》篇："是故先王之教民也，始于孝弟。君子

1　王聘珍：《大戴礼记解诂》，王文锦点校，中华书局1983年版，第75页。
2　朱熹：《论语集注·为政第二》，《四书章句集注》，中华书局1983年版，第55页。
3　朱熹：《孟子集注·滕文公章句上》，《四书章句集注》，中华书局1983年版，第252页。
4　《山东省志》编纂委员会编：《山东省志·曾子志》第三章《历代颂赞》，山东人民出版社2001年版，第215页。
5　刘钊：《郭店楚简校释·缁衣》，福建人民出版社2005年版，第61页。
6　刘钊：《郭店楚简校释·缁衣》，福建人民出版社2005年版，第62页。

于此一偏者无所废……孝，本也。下修其本，可以断讪。"¹《曾子大孝》篇谓："民之本教曰孝，其行之曰养。"《孝经·开宗明义》又言："夫孝，德之本也，教之所由生也。"孝是伦理教化之本，三种文本的论点基本一致。

学界普遍认为，郭店楚墓的下葬年代约在公元前300年，竹简写成的时代应当更早。保存在《大戴礼记》中的《曾子》十篇，曾被其他先秦文献所征引。譬如，《荀子》和《吕氏春秋》皆引用《曾子》文句。据此推断，《大戴礼记》中的《曾子》十篇当是先秦文献，其写作时代早于郭店楚墓竹简，两者的思想内涵呈现出前后相续的逻辑关系。

二、以爱释孝：曾子对孔子孝道的赓续与发明

在儒家孝论史上，曾子是不可或缺的"关键先生"。根据《史记》与《汉书》所载，曾子是孔子孝道最直接、最重要的继承者和光大者。但是，曾子对孔子思想并非亦步亦趋，而是多有创新与发明。孔子孝论幽而不明之处，曾子时加抉发。曾子以爱释孝，从而奠定了两千多年儒家孝论的基本格局。

（一）从敬到爱：孝行道德基础的嬗变

在家庭伦理方面，如果要寻找一个东西方文化颇具代表性的差异点，首先无疑是孝文化。在两千多年儒学史上，孝一直是历代大儒关

---

1 刘钊：《郭店楚简校释·六德》，福建人民出版社2005年版，第119页。

第一章 孔子与曾子

注的话题。《论语》"孝"字凡19见,但"人为何行孝"并不是孔子思考的理论重心;"人应如何行孝"才是孔子夙兴夜寐思考的孝道核心。缘此,孔子为人类孝行建构了一个道德基础——敬。"今之孝者,是谓能养。至于犬马,皆能有养。不敬,何以别乎?"[1]于省吾认为"敬"起源于远古时代巫师作法礼神仪式,巫师戴角而跪,表达对神的恭敬之情。[2]刘师培也指出敬与恭有别:"盖恭指容言,乃威仪发现于外之谓也;敬指事言,乃人心恒自警肃之谓也。"[3]"恭"重在外在礼仪,"敬"重在内心情感。《论语》"敬"字凡22见,既有"敬鬼神""畏天命",也有"行笃敬""事思敬"等表述。简而言之,与商周时期"敬"观念最大的区别就在于:孔子将"敬"由敬天礼神转向敬人、敬事。这一由上而下的转向,凸显了孔子思想的人文主义特色。细而言之,孔子所言"敬",又与宋明时期有些思想家不一。孔子思想中的"敬",尚有一个外在客观的对象,敬父母尊长,或者敬事、敬人、敬自然。有些宋明思想家所说的"敬",已不复存在一个外在客观的对象,敬的是内在德性或良知,客观性隐退,主体性更加挺立。敬观念由外向内的转变,展现的是儒家"敬"观念演变的内在逻辑轨迹:从敬神过渡至敬人,继而从敬人、敬事发展至敬内在德性与本体。弟子子夏"问孝",孔子仅以"色难"两字作答。学术史上对何谓"色难"有两种解释:东汉包咸《论语章句》认为"色难,谓承顺父母颜色乃为难也"。"色"指"承顺父母颜色",这一诠释有些隔靴搔痒,未谙孔子奥义。《礼记·祭义》的解释值得注意:"孝子之有深爱者必有和气,有和气者必有愉色,有愉色者

---

[1] 朱熹:《论语集注·为政第二》,《四书章句集注》,中华书局1983年版,第56页。
[2] 于省吾:《释羌、苟、敬、美》,《吉林大学社会科学学报》1963年第1期。
[3] 刘师培:《理学字义通释》,《仪征刘申叔遗书》第四册,广陵书社2014年版,第1365—1366页。

必有婉容。"子女先有爱父母之心，自然而然滋生和气和愉色。正如段玉裁《说文·色部》所言："颜者，两眉之间也。心达于气，气达于眉间，是之谓色。"由心到气，由气再到色，展现的是子女敬亲之心由内向外的流露过程。此外，王引之训诂学角度的诠释可以加深人们对"色难"的理解。王引之《经义述闻》认为"难"与"戁"通假，"色难"即"色戁"。"戁"与"难"相假借，在古代典籍中不乏其例。譬如，《礼记·儒行》篇云："儒有居处齐难，其坐起恭敬；言必先信，行必中正。""居处齐难"之"难"，与"戁"通假，表达恭敬之意。

此外，孔子把是否听从父辈教诲、遵循父辈遗志也看成是"敬亲"内涵之一："父在，观其志；父没，观其行；三年无改于父之道，可谓孝矣。"[1]"父之道"不可片面理解为"我的父母的教诲"，而应该解读为在历史长河中积淀下来的善良的道德观念。在《论语·阳货》篇中，弟子宰我向孔子提出一个问题：为何必须为父母守孝三年？这是一个带有一定哲学深度的问题，实际上已涉及孝敬父母正当性的哲学追问。宰我对孔子说："三年之丧，期已久矣。君子三年不为礼，礼必坏；三年不为乐，乐必崩。旧谷既没，新谷既升，钻燧改火，期可已矣。"孔子反问宰我："食夫稻，衣夫锦，于女安乎？""安"在《论语》中出现多次。"安"是心安，程树德《论语集释》引《四书辨疑》"所安者，言其本心所主定止之处也"[2]。心"定止"于仁爱，心才能安。皇侃《论语义疏》诠释说："情性所安，最为深隐，故云察也。"[3]皇侃点明"安"与普遍的"情性"有关。因此，当孔子听到宰我回答"心安"后，颇为气愤地指责宰我"不仁"："子生三年，然后免于父母之怀。夫三年之

---

[1] 朱熹：《论语集注·学而第一》，《四书章句集注》，中华书局1983年版，第51页。
[2] 程树德：《论语集释·为政上》，程俊英、蒋见元点校，中华书局1990年版，第93页。
[3] 皇侃：《论语义疏·为政第二》，高尚榘点校，中华书局2013年版，第33页。

第一章 孔子与曾子

丧,天下之通丧也。予也有三年之爱于其父母乎?"孔子与宰我的这一场讨论,表面上在讨论"三年之丧"礼俗,实际上已涉及"感恩"在人作为在世存在者层面的意义这一哲学问题。在伦理学与心理学意义上,孝敬源于"感恩"意识,这是一种人与动物皆有的初始道德意识。感恩作为一种善良的道德意识与情感,是支配人实现道德行为的思想基础。孔子之所以对宰我愤愤不平,实际上是指责宰我内心感恩意识尚未牢固树立。孝敬之心源于感恩意识,感恩意识缺失,孝敬之心就很难确立。值得注意的是,孟子也曾经与人探讨过这一问题,齐宣王想缩短丧礼规定的守孝时间,于是通过公孙丑请教孟子:"'为期之丧,犹愈于已乎?'孟子曰:'是犹或紾其兄之臂,子谓之姑徐徐云尔,亦教之孝悌而已矣。'"[1]孟子认为丧葬之礼的文化意义在于道德教化,先培植感恩情感,继而"教之孝悌",而非单纯地强调守孝时间的长短。郭店楚简《六德》也有类似的观点:"是故先王之教民也,始于孝弟。"[2]对此,李泽厚先生的评论颇为深刻:"在这里重要的是,孔子没有把人的情感心理引导向外在的崇拜对象或神秘境界,而是把它消融满足在以亲子关系为核心的人与人的世间关系之中,使构成宗教三要素的观念、情感和仪式统统环绕和沉浸在这一世俗伦理和日常心理的综合统一体中,而不必去建立另外的神学信仰大厦。这一点与其他几个要素的有机结合,使儒学既不是宗教,又能替代宗教的功能,扮演准宗教的角色,这在世界文化史上是较为罕见的。不是去建立某种外在的玄想信仰体系,而是去建立这样一种现实的伦理—心理模式,正是仁学思想和儒学文化的关键所在。"[3]将人的情感心理向内引导,演变为人内在的

---

1 朱熹:《论语集注·为政第二》,《四书章句集注》,中华书局1983年版,第361页。
2 刘钊:《郭店楚简校释·五行》,福建人民出版社2005年版,第119页。
3 李泽厚:《中国古代思想史论》,人民出版社1986年版,第21页。

自然欲求和自觉意识，从而避免陷于宗教的偏执与狂热。

敬不仅仅表现在父母健在时如何孝敬，也体现于父母去世之后如何敬亡亲。孟懿子问孝，孔子回答说："无违。""无违"是指无违礼节。孔子对此有一个具体的解释："生，事之以礼；死，葬之以礼，祭之以礼。"[1]以礼敬亡亲，也是孔子孝论基本规定之一。让父母健在时活得有尊严，也让父母离世时死得有尊严。在孔子心目中，周武王和周公就是这方面的典范。他们懂得孝的内在精髓，因为孝不仅体现在生前如何孝敬父母，也表现于如何将敬爱之心贯穿于丧葬之礼。"敬其所尊，爱其所亲，事死如事生，事亡如事存，孝之至也。"[2]孔子之所以重视丧祭之礼，其原因并不仅仅在于其间渗透"事亡如事存"的敬亲精神，更重要的在于这种丧祭之礼可以起到"教民追孝"的道德教化作用。"子云：'修宗庙，敬祀事，教民追孝也。'"[3]孔子虽然非常重视丧祭之礼，但他追求的是在这种礼仪中孝子所产生的内在的自然敬爱亲情，而不是片面追求丧礼外在仪式的周密与奢华。在这一点上，最容易引起后人的误解。孔子说："丧致乎哀而止。"[4]"士见危致命，见得思义，祭思敬，丧思哀，其可已矣。"[5]每个人在社会上都是"角色自我"，每一种社会角色都有其相应的行为规范和言行禁忌，人的真情实感往往隐匿于各种厚重的社会角色的"盔甲"背后。孔子指出往往在至亲亡故之时，一个人的真实情感才会淋漓尽致地袒露在众人面前："人未有自致者也，必也亲丧乎！"[6]因此，

---

1 朱熹：《论语集注·为政第二》，《四书章句集注》，中华书局1983年版，第55页。
2 朱熹：《中庸章句》，《四书章句集注》，中华书局1983年版，第27页。
3 孙希旦：《礼记集解·坊记第三十》，沈啸寰、王星贤点校，中华书局1989年版，第1289页。
4 朱熹：《论语集注·子张第十九》，《四书章句集注》，中华书局1983年版，第191页。
5 朱熹：《论语集注·子张第十九》，《四书章句集注》，中华书局1983年版，第188页。
6 朱熹：《论语集注·子张第十九》，《四书章句集注》，中华书局1983年版，第191页。

第一章　孔子与曾子

在丧祭礼中，孔子强调的是内在自然哀思之情。"敬"与"哀"代表孔子在丧祭之礼上的基本态度，哀伤之情源出于敬之情，无敬则无哀。"敬为上，哀次之，瘠为下。"[1]由此而来，只要子女有内在的哀与敬之真情实意，就是真正的孝子，外在陪葬之具是否丰厚，并不是孔子关注的焦点。由此可以理解，为何孔子一直反对厚葬。《礼记·檀弓》篇记载子游"问丧具"，"夫子曰：'称家之有亡。'子游曰：'有亡恶乎齐？'夫子曰：'有，毋过礼。苟亡矣，敛首足形，还葬，县棺而封，人岂有非之者哉？'""称家之有亡"之"亡"通"无"，孔子主张应根据各家的社会身份和经济实力办理丧事，切不可片面追求丧礼之隆盛，关键在于对父母是否有一颗至真至切的敬爱之心。根据《仪礼·丧服》篇记载，孝子居丧期间必须住在草棚里，头枕土块，日夜哭泣。《墨子·节葬》也对战国儒家的厚葬主张多有批评："处丧之法，将奈何哉？曰：哭泣不秩，声翁，缞绖垂涕，处倚庐，寝苫枕块；又相率强不食而为饥，薄衣而为寒。使面目陷陬，颜色黧黑，耳目不聪明，手足不劲强，不可用也。又曰：上士之操丧也，必扶而能起，杖而能行，以此共三年。"值得注意的是，墨家所批判的恰恰是孔子所否定的，《仪礼·丧服》篇观点并不代表孔子本人思想。墨家的节葬观点与孔子"苟亡矣，敛首足形"观点有相通之处，不同之处在于：墨家在丧葬之礼的表述趋于极端，忽略了人首先是道德情感的存在；孔子则强调"称家之有亡"，根据各家身份地位财产依礼而行。缘此，墨家所批评的那种孝子在守孝期间不思饮食、"必扶而能起，杖而能行"的极端自虐社会陋习，也是孔子所坚决反对的。孔子认为"丧食虽恶，必充饥。饥而废事，非礼也；饱而忘哀，亦非礼也。视不明，听不聪，行不正，不知哀，君子病之。

1　孙希旦：《礼记集解·杂记第二十一》，沈啸寰、王星贤点校，中华书局1989年版，第1088页。

故有疾,饮酒食肉。五十不致毁,六十不毁,七十饮酒食肉,皆为疑死"[1]。守丧期间身上长了脓疮就该洗澡,头顶长疖子就该洗头,身体虚弱就该吃肉补养。不节制哀伤而使身体极度虚弱甚至丧失生命,恰恰是"非礼"的不孝之举。如果有一颗至真至切的敬亲之心,守孝期间饮酒吃肉,并不违连儒家孝德。儒家与墨家在相互攻讦的表象背后,其实隐含一些相通兼容之处。

曾子小孔子46岁,在颜回去世之后,曾子实际上成为传经与显道的主要代表人物。

具体就孝道而言,曾子应该是孔子孝道最重要的继承者。司马迁《史记·仲尼弟子列传》尝言:"曾参……孔子以为能通孝道,故授之业,作《孝经》。"《汉书·艺文志》的表述基本上同司马迁。缘此,我们颇感兴趣的话题是:曾子在哪些方面继承并发展了孔子孝道?如前所述,孔子将"敬"建构为孝行的道德基础,曾子接踵而起,继而以"爱"诠释"敬":弟子单居离问曾子:"事父母有道乎?"曾子答:"有,爱而敬。"[2] 爱在内,敬在外;爱是本,敬是用;爱在先,敬在后。有爱才有真正的敬,"君子之孝也,忠爱以敬,反是乱也"[3]。"敬"的普遍本质为忠心之爱,"忠爱"是敬的本色。以爱释孝,将孔子孝论幽而不显、晦而不明的一条主线揭示出来,这是曾子对孔子孝道做出的最大贡献!由此也为两千多年儒家孝论奠定了一个道德主流基调:孝的普遍本质是爱。爱属于人类本源情感,爱掘发出了人类作为在世存在者生存的本质与意义。质言之,曾子以爱诠释孝,实际上从逻辑学高度界定了"孝是什么":孝是爱!孔子没有从形上学高度界定的概念,曾子给出了儒

---

1 孙希旦:《礼记集解·杂记第二十一》,沈啸寰、王星贤点校,中华书局1989年版,第1100页。
2 王聘珍:《大戴礼记解诂》,王文锦点校,中华书局1983年版,第86页。
3 王聘珍:《大戴礼记解诂》,王文锦点校,中华书局1983年版,第81页。

第一章 孔子与曾子

家式回答。曾子从而也为儒家孝道进一步确立了情感本位,孝从情感(爱)出发,最终复归于情感(爱)。

追根溯源,曾子以爱释孝并非空穴来风,而是对孔子"仁爱"思想的"接着讲"。孔子始终没有从逻辑学层面界说"仁是什么",众多弟子分别在不同场合、不同时间,向孔子"问仁",孔子的回答竟然都不一样。即使面对同一位弟子数次"问仁",孔子的回答也迥然有异。不难发现,在大多数语境中,孔子立足于工夫论讨论"为仁之方",而非形上学意义上的"仁是什么"。因为在孔子思想架构中,仁是上位概念,在属种概念关系中,已经找不到位级更高的概念来对"仁"加以界定。一切描述性语言已不是仁本身,而是被语言遮蔽了的仁。"仁"作为孔子思想体系中最核心的观念,是"多"中之"一",我们姑且只能以"一"来界说,或者从工夫论层面来体悟,因为仁具有不可言说性。

孔子虽然没有界定"仁是什么",但反复多次表述了"什么是仁",而接近"什么是仁"的一条捷径就是情感。亚里士多德批评苏格拉底的"美德即知识"忽略了情感的作用。苏格拉底认为所有美德都存在于灵魂的理性部分,忽略了灵魂中的非理性部分,从而也就漠视了情感的作用。与此相对,孔子仁学非常强调以道德情感作为出发点,"居处恭,执事敬,与人忠"[1],"仁者必有勇"[2],"刚毅木讷,近仁"[3]。在诸多道德情感论述中,孔子以"爱人"释仁最具代表性。《大戴礼记·主言》所记孔子语录正好印证《论语》所载:"孔子曰:'是故仁者莫大于爱人。'"战国楚简《郭店楚简校释·语丛(二)》进而有"爱生于性"之类表述。

---

1 朱熹:《论语集注·子路第十三》,《四书章句集注》,中华书局1983年版,第146页。
2 朱熹:《论语集注·宪问第十九》,《四书章句集注》,中华书局1983年版,第149页。
3 朱熹:《论语集注·宪问第十九》,《四书章句集注》,中华书局1983年版,第148页。

孔子以爱释仁，也就是以情感诠释仁本体，将爱这一情感作为仁本体展开的起始与底色，恰如朱子所论"爱人，仁之施"[1]。人首先是情感的存在者，其次才是理性的存在者，情感是人类行为的原初动力。

曾子孝论的贡献就在于将孔子"仁者莫大于爱人"，具体落实于孝德与孝行。在先秦两汉史料中，曾子将爱确立为孝行道德基础的例子比较多，现罗列荦荦大者加以分析。

例一，"养口体"之孝与"养志"之孝。弟子公明仪问曾子是否称得上是一位孝子？曾子回答说："参直养者也，安能为孝乎！"[2]曾子自认为在孝行上尚未臻于"养志"境界，只是一个"直养者"，也就是停留于"养口体"之孝阶段。这当然是曾子自谦之词，但在历史上，周襄王是一个被"塑造"为"养口体"之孝的反面典型。《春秋》僖公二十四年（前636）："冬，天王出居于郑。"普天之下，皆是天子地盘，为何《春秋》使用"出居"一词？《春秋》三传认为隐含批评之意。周襄王母亲比较宠爱少子带，周襄王对母亲的孝爱逐渐由"养志"之孝转变为"养口体"之孝。"周襄王之母非无酒肉也，衣食非不如曾晳也，然而被不孝之名，以其不能事其父母也。君子重其礼，小人贪其养。"[3]在曾子看来，"养口体"之孝无异于"犬马之孝"，"养志"与"养口体"最大差异就在于：前者心中有爱，后者心中无爱。在一场兵变中，周襄王逃奔郑国避难。《春秋》三传认为，"出居"不仅是指谓地理空间，而且是指周襄王在情感上与母亲有意疏离。何休诠释说："不能事母，罪莫大于不孝，故绝之言'出'也。"董仲舒的观点与《公羊传》和何休基本

---

1 朱熹:《论语集注·颜渊第十二》,《四书章句集注》, 中华书局1983年版, 第139页。
2 王聘珍:《大戴礼记解诂》, 王文锦点校, 中华书局1983年版, 第82页。
3 桓宽撰集, 王利器校注:《盐铁论校注》, 中华书局1992年版, 第309页。

第一章 孔子与曾子

雷同:"出天王而不为不尊上。"[1]周襄王不孝也就是不义,因此,将周襄王驱逐出王都,董仲舒认为这是"直行其道"的正义行为。

例二,曾子不食羊枣。《孟子·尽心》篇载:"曾皙嗜羊枣,而曾子不忍食羊枣。公孙丑问曰:'脍炙与羊枣孰美?'孟子曰:'脍炙哉!'公孙丑曰:'然则曾子何为食脍炙而不食羊枣?'曰:'脍炙所同也,羊枣所独也。讳名不讳姓,姓所同也,名所独也。'"脍炙人人喜爱,羊枣只有曾皙一人喜食。曾子"不忍食",是因为每次见到羊枣,都会滋生浓浓的思念之情。"羊枣"与"父亲"这两个语词,在曾子的意识中水乳交融。正如孟子所言,孝敬父母最高的境界是子女虽年逾花甲,仍然对父母有"慕"之情,"大孝终身慕父母"[2]。"慕"是婴儿般的依恋之情,也是超越外在功利、持久性的依恋之心。心中有爱,才会拥有永恒且单纯的"慕"之情。

自从曾子将孔子儒家孝行道德基础揭明为"爱"之后,孔子孝论深处隐而不显的一条主线从此大放光芒,并被历代大儒奉为圭臬。汉代"群儒首"董仲舒依据儒家经义决狱平讼,有一例案件值得讨论:"甲有子乙以乞丙,乙后长大,而丙所成育。"甲是乙的生父,丙是乙的养父。在一次酒宴中,甲在酒酣耳热之际对乙说:"汝是吾子。"乙听后勃然大怒,"怒杖甲二十"。依照汉代法律,"殴父也,当枭首"[3]。于是甲以"不孝"罪向县官控告乙。董仲舒按照《春秋》经义审讯之后断案:"甲能生乙,不能长育,以乞丙,于义以绝矣。虽杖甲,不应坐。"[4]甲虽然是乙生父,但从未尽到抚育子女的责任,父子之间早已恩断情绝。甲

---

[1] 苏舆:《春秋繁露义证》,钟哲点校,中华书局1992年版,第87页。
[2] 朱熹:《孟子集注·万章章句上》,《四书章句集注》,中华书局1983年版,第303页。
[3] 李昉等撰:《太平御览》卷六百四十,中华书局1960年版,第2868页。
[4] 杜佑:《通典》卷六十九,中华书局1984年版,第382页。

借酒告诉其是乙之父，对乙而言，甲所言是对养父丙的侮辱，所以，乙殴打的并不是"父亲"，而是羞辱自己的陌生人。在这一案例中，董仲舒之所以判决乙无罪，其深层内涵还在于表述一个道德观念：情感重于血缘。父子之爱并非单一源自血缘关系，孝爱更多来自对日常经验生活中所获爱心的自然报答。乙对养父有深深孝爱之心，才会做出"怒杖甲二十"的行为。宋代朱子在讨论《论语》有子所言"孝弟为仁之本"时，一再同意程颐的观点：孝只是"行仁"之本，而顿顿不可成为"仁之本"。"这个仁，是爱底意思。"[1]仁是爱之理，爱是仁之已发。因此，孝是爱之起始，"仁是根，爱是苗"[2]。王阳明继而以"深爱"论孝，他指出作为良知发用的孝心与孝行，在经验世界中往往通过情感直接显发。在劈柴挑水等日常生活中，孝心具体通过"真诚恻怛"情感得以展现。情感是人类行为的原初动力，以良知之"真诚恻怛"面对父母尊长，自然而然显现为孝："只是一个真诚恻怛，便是他本体。"天理原来是"有所指向"，这与佛教"无所指向"截然有别。这个"有所指向"强调人的主体性，强调人的实践理性，强调人至真至切的情感流露，强调心对天理的呼唤。如果"真诚恻怛"情感有所遮蔽，在父母面前不可能彰显出孝。与此同理，悌、信、诚、友、忠在不同客观对象面前同样显发不出来。心只有臻入"真诚恻怛"的情感状态，真心呼唤天理，才是良知。与此相对，在"温清之节""奉养之宜"等孝亲礼仪领会与表达方面，舞台上的"戏子"可能比现实生活中的芸芸众生更拿捏到位，甚至可以赢得台下一片掌声，但是，在王阳明看来，"戏子"的表演只是伪善，而不是"至善"。如果把"温清之节""奉养之宜"当作知识对象

1　黎靖德编：《朱子语类》卷二十三《论语五》，王星贤点校，中华书局1986年版，第563页。
2　黎靖德编：《朱子语类》卷二十四《论语六》，王星贤点校，中华书局1986年版，第565页。

第一章 孔子与曾子

处理，三五日就可讲授完毕。但是，王阳明指出，"温清之节""奉养之宜"不仅仅限于"学问思辩"，关键在于是否"有个深爱做根"[1]。王阳明点明"深爱"就是根，有"深爱"自然产生"真诚恻怛"情感；有无"深爱"显发出来的"真诚恻怛"道德情感，成为区分戏子与孝子的分水岭。阳明以"深爱"论孝，旨在表明孝是自然而然的情感展现，孝不是认识论层面的对象，也不是伦理学层面的"他者"，而是审美境界意义上的自然美德。

值得注意的是，在曾子思想结构中，还存在"爱身"观念，我们也可称之为"自爱"。爱身与爱亲两者之间是否存在逻辑矛盾？在曾子看来，这种逻辑上的不自洽是不存在的。恰恰相反，爱身是实现爱亲的生命基础，"身者，父母之遗体也。行父母之遗体，敢不敬乎？"[2]子女身体康健，才有能力承担爱亲的道德义务，才能实现生命意义。如果子女身体残缺或病痛缠身，反而需要年老的父母照料，这恰恰是不孝之举。由此，我们才能读懂曾子临终之前的告慰之语："启予足！启予手！《诗》云：'战战兢兢，如临深渊，如履薄冰。'而今而后，吾知免夫！小子！"临终之际，曾子特意让弟子开衾检视自己身体是否健全无伤。"全体"也是孝敬父母与否的一项内容，实际上更应该视为孝爱父母的生命基础。曾子爱身和"全体""贵生"的思想，后来在曾子弟子中得到发扬光大。曾子弟子乐正子春不慎扭伤了脚，伤愈之后，连续数月闭门不出。学生问其缘故，乐正子春忏悔说："善如尔之问也！吾闻之曾子，曾子闻诸夫子曰：'天之所生，地之所养，人为大矣。父母全而生之，子全而归之，可谓孝矣；不亏其体，可谓全矣。'故君子顷步之不敢忘

---

[1] 王阳明：《标注传习录》，[日]三轮执斋点校，吴志远、李小希译，光明日报出版社2014年版，第235、10、8页。
[2] 吕不韦编：《吕氏春秋集释》，许维遹集释，梁运华整理，中华书局2009年版，第307页。

也。今予忘夫孝之道矣,予是以有忧色。故君子一举足不敢忘父母,一出言不敢忘父母。"¹乐正子春脚伤虽已痊愈,仍数月闭户不出,面壁思过。因为按照"父母全而生之,子全而归之"的观念,"全体"与"贵生"成为人伦之孝的一项要求。由此而来,衍生出一系列的行为禁忌:

孝子不登高,不履危,瘴亦弗凭。²
故道而不径,舟而不游。³
不苟笑,不苟訾,隐不命,临不指,故不在尤之中也。⁴
孝子游之,暴人违之。出门而使不以,或为父母忧也。⁵

迨至荀子,已明确提出"自爱"概念:"知者自知,仁者自爱。"⁶孔子根据对"知者若何?仁者若何"的理解,将人的生命境界划分为三种层次:士、士君子和明君子。明君子对"仁者若何"的理解就是"自爱"。由此我们可以发掘出儒家"爱"思想隐而不显的一条线索:孔子"爱"的基本含义是由内向外推扩,正如董仲舒所言"仁者爱人类也"。但是,由曾子肇其端,儒家"爱"观念除了有从内向外推扩的面相,还存在向内转向的一个面相。曾子"爱身""全体""贵生"思想发展至荀子,明确提出了"仁者自爱"观念。扬雄继而做了全面阐发:"人必其自爱也,而后人爱诸;人必其自敬也,而后人敬诸。自爱,仁之至也;自敬,礼

---

1 王聘珍:《大戴礼记解诂》,王文锦点校,中华书局1983年版,第85页。
2 王聘珍:《大戴礼记解诂》,王文锦点校,中华书局1983年版,第79页。
3 王聘珍:《大戴礼记解诂》,王文锦点校,中华书局1983年版,第85页。
4 王聘珍:《大戴礼记解诂》,王文锦点校,中华书局1983年版,第79页。
5 王聘珍:《大戴礼记解诂》,王文锦点校,中华书局1983年版,第79页。
6 王先谦:《荀子集解》,沈啸寰、王星贤点校,中华书局1988年版,第533页。

之至也。未有不自爱敬而人爱敬之者也。"[1] "自爱"不仅是人人爱我的前提，而且成为"仁爱"最高追求。"自爱"思想延续至明代王心斋，达到一个新高峰："知保身者，则必爱身如宝。能爱身，则不敢不爱人。能爱人，则人必爱我，人爱我，则吾身保矣。能爱人，则不敢恶人。不恶人，则人不恶我，人不恶我，则吾身保矣。能爱身，则必数身如宝，能敬身，则不敢不敬人。能敬人，则人必敬我，人敬我，则吾身保矣。能敬身，则不敢慢人。不慢人，则人不慢我，人不慢我，则吾身保矣。"[2] 王心斋从"百姓日用是道"哲学观出发，将自爱逻辑梳理为爱身—爱人—爱我—爱身。王心斋所说的"身"与曾子相较有所不同。曾子所言"身"基本上指谓血气生命之躯，王心斋思想中的"身"是身心合一之"身"。身既指血气生命之躯体，又蕴含意识主体、道德主体和精神之心诸义项。王心斋"保身"自爱思想既是对个体生命的尊重，也是对个体自由意志的期许。质言之，儒家"爱"的观念除了"爱人类"这一向外推扩的含义外，从曾子、荀子、扬雄到王心斋等人自爱思想，从"全体""贵生"到"自爱""爱身"的演变，我们不难发现儒家"爱"观念还存在向内转向的一面，而儒家"自爱"思想的滥觞者就是曾子。不仅如此，自爱思想其实正是儒家工夫论存在何以可能的哲学基石。

（二）从"事父母几谏"到"以正致谏"

曾子以爱诠释孝，从而为儒家孝道确立了一个崭新的道德基础。由此而来，也引发了一个深刻的伦理问题：如果父母言行不当，子女如何

---

1 扬雄：《法言义疏》，汪荣宝注疏，陈仲夫点校，中华书局1987年版，第515页。
2 王艮：《王艮全集》，陈寒鸣编校，上海古籍出版社2022年版，第63—64页。

做才符合孝道？子女保持独立人格、劝谏父母尊长回归正道是否属于不"爱亲"？曾子曾经就此问题请教于孔子："曾子曰：'敢问子从父之令，可谓孝乎？'子曰：'是何言与？是何言与？昔者，天子有争臣七人，虽无道，不失其天下；诸侯有争臣五人，虽无道，不失其国；大夫有争臣三人，虽无道，不失其家；士有争友，则身不离于令名。父有争子，则身不陷于不义。故当不义，则子不可以不争于父；臣不可以不争于君；故当不义则争之。从父之令，又焉得为孝乎？'"[1] 有谏诤之臣、友，虽遭乱世，天子能保天下，诸侯能保国，卿大夫能保家，士能保全名声。由此推论，父母有讽谏之子，可以帮助双亲避免蒙受不仁不义不慈恶名。因此，父母有过，子女向其讽谏非但合乎孝道，而且是孝子应尽的道德义务。《荀子·子道》也载有类似的问答："鲁哀公问于孔子曰：'子从父命，孝乎？臣从君命，贞乎？'三问，孔子不对。孔子趋出，以语子贡。曰：'乡者，君问丘也，曰："子从父命，孝乎？臣从君命，贞乎？"三问，而丘不对。赐以为何如？'子贡曰：'子从父命，孝矣；臣从君命，贞矣。夫子有奚对焉？'孔子曰'小人哉！赐不识也！昔万乘之国有争臣四人，则封疆不削；千乘之国有争臣三人，则社稷不危；百乘之家有争臣二人，则宗庙不毁；父有争子，不行无礼；士有争友，不为不义。故子从父，奚子孝？臣从君，奚臣贞？审其所以从之之谓孝、之谓贞也'。"[2] 孔子在这一问题上的态度十分明确：父义则从，父不义则谏。基于此，曾子进而提炼出了以义辅亲、以正致谏、微谏不倦等等谏亲原则："君子之孝也，以正致谏；士之孝也，以德从命；庶人之孝也，以力恶食。任善不敢臣三德。故孝之于亲也，生则有义以辅之，死则哀以

---

[1] 皮锡瑞：《孝经郑注疏》，吴仰湘点校，中华书局2016年版，第110—116页。
[2] 王先谦：《荀子集解》，沈啸寰、王星贤点校，中华书局1988年版，第530页。

莅焉，祭祀则莅之，以敬如此，而成于孝子也。"[1]不仅如此，曾子还将谏亲从情感上加以融合、认可，升华为"君子三乐"之一，将外在伦理规范内化为情感之愉悦。"曾子曰：'君子有三乐，钟磬琴瑟不在其中。'子夏曰：'敢问三乐。'曾子曰：'有亲可畏，有君可事，有子可遗，此一乐也。有亲可谏，有君可去，有子可怒，此二乐也。有君可喻，有友可助，此三乐也。'"[2]

值得进一步深入思考的是，曾子"有亲可谏""以正致谏"观念，建立在父子人格平等前提之下。《韩诗外传》卷八载："曾子有过，曾皙引杖击之。仆地，有间乃苏。起曰：'先生得无病乎？'鲁人贤曾子，以告夫子。夫子告门人：'参来勿内也。'曾子自以为无罪，使人谢夫子。夫子曰：'汝不闻昔者舜为人子乎？小棰则待，大杖则逃。索而使之，未尝不在侧；索而杀之，未尝可得。今汝委身以待暴怒，拱立不去，汝非王者之民邪？杀王者之民，其罪何如？'"[3]这一事例或许过于典型，《说苑·建本》和《孔子家语·六本》等典籍并录此事。"王者之民"在《说苑》和《孔子家语》书中被称为"天民"。"王者之民"和"天民"观念旨在说明父子虽然位不同，但彼此人格独立、平等。曾子遭其父虐待，苏醒后不反思其父行为是否已违反"父慈"之道，反而奏瑟为其父消怒。孔子对曾子这种过犹不及的愚孝行为非常生气，认为毫无原则立场的逆来顺受，似乎是大孝之行，但实际上是一种不孝之举。人伦之孝，应以父子道德人格平等为前提，这恰恰是孔子孝论的精华所在。经过孔子的"提撕"之后，中年以后的曾子一改年少履薄临深的拘谨心态，显得非常洒脱豪放："曾子布衣缊袍未得完，糟糠

---

[1] 王聘珍：《大戴礼记解诂》，王文锦点校，中华书局1983年版，第80页。
[2] 韩婴：《韩诗外传集释》，许维遹校释，中华书局2020年版，第317—318页。
[3] 韩婴：《韩诗外传集释》，许维遹校释，中华书局2020年版，第285—286页。

之食、藜藿之羹未得饱，义不合则辞上卿。不恬贫穷，安能行此？"[1] "曾子居卫，缊袍无表，颜色肿哙，手足胼胝。三日不举火，十年不制衣，正冠而缨绝，捉衿而肘见，纳屦而踵决。曳縰而歌商颂，声满天地，若出金石。天子不得臣，诸侯不得友。"[2] 两汉以后的士人甚至将曾子尊奉为豹隐山林的高士，尽管衣衫褴褛、生活困顿，仍以人格自由独立为生命最高追求，视名利为束缚自由心志的人生牢笼。"天子不得臣，诸侯不得友。"曾子之志向，已与超然物外、不为尘俗欲望所累的道家庄子并无二致。这两段史料的确凿性虽尚有待细考，但认为曾子以孝义处世、特立独行，却是精当之论，这从曾子独具一格的君子人格追求中也可得到证实："曾子曰：'辱若可避，避之而已。及其不可避，君子视死如归。'"[3] "曾子曰：'士不可以不弘毅，任重而道远。仁以为己任，不亦重乎？死而后已，不亦远乎？'"[4] 重视生命价值，力求精神生命不受世俗势利的侵害，但是，一旦社稷倾圮、生民倒悬，则临难不辱、视死如归。道德生命价值远远重于生理生命，曾子的"君子人格"后来又深刻地影响了孟子，孟子的"大丈夫"人格是对孔子、曾子君子人格的提升。

子思由曾子抚育成人，曾子思想对子思多有熏陶。因此，曾子谏诤思想自然而然在子思思想中有所体现。郭店楚简《鲁穆公问子思》云："鲁穆公问于子思曰：'何如而可谓忠臣？'子思曰：'恒称其君之恶者，可谓忠臣矣。'公不悦，揖而退之。"[5] 虽然简文只涉及"谏君"，但在先

---

[1] 刘向：《说苑疏证》，赵善诒疏证，华东师范大学出版社1985年版，第77页。
[2] 郭庆藩：《庄子集释》，王孝鱼点校，中华书局1961年版，第977页。
[3] 苏舆：《春秋繁露义证》，钟哲点校，中华书局1992年版，第63页。
[4] 朱熹：《论语集注·泰伯第八》，《四书章句集注》，中华书局1983年版，第104页。
[5] 刘钊：《郭店楚简校释·鲁穆公问子思》，福建人民出版社2005年版，第177页。另参见荆门市博物馆编：《郭店楚墓竹简》，文物出版社1998年版。

第一章 孔子与曾子

秦儒家思想逻辑思维中,"谏亲"在先,"谏君"在后,先亲后君,"谏君"是"谏亲"必然逻辑走向。由此也凸显儒家"谏亲"观念的一条重要线索:孔子和曾子虽然都谈谏亲与谏君,但是,从子思开始,侧重于阐发"谏君"而非"谏亲"。谏诤思想从家庭伦理转向社会政治伦理,由子思肇其端,孟子将其推向一个高峰。儒家谏诤在孟子思想中的新转向,主要体现在两个方面。

其一,"父子之间不责善"。"善"指以礼义廉耻为内容的道德理性。《孟子·离娄上》载,公孙丑问孟子:"君子之不教子,何也?"孟子回答:"势不行也。教者必以正,以正不行,继之以怒。继之以怒,则反夷矣。'夫子教我以正,夫子未出于正也。'则是父子相夷也。父子相夷,则恶矣。古者易子而教之,父子之间不责善。责善则离,离则不祥莫大焉。"朱熹评论说:"教子者,本为爱其子也,继之以怒,则反伤其子矣。父既伤其子,子之心又责其父曰:'夫子教我以正道,而夫子之身未必自行正道。'则是子又伤其父也。"[1] "父子之间不责善"是孟子标新立异的命题,其内在逻辑为:一旦父子相互以善相责,就会伤害人伦血缘亲情;伤害人伦血缘亲情,是天地间最大的"不祥"。匡章是"通国皆称不孝"的人物,但是,孟子不仅"与之游",而且还"礼貌之"。孟子为匡章辩护说:"世俗所谓不孝者五:惰其四支,不顾父母之养,一不孝也;博弈好饮酒,不顾父母之养,二不孝也;好货财,私妻子,不顾父母之养,三不孝也;从耳目之欲,以为父母戮,四不孝也;好勇斗狠,以危父母,五不孝也。章子有一于是乎?夫章子,子父责善而不相遇也。"[2] 《战国策·齐策一》对此事也有记载:"章子之母启得罪其父,

---

1　朱熹:《孟子集注·离娄章句上》,《四书章句集注》,中华书局1983年版,第284页。
2　朱熹:《孟子集注·离娄章句下》,《四书章句集注》,中华书局1983年版,第299页。

其父杀之而埋马栈之下。"匡章可能为此事向其父抗争，结果被其父逐出家门，父子从此成为陌路。匡章一生为抗争之事懊悔不已，并且通过"出妻屏子，终身不养"来惩罚自己。孟子其实是出于同情才与匡章交游，因为在孟子看来，"责善，朋友之道也；父子责善，贼恩之大者"[1]。父子如果以礼义廉耻道德理性相责，必然导致家庭亲情崩塌；在父子人伦一维，恩情感化优先，恰如楚简《六德》所言："门内之治恩掩义，门外之治义斩恩。"

此外，《孟子》中还有两则事例涉及"父子之间不责善"。

例一，象是不仁不义之人，但是，舜不仅不以法律惩处他，反而"封之有庳"。弟子万章对此提出疑义："有庳之人奚罪焉？仁人固如是乎：在他人则诛之，在弟则封之？"孟子对舜的行为进行辩解："仁人之于弟也，不藏怒焉，不宿怨焉，亲爱之而已矣。亲之，欲其贵也；爱之，欲其富也。封之有庳，富贵之也。身为天子，弟为匹夫，可谓亲爱之乎？"[2]舜贵为天子，其弟就应该富贵，否则就有违于人伦亲情，至于这种富之贵之是否有悖于社会法律与公平正义原则，那是可以忽略不计的道德瑕疵。

例二，桃应问曰："舜为天子，皋陶为士，瞽瞍杀人，则如之何？"孟子曰："执之而已矣。""然则舜不禁与？"曰："夫舜恶得而禁之？夫有所受之也。""然则舜如之何？"曰："舜视弃天下，犹弃敝蹝也。窃负而逃，遵海滨而处，终身䜣然，乐而忘天下。"[3]社会角色不同，应遵循的准则也不一样。位居天子之位，舜应当将其父"执之"；但作为人之子，舜正确的做法应当是"窃负而逃"，王位被视为"敝蹝"。如何在人伦

---

[1] 朱熹：《孟子集注·离娄章句下》，《四书章句集注》，中华书局1983年版，第299页。
[2] 朱熹：《孟子集注·万章章句上》，《四书章句集注》，中华书局1983年版，第305页。
[3] 朱熹：《孟子集注·尽心章句上》，《四书章句集注》，中华书局1983年版，第359—360页。

第一章　孔子与曾子

亲情与社会法律间寻求平衡，实际上一直是儒家关注的问题意识。孔子尝言"父为子隐，子为父隐，直在其中矣"[1]，朱熹进而诠释说："父子相隐，天理人情之至也。故不求为直，而直在其中。"[2]"亲亲相隐"实际上是从法律文化层面阐发，"亲亲相隐"或"亲属容隐"是古代东西方法律制度中普遍存在的法律原则，中国古代远在秦律就已出现容隐原则："子告父母，臣妾告主，非公室告，勿听。而行告，告者罪。"[3]在唐律中，关于"亲亲相隐"或"亲属容隐"形成了一个完备的规范系统。[4]但是，在家庭伦理层面，孔子极力强调在父子人格平等前提下敬双亲，父母亲如果有过错，子女应奋起劝谏。后来曾子进而提出了"以正致谏"等"谏亲"原则，毫无原则地顺从父母，不仅有违孝道，反而陷父于不义。但是，孔子、曾子孝论中"谏亲"的观念在孟子思想中鲜有发现，代之而起的是诸如"父子责善，贼恩之大"之类表述。

其二，君臣之间"相责以善"。孔子、曾子在家庭伦理语境中论证的"以正致谏"等"谏亲"原则，被子思和孟子完全移植到了社会政治伦理领域。孟子在反对父子之间"相责以善"的同时，大张旗鼓地强调君臣之间"相责以善"："责善，朋友之道也；父子责善，贼恩之大者。"朱熹注云："朋友当相责以善。父子行之，则害天性之恩也。"[5]将仁义这一最高价值理性树立为社会政治伦理，并非孟子的发明，孔子当年就说过"勿欺也，而犯之"[6]。孟子继而认为，"相责以善"是臣子应尽之职

1　朱熹：《论语集注·宪问第十四》，《四书章句集注》，中华书局1983年版，第146页。
2　朱熹：《论语集注·宪问第十四》，《四书章句集注》，中华书局1983年版，第146页。
3　睡虎地秦墓竹简整理小组：《睡虎地秦墓竹简·法律答问》，文物出版社1978年版，第196页。
4　从法律文化角度剖析"亲亲相隐"，可参见范忠信：《中西法律传统中的"亲亲相隐"》，《中国社会科学》1997年第3期。
5　朱熹：《孟子集注·离娄章句下》，《四书章句集注》，中华书局1983年版，第299页。
6　朱熹：《论语集注·宪问第十四》，《四书章句集注》，中华书局1983年版，第155页。

责。齐宣王曾向孟子请教过"贵戚之卿"与"异姓之卿"的区别，孟子答：贵戚之卿的职责是"君有大过则谏，反复之而不听，则易位"；异姓之卿的职责为"君有过则谏，反复之而不听，则去"[1]。彼此之间的区别仅在于变异君位或弃官而去，相同点则是"君有过则谏"，绝不能为了名利而牺牲"善"之最高信仰。与此相关，能否做到谏行言听、从善如流，是判断君王是否贤明的客观标准。"子路，人告之以有过则喜；禹闻善言则拜。大舜有大焉，善与人同，舍己从人，乐取于人以为善。自耕稼、陶、渔以至为帝，无非取于人者。取诸人以为善，是与人为善者也。故君子莫大乎与人为善。"[2]舜、禹等圣人之所以为圣人，其中一个原因在于能闻过则喜。即使颠沛流离、艰难困顿，"及其闻一善言，见一善行，若决江河，沛然莫之能御也"[3]。齐宣王曾经与孟子讨论臣下在何种情况下应该为去世的君王行穿丧服之礼仪，孟子说："谏行言听，膏泽下于民；有故而去，则君使人导之出疆，又先于其所往；去三年不反，然后收其田里。此之谓三有礼焉。如此，则为之服矣。今也为臣，谏则不行，言则不听；膏泽不下于民；有故而去，则君搏执之，又极之于其所往；去之日，遂收其田里。此之谓寇雠。寇雠何服之有？"[4]在"三有礼"中，"谏行言听，膏泽下于民"最重要。在孟子看来，"谏行言听"是君王应行之职责。如果"膏泽下于民"，则为其服孝；如果"谏则不行，言则不听""膏泽不下于民"，君臣之间已成"寇雠"。由此可见，问题的关键在于君王是否"谏行言听"。

在社会政治伦理关系中推行"相责以善"观念，有赖于一个前提性

---

[1] 朱熹：《孟子集注·万章章句下》，《四书章句集注》，中华书局1983年版，第324页。
[2] 朱熹：《孟子集注·公孙丑章句上》，《四书章句集注》，中华书局1983年版，第239页。
[3] 朱熹：《孟子集注·尽心章句上》，《四书章句集注》，中华书局1983年版，第353页。
[4] 朱熹：《孟子集注·离娄章句下》，《四书章句集注》，中华书局1983年版，第290页。

第一章 孔子与曾子

条件的成立——重新论证君臣之间的政治关系。缘此，孟子将君臣之间的关系定位为"友"。在商周时代，"友"与后世所谓"志同道合为友"之"友"含义区别甚大。童书业考证说："'朋'字在古书中有比也、类也、党也等义，'善兄弟为友'，则'朋友'古义为族人也。"[1] "友"在商周时代包含两层含义：其一，指谓亲缘关系；其二，表明对同族所承担的责任与义务。后一层含义已经表明，"友"实际上还是一个伦理学意义上的德目。《尔雅·释诂》："友，亲也。""友"作为一种伦理观念，是兄弟之间的一种道德观念，其原初意义上的适用范围仅限于同族兄弟之间。《仪礼·士冠礼》："始加元服，兄弟具来。孝友时格，永乃保之。"郑玄注："善父母为孝，善兄弟为友。"因此，"友"的概念存在着在内涵与外延上由小到大、向外膨胀的逻辑演变过程。《大戴礼记·曾子制言》："朋友之仇，不与聚乡。"朋友这一概念至迟从西周晚期已经从"族人"中分化、独立出来，王聘珍注："同门曰朋，同志曰友。"由此可见，凡志同道合者皆为友。孟子社会政治思想中的"友"应当是"同志"之友，而非"友，亲也"之友。匠心独运将君臣关系论证为以德相交的"友"，表面上似乎与商周时代的"孝友合一"趋近，但是，孟子的真实目的是为其民本主义政治学说张目。胡适认为："孟子的政治学说很带有民权的意味。"[2] 梁启超也将孟子定位为民权主义者，主张统治者应以民意为进退，以顺从民心为标准。[3] 缘此，我们不妨将孟子思想置于民本主义语境中做一评估。中国古代社会存在着一种源远流长的社会思潮——民本主义。这种颇具人民性的社会思潮胎息于《尚书》《左传》，发生于孔子，集成于孟子，中经董仲舒、阮籍、鲍敬言等人

---

1 童书业：《春秋左传研究》，上海人民出版社1980年版，第122页。
2 胡适：《中国哲学史大纲》，东方出版社1996年版，第262—263页。
3 梁启超：《先秦政治思想史》，东方出版社1996年版，第26页。

赓续，而后又在黄宗羲、顾炎武、康有为等人思想中发扬光大，并成为"近代中国人接受西方近代民主思想的基础和衔接点"[1]。何谓民本主义或民本思想？梁启超将历史上的重民思想界定为"民本思想"[2]，韦政通认为古代民本思想包含六个层面的含义：民为邦本；民意即天意；安民爱民；重视民意；民贵君轻；革命思想。[3]实际上，民本思想就是近代民主思想在古代社会的表现形式，随着近代以自由贸易、工业生产为代表的生产方式的出现，民本思想自然而然将过渡到民主思想。冯天瑜认为，"民本学说可以看作中国传统文化与民主主义的结合点"[4]。

孟子认为父子之间"相责以善"将会导致父子恩情衰减，因此，他将"相责以善"移植到了社会政治哲学，"相责以善"被论证为君王与臣下都应恪守的政治伦理。"谏亲"成为"谏君"何以可能的理论依据，"谏君"由此也成为"谏亲"自然的历史发展过程。

孔子为人类孝行建构了道德基础——"敬"，从而将人类孝行与动物发自自然本能的孝行相区分，敬成为人之所以为人的本质之一。曾子接踵而起，进一步将孔子"敬"阐发为"爱"，有爱才有孝，无爱则无孝。爱透显出人类作为在世存在者生存的本质特征。以爱释敬，广而言之，以爱诠释孝，这是曾子在儒家孝论历史上做出的卓越贡献！以爱论孝，儒家孝道从此奠基于情感本位上，二程、朱子和王阳明等大儒无一不遵循此论。以"深爱做根"，孝爱成为"何谓儒家"意义上本质特色。

但是，如果我们立足于现代哲学与伦理学高度反思儒家孝论，仍然

---

[1] 陈胜粦：《林则徐与鸦片战争论稿》，中山大学出版社1990年版，第594页。
[2] 梁启超：《先秦政治思想史》，东方出版社1996年版，第2页。
[3] 韦政通：《中国的智慧》，中国和平出版社1988年版，第31—32页。
[4] 冯天瑜：《中华元典精神》，上海人民出版社1994年版，第499页。

第一章　孔子与曾子

感觉历代大儒尚有未触及的深层次的话题，尚有令人遗憾之处。虽然孔子、曾子等思想家已论述谏亲也是孝爱固有义项，但是，如果进一步追问：一旦子女与父母之间不再存在爱，孝行是否还应该持续下去？由此我们联想起当代美国学者简·英格莉希（Jane English）的观点，她为子女孝养父母建构了一个道德基础"爱和友谊"，父母子女之间的道德关系应建立在"爱和友谊"这一道德基础之上。换言之，如果子女不再能感受到在他们和父母之间还存在"爱和友谊"，子女孝养父母的道德行为就应该终止。这是一种现代学者立足于自由意志和个体选择思路做出的哲学思考，其间渗透着浓郁的契约论色彩。[1]曾子虽然为子女孝养父母设立了"爱"这一道德基础，但是，如果子女与父母之间已不存在爱，甚至只有仇恨（譬如父母抛弃年幼的子女等行为），子女是否应该终止孝敬父母的道德义务？孔子和曾子显然尚未深入思考这一层面的伦理问题。《孟子》书中的瞽瞍是一无德小人，绞尽脑汁想害死亲生儿子舜。面对如此恶贯满盈的父亲，父子之间实际上已经恩断情绝。舜作为人之子是否有充足理由放弃孝养父母的道德义务？遗憾的是，孟子的回答多少会令现代人失望。作为君王，舜默认皋陶拘捕瞽瞍的行为；作为人之子，舜则选择"窃父而逃"。在中国古代历史上，周襄王被"设计"为一个颇具典型意义的不孝之子。周襄王幼时受母亲宠爱，其对母亲的孝养是"养志"之孝，母子之间彰显浓浓血缘之情。后来其母偏爱周襄王弟弟，爱心有所转移。周襄王已不再感受到母亲的爱，他对母亲的孝养也逐渐退变为"养口体"之孝。孝只剩下外在古板的礼仪，内在爱的情感已荡然无存。历代学人批评周襄王是一典型的不孝之子，即使因为兵变出逃在外，也被人讽刺有意从空间和心理上疏远其母。但

---

[1] 参见王庆节：《伦理道义的存在论基础与子女孝养父母的道德本分》，《哲学研究》2003年第10期。

是，如果我们考虑到其母已不再爱他，不孝之子这一恶名实际上有待再讨论。

另外一个比较典型的事例是王阳明曾经审理的一桩"父子相讼"案件。父亲控告儿子不孝，儿子指责父亲不慈。王阳明调解之后说了一番话，结果"父子相抱恸哭而去"[1]。同僚有些好奇，询问王阳明究竟说了什么话让父子当场和解，王阳明解释说："我言舜是世间大不孝的子，瞽瞍是世间大慈的父。"这一句正话反说的话让人惊愕不已，王阳明解释说：众所周知，舜是历史上的大孝子，但是，舜"常自以为大不孝"，"攻其恶，求其过"。[2]面对父母的埋怨，舜不是指责父母没有恪守慈德，而是不断反躬自问：在何处尚未完全尽到孝德？正因为舜严于律己，"日思所以不能尽孝处，所以愈能孝"。与此相反，瞽瞍倚老卖老，总是偏执于曾经养育了舜这一客观事实，时常胁迫舜对自己百依百顺。父慈子孝，本是父子双方应遵守的人伦道德。《贾子·道术》云："亲爱利子谓之慈。"[3]瞽瞍从来不以慈德严格要求自己，"常自以为大慈，所以不能慈"[4]。瞽瞍本是"桀纣心地"，却不知悔改。形成鲜明对照的是，舜已是圣人心地，在父母面前一再以"困知、勉行"提撕自身，以"尽己""推己"勉励自身。面对不再相爱的父子，王阳明用巧计启动父子之间压抑已久的"爱"的情感，让爱的火苗重新在父子心田燃烧。阳明之举，也可以看作对"简·英格莉希之问"的儒家式回答。

---

1 王阳明：《标注传习录》，[日]三轮执斋点校，吴志远、李小希译，光明日报出版社2014年版，第328页。
2 王聘珍：《大戴礼记解诂》，王文锦点校，中华书局1983年版，第69页。
3 贾谊：《新书校注》，阎振益、钟夏校注，中华书局2000年版，第303页。
4 王阳明：《标注传习录》，[日]三轮执斋点校，吴志远、李小希译，光明日报出版社2014年版，第328页。

三、道路之争：先秦儒家从"孝本论"到"仁本论"的转向

孔子去世之后，派系萌生，观点歧异。具体围绕仁与孝的关系，产生了尚"仁"与尚"孝"的思想分殊。《孝经》作者立足于为天下立法的高度，将孝论证为"天之经""地之义"和"民之行"。孝跨越父子血缘亲情边界，成为人与人、人与社会、人与自然的精神本体。在社会政治领域，孝被论证为政治伦理。"以孝治天下""移孝作忠"等观念随之而生。经过"齐鲁间陋儒"增补与作伪的《孝经》"孝本论"，引起儒家高度警惕与不安。孟子"四端""四心"论的建构以及"仁本论"的初步建构，既是对《孝经》"孝本论"的批评与反拨，也是儒家内部的一场自我拯救运动。

（一）天经地义:《孝经》"孝本论"的理论建构

《孝经》文本存在一个值得学界深思的问题：无论是今文《孝经》，抑或古文《孝经》，始终没有出现"仁"字。众所周知，"仁"在《论语》中出现109次，在《孟子》中出现158次，在《荀子》中出现134次，在20世纪90年代发现的郭店楚墓竹简中，也辨认出"仁"字约出现70次。但是，"仁"作为儒家思想的核心观念，竟然不见于《孝经》今古文。这一文化现象耐人寻味，其中必然隐藏着作者独特的哲学思考与社会政治旨趣。

"夫孝，德之本也，教之所由生也。"[1]在孔孟思想体系中，仁是全

1　皮锡瑞:《孝经郑注疏》，吴仰湘点校，中华书局2016年版，第6页。

德,位阶高于其他德目。但是,在《孝经》思想体系中,孝已经取代仁,上升为道德的本源。孝是"至德要道"[1],郑玄注点明:所谓"至德要道"就是"孝悌"。不仅如此,《孝经》一书最大的亮点在于:作者力图从道德形上学的高度,将孝论证为本体。"夫孝,天之经也,地之义也,民之行也。天地之经,而民是则之。"[2]"经"与"义"含义相同,都是指天地自然恒常不变的法则、规律。《大戴礼记·曾子大孝》也有类似表述:"夫孝者,天下之大经也。"称孝是天经地义,将孝论证为宇宙精神本体,这是人类的人文表达,其实质是以德性指代本体。

需要进一步追问的是:孝是"天之经""地之义"和"民之行"如何可能?如果作者不能从哲学上加以证明,这一结论的得出只不过是循环论证的独断论而已。令人遗憾的是,我们已看不到《孝经》作者对此是如何进行论证的了,唯《孝经·圣治章》的两段话或许与孝何以是"民之行"存在一些内在逻辑关联:"父子之道,天性也","天地之性,人为贵。人之行,莫大于孝"。将人置放于"天地万物一体"思维框架中讨论,这是儒家一以贯之的思维模式,从孔子到孟子、二程、朱熹、王阳明,概莫能外。从"天性"探讨父子之道,意味着不再局限于从道德视域论说道德,而是上升到哲学的高度论说道德。孝不再是道德论层面的观念,而是伦理学层面的概念,甚至已成为宇宙论层面的精神本体。孔子说"仁者安仁",以仁为安,意味着以仁为乐,情感的背后隐伏着人性的光芒。《孝经》作者也从人性论高度证明孝存在正当性,在逻辑上与孔子的思路有所相近。为何"人之行,莫大于孝"?明代吕维祺对此有所诠释:"天以生物覆帱为常,故曰经也。地以承顺利物为宜,故曰义。得天

---

[1] 皮锡瑞:《孝经郑注疏》,吴仰湘点校,中华书局2016年版,第9页。
[2] 皮锡瑞:《孝经郑注疏》,吴仰湘点校,中华书局2016年版,第50页。

第一章 孔子与曾子

之性为慈爱，得地之性为恭顺，即此是孝，乃民之所当躬行者，故曰民之行。"[1]天地自然之性与人之性同出一源，相互贯通。天的德性是"慈爱"，地的德性是"恭顺"，天地之性统合起来在人性的实现，彰显为"孝"。

既然孝已上升为本体，并且升华为宇宙精神，义、礼、智、信、友、悌等便成为孝本体统摄之下的具体德目。《孝经·诸侯章》云："在上不骄，高而不危；制节谨度，满而不溢。高而不危，所以长守贵也；满而不溢，所以长守富也。"诸侯所应恪守的孝德包括谦逊、节俭、守礼和诚信。卿大夫所应恪守的孝德为"非先王之法服不敢服，非先王之法言不敢道，非先王之德行不敢行"。服装、言语和行为三方面所涉及的道德，都被看成是孝这一全德的体现。孔安国指出，"先王之德行"涵摄孝、悌、忠、信、仁、义、礼、典八个方面。孝是本体与全德这一思想，在《大戴礼记》"曾子十篇"也多有体现："故居处不庄，非孝也；事君不忠，非孝也；莅官不敬，非孝也；朋友不信，非孝也；战陈无勇，非孝也。"[2]孝涵摄庄（恭）、忠、敬、信、勇五种德行，《大戴礼记》中"曾子十篇"的孝论与《孝经》多有相互发明之处。追本溯源，这一道德文化现象或许可以追溯到商周时代。根据罗振玉《殷虚书契前编》的记载，甲骨卜辞中已有"教"字，杨荣国进而认为，殷族有"以孝为教"的文化传统。有的学者考证，西周时代孝观念的内涵丰富，至少包含九个方面：敬养父母、祭享祖先、继承先祖遗志、孝于宗室、孝于婚媾、孝于夫君、孝友合一、勤于政事、孝于大自然。[3]概而论之，西周时代的孝观念不仅是家庭伦理，也是自然伦理，甚至是社会政治伦理

---

[1] 吕维祺：《孝经大全》卷七，《孝经文献集成》第三册，广陵书社2011年版，第1430页。
[2] 王聘珍：《大戴礼记解诂》，王文锦点校，中华书局1983年版，第82页。
[3] 参见李裕民：《殷周金文中的"孝"和孔丘"孝道"的反动本质》，《考古学报》1974年第2期；王慎行：《试论西周孝道观的形成及其特点》，《社会科学战线》1989年第1期。

和社会职业道德。《诗经·大雅·卷阿》:"有孝有德,以引以翼。岂弟君子,四方为则。"有孝德之人才能成为天下楷模。孝并非仅仅适用于家庭亲属关系,实际上它的适用范围非常广阔。正如《孝经·感应章》所言:"孝悌之至,通于神明,光于四海,无所不通。《诗》云:'自西自东,自南自北,无思不服。'"两相比较,《孝经》作者似乎是在"开历史的倒车","返祖"与"复古"之风昭然若揭。需点明的是,《孝经》文本成书年代应该在孔子去世之后。在孔子孝论中,孝主要是家庭伦理,父慈子孝,"立爱自亲始"。孝根本就不是全德,更不是仁的本体。"孝弟也者,其为仁之本与",代表的只是弟子有子的思想,更遑论在版本学上"仁"究竟是"仁"还是"人"尚有待讨论。[1]因此,《孝经》作者并非单纯发"思古之幽情",更不是单纯地"复古",而是有自己独特的哲学思考与人文诉求。换言之,《孝经》作者将仁边缘化纯属"主观故意",目的在于从哲学高度建构孝本论。

既然孝已经被建构为本体与宇宙精神,《孝经》作者的真实意图已是路人皆知:局囿于家庭伦理的层面谈论孝行,本来就不是作者的目的。作者真正的社会理想是立足于为天下立法的高度,跨越家庭伦理的边界,将孝观念的外延无限膨胀与扩充,使之衍化为涵盖自然、社会与人伦的道德理性、价值本源与文化依托。具体而论,在社会政治领域,孝摇身一变成为判别是非善恶的最高价值原则。明乎此,才能理解《孝经》作者为何提出"以孝治天下":"昔者明王之以孝治天下也,不敢遗小国之臣,而况于公、侯、伯、子、男乎?故得万国之欢心,以事其先王。"无论是天子"治天下",诸侯"治国",抑或庶人"治家",最高价值原则

---

[1] 敦煌抄本伯2618号作"人"。程树德《论语集释》也认为当作"人",云:"经传中'仁''人'二字互用者多,'仁'特为'人'之借字,不止此一事也。"

第一章　孔子与曾子

一律是孝。孔安国评论说："上下行孝，爱敬交通，天下和平，人和神悦。"但是，通过剖析与梳理《孝经》的内在逻辑，我们不难发现《孝经》思想体系中隐藏着一个巨大的逻辑矛盾：孝，作为家庭伦理之一维，其存在的正当性基于血缘自然亲情，其存在的合理边际范围在于家庭。有父子血缘亲情，方有孝存在的正当性；显发作用于家庭宗族边际之内，孝才有存在的合理性。换言之，在血缘亲情家庭中，孝才具有存在的合法性；孝一旦跨越父子血缘亲情的边界，向陌生人社会无限扩张与蔓延，甚至成为人与人、人与社会、人与自然关系的大经大法，一个哲学上与逻辑上的困难随之而生：在陌生人社会，孝作为本体如何可能？

作为对这一问题的回应，朱熹对《孝经》的评价值得回味。在朱子心目中，《孝经》本来就是教人知孝、行孝的童蒙读物，但是，流传于世的今古文《孝经》，都存在"齐鲁间陋儒"增补甚至作伪之处。不仅如此，《孝经》在内容与价值观上，存在着一些"不亲切"和"害理"的成分。朱子的这一批评及其严厉峻刻，几乎可以等同于评价荀子"大本已失"。朱子的批评具体可从两方面解读。

其一，孔子谈孝，孟子论仁，都"较亲切"。孔子认为仁是本，孝是仁本之用，仁本首先彰显于家庭伦理，孝就是仁本在父子伦理上的观念把握。借用朱子的语录，孝是仁本这一大江大河源头流经的"第一个塘子"。"安仁"有别于"利仁"和"强仁"，以仁为安，表明仁源自人性。既然如此，孝就属于仁本自然而然生发流行。孟子通过"孺子入井"论证"恻隐之心"这一道德情感人人皆先天具备，进而证明仁出自人性，人人先天"饱乎仁义"。未发为人性，已发为人情。"最亲切，人心自是会如此，不是内交、要誉，方如此。"[1] 论证的思路与观点，都奠

---

[1] 黎靖德编：《朱子语类》卷六《性理三》，王星贤点校，中华书局1986年版，第113页。

基于人人内在固有的人性与人心。所以朱子认为孔孟的话都非常"亲切有味"。与之相对,《孝经》有些篇章论孝"不亲切",个中缘由在于从政治势位论孝,而不是从人性、人心谈孝德孝行。

其二,在儒家思想体系中,孝根植于自然血缘亲情,是人之所以为人的本质所在。人有违于孝,就沦为孟子所说的禽兽。换言之,孝具有普遍性的特点。东西南北海,人同此心此理。但是,朱子指出,《孝经》对孝公共性、普世性特点有所破坏。"人之行,莫大于孝。孝莫大于严父,严父莫大于配天,则周公其人也。昔者,周公郊祀后稷以配天,宗祀文王于明堂,以配上帝。是以四海之内,各以其职来祭。夫圣人之德,又何以加于孝乎?"[1]《孝经》把人分为天子、诸侯、卿大夫、士和庶人五等,社会地位和身份不同,孝德同样有差异。《孝经》作者认为,周公是普天下孝子的楷模。周公制礼作乐,制定了在明堂祭祀上帝时,以先父文王配祀上帝的制度。严父配天,是孝子行孝最高级的表现。庶人百姓只能"谨身节用,以养父母"。朱子批评说:"如下面说'孝莫大于严父,严父莫大于配天',则岂不害理!倘如此,则须是如武王、周公方能尽孝道,寻常人都无分尽孝道也,岂不启人僭乱之心!"[2]孝行有等级之分,爵位与身份不同,行孝的内容与标准也迥然有异。严父配天,是孝德最高境界,这一境界只有周天子才有资格实现,平民百姓只能望洋兴叹。原本作为公共性、普遍性的家庭伦理,已经演变为等级之孝。在儒学史上,孔子孝道包括养亲、敬亲、谏亲和慎终追远四方面内涵,无论王公贵族,抑或贩夫走卒,应遵循的孝德完全相同。孝没有等级之分,寒门照样出孝子。周襄王虽贵为天子,但在历史上有不孝之子

---

[1] 皮锡瑞:《孝经郑注疏》,吴仰湘点校,中华书局2016年版,第85页。
[2] 黎靖德编:《朱子语类》卷八十二《孝经》,王星贤点校,中华书局1986年版,第2141页。

第一章 孔子与曾子

的恶名,原因在于只知道养亲,却没有做到敬亲,与"犬马之孝"别无二致。对周襄王孝行的评价标准,与平民百姓如出一辙。由此可知,在孔孟思想中,孝顺与否的评价标准,不会因社会地位不同而有所差异。在孝德面前,人人平等。《孝经》作者等级之孝的论述,对儒家孝道是一种理论上与实践上的双重伤害。正因为如此,朱子才会多次严厉批评《孝经》所言"害理"。

除了朱子对《孝经》"等级之孝"的批评外,《孝经》文本中的另一个思想特点,历代大儒也无法容忍:孝本论基础上的"以孝治天下""忠孝合一""移孝作忠"理念,有可能成为"家国同构"与"家天下"的理论依据,有可能成为君主专制国家的主流意识形态。历史上主流儒家对"家天下"的批判,典型表现于如何评价"汤武革命"。儒家与法家在这一问题的立场与观点,可谓泾渭分明。法家韩非从君臣尊卑有序视域立论,明确否定汤武革命的正当性,而儒家一以贯之,异口同声高度肯定,甚至称颂这一通过暴力斗争手段实现政权转移的路径。《易传》作者认为"天地革而四时成,汤、武革命,顺乎天而应乎人"。顺应天命与顺应人心并提,但前者是铺垫,后者才是本质。荀子进而提出"天下"无法通过暴力革命的方式夺取,因为"天下"是天下人的天下,"天下"的本质内涵是文明。夏桀、商纣"暴国之君"已沦落为"独夫",按照先秦时期"杀盗非杀人"的逻辑推演,独夫民贼甚至连人都不是,只能说是"禽兽"。汤、武并非用武力夺取天下,而是"天下归之"。"天下归之之谓王,天下去之之谓亡。"[1]在对汤、武革命的评价上,荀子思想充盈着自由思想的因素。"天下归之""天下去之",都是天下大众意志的表达与实现。董仲舒接踵而起,从天论高度树立一个

---

[1] 王先谦:《荀子集解》,沈啸寰、王星贤点校,中华书局1988年版,第324页。

政治哲学根本原则："且天之生民，非为王也；而天立王，以为民也。"[1]政府是谁之政府？洛克指出，人类自愿放弃其"自然法的执行权"，"授权"给社会，从而脱离"自然状态"，进入有"国家的状态"。[2]卢梭进而认为，人类为建立一个平等、公正的社会与政府，自愿放弃"自然的自由"。但是，"约定的自由"还存在，这一自由是对人类自愿让渡部分自由的补偿。洛克、卢梭从"人生而自由""天赋人权"理论出发，旨在阐明国家和政权属于人民。儒家从孔子"天下为公"发端，经荀子"天为民立君"、《吕氏春秋·贵公》"天下非一人之天下也，天下之天下也"，到董仲舒"天为民立王"，再到东林党人"以众论定国是"，继而延续至黄宗羲"古者以天下为主，君为客"思想，在绵延数千年思想长河中，隐伏着一个亘古不移的观点：国家不是君王一家的私有物，权力应该顺应人民意志。这已成为儒家思想代代相传的"道统"。缘此，我们终于明白，为何"天下为主君为客"理念与《孝经》"忠孝合一""移孝作忠""以孝治天下"势不两立。

（二）"饱乎仁义"：孟子"仁本论"的哲学意义

孔子"仁者安仁"在哲学史上具有开创意义。仁有"安仁""利仁"与"强仁"之分，"安仁"就是"乐仁"，以仁为安，就是以仁为乐。乐既指涉自然情感，也触及普遍的人性。《史记·滑稽列传》裴骃《集解》云："安仁者，性善者也；利仁者，力行者也；强仁者，不得已者也。"[3]

---

[1] 苏舆：《春秋繁露义证》，钟哲点校，中华书局1992年版，第220页。
[2] ［英］洛克：《政府论》下册，叶启芳、瞿菊农译，商务印书馆2016年版，第54页。
[3] 司马迁：《史记·滑稽列传》，裴骃集解，司马贞索隐，张守节正义，中华书局编辑部点校，中华书局1982年版，第3214页。

第一章 孔子与曾子

从人性论层面探讨仁与人性内在关系,意味着不再是就道德论道德,而是从哲学高度论证作为"类"的人在人性层面的普遍本质。恰如牟宗三先生所言:孔子之"仁即是性,即是天道"[1]。

仁既然源自普遍人性,就具有公共性,公共性意味着平等。人性平等,在孔子思想中已有萌芽。孟子继而"十字打开"(陆象山语),从哲学、逻辑学、伦理学等多个维度建构仁本论。孟子对仁义与心性关系的证明方式有多种,运用最娴熟的证明方式是韦政通先生所说的"证诸人类普遍情感经验",其中最典型的例子就是"孺子入井":"今人乍见孺子将入于井,皆有怵惕恻隐之心,非所以内交于孺子之父母也,非所以要誉于乡党朋友也,非恶其声而然也。""乍见"不是中性之见,而是王阳明所说的良知之见,是人先验道德情感在不假思索状态下的灵光闪现。"恻隐"基本含义是心痛,表达的是对他人的怜悯与关爱。恻隐不同于同情,同情能感受到他人的痛苦与不幸。恻隐有所不一,即使对方深陷不幸却有所不知不察,本人基于内在的道德良知仍然不由自主地泛起怜悯、惊悚之心。因循孟子思想的内在逻辑,我们在此不可说"乍见"孺子将入井,会"滋生"我内在的恻隐之心,而只能说"乍见"孺子入井,会"触动""引发"我内在的恻隐之心。因为见或不见孺子入井,恻隐之心本来就存于我心。恻隐本质上是一种作为"类"的人普遍具有的道德情感。恻隐是"已发",在已发的情感背后,隐藏着一种主宰意义的人性力量,这一"未发"的道德理性就是"仁"。孟子通过"孺子入井"这一具体场景,借助归纳推理力图证明一个观点:恻隐之心与仁义礼智"四端",人人先天具备,而且在世俗生活中人人可以得到证明。"恻隐之心,仁之端也;羞恶之心,义之端也;辞让之心,礼

---

[1] 牟宗三:《名家与荀子》,《牟宗三先生全集》第二册,联经出版公司2003年版,第135页。

之端也；是非之心，智之端也。"[1]仁义礼智"四端"是人性中先天固有的"天爵"，犹如人一呱呱坠地就有四肢一样。正因如此，孟子说人人先在性"饱乎仁义"。

对于孟子的论证过程及其观点，胡云峰总结说："稍涉安排商量，便非本心。"[2]王夫之则借批判胡云峰观点进而对孟子思想有所质疑："且如乍见孺子将入于井，便有怵惕恻隐之心，及到少间，闻知此孺子之父母却与我有不共戴天之仇，则救之为逆，不救为顺，即此岂不须商量？"[3]王夫之的这一驳难，说明他对孟子思想有所误解。如果因为"不共戴天之仇"，经过反复"安排商量"，最后弃孺子于不顾，只能说明"四端"本心已经被后天功利性的诉求所遮蔽，并不能证明"四心""四德"先在性不存在于人性。孟子通过"孺子入井"这一经验世界中人人都有可能经历的事例，旨在表明：在劈柴挑水、洒扫应对的日常生活中，"四心""四德"是人真实拥有的，"万物皆备于我"。同时这一证明方式也是终极性的证明，因为无论圣凡贤愚，人人皆可自证于心。

在孟子与告子关于"仁义内在"抑或"仁内义外"的辩论中，孟子所言"且谓长者义乎？长之者义乎"以及"夫物则亦有然者也，然则耆炙亦有外与"，在学术史上可谓醍醐灌顶之言。之后王阳明开导弟子徐爱：孝敬之心在你心上，还是在你父亲身上？"仁也者，人也。"[4]人是经验世界中形而下的具体存在，有时间与空间的限定。仁是形而上的观念性存有，超越时间而亘古存在。朱熹诠释说："仁者，人之所以为人理也。然仁，理也；人，物也。以仁之理，合于人之身而言之，乃所谓道

---

1 朱熹：《孟子集注·公孙丑章句上》，《四书章句集注》，中华书局1983年版，第238页。
2 王夫之：《读四书大全说》卷八，《船山全书》，岳麓书社1996年版，第943页。
3 王夫之：《读四书大全说》卷八，《船山全书》，岳麓书社1996年版，第943页。
4 朱熹：《孟子集注·尽心章句上》，《四书章句集注》，中华书局1983年版，第367页。

第一章 孔子与曾子

者也。"[1]仁是绝对的"理",人是有时空限定的有限的生命存在。人如果没有仁性,就是一行尸走肉;仁如果没有落实于人,只是一个纯粹逻辑世界的观念。仁与人的结合,是天道与人道的合一、灵魂与血肉之躯的合一,为有限的生命实现无限的内在超越创立了理论根据。孔子从来就没有对"仁是什么"做一逻辑界定,面对众多弟子"问仁",孔子都是从"为仁之方"层面有针对性地一一加以劝导与解蔽。孟子虽然说过"仁者爱人",也只是从情感层面诠释仁在人类普遍情感生活的具体实现。在孟子的思想逻辑架构中,"仁"从义理之天而言谓之"理"(孟子"理义"之"理"),从天授而言谓之"仁",从人得之而言谓之"性"。形而上的仁下贯至人性,才形成人之所以为人的本质("人之理"),孟子称之为"合而言之,道也"[2]。基于此,我们才能真正读懂孟子人性思想中的"性善"。其一,在"人之性"的层面,"大体"与"小体"、"天爵"与"人爵"同时存在于每个生命个体。"口之于味也,目之于色也,耳之于声也,鼻之于臭也"同样也是性。小体与人爵并非具有先在性的恶,不加以引导的欲望与人情才会导向恶。但是,恶是否也具有一个形而上的本源呢?这一问题并不是孟子讨论的重心,人心何以普遍有"四心""四德",才是孟子矻矻以求的哲学论证目标。其二,在"君子所性"视域,也就是本体层面和工夫论层面,人人在"应然"意义上,应当自觉以人性中固有的"四心"道德情感和"四德"道德理性作为自己的本性。君子与小人的区别就在于"存心"不同。君子以仁义礼智"存心",小人以食色欲求"存心"。"仁,人之安宅也;义,人之正路也。"[3]自觉以仁义道德理性为性,心才能有所安。君子与圣人不同,

---

1 朱熹:《孟子集注·尽心章句下》,《四书章句集注》,中华书局1983年版,第367页。
2 朱熹:《孟子集注·尽心章句下》,《四书章句集注》,中华书局1983年版,第367页。
3 朱熹:《孟子集注·离娄章句上》,《四书章句集注》,中华书局1983年版,第281页。

圣人是理想人格,"出乎其类,拔乎其萃"者才能成为圣人。君子属于现实人格,凡是服膺"礼义廉耻"价值观之人都可以被称为君子。"尽其心者,知其性也。知其性,则知天矣。"[1]君子人格充溢着自由意志精神,强调个体在主体自觉意义上做出道德选择。因此,只有对孟子人性论中这双重视域加以梳理,才能真正理解孟子"道性善"的内在奥义。"仁之于父子也,义之于君臣也,礼之于宾主也,知之于贤者也,圣人之于天道也,命也。"[2]仁既是性又是命,但是,君子在自由意志基础上,从"实然"自然而然转向"应然","立乎其大者",将仁义礼智认可为性,而不将其简单认可为命运。由此可见,仁的位格显然高于义、礼、智三德,仁甚至已具有统摄其他三德的地位,上升为本体。

仁地位的上升,在孟子政治哲学中体现尤其明显。孟子在儒学史上首次提出"仁政"一词,"尧舜之道,不以仁政,不能平治天下"[3]。"仁政"与"王政"属于逻辑上同一概念,在政治哲学上以"仁"作为社会政治制度与政治行为最高价值原则与最高道德依托。"诛一夫""民有恒产""耕者九一""省刑罚,薄税敛""罪人不孥""七十者衣帛食肉,黎民不饥不寒"等等,都是仁政的具体措施和体现。"以德行仁者王"[4],仁政的社会理想目标是"王道","王道"的文化精神与价值原则是仁,"王道"的代表人物就是尧、舜、禹、汤、文王。

在仁本论初步建构的基础上,孟子进而论述仁与孝的内在关系。"亲亲,仁也。"[5]"仁之实,事亲是也。"[6]仁是体,孝是用。亲亲之爱,是

1　朱熹:《孟子集注·尽心章句上》,《四书章句集注》,中华书局1983年版,第349页。
2　朱熹:《孟子集注·尽心章句下》,《四书章句集注》,中华书局1983年版,第369页。
3　朱熹:《孟子集注·离娄章句上》,《四书章句集注》,中华书局1983年版,第275页。
4　朱熹:《孟子集注·公孙丑章句上》,《四书章句集注》,中华书局1983年版,第235页。
5　朱熹:《孟子集注·尽心章句上》,《四书章句集注》,中华书局1983年版,第353页。
6　朱熹:《孟子集注·离娄章句上》,《四书章句集注》,中华书局1983年版,第287页。

第一章 孔子与曾子

仁体落实于人类道德情感的第一步。作为具有时空限定的人，子女得到的第一份爱来自父母；子女长大之后，也是首先将孝施于父母。在此基础上，子女将爱积极向外扩展，"仁者以其所爱，及其所不爱"[1]。"亲亲""仁民""爱物"，构成儒家仁爱的三个层次，或者可以说是儒家"爱有差等"的三个境界。"爱有差等"是在时间序列上立论，由近至远。因为仁作为形而上的理念是没有时间性的，但是，人作为"此在"却是有时间性的存在。有时空限制性的人基于良知良能，在实践理性上可以完全把仁的精神展现出来，仁本彰显的第一个经验场景就是父子亲情。"盖上世尝有不葬其亲者。其亲死，则举而委之于壑。"[2]当此人偶尔路过沟壑，目睹抛尸荒野的父母遗体被狐狸啃食、蚊蝇叮咬时，"其颡有泚，睨而不视"[3]。额头上的冷汗不是显示给他人看的，眼睛不敢正视也不是受到他人指责，而是内心愧疚、自责之情自然而然流露出来。之所以产生愧疚与悔恨之情，是因为人天生存有不学而能、不虑而知的道德情感与道德理性。只有按照葬礼埋葬父母，"事死如事生"，慎终追远，心才能有所安，情才能有所定。"孝子仁人之掩其亲，亦必有道矣。"[4]孟子所说的"道"，也就是基于仁本孝用意义上的人性而论。

由此我们发掘出了儒家仁爱思想的一条主线。自从孟子明确揭橥"亲亲""仁民"和"爱物"三大层次与境界之后，历代儒家将其奉为圭臬。孟子当年之所以斥墨家"无父"是"禽兽"，不仅仅在于墨者夷之错误地从仁本之外去寻找另外的本源，还在于墨家片面执守"爱无差等"，忽略工夫论和境界论层面的"爱有差等"，这种单向意义上

---

1 朱熹：《孟子集注·尽心章句下》，《四书章句集注》，中华书局1983年版，第364页。
2 朱熹：《孟子集注·滕文公章句上》，《四书章句集注》，中华书局1983年版，第263页。
3 朱熹：《孟子集注·滕文公章句上》，《四书章句集注》，中华书局1983年版，第263页。
4 朱熹：《孟子集注·滕文公章句上》，《四书章句集注》，中华书局1983年版，第263页。

的"兼爱",明显缺乏可行性。也正是认识到墨家思想有可能导致的思想迷失,历代儒家纷纷对墨家的"兼爱"加以抨击。程颐评论说:"及其既生也,幼而无不知爱其亲,长而无不知敬其兄,而仁之用于是见乎外……能亲亲,岂不仁民?能仁民,岂不爱物?若以爱物之心推而亲亲,却是墨子也。"[1]从"爱物之心"推及"仁民"和"亲亲",也就是从博爱总原则推演至工夫论和境界论,与儒家逻辑恰好相反。在程伊川看来,这种倒行逆施在理论上一大谬误就在于忽略了世界首先是人的世界,而非物的世界。"人的世界"意味着人首先是情感的存在,情感透显了人的生命本质和生命意义。之后王阳明进而批判墨家的"兼爱"是"无根"之爱:"仁是造化生生不息之理,虽弥漫周遍,无处不是,然其流行发生亦只有个渐,如冬至一阳生,必自一阳生而后渐渐至于六阳;若无一阳之生,岂有六阳?譬之木……有根方生,无根便死。"[2]仁作为"绝对精神",在现实经验世界"流行发生",必然有一个"渐",犹如参天大树必然有根。由仁理到仁爱,首先"发端"于家庭父子亲情。"父子兄弟之爱,便是人心生意发端处,如木之抽芽。自此而仁民而爱物,便是发干生枝生叶。墨氏兼爱无差等,将自家父子兄弟与途人一般看,便自没了发端处;不抽芽,便知得他无根……孝弟为仁之本,却是仁理从里面发生出来。"[3]墨家之兼爱,不仅缺乏形上学层面的哲学论证,也缺乏对兼爱之理与道德情感关系的证明,墨家之爱是无情之爱,因此"没了发端处"。墨家思想为何在秦汉之后湮灭无闻,其中一个根本原因在于其思想体系既缺乏哲学论证,又忽略了对情感与心性的深刻认识。

---

1 程颢、程颐:《二程集·遗书》卷二十三《伊川先生语九》,王孝鱼点校,中华书局2004年版,第309页。
2 王阳明:《传习录译注》,刘晓昕译注,中华书局2018年版,第127页。
3 王阳明:《传习录译注》,刘晓昕译注,中华书局2018年版,第127页。

第一章 孔子与曾子

与墨家适成对比的是,使学说体系化、使形上本体下贯人情人性,是自孟子以降历代儒家自觉的哲学使命。遵循孟子思想的逻辑,无论是"亲亲",抑或"仁民""爱物",面对超越性、绝对性的仁本体,人类或许只有通过道德情感才能接近仁体,只有通过实践理性才能证明仁体的存在。具体就"亲亲"而言,江右王门后学王塘南评论说:"圣学主于求仁,而仁体最难识。若未能识仁,自从孝弟实事上恳恻以尽其分。当其真切孝弟时,此心油然蔼然,不能自已,则仁体即此可默会矣。"[1]一个人只有在真真切切的道德生活经验中,才能领悟并证明仁体"确实存在"。"默会"意味着仁体不可简单用概念界说,也不可单纯用语言表述,有时只能借助工夫论和直觉体认形而上本体的存在。这一生命的体验,在程伊川与弟子讨论何谓《大学》"至善"时,也有类似的表述:"理义精微,不可得而名言也,姑以至善目之,默识可也。"[2]"至善"作为生命理想境界,也就是识"仁体"的境界。面对这一理想生命境界,有时只能"默识",而不可单纯诉诸语言与逻辑。

随着仁本论的初步建立,孟子为孝存在的正当性设置了一个合理的区域:家庭伦理。一旦跨越家庭伦理,孝就将走向自身的反面。基于此,与《孝经》作者截然不同的观点在于:孟子彻底将孝剥离出政治伦理,君臣之间政治关系是"友",君臣之间政治伦理是"礼义"。何谓"友"?"友也者,友其德也。"[3]以德相交,以德相辅,志同道合方为友。[4]"不挟

---

[1] 黄宗羲:《明儒学案》卷二十《江右王门学案五·太常王塘南先生时槐》,沈芝盈点校,中华书局2008年版,第487页。
[2] 程颢、程颐:《二程集·粹言》卷一《论道篇》,王孝鱼点校,中华书局2004年版,第1208页。
[3] 朱熹:《孟子集注·万章章句下》,《四书章句集注》,中华书局1983年版,第317页。
[4] "友"观念的内涵前后变化很大。"友"字在甲骨文已出现,童书业先生在《春秋左传研究》一书中对金文做了深入研究,继而指出"朋友,古义为族人"。在殷商周时期,"友"是同宗兄弟之间的道德原则。西周晚期之后冲破血缘关系藩篱,演变为以德相交、志同道合者为友。

长，不挟贵，不挟兄弟而友。"¹"三不"原则其实主要是为君臣政治关系而设立，而不是主要着眼于普通人之间的社会交往。"友"意味着平等与尊重，当然，此处蕴含的平等精神是指人格上的平等，而不是社会势位上的均等。"君之视臣如手足，则臣视君如腹心。君之视臣如犬马，则臣视君如国人。君之视臣如土芥，则臣视君如寇雠。"²"臣视君"以"君视臣"为前提，君仁则臣义。君不仁，臣可以在坚守"道义"前提下自由抉择。平等与尊重，被论证为君臣之间应遵循的政治关系，这是儒家政治哲学的一大创举，其间实际上蕴含些许自由意志与自由思想色彩。追根究源，将君臣之间的政治关系论证为友，应该是子思的发明："友，君臣之道也。"³孟子亦步亦趋，在子思思想的基础上，对"友"做了进一步的拓展。在《孟子》文本中，孟子借助两个与子思有关的故事，对"友"的内涵与特点做了深入的阐发。其一，鲁缪公经常派遣使臣送鼎肉给子思，子思反而"不悦"，甚至将使臣驱赶出大门。其中缘由在于鲁缪公不懂"养君子之道"，只是以"犬马畜伋"。⁴其二，鲁缪公与子思讨论"故千乘之国以友士"，子思再次"不悦"，并尖锐指出鲁缪公所理解的"友士"之道，其实只不过是"事士"之道。"以位，则子君也，我臣也，何敢与君友也？以德，则子事我者也，奚可以与我友？"⁵从社会政治势位角度论，君王高于贤臣；从德行角度而言，贤臣高于君王。君与臣似乎永远不可能在同一条水平线上，这就需要君王在政治关系的设计上寻求"不齐之齐"，这其中的"齐"就是道德人

---

1 朱熹：《孟子集注·万章章句下》，《四书章句集注》，中华书局1983年版，第317页。
2 朱熹：《孟子集注·离娄章句下》，《四书章句集注》，中华书局1983年版，第290页。
3 刘钊：《郭店楚简校释·语丛（三）》，福建人民出版社2005年版，第208页。
4 朱熹：《孟子集注·万章章句下》，《四书章句集注》，中华书局1983年版，第322页。
5 朱熹：《孟子集注·万章章句下》，《四书章句集注》，中华书局1983年版，第323页。

第一章　孔子与曾子

格意义上的"友"。恰如余英时先生所论："君主对少数知识分子的前辈领袖是以师礼事之，其次平辈而声誉卓著的以友处之。"[1]以"师友"相待，才是儒家倡导的"友士"之道、"养君子之道"。由此引申出子思与孟子在君臣政治伦理上的新思想：礼义。"夫义，路也；礼，门也。惟君子能由是路，出入是门也。"[2]把礼义确立为君臣之间的政治伦理，意味着既是对《孝经》家天下视域下"孝"观念的批判，也是对"忠孝合一""移孝作忠"意义上"忠"观念的彻底否定。

礼义作为思孟学派发明创造的政治伦理思想，奠基于"友"这一政治关系基石之上，背后隐伏的文化精神是仁。换言之，礼义是仁本在社会政治关系领域的体现。齐宣王与孟子讨论"贵戚之卿"与"异姓之卿"的区别，孟子指出"贵戚之卿"的政治责任在于"君有大过则谏，反覆之而不听，则易位"[3]，"异姓之卿"的职责在于"君有过则谏，反覆之而不听，则去"[4]。贤臣应当以"礼义"觉君行道，符合礼义（道义）则在庙堂之高"美政"；违逆道义则贤臣去位，在民间社会"美俗"，甚至也可以将怙恶不悛的君王"易位"。从孟子所表述的"易位"论，令人顿时明白为何孟子对通过暴力斗争手段实现政权转移的方式大加赞赏。齐宣王问孟子："臣弑其君可乎？"孟子义正词严地回答："贼仁者谓之贼，贼义者谓之残。残贼之人，谓之一夫。闻诛一夫纣矣，未闻弑君也。"[5]商纣王暴虐无道，在君位层面已丧失作为君王的资格；在政治操守上，残贼仁义，已沦落为禽兽不如的败类。因此，汤、武革命并没有

---

[1] 余英时：《中国知识人之史的考察》，广西师范大学出版社2004年版，第136页。
[2] 朱熹：《孟子集注·万章章句下》，《四书章句集注》，中华书局1983年版，第323页。
[3] 朱熹：《孟子集注·万章章句下》，《四书章句集注》，中华书局1983年版，第324页。
[4] 朱熹：《孟子集注·万章章句下》，《四书章句集注》，中华书局1983年版，第324页。
[5] 朱熹：《孟子集注·梁惠王章句下》，《四书章句集注》，中华书局1983年版，第221页。

"弑其君"，只不过是顺应民心"诛一夫"而已。

缘此，对于何为"忠臣"，何为"良臣"，子思与孟子的理解与《孝经》作者截然不同："鲁穆公问于子思曰：'何如可谓忠臣？'子思曰：'恒称其君之恶者，可谓忠臣矣。'"[1]那些"为君辟土地，充府库""约与国，战必克"[2]的臣子，其实不是"忠臣"，只是"民贼"而已。因为这些臣子唯君王意志是从，罔顾道义原则。实现君王一人私利，是这些臣子最高的价值追求。儒家从来就没有否定对利的追求，但对"利"有独特的界定："利，利于民则可谓利，利于身、利于国皆非利也。"[3]"利于民"与"利于国""利于身"相对，"利于民"才是真正的"利"。立场不同，导致价值观有云泥之别。坚守"礼义"原则，发君之恶，觉君行道，才是真正的"良臣""忠臣"。

先秦时期儒家阵营内部发生的"孝本论"与"仁本论"的分歧，在某种意义上，可以被视为"儒家向何处去"的道路抉择。孟子仁本论的初步建构，标志着以"孝君"为核心的孝本论逐渐退居边缘，淡出儒家主流思想的舞台。孔子与孟子所建构的仁本论，逐渐成为历代儒家所信奉的圭臬，并在理论体系上不断被完善。北宋程明道最早提出"仁体"观念，"学者识得仁体，实有诸己，只要义理栽培。如求经义，皆是栽培之意"[4]。程明道的"仁体"，应从两方面识读。在认识论上，借助"万物之始，气化而已"[5]的气论，天地万物由气所化生，实现了天地万物的浑然一体。这种天地万物浑然一体的人文表达就是"仁体"，这种仁体

---

1 刘钊：《郭店楚简校释·鲁穆公问子思》，福建人民出版社2005年版，第177页。
2 朱熹：《孟子集注·告子章句下》，《四书章句集注》，中华书局1983年版，第343页。
3 张载：《张载集·拾遗》，章锡琛点校，中华书局1978年版，第375页。
4 黄宗羲：《宋元学案》卷十三《明道学案》，全祖望补修，陈金生、梁运华点校，中华书局1986年版，第561页。
5 程颢、程颐：《二程集·粹言》卷二《人物篇》，王孝鱼点校，中华书局2004年版，第1263页。

之"实",通过"天地生物之心"得以外显。在工夫论和境界论层面,通过后天的"栽培",仁体可以贯通、内化为人的本质,成为人人有可能真实拥有的生命之"实"。这一仁体,也就是钱穆先生所说的"大生命"。在学术史上,朱子、张南轩和吕东莱围绕"仁体"曾经有过辩论,在"为仁"与"识仁"关系上观点不一。但是,在分歧的背后,却存在着观点与立场的趋同:他们一致承认"仁体"的存在,都认同通过后天的"栽培"可以真实拥有"仁体"。明代王阳明"仁体""一体之仁",是阳明学的"主要精神"(嵇文甫语),是"仁体"说在程明道之后达到的又一大思想高峰。他认为,在工夫论上,人通过事事"磨刮",可以恢复心之本体。不仅如此,王阳明进而基于万物一体之仁观念,在社会政治中将仁体落实为一体之仁政。随着儒家思想"阶梯式"演进,仁本论逐渐成为儒家思想代代相续的主流思想,孝本论从汉唐以降销声匿迹。从两千多年儒学史演变轨迹而论,儒家仁本论的挺立,属于儒家内部的一场自我拯救运动,将《孝经》作者误入歧途的思想加以批判与反拨,从而避免儒家沦落为古代帝制意识形态的危险。

第二章 老子与庄子

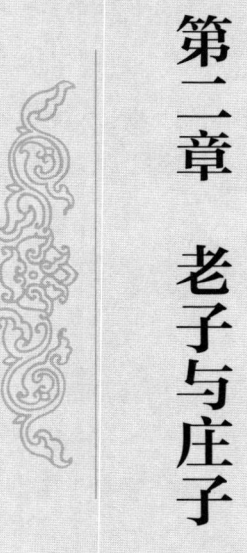

一、"气是自生":竹书《恒先》的思想史意义

竹书《恒先》共计13简,首尾完整,有残无缺,是中国古代气学史上一篇重要的文献。学术界无论在关键概念的隶定,抑或思想内涵的认识上,皆歧义纷呈,莫衷一是。[1]

(一)从"气是自生"考证《恒先》在古代气学史上之地位

战国秦汉时期,宇宙论如雨后春笋,纷繁杂陈。在众多的宇宙图式中,气论与道论颇具代表性。竹书《恒先》的出土,在中国古代气学史上是一非常重要的发现:

> 恒先无有,朴、静、虚。朴、大朴,静、大静,虚、大虚。自厌,不自忍;或作。有或焉有气,有气焉有有,有有焉有始,有始焉有往

---

[1] 学界研究《恒先》的论文主要有:李学勤:《楚简〈恒先〉首章释义》,《中国哲学史》2004年第3期;王中江:《〈恒先〉宇宙观及人间观的构造》,《文史哲》2008年第2期;郭梨华:《出土文献与先秦儒道哲学》,万卷楼图书股份有限公司2008年版,第210页;郭齐勇:《〈恒先〉——道法家形名思想的佚篇》,《江汉论坛》2004年第8期;李锐:《"气是自生":〈恒先〉独特的宇宙论》,《中国哲学史》2004年第3期;廖名春:《上博藏楚竹书〈恒先〉新释》,《中国哲学史》2004年第3期;庞朴:《〈恒先〉试读》,http://www.jianbo.org/, 2004-04-22。根据曹峰教授的统计,到2008年4月,已有68篇正式发表的论文(参见曹峰:《〈恒先〉已发表论著一览(增补)》,http://www.jianbo.org/, 2008-05-15)。但是,这些论著几乎在每一问题上都存在着较大分歧与争议。本文将《恒先》置放于中国气学史框架中,论证其在古代气学史上的地位。

者。未有天地，未有作行，出生虚静。为一若寂，梦梦静同，而未或明，未或滋生。气是自生，恒莫生气。气是自生自作。恒气之生，不独，有与也。或，恒焉。生或者同焉。昏昏不宁，求其所生：异生异，畏生畏，韦生韦，悲生悲，哀生哀。求欲自复，复，生之生行。浊气生地，清气生天，气信神哉，云云相生。信盈天地，同出而异生，因生其所欲。察察天地，纷纷而多采：物先者有善，有治无乱；有人焉有不善，乱出于人。先有中，焉有外。先有小，焉有大。先有柔，焉有刚。先有圆，焉有方。先有晦，焉有明。先有短，焉有长。天道（地？）既载，唯一以犹一，唯复以犹复。恒气之生，因复其所欲。明明天行，唯复以不废，知既而荒思不殄。有出于或，性出于有，音出于性，言出于音，名出于言，事出于名。或非或，无谓或。有非有，无谓有。性非性，无谓性。音非音，无谓音。言非言，无谓言。名非名，无谓名。事非事，无谓事。详宜（义）利，主采物，出于作，焉有事；不作无事。举天［下］之事，自作为事，庸以不可更也。凡言名先者有疑，荒言之后者校比焉。举天下之名，虚树，习以不可改也。举天下之作强者，果天下之大作，其□□不自若作，庸有果与不果，两者不废。举天下之为也，无夜也，无与也，而能自为也。举天下之生，同也，其事无不复。［举］天下之作也，无许恒，无非其所。举天下之作也，无不得其恒而果述（遂）。庸或得之，庸或失之。举天下之名，无有废者。与（举）天下之明王、明君、明士，庸有求而不虑。[1]

《恒先》在思想史上最大的贡献在于第一次明确提出"气是自生"

---

[1] 《恒先》的文字考证与编排，采用庞朴先生的观点。参见庞朴:《〈恒先〉试读》，http://www.jianbo.org/，2004-04-22。

第二章 老子与庄子

命题，这一论断是对宗教和神话传说世界观的否定，而这一否定在一个民族的思想史上极其重要，因为黑格尔曾经说："一个民族的精神文明必须达到某种阶段，一般地才会有哲学。"[1]他所说的"某种阶段"并非是一空泛的时间概念，而是指"哲学切不可从宗教开始"[2]。气作为宇宙论意义上的本原，是哲学的"第一概念"。亚里士多德曾经解析"本原"6个层面的含义，进而指出"所谓'原'就是事物的所由成，或所从来，或所由以说明的第一点"[3]。《恒先》"气是自生"思想表明气既是宇宙生成论（"所由成""所从来"），又是宇宙论（"所由以说明的第一点"）。《恒先》"气是自生"观点与先秦时期的两篇文献思想有相近之处。《逸周书·官人》云："气初生物，物生有声。声有刚柔清浊好恶，咸发于声。"[4]《大戴礼记·文王官人》亦云："初气主物，物生有声，声有刚有柔，有浊有清，有好有恶，咸发于声也。"[5]从天论到人论，这是先秦时代行文一贯的运思模式。"气初"和"初气"都是指太初之气，《列子·天瑞》有"太初者，气之始也"[6]可资旁证。"生"是指生生之生，"化于阴阳，象形而发谓之生，化穷数尽谓之死"[7]。此处之"物"是一比较宽泛的概念，既指山河大地，也蕴含人类。犹如《孟子》的"性"既指人之性，也包含物之性。《恒先》和《逸周书·官人》《大戴礼记·文王官人》都探讨了气与声音的内在关系，《逸周书》和《大戴礼记》的

---

1 ［德］黑格尔：《哲学史讲演录》第一卷，贺麟、王太庆译，商务印书馆1995年版，第53页。
2 ［德］黑格尔：《哲学史讲演录》第一卷，贺麟、王太庆译，商务印书馆1995年版，第63页。
3 ［古希腊］亚里士多德：《形而上学》，吴寿彭译，商务印书馆1991年版，第84页。
4 黄怀信等：《逸周书汇校集注》，上海古籍出版社2007年版，第775页。
5 王聘珍：《大戴礼记解诂》，王文锦点校，中华书局1983年版，第191页。
6 严北溟、严捷：《列子译注·天瑞》，上海古籍出版社1986年版，第3页。《列子》文本在先秦时期已经形成，至西汉刘向校经传诸子时，对《列子》进行定著。《列子》在东晋时几乎亡佚，幸由张湛作注得以保存，其中虽不免有后人掺入成分，但不失为先秦著作。
7 王聘珍：《大戴礼记解诂》，王文锦点校，中华书局1983年版，第251页。

重心在于说明"心气"与后天修养关系紧密,而《恒先》没有后天工夫论方面的论述。两相比较,《逸周书·官人》《大戴礼记·文王官人》的论述远比《恒先》全面和深入。鉴于《逸周书·官人》《大戴礼记·文王官人》已有"心气"、"五气"、阴阳之气等概念出现,《恒先》写作时间可能要早于《逸周书·官人》和《大戴礼记·文王官人》。

《恒先》"自生"思想在后来的思想家著作中有所反映。《易纬乾凿度》云:"夫有形生于无形,乾坤安从生……太易者,未见气也。太初者,气之始也。"[1]郑玄注云:"以其寂然无物,故名之为太易。元气之所本始,太易既自寂然无物矣,焉能生此太初哉,则太初者,亦忽然而自生。"[2]"未见气"并非意味着"太易"在性质上近似于哲学理念,绝对与气绝缘,而只是指宇宙本原在"太易"阶段处于清静、浑沦状态。郑玄误读了《易纬乾凿度》的基本观点,因而认为在宇宙论上,"太易"只是逻辑在先,而非时间在先。"太易"不生"太初","太初"也不能被生,"太初"是"忽然而自生"。《列子·天瑞》篇也有"自生"思想,其"自生"思想的得出,源于对《老子》的感悟:"有生不生,有化不化。不生者能生生,不化者能化化。生者不能不生,化者不能不化,故常生常化。常生常化者,无时不生,无时不化,阴阳尔,四时尔。不生者疑独,不化者往复。往复,其际不可终;疑独,其道不可穷。《黄帝书》曰:'谷神不死,是谓玄牝。玄牝之门,是谓天地之根。绵绵若存,用之不勤。'故生物者不生,化物者不化。自生自化,自形自色,自智自力,自消自息。谓之生化、形色、智力、消息者,非也……故有生

---

1 [日]安居香山、[日]中村璋八辑:《纬书集成·易纬乾凿度(卷上)》,河北人民出版社1994年版,第10—11页。

2 [日]安居香山、[日]中村璋八辑:《纬书集成·易纬乾凿度(卷上)》,河北人民出版社1994年版,第11页。

第二章　老子与庄子

者，有生生者；有形者，有形形者；有声者，有声声者；有色者，有色色者；有味者，有味味者。生之所生者死矣，而生生者未尝终；形之所形者实矣，而形形者未尝有。"[1]无论是郑玄出于误读得出的"自生论"，抑或《列子·天瑞》感悟《老子》得出的"自生论"，这些观点与《恒先》"自生"思想在表述方式上雷同，也与后来裴頠《崇有论》近似："夫至无者无以能生，故始生者自生也。自生而必体有，则有遗而生亏矣。"[2]裴頠将"无"界定为绝对之空无，只看到了老子道（无）论其中一义，忽略了老子道论的多义性。尽管裴頠是从"有无"之争入手论"自生"，但"始生者自生"的观点在本质上与《恒先》一致，旨在强调宇宙本原是最高位格的存在。有的学者认为，《恒先》"气是自生"思想与王充《论衡》之《自然篇》《物势篇》"自生"论存在着"渊源"联系[3]，这一观点可能还有商榷的余地。《论衡·物势篇》说："夫天地合气，人偶自生也。犹夫妇合气，子则自生也……因气而生，种类相产。"[4]《论衡·自然篇》云："天地合气，万物自生，犹夫妇合气，子自生矣。"[5]王充从生物学角度论证形形色色、种类繁殖的物种如何产生，这与立足于宇宙论高度解释世界统一性的《恒先》气论在性质上还是有区别的。实际上，王充"因气而生，种类相产"的"自生"论与阿那克萨哥拉"种子"说有相似之处。阿那克萨哥拉认为，构成世界万物的基本元素是数目无限、性质不同的"种子"。种子的性质与事物的可感性质相同，事物有多少种性质，构成它的种子就有多少类，数目众多的一类种子构成

1　严北溟、严捷：《列子译注·天瑞》，上海古籍出版社1986年版，第2—5页。
2　房玄龄等：《晋书》卷三十五，中华书局1998年版，第1046页。
3　参见李锐："气是自生"：〈恒先〉独特的宇宙论》，《中国哲学史》2004年第3期。
4　北京大学历史系《论衡》注释小组：《论衡注释》，中华书局1979年版，第205页。
5　北京大学历史系《论衡》注释小组：《论衡注释》，中华书局1979年版，第1027页。

事物的一种性质或一个部分。比如，毛的种子构成动物的毛，肉的种子构成动物的肉。正因为如此，亚里士多德后来又把种子称作"同质体"。阿那克萨哥拉的"种子"有三大特点：其一，在数量上无限多；其二，在体积上非常细微；其三，在种类上可感性质相同，有各种不同的形状、颜色和味道。正因为阿那克萨哥拉主要从构成世界万物的基本元素上理解始基，所以他认为万物的始基不能只有一种，而应该是多种多样的，只有多种元素才能构成轻重不同、性质迥异的宇宙万物。由此可见，阿那克萨哥拉侧重于说明世界的形形色色，而不注重说明世界万物的统一性。从构成事物的基本元素出发，他们认为始基只能是具体的东西，只有具体的元素才能构成具体的感性事物，一般的、抽象的东西不可能成为具体事物的元素。

论及"气是自生"，一个无法回避的问题就是如何释读《恒先》中的"恒先"与"恒莫"两大概念。李学勤、李零、廖名春释"恒先"为"道"[1]；王中江认为，"《恒先》恐怕是有意识地回避'道'而另立一新名来指称宇宙的根源"，"恒先"自身即"根本性概念"[2]；庞朴认为"恒先"是"极先，绝对的先，最初的最初，屈原《天问》所谓的'遂古之初'"[3]；王连成也认为，"恒先"是"表示时间的副词"[4]。比较而论，释"恒先"为"表示时间的副词"，理由相对充分，先秦两汉文献类似记载较多。除了屈原《天问》"遂古之初"外，帛书《道原》有"恒无之初，迥同大（太）虚。虚同为一，恒一而止，湿湿梦梦，未有明

---

[1] 参见李学勤：《楚简〈恒先〉首章释义》，《中国哲学史》2004年第3期；廖名春：《上博藏楚竹书〈恒先〉新释》，《中国哲学史》2004年第3期；李零的《恒先》释文注释，载马承源主编：《上海博物馆藏战国楚竹书（三）》，上海古籍出版社2003年版，第288页。

[2] 王中江：《〈恒先〉宇宙观及人间观的构造》，《文史哲》2008年第2期。

[3] 庞朴：《〈恒先〉试读》，http://www.jianbo.org/，2004-04-22。

[4] 王连成：《恒先·总论》，http://www.jianbo.org/，2008-06-04。

第二章 老子与庄子

晦"[1]的记载,"恒先之初"即是时间的副词,指称时间的起始。又,《列子·天瑞》云:"太初者,气之始也;太始者,形之始也;太素者,质之始也。"《庄子·天地》云:"泰初有无,无有无名;一之所起,有一而未形。"[2]张衡《灵宪》云:"太素之前,幽清玄静,寂漠冥默,不可为象,厥中惟虚,厥外惟无。"[3]《潜夫论·本训》云:"上古之世,太素之时,元气窈冥,未有形兆,万精合并,混而为一,莫制莫御,若斯久之,翻然自化,清浊分别,变成阴阳。"[4]《孝经钩命决》云:"天地未分之前,有太易,有太初,有太始,有太素,有太极,是为五运。形象未分,谓之太易。元气始萌,谓之太初。"[5]在宇宙生成论上,论及宇宙本原总要标明时间性起始,这已成先秦两汉时代一以贯之的叙事模式。"恒先"是一表达时间性的概念,而"恒莫"则是一指称空间性的概念。与"恒莫"类似的概念出现于《庄子》,《庄子·应帝王》有"游心于淡,合气于漠"的记载,成玄英疏:"可游汝心神于恬淡之域,合汝形气于寂寞之乡。""漠"即"寂寞之乡""恬淡之域"。《庄子·山木》又云:"吾愿去君之累,除君之忧,而独与道游于大莫之国。"王先谦注:"大莫忧广莫。"郭象注:"欲令荡然无有国之怀。"成玄英疏:"大莫犹大无也,言天下无能杂之。"郭庆藩也认为"莫,无也"[6]。"大莫"即"漠",也就是《庄子·应帝王》所说的"无何有之乡""圹埌之野"。在庄子思想中,

---

1 马王堆汉墓帛书整理小组编:《经法·道原》,文物出版社1976年版,第101页。
2 郭庆藩:《庄子集释》,诸子集成本,上海书店出版社1986年版,第190页。
3 严可均校辑:《全后汉文》卷五十五《张衡》,《全上古三代秦汉三国六朝文》第一册,中华书局1958年版,第776页。
4 汪继培:《潜夫论笺校正》,诸子集成本,中华书局1985年版,第365页。
5 [日]安居香山、[日]中村璋八辑:《纬书集成·孝经钩命决》,河北人民出版社1994年版,第1016页。
6 郭庆藩:《庄子集释》,诸子集成本,上海书店出版社1986年版,第296页。

类似表述多与理想人格境界有关。得道之圣人可"乘夫莽眇之鸟，以出六极之外"[1]。通过与《庄子》的比照，我们可以看出"恒莫"与"大莫""漠"有相同之处，都属于空间概念。当然这种空间概念蕴含特殊的含义，都与宇宙本原萌生时的空间有关。在庄子思想中，圣人通过修道、悟道而游心于"大莫之国"，但在《恒先》中看不到这一层工夫论含义，"恒莫"只是指称宇宙本原——气产生之时的空间概念，先有"恒莫"然后才有气，在这一意义上，"恒莫"也就是"或"（域），"或"即宇。基于此，将"恒莫"之"莫"释为"不"、将"恒莫生气"释为"道并不直接产生气"[2]有待商榷。

（二）从"浊气生地，清气生天"考证《恒先》与道家思想之关系

《恒先》在内容和结构上都比较完整。整篇文章从头至尾没有出现阴阳、四时、五行等概念，更没有以此建构庞大的宇宙图式。尤其值得一提的是，《恒先》只出现有"清气""浊气"概念，却没有出现"阴阳"或"阴气""阳气"等概念，这一现象值得注意。在中国古典气学史上，阴阳是宇宙本原在内在结构上所具有的基本属性，是宇宙万物产生与运动的动力因。阴阳二气循环推移，化生天地万物，"天地之间无往而非阴阳。一动一静，一语一默，皆是阴阳之理"[3]。从思想史逻辑进程分析，应当先出现"清气""浊气"概念，其后才可能演化出"阴

---

[1] 郭庆藩：《庄子集释》，诸子集成本，上海书店出版社1986年版，第1122页。
[2] 参见李零：《〈恒先〉释文注释》，载马承源主编：《上海博物馆藏战国楚竹书（三）》，上海古籍出版社2003年版，第290页。
[3] 黎靖德编：《朱子语类》卷六十五《易一》，王星贤点校，中华书局1986年版，第1604页。

气""阳气"概念，因为阴阳之气概念远比"清气""浊气"抽象。基于此，那么如何理解战国秦汉文献中大量出现的"清气""浊气""清轻""浊重""清阳""重浊"等概念？它们和《恒先》中的"清气""浊气"概念又是一种什么关系？为了回答这一问题，不妨先梳理一下气论与阴阳学说的汇流历程。

从目前已有文献与考古材料推论，阴阳与气的结合，或许应该以《国语·周语》为标志。周幽王二年（前780），镐京一带地震。太史伯阳父对此解释说："周将亡矣！夫天地之气，不失其序；若过其序，民乱之也。阳伏而不能出，阴迫而不能蒸，于是有地震。今三川实震，是阳失其所而镇阴也。阳失而在阴，川源必塞。源塞，国必亡。夫水土演而民用也。水土无所演，民乏财用，不亡何待？"[1]与此相类似的材料还有："天无伏阴，地有散阳，水无沈气，火无灾燀，神无闲行，民无淫心，时无逆数，物无害生。"[2]这两段文章值得注意的地方在于：伯阳父和太子晋从阴阳二气交感互动、相互作用的角度，论证宇宙万物生成与变化的内在根据，同时又不否认至上神（天）的主宰地位，从天人感应角度论证山崩地裂乃上天之谴告。

上博简《容成氏》也出现了"阴阳之气""天地之气"："民有余食，无求不得，民乃赛，骄态始作，乃立皋陶以为李。皋陶既已受命，乃辨阴阳之气，而听其讼狱，三年而天下之人无讼狱者，天下大和均。舜乃欲会天地之气而听用之，乃立质以为乐正。质既受命，作为六律六，辨为五音，以定男女之声。"[3]"听其讼狱"为何须先"辨阴阳之气"？《汉

---

[1] 左丘明：《国语集解·周语上》，徐元诰集解，王树民、沈长云点校，中华书局2002年版，第26页。
[2] 左丘明：《国语集解·周语下》，徐元诰集解，王树民、沈长云点校，中华书局2002年版，第96页。
[3] 《容成氏》文字编联，采纳陈剑先生观点。参见陈剑：《上博简〈容成氏〉的拼合与编连问题小议》，http://www.jianbo.org/, 2003-01-09。

书·艺文志》有段话或许可做解释："阴阳者，顺时而发，推刑德，随斗击，因五胜，假鬼神而为助者。"统治者根据四时阴阳之气特点，决定何时行教化、何时行刑杀。《容成氏》中的"阴阳之气"和"天地之气"有浓郁的天人交感、天人合一色彩，尽管并非专论宇宙生成，但当是阴阳气论的多种功能之一。

银雀山汉简《曹氏阴阳》是早期阴阳学家的著作，文中已出现了"气""阴阳""五行""春夏秋冬""动静""神明"等概念，并且已可看出用阴阳气论建构宇宙图式的雏形。文章的有些观点比较奇特，与我们常见的战国秦汉时代的文献表述不尽相同。其一，天阴地阳，日阴月阳："……天无为也，主静，行阴事；地生物，有动，行阳事。"[1] "日阴也，月阳也，星阴也，星阳窅暝。"[2]传世文献材料常见的表述却是天阳地阴、日阳月阴。譬如，《易传》认为干为天，属阳；坤为地，属阴。黄老帛书《称》："天阳地阴，春阳秋阴，夏阳冬阴，昼阳夜阴。"[3]其二，阴阳无尊卑贵贱之分。《曹氏阴阳》用阴阳学说将世界万物分类，动物无贵贱，"介虫最阴者龟蛟鳖也，鳞虫最阴者龙蛇"[4]。

十天干也无贵贱，"属亦然，甲丙戊庚壬阳也，乙丁己辛癸阴也"[5]。据郭沫若先生考证，甲骨文中十天干多与天文历法有关，十天干无贵贱尊卑之分。[6]《曹氏阴阳》阴阳无尊卑贵贱之思想与传世文献有所不同。譬如，《孙子兵法·行军篇》有"贵阳而贱阴"，黄老帛书《称》有"贵[阳]贱阴"。《春秋繁露·阳尊阴卑》也说："物随阳而出入，数随阳而

---

1 吴九龙释：《银雀山汉简释文》，文物出版社1985年版，第55页。
2 吴九龙释：《银雀山汉简释文》，文物出版社1985年版，第114页。
3 余明光等：《黄帝四经今注今译》，岳麓书社1993年版，第200页。
4 吴九龙释：《银雀山汉简释文》，文物出版社1985年版，第77页。
5 吴九龙释：《银雀山汉简释文》，文物出版社1985年版，第75页。
6 参见郭沫若：《卜辞通纂》，科学出版社1983年版，第219—221页。

终始，三王之正，随阳而更起。以此见之，贵阳而贱阴也。"[1]梁启超先生认为，阴阳学说"其始盖起于燕齐方士，而其建设之传播之宜负罪责者三人焉，曰邹衍、曰董仲舒、曰刘向"[2]。《曹氏阴阳》极有可能是燕齐方士早期文章，未经邹衍等增添或改造，因而其阴阳气论灿然有别于其他传世文献。

在中国古代气学史上，阴阳气论的成熟应以《易传》为标志。《易传》首次将"气"进一步抽绎为"精气"，认为精气是化育天地万物之本原："精气为物，游魂为变，是故知鬼神之情状，与天地相似，故不违。"[3]这段文字与帛书《易传》稍有出入。通行本的"情状"，帛书本为"精壮"，而后者似乎更符合原意。精气化育自然万物和人类，而且"游魂"也是由精气流变而成。[4]《易传》作者力图在自然、人类、精神意识和鬼魂之间，探寻天地万物存在何以可能的终极依据，这种观点比荀子"人有气有生有知亦且有义"的提法更具哲学普遍意义。概而论之，《易传》阴阳气论可梳理为三个要点：阴阳对立、阴阳交感和阴阳转化。三者合而论之，称之为"一阴一阳之谓道"。由阴阳对立、阴阳交感和阴阳转化建构而成的"阴阳之道"，从哲学意义上首次论证了气化生天地万物的内在动力、内在本质和内在规律等问题。在中国古代气论发展史上，阴阳与气论的"牵手"具有重大哲学意义，因为正是阴阳理论的"加盟"，才得以从逻辑与哲学的意义上弥补气论的内在缺陷，使"气生万物何以可能"这一哲学问题得到形而上论证。

---

[1] 苏舆：《春秋繁露义证》，钟哲点校，中华书局1992年版，第324页。
[2] 梁启超：《阴阳五行说之来历》，《饮冰室合集》第四册，中华书局1989年版，第47页。
[3] 高亨：《周易大传今注》，齐鲁书社1979年版，第512页。
[4] 其后《管子》"黄老四篇"（《心术》上下，《白心》《内业》），也以"精"训气："精也者，气之精者也。""一气能变曰精。"

将《恒先》气论置放于阴阳学说与气论汇流的思想史进程考察，我们发现从战国以来出现的一种文化现象值得关注：在道家类或受到道家影响的文献中，"清气""浊气""阳气""阴气""清轻""浊重""清阳""重浊"等概念往往同时出现，彼此互训互换、含义相同，属于逻辑学意义上的同一概念。

竹书《太一生水》："大一生水，水反（辅）大一，是以成天。天反（辅）大一，是以成（地）。天（地）[（复）相（辅）]也，是以成神明。神明（复）相（辅）也，是以成阴阳。阴阳复相（辅）也，是以成四时。"[1]《太一生水》是早期道家类文献，此处虽已出现"阴阳"，但位列大一、水、天地和神明之后，神明即阴阳之气，因为《大戴礼记·曾子天圆》有"阳之精气曰神，阴之精气曰灵"记载。综合其后记载的"下，土也，而胃（谓）之（地）。上，（气）也，而胃（谓）之天"[2]分析，气是一有限的具存，阴阳也复如是，阴阳之气实际上也就是浊清之气。

《列子·天瑞》云："一者，形变之始也。清轻者上为天，浊重者下为地，冲和气者为人；故天地含精，万物化生。"[3]"清轻"是对阳气特点的直观描述，"浊重"是对阴气特点的概括，结合下文"故天地之道，非阴则阳"分析，清轻为阳，浊重为阴，应无疑义，而且与《说文》释"地"非常吻合："元气初分，轻清阳为天，重浊阴为地，万物所陈列也。"[4]《文子·九守》又云："天地未形，窈窈冥冥，浑而为一，寂然清澄。重浊为地，精微为天。离而为四时，分而为阴阳。精气为人，粗气为虫。刚柔相成，万物乃生。精神本乎天，骨骸根于地。"[5]《文子》以气

---

[1] 刘钊：《郭店楚简校释·太一生水》，福建人民出版社2005年版，第42页。
[2] 刘钊：《郭店楚简校释·太一生水》，福建人民出版社2005年版，第46页。
[3] 严北溟、严捷：《列子译注·天瑞》，上海古籍出版社1986年版，第4页。
[4] 许慎：《说文解字》，中华书局1963年版，第286页。
[5] 王利器：《文子疏义》，诸子集成本，中华书局2000年版，第111页。

第二章 老子与庄子

释道,"精气""粗气""重浊""精微"与阴阳之气含义一致。《易纬乾凿度》卷上云:"昔者圣人因阴阳,定消息,立乾坤,以统天地也。夫有形生于无形,乾坤安从生。故曰:有太易,有太初,有太始,有太素也。太易者,未见气也。太初者,气之始也。太始者,形之始也。太素者,质之始也。气形质具而未离,故曰浑沦。浑沦者,言万物相混成,而未相离。视之不见,听之不闻,循之不得,故曰易也……清轻者上为天,浊重者下为地。"[1]这是汉代"象数之学"的宇宙发生论。太易、太初、太始和太素是气不同的存在状态,"未见气"并非指绝对之无,只是指气在"太易"阶段静止不动。《易纬乾凿度》有"阴阳",也有"清轻"之气、"浊重"之气,"清轻者"和"浊重者"是阴阳之气直观表述,因为这篇文章所要表达的中心观点为:"乾坤者,阴阳之根本,万物之祖宗也。"[2]

《黄帝内经·素问·阴阳应象大论》云:"故积阳为天,积阴为地……故清阳为天,浊阴为地。"[3]阳气即清气,阴气即浊气,彼此可互换。《淮南子·天文训》对道论系统中的气与阴阳表述更加清晰:"道始于虚廓,虚廓生宇宙,宇宙生气,气有涯垠。清阳者薄靡而为天,重浊者凝滞而为地,清妙之合专易,重浊之凝竭难,故天先成而地后定。天地之袭精为阴阳,阴阳之专精为四时,四时之散精为万物。"[4]道是天地本原,气是一有限的实存(气有涯垠),《天文训》所建构的宇宙图式为:道—虚廓—气—清阳之气、重浊之气—四时—万物。清阳、重浊与阴阳概念同

---

[1] [日]安居香山、[日]中村璋八辑:《纬书集成·易纬乾凿度(卷上)》,河北人民出版社1994年版,第10—12页。

[2] [日]安居香山、[日]中村璋八辑:《纬书集成·易纬乾凿度(卷上)》,河北人民出版社1994年版,第15页。

[3] 《黄帝内经·素问·阴阳应象大论》,中华书局2010年版,第54页。

[4] 高诱注:《淮南子注·天文训》,诸子集成本,上海书店出版社1986年版,第35页。

时出现，阴阳与清浊的含义相同。《潜夫论·本训》又云："上古之世，太素之时，元气窈冥，未有形兆，万精合并，混而为一，莫制莫御。若斯久之，翻然自化，清浊分别，变成阴阳。阴阳有体，实生两仪，天地壹郁，万物化淳，和气生人，以统理之。"[1]在王符的宇宙生成论中，道是最高概念，气只不过是宇宙演化过程中的质料。"道者，气之根也。气者，道之使也。必有其根，其气乃生；必有其使，变化乃成。"[2]气既然已"坎陷"为质料，"清浊"意在表明气有质量。张衡《灵宪》："道干既育，有物成体。于是元气剖判，刚柔始分，清浊异位。天成于外，地定于内。天体于阳，故圆以动。地体于阴，故平以静。动以行施，静以合化。堙郁构精，时育庶类，斯谓天元，盖乃道之实也。"[3]《灵宪》把宇宙演化三阶段称为道根、道干、道实，气是道干这一阶段的质料，这充分说明《灵宪》宇宙论的源头是老子道家哲学，和《淮南子·天文训》的思想十分相像，区别仅在于《淮南子》认为在气分清浊之后"清阳者薄靡而为天，重浊者凝滞而为地"，天上地下，属于盖天说；而《灵宪》主张清气所成的天在外，浊气所成的地在内，属于浑天说。

综上所述，我们发现从战国伊始，"清气""浊气""清轻""浊重""清阳""重浊"等概念大多出现在道家类或受到道家"道"论影响的文献中。在以道为核心的宇宙论中，经验性、直观性特点浓郁的"清气""浊气"似乎比"阴气""阳气"更能通俗易懂地阐明天地万物的生成变化。但是，必须辨明的一点在于：《恒先》只有"清气""浊气"，并没有出现"阴气""阳气""清轻""浊重""清阳""重浊"等概念。

---

[1] 汪继培：《潜夫论笺校正》，诸子集成本，中华书局1985年版，第365页。
[2] 汪继培：《潜夫论笺校正》，诸子集成本，中华书局1985年版，第367页。
[3] 严可均校辑：《全后汉文》卷五十五《张衡》，《全上古三代秦汉三国六朝文》第一册，中华书局1958年版，第776页。

从"浊气生地,清气生天,气信神哉,云云相生"等表述判断,《恒先》概念的特点与《列子》《文子》《淮南子》有所区别。《恒先》中的"清气""浊气"不可等同于"阳气""阴气""清轻""浊重""清阳""重浊"等概念,《恒先》中的"清气""浊气"概念比较原始,直观性、经验性色彩比较浓郁。从概念演变史角度分析,"清气""浊气"概念的逻辑性演进应是"阳气""阴气"。"阳气""阴气"概念问世后,在道家类或受到道家"道"论影响的著作中进而又出现了"清气""浊气""清轻""浊重""清阳""重浊"等概念互训的现象,但《恒先》显然没有受到道家这种思想变化的影响。

(三)从道、气关系推论《恒先》学派属性与写作年代

在先秦两汉时期,存在着一条从"以气释道"发展到"道气合一"的思想史线索。在"以气释道"阶段,《老子》文本最具代表性。借用顾颉刚先生的一个学术术语,通行本《老子》实际上是"层累地"形成的。譬如,竹简本《老子》只有13章谈"道",帛书本有36章谈"道",通行本有39章谈"道";竹简本《老子》"四大"的排列次序是"天大,地大,道大,王亦大",帛书本和通行本排列次序却是"道大,天大,地大,王亦大"。一个总的趋势是对"道"的论述越来越多,对"道"的论证越来越周密。有的学者认为,竹简本《老子》中不见的"道生一,一生二,二生三,三生万物。万物负阴而抱阳,冲气以为和"一节,极有可能是后来添加进通行本《老子》的[1],这一观点颇具启发意义。

---

[1] 李存山:《从郭店楚简看早期道儒关系》,《中国哲学》第20辑,辽宁教育出版社1999年版,第187—203页。

从思想史逻辑进程分析,"以气释道"自然而然将演变为"道气合一",这一学术思潮在《管子》一书中表现最为典型。《管子·宙合》云:"宙合之意,上通于天之上,下泉于地之下,外出于四海之外,合络天地,以为一裹。散之至于无间,不可名而山。是大之无外,小之无内,故曰有橐天地。"[1]从前段所论述的"道也者,通乎无上,详乎无穷,运乎诸生"[2]分析,"大之无外,小之无内"是对道的界说,这与《心术上》的观点雷同:"道在天地之间也,其大无外,其小无内,故曰'不远而难极也'。"[3]但是,在《内业》篇中,类似的文句并不是在论述"道",而是在谈论"气":"灵气在心,一来一逝,其细无内,其大无外。所以失之,以躁为害。心能执静,道将自定。得道之人,理丞而屯[毛]泄,胸中无败。节欲之道,万物不害。"[4]在《管子》文本中(尤其在"黄老四篇"),道与气已经合流,在一定程度上道与气含义相同,道即气,气即道,道与气是同义反复的同一概念。郭沫若早就点明:"这道……可以称之为气,称之为精,称之为神。"[5]陈鼓应赞同郭沫若的观点,并进一步指出道气合一源于稷下道家:"稷下道家继承了老子的形上之道,并将道转化为精气,而以'心''气'作为主要的论述范畴。所谓'精气'是极精灵细微之气,所谓'道乃无处''彼道自来''道将自定'之道即是'精气'的同义词。"[6]

又如,《管子·心术下》云:"气者身之充也,行者正之义也。充不美则心不得,行不正则民不服。是故圣人若天然,无私覆也;若地然,

---

1　陈鼓应:《管子四篇诠释·〈宙合〉解释》,商务印书馆2006年版,第271—272页。
2　陈鼓应:《管子四篇诠释·〈宙合〉解释》,商务印书馆2006年版,第267—268页。
3　陈鼓应:《管子四篇诠释·〈心术上〉注译与诠释》,商务印书馆2006年版,第141页。
4　陈鼓应:《管子四篇诠释·〈内业〉注译与诠释》,商务印书馆2006年版,第129页。
5　郭沫若:《宋钘尹文遗著考》,《青铜时代》,人民出版社1954年版,第262页。
6　陈鼓应:《管子四篇诠释·〈内业〉注译与诠释》,商务印书馆2006年版,第130页。

第二章 老子与庄子

无私载也。"[1]类似的文句出现于《内业》篇："夫道者，所以充形也，而人不能固。其往不复，其来不舍。谋乎莫闻其音，卒乎乃在于心。冥冥乎不见其形，淫淫乎与我俱生。不见其形，不闻其声，而序其成，谓之道。"[2]《心术下》指的是气，《内业》篇谈的却是道。陈鼓应认为气与道"异文同义"[3]，证诸前后文，确乎不谬！

再如，《内业》云："凡物之精，此则为生。下生五谷，上为列星。流于天地之间，谓之鬼神；藏于胸中，谓之圣人。是故此气，杲乎如登于天，杳乎如入于渊；淖乎如在于海，卒乎如在于己。是故此气也，不可止以力，而可安以德；不可呼以声，而可迎以音（意）。敬守勿失，是谓成德。德成而智出，万物毕得。"[4]此篇叙事模式是从宇宙论落实到圣人智慧，言气是天地万物本原。《枢言》篇的一段文字与此非常接近："管子曰：道之在天者，日也；其在人者，心也。故曰：有气则生，无气则死，生者以其气；有名则治，无名则乱，治者以其名。枢言曰：爱之、利之、益之、安之，四者道之出。"[5]日在上明照天地，心在胸中明察万物，圣人由此体悟无论日月抑或人心，都植根于道。道即气，二者可互训。《内业》与《枢言》互证的例子很多，譬如，《内业》篇云："凡道无所，善心安爱（处）。心静气理，道乃可止。彼道不远，民得以产；彼道不离，民得以知。是故卒乎如可与索，眇眇乎其如穷无所。彼道之情，恶音与声，修心静音（意），道乃可得。道也者，口之所不能言也，目之所不能视也，耳之所不能听也，所以修心而正形也。人之

---

1 陈鼓应：《管子四篇诠释·〈心术下〉注译与诠释》，商务印书馆2006年版，第167页。
2 陈鼓应：《管子四篇诠释·〈内业〉注译与诠释》，商务印书馆2006年版，第95页。
3 陈鼓应：《管子四篇诠释·〈内业〉注译与诠释》，商务印书馆2006年版，第51页。
4 陈鼓应：《管子四篇诠释·〈内业〉注译与诠释》，商务印书馆2006年版，第89—90页。
5 陈鼓应：《管子四篇诠释·〈枢言〉解释》，商务印书馆2006年版，第276页。

所失以死，所得以生也；事之所失以败，所得以成也。凡道，无根无茎，无叶无荣，万物以生，万物以成，命之曰道。"[1]道既是宇宙本原又是生命境界，道不远人，正心诚意可得道。"人之所失以死，所得以生"之类文句又出现于《枢言》中："凡万物阴阳两生而参视，先王用其参而慎所入所出。以卑为卑，卑不可得；以尊为尊，尊不可得；桀、舜是也。先王之所以最重也。得之必生，失之必死者何也？唯无。得之，尧、舜、禹、汤、文、武孝己，斯待以成，天下必待以生。故先王重之。一日不食，比岁欠；三日不食，比岁饥；五日不食，比岁荒；七日不食，无国土；十日不食，无畴类；尽死矣。"[2]郭沫若考证"唯无"之"无"当作"羔"，即"气"字[3]，根据本篇"有气则生，无气则死，生者以其气"判断，郭沫若的观点持之有据。从以气释道演变到道、气合一，这既是一历史的进程，也是逻辑的进程。

将《恒先》置放于以气释道、道气合一的哲学史进程分析，笔者认为《恒先》属于道气合一之前的文献。《恒先》出现"天道"概念一次，但"天道"之"道"是否能被隶定为"道"，学界尚有争议。退一步讲，即使将"天道"之"道"释读为"道"，也不蕴含宇宙本原的意义。另外，从"朴、大朴，静、大静，虚、大虚"分析[4]，学界普遍认为"朴、静、虚"是对道的界说，帛书《道原》《管子》《庄子》《文子》和《淮南子》皆有充分展现。《文子·道原》云："故道者，虚无、平易、清静、柔弱、纯粹素朴，此五者，道之形象也。虚无者，道之舍也。平易

---

1 陈鼓应：《管子四篇诠释·〈内业〉注译与诠释》，商务印书馆2006年版，第97页。
2 陈鼓应：《管子四篇诠释·〈枢言〉解释》，商务印书馆2006年版，第285页。
3 郭沫若：《管子集校·枢言篇第十二》，《郭沫若全集·历史编5》，人民出版社1984年版，第324—325页。
4 迄今为止，学界在"朴""静"两字字形隶定上分歧较大。

者，道之素也。清静者，道之鉴也。柔弱者，道之用也。"[1]《恒先》"朴、静、虚"三大修饰词到《文子》演变为"虚无、平易、清静、柔弱、纯粹素朴"等"五德"。"虚"意味着宇宙本原没有具体规定性；"朴"原义指草木初生，借喻本根是最原始存在；"静"为"清静"，如同明镜朗莹无尘翳。"静"旨在形容本原之清明，而非学界普遍认为的"静止不动"。在现有的传世文献中，我们确实很难找到以"朴、静、虚"释气的材料，在《庄子》《管子》等文献中大量出现的以"静、虚"释气的材料，已是以气释道、道气合一的产物。但是，我们为什么不能说正是《恒先》"朴、静、虚"的问世，弥补了传世文献中难以找到"朴、静、虚"释气的缺陷呢？转换一下思考问题的立场，也许有助于看清《恒先》的思想史意义。

由此而来，在《恒先》学派归属上，学界大多将其归为道家类，并且认为是对老子思想的阐发。但是，如果仔细揣摩，我们发现《恒先》与《老子》思想差别很大。换言之，《恒先》极有可能并没有受到《老子》思想影响。

其一，《恒先》没有出现上帝、帝、上天、神等等与神创说有关的概念，也没有泛神论和泛心论色彩，这与《国语·周语》和《老子》有所不同。伯阳父一方面从阴阳二气交感互动论证宇宙万物生成，另一方面又从天人感应角度论证至上神（天）的主宰地位。《老子》四章亦云："吾不知谁之子，象帝之先。"王弼释"帝"为"天帝"，高亨也释为"天帝"。[2]《老子》六十章又云："以道莅天下，其鬼不神。非其鬼不神，其神不伤人。"类似文句出现于《庄子·天道》："其鬼不祟，其魂不疲，

---

[1] 王利器：《文子疏义》，诸子集成本，中华书局2000年版，第14页。
[2] 高亨：《周易大传今注》，齐鲁书社1979年版，第611页。

一心定而万物服。""其鬼不祟"也就是"其鬼不神",鬼神由道生,而非道由鬼神生,这是《老子》鬼神论仅仅别于古代其他典籍之处。但是,这种泛神论和泛心论思想均不见于《恒先》。

其二,《老子》位格最高的概念是道,道概念含义多元,既是宇宙本原、价值本源,又是"境界形态的形而上学"[1]。《老子》生命理想境界的人格化形象是"圣人"。《老子》一书共出现"圣人"32次,牟宗三曾对"圣人"概念做过界定:"与希腊哲学传统中那些哲学家不同,在中国古代,圣和哲两个观念是相通的。哲字的原义是明智,明智加以德性化和人格化,便是圣了。"[2]人经过克欲、守静等后天修道、体道功夫,臻于与道合一的圣人境界可否用语言表达呢?《老子》十五章有粗略描述:"古之善为士者,微妙元通,深不可识。夫唯不可识,故强为之容。豫焉若冬涉川,犹兮若畏四邻,俨兮其若容,涣兮若冰之将释,敦兮其若朴,旷兮其若谷,混兮其若浊。""古之善为士者"一句,傅奕本和帛书乙本皆作"古之善为道者"[3],竹简本作"古之善为士者",善为士和善为道相通,河上公曰"谓得道之君也"[4],陈鼓应也说"本章是对体道之士的描写"[5]。自谦、仁慈、旷达、纯朴、恬静、飘逸是得道之士的人格特征,刘笑敢评论说:"这种境界和气功之类的身心结合的修养有某种联系。"[6]而《老子》五十章的"陆行不遇兕虎,入军不被甲兵"等文字描述,几近于方仙道夸张和癫狂的程度。但有一点值得探讨的是,下层平民百姓能成为"微妙元通"的圣人吗?《老子》和《庄子》的回答显然

---

1 牟宗三:《中国哲学十九讲》,上海古籍出版社1997年版,第121页。
2 牟宗三:《中国哲学的特质》,上海古籍出版社1997年版,第11页。
3 帛书乙本缺"善"字。
4 王卡点校:《老子道德经河上公章句》,中华书局1993年版,第57页。
5 陈鼓应:《老子今注今译》,商务印书馆2003年版,第132页。
6 刘笑敢:《老子古今》,中国社会科学出版社2006年版,第197页。

第二章　老子与庄子

不同。《老子》中的"善摄生者"往往是指明君、贵族等上层人士；庄子则认为普通平民百姓通过知识积累与后天践行，完全可以超越技术层面到达与道合一、逍遥自由的心境。《庄子·养生主》中的"庖丁"就是一"善为道者"，《德充符》中的兀者王骀和申徒嘉，《天地》篇中的圃畦丈人，都是"执道者德全，德全者形全，形全者神全"的圣人。相比较而言，《恒先》位格最高的概念是气而非道。气仅仅是宇宙本原，含义单一，没有后天修养论因素，更无价值本源色彩。

其三，《恒先》"先有中，焉有外。先有小，焉有大。先有柔，焉有刚。先有圆，焉有方。先有晦，焉有明。先有短，焉有长"等表述与《老子》"大成若缺""大盈若冲""大直若屈""大巧若拙""大辩若纳"[1]似是而非。虽然《恒先》也有柔刚、长短、方圆、晦明等对立范畴，但和《老子》思想中蕴含深邃思辨色彩的对立概念相比，简直有云泥之别。在《老子》思想体系中，天地万物存在与运动变化的方式为"反"，"反"即返，任何存在无不向其对立面转化。这一观点与庄子所说的"化"不同，也与《恒先》"先有柔，焉有刚"含义粗浅的表述不一。

基于此，把《恒先》定性为道家类文献有些牵强附会。在《恒先》写作年代问题上，李学勤认为《恒先》的著作时间"为战国中、晚期之间，公元前300年左右或其至更迟一些"[2]，王中江认为《恒先》"处在《老子》和黄老学之间"[3]，郭梨华认为"大抵不晚于战国稷下道家时期"[4]，郭齐勇认为《恒先》成书"可能早于《淮南子》与《黄帝四经》"[5]。

1　《老子》四十五章。
2　李学勤：《楚简〈恒先〉首章释义》，《中国哲学史》2004年第3期。
3　王中江：《〈恒先〉宇宙观与人间观的构造》，《文史哲》2008年第2期。
4　郭梨华：《出土文献与先秦儒道哲学》，万卷楼图书股份有限公司2008年版，第210页。
5　郭齐勇：《〈恒先〉—道法家形名思想的佚篇》，《江汉论坛》2004年第8期。

但是，从以气释道、道气合一的思想史进程判断，《恒先》可能在以气释道、道气合一学术思潮出现之前就已问世。此外，还有一点可做旁证的是，《恒先》中没有阴阳、四时、五行、五方、干支等概念，更没有以此建构庞大的宇宙图式，这与《太一生水》《列子》《文子》《礼记·月令》《吕氏春秋》《淮南子》《春秋繁露》迥然有别。宇宙图式理论与战国时代阴阳五行家密切相关，这一学派最大弊病是"舍人事而任鬼神"[1]。在无所不包的宇宙图式背后起支撑作用的是天人感应的宇宙论，但《恒先》没有出现上帝、神等等与神创说有关的概念，也没有泛神论和泛心论思想。综合以上分析，《恒先》写作时间可能不晚于战国初期。《恒先》应是一篇在阴阳五行家产生之前就已问世的作品，既非道家类文章，也非儒家文献。

二、"道在瓦甓"：老子道论的多种面向

如果一种文化形态有自己的哲学思想，那么一定存在着自身独特的概念系统。道、气、天、心、性、理、仁、义、良知、阴阳、五行等等概念，构成中国古代哲学史上独具人文特色的概念系统。但是，自从西学东渐以来，学人纷纷用西方哲学原理与概念体系重新诠释与裁评中国传统的概念，道、气、天、心、性、理、仁、义、良知、阴阳、五行等中国传统学术思想中的概念逐渐西方化，甚至有个别学者认为中国哲学不存在"概念系统"。刘笑敢教授接连发表多篇文章，对近代以来以反

---

[1] 班固：《汉书·艺文志》，中华书局1962年版，第1735页。

第二章 老子与庄子

向格义主流方法诠释中国本土哲学概念所陷入的方枘圆凿困境进行反思，在学界产生了广泛影响。[1]笔者深感其对《老子》道论尚有意犹未尽之处，因此不揣谫陋，起而踵之，力图在刘笑敢思考的基础上进一步对当年处于风口浪尖的《老子》之"道"进行考辨与梳理，其意义不仅仅在于对以往《老子》"道"论讨论中凸显的主流意识形态作别，更深刻的意义还在于努力回答一个似乎很简单的问题：以"道"为代表的中国传统哲学概念的独特性究竟何在？

（一）"道"是实体性存在？

"道可道，非常道；名可名，非常名。无名，天地之始；有名，万物之母。"[2]《老子》首章是对道的纲领性阐述，道是宇宙本原，贯穿形而上和形而下世界。"道者，万物之所然也，万理之所稽也。"[3]道不可言说，不可定义，不可用西方分析哲学对其做逻辑规定，只能对其功能做粗略的描述。道无形象，不是经验理性认识的对象化存有，"故常无，欲以观其妙"[4]。王弼注："妙者，微之极也。"因此，《老子》文本一方面大量用"似""或""象""不知"等犹疑之词来表明道是超越人类认知能力的最高存在；另一方面又常用"一"和"无"来描述道作为宇宙起始意义上的"至小无内"特性："昔之得一者：天得一以清，地得一以宁，神得一以灵，谷得一以盈，万物得一以生，侯王得一以为

---

1 参见刘笑敢：《"反向格义"与中国哲学研究的困境——以老子之道的诠释为例》，《南京大学学报》2006年第2期；《中国哲学，妾身未明？——关于"反向格义"之讨论的回应》，《南京大学学报》2008年第2期；等等。
2 《老子》一章。
3 陈奇猷：《韩非子新校注》，上海古籍出版社2000年版，第411页。
4 《老子》一章。

天下贞。"¹ "天下万物生于有，有生于无。"² 《老子》三十九章之 "一" 与《老子》四十二章 "道生一" 之 "一" 有别，前者是本原，后者是派生者，所以《韩非子·扬权》说 "道无双，故曰一"。为何道概念存在着 "一" "无" "大" 等诸多别名？因为 "道" 这一概念本身也是 "强为之名"。刘笑敢认为道概念的模糊性是 "深刻洞见之中的模糊"³，此言确当！正因为概念外延的模糊，才能凸显道作为世界万物总根源和总依据的无限性和绝对性。需要指出的是，无论是道，还是一、无、大，都是对作为世界万物总根源和总依据的譬喻性表述，都不是宇宙本原的本名，因为 "道常无名"⁴。《老子》宇宙论的这一特点与古希腊留基伯和德谟克利特的原子论有几分近似之处，原子是一种微小的、其细无内的、不可再入的物质基本粒子。尽管德谟克利特在某些场合为了使之通俗易懂，而将原子比作空气中游动的细微尘粒，人们从窗户的光线中可以看到它们，但是，这只不过是一种譬喻，并不意味着这些尘粒就是他们所说的原子。因为原子是细小到不可再分割的存在，既然眼睛还能看得见，那当然还可以再分割下去。关于原子的这种哲学属性，黑格尔理解得比较透彻："'一'的原则完全是观念性的，完全属于思想，即时我们也愿意说：原子存在……我们不能看见'一'，因为它是思想的一种抽象。"⁵ "一" 即原子，它是抽象的，是一种非感觉的存在，它是理性范畴，它只存在于人类形而上的理性活动中，在性质上是 "思想的一种抽象"。《老子》文本反复用 "一" "无" 描述道的超越

---

1 《老子》三十九章。
2 《老子》四十章。
3 刘笑敢：《老子古今》，中国社会科学出版社2006年版，第414页。
4 《老子》三十二章。
5 [德] 黑格尔：《哲学史讲演录》第一卷，贺麟、王太庆译，商务印书馆1995年版，第332页。

第二章 老子与庄子

性和绝对性,"视之不足见,听之不足闻,用之不足既"[1],在哲学性质上同样是"思想的一种抽象"。但是,老子之道和留基伯、德谟克利特的原子论还不可完全等同,因为道既是"思想的一种抽象",又非"完全属于思想"。

如何正确认识与把握老子道论的有、无特性,在老学史上一直是一讨论不绝的话题。有人问朱熹:"佛氏之空,与老子之无一般否?"朱熹回答说:"不同,佛氏只是空豁豁然,和有都无了,所谓'终日喫饭,不曾咬破一粒米;终日著衣,不曾挂著一条丝'。若老氏犹骨(有)是有,只是清净无为,一向恁地深藏固守,自为玄妙,教人摸索不得,便是把有无做两截看了。"[2]佛教大乘空宗之"空"是绝对虚无,老子之"无"是含"有"之无。在一封答友人的信件中,朱熹又特意用"无极"和"太极"两概念来界定老子之道:"然殊不知不言无极,则太极同于一物,而不足为万化之根;不言太极,则无极沦于空寂,而不能为万化之根。"[3]宇宙本原不可等同于具体的存在物,道是无,因此必须用"无极"来描述;但是,宇宙本原不可错认为绝对的空无,所以又必须用"太极"来界说。因为《老子》之"道"既是形上的、无限的、超验的"无状之状,无物之象"[4],与此同时"道"又具有物的属性,换言之,道本身就是一"物":"有物混成,先天地生。"[5]道是"物"[6],还具有空间特性:"故道大,天大,地大,王亦大。域中有四大,而王居其一焉。"[7]"域"即

---

[1] 《老子》三十五章。
[2] 黎靖德编:《朱子语类》卷一百二十六《释氏》,王星贤点校,中华书局1986年版,第3011—3012页。
[3] 《朱熹集》卷三十六《答陆子美》,四川教育出版社1996年版,第1566—1567页。
[4] 《老子》十四章。
[5] 《老子》十五章。
[6] 郭店竹简本为"有状虫虫成"。
[7] 《老子》二十五章。

宇，《尸子》卷下云："天地四方曰宇，往古来今曰宙。"[1]关于"道之为物"[2]，在20世纪50年代末的老子哲学大讨论中，冯友兰和关锋曾有过一番争论。冯友兰释此句为"道那个东西"[3]，关锋则将此句译成"道创造万物"[4]。竹简本《老子》无此章文句，帛书甲乙本俱作"道之物"。由此可见，"道"既不是"东西"，也不是绝对精神，而是一具有多重属性的宇宙本原，而"道之为物"就是其中哲学特性之一。"道之为物，惟恍惟惚。惚兮恍兮，其中有象；恍兮惚兮，其中有物。窈兮冥兮，其中有精。其精甚真，其中有信。自古及今，其名不去，以阅众甫。"[5]"其中有象"之"象"有别于"大象无形"之"大象"，"大象"是道之别名。此处之"象"应是小象，等同于"其中有物"之"物"，指谓具体的存在。"精"有二义：其一，"精"即气，《管子·内业》云"精，气之极也。精也者，气之精者也"；其二，精、情古通用，《荀子·修身》篇有"术顺墨而精杂污"，杨倞注"精，当为情"，《庄子·大宗师》也说"夫道有情有信，无为无形，可传而不可受，可得而不可见"。两相参照，前一种训释比较通顺，"窈兮冥兮"作为"精"的修饰词，其义如王弼所言"窈冥，深远之叹"。以"窈冥"释精气，意在彰显气之细微不可见。"其中有信"之"信"，王弼释为"信验"，奚侗训为"静一不变"[6]，似皆未得其精髓。先秦时期，信、伸通假。《易传·系辞下》："往者曲也，来者信也。"陆德明《经典释文》云："伸，本又作信，音

---

[1]《墨经上》又云："久，弥异时也。宇，弥异所也。"《经说上》："久，古今旦莫。宇，东西家南北。"
[2]《老子》二十一章。
[3] 冯友兰：《关于老子哲学的两个问题》，《老子哲学讨论集》，中华书局1959年版，第59页。
[4] 关锋、林聿时：《论老子哲学体系的唯心主义本质》，《老子哲学讨论集》，中华书局1959年版，第198页。
[5]《老子》二十一章。
[6] 奚侗：《老子集解》二十一章，上海古籍出版社2007年版，第54页。

第二章 老子与庄子

身。"¹《荀子·不苟》又云："刚强猛毅，靡所不信，非骄暴也。"杨倞注："信，读为伸，下同，古字通用。"因此，《老子》这段话所要表达的意思为：道窈冥深远，但其间蕴含精气，有伸展变化。²正因为道有物之属性，才能"周行而不殆"³。"周行而不殆"一句不见于竹简本和帛书本，刘笑敢认为"'周行'的说法会导致机械性圆周运动的误解，传世本所加并不准确"⁴。《老子》道论有多重义项，道既是超验的、无限的，又是"物""象""精"，"周行而不殆"与《老子》思想体系之间确实存在冲突。

《老子》道论具有"物"属性这一特点，与《庄子》道论有所不同。"东郭子问于庄子曰：'所谓道，恶乎在？'庄子曰：'无所不在。'东郭子曰：'期而后可。'庄子曰：'在蝼蚁。'曰：'何其下邪？'曰：'在稊稗。'曰：'何其愈下邪？'曰：'在瓦甓。'曰：'何其愈甚邪？'曰：'在屎溺。'东郭子不应。庄子曰：'夫子之问也，固不及质。正、获之问于监市，履狶也，每下愈况。汝唯莫必，无乎逃物。至道若是，大言亦然。周遍咸三者，异名同实，其指一也……'"⁵庄子指出东郭子提问本身有问题，"道恶乎在"是一个错误的命题，道无时间与空间特性，无始终与聚散过程，"彼为盈虚非盈虚，彼为衰杀非衰杀，彼为本末非本末，彼为积散非积散也"⁶。道虽无具体规定性，却具有无限的遍在性。日月星辰、山河大地，乃至蝼蚁、稊稗、屎溺，皆是道之显现。人们应从具体存在中，去探求背后隐藏的世界本质，"道恶乎在"这一提问方式的错误就

1　陆德明撰，黄焯汇校：《经典释文汇校》卷二，中华书局2006年版，第61页。
2　参见孙希国：《老子对"道"的三重规定及其哲学启示》，《哲学研究》2001年第10期。
3　《老子》十五章。
4　刘笑敢：《老子古今》，中国社会科学出版社2006年版，第286页。
5　《庄子·知北游》。
6　《庄子·知北游》。

在于将道等同于具存。道"无所不在",道是万物存在之总根据、总根源,但绝不可混同于物。与庄子思想相比,老子之道属于具体的普遍,老子道论是具体的形上学。

(二)"道"蕴含精神属性?

侯外庐先生曾经指出:"《老子》书中的'道'之陷于唯心主义,不但因为'道'的义理性类似泛神论的神,而且是超越人类认识的彼岸的东西。"[1]其后李泽厚又做出了带有学术性总结意义的点评:"'道'是总规律,是最高的真理,也是最真实的存在。这三者(规律、真理、存在)在《老子》中是混为一体不可区分的……正因为实体与功能、存在与规律混为一体,于是就显出种种泛神论、物活论等超经验超感性的神秘色彩。今日关于《老子》是唯物主义唯心主义的多余争论,原因之一恐怕是对古代哲学这一特征注意不够。"[2]两位学者都指出《老子》之"道"存在着"泛神论"或"物活论"的哲学特征,但学界对这一观点显然重视不够,笔者想在前贤今哲基础上对《老子》"道"论中的"泛神论"或"物活论"思想做一点补充性探讨。《老子》"道"论中含有"泛神论""物活论"色彩,与《老子》之"道"蕴含精神属性密切相连。"道"有情感、有意志,这是一发人深省的文化现象。"故从事于道者,道者同于道,德者同于德,失者同于失。同于道者,道亦乐得之;同于德者,德亦乐得之。"[3]"夫慈以战则胜,以守则固。天将救之,以慈卫之。"[4]"天

---

[1] 侯外庐等:《中国思想通史》第一卷,人民出版社1957年版,第270页。
[2] 李泽厚:《中国古代思想史论》,人民出版社1986年版,第92页。
[3] 《老子》二十三章。
[4] 《老子》六十七章。

之道，利而不害。圣人之道，为而不争。"[1] "天之所恶，孰知其故？是以圣人犹难之。天之道，不争而善胜，不言而善应，不召而自来，繟然而善谋。"[2]道并不单纯是一哲学抽象概念，而且也是充满生命张力、有喜怒哀乐情感的最高存在。尤其是《老子》七十九章的一段话更值得细细品味："天道无亲，常与善人。"类似文句又分别见于《说苑·敬慎》《孔子家语·观周》和《史记·伯夷列传》。"天道无亲"之"天道"与"不窥牖，见天道"之"天道"，实际上是"道"的同义词。[3] "天"是周人崇拜对象，与殷人所崇拜的"帝"或"上帝"相比较，两种崇拜最大区别在于："天"只是至上神；而"帝"或"上帝"既是殷人至上神，又是祖先神。天与周朝统治阶层没有血缘关系，所以"天道无亲"、一视同仁。河上公注云："天道无有亲疏，唯与善人，则与司契同也。"[4]既然"常与"，说明天有所选择，有其亘古不渝的价值取向。广而论之，"天道无亲，常与善人"实际上已涉及中国古代源远流长的善恶报应观念。汤用彤先生曾认为道教"承负说""中土典籍所不尝有"，推测承负说是"比附佛家因果报相寻之意"[5]而来。其实善恶报应观念并非单一来源于佛教，早在先秦时期就已流行于世："圣人有明德者，若不当世，其后必有达人。"[6] "始作俑者，其无后乎！"[7]先秦时期的善恶报应观念认为人们的善恶行为不仅影响行为人本身，还会对后代子孙产生影响，恰如

---

[1] 《老子》八十一章。
[2] 《老子》七十三章。
[3] 刘笑敢认为："这里的'天道'不限于'天之道'的意义，不限于自然界的道理，应该和本根之'道'是同义词。"参见刘笑敢：《老子古今》，中国社会科学出版社2006年版，第476页。
[4] 王卡点校：《老子道德经河上公章句》，中华书局1993年版，第301页。
[5] 汤用彤：《读〈太平经〉书所见》，《汤用彤学术论文集》，中华书局1983年版，第71页。
[6] 《左传·昭公七年》。
[7] 焦循：《孟子正义·离娄下》，诸子集成本，中华书局1987年版，第63页。

《易传·文言》所论:"积善之家,必有余庆,积不善之家,必有余殃。"其后《太平经》在善恶报应的基础上提出"承负说":"天地之性,半善半恶。故君子上善以闭奸。兴善者得善,兴恶者得恶。"[1]行善必得天福,作恶多端必遭上天诛杀,饱受承负之责。道教承负说与佛教善恶报应思想相比较,两者的不同之处显而易见:在善恶报应的时空范围上,佛教主张三世因果业报,承负说则以人的前后五代共十世为限,"因复过去,流其后世,成承五祖。一小周十世,而一反初"[2];在报应的主宰力量上,承负说认为是上天,而佛教则认为是人自己的思想和行为,即"业力";在报应的承载者上,佛教的观点是自作自受,承负说相信人会承受先祖带来的福祸,而自身的善恶行为也会给子孙带来影响。由此可推测,"天道无亲,常与善人"或许是西周和春秋时期广泛流行于世的名言警句,善恶报应观念在佛教传入之前就已流布于世。

从哲学史进程上分析,道论是作为对天论、帝论等神创说的否定而萌生的。但是,新观念的出现绝非意味着旧思想的彻底烟消云散。《老子》四章云:"道冲,而用之久不盈。渊兮,似万物之宗。挫其锐,解其忿,和其光,同其尘。湛兮,似或存。吾不知谁之子?象帝之先。"本章用了"似""或""象""不知"等假设之词,旨在说明道的无限性和超验性。在众多犹疑之词铺垫之上,却十分明确地点明道在"帝之先",而非其后。王弼释"帝"为"天帝",高亨也释为"天帝"[3]。众所周知,"帝"是殷人一切大神之共名,"天"则是周人的发明。但值得注意的是,在周初的文献中,天与帝经常同时出现,含义都是至上神:"皇天上帝,改厥元子兹大国殷之命,惟王受命,无疆惟休,亦无疆惟

---

[1] 王明:《太平经合校》卷一百三十七至一百五十三《太平经钞壬部》,中华书局1960年版,第702页。
[2] 王明:《太平经合校》卷十八至三十四《解承负诀》,中华书局1960年版,第22页。
[3] 高亨:《周易大传今注》,齐鲁书社1979年版,第611页。

第二章 老子与庄子

恤。"[1] "自成汤至于帝乙，罔不明德恤祀。亦惟天丕建，保乂有殷。殷王亦罔敢失帝，罔不配天其泽。在今后嗣王，诞罔显于天，矧曰其有听念。于先王勤家，诞淫厥泆，罔顾于天显民祇，惟时上帝不保，降若兹大丧。惟天不畀不明厥德，凡四方小大邦丧，罔非有辞于罚。"[2] "洪惟图天之命，弗永寅念于祀。惟帝降格于夏。有夏诞厥逸，不肯慼言于民，乃大淫昏，不克终日劝于帝之迪，乃尔攸闻。"[3] 《召诰》是召公文献，《多士》和《多方》是周公文献，天、皇天、帝、上帝反复多次出现于周初文献中绝非偶然，其中既有历史观念的延续性，也隐藏周人安抚天下的政治策略。在《老子》文本中，天与帝并存，从文献学角度揣测，《老子》祖本极有可能在西周初就已经存在。

此外，《老子》道论的泛神论、物活论色彩还表现在承认鬼神的存在及其作用上。《老子》六十章云："以道莅天下，其鬼不神。非其鬼不神，其神不伤人。非其神不伤人，圣人亦不伤人。夫两不相伤，故得交归焉。"类似文句出现于《庄子·天道》："故知天乐者，无天怨，无人非，无物累，无鬼责。故曰：'其动也天，其静也地，一心定而王天下；其鬼不祟，其魂不疲，一心定而万物服。'言以虚静推于天地，通于万物，此之谓天乐。""其鬼不祟"也就是"其鬼不神"，高亨先生认为："老子相信有神，但认为是宇宙本体产生的灵物，不是宇宙万物的创造者。"[4] 鬼神由道生，而非道由鬼神生，这是《老子》鬼神论有别于古代其他典籍之处。关于鬼神的作用与功能，如果把《老子》与上博楚简《鬼神之明》《墨子》相比较，其间的差别或许可以看得更加清晰。

---

[1] 《尚书·召诰》。
[2] 《尚书·多士》。
[3] 《尚书·多方》。
[4] 高亨：《老子注译》，《高亨著作集林》第五卷，清华大学出版社2004年版，第331页。

"今夫鬼神又（有）所明，又（有）所不明，则曰（以）亓（其）赏善罚暴也。"[1]《鬼神之明》对鬼神"赏善罚暴"持怀疑态度，认为"鬼神又（有）所明，又（有）所不明"，这与《墨子·公孟》"以鬼神为明，能为祸福，为善者赏之，为不善者罚之"的观点有所不同。《墨子·明鬼下》云："故鬼神之明，不可为幽闲广泽、山林深谷，鬼神之明必知之。鬼神之罚，不可为富贵众强、勇力强武、坚甲利兵，鬼神之罚必胜之。若以为不然，昔者夏王桀贵为天子，富有天下，上诟天侮鬼，下殃傲天下之万民，祥上帝伐元山帝行。故于此乎天乃使汤至明罚焉。汤以车九两，鸟阵雁行。汤乘大赞，犯遂下众人之蟜遂，王乎禽推哆、大戏。故昔夏王桀，贵为天子，富有天下，有勇力之人推哆、大戏，生列兕虎，指画杀人。人民之众兆亿，侯盈厥泽陵。然不能以此圉鬼神之诛。此吾所谓鬼神之罚，不可为富贵众强、勇力强武、坚甲利兵者，此也。且不惟此为然，昔者殷王纣贵为天子，富有天下，上诟天侮鬼，下殃傲天下之万民，播弃黎老，贼诛孩子，楚毒无罪，刳剔孕妇，庶旧鳏寡，号咷无告也。故于此乎天乃使武王至明罚焉。武王以择车百两，虎贲之卒四百人，先庶国节窥戎，与殷人战乎牧之野。王乎禽费中、恶来，众畔百走，武王逐奔入宫，万年梓株，折纣而系之赤环，载之白旗，以为天下诸侯僇。故昔者殷王纣贵为天子，富有天下，有勇力之人费中、恶来、崇侯虎，指寡杀人。人民之众兆亿，侯盈厥泽陵，然不能以此圉鬼神之诛。此吾所谓鬼神之罚，不可为富贵众强、勇力强武、坚甲利兵者，此也。且《禽艾》之道之曰：'得玑无小，灭宗无大。'"墨子对上天"不善之有罚，为善之有赏"的信仰非常坚定，不容有丝毫怀疑。

---

[1] 马承源主编：《上海博物馆藏战国楚竹书（五）》，上海古籍出版社2005年版，第307—320页。《鬼神之明》由曹锦炎先生释文。

第二章 老子与庄子

在人类哲学的初创阶段，"泛神论""物活论"仍顽强存在恐怕是世界文明普遍性现象。在古希腊哲学中，灵魂这一常见的概念具有两个层面的含义：一是指可超越肉体而独立存在的、不朽的精神性本体；二是指生命，指感觉、理智等意识活动。古希腊大多哲学家都相信灵魂的永恒，譬如，泰利士认为万物有灵魂，灵魂具有推动事物运动的能力。黑格尔引用亚里士多德的话说："根据人们对于泰利士所讲述的话，泰利士好像是把灵魂当作一种运动的东西，因为他说到石头（磁石）时说，它有一个灵魂，因为它推动着铁。"[1]阿那克西美尼和第欧根尼都认为本原气蕴含着灵魂因子，黑格尔说："普鲁泰克把阿那克西美尼的想法，即一切事物由空气产生而又消失于空气中的想法（这空气后来的人叫以太），更进一步规定如下：'正如我们的灵魂——灵魂就是空气——与我们结合在一起一样，整个世界也与一种精神和空气结合在一起，精神和空气是具有同等意义的。'"[2]正因为"精神与空气具有同等意义"，所以黑格尔进而认为阿那克西美尼与第欧根尼哲学的产生，标志着自然哲学开始过渡到意识哲学。作为原子论的代表人物德谟克利特同样认为原子是宇宙本原的同时也是灵魂的本原。灵魂原子无处不在，日、月、星辰、山河等万物皆有灵魂，一切事物都有灵魂，德谟克利特甚至认为灵魂原子的形状是圆形的，比较精致；在各种形状的原子中，圆形的原子最能动、最活泼。德谟克利特认为灵魂与努斯是同一个东西，努斯是阿那克萨哥拉哲学中与物质性的"种子"相对立的精神性本原，既然努斯与灵魂是同义词，那么灵魂在德谟克利特哲学中也是指精神活动与精神本体。古希腊气论中存在的物活论、泛心论哲学局限，在原子论中仍然没有得到克服。

---

1 ［德］黑格尔:《哲学史讲演录》第一卷，贺麟、王太庆译，商务印书馆1995年版，第190—191页。
2 ［德］黑格尔:《哲学史讲演录》第一卷，贺麟、王太庆译，商务印书馆1995年版，第198页。

（三）道是价值本源

《老子》二十五章云："人法地，地法天，天法道，道法自然。"何谓"自然"？"自然"是《老子》文本中极其重要的概念，它所指称的是宇宙万物的"本质"或"本性"，而非任何意义上的物理对象或自然界。日本学者池田知久认为"中国的'自然'与西洋的nature是根本由来不同且从无关系的两个词，后者在近代日本虽译作'自然'，可两者意思似乎还是毫无共通之处"[1]。如果说在先秦两汉时代，"自然"概念与西洋的nature"根本由来不同且从无关系"，这无疑符合历史事实，但是，如果说整个中国古代的"自然"概念与西洋的nature"根本由来不同且从无关系"，那就值得商榷了。实际上，"自然"一词的含义在西方世界也是前后不一、有所变化的。在古希腊时代，"自然"（Natura，Φυσι）蕴含两重义项：一是本性、人性；二是自然界。第一种含义是主导性的，第二种义项是次要的。亚里士多德在《形而上学》中专门讨论了"自然"一词的诸种含义，并列出了"自然"概念的六种含义：（1）生物的创造；（2）一生物的内在部分，其生长由此发动而进行；（3）每一自然事物由彼所得于自然者，开始其最初活动；（4）任何自然物所赖以组成的原始材料；（5）自然物的本质；（6）事物之所由成为事物者。[2]由此可以看出，在亚里士多德的时代，"自然"一词的基本含义是事物的本性、本质，是事物之所以如此的内在根源，而不是指通常意义上的物理对象或自然界。亚里士多德的"自然"与老子的"自然"存在着些许遥相契合之处，不是"根本由来不同且从无关系"，还是有点相近与相通的，

---

[1]［日］池田知久:《中国思想史上"自然"之产生》,《民族论坛》1994年第3期。
[2]［古希腊］亚里士多德:《形而上学》,吴寿彭译,商务印书馆1991年版,第88—89页。

第二章 老子与庄子

当然其中的缘由尚有待学人深入探讨。据徐复观和张岱年先生考证，物理对象或大自然意义上的"自然"概念到魏晋时期才出现。[1]由此我们需深入探讨的一个问题是："道法自然"之"法"究竟何意？人、地、天、道四者位格不一，在所"法"对象上，存在着递进上升的逻辑关系。何谓"法"？学界通常将其理解为"效法"。在人、地、天三者中，训"法"为"效法"，义稍可通。但是，最后一句的"道法自然"，颇令人困惑不解。如果训"法"为"效法"，"道法自然"就意味着作为宇宙本原的道还有所效法的对象，道并不是最高概念，在道之上还存在着比它位格还要高的"自然"，这种解释无论从义理上抑或从情感上都难以让人接受。[2]在老学史上，王弼将"法"界定为"不违"，为我们今天正确理解"道法自然"提供了一个很好的切入口："法谓法则也。人不违地，乃得全安，法地也。地不违天，乃得全载，法天也。天不违道，乃得全覆，法道也。道不违自然，乃得其性，法自然也。法自然者，在方而法方，在圆而法圆，于自然无所违也。"[3]"法"即"不违"，"道法自然"即"道不违自然"。道生成万物，但道"生而不有，为而不恃，长而不宰"[4]，道并不居功自傲，也不干预天下万物，而是遵循万物之本性

---

[1] 徐复观说："魏晋时代，则对人文而言自然，即指非出于人为的自然界而言。后世即以此为自然界之通义。这可以说是语意的发展。"（徐复观：《中国艺术精神》，春风文艺出版社1987年版，第213页）张岱年进一步点明："阮籍《达庄论》以'自然'为包含天地万物的总体，他说：'天地生于自然，万物生于天地。自然者无外，故天地在焉。天地者有内，故万物生焉。当其无外，谁谓异乎？当其有内，谁谓殊乎？'自然是至大无外的整体，天地万物俱在自然之中。阮籍以'自然'表示天地万物的总体，可以说赋予'自然'以新的含义。近代汉语中所谓'自然'表示广大的客观世界，'自然'的此一意义可谓开始于阮籍。"（张岱年：《中国古典哲学概念范畴要论》，中国社会科学出版社1989年版，第81页）

[2] 参见王中江：《老子的"道法自然"》，《光明日报》2008年10月6日。

[3] 《老子》二十五章。

[4] 《老子》十章。

（自然），让天地万物自身如其自身地存在与变化。¹由此可见，道不仅是宇宙本原，而且道有大德。换言之，道是价值本体。严灵峰认为老子之道有四重义项，其中之一就是道乃人生修身养性之应然法则。²唐君毅也认为，老子之道蕴含"同于德之义"："道之义亦未尝不可同于德之义。盖谓物有得于道者为德，则此德之内容，亦只是其所得于道者；此其所得于道者，固亦只是道而已。"³在中国古代哲学中，宇宙本原兼摄价值本体，在逻辑和义理上十分必要。因为道是价值总根据，仁、义等具体德目才能获得存在的正当性。与此同时，作为价值终极依据的道，其自身就闪耀着德性之光辉。《老子》文本中的"玄德""大德""广德""建德""常德"等概念，属于以本体之德性，指代道本体。刘笑敢认为："道既是宇宙起源之实然，又是人之价值之应然的根源。"⁴《老子》四十五章云："大成若缺，其用不弊；大盈若冲，其用不穷。大直若曲，大巧若拙，大辩若讷。"正言若反、以反彰正是《老子》独特的方法论和表述方式，正因为蕴含了"反"的某些特点，才成就其"大成""大盈""大直""大巧"和"大辩"，成、盈、直、巧、辩既是圣人之至德，也是道之玄德。⁵

　　在道之德中，地位最重要的是"谦退不争"之德。谦退不争是"无

---

1 刘笑敢将"自然"定位为"人文自然"，这一定位是对《老子》"自然"含义的窄化。《老子》"自然"是高悬于人之道至上的最高准则，天之道是用来矫正人之道的。因此，"人文自然"当是"自然"义项之一，而非其全部内涵。参见刘笑敢：《老子古今》，中国社会科学出版社2006年版，第46—66页。
2 严灵峰：《老庄研究》，台北中华书局1966年版，第378页。
3 唐君毅：《中国哲学原论·导论篇》，中国社会科学出版社2005年版，第230页。
4 刘笑敢：《老子古今》，中国社会科学出版社2006年版，第294页。
5 在《老子》文本中，正言若反、相反相成的表述非常多："企者不立，跨者不行，自见者不明，自是者不彰"（二十四章），"知者不言，言者不知"（五十六章），"正复为奇，善复为妖"（五十八章），"不争而善胜，不言而善应，不召而自来，繟然而善谋，天网恢恢，疏而不失"（七十三章）。

第二章 老子与庄子

为"表现形式之一。《老子》之"无为"有别于庄子之"无为"。《老子》之无为主要表现为达到社会理想境界和生命境界的手段与途径;而在庄子哲学中,无为不是手段而是目的,无为指谓人生与社会理想境界。《老子》"无为"之"为",其义为"妄为"。范应元说:"故圣人不妄为,而常为于无为;不生事,而常事于无事;不耽味,而常味于无味也。"[1]由此可见,《老子》之"无为"并非否定人类一切行为与观念,否定的只是有违于自然本性的观念与行为,"道常无为而无不为,侯王若能守之,万物将自化"[2]。"自化"与"自正""自均""自富""自朴"等概念一样,表达的是经过"无为"之后臻至的理想境界。在《老子》叙事模式中,经常运用类比推理进行论证,以水之德比喻圣人之德、道之德即是其中一例:"上善若水,水善利万物而不争,处众人之所恶,故几于道。居善地,心善渊,与善仁,言善信,正善治,事善能,动善时。"[3]利物、谦退、沉静、兼爱、尚信、公正、忠义、和顺皆是水之德,后出的《管子·水地》将水德概括为仁、清、正、义、谦五德,《春秋繁露·山川颂》继而又将水德高度归纳为力、平、察、智、知命、洁清、勇、武、惠九德。在水的诸多德行中,"不争"高居第一:"以其不争,故天下莫能与之争。"[4]"夫唯不争,故无尤。"[5]"不争"在社会政治领域表现为"欲上民,必以言下之;欲先民,必以身后之"[6],在军事上则体现为"善为士者不武,善战者不怒,善胜敌者不与,善用人者为

---

[1] 范应元:《老子道德经古本集注》,续古逸丛书本,江苏古籍出版社2001年版,第62页。
[2] 《老子》三十七章。
[3] 《老子》八章。
[4] 《老子》六十六章。
[5] 《老子》八章。
[6] 《老子》六十六章。

之下"¹，在世俗生活中表现为"持而盈之，不如其已；揣而锐之，不可长保。金玉满堂，莫之能守；富贵而骄，自遗其咎。功遂身退，天之道也"²。"不争"是洞察天地奥秘和自然本性之后的心态与行为方式。换言之，"不争"本身就是"争"，"不争"是出于"自然"、不违"自然"之争。"不争"是圣人之争，也即"道法自然"之争。在老学史上，曾经有不少人批评过老子思想，朱熹就是颇具代表性的人物之一。他曾自负地认为"《庄》《老》二书解注者甚多，竟无一人说得他本义出，只据他臆说。某若拈出，便别，只是不欲得"³。朱熹对老子思想的批评，或许有助于我们从另一侧面理解老子的谦退不争思想："老子之学只要退步柔伏，不与你争。才有一毫主张计较思虑之心，这气便粗了……让你在高处，他只要在卑下处，全不与你争。他这个工夫极离。常见画本老子便是这般气象，笑嘻嘻地，便是个退步占便宜底人。虽未必肖他，然亦是他气象也。"⁴在朱熹看来，老子的谦退不争只不过是一种阴险狡诈之处事手段，目的是"退步占便宜"。有人问如何理解《老子》的"反者道之动，弱者道之用"，朱熹回答说："老子说话都是这样意思……故张文潜说老子惟静故能知变，然其势必至于忍心无情，视天下之人皆如土偶尔。其心都冷冰冰地了，便是杀人也不恤，故其流多入于变诈刑名。太史公将他与申韩同传，非是强安排，其源流实是如此。"⁵老学之流"变诈刑名"，其原因在于老学之源本身就是"忍心无情""视天下之人皆如土偶""其心都冷冰冰"。以了解《老子》"本义"自诩的朱

---

1 《老子》六十八章。
2 《老子》九章。
3 黎靖德编：《朱子语类》卷一百二十五《老氏》，王星贤点校，中华书局1986年版，第3001页。
4 黎靖德编：《朱子语类》卷一百二十五《老氏》，王星贤点校，中华书局1986年版，第2996页。
5 黎靖德编：《朱子语类》卷一百二十五《老氏》，王星贤点校，中华书局1986年版，第2997页。

熹，对《老子》的误解却是如此之深！如果《老子》思想真的蕴含"视天下之人皆如土偶"之意，那么又该如何理解"天地不仁，以万物为刍狗""是以圣人欲不欲，不贵难得之货""圣人无常心，以百姓心为心"等命题？贺麟先生一针见血地指出："我们承认用阴谋权术去解释道家，特别是用之解释老子的趋势，在中国政治策略思想上相当大，一如将道家认作炼丹修仙的趋势相当大一样。阴谋权术与炼丹修仙乃中国政治上、文化上的黑暗方面，是开明时代、民主社会所须扫除廓清的。这似乎均非老庄的真面目，只代表被歪曲、被丑化了的道家，或误解老子所产生的流弊。"[1]贺麟先生之论，可谓一言中鹄！

（四）道是生命理想境界

朱熹虽对老、庄多有偏见，但有些评论也不乏公正与深刻。譬如，他曾点明"《老子》中有仙意"[2]，此说就颇具深义，后代继踵而起者不乏其人。牟宗三从中西哲学的对比与会通出发，指出西方哲学大体上是"实有形态的形而上学"，道家义理则是一"境界形态的形而上学"[3]，道家的"道"与"无"不是西方存有论上的一个存有论的概念，"而是修养境界上的一个虚一而静的境界"[4]。冯友兰比较了道家"为道"与"为学"两个概念的区别，认为"为学"的原则在于"日益"，"为道"则在于"日损"。"日损"即"涤除"，就是把心中的一切私心杂念都去掉。"'损之又损'以至于无为，这就可以见道了。见道就是对于道的体

---

[1] 贺麟:《文化与人生》，商务印书馆1988年版，第169页。
[2] 黎靖德编:《朱子语类》卷一百二十五《老氏》，王星贤点校，中华书局1986年版，第2988页。
[3] 牟宗三:《中国哲学十九讲》，上海古籍出版社1997年版，第121页。
[4] 牟宗三:《中国哲学十九讲》，上海古籍出版社1997年版，第125页。

验,对于道的体验就是一种最高的精神境界。"[1]何谓"境界"?牟宗三认为,"把境、界连在一起成'境界'一词,这是从主观方面的心境上讲。主观上的心境修养到什么程度,所看到的一切东西都往上升,就达到什么程度,这就是境界,这个境界就成为主观的意义"[2]。从这一界定出发,我们不难发现,《老子》之"道"不仅存在境界论,而且还可细分为人类社会理想境界和个体生命理想境界。就前者而论,十七章的"太上"、十八章的"大道"、三十五章的"执大象"和八十章的"小国寡民"都是在从不同层面论述理想社会,"道法自然"是构建人类理想社会的终极原则。"法"意味着"不违","自然"在此指人类社会之自然趋向。"执大象,天下往;往而不害,安平太。"[3]"大象"即"大道",奚侗诠释说:"安宁、平和、通泰,皆申言不害谊。"[4]河上公注云:"万民归往而不伤害,则国安家宁而致太平矣。治身不害神明,则身安而大寿也。"[5]八十章的"小国寡民"可以说是作者对其心目中人类理想社会最直接、最素朴的表白。在这一段文句中,值得注意的地方有两处。一是"虽有舟舆,无所乘之;虽有甲兵,无所陈之。使民复结绳而用之"。舟舆和甲兵代表人类社会技术文明,人们大多看到的是文化正面的意义,老子强调更多的却是文化负面的作用。以技术文明为代表的社会文化似乎与人之自然本性存在着不可通约性的内在矛盾。技术文明越发达,人类自

---

[1] 冯友兰:《中国哲学史新编》第二册,人民出版社1984年版,第55—56页。与此相对,有的学者对老子"道"论是否蕴含境界论成分做出了截然相反的评论。崔大华认为,"在老子看来,作为世界万物根源的'道'是可以通过一种抽象的、深入的理性思索去把握的,去'明'的。所以在老子思想中,通向'道'的途径,在性质上仍是一种理性的认识过程"(参见崔大华:《庄学研究》,人民出版社1992年版,第404页)。

[2] 牟宗三:《中国哲学十九讲》,上海古籍出版社1997年版,第123页。

[3] 《老子》三十五章。

[4] 奚侗:《老子集解》三十五章,上海古籍出版社2007年版,第91页。

[5] 王卡点校:《老子道德经河上公章句》,中华书局1993年版,第139页。

第二章 老子与庄子

然本性却离大道越来越远。"有机械者必有机事,有机事者必有机心。机心存于胸中,则纯白不备;纯白不备,则神生不定;神生不定者,道之所不载也。"[1]机心是对纯白之心的破坏,远离机事才能使虚室生白。另外一段值得注意的文句是"甘其食,美其服,安其居,乐其俗。邻国相望,鸡犬之声相闻,民至老死,不相往来"[2],这段话彰显出道家"忘"的精神,忘形体、忘生死、忘是非,始能合于大道。《庄子·大宗师》中的"鱼相忘乎江湖,人相忘乎道术"是对道家之"忘"最好的诠释。相望而不相往来,就是人相适于大道的境界,也就是"逍遥"的境界。

当然,在《老子》境界论中最重要的还是个体生命的理想境界,老子称之为"玄同":"知者不言,言者不知。塞其兑,闭其门;挫其锐,解其分;和其光,同其尘,是谓玄同。"[3]范应元诠释说:"惟塞兑闭门以挫情欲之锐,解事物之纷莹,心鉴而不炫其明,混浊世而不汙其真者,则是谓与道冥合矣。"[4]"塞""闭""挫""解"都是在做"减法","为学日益,为道日损"[5],通过祛除嗜欲等负面因素,超越世俗对错、是非等二相思维,达到"以道观之"、万物齐同的境界。"玄同"的境界也就是道之境界,《老子》借助于两个人格化的形象进行论证:一是"婴儿",二是圣人。这种叙事模式与西方首先"公设"几个核心概念,然后通过逻辑推衍得出结论有所不同,中国古代哲学往往擅长于通过寓言、故事或饱满的人物形象来隐喻其观点,《老子》和《庄子》是其中

---

[1] 《庄子·天地》。
[2] 《淮南子·齐俗训》:"是故邻国相望,鸡狗之音相闻,而足迹不接诸侯之境,车轨不结千里之外者,皆得其所。"《论衡·说日篇》:"古者质朴,邻国接境,鸡犬之声相闻,终身不相往来。"又《史记·货殖传》也有"至治之极"四字,皆本老子此章。
[3] 《老子》五十六章。
[4] 范应元:《老子道德经古本集注》,续古逸丛书本,江苏古籍出版社2001年版,第56—57页。
[5] 《老子》四十八章。

代表。《老子》十章、二十章、二十八章、四十九章和五十五章一再出现"婴儿"形象,《老子》十章中的"婴儿"所蕴含的文化意义与其他几章相比有所不一,"载营魄抱一,能无离乎?专气致柔,能如婴儿乎?涤除玄览,能无疵乎?爱国治民,能无为乎?天门开阖,能为雌乎?明白四达,能无知乎"。"营魄"即"魂魄",河上公注云:"营魄,魂魄也。""抱一"即"抱道",王弼注云:"抱我灵魂而上升也。"[1] 张岱年认为,"涤除玄览"是一种"冥会宇宙本根"之"直觉"。[2] 此处的"婴儿"是"自然婴儿",类似于《庄子·齐物论》中"庄周梦蝶"之蝶。"庄周梦蝶"之蝶是一种文化符号,象征得道者"齐物我"之后的逍遥。更为重要的在于这种逍遥蕴含着生命的体验,不像人死之"物化"虽然也算是"物化"之一种,但缺乏主体生命的体验。《老子》十章中的"婴儿"不是后天经过克欲、守静等修养功夫达到的与道合一境界,而是先天的与道抱一不离境界。因此,《老子》文本中的"婴儿"实际上分为两种类型:一是先天性的"自然婴儿",不待修炼自然与道之"常德"合一;二是经过后天"绝圣弃智""绝仁弃义""绝巧弃利"[3]等等"损之又损"修养,臻于"复归于婴儿"之"人文婴儿"。"知其雄,守其雌,为天下溪。为天下溪,常德不离,复归于婴儿。知其白,守其黑,为天下式。为天下式,常德不忒,复归于无极。知其荣,守其辱,为天下谷。为天下谷,常德乃足,复归于朴。"[4] 本章3次提到"复归","复归于婴儿""复归于无极""复归于朴"实质上都是复归于道。杜光庭说:"婴儿者,未分善恶,未识是非,和气常全,泊然凝静,以喻有德知君、

---

[1] 《老子》十章。
[2] 张岱年:《中国哲学大纲》,中国社会科学出版社1982年版,第531页。
[3] 《老子》十九章,竹简本《老子》记载有所不同。
[4] 《老子》二十八章。

第二章 老子与庄子

全道之士。"[1]婴儿情欲未萌，无巧辩、诈伪之机心，也无是非善恶之价值评判。此处之婴儿，有别于"自然婴儿"，而是后天之"人文婴儿"。经过"见素抱朴"之后进入的"人文婴儿"状态，在《老子》二十章中有详细描述："众人熙熙，如享太牢，如登春台。我独泊兮其未兆，如婴儿之未孩；儽儽兮若无所归。众人皆有余，而我独若遗。我愚人之心也哉！沌沌兮，俗人昭昭，我独昏昏。俗人察察，我独闷闷。澹兮其若海，飂兮若无止，众人皆有以，而我独顽似鄙。我独异于人，而贵食母。""愚人"是返朴归真的生命境界，表面上似乎"昏昏""闷闷"与"沌沌"，实际上是大知大识之后的淡泊与从容。愚人静如大海之渊深，故能大度容物；动如大风之飘扬，故能随缘应物。这种理想生命境界颇类似《庄子·齐物论》中的"真人"："今者吾丧我，汝知之乎？女闻人籁而未闻地籁，女闻地籁而未闻天籁夫。""吾丧我"之"我"，是小我、偏执之我；"吾"是真我，是臻于万物一体境界之大我。"吾丧我"彰显的是生命修炼的历程及其愿景，与《齐物论》篇末的"庄周梦蝶"有所不同。"吾丧我"是人在清醒时的精神状态，"庄周梦蝶"却是梦境。"庄周梦蝶"隐喻的是人之自然本性与道的融合，"吾丧我"旨在证明历经人籁、地籁，有望达到天籁境界的生命历程和后天修养的必要性。"吾丧我"是实，"庄周梦蝶"是幻，庄子将"庄周梦蝶"放在全文之末，或许隐含深意。也许《齐物论》想要说明与道合一的逍遥境界只能在梦中实现？如果确系如此，则与《老子》道论中的"愚人"有所不一。《老子》中的理想人格完全可以在人生此岸实现："含德之厚，比于赤子。蜂虿虺蛇不螫，猛兽不据，攫鸟不搏。骨弱筋柔而握固。未知牝牡之合而全作，精之至也。终日号而不嗄，和之至也。知和曰常，

---

[1] 奚侗：《老子集解》二十八章，上海古籍出版社2007年版，第72页。

知常曰明。"¹ "含德之厚"也就是"有道之人","精之至"指脉气充盈,"和之至"指内在心灵和谐。和的状态,也就是有的学者所说的"合于'道'的状态"²。

个体生命理想境界另外一种人格化形象是"圣人"。《老子》文本中的理想人格概念比较单一,不像《庄子》文本名目繁多,叫人很难分辨究竟哪一个概念是庄子本人使用的,哪些是庄子后学添加的。³葛洪将圣人分为"治世之圣人"和"得道之圣人":"夫圣人不必仙,仙人不必圣"⁴,"且夫俗所谓圣人者,皆治世之圣人,非得道之圣人。得道之圣人,则黄老是也。治世之圣人,则周孔是也"⁵。葛洪的这一观点为我们今天梳理老子的"圣人"观提供了一个很好的参考。"治世之圣人"不可混同于现实社会中的君王,而应当看作理想社会中的圣君。"以正治国,以奇用兵,以无事取天下。"⁶ "不尚贤,使民不争。不贵难得之货,使民不为盗。不见可欲,使民心不乱。是以圣人之治,虚其心,实其腹,弱其志,强其骨。常使民无知、无欲,使夫智者不敢为也。为无为,则无不治。"⁷ "不尚贤"之"贤",敦煌本作"宝",《说文解字》释:"贤,多财也。"《庄子·天地》有"至德之世,不尚贤,不使能"记载,可资旁证。"治世之圣人"治理天下最高原则是"无为":"是以圣人处无为之事,行不言之教。"⁸在《老子》谈及"无为"的十章中,有九章

---

1 《老子》五十五章。
2 刘笑敢:《老子古今》,中国社会科学出版社2006年版,第542页。
3 《庄子》文本中关于理想人格的名号有真人、圣人、至人、神人、德人、大人、天人、全人等等。
4 葛洪:《抱朴子内篇·辨问》,中华书局1985年版,第224页。
5 葛洪:《抱朴子内篇·辨问》,中华书局1985年版,第224页。
6 《老子》五十七章。
7 《老子》三章。
8 《老子》二章。

第二章 老子与庄子

（二、三、六十四、六十三、四十三、三十八、四十八、十、五十七）与圣人有涉，充分表明"无为"正是圣人之德。在竹简本《老子》出土之前，有些学者推断"无为而不为"可能是韩非等人所增添。竹简本《老子》"亡为而亡不为"的记载，证明通行本《老子》"无为而不为"思想其来有自。在社会政治层面上，"无为"意指人之道应遵循天之道，天之道最高法则是"道法自然"，因此，社会政治最高原则应因循人之自然本性，而不戕害人之本性。"故圣人云：我无为而民自化，我好静而民自正，我无事而民自富，我无欲而民自朴。"[1]我们于此不难发现，老子提出的是理想社会政治的价值理想，其中蕴含着独特而深邃的人文关怀。恰如李约瑟所论："实际上，每个翻译者和注释者都采用了不加修饰的action（行动）这个词，以致成为道家最大口号之一的'无为'就变成了non-action（无所作为）或inactivity（不活动）了。我相信，大多数汉学家在这里是都弄错了；就早期原始科学的道家哲学家而言，'无为'的意思就是'不做违反自然的活动'（refraining from activity contrary to nature），亦即不固执地要违反事物的本性，不强使物质材料完成它们所不适合的功能。"[2]在这种社会政治思想中，其哲学的形而上学意义明显多于现实政治的可操作性。或许后人已经看到了这一"缺陷"，于是将《老子》"无为"思想加以"坎陷"，纷纷画蛇添足地提出了"君无为而臣有为"思想："君臣之道：臣事事，而君无事；君逸乐，而臣任劳；臣尽智力以善其事，而君无与焉，仰成而已。"[3]"何谓道？有天道，有人道。无为而尊者，天道也；有为而累者，人道也。主者，天

---

[1]《老子》五十七章。
[2]［英］李约瑟：《中国科学技术史》第二卷《科学思想史》，科学出版社、上海古籍出版社1990年版，第76页。
[3]《慎子·民杂》。

道也；臣者，人道也。"[1]值得注意的是，"君无为而臣有为"思想在汉代"儒家宗"的董仲舒思想中也得到发扬光大："为人君者，居无为之位，行不言之教，寂而无声，静而无形，执一无端，为国源泉。因国以为身，因臣以为心，以臣言为声，以臣事为形……是以群臣分职而治，各敬而事，争进其功，显广其名，而人君得载其中，此自然致力之术也。"[2]论证的角度虽然与庄子不一，但落脚点都在于强调君道无为、臣道有为。原始道家和黄老思想在汉代大儒董仲舒思想中得到了彰显，这是学界一直未加注意的一个问题。

《老子》一书共出现"圣人"32次，论述"得道之圣人"的篇幅远远多于"治世之圣人"。牟宗三曾对"圣人"概念做过界定："与希腊哲学传统中那些哲学家不同，在中国古代，圣和哲两个观念是相通的。哲字的原义是明智，明智加以德性化和人格化，便是圣了。"[3]人经过克欲、守静等后天修道、体道功夫，臻于与道合一的圣人境界可否用语言表达呢？《老子》十五章有粗略描述："古之善为士者，微妙玄通，深不可识。夫唯不可识，故强为之容。豫兮若冬涉川，犹兮若畏四邻，俨兮其若容，涣兮若冰之将释，敦兮其若朴，旷兮其若谷，混兮其若浊。孰能浊以之徐清？孰能安以久动之徐生？保此道者不欲盈，夫唯不盈，故能蔽不新成。""古之善为士者"一句，傅奕本和帛书乙本皆作"古之善为道者"[4]，竹简本作"古之善为士者"，善为士和善为道相通，河上公曰"谓得道之君也"[5]，陈鼓应也说"本章是对体道之士的描写"[6]。自谦、

---

1 《庄子·在宥》。
2 《春秋繁露·保位权》。
3 牟宗三：《中国哲学的特质》，上海古籍出版社1997年版，第11页。
4 帛书乙本缺"善"字。
5 王卡点校：《老子道德经河上公章句》，中华书局1993年版，第57页。
6 陈鼓应：《老子今注今译》，商务印书馆2003年版，第132页。

第二章 老子与庄子

仁慈、旷达、纯朴、恬静、飘逸是得道之士的人格特征，刘笑敢评论说："这种境界、这种态度和表现不是刻意遵照某种政治理想或道德原则而行动的结果，更不是为了实现某种具体目的的手段。这种境界和气功之类的身心结合的修养有某种联系：似乎很专注，却又心无所系；似乎高度自信，却又好像极为谦和；似乎心无旁骛，却又洞悉天下。"[1]而《老子》五十章的"陆行不遇兕虎，入军不被甲兵"等文字描述，几近于方仙道夸张和癫狂的程度。但有一点值得探讨的是，下层平民百姓能成为"微妙玄通"的圣人吗？《老子》和《庄子》的回答显然不同。《老子》中的"善摄生者"往往是指明君、贵族等上层人士；庄子则认为普通平民百姓通过知识积累与后天践行，完全可以超越技术层面到达与道合一、逍遥自由的心境。《庄子·养生主》中的"庖丁"就是一"善为道者"："臣之所好者，道也，进乎技矣。始臣之解牛之时，所见无非牛者。三年之后，未尝见全牛也。方今之时，臣以神遇而不以目视，官知止而神欲行。依乎天理，批大郤，导大窾，因其固然，技经肯綮之未尝，而况大軱乎！良庖岁更刀，割也；族庖月更刀，折也。今臣之刀十九年矣，所解数千牛矣，而刀刃若新发于硎。彼节者有间，而刀刃者无厚。以无厚入有间，恢恢乎其于游刃必有余地矣，是以十九年而刀刃若新发于硎。"庖丁解牛的动作可媲美桑林之舞，其声合乎《咸池》音乐之节奏，换言之，庖丁已臻于技进乎道的自由境界。这种踌躇满志的心境，在《德充符》中的兀者王骀和申徒嘉那里，体现为"游心乎德之和"；在《天地》篇中的圃畦丈人那里，则是"执道者德全，德全者形全，形全者神全。神全者，圣人之道也"。

---

[1] 刘笑敢:《老子古今》，中国社会科学出版社2006年版，第197页。

（五）《老子》道论内在逻辑缺陷的弥补

美国学者罗浩在通行本《老子》生成与演变问题上，提出三种模型说：一是"辑选模型"，简本《老子》对文是《老子》祖本的"辑选"；二是"来源模型"，简本《老子》对文是《老子》祖本的来源之一；三是"并行文本模型"，简本《老子》对文、《管子·内业》和《老子》祖本共同来自一种或多种来源。[1]借用顾颉刚先生的一个学术术语，通行本《老子》实际上是"层累地"形成的。譬如，竹简本《老子》只有13章谈"道"，帛书本有36章谈"道"，通行本有39章谈"道"。又譬如竹简本《老子》"四大"的排列次序是"天大，地大，道大，王亦大"，帛书本和通行本排列次序却是"道大，天大，地大，王亦大"。一个总的趋势是对"道"的论述越来越多，对"道"的论证越来越周密。李存山撰文指出，竹简本《老子》中不见的"道生一，一生二，二生三，三生万物。万物负阴而抱阳，冲气以为和"一节，极有可能是后来添加进通行本《老子》的[2]，这一观点颇具启发意义。楚简《太一生水》紧附于《老子》丙本之后，当是诠释《老子》之文，但其宇宙生成图式却是大一—天地—神明—阴阳—四时—沧热—湿燥—岁，其中并无"道生一"和"万物负阴而抱阳"命题，气只不过是与天、地、土并列的质料，这恰恰恰说明《太一生水》作者所看到的《老子》没有"万物负阴而抱阳"一节。上博简《凡物流形》有"聏（聞）之曰：一生两，两生厽（参），厽（参）生女（母?），女（母?）城（成）结。是古（故）又（有）一，

---

[1] ［美］艾兰、［英］魏克彬原编：《郭店〈老子〉——东西方学者的对话》，邢文编译，学苑出版社2002年版，第66—67页。

[2] 李存山：《从郭店楚简看早期道儒关系》，《中国哲学》第20辑，辽宁教育出版社1999年版，第187—203页。

第二章 老子与庄子

天下亡（无）不又（有）；亡（无）一，天下亦亡（无）一又（有）"[1]。这篇文章虽然大量出现"一"，而且有类似于通行本《老子》四十二章"一生二，二生三"文句，但仍然没有"道生一""万物负阴而抱阳"和"冲气以为和"等论断，更没有论述"一"生"二"如何可能，无"一"何以就无"有"。凡此种种，凸显出在早期版本的《老子》（指祖本和早期传本）思想体系中，存在着一个重大的逻辑缺陷：既然道除了本体这一面向外还存在宇宙论这一面向，那么天地万物生成与变化的动力因何在？换言之，道何以能"生"天地万物？这一重大理论问题，在早期《老子》文本中却找不到答案。广而论之，在人类文明"轴心时代"，宇宙万物生成与运动、变化的动力因问题曾经是困扰着整个世界文明的一大哲学难题。在古希腊哲学史上，阿那克西美尼认为气本原中存在着热和冷的矛盾对立，是宇宙万物生成与运动、变化的内在动力。赫拉克利特也认为万物运动变化的根源在于物质内部存在着对立统一。恩培多克勒提出宇宙间存在着两种原始的力量：联合与分离。亚里士多德曾批评恩培多克勒没有彻底地使用这些原理，但是也客观承认恩培多克勒是历史上第一位把运动的原理论证为"殊异的相互对立"[2]的哲学家。值得注意的是，原子论的代表人物留基伯与德谟克利特却在这一关键问题上沉默不语，没有明确地回答这一显然十分重要的问题：原子运动的终极原因是什么？作为百科全书式的哲学家，德谟克利特理应说明这一关键性问题。因为在他之前的诸多哲学家，都曾从不同角度诠释过这一问题。对于原子学说中这一本不应有的缺失，亚里士多德曾经做过一个善意的推测："关于运动的问题——事物的运动是从何来的，如何进行的——这

---

1 此段文句参照王中江教授考证和重新编联的结论，参见王中江：《〈凡物流形〉编联新见》，简帛网，2009年3月3日，网址：http://www.bsm.org.cn/?chujian/5200.html。
2 ［德］黑格尔：《哲学史讲演录》第一卷，贺麟、王太庆译，商务印书馆1995年版，第323页。

些思想家，也像别人一样，疏懒地忽视了。"[1]他认为德谟克利特完全有能力从形而上学的高度圆满地阐明这一问题，只是由于"疏懒"才给他的宇宙论造成体系上的不完整。这一原子学说史上的不应有的缺失，几乎成了一桩学术公案，以至于引起后来诸多哲人的关注。譬如，罗素也曾探究过这一问题，并且认为原子论者没有回答原子运动的终极动力因并非是一件坏事："亚里士多德和别人都指责他和德谟克利特并没有说明原子的原始运动，但是在这一点上原子论者要比批评他们的人更科学得多。因果作用必须是从某件事物上开始的，而且无论它从什么地方开始，对于起始的与料是不能指出原因的。世界可以归于一位创世主，但是纵令那样，创世主的自身也是不能加以说明的。事实上，原子论者的理论要比古代所曾提出过的任何其他理论，都更近于近代科学理论。"[2]在哲学史上，众多哲学家，譬如苏格拉底、柏拉图与亚里士多德等人，都从"目的因"或"最终因"角度来认识这一问题，其结果无一不是将物质运动的终极根源归结为"不动的动者"，即"第一推动者"——上帝，德谟克利特的缄默反而在事实上避免了向宗教神学哲学泥淖陷得更深。因为"一切因果式的解释就是必定要有一个任意设想的一端。这就是为什么在原子论者的理论里留下来原子的原始运动而不加以说明，并不能算是缺欠了"[3]。在一定的历史条件下，明智的回避与沉默甚至比随意的猜测与想象更合乎理性精神。或许早期版本《老子》的作者并非由于"疏懒"而没有对这一问题做出回答，是时代哲学还没有发展到要求思想家必须回答这一关键问题的高度。大约从战国伊始，思想家们不仅要回答"是什么"，更要回答"为什么"。《淮南子·天文训》对《老

---

[1] [古希腊]亚里士多德：《形而上学》，吴寿彭译，商务印书馆1991年版，第12页。
[2] [英]罗素：《西方哲学史》，马元德译，商务印书馆1991年版，第99页。
[3] [英]罗素：《西方哲学史》，马元德译，商务印书馆1991年版，第100页。

第二章　老子与庄子

子》道论内在逻辑缺失的针砭可谓非常深刻:"道(日规)始于一,一而不生,故分而为阴阳,阴阳合和而万物生。故曰:一生二,二生三,三生万物。"无论是"道生一",还是"一生二",都没有回答"道"与"一"何以能"生"这一问题。"阴阳合和而万物生",道作为宇宙论最高概念必须与阴阳气论结合,援气入道,才能解决天地万物生成与运动变化最终根源问题。以气释道、道气结合,道论才能真正走向圆融自洽。

梁启超先生曾认为:"阴阳两字意义之居变,盖自老子始。老子曰'万物负阴而抱阳',此语当作何解?未易断言,抑固有以异于古所云矣。虽然,五千言中,言阴阳者只此一句,且亦非书中重要语,故谓老子与阴阳说有何等关系,吾未敢承。"[1]在《老子》一书中,"阴阳"确实只出现了1次,但认为"非书中重要语"却有失偏颇。如果我们从《老子》四十二章中抽掉阴阳气论,宇宙论意义上的道论就会坍塌,因为无法解释道生万物如何可能。《老子》作者的弟子或弟子的弟子发现了这一内在逻辑缺陷,因此增补"道生一,一生二,二生三,三生万物。万物负阴而抱阳,冲气以为和"一节。所增补的这一节在《老子》文本思想体系中,意义极其重大,因为祖本《老子》作者没有回答的一个关键问题——道生万物如何可能——终于在形而上学的高度得到论证。《庄子·田子方》显然受到了《老子》四十二章阴阳气论的影响:"老聃曰:'吾游心于物之初。'孔子曰:'何谓邪?'曰:'心困焉而不能知,口辟焉而不能言。尝为汝议乎其将:至阴肃肃,至阳赫赫。肃肃出乎天,赫赫发乎地。两者交通成和而物生焉,或为之纪而莫见其形。消息满虚,一晦一明,日改月化,日有所为而莫见其功。生有所乎萌,死有所乎

---

[1] 梁启超:《阴阳五行说之来历》,《饮冰室合集》第四册,中华书局1989年版,第47页。

归，始终相反乎无端，而莫知乎其所穷。非是也，且孰为之宗！'"阴阳二气"交通成和"，天地万物得以化生，阴阳之气作为动力因的地位与作用自此得以彰显。从《老子》四十二章和《庄子·田子方》中的表述分析，《庄子·田子方》当是对《老子》阴阳气论的阐发。《淮南子·天文训》继而评论说："一而不生，故分而为阴阳，阴阳合和而万物生。"无论"道"还是"一"，都无法论证种类繁殊的万物如何产生，所以称"一而不生"；援阴阳气论入道论，用阴阳二气相摩相荡诠释天地万物化生之动力因，"阴阳合和而万物生"。河上公对《老子》四十二章宇宙图式的诠释更加细致："道始所生者［一也］，一生阴与阳也。阴阳生和、清、浊三气，分为天地人也。天地［人］共生万物也。天施地化，人长养之。万物无不负阴而向阳，回心而就日。"[1]一为气，气分阴阳属性，阴阳生"和、清、浊"三气。道家道论内在逻辑缺陷演变至此，终于得到弥补。[2]但是，由此而来《老子》四十二章增补者也给《老子》思想体系留下了一个矛盾："道生一"之"一"显然不同于三十九章"万物得一以生"之"一"和十四章"故混而为一"之"一"。[3]前者是派生的、第二位的；后者是根本的、第一位的。"万物得一以生"之"一"就是道之别名[4]，而"道生一"之"一"是气。这种矛盾是根本性的，或者说是不可通约性的。后世一些学者已经十分清楚地认识到了这一裂痕，并

1　王卡点校：《老子道德经河上公章句》，中华书局1993年版，第168—169页。
2　河上公对《老子》四十二章的诠释与《淮南子·天文训》相似："道始所生者［一也］，一生阴与阳也。阴阳生和、清、浊三气，分为天地人也。天地［人］共生万物也。天施地化，人长养之。万物无不负阴而向阳，回心而就日。"（参见王卡点校：《老子道德经河上公章句》，中华书局1993年版，第168—169页）
3　除《老子》三十九章和十四章外，《老子》十章、十一章、二十二章、二十五章也有"一"之记载，含义均有别于四十二章之"一"。
4　参见高亨：《老子注译》，《高亨著作集林》第五卷，清华大学出版社2004年版，第331页。

第二章 老子与庄子

试图加以缝合。譬如，《韩非子·扬权》强调"道无双，故曰一"，道是位阶最高的存在，道即一，以一证明道为最高存在。《淮南子·天文训》进而说："道［日规］始于一，一而不生，故分而为阴阳，阴阳合和而万物生。"《淮南子·天文训》的提法是"道始于一"而非"道生一"[1]，"道生一"意味着"一"是质料（按照战国秦汉流行的解释，一即气），质料是有限性存有，有限性的实存与无具体规定性的宇宙本原位格不一，"道始于一"圆融地化解了这一内在矛盾，道因"一"之存在而澄明。"所谓一者，无匹合于天下者也。"[2] "一而不生"，气因为内含阴阳对立互补属性而生万物，"神明接，阴阳和，万物生矣"[3]，"吐气者施，含气者化，是故阳施阴化"[4]。范应元继而认为，"道一而已，故曰道生一也。犹言易有太极也。一之中便有动静，动曰阳，静曰阴，故曰一生二也。康节所谓天向一中分造化者是也。一与二便是三，故曰二生三也，其实一也。然动静无端，阴阳无始，一亦非一，但形于言则不可不谓之一也。初不是逐旋生之也，其曰生者，亦犹言太极动而生阳，动极而静，静而生阴也。阴阳不可不二而言之，然阳自阴来，阴自阳来，其实一也。孔子所谓一阴一阳之谓道是也，周子所谓二本则一亦是也。盖二与一便是三也，自三以往生生不穷，故曰三生万物也"[5]。"一"并非生于道，道即一，一即道。一是虚无，概念之"一"并非意味着"一"含有具体规定性，故曰"一亦非一"。阴阳是道内在本质性规定，无阴阳则无道，有道则有阴阳，有阴阳动静才能"生万物"。从"动静无端，阴阳无始"

---

[1] 根据历代学者的考证，"日规"两字是衍文。
[2] 《淮南子·原道训》，诸子集成本，上海书店出版社1986年版。
[3] 王利器：《文子疏义》，诸子集成本，中华书局2000年版。
[4] 《淮南子·天文训》，诸子集成本，上海书店出版社1986年版。
[5] 范应元：《老子道德经古本集注》，续古逸丛书本，江苏古籍出版社2001年版，第43页。

的表述分析，范应元是在以庄解老，因为庄子主张道无终始，"道未始有封"[1]，这与《老子》主张的天地从道开始有所区别。释德清的运思路向与范应元如出一辙，有意忽略"道生一"之"生"，"谓道本无名，强名之一，故曰'道生一'"[2]。道之本质是"冲虚"，人们应善于透过概念之"一"看清背后"道"之哲学特性。

概而论之，道是哲学本体，又是天地万物何以"生"之本原。道贯通于形上与形下世界，兼涵万有、赅总一切。严灵峰归纳出老子之道四种义项：道体、道理、道用、道术[3]；唐君毅列举了老子之道六种义项：宇宙原理、实有之存在者、道相、德、修德和心境。[4]道既是本体论意义上的本体，又是宇宙生成论中的本原；道既是价值总根源，又是生命理想境界。立足于西方哲学尤其是笛卡尔以来的对立二分概念体系分析，中国本土哲学概念多多少少会令人觉得不可思议，台湾学者袁保新甚至发出了"令人沮丧"之感叹。[5]但无法回避的是，这恰恰是中国古代哲学概念的"貌相"。受过西方哲学与逻辑学熏陶的严复，一针见血地指出中国传统学术概念体系最大缺点在于"含混闪烁"："所恨中国文字，经词章家遣用败坏，多含混闪烁之词，此乃学问发达之大阻力。"[6]几乎每一个哲学概念都是语义含混、边界模糊。严复的批评揭示出了中国传统学术的一大特点：逻辑学传统的缺失。缘此，刘笑敢主张避免用现成的西方哲学概念来定义老子之道，而应采取"功能

---

1 《庄子·齐物论》。
2 释德清：《道德经解》，华东师范大学出版社2009年版，第96页。
3 严灵峰：《老庄研究》，中华书局1966年版，第378页。
4 唐君毅：《中国哲学原论·导论篇》，中国社会科学出版社2005年版，第224—234页。
5 袁保新：《老子哲学之诠释与重建》，台湾文津出版社1997年版，第26页。
6 严复：《政治讲义》，《严复集》，中华书局1986年版，第1247页。

性、描述性定义"¹,这种处理方法对"原样理解"老子之道哲学特性无疑具有指导意义,也与陈寅恪"同情之理解"治学方法契合。但是,从现代中国哲学发展方向这一意义上讲,李泽厚所主张的"澄清含混的语义批判,在中国至今犹堪借鉴"更是一当头棒喝。²没有批判的立场,就没有现代中国哲学的进步。

三、"振于无竟":庄子道论特点及其人文关怀

中国文化传统中的自由思想源远流长,恰如"儒家自由主义"代表人物徐复观所言:中国文化传统中有丰沛的积极意义上的"自由精神"³。曾经与徐复观笔战得"天昏地暗"的殷海光,时至晚年也承认中国文化传统中确实存在"内在自由"。⁴具体就庄子哲学而言,其自由思想是一座有待于学人进一步去挖掘与评估的精神"富矿"。徐复观将庄子定位为"伟大的自由主义者"⁵,可谓实至名归。庄子之"伟大",不仅在于揭明逍遥自由是人本性的澄现,是生命永恒、绝对的价值观与生命理想境界,更深刻的还在于从"道"论高度论证逍遥自由何以可能。

---

1 刘笑敢:《"反向格义"与中国哲学研究的困境——以老子之道的诠释为例》,《南京大学学报》,2006年第2期。
2 李泽厚:《中国近代思想史论》,人民出版社1979年版,第273页。
3 徐复观:《为什么要反对自由主义?》,《儒家思想与民主自由人权》,台湾八十年代出版社1979年版,第284—285页。
4 殷海光:《〈放弃了的道路——海耶克教授著《到奴役之路》之第一章〉译者的话》,《殷海光全集》第六卷,台湾桂冠图书公司1990年版,第2页。
5 徐复观:《中国人性论史》,华东师范大学出版社2005年版,第252页。

（一）"道无终始"：生命逍遥的理论根基

根据司马迁的考证，庄子的作品达"十余万言"[1]。在近半个世纪中，庄子的一些文章曾经两次"重见天日"，尽管是残简断篇，也是弥足珍贵。[2]结合出土简牍，再证诸传世文献，庄子的文章在战国晚期已在社会上流传，当是不易之事实。荀子读过庄子的雄文，所以批评"庄子蔽于天而不知人"[3]。荀子其实忽略了庄子之"天"与其思想体系之"天"如同隔山买牛，实不可同日而语。韩非也读过庄子的作品，对其中的寓言故事非常熟稔。《难三》篇所引"一雀过弈，弈必得之，则弈诬矣"，出自《庄子·庚桑楚》。《吕氏春秋》之《贵生》《审为》诸篇言"莫贵于生"，其中的许多事例源自《庄子·让王》。《庄子·天下》篇作者评论庄子之文"以谬悠之说，荒唐之言，无端崖之辞，时恣纵而不傥，不以觭见之也"。汪洋恣肆的庄子之文，在战国晚期影响日渐深远[4]，所以明末学者释德清盛赞其文具有时代"变化鼓舞"意义。[5]庄子与老子同属道家学派，最核心的概念同是"道"。司马迁当年考证庄子之学"其要本归于老子

1　司马迁：《史记·老子韩非列传》，裴骃集解，司马贞索隐，张守节正义，中华书局编辑部点校，中华书局1959年版，第2143页。
2　其一，1977年安徽省文物工作队等单位在安徽阜阳双古堆1号西汉墓发掘出土《庄子》约20片残简，包含传本《内篇》中的《逍遥游》《人间世》，《外篇》中的《骈拇》《在宥》等以及《杂篇》中的《徐无鬼》《外物》《让王》《天下》等内容，但大多仅存数字；其二，1988年出土于湖北省江陵张家山136号西汉墓的《庄子·盗跖》，共存44枚竹简，原有篇名作"盗蹠"。据介绍，其内容为孔子见盗跖。以简文与传世本相比较，简文内容仅为传世本《盗跖》篇的一部分。据廖名春先生考证，今本《盗跖》篇并非原貌，《盗跖》篇原本与简本《盗跖》篇相似，只有今本《盗跖》篇的第一章。张家山136号汉墓与安徽阜阳双古堆1号汉墓的年代皆在汉文帝时期。
3　《荀子·解蔽》。
4　鲁迅论及庄子文章之影响时，认为"晚周诸子之作，莫能先也"（鲁迅：《汉文学史纲要》，《鲁迅全集》，人民文学出版社1998年版，第364页）。
5　释德清：《庄子内篇注》，华东师范大学出版社2009年版，第2页。

第二章 老子与庄子

之言"[1]，历代学者受司马迁影响，习惯于将"老、庄"并称，释德清甚至断言"《庄子》一书，乃《老子》之注疏"[2]。这一立论虽然有其合理之处，但也忽略了老子与庄子思想体系（尤其是老、庄"道"论）在内在旨趣与特点等方面的差异性。把本来具有两个不同思想特点与生命旨趣的思想体系混而为一，这是目前学界研究道家思想存在的诸多问题之一。

在庄子思想体系中，"道"是位阶最高的概念。庄子之"道"有三大特点。

1. "夫道未始有封"

《齐物论》与《逍遥游》是庄子著述中最具有代表性的文章，研究庄子哲学，当然应以这两篇文章作为立论之根基。[3]《齐物论》云："夫道未始有封。"[4] 这一句话是理解与衡评庄子道学的枢要，所以在《齐物论》中反复出现。"封"指"界限"[5]，经验世界中的物，都具有"封"之

---

[1] 司马迁：《史记·老子韩非列传》，裴骃集解，司马贞索隐，张守节正义，中华书局编辑部点校，中华书局1959年版，第2143页。

[2] 释德清：《庄子内篇注》，华东师范大学出版社2009年版，第1页。

[3] 《庄子》一书在宋代以前无人提出质疑，皆相信《庄子》是庄周自著。苏东坡在《庄子祠堂记》一文中认为《渔夫》《盗跖》等四篇属伪作，自此开始，《庄子》真伪遂成一学术问题，千载之间，聚讼纷纭。冯友兰先生认为，应否定郭象将《庄子》分内外杂的做法，应该以《逍遥游》《齐物论》为主要线索和标准，来对其他各篇真伪进行衡评。"我认为，庄之所以为庄者，突出地表现于《逍遥游》和《齐物论》两篇之中。这两篇恰好也都在郭象本的内篇之内。但是我认为郭象本内篇中的有些篇，例如《人间世》，就不完全代表庄之所以为庄者。"总之，"研究庄周哲学，应该打破郭象本内、外篇的分别，以《逍遥游》和《齐物论》为主要线索，参考其它各篇，以期对庄周的主观唯心主义哲学思想有全面的认识，作正确的批判"（冯友兰：《中国哲学史新编》第二册，人民出版社1984年版，第109—111页）笔者完全同意冯友兰先生观点，在《庄子》内、外、杂三部分材料的取舍上，以《逍遥游》《齐物论》两篇为标准，凡是与这两篇文章观点相合的就引用，凡是相互矛盾或抵牾的材料，基本上弃而不用。

[4] 郭庆藩：《庄子集释》，诸子集成本，上海书店出版社1986年版，第190页。

[5] 释德清：《庄子内篇注》，华东师范大学出版社2009年版，第39页。

特性，因此天地万物有彼与此、是与非、对与错、生与死、可与不可的区别，彼此互为因果。"物无非彼，物无非是。自彼则不见，自知则知之。故曰：彼出于是，是亦因彼。彼是方生之说也。虽然，方生方死，方死方生；方可方不可，方不可方可；因是因非，因非因是。"[1]道不是对象性存在，道是"未始有物"的终极本体，道没有"物"所应具有的空间特性，"道不可闻，闻而非也；道不可见，见而非也；道不可言，言而非也。知形形之不形乎！道不当名"[2]。道是"形形"者，所以具有"不形"之特征。道之"不形"，在《知北游》中又表述为"物物者非物"："有先天地生者物邪？物物者非物。物出不得先物也，犹其有物也。犹其有物也无已！圣人之爱人也终无已者，亦乃取于是者也。"郭象从其"自生""自化"观点出发，虽然否认道是"物"，但又明确地点明万物背后"非有使然"。郭象的这一表述，实际上消解了道的本体地位，显然与庄子思想不符。对于"物物者非物"的诠释，宋代学者林希逸的观点比较中肯："物物者非物，则有非物者，必生于天地之先，岂可以物名之；故曰有先天地生者物邪？言非物之物，不可以物名也。既名为物，则不得为在天地之先者矣，如此便是有物也，故曰物出不得先物也。"[3]道作为"物物"者，具有"先"这一特征，"先"是时间意义上的"先"，还是逻辑意义上的"先"？这是涉及如何深入理解庄子思想意蕴的关键所在。我们不妨先分析一下庄子与东郭子的一段对话："东郭子问于庄子曰：'所谓道，恶乎在？'庄子曰：'无所不在。'东郭子曰：'期而后可。'庄子曰：'在蝼蚁。'曰：'何其下邪？'曰：'在稊稗。'曰：'何其愈下邪？'曰：'在瓦甓。'曰：'何其愈甚邪？'曰：'在屎溺。'东

---

[1]《庄子·齐物论》。
[2]《庄子·知北游》。
[3] 林希逸著，周启成校注：《庄子鬳斋口义校注》，中华书局1997年版，第347页。

第二章　老子与庄子

郭子不应。庄子曰：'夫子之问也，固不及质。正、获之问于监市，履狶也，每下愈况。汝唯莫必，无乎逃物。至道若是，大言亦然。周遍咸三者，异名同实，其指一也……'"[1]在庄子看来，东郭子的提问方式存在问题，作为最高存在的道，是不可以用"恶乎在"来提问的。借用禅宗的口头禅，叫作"开口即错，用心即舛"。"恶乎在"意味着有道是对象性存在，因为具象才有空间特征，如果说道"在"何处，等同于将道"沦落"为一具有物理特性的具象，因为空间与时间是运动状态的物质的存在方式与证明。庄子答以"无所不在""无乎逃物"，已经非常鲜明地揭示出道作为哲学本体的特性：道是天地万物之存在何以可能的终极根据。道不是对象化存在，道不是一具体之"物"，道是"非物"，所以道无"封"。道无方所，道具有"通"之特质，"道通为一"[2]。道通过天地万物的生灭变化，证明其自身作为万物存在何以可能的终极根据而确实存在。缘此，我们只能说：道只是"逻辑上在先"。清代学者胡文英评论说："所谓盈天地皆物，而盈物皆道也。"[3]我们只可以从根据、功能与属性角度，指明道有"周、遍、咸"三大特征，而无法从形而下学维度规范道的周延，因为"物物者与物无际，而物有际者，所谓物际者也。不际之际，际之不际者也"[4]。具体的"物"有"际"，也就是说，物有始终、聚散、盈虚、衰杀与积散之分；而道是"物物者"，道本身无际，道与物更无际。

《庄子》"道未始有封""物物者非物"等表述，显然与传世本《老子》对"道"的界定有所不一。虽然传世本《老子》也有"天下万物

---

[1] 《庄子·知北游》。
[2] 《庄子·齐物论》。
[3] 胡文英：《庄子独见》，李花蕾点校，华东师范大学出版社2011年版，第166页。
[4] 《庄子·知北游》。

生于有，有生于无"[1]等界说，甚至认为"道"这一概念本身也是"强为之名"，但是，与此同时"道"又具有"物"的属性。换言之，道本身就是一"物"："有物混成，先天地生。"[2]道竟然"沦落"为一"物"[3]，道还具有空间特性："故道大，天大，地大，王亦大。域中有四大，而王居其一焉。"[4]由此可见，今本《老子》与《庄子》思想中的"道未始有封""物物者非物"等界说相比较，存在着很大的差异。换言之，今本《老子》道学的理论抽象化水平远远逊于《庄子》。王博教授指出："老子之后，道家对于道的看法明显地呈现出'虚无化'的趋势。"[5]严格地说来，帛书《老子》的"虚无化"程度高于今本《老子》。"虚"在《庄子》文本中出现61次，"唯道集虚"[6]"虚则静"[7]"虚己以游世"[8]"虚则无为而无不为也"[9]等表述，虽然大多立足于生命理想境界与工夫论维度而论，但也已涉及对道作为本体特性的界说。这一观点与思维方式，延续至《管子》和马王堆帛书《经法》，又展现出新的哲学气象："虚无刑（形），其裻冥冥，万物之所从生。"[10]"恒无之初，迥同大（太）虚。虚同为一，恒一而止。"[11]《管子·心术上》云："虚无无形谓之道。化育万物谓之德。"[12]《管子》和马王堆帛书《经法》最大的特点在于，不从生命哲学

---

1 《老子》四十章。
2 《老子》十五章。
3 郭店竹简本为"有状虫虫成"。
4 《老子》二十五章。
5 王博：《庄子哲学》附录一，北京大学出版社2004年版，第155页。
6 《庄子·人间世》。
7 《庄子·天道》。
8 《庄子·山木》。
9 《庄子·庚桑楚》。
10 马王堆汉墓帛书《经法·道法》，文物出版社1976年版，第1页。
11 马王堆汉墓帛书《经法·道原》，文物出版社1976年版，第101页。
12 黎翔凤撰，梁运华整理：《管子校注·心术上第三十六》，中华书局2004年版，第759页。

第二章 老子与庄子

与工夫论层面谈论"虚",而主要立足于宇宙本原论高度论证道与虚的关系,这是中国古代道家思想史上一大跃进。道的本质特性是"虚",虚意味着"无",意味着道不是一对象性实有,道只是作为宇宙万物存在何以可能的最终依据而存有。除此之外,我们已不能再赘言"道是什么"。道家道论"虚无化"趋势的进一步推进,就是王弼的以"无"取代"道":"凡有皆始于无,故未形无名之时,则为万物之始。及其有形有名之时,则长之、育之、亭之、毒之,为其母也。言道以无形无名始成万物,[万物]以始以成而不知其所以[然],玄之又玄也。"[1] 王弼"以无为本",旨在消解人们把"道"误读为实有的片面认识。"无"有双重本质特征:其一,无是"万物之始",在时间上,无是万物生育者;其二,无是万物"所以然",天地万物生成后,无是万物何以可能的终极根据。在思想谱系上,王弼是对《老子》的"接着说",而非对《庄子》的"接着说"。因为在庄子的思想结构中,道只是万物"所以然",道不具有"始"的特点。由此可见,王弼对"无"所做的界说,与庄子思想相比并没有"百尺竿头更进一步",有些令人遗憾。

2. "道无终始"

"夫道未始有封",是从空间上立论;在时间层面,庄子明确点明"道无终始,物有死生"[2]。道与物截然相分,不可等同。形上层面的"道",不可以"终始"来界说。道没有具象那种度量时间属性,具体之物才有度量时间属性,因为时间与空间只是具体存在才具有的存在方式。"有始也者,有未始有始也者,有未始有夫未始有始也者;有有也

---

[1] 王弼注,楼宇烈校释:《王弼集校释》,中华书局1980年版,第1页。
[2]《庄子·秋水》。

者，有无也者，有未始有无也者，有未始有夫未始有无也者。"[1]历代学者对这段话注释不多，成玄英《疏》云："此假设疑问，以明至道无始无终，此遣于始终也。"释德清认为，"上言有无俱无，此言俱无亦无，迥绝称谓，方是大道玄同之域，故以此称为虚无妙道"[2]。以否定的方式表达肯定的哲学旨趣，并不仅仅是《庄子》一书一以贯之的叙事模式与逻辑特点，更重要的还在于，在对形而上之"道"的认识上，勉强只能通过否定的方式传达肯定的内涵。庄子层层递进所要否定与超越的，不仅是"始终"这一范畴与言说，更深刻的含义还在于：自古以来人们对"道"的界说与认识，始终没有摆脱"物论"的羁绊。"道无终始，物有死生。"换言之，人们总是立足于物论的畛域谈论道，所以对道是否有一时间上的起始的追问，数千年来聚讼纷纭，由此也一直沉沦于经验世界思维惯性的泥淖而无法自我反省与超越。庄子认为，达到理想人格境界的圣人，才最终能摆脱偏执于物的心态，体悟"未始有始，未始有物"[3]。在《列御寇》等文章中，庄子学派干脆用"无始"一词来指代"道"，"无始""未始有始""未始有夫未始有始"，都是对"始终"的超越，都是对"道"这一哲学第一概念的界定。值得注意的是，在《大宗师》一文中，思维方式与表达方式有所变化，开始用肯定的叙事方式，表达肯定的哲学内涵："夫道，有情有信，无为无形；可传而不可受，可得而不可见；自本自根，未有天地，自古以固存；神鬼神帝，生天生地；在太极之先而不为高，在六极之下而不为深，先天地生而不为久，长于上古而不为老。"[4]道是自生，在道之上不复存在比道位格更高的概念。《大宗

---

1 《庄子·齐物论》。
2 释德清：《庄子内篇注》，华东师范大学出版社2009年版，第44页。
3 《庄子·则阳》。
4 《庄子·大宗师》。

第二章 老子与庄子

师》特别强调道具有两大特性:一是道有"生"之功能,生天地,生鬼神[1];二是在时间维度上,道在物之先,"在太极之先""先天地生",成玄英《疏》云:"未有天地,五气未兆,大道存焉。"《大宗师》的这一段文句无论在思维方式还是基本观点上,与今本《老子》二十五章"有物混成,先天地生"基本雷同,或许是庄子后学的作品,因为其间要表达的观点与《齐物论》不一致。"未始有夫未始有始"这一命题就在于破除人类的思维惯性,消解立足于"物论"立场界说道的认识局限,从道概念自身去界说道,"始终"既非道之内在属性,也非道之固有特点。弥足遗憾的是,《大宗师》的这一段文句却又一次把《齐物论》的道论加以篡改,固步自封地再一次从"物论"的基点来界说道。《齐物论》道论所已经达到的哲学思想高度,在《大宗师》中非但没有"芝麻开花节节高",反而是每下愈况,这不能不说是思想史意义上的倒退。

更令人惊讶的是,庄子"道无终始"的观点,在今本《老子》中并不存在,这一差异足以让人重新衡评《庄子》与今本《老子》思想体系内在的分野。我们先看看今本《老子》关于"道"是否具有"终始"时间属性的记载:

1. "执古之道,以御今之有。能知古始,是谓道纪。"[2]帛书本《老子》作"以知古始,是谓道纪"[3],文句稍有不同。郭店竹简本《老子》无此章内容。

2. "有物混成,先天地生。寂兮寥兮,独立不改,周行而不殆,可以为天地母。吾不知其名,强字之曰道,强为之名曰大。大曰逝,逝曰远,远曰反。故道大,天大,地大,人亦大。域中有四大,而人居其一

---

1 根据章太炎先生在《庄子解故》一书中考证,"神鬼神帝"之"神"即"生"。
2 《老子》十四章。
3 帛书《老子》十四章。

焉。人法地，地法天，天法道，道法自然。"[1]帛书本有此章内容，文字稍有不同，郭店竹简本虽有此章内容，但缺"周行而不殆"文句。

3. "道生一，一生二，二生三，三生万物。万物负阴而抱阳，冲气以为和。"[2]帛书本有此章内容，有残缺。郭店竹简本无此章内容。

4. "道生之，德畜之，物形之，势成之。是以万物莫不尊道而贵德。道之尊，德之贵，夫莫之命而常自然。故道生之，德畜之；长之育之；亭之毒之；养之覆之。生而不有，为而不恃，长而不宰，是谓玄德。"[3]帛书本虽有此章内容，但甲、乙本文句与今本有所不一。郭店竹简本无此章内容。

5. "天下有始，以为天下母。既得其母，以知其子；既知其子，复守其母，没身不殆。塞其兑，闭其门，终身不勤。开其兑，济其事，终身不救。见小曰明，守柔曰强。用其光，复归其明，无遗身殃；是为袭常。"[4]帛书本有此章文句，郭店竹简本无此章内容。

6. "孔德之容，惟道是从。道之为物，惟恍惟惚。惚兮恍兮，其中有象；恍兮惚兮，其中有物。窈兮冥兮，其中有精；其精甚真，其中有信。自今及古，其名不去，以阅众甫。吾何以知众甫之状哉？以此。"[5]帛书本有此章文句，郭店竹简本无此章内容。

7. "道可道，非常道。名可名，非常名。无名，天地之始；有名，万物之母。"[6]帛书本、河上公本有此章文句，文字略有出入，郭店竹简本无此章内容。

---

1 《老子》二十五章。
2 《老子》四十二章。
3 《老子》五十一章。
4 《老子》五十二章。
5 《老子》二十一章。
6 《老子》一章。

第二章 老子与庄子

笔者把今本《老子》涉及"道"是否有"终始"特点的材料，全部胪列于上，发现其中隐藏着一大令人惊奇的秘密：在今本《老子》七章内容中，竟然有六章不见于郭店竹简本《老子》。《老子》第一章是全书总纲，也不见于竹简本。即便郭店竹简本《老子》有今本二十五章内容，但唯独没有"周行而不殆"一句。从文献学角度分析，《老子》应当有一祖本，但经过了历代众多学者的增删与修改，最终形成了今本《老子》；从思想史视域分析，历代学者的增删与修改，破坏了《老子》祖本的内在逻辑结构与基本观点，《老子》一书并没有因历代学者"笔耕不辍"，在思想深度与逻辑周密性上迈上一个个新高度。恰恰相反，因为诸多二流或三流学者的"画蛇添足"，造成今本《老子》形上学思辨水平大大减弱，在内在逻辑体系上矛盾百出。这种"减弱"与"矛盾"，体现在道论上，主要表现为两点。

其一，道是实有。"有物混成，先天地生。"道是"物"，道是"域中"四大之一，所以能"周行而不殆"。"道生一，一生二，二生三，三生万物。""道生之，德畜之，物形之，势成之。"道是实有，所以有"生"之功能。牟宗三先生显然认识到今本《老子》的这一哲学缺陷，因此为《老子》做辩解："'生'亦'在'义。'先天地生'即'先乎天地而存在'也。"[1]"遍与万物而生全之，即遍与万物而为其体也。为其体，为其本，即为其母也。但此道之遍在而为体为母，亦不是'存有形态'之为体为母，只是境界形态冲虚之所照。"[2]"'道生，德畜'是超越意义的生、畜，是系属于道与德而言者。"[3]牟宗三先生基于文化自觉立场上的辩护，其良苦用心令人钦佩，但就今本《老子》对道所做界说而言，把"道

---

1 牟宗三：《才性与玄理》，广西师范大学出版社2006年版，第126页。
2 牟宗三：《才性与玄理》，广西师范大学出版社2006年版，第127页。
3 牟宗三：《才性与玄理》，广西师范大学出版社2006年版，第133页。

生之""道生一"和"周行而不殆"完全看成"超越意义"的"生"与"周行",恐怕有待商榷。"万物之母"、"天地之始"(《老子》一章)、"万物之宗"(《老子》四章)、"玄牝之门"(《老子》六章)、"天地之根"(《老子》六章)等等表述,虽然有文化隐喻的成分,但又都言之凿凿地表达出一个观点:道并不纯粹是形而上的符号,道是客观实有。把道论证为形而上层面的"无",是后来庄子与王弼的贡献。

其二,因为道是实有,所以"无名,天地之始""天下有始"。今本《老子》二章"万物作焉而不辞,生而不有,为而不恃,功成而弗居。夫唯弗居,是以不去"一段,在郭店竹简本《老子》甲本中却是如此表述:"万物作而弗始也,为而弗志(恃)也,成而弗居。天(夫)唯弗居也,是以弗去也。"[1]今本的"万物作焉而不辞"与竹简本"万物作而弗始也"相比较,似乎只是"不辞"与"弗始"文字的不同,但是,其间隐含的观点却大相径庭。以郭店本为代表的早期《老子》传本,传递的是这样一个基本观点:万物自生自化,道并不是万物的度量时间之"始",道本来就不可以以"始终"界说。但是,从以上罗列的七条材料可以看出,今本《老子》以"始终"界说"道"之本质,比比皆是。《老子》首章是全书核心,地位之重要性不言自明,却偏偏不见于竹简本,这恰恰说明"无名,天地之始"只是今本《老子》作者的观点而已。"无名,天地之始;有名,万物之母"一句,无论历代学者如何断句,都回避不了一个基本观点:在宇宙生成论上,有一个"始"或"古始"。"古始"从"无"或"无名"开始,"无"或"无名"实际上都是指称道。河上公诠释说:"无名者谓道,道无形,故不可名也。始者道本也,吐气布化,出于虚无,为天地本始也。有名谓天地,天地有

---

[1] 刘钊:《郭店楚简校释·老子(甲本)》,福建人民出版社2005年版,第15页。

形位、[有]阴阳、有柔刚,是其有名也。"¹道是天地之始,这一观点在《老子》五十二章中又得到发挥:"天下有始,以为天下母。既得其母,以知其子"一段,傅奕本作"天下有始,可以为天下母。既得其母,以知其子"。在宇宙生成论上,时间层面的"始"源自道,傅奕本《老子》的"可以为天下母"交代得更加清晰。

3. "道不当名"

言、称与道的关系,实际上关涉"道"是否能言说,以及如何言说的问题。这一重大问题粗略可以从两方面阐述。

其一,就"道"自身而言,不可也无法被言说。"夫大道不称,大辩不言,大仁不仁,不廉不嗛,不勇不忮。道昭而不道。"²成玄英《疏》云:"大道虚廓,妙绝形名,既非色声,故不可称。"释德清的观点与成玄英大抵相近:"道本无名,故不可以称。"³"大道"与"小道"相对,犹如"大仁"有别于"小仁","大辩"有别于"小辩"。实际上,大道何以"不称"?《庄子·则阳》篇有一解释:"万物殊理,道不私,故无名。"天地万物是特殊存在,是殊相,具有"私"的特征,所以天地万物皆可"称",皆有"名"。但是,道涵摄万有,道是"公","公"即共相。道是一,"既已为一矣,且得有言乎?既已谓之一矣,且得无言乎?一与言为二,二与一为三。自此以往,巧历不能得,而况其凡乎!故自无适有以至于三,而况自有适有乎!无适焉,因是已"⁴。"一"是道的譬喻,实际上"道"这一概念本身也是一种譬喻,是对天地万物终极

---

1 王卡点校:《老子道德经河上公章句》,中华书局1993年版,第1—2页。
2 《庄子·齐物论》。
3 释德清:《庄子内篇注》,华东师范大学出版社2009年版,第47页。
4 《庄子·齐物论》。

依据的"强为之名"。人类语言所指称的"道（一）"与作为天地万物存在终极依据的宇宙本原相加，就构成"二"，再用概念进行界说，就形成"三"。"所说"与"说"在逻辑意义上难以达到周全圆融，正如杨国荣教授所言："在庄子看来，对整体的言说，总是难以避免逻辑的悖论。"[1]

其二，从人类特有的"言""称""名"而论，庄子对人类这一专有的认识与把握客观世界本来形态的方式、途径表现出深刻的质疑。在先秦名学史上，"名实之辩"是思想界的热点问题。《墨子·小取》主张"以名举实"，《荀子·正名》主张"制名以指实"，两人皆对语言、概念与客观世界的关系持乐观态度，名与实在形式逻辑上存在着完全周延的可能。今本《老子》"道可道，非常道。名可名，非常名"是后人所添加，是否受到庄子思想影响，有待考证。仅就这一段文句而言，与庄子思想存在着契合之处。庄子思想体系中的"道"是形而上的符号，道自身内在的本质规定性几乎不可能被人类的言、称、名所完全归纳与涵盖。名与实之间有张力，"道不当名"[2]，这恰恰是庄子所力图表达的观点。"知北游于玄水之上，登隐弅之丘，而适遭无为谓焉。知谓无为谓曰：'予欲有问乎若：何思何虑则知道？何处何服则安道？何从何道则得道？'三问而无为谓不答也，非不答，不知答也。"面对"道是什么"这一提问，存在着三种应对方式：无为谓"不应""不答"；狂屈虽有言的念头，却"忘其所欲言"；黄帝"知之"，应答如流。在庄子看来，"不应""不答"是真"知道"，"忘其所欲言"是"似之"，黄帝的"知之"是不"知道"。郭象对此诠释说："道在自然，非可言致者也。"人

---

[1] 杨国荣：《庄子的思想世界》，北京大学出版社2006年版，第135页。
[2] 《庄子·知北游》。

第二章 老子与庄子

类的语言有其先天的局限性,这种局限性表现在两个方面。其一,人类的语言、概念与逻辑,只可用于表述与概括具体的"所指",这种"能指"与"所指"仅限于现象世界。尽管如此,这种"所指"与语言也充满了不确定性,不是"常",而是充满了变易性,"无其实而得其名者"[1]比比皆是。其二,道是大全,道是一。"道不可闻,闻而非也;道不可见,见而非也;道不可言,言而非也。知形形之不形乎!道不当名。"[2]人类的语言与逻辑只能描述与界定"道"的某些特点与属性,当我们界定"道是什么",恰恰又遗漏且裂解了道的其他本质属性。冯友兰先生指出,理、道、气、大全、大一等等,都"是不可言说底",因为"若对此有所言说,则此有所言说即似在其外"。[3]冯友兰先生所说的"似在其外",就是对"有所言说"对象的粗暴分解。不难看出,冯友兰在《新理学》表述的观点,受到了庄子思想的熏陶。在《庄子》文本中,庄子对于"道"是否能言说以及如何言说这一问题,有一个明确的态度:"知者不言,言者不知。"[4]"不言"是理解"道"正确的立场与态度,因为像"道是什么"这一类提问本身,就充满了逻辑悖论,所以"道无问,问无应"[5],"知而不言,所以之天也"[6]。庄子思想的这一表述,有点近似于柏格森所言自由"不可被界说""不可下定义"。庄子思想的这一特点,后来深刻地影响了禅宗的思维方式与哲学观点。禅宗大师德山宣鉴以"棒喝"出名,经常携带一根棍棒在禅堂讲课,"今夜不答话,问话者三十棒"。对于诸如"如何是佛""如何是菩提"之类的提问,德山

---

[1] 《庄子·大宗师》。
[2] 《庄子·知北游》。
[3] 冯友兰:《三松堂全集》第四卷,河南人民出版社1986年版,第30页。
[4] 《庄子·知北游》。
[5] 《庄子·知北游》。
[6] 《庄子·列御寇》。

宣鉴往往以"棒喝"示人,"道得也三十棒,道不得也三十棒"[1]。德山宣鉴的这种极端的教学方式,其哲学意义在于:佛不是名,更非相,僧俗应从偏执中警醒,直指人心,顿悟自心佛性。西天禅学在中国经过七百余年的文化碰撞、交流与融合,这一道"文化大餐"已完全被中国文化"消化"。从西天禅学到中国禅宗的大转变,其内在缘由就在于得到了庄子道家等中国本土文化的哺乳与滋润。

(二)"独与天地精神往来":"得道""体道"与逍遥

庄子思想体系中的"道",并不单纯是本体论意义上的终极依据,更重要的还在于——道是价值本源。道是仁义等具体德目存在的形而上根据,道是人类生命存在本质与意义——自由——的价值根据与价值指向。中国思想史观念(以道、理、气、心等为代表)的这一大特质,十分典型地凸显出中国思想史在问题意识、思维方式和价值指向等方面的独创性文化品格。具体就理想人格而论,庄子思想框架中的理想人格是"真人""至人""神人"。"真人""至人""神人"是自由的拟人化。尤其需要点明的是,这些理想人格,究其实质无一不是道之隐喻、道之人格化澄现:

> 藐姑射之山,有神人居焉。肌肤若冰雪,绰约若处子;不食五谷,吸风饮露;乘云气,御飞龙,而游乎四海之外。其神凝,使物不疵疠,而年谷熟。[2]

---

1 普济:《五灯会元》卷七,中华书局1984年版,第371—379页。
2 《庄子·逍遥游》。

第二章　老子与庄子

> 至人神矣！大泽焚而不能热，河汉冱而不能寒，疾雷破山、飘风振海而不能惊。若然者，乘云气，骑日月，而游乎四海之外。死生无变于己，而况利害之端乎！[1]

庄子思想体系中的理想人格有四大特点。

其一，理想人格的名号繁多，有"真人""至人""神人""全人""大人""圣人""德人""天人"等，但是有一点值得我们深思：为何《庄子》内篇没有出现"仙人""神仙"等名号？甚至在《庄子》内篇中，根本就没有"仙"这一字词。[2] 我们知道，在《楚辞》与《列子》中，存在着大量与《庄子》有关理想人格近似的记载。内容虽然相近，名号却不一样。燕国、齐国和南方楚国是方仙道广泛播扬地区，庄子故里位居中间位置，按说庄子理应对方仙道有所耳闻，但实际情况恰恰相反。这可能说明一个问题：庄子所阐述的理想人格与原始宗教无涉，有意与方仙道划清界限。方仙道后来或许受到了《庄子》思想的影响，在"真人"观念基础上，建构神仙崇拜学说，犹如东汉道教徒以《老子》思想为蓝本，建构天师道与五斗米道理论体系。

其二，"死生无变于己"。何谓生？何谓死？生死本质以及惧怕死亡衍生的情感变化，是东西方文化永恒的主题。在庄子思想逻辑中，感性生命的死亡对芸芸众生而言，是一道无法逾越的生命困境。但是，对真人、神人而言，死亡的困境已不复存在，生与死所带来的情感差异也荡然无存。"死生无变于己"，可以从几个维度来解读。

---

[1] 《庄子·齐物论》。
[2] 《庄子·天地》和《庄子·在宥》出现了"仙仙乎归矣""去而上仙"等文句。《庄子·天地》和《庄子·在宥》皆在外篇，属于庄子后学作品。

首先，在认识论畛域，"以道观之"[1]。"以道观之"是对"以人观之"的超越，意味着文化立场与视域的彻底转变。道是本体论意义上的概念，气则是宇宙生成论层面的概念。在道与气关系上，道是逻辑上在先。"以道观之"，就是应在"通天下一气也"[2]宇宙论基础上看待生死本质。生与死是气之聚散方式之一，"人之生，气之聚也；聚则为生，散则为死"[3]。如果人们能从道、气思想高度认识到死亡犹如幼年流落他乡的游子，晚年回到神往已久的故乡，何尝又不是人生之乐？所以面对妻子的死亡，庄子选择的是"鼓盆而歌"。好友惠施之所以对庄子"鼓盆而歌"不解甚至愤愤不平，就在于惠施与其他普通大众一样对生死本质的认识充满了"惑"[4]，对生与死滋生的情感状态也是执迷不悟。臻至理想人格境界的真人"有真知"[5]，"真知"意味着"以道观之"，所以"不知说生，不知恶死"[6]。生带来的欣喜、死带来的悲伤与恐惧，早已在精神层面化解。"南伯子葵问乎女偊曰：'子之年长矣，而色若孺子，何也？'曰：'吾闻道矣。'南伯子葵曰：'道可得学邪？'曰：'恶！恶可！子非其人也。夫卜梁倚有圣人之才而无圣人之道，我有圣人之道而无圣人之才。吾欲以教之，庶几其果为圣人乎？不然，以圣人之道告圣人之才，亦易矣。吾犹告而守之，三日而后能外天下；已外天下矣，吾又守之，七日而后能外物；已外物矣，吾又守之，九日而后能外生；已外生矣，而后能朝彻；朝彻而后能见独；见独而后能无古今；无古今而后能入于不死不生。杀生者不死，生生者不生。其

---

1 《庄子·秋水》。
2 《庄子·知北游》。
3 《庄子·知北游》。
4 《庄子·齐物论》。
5 《庄子·大宗师》。
6 《庄子·大宗师》。

为物无不将也，无不迎也，无不毁也，无不成也，其名为撄宁。撄宁也者，撄而后成者也。'"¹从"外天下"到"外物"，而后到"外生"，最后到"见独"，表面上是工夫论意义上递进递佳的几大层次，其实更深刻的意义还在于认识论层面的跨越。之所以"见独"才能体悟到"无古今"，是因为时间只是具体物质存在与运动的属性，道是"独"，道不是对象性存在，道不可界定，道无所谓始终、生死与古今，"度量时间"的特性对于道而言是不存在的。人们如果有朝一日像"朝彻"一样豁然大悟，领悟生与死不过是气化运行的环节与过程，"若死生为徒，吾又何患"²。在气化的宇宙中，生与死循环往复，不曾停息。明乎此，就能明白"死生存亡之一体"的本质，从而进入"撄宁"的生命理想境界。所以，在庄子思想体系中，对生死困境的认识与超越，主要还是从认识论层面解决的。

其次，在工夫论畛域，庄子相信芸芸众生皆具有超越生死困境的可能性。在《逍遥游》《齐物论》等多篇文章中反复出现的"真人""至人""神人"，绝非与尘世众生毫无关系。"真人"并非遥不可及。通过认识论层面的"悟"和工夫论层面的"去欲""坐忘"修行，人人有望成为"乘云气，御飞龙，而游乎四海之外"的真人，超越生死困境，达到"与造物者为人"之自由境界。³但是，庄子所主张的只是精神层面的"超越"，"游心"于方外、"游心"于方内皆有可能实现，但这一切都是限于"游"。"游"是精神层面的"无待"之游。"游"的实现有赖于以德养身与心，"澡雪精神"，身心与德合一，方能臻于"无待"之游。"凡庄子所谓游心，即神游之意。故其乘云气，御飞龙之说，皆

---

1 《庄子·大宗师》。
2 《庄子·知北游》。
3 《庄子·大宗师》。

喻其心之所之，神之所经，非若后世神仙家言，真能乘云气御龙也。"[1] 王叔岷先生的这一观点切中肯綮，藐姑射山上的神人只是"道"之隐喻，犹如蝴蝶只是"道"的艺术化符号一样。庄子并未主张人在感性生命层面可以长生不死，"长生久视"只是庄子后学和今本《老子》的观点。关于庄子是否主张人可以在感性生命层面超越生死困境，长生不死，在学术史上一直有争论，而且这一争论从庄子后学就已经展开了。"何谓真人？古之真人，不逆寡，不雄成，不谟士。若然者，过而弗悔，当而不自得也。若然者，登高不慄，入水不濡，入火不热，是知之能登假于道者也若此。"[2] 在这一段表述中，"登假于道"一句值得仔细玩味，因为类似文句又出现于《德充符》篇："彼且择日而登假，人则从是也。彼且何肯以物为事乎！""登假于道"与"择日而登假"含义相同，庄子后学言之凿凿地认为，庄子是赞同长生不死的，他们只是在"学着讲"意义上"夫子步亦步，夫子趋亦趋"。在庄子后学看来，如果意识不到"神人"客观存在、长生不死是庄子本义，属于人生之"盲"，是聋子与瞎子。只不过这种"聋者""盲者"属于心智上的，而非形体上的缺陷。[3] 吕惠卿赞同庄子后学的观点，认为长生不死是"人心之所同有"[4]，"彼且择日而等假，去而上仙，则其于往来容与如此其至也，则人安得不从之乎！"[5] 释德清进而诠释说："谓彼人且将择日而登遐，远升仙界，而超出尘凡也。"[6] 宋代与清代学者皆以道教神仙学说解释"登假于道"，这一论证思路及其表述的观点，多少有点"关公

1　王叔岷：《庄学管窥》附录一《庄学通论》，中华书局2007年版，第183页。
2　《庄子·大宗师》。
3　《庄子·逍遥游》。
4　吕惠卿撰，汤君集校：《庄子义集校》卷一，中华书局2009年版，第10页。
5　吕惠卿撰，汤君集校：《庄子义集校》卷二，中华书局2009年版，第93—94页。
6　释德清：《庄子内篇注》，华东师范大学出版社2009年版，第96页。

第二章 老子与庄子

战秦琼"的成分。在这一问题上,钱穆先生的观点犹如醍醐灌顶:"凡《庄子》书言长生,皆晚起,非诚庄生言。"[1]与此同时,庄子在明确否定感性生命长生不死的同时,又反复阐明一个非常的观点:德性生命"不死"。"心未尝死"[2],人之心是道之精,所以人之精神在本体上与天之精神同出一源。道内在于人心为"德",德即性。人之德性源自道,所以庄子既有"形骸之内"与"形骸之外"的区分[3],又有"德有所长"与"形有所忘"之不同。[4]人的形体可以死亡,如同槁木,但人之德性与精神却不会死亡,如同"死灰"一般。人死只是指躯体死亡,人的德性生命作为从道分化出来的精神最终又将回到未分化的道,也就是庄子所说的"大归"。[5]"旧国故都,望之畅然。"[6]单纯从字面上分析,好像是游子思恋遥远的家乡,实际上比喻人的德性生命的最终归宿是大道。大道"不死",德性生命由此获得永恒。因为德性生命"复阳",所以内心"畅然"。

其三,"游乎尘垢之外"[7]。人世间的名利权势、富贵爵禄,是天下凡人的奋斗目标,但在理想人格看来,这一切都是"尘垢粃糠"[8]。尧是历史上的圣明君王,是人之翘楚。以"治天下之民,平海内之政"而洋

---

1 钱穆:《庄老通辨》中卷之下,生活·读书·新知三联书店2002年版,第234页。徐复观先生也说:"此处之神,即是道,即是德,即是性。而其所谓长生,'乃终其天年','尽其所受于天',不可与后来神仙家之所谓长生相混淆。"(参见徐复观:《中国人性论史》,华东师范大学出版社2005年版,第231页)
2 《庄子·德充符》。
3 《庄子·德充符》。
4 《庄子·德充符》。
5 《庄子·知北游》。
6 《庄子·则阳》。
7 《庄子·齐物论》。
8 《庄子·逍遥游》。

洋自得的尧，一旦见到藐姑射之山的真人，"窅然丧其天下焉"[1]。所有的自得与骄傲，在"无己""无功""无名"的理想人格形象面前，显得如此的浅陋与猥琐。在《应帝王》篇中，面对"请问为天下"的提问，得道之士无名人直接斥责提问者是"鄙人"。因为对这种充满名利诉求的问题，得道之士首先是嗤之以鼻，其次明确告诉对方：天下本不可"为"！"为天下"既违忤自然本性，也有违于人之天性。犹如太阳已照耀四方，圣明君王还在自以为是"爝火不息"。[2]在庄子思想中，出现了两种截然不同的人格形象：尧舜与真人。为何尧舜所代表的名利权势、富贵爵禄皆是"尘垢秕糠"？庄子的回答很明确：人有"方外"与"方内"之分。"方外"与"方内"不仅是物理空间的区别，更重要的还在于文化与价值观上的差距。[3]"游方之内者"醉心于"弊弊焉以天下为事"[4]，而"游方之外者""芒然仿徨乎尘垢之外，逍遥乎无为之业。彼又恶能愦愦然为世俗之礼，以观众人之耳目哉！"[5]"游"是庄子思想核心概念之一，"与造物者游""游心于物之初""游乎万物所终始"。"游"意味着这一世俗世界需要超越，意味着功名富贵都是实现生命理想境界的束缚。尘世众生可以通过游身于世、游心于道，升华到"游乎尘垢之外"。《庄子》文本中超然世外的真人形象，到葛洪《抱朴子》中，已发生了巨大变化。葛洪所描绘的神仙其实已是"活神仙"，对人间之事充满了兴趣："彭祖言：天上多尊官大神，新仙者位卑，所奉事者非一，但更劳苦，故不足役役于登天，而止人间八百余年也。"[6]因为止家不死，

---

1 《庄子·逍遥游》。
2 《庄子·逍遥游》。
3 《庄子·大宗师》。
4 《庄子·逍遥游》。
5 《庄子·大宗师》。
6 葛洪：《抱朴子内篇·对俗》，王明：《抱朴子内篇校释》，中华书局1985年版，第52页。

第二章 老子与庄子

还可以不离妻子,享尽尘世荣华富贵。此外,神仙并非意味着断绝一切尘缘,恰恰相反,"欲求仙者"以仁义为修身之本,救危扶难、"立功为上,除过次之"[1]。葛洪强调的是在人间"积善事""行功德",与庄子所追求的"以天下为沈浊",已有云泥之别。[2]

其四,"栩栩然蝴蝶也"。无待而游、逍遥自适、追求精神自由是庄子理想人格的最大特点。《逍遥游》与《齐物论》为我们展现了三幅逍遥自由图景,我们先一一甄别与衡评。

图景一:"北冥有鱼,其名为鲲。鲲之大,不知其几千里也。化而为鸟,其名为鹏。鹏之背,不知其几千里也。怒而飞,其翼若垂天之云。"[3]鲲鹏是道之艺术形象,也是理想人格的艺术化表达。庄子的鲲鹏符号,有三大特点。首先,强调"大""厚"。"大海""大风""大舟""大知",都在揭示一条真理:人只有深蓄厚积,才能实现生命内在超越。其次,强调"化"。"化"在《老子》中仅出现3次,在《庄子》中出现70余次。老子重"反",庄子重"化"。老子之反(返),表明具体存在皆是对象化存在,"反"是向客观存在对立面转化。庄子之道是"独",不是对象化实有,天地万物的运动变化只是道化自然的过程。最后,"无待"与"有待"之别。"待"意味着条件、限制与束缚,"御风而行"的列子,仍然"有待",因为他需凭借风才能飞行,一旦风罢云息,列子与滚滚红尘俗人了无差异。真人、至人才真正实现了"无待",因为他们"无功""无己""无名"。[4]庄子的"无己"与慎到的"去己"不一样。慎到的"去己"不仅舍弃生命躯体,也舍弃精神。庄子的

---

[1] 葛洪:《抱朴子内篇·对俗》,王明:《抱朴子内篇校释》,中华书局1985年版,第53页。
[2] 《庄子·天下》。
[3] 《庄子·逍遥游》。
[4] 《庄子·逍遥游》。

"无己"旨在强调精神超越躯体,上达于"道","振于无竟"。"振于无竟"的关键在于"乘天地之正,而御六气之辩,以游无穷者"[1]。"正"与"辩"都是指道之本质与特点,这既是形上学层面的认知,又是工夫论层面的超越。

图景二:"南郭子綦隐机而坐,仰天而嘘,荅焉似丧其耦。颜成子游立侍乎前,曰:'何居乎?形固可使如槁木,而心固可使如死灰乎?今之隐机者,非昔之隐机者也?'子綦曰:'偃,不亦善乎,而问之也!今者吾丧我,汝知之乎?女闻人籁而未闻地籁,汝闻地籁而不闻天籁夫!'"[2]这是《齐物论》展现的第一幅画面,南郭子綦的精神已超越形体,与大道合二为一。形体虽如"槁木",但心却活泼泼存在。庄子于此特别强调"心"的作用,只有心,才能由"人籁""地籁"升华到"天籁"。南郭子綦得道的具体表现是"吾丧我","吾"是大我,实现了"以道观之"生命理想;"我"是拘囿于人类本位主义的小我。"吾丧我"的实质是追求并实现精神平等,"丧"意味着决断,只有"丧"才能挣脱"我执"的束缚,实现"闻天籁"。

图景三:"昔者庄周梦为胡蝶,栩栩然胡蝶也。自喻适志与!不知周也。俄然觉,则蘧蘧然周也。不知周之梦为胡蝶与?胡蝶之梦为周与?周与胡蝶,则必有分矣。此之谓物化。"[3]"庄周梦蝶"是《齐物论》末段,与首段南郭子綦悟道前后呼应。《齐物论》全篇竟然以一场大梦结束,其间蕴含的文化深意,令千百年后的学人仍唏嘘感慨不已。蝴蝶是道之艺术符号,"庄周梦为胡蝶"表明人与物的隔阂已消解,"分"已不

---

[1] 《庄子·逍遥游》。
[2] 《庄子·齐物论》。
[3] 《庄子·齐物论》。

第二章 老子与庄子

复存在,"物化"的生命理想境界已实现。在这一"物化"过程中,精神上有体验,"自喻适志与",快乐与幸福的感觉一直存在。"自喻适志与"一句至关重要,因为问题的核心并不在于到底是庄子梦蝴蝶,还是蝴蝶梦庄子,而在于"庄周梦为胡蝶"有生命体验。"庄周梦蝶"的思想蕴含是人心与道融和合一,当然这只是精神层面的融和,而非感性生命意义上的永恒。这种融和彰显出自由带来的快乐与幸福,因为自由,所以庄子认为"归精神乎无始"才是生命的"大宁"。[1]

以上三幅图景,内容有所不一,但理论宗旨与生命理想却惊人一致——逍遥自由。何谓"逍遥"?成玄英罗列了学术史上三种阐释:"所言逍遥游者,古今解释不同。今泛举纮纲,略为三释。所言三者:第一,顾桐柏云:'逍者,销也;遥者,远也。销尽有为累,远见无为理。以斯而游,故曰逍遥。'第二,支道林云:'物物而不物于物,故逍然不我待;玄感不疾而速,故遥然靡所不为。以斯而游天下,故曰逍遥游。'第三,穆夜云:'逍遥者,盖是放狂自得之名也。至德内充,无时不适;忘怀应物,何往不通!以斯而游天下,故曰逍遥游。'"[2]三人解释虽然有异,但都指出"游"是庄子逍遥自由思想的本质所在,这无疑具有启发意义。"游"是庄子思想架构中非常有特点的概念,"游"在《庄子》一书中出现106次。"游"是摆脱了生死、名利等生命困境之后展现的自在自由生命状态,这种自在自由是生命"自作主宰"(徐复观语)意义上的"内在自由""积极自由",而非外在的"外部自由""消极自由"。"游"意味着若即若离,"若即"是指芸芸众生无法完全彻底地脱离这一世俗的物的世界,只能游身于世而无法与世俗的世界彻底决裂;"若离"

---

[1] 《庄子·列御寇》。
[2] 郭庆藩:《庄子集释》,诸子集成本,上海书店出版社1986年版,第190页。

意味着这个物的世界需要超越，人是目的本身，人的精神完全可以自作主宰，彻底从"浊沉"的世界中超拔出来，游心于道。"遥者，引而远也。"[1] "逍遥游"本质上在于揭明一种崭新的生命观或价值观：消解以人为本位的文化中心主义自我意识，"以道观之"[2]，尊重并因循自然本性，抗拒工具理性价值观对自然本性的戕害，在有限的生命"此岸"追求精神生命内在超越。逍遥自由的哲学形而上学根基在于"道"，人性是"道"之"德"。因此逍遥自由是人的本质，人在本质上是自由的，自由是人的可能生存状态与理想境界。[3] 一个值得注意的问题是：庄子的逍遥自由思想是否与"命"相抵牾？因为在《大宗师》《德充符》多篇文章中反复提到"命"是人生"大戒"，不仅死生富贵是命，而且贤或不肖也是命。缘此，在学术史上有些学者小心翼翼地论证庄子之"命"与逍遥、德、性之间的关系，竭力弥合庄子思想体系内在可能出现的大裂缝、大漏洞。[4] 其实，《齐物论》与《逍遥游》两篇文章中根本就没有出现"命"这一概念。这是一偶然现象吗？绝非如此。因为"命"与以《齐物论》与《逍遥游》为代表的庄子核心思想存在着深刻的矛盾，如

---

1 王夫之：《庄子解》卷一，《船山全书》，岳麓书社1996年版，第81页。

2 《庄子·秋水》。

3 "自由"一词在《后汉书·五行志》、《礼记》郑玄注、《后汉书·朱乐何列传第三十三》、《玉台新咏·古诗》等中土典籍中已存在，但作为哲学、法学意义上的概念，是清末通过"格义"引进的西方哲学与文化范畴。两者在文化背景、具体内涵、思维方式与问题意识诸方面都存在差异。但是，东西方哲学与文化中的"自由"观念，在价值观与具体内涵上存在着相通与相近之处，也是必须正视的文化现象。约翰·罗尔斯在其著《正义论》中，概括了自由三要素："自由的行动者""自由行动者所摆脱的种种限制和束缚""自由行动者自由决定去做或不做的事情"(《正义论》，何怀宏等译，中国社会科学出版社2009年版，第158页)。由此可见，庄子的逍遥自由在性质上属于精神自由论，与卢梭、洛克、康德、黑格尔、边沁、哈耶克等人的自由哲学迥然有别，但在生命的价值追求与审美旨趣上，又存在一些相近之处。以"自由"来界说庄子的"逍遥"范畴与思想，在历史文化渊源与哲学性质上，有其正当性。

4 参见徐复观：《中国人性论史》，华东师范大学出版社2005年版。

第二章 老子与庄子

果承认命,而且"知其不可奈何而安之若命"[1],对逍遥自由的论证与向往,在形上学层面将丧失存在的合理性,在实践上将丧失行动的可能性。甚至庄子道学思想体系"大厦",因为"命"的存在与作用而轰然坍塌。在此必须郑重指出:庄子本人否定与反对"命",《大宗师》《德充符》多篇文章中出现的"命"只是庄子后学的观点。辨明这一点,至关重要。因为只有立足于《齐物论》与《逍遥游》来认识与衡评庄子思想基本逻辑架构与特点,才能正确认识庄子内心世界。理解了《齐物论》与《逍遥游》两篇文章都不谈"命",才能茅塞顿开地理解庄子为何证明社会地位低微如庖丁,也能在其有限的生命历程中获得体道、悟道的幸福、快乐与自由:"庖丁为文惠君解牛,手之所触,肩之所倚,足之所履,膝之所踦,砉然响然,奏刀騞然,莫不中音,合于桑林之舞,乃中经首之会。"[2] "游刃有余""踌躇满志"的庖丁已超越了"技"的层面,进入了"得道""体道"的逍遥自由生命理想境界。值得注意的是,获得了"独与天地精神往来"的体道者不是王公贵族,而是卑微如庖丁阶层。庄子于此实际上是想阐释一个观点:逍遥自由是人之本质,人人皆可能逍遥自由。自由具有个体性、平等性、普遍性特点,正如徐复观先生所言:"老、庄所建立的最高概念是'道';他们的目的,是要在精神上与道为一体,亦即是所谓'体道',因而形成'道的人生观',抱着道的生活态度,以安顿现实的生活。"[3] 庄子道论虽然富于形上学性格,但其出发点及其归宿点,始终与现实人生相连结。逍遥自由具有个体性、平等性、普遍性特点,犹如孟子所言"人皆可以为尧舜"。道不离人,逍遥自由不离人的日常之"在"。"得道""体道"在本质上

---

1 《庄子·德充符》。
2 《庄子·养生主》。
3 徐复观:《中国艺术精神》,商务印书馆2012年版,第55页。

已不属于形而上学问题，而是与实践理性和工夫论有关。由此可见，庄子的逍遥自由思想蕴含自由意志。康德认为有自由意志的善，才是真正的善。证诸庄子自由思想，确乎不谬！

（三）"道"之"德"：逍遥自由的人性论根基

如上所论，庄子一以贯之地表述一个核心观点：自由是人性的朗现，自由是人的本质，人在本质上逍遥自由。庄子的自由，思想性质上属于殷海光晚年所界说的"内心自由""开放心灵的自由"[1]，与以赛亚·伯林的"积极自由"也有几分近似之处。随之而来的问题在于：人逍遥自由是否可能？其实这是研究庄子思想非常关键的一个问题，可惜学界对这一深层次的问题缺乏深入研究。古希腊亚里士多德的道德选择理论有一个哲学前提："人有道德行为能力是否可能？"如果没有道德行为能力，就没有意志自由；如果没有意志自由，也就无所谓道德选择。因此，亚里士多德进而从人性论角度证明人有道德行为能力是否可能与何以可能。两相比较，东西方文化在问题意识和逻辑思维上，存在着一些相通性。就今本《庄子》三十三篇本而言，庄子及其后学对"人逍遥自由何以可能"有一个深入而全面的证明过程。庄子将逍遥自由思想建基于人性论基石之上。在人性论上，庄子有一个基本观点：人有现象自我与本真自我之分。在本真自我意义上，人性至善自足。正因为人性至善自足，逍遥自由生命理想境界的实现得以可能。那么，人性至善自足的形上学根据又何在？庄子的回答是"道"，"道"是一德性本体，"道"

---

[1] 殷海光：《自由的伦理基础》，《殷海光全集》第十五卷，台湾桂冠图书公司1990年版，第1175—1180页。

第二章　老子与庄子

决定了人性的本质,"道"是"臧",道先验至善。道"分有"在人而为"德",因为道善,所以性善,"道"因此也暴露了人逍遥自由的形而上根基。在人性论、逍遥自由生命理想境界与道论三者的关系上,庄子的证明过程井然有序,递进递佳:"故跖之徒问于跖曰:'盗亦有道乎?'跖曰:'何适而无有道邪?'夫妄意室中之藏,圣也;入先,勇也;出后,义也;知可否,知也;分均,仁也。五者不备而能成大盗者,天下未之有也。"[1]在小强盗与大盗跖的对话中,表面上是在讨论仁、义、智、圣、勇等伦理价值观是否具有普适性,大盗跖立场坚定地认为"盗亦有道",仁、义、智、圣、勇不唯善人信奉,强盗对这一"圣人之道"的尊奉较之善人甚至有过之而无不及。其实在更本质的意义上,庄子及其后学于此提出了一个质疑:世俗社会中的仁、义、智、圣、勇伦理价值观存在的正当性何在?缺乏正当性证明的伦理价值体系,其背后起支撑作用的人文精神往往缺位。人文精神缺位的伦理价值体系又何以能为人们所普遍信仰?如果说在《胠箧》篇还只是提出了一个疑问,那么在《天道》篇中,庄子及其后学开始从人性论高度探讨仁义与人性的关系:"老聃曰:'请问,仁义,人之性邪?'孔子曰:'然,君子不仁则不成,不义则不生。仁义,真人之性也,又将奚为矣?'老聃曰:'请问,何谓仁义?'孔子曰:'中心物恺,兼爱无私,此仁义之情也。'老聃曰:'意,几乎后言!夫兼爱,不亦迂乎!无私焉,乃私也。夫子若欲使天下无失其牧乎?则天地固有常矣,日月固有明矣,星辰固有列矣,禽兽固有群矣,树木固有立矣。夫子亦放德而行,遁道而趋,已至矣,又何偈偈乎揭仁义,若击鼓而求亡子焉!意,夫子乱人之性也。'"在老聃与孔子的对话中,已开始论证仁义与人性的内在关系:仁义是否源自人性?这一探讨

---

[1]《庄子·胠箧》。

极具哲学价值，所达到的理论深度令人欣慰。在儒学史上，孔子"仁者安仁"命题已初步从道德形上学高度说明仁在人落实为普遍本性，仁内在于生命本然。孟子继而揭示仁义礼智"四端"是人性所固有，"四端"源自天，落实于心为人性之"端"。因为人性与"天"相牵扯，所以仁义是"命"，命意味着先在性、普遍性与绝对性。孟子与庄子的人性学说在逻辑思维上，存在着一些相通之处。在《庄子·天道》篇中，尽管孔子（当然这只是庄子寓言意义上的孔子）已从人性论高度证明仁义的正当性，但是，老聃仍然批评孔子是"乱人之性"，其缘由在于孔子没有从本体论高度证明仁义与人性的内在关系。这种没有"放德而行，遁道而趋"的人性学说，其存在的正当性依然可疑，"兼爱无私"实际上只是"道之所以亏，爱之所以成"层面上的偏曲私爱。[1]在反驳与批判的同时，庄子及其后学继而从正面论证道与人性、仁义的关系。在《齐物论》中反复出现"真君""真宰"概念，类似概念在《荀子·天论》和《管子·心术上》篇中也有出现。"真君""真宰"意味着统摄、主宰与支撑，释德清说："天真之性为之主宰。"[2]"天真之性"有别于世俗社会的人性，"天真之性"源自道，"天真之性"在《庄子》各篇章中被称为"常性""真性"："夫道，渊乎其居也，漻乎其清也。金石不得，无以鸣。故金石有声，不考不鸣。万物孰能定之！夫王德之人，素逝而耻通于事，立之本原而知通于神。故其德广，其心之出，有物采之。故形非道不生，生非德不明。存形穷生，立德明道，非王德者邪！荡荡乎！忽然出，勃然动，而万物从之乎！此谓王德之人。"[3]"故形非道不生，生非德不明"一句非常重要，道、德与生（性）三者的关系在此已挑明。

---

1 《庄子·齐物论》。
2 释德清：《庄子内篇注》，华东师范大学出版社2009年版，第27页。
3 《庄子·天地》。

第二章 老子与庄子

成玄英《疏》云:"德者,得也。"道得之于人心为"德"为"性",所以"立德"的目的在于"明道"。据徐复观先生考证,《庄子》诸篇中的"道德"就是"德","德"即"性"[1],这一结论持之有故,给人启迪。"因之,性即是道。道是无,是无为,是无分别相的统一;所以性也是无,也是无为,也是无分别相的一。更切就人身上说,即是虚,即是静。换言之,即是在形体之中,保持道的精神状态。凡是后天滋多蕃衍出来的东西都不是性,或者是性发展的障碍。"[2]性源于道,性就是德,有道性才有人性,"合乎人性以合乎天性为其实质的内涵"[3]。庄子及其后学的这一观点,已从形上学高度证明人性存在的正当性。朱熹曾经考证孟子与庄子基本上是同时代的人,孟子从天论、庄子从道论,两人不约而同地从形上学高度论证人性本质与存在正当性,先秦时代所达到的思想成就令人骄傲!"真性"是"道德",源自道,以道为哲学形上学依托,性作为道之德,自然而然禀受了道性。道自身先验性具有仁义属性,"道德明而仁义次之"[4],"吾师乎,吾师乎!齑万物而不为义,泽及万世而不为仁"[5]。仁义是道固有的本质属性,所以道至善。《齐物论》中的"无己""无功""无名",表面上是赞颂真人之德,实际上是表述道之品性,因为真人、圣人、至人都是道之人格化形象。道至善,在《骈拇》篇中直接表述为道"臧":"且夫属其性乎仁义者,虽通如曾、史,非吾所谓臧也;属其性于五味,虽通如俞儿,非吾所谓臧也;属其性乎五声,虽通如师旷,非吾所谓聪也;属其性乎五色,虽通如离朱,非吾

---

1 徐复观:《中国人性论史》,华东师范大学出版社2005年版,第228页。
2 徐复观:《中国人性论史》,华东师范大学出版社2005年版,第228页。
3 杨国荣:《庄子的思想世界》,北京大学出版社2006年版,第223页。
4 《庄子·天道》。
5 《庄子·天道》。类似文句同时出现于《大宗师》篇。

所谓明也。吾所谓臧者,非仁义之谓也,臧于其德而已矣;吾所谓臧者,非所谓仁义之谓也,任其性命之情而已矣;吾所谓聪者,非谓其闻彼也,自闻而已矣;吾所谓明者,非谓其见彼也,自见而已矣。""臧"即善,成玄英《疏》云:"臧,善也。"德源出于道,德"臧"自然以道"臧"为前提。"臧于其德"和"任其性命之情",都是指道在人性之彰显。道善决定了人性善,人性("真性")中的仁义是"道德不废"意义上的仁义,这种仁义是"大仁""至仁"。在庄子所建构的诸多寓言中,"浑沌之死"发人深思:"南海之帝为儵,北海之帝为忽,中央之帝为浑沌。儵与忽时相与遇于浑沌之地,浑沌待之甚善。儵与忽谋报浑沌之德,曰:'人皆有七窍以视听食息,此独无有,尝试凿之。'日凿一窍,七日而浑沌死。"[1] 吕惠卿认为"浑沌之死"意味着"丧其素朴"[2],释德清认为"浑沌之死"象征"丧其天真"。[3] "视听食息"代表人的感性欲望,七窍开而浑沌死,真性一旦死亡,"人之性"就随之而生。因此,在庄子人性学说中,存在着两种性质不同的人性概念:

其一,"人之性"。"夫至德之世,同与禽兽居,族与万物并,恶乎知君子小人哉!同乎无知,其德不离;同乎无欲,是谓素朴。素朴而民性得矣!"[4] "真性"与"人之性"不可混同。毁坏白玉而成珪璋,毁坏道德而成仁义。"道之所以亏,爱之所以成","人之性"已经与"道"和"德"相割离。当年孟子与告子为"仁义内在"还是"仁义外在"辩论不休,庄子所言"人之性",近似于告子所主张的"仁义外在"之性。仁义是人类社会自黄帝、尧舜以来的矫情伪性之作,属于"人

---

[1] 《庄子·应帝王》。
[2] 吕惠卿撰,汤君集校:《庄子义集校》卷三,中华书局2009年版,第167页。
[3] 释德清:《庄子内篇注》,华东师范大学出版社2009年版,第149页。
[4] 《庄子·马蹄》。

伪"。[1]"出乎性""侈于德"[2],人性与道与德相割离,所以这种仁义犹如"附赘县疣",不仅对人性无益,反而"残生损性"。[3]世俗社会中的仁义不是"大仁不仁"意义上的"大仁",而是"虎狼,仁也"意义上的小仁小义,是"道德"已废前提下的仁义,这种仁义价值观散发出世俗社会的功利、自私与邪曲的气味。"爱民,害民之始也;为义偃兵,造兵之本也。君自此为之,则殆不成。凡成美,恶器也。君虽为仁义,几且伪哉!"[4]假仁义之名,行蝇营狗苟之事,"杀人之士民,兼人之土地",不过是为了"养吾私"。[5]人类社会自黄帝、尧舜就开始"以仁义撄人之心"[6],人类由此进入了"大惑易性"时期,"自虞氏招仁义以挠天下也,天下莫不奔命于仁义。是非以仁义易其性与?"[7]因为圣王明君"制造"出来的仁义外在于人性,并且与"道"相悬隔,千百年来芸芸众生一直陷于"大惑"之生命境地。《骈拇》篇多次发出的"意仁义其非人情乎"的吁喊,既是智者的觉醒,也是智者的痛苦。

其二,"真性"。在庄子人性学说中,既然性就是"道德",性就是"道"在人之德,道德之性就不可等同于世俗社会中的"人之性":"至德之世,不尚贤,不使能;上如标枝,民如野鹿。端正而不知以为义,相爱而不知以为仁,实而不知以为忠,当而不知以为信。"[8]"不知义之所适,不知礼之所将。"[9]仁义忠信内在于人性,源自道,得之于人心而为

---

[1]《庄子·渔父》。
[2]《庄子·骈拇》。
[3]《庄子·马蹄》。
[4]《庄子·徐无鬼》。
[5]《庄子·徐无鬼》。
[6]《庄子·在宥》。
[7]《庄子·骈拇》。
[8]《庄子·天地》。
[9]《庄子·山木》。

"德"。所以这种先在性蕴含仁义的人性是"道德之正"[1]。多次出现"不知",旨在说明仁义忠信不是尧舜等帝王发明的,也不是世俗社会从外在强加于我;仁义忠信礼内在于生命,不假外求,犹如鱼儿离不开水、瓜儿离不开秧。道性至善,所以人性(道德)至善完满。人性完满自足的这一理想境界,庄子称之为"愚而朴"[2]。由此可以看出,在中国古代人性论史上,庄子才是第一个真正提出并系统证明"人性善"的思想家。孟子只是反复阐明人性有"四端","四端"来自"天",得之于人心为性。孟子"遇人便道性善"[3],意在启发人人皆先在性禀有善端,当护守并扩充之。但是,孟子从来就没有全面否定人性是否也有恶端,"大体"与"小体"同在于人性,关键在于是"从其大体"还是从其"小体"。孟子有"君子所性"与"人之性"之分。在"君子所性"层面,孟子立足于自由意志,呼吁人人应自觉以"四端"为性。孟子所倡言人性有"善端"与庄子之人性至善完满相比,显然不可混同为一。庄子立足于道论证明人性善,其思想史意义在于——人生而平等。真正的自由必须建基于平等的文化基石,否则所谓的自由只是王公贵族少数人的自由。无论你出身于王公贵族,抑或平民百姓,德性皆来自道性,德性的光芒无尊卑贵贱之分。庄子"德性源起于道性"的观点,有别于西方中世纪神学家宣扬的人之德性是"神的直接启示",道不是上帝人格神,道只是形而上的本体。逍遥自由是人性的实现,人生而逍遥自由,逍遥自由体现在精神与道德层面,具体表现为德性平等与自由选择。在《庄子》文本中,"得道""体道"者大多数是社会地位卑微如庖丁阶层。庄子思想的这种反复陈述,绝非随意为之,而是

---

1 《庄子·骈拇》。
2 《庄子·山木》。
3 朱熹:《孟子集注·孟子序说》,《四书章句集注》,中华书局1983年版,第200页。

蕴含深刻的思想义旨。因为人生而平等,"注定"了逍遥自由具有平等性。平等是庄子自由理论最大特点之一,平等意味着人人实现生命内在超越存在可能性。

在庄子思想逻辑框架中,道性至善,德是道分化而内在于人性,道即是德。正因为道至善,所以人性善、人性平等。徐复观先生点明,庄子经常以"天"代替道,道即是天。[1] "法天贵真"命题的提出,契合庄子思想的内在逻辑:"真者,精诚之至也。不精不诚,不能动人。故强哭者,虽悲不哀;强怒者,虽严不威;强亲者,虽笑不和。真悲无声而哀,真怒未发而威,真亲未笑而和。真在内者,神动于外,是所以贵真也……真者,所以受于天也,自然不可易也。故圣人法天贵真,不拘于俗。愚者反此。不能法天而恤于人,不知贵真,禄禄而受变于俗,故不足。惜哉,子之蚤湛于人伪而晚闻大道也!"[2] "真"指"真性",成玄英《疏》云:"谨慎形体,修守真性。"真与礼有别,"礼者,世俗之所为也"[3]。"礼"指称自尧舜以来刻意"制造"的仁义价值体系和社会道德秩序,仁是手段而非目的本身。"礼"充满了功利性与片面性,所以庄子斥之为"人伪"[4];而"真"是《齐物论》所言"道德之正","真者,所以受于天也,自然不可易也"[5]。真性源出于"天",也就是源出于"大道",道与天在这里是同义词,天主要强调其自然性、平等性和内在性。"法天贵真",一方面表明真性是人类生命的本质,是人之所以为人的灵慧所在;另一方面,以真为贵为美,指明了人类实现生命理想境界——

---

[1] 徐复观:《中国人性论史》,华东师范大学出版社2005年版,第224—225页。
[2] 《庄子·渔父》。
[3] 《庄子·渔父》。
[4] 《庄子·渔父》。
[5] 《庄子·渔父》。

逍遥自由——的路标与责任。"道之所在，圣人则之。"[1]庄子思想在本质上是自由。不仅如此，庄子的逍遥自由思想又是自由选择理论。庄子学派不仅阐释了逍遥自由的基本内涵，证明了逍遥自由是否可能、何以可能，而且也指明了实现生命理想境界的路向与责任。"夫体道者，天下君子所系焉。"[2]《齐物论》与《逍遥游》中的理想人格可以"乘云气，御飞龙，而游乎四海之外"，但始终没有解释理想人格何以能臻至如此超越自由无碍境界。《达生》篇对此做出了解答："是纯气之守也，非知巧果敢之列……壹其性，养其气，合其德，以通乎物之所造。"实现生命内在超越，有赖于两大条件：其一，"养其气"，这是工夫论意义上的概念，心斋、坐忘、去欲等等，皆是其中内容；其二，"壹其性""合其德"，这既是认识论层面观念，又是道德践履层面观念。人性之德在本体上源自于道，是道在人心之澄现。因此，人在后天的经验世界中，应始终如一"守性"。"无以人灭天，无以故灭命，无以得殉名。谨守而勿失，是谓反其真。"[3]悟道、体道、"反真"、逍遥，是"天下君子所系"，是人人实现生命内在超越之唯一正确方向。

在词源学意义上，西方自由主义（liberalism）源发于19世纪初西班牙一个政党的名称，但其思想渊源可以一直上朔至古希腊、犹太教和基督教的思想与信仰。与此相对应，自由思想在中国文化传统中源远流长、自成一格，彰显出独创性、永恒性特点。道家与儒家思想中蕴含着丰厚的自由思想资源，换言之，儒家与道家的最高指向就是自由。在庄子思想体系中，逍遥自由思想与形上学层面的道论相"挂搭"，从形上

---

1 《庄子·渔父》。
2 《庄子·知北游》。
3 《庄子·秋水》。

学高度证明逍遥自由是否可能,这是庄子自由思想最大的特点,也是庄子自由思想所达到的理论最高峰。在思想逻辑结构上,庄子首先论证"道"有四层义项:

其一,在时间层面,"道无终始"。"度量时间"意义上的始与终,不适合用于描述作为本体论意义上的道,道是"无始"。

其二,在空间层面,"道未始有封""物物者非物"。道是"独",道不是一"物",不具有物的物理特性。

其三,"大道不称""道不当名"。道不可被言说,"道无问,问无应"。可言说者非道之大全,而只是道之一偏。

其四,道是价值本源,道是仁义等德目存在正当性的形上学。

在梳理"道"观念基本内涵与特点基础上,庄子进而"以道观之"。道是生命境界论核心概念,道是人类生命理想境界,真人、全人、至人都是"道"之人格化形象,或者说是"道"之隐喻。道不离人,逍遥自由不离人的日常之"在"。"自喻适志"的蝴蝶,表明臻于逍遥自由境界才是人生的最高目标与幸福之所在。逍遥自由的文化根基在于"道",人性是"道"之"德"。道外在化为真人、神人,内在化为人性之德。"道德"先在性"注定"了人生而自由。逍遥自由是人的本性,人在本质上是自由的,自由是人的可能生存状态与理想境界。人实现逍遥自由理想何以可能?庄子认为道先验至善,道善决定人性至善,人性善恰恰是实现生命内在超越的基石。人性至善具有普遍性,普遍性意味着平等性。由于人性平等,建基于人性论基石之上自由学说,洋溢着平等性、普遍性和永恒性特点。

庄子思想的本质是自由,"庄子"这一名称本身业已成为中国式自由的代名词。庄子自由思想在性质上,可用"内在自由"来解读与定位,正如徐复观先生所论,庄子的自由思想是"要达到精神的自由解放,一方面要自己决定自己,同时要自己不与外物相对立,以得到彻底的谐和"[1]。庄子"对精神自由的祈向"与以赛亚·伯林所言"积极自由"有近似之处,因为"积极自由"的基本含义"源于个体成为他自己的主人的愿望"[2]。因此,徐复观先生高度评价庄子是中国历史上"伟大自由主义者"[3],可谓公允确当。

---

1 徐复观:《中国人性论史》,华东师范大学出版社2005年版,第238页。
2 [英] 以赛亚·伯林:《自由论》(修订版),胡传胜译,译林出版社2011年版,第179页。
3 徐复观:《中国人性论史》,华东师范大学出版社2005年版,第252页。

第三章　孟子与荀子

一、"只是要正人心":孟子人性论的奥秘

刘歆《七略》考证《孟子》当有11篇,从而否定了司马迁《史记·孟子荀卿列传》所言"《孟子》七篇"的观点。东汉赵岐进而考证其余四篇文章为《性善辨》《文说》《孝经》《为政》。如果《外书》四篇信而有证,其中的《性善辨》当是阐发孟子人性学说最重要的文献。可惜《外书》四篇真伪问题至今众说纷纭,莫衷一是,今人只能通过阅读《尽心》《告子》等文管窥孟子人性学说一二。实际上,在先秦时期的一些著述中,譬如《荀子·性恶》篇,引述《孟子》人性思想的一些重要文句就不见于今本《孟子》[1],或许这已从一个侧面证明通行本《孟子》并非全本或祖本。

学界普遍认为,在人性论上,孟子的基本观点为"人性善"或"性善"。孟子弟子当年就认为"孟子道性善,言必称尧舜"[2]。《荀子·性恶》又言"孟子曰:'人之学者,其性善。'"西汉董仲舒认为,"孟子下质于禽兽之所为,故曰性已善"[3]。东汉王充《论衡·本性篇》记载:"孟子作《性善》之篇,以为'人性皆善,及其不善,物乱之也'。"[4]赵岐

---

1 《荀子·性恶》所载"孟子曰:'人之学者,其性善'""孟子曰:'今人之性善,将皆失丧其性故也'"等文句,皆不见于今本《孟子》。周广业《孟子四考》对此多有考证,董仲舒、王充等人皆读过《外书》,当无疑义。
2 朱熹:《孟子集注·滕文公章句上》,《四书章句集注》,中华书局1983年版,第251页。
3 曾振宇、傅永聚注:《春秋繁露新注·深察名号》,商务印书馆2010年版,第216页。
4 王充:《论衡校释》卷三,黄晖撰,中华书局1990年版,第133页。

也认为,"今孟子曰:'人性尽善。'"¹宋代大儒程颐认为,"孟子有大功于世,以其言性善也"²。杨时认为,"《孟子》一书,只是要正人心,教人存心养性,收其放心……心得其正,然后知性之善,故孟子遇人便道性善"³。现代学者韦政通认为,"孟子是就人心之善来印证人性之善的"⁴。任继愈认为,"在春秋战国时代,孟子第一个提出了系统的人性善的理论"⁵。

但是也有一些学者对此提出质疑与反驳。焦循曾经指出,孟子只说"人无有不善",并未说"性无有不善"。⁶冯友兰指出,孟子"认为人性内有种种善的成分。他的确承认,也还有些其他成分,本身无所谓善恶,若不适当控制,就会通向恶"⁷。相比之下,张岱年的质疑更加直截了当:"然而性中不过有仁义礼智之端而已,性有善端,岂得即谓性善?而且性固有善端,未必无恶端。今不否证性有恶端,仅言性有善端,何故竟断为性善?"⁸遗憾的是,目前学界与社会大众对冯友兰与张岱年先生早期的观点多有疏略甚至遗忘。近年梁涛教授结合出土文献,对孟子人性思想多有考索,新识迭现。他认为,"孟子'道性善'也应表述为:人皆有善性;人应当以此善性为性;人的价值、意义即在于其充分扩充、实现自己的性"⁹。梁涛的观点已在学界产生了广泛影响,笔者不揣

---

1 焦循:《孟子正义·告子章句上》,诸子集成本,中华书局2006年版,第442页。
2 朱熹:《孟子集注·序说》,《四书章句集注》,中华书局1983年版,第199页。
3 朱熹:《孟子集注·序说》,《四书章句集注》,中华书局1983年版,第199页。
4 韦政通:《中国思想史》,上海书店出版社2003年版,第184页。
5 任继愈主编:《中国哲学发展史(先秦)》,人民出版社1983年版,第326页。
6 焦循:《孟子正义·告子章句上》,诸子集成本,中华书局2006年版,第442页。
7 冯友兰:《中国哲学简史》第七章《儒家的理想主义派:孟子》,北京大学出版社1985年版,第81页。
8 张岱年:《中国哲学大纲》,中国社会科学出版社1982年版,第184页。
9 梁涛:《郭店竹简与思孟学派》,中国人民大学出版社2008年版,第362页。

谫陋，力图在前贤今哲思考与论证基础上，对业已成为"国民常识"[1]的观点做进一步的质疑与考辨。

（一）"君子所性"：孟子旨在论证"人性"有善端

陈来教授认为，中国古代的人文思想"从西周开始萌芽"[2]，礼乐文化取代了祭祀文化。与这一革命性的社会人文思潮出现相呼应，对人与人性之思考逐渐取代对神与神性之关注。如果说《商书·西伯戡黎》中的"不虞天性"尚是对神性之描述，那么《诗经》出现对人之欲求与人之本质的思考当是合乎逻辑之演进："天生烝民，有物有则。民之秉彝，好是懿德。"[3] 人之懿德，源自于天，孟子曾引这一首诗论证其人性思想。韦正通先生认为，"孟子的性善论，曾受到这类言论的启发"[4]。《诗经·大雅·卷阿》又云："岂弟君子，俾尔弥尔性，百神尔主矣。"[5] 性与生通假，反复出现的"弥尔性"表明，对人之普遍生理与生命欲求之关注已成为这一时代探讨的文化话题。迨至春秋时代，讨论性与人性已蔚然成风。公元前575年，单襄公云："夫人性，陵上者也，不可盖也。求盖人，其抑下滋甚，故圣人贵让。"[6] "人性"一词，或首现于此。人性"陵上"，此处之"人性"已是对人普遍本质之概括。《左传》襄公十四年（前559）载："天生民而立之君，使司牧之，勿使失性……天

---

1 罗根泽：《孟子传论》，东方出版社2011年版，第95页。
2 陈来：《古代思想文化的世界——春秋时代的宗教、伦理与社会思想》，生活·读书·新知三联书店2009年版，第12页。
3 高亨：《诗经今译》，上海古籍出版社1980年版，第454页。
4 韦政通：《中国思想史》，上海书店出版社2003年版，第186页。
5 高亨：《诗经今译》，上海古籍出版社1980年版，第419页。
6 薛安勤、王连生注译：《国语·周语》，吉林文史出版社1991年版，第91—92页。

之爱民甚矣，岂其使一人肆于民上，以从其淫，而弃天地之性？必不然矣。"[1] "何谓天地之性"？徐复观释之为"爱民"[2]，也可成一解。值得注意的是，《左传》昭公二十五年（前517）所载子产所言，已开始将天地之性与人性相牵扯：

> 夫礼，天之经也，地之义也，民之行也。天地之经，而民实则之。则天之明，因地之性，生其六气，用其五行。气为五味，发为五色，章为无声，淫则昏乱，民失其性。是故为礼以奉之……哀乐不失，乃能协于天地之性，是以长久。[3]

天地之性为"礼"，所以人之性也是"礼"，人之性出于天地之性，徐复观进而推导出"这便含有'性善'的意义"[4]。这种"善"是外在的"命"，而非孟子思想意义上的"由仁义行"。徐复观先生旨在说明：孟子思想并非空穴来风，在孟子性善说之前，当有一"性善"思想的早期发展历程。除《左传》所载外，徐复观还着力指出，孔子认定"仁乃内在于每一个人的生命之内"，仁之基本内涵为"爱人"，所以可以认为孔子"实际是认为性是善的"。[5]亲炙于孔子多年的子贡曾经感叹"夫子之言性与天道，不可得而闻也"[6]。我们所能看到的，只是"性相近，习相远"[7]之类笼统表述。徐复观以仁释性，"以仁为人生而即有，先天所

1　杜预：《春秋经传集解》，上海古籍出版社1988年版，第916页。
2　徐复观：《中国人性论史》，华东师范大学出版社2005年版，第37页。
3　杜预：《春秋经传集解》，上海古籍出版社1988年版，第1516—1517页。
4　徐复观：《中国人性论史》，华东师范大学出版社2005年版，第38页。
5　徐复观：《中国人性论史》，华东师范大学出版社2005年版，第62页。
6　程树德：《论语集释·公冶长》，程俊英、蒋见元点校，中华书局1990年版，第318页。
7　楚简《性自命出》有"养性者，习也""习也者，有以习其性也"等记载，可以看出后人对孔子思想之阐发。刘钊：《郭店楚简校释·性自命出》，福建人民出版社2005年版，第94页。

第三章 孟子与荀子

有的人性"[1],致思路向显然已受到宋儒程朱哲学以"天理"释人性的熏陶。楚简《性自命出》有"仁,性之方也,性或生之"[2]表述,近似于"人性仁",或可佐证徐复观之论确有启迪性。

缘此,让我们还是回到孟子思想本身,以孟释孟。"孟子道性善,言必称尧舜。"[3]《孟子》一书论性善,始见于此。朱子以"言"释"道","道性善"也就是倡言性善。"天下之言性也,则故而已矣,故者以利为本。"[4]这段话中的"故"与"利"颇令人费解,学界争论较多。[5]赵岐注云:"言天下万物之情性,常顺其故则利之也。改戾其性,则失其利矣。若以杞柳为杯棬,非杞柳之性也。"[6]赵岐释"故"为人性与物性之自然、本然,这一训解比较符合孟子本意。《荀子·性恶》云:"凡礼义者,是生于圣人之伪,非故生于人之性也。"[7]杨倞注:"故,犹本也。"王引之《经传释词》亦云:"故,本然之词也。"[8]"故"即性之本然,孟子此处之"性",既指人性,也指物性。何谓"利"?朱子认为"利,犹顺也,语其自然之势也"[9]。焦循的观点与朱子基本相同,训"利"为"顺"。[10]王夫之释"利"为"顺利"[11],因顺而推之,观点基本上与朱子相同。梁涛教授也认为,"'以利为本'的利,可能还是应释为有利或顺"[12]。因此,"故

---

1 徐复观:《中国人性论史》,华东师范大学出版社2005年版,第62页。
2 刘钊:《郭店楚简校释·性自命出》,福建人民出版社2005年版,第100页。
3 朱熹:《孟子集注·滕文公章句上》,《四书章句集注》,中华书局1983年版,第251页。
4 朱熹:《孟子集注·离娄章句下》,《四书章句集注》,中华书局1983年版,第297页。
5 参见梁涛:《郭店竹简与思孟学派》,中国人民大学出版社2008年版。
6 焦循:《孟子正义·离娄章句下》,诸子集成本,中华书局2006年版,第344页。
7 杨柳桥:《荀子诂译·性恶》,齐鲁书社1985年版,第653页。
8 王引之:《经传释词》卷五,江苏古籍出版社2000年版,第54页。
9 朱熹:《孟子集注·离娄章句下》,《四书章句集注》,中华书局1983年版,第297页。
10 焦循:《孟子正义·离娄章句下》,诸子集成本,中华书局2006年版,第344页。
11 王夫之:《四书笺解》卷八,《船山全书》,岳麓书社1996年版,第326页。
12 梁涛:《郭店竹简与思孟学派》,中国人民大学出版社2008年版,第372页。

者以利为本"意指人当顺从、遵循人性与物性之本然,如同大禹治水,善遵循水土之自然本性。人之本然之性,是一先验的存有。

> 广土众民,君子欲之,所乐不存焉。中天下而立,定四海之民,君子乐之,所性不存焉。君子所性,虽大行不加焉,虽穷居不损焉,分定故也。君子所性,仁义礼智根于心。[1]

"所性"既是事实判断,也是一价值判断。君子所认可、所界定的"性"有别于芸芸众生"所性","君子所性"之性生于心[2],"所性"之基本内涵为仁义礼智。性之四德源于天,落实于人心。郑玄注《礼记·礼运》:"分,犹职也。"朱子注:"分者,所得于天之全体,故不以穷达而有异。"[3]性之四德不因人之穷达贵贱而增损。换言之,性之四德超越具体生活经验而独立存在。"君子所性"之性圆满自足,乃恒常之本体,所以"不加""不损"。孟子这一论证方式与内涵非常令人惊奇,因为这种哲学论证模式与内涵广泛见诸程朱理学与阳明心学,在战国时期就已从形而上高度论证"性"存在之正当性,足见孟子已将孔子开创的儒家思想推向了一个崭新的哲学高峰,令人叹服,陈鼓应教授认为"孟子有关人性的议论,尚未明确地建立起哲学形上学为其理论依据",并进而断言儒家的心性论一直到宋代儒学才从"先秦道家移植本体论为其理论之最后保证"[4]。这一观点不能不说有些偏颇,如果对递进递佳的儒学

---

[1] 朱熹:《孟子集注·尽心章句上》,《四书章句集注》,中华书局1983年版,第354—355页。
[2] 焦循释"根"为"生"。焦循:《孟子正义·告子章句上》,诸子集成本,中华书局2006年版,第535页。
[3] 朱熹:《孟子集注·尽心章句上》,《四书章句集注》,中华书局1983年版,第355页。
[4] 陈鼓应:《庄子论人性的真与美》,《哲学研究》2010年第12期。

第三章 孟子与荀子

史加以回顾,不难发现儒家心性论之哲学形上学萌芽于《论语》《孟子》《大学》《中庸》,集大成于程朱理学和阳明心学。儒家心性论之哲学形上学的建构其来有自、源远流长,根本无须从"先秦道家移植"。

在《孟子》文本中,人性有善端的立论方式至少有三种。

1. 证诸人类普遍情感经验

韦政通对孟子的论证方式评论说:"孟子的性善论,不是经由知识上曲折的论证的过程,所得到的结果,他是直接就当下流露在具体生活中的恻隐、羞恶的德性的表现,而印证到人性普遍价值的存在。"[1]这种"具体的普遍"的例子比较多,我们主要分析其中的三个事例。

例一,孺子入井。

> 人皆有不忍人之心。先王有不忍人之心,斯有不忍人之政矣。以不忍人之心,行不忍人之政,治天下可运之掌上。所以谓人皆有不忍人之心者,今人乍见孺子将入于井,皆有怵惕恻隐之心。非所以内交于孺子之父母也,非所以要誉于乡党朋友也,非恶其声而然也。由是观之,无恻隐之心,非人也;无羞恶之心,非人也;无辞让之心,非人也;无是非之心,非人也。恻隐之心,仁之端也;羞恶之心,义之端也;辞让之心,礼之端也;是非之心,智之端也。人之有是四端也,犹其有四体也。[2]

既然"乍见孺子将入于井",皆会"诱发""怵惕恻隐之心",证明

---

[1] 韦政通:《中国思想史》,上海书店出版社2003年版,第185页。
[2] 朱熹:《孟子集注·公孙丑章句上》,《四书章句集注》,中华书局1983年版,第237—238页。

"四心""四德"如同人之"四体",皆是先验的存有,与后天人文教化无涉,甚至与知识论也无关。这种形式逻辑上的枚举推理,其结论真实可靠吗?王夫之对此提出疑问:"且如乍见孺子将入于井,便有怵惕恻隐之心,及到少间,闻知此孺子之父母却与我有不共戴天之仇,则救之为逆,不救为顺,即此岂不须商量?"[1]王夫之的这一反驳失之偏颇。如果因不共戴天之仇而弃孺子入井于不顾,这已经是由后天的利益与考量支配其行为,但是,孟子力图要证明的是:人之"四心""四德",超越后天人文教化与知识。不是"乍见孺子将入于井"会滋生出我的恻隐之心,而是恻隐之心本来就存在于我心,孺子入井只不过是触动、引发了我内在的恻隐之心而已。"稍涉安排商量,便非本心。"[2]杨时曾就孟子思想与人论辩,杨时问对方:"乍见孺子将入于井",心中为何会产生恻隐之情?对方答:"自然如此。"杨时不满意对方这一回答,他认为应当一直追问下去。譬如,人有恻隐之心何以可能?穷根究底到尽头,就会发现源头活水乃是天理。"盖自本原而已然,非旋安排教如此也。"[3]相比之下,韦政通的质疑直指要害:"如果我们从知识的观点,质问孟子:假如人不具有'人掉下井就要死亡'的知识,是否还有'怵惕恻隐之心'的表现呢?"[4]韦政通认为怵惕恻隐之心只能是知识论意义上的命题,怵惕恻隐之心是后天知识。换言之,在韦政通看来,孟子的怵惕恻隐之心缺乏普遍性证明。关于这一点,章太炎先生其实早已揭明:"然四端中独辞让之心为孩提之童所不具,野蛮人也无之。"[5]如果儿童与野蛮人皆不具辞让

---

[1] 王夫之:《读四书大全说》卷八,《船山全书》,岳麓书社1996年版,第943页。
[2] 王夫之:《读四书大全说》卷八,《船山全书》,岳麓书社1996年版,第943页。
[3] 黎靖德编:《朱子语类》卷十七《大学四或问上》,王星贤点校,中华书局1994年版,第383页。
[4] 韦政通:《中国思想史》,上海书店出版社2003年版,第186页。
[5] 章太炎:《国学讲演录·诸子略说》,华东师范大学出版社1995年版,第178页。

第三章　孟子与荀子

之心，如何能证实"人皆有不忍人之心"？杨国荣教授继而指出，孟子这一论证方式与观点"似是而非"："事实上，孟子所说的恻隐之心，已非纯粹的自然本性，作为一种渗了道德意识的情感，恻隐之心乃是在长期的社会教化影响下形成的，这种影响在沉淀、内化之后，便习惯成自然，亦即取得了某种'自然'的形式，如果离开了后天的社会作用过程，这种情感显然不可能形成。孟子将恻隐之心（同情之心）视为先天的道德意识，似乎忽视了这一点。"[1]杨国荣认为怵惕恻隐之心建立在知识论的基石之上，缺乏知识论与人文教化的支撑，"四心""四德"至少在逻辑上势必丧失其存在的充足理由。但是否与孟子原意吻合，有待于商榷。

例二，心之所同然。

> 口之于味，有同耆也。易牙先得我口之所耆者也。如使口之于味也，其性与人殊，若犬马之与我不同类也，则天下何耆皆从易牙之于味也？至于味，天下期于易牙，是天下之口相似也。惟耳亦然。至于声，天下期于师旷，是天下之耳相似也。惟目亦然。至于子都，天下莫不知其姣也。不知子都之姣者，无目者也。故曰：口之于味也，有同耆焉；耳之于声也，有同听焉；目之于色也，有同美焉。至于心，独无所同然乎？心之所同然者何也？谓理也，义也。圣人先得我心之所同然耳。故理义之悦我心，犹刍豢之悦我口。[2]

从口、耳、目之"同耆""同听""同美"，推导出心有理义悦心之"同然"，这一类比推理过程与结论存在诸多逻辑漏洞。类比推理

---

[1] 杨国荣：《孟子的哲学思想》，华东师范大学出版社2009年版，第118—119页。
[2] 朱熹：《孟子集注·告子章句上》，《四书章句集注》，中华书局1983年版，第330页。

是从特殊到特殊，前提与结论之间没有蕴涵关系，结论是或然性的。口、耳、目是生理层面的感觉器官，心却是德性之心，而非生理学意义上概念，非同类之间缺乏可比性；此外，类比对象之间应存在共同的本质属性，并且与推出的结论之间有内在关联。口、耳、目之"同耆""同听""同美"，与要得出的"理义之悦我心"结论之间，缺乏逻辑意义上的内在联系。牟宗三先生评论说："尝觉、视觉、听觉是人之感性大体如此，其同嗜、同听、同美之'同'亦不是严格的普遍性。但心之所同然（即理与义）之普遍性是严格的普遍性。"[1]"心之所同然"何以就是"严格的普遍性"？牟宗三在此没有详加说明，与孟子一样存在循环论证之嫌疑。实际上，"刍豢之悦我口"与"超越的义理之心"相类比，在逻辑上只是一种典型的机械类比，其结论的非真性不言而喻。

例三，牛山之木。

> 牛山之木尝美矣，以其郊于大国也，斧斤伐之，可以为美乎？是其日夜之所息。雨露之所润，非无萌蘖之生焉，牛羊又从而牧之，是以若彼濯濯也。人见其濯濯也，以为未尝有材焉，此岂山之性也哉？虽存乎人者，岂无仁义之心哉？其所以放其良心者，亦犹斧斤之于木也，旦旦而伐之，可以为美乎？其日夜之所息，平旦之气，其好恶与人相近也者几希，则其旦昼之所为，有梏亡之矣。梏之反复，则其夜气不足以存；夜气不足以存，则其违禽兽不远矣。人见其禽兽也，而以为未尝有才焉者，是岂人之情也哉？[2]

---

[1] 牟宗三：《圆善论》，吉林出版集团有限责任公司2010年版，第24页。
[2] 朱熹：《孟子集注·告子章句上》，《四书章句集注》，中华书局1983年版，第330—331页。

第三章 孟子与荀子

孟子以"牛山"喻"人",以"萌蘖"喻"本心",以木之"美"喻性之"善",以"牛山之木尝美矣"证明人之性未尝不善。人的一生,所谓"人人皆可谓尧舜",究其实质是自我内在本性不断完善与实现的过程。牟宗三评论说:"现实的人不是神圣的,而此实体性的心却必须是神圣的。惟在如何能培养而操存之而使之不放失而呈现耳。"[1] 儒家这一理念与《圣经》所言人性普遍恶以及康德所言"根本恶"截然不同,根据《圣经》所载,生命的理想人格的实现,是自我本性不断否定的过程。但是,在逻辑与知识论层面,孟子这一论证过程仍然存在着机械类比的错误,因为人们完全可以在经验生活中列举出山既有良木也有莠草、既有瑞兽也有恶禽的事实,轻而易举地反驳孟子的观点。

2. 形式逻辑证明

第一证,反驳"生之谓性"。告子开宗明义,标明自己的观点:"生之谓性。"[2] "生"与"性"古音相同,告子对"性"概念之界定与荀子、董仲舒和王充相近[3],"性"指"生之所以然者",与后天教化无涉。按说孟子理应赞同告子这一观点,因为孟子把仁义礼智"四端"预设为先验的存有,仁义礼智"四端"即是"生"。但是告子所说的"生"是指"食色",不涵摄伦理道德因素,也不蕴含善恶判断。因此两人对何谓"生"之理解差距较大。或许正是在这一意义上,孟子明确否定告子的提法。孟子巧妙运用形式逻辑上的归谬法进行反驳:

---

[1] 牟宗三:《圆善论》,吉林出版集团有限责任公司2010年版,第28页。
[2] 朱熹:《孟子集注·告子章句上》,《四书章句集注》,中华书局1983年版,第326页。
[3] 《荀子·正名》:"生之所以然者谓之性。"《春秋繁露·深察名号》:"如其生之自然之资谓之性。"《论衡·初禀篇》:"性,生而然者也。"

>"生之谓性也，犹白之谓白与？"曰："然。""白羽之白也，犹白雪之白；白雪之白，犹白玉之白与？"曰："然。""然则犬之性，犹牛之性；牛之性，犹人之性与？"[1]

孟子在运用归谬法进行反驳的过程中，一再偷换概念，把共白与别白相混淆、共相与殊相相混淆。白与白玉、白羽、白雪之白何以能混而为一？性与犬之性、牛之性、人之性又何以能等同为一？实际上，告子认同的只是共名意义上的"白"和"性"，可惜他没有察觉出孟子埋设的逻辑陷阱，一步一步深陷其中而无法自拔。

第二证，杞柳与桮棬之辩。

>告子曰："性，犹杞柳也；义，犹桮棬也。以人性为仁义，犹以杞柳为桮棬。"孟子曰："子能顺杞柳之性而以为桮棬乎？将戕贼杞柳而后以为桮棬也？如将戕贼杞柳而以为桮棬，则亦将戕贼人以为仁义与？率天下之人而祸仁义者，必子之言夫！"[2]

在这一场辩论中，孟子至少犯了两个逻辑错误。其一，偷换辩论论题。告子认为，仁义等道德观念源自后天教化，属于荀子哲学意义上之"伪"。告子并未讨论以杞柳加工成桮棬是否戕贼人性，孟子巧妙地把辩论的主题转换为因顺抑或戕贼杞柳之性而为桮棬。在事实层面上，因循杞柳之性而为，只能是杞柳，而非桮棬。在逻辑意义上，顺杞柳之性而为桮棬，恰恰证明告子仁义后出观点是正确的。实际上，孟子理应从类

---

[1] 朱熹：《孟子集注·告子章句上》，《四书章句集注》，中华书局1983年版，第326页。
[2] 朱熹：《孟子集注·告子章句上》，《四书章句集注》，中华书局1983年版，第325页。

第三章 孟子与荀子

比推理角度，指明告子以杞柳、杯棬论证人性与仁义犯了"异类不比"的逻辑错误。其二，虚设论敌。告子并未主张戕贼杞柳之性才能编织杯棬、戕贼人性而成仁义。从前后辩论语境分析，告子的观点当是顺杞柳之性而为杯棬。但是孟子虚设论敌[1]，认为告子倡言戕贼杞柳之性而为杯棬，批评告子所言将祸害天下。朱熹曾经一针见血地揭明孟子的内心想法："言如此，则天下之人皆以仁义为害性而不肯为，是因子之言而为仁义之祸也。"[2]孟子担忧告子之言一出，天下人势必以为仁义本非人性所固有、因循仁义有违于人性，芸芸众生因而弃仁义于不顾，恣意妄为。正因为如此，孟子罔顾逻辑与事实之偏差，猛烈抨击告子之说。[3]

第三证，"性犹湍水"。

> 性犹湍水也，决诸东方则东流，决诸西方则西流。人性之无分于善不善也，犹水之无分于东西也。[4]

告子认为，人性不可以善恶界说，不存在普遍性、先验性的人性，这一思想或许与萨特人性论有几分遥相契合之处。孟子悄悄把告子所言水性无分东西偷换为水性向下：

---

[1] 参见杨泽波：《孟子评传》，南京大学出版社1998年版，第399页。
[2] 朱熹：《孟子集注·告子章句上》，《四书章句集注》，中华书局1983年版，第325页。
[3] 宋代张九成对孟子的忧虑也深有感悟："或以为性可以为善，可以为不善……或以有性善，有性不善……如或者前说行，其罪一归于君上，而不知自责；如或者后说行，则善不善皆归于天，而无与于人事。伤名败教莫此为甚。"（张九成：《孟子传》卷二十六，文渊阁四库全书本，第484页下）如果否认存在普遍性、先验性的人性，认为性是后天环境熏陶而成，就会导致人将自身的善恶归结为后天教化与环境的影响，从而放弃自身的努力；如果认为出生时就有善恶之别，就会导致人将自身的善恶归结为天命，也将放弃自身的德性践履。缘此，张九成高倡人性善，使德性生命始终存有昂扬向上的奋斗目标。
[4] 朱熹：《孟子集注·告子章句上》，《四书章句集注》，中华书局1983年版，第325页。

> 水信无分于东西。无分于上下乎？人性之善也，犹水之就下也。人无有不善，水无有不下。今夫水，搏而跃之，可使过颡；激而行之，可使在山。是岂水之性哉？其势则然也。人之可使为不善，其性亦犹是也。[1]

以水之性论证人之性，告子和孟子犯了同样的逻辑错误。任继愈指出，孟子在此"以真证假"[2]。受地球引力影响，水性向下是一符合客观事实的知识，实际上水往东或往西流，也是水性向下表现形态。但是，由水之特性推导出人"无有不善"，在逻辑上无法成立，前提的虚假，只会导致结论不周延。

从以上所列举的三种逻辑论辩可以看出，孟子人性学说立论方式在形式逻辑层面上存在一些漏洞。有的学者进而指出，孟子论性善并不是通过形式逻辑来证明，"而主要是通过生命体验启发人们对于自己良心本心的体悟，只要体悟到了自己有良心本心，就会相信良心本心是人所固有的，就会对性善论坚信不疑"[3]。与其说性善论是一种哲学观点和生命体验，毋宁可以说性善论是一种精神信仰。这一精神信仰作为一种人类常识，无法也无须通过逻辑手段加以证明。这使人非常容易地想到格劳秀斯的自然法，自然法的证明有两种途径，其中之一就是证诸人之普遍本性。一个普遍的结果往往需要一个普遍的原因，这种原因往往代表了人类的常识。孟子性善说尽管在形式逻辑上有些不完善，但在人类常识意义上却无法否认，杨泽波教授甚至认为，"仅仅依靠形式逻辑是读不懂性善论的"[4]。但无法否认的是，《孟子》文本确实存在借助逻辑论辩

---

[1] 朱熹：《孟子集注·告子章句上》，《四书章句集注》，中华书局1983年版，第325页。
[2] 任继愈主编：《中国哲学发展史（先秦）》，人民出版社1983年版，第328页。
[3] 杨泽波：《孟子与中国文化》，贵州人民出版社2000年版，第199—200页。
[4] 杨泽波：《孟子与中国文化》，贵州人民出版社2000年版，第199—200页。

证明其人性学说的事实,如果我们把"好辩"的孟子放在春秋战国那种特定社会历史阶段中考察,再证之公孙龙、惠施、《墨辩》等古代形式逻辑智慧之光的一再闪现,就不难发现,力图从形式逻辑意义上建构思想学说"形式上的系统"是一种时代精神的诉求。

3. 从"即心言性"到"即天言性"

唐君毅认为,孟子学的本质是心学,孟子人性论特点是"即心言性"。[1]徐复观也认为,"性善"两字,到孟子才明白清楚地说出,"由人心之善,以言性善"[2]。牟宗三进而认为,中国学术思想可大约称之为"心性之学",此"心"代表"道德的主体性（moral subjectivity）"。[3]孟子"即心言性"目的之一,在于从哲学与伦理学意义上探寻仁义礼智诸善端的缘起与正当性。"尽其心者,知其性也。知其性,则知天矣。"[4]此处之"心"不是认知之心,而是德性之心,"是价值意识的创发者"[5]。"心"有其具体内涵:

> 恻隐之心,人皆有之;羞恶之心,人皆有之;恭敬之心,人皆有之;是非之心,人皆有之。恻隐之心,仁也;羞恶之心,义也;恭敬之心,礼也;是非之心,智也。仁义礼智,非由外铄我也,我固有之也,弗思耳矣。[6]

1　唐君毅:《中国哲学原论·原性篇》,中国社会科学出版社2005年版,第14页。
2　徐复观:《中国人性论史》,华东师范大学出版社2005年版,第99—100页。
3　牟宗三:《中国哲学的特质》,上海古籍出版社1997年版,第69页。
4　朱熹:《孟子集注·尽心章句上》,《四书章句集注》,中华书局1983年版,第349页。
5　黄俊杰:《中国孟学诠释史论》,社会科学文献出版社2004年版,第109页。
6　朱熹:《孟子集注·告子章句上》,《四书章句集注》,中华书局1983年版,第328页。

仁义礼智作为心之具体内涵，是先在性的存有，是生命的内在本然属性，所以孟子一再强调"仁义礼智根于心"[1]。既然仁义礼智"根于心"，也就证明仁义礼智是"在我者"，而非"在外者"。[2]沿着孟子人性论这一运思路向，我们可以真正读懂何谓"万物皆备于我"[3]。《经籍籑诂》释"备"为"丰足"。[4]《荀子·礼论》云："故虽备家，必逾日然后能殡，三日成服。""备"意同。"万物皆备于我"并不是知识论意义上的命题，而是境界论与形而上学意义上的命题。"万物皆备于我"之"我"，近似于庄子"吾丧我"之"吾"，"吾"是"以道观之"的"大我"，而非拘泥于主客体认识框架的"小我"。[5]陆象山把"万物皆备于我"解释为万物皆备于"吾之本心"[6]，是作心学向度的发挥[7]；梁启超把"万物皆备于我"诠释为万物"备于我心"[8]，则是以佛释孟。实际上，孟子"万物皆备于我"一段话旨在表明君子"所性"源自心，"自我立法"[9]，

1　朱熹：《孟子集注·尽心章句上》，《四书章句集注》，中华书局1983年版，第355页。
2　朱熹：《孟子集注·尽心章句上》，《四书章句集注》，中华书局1983年版，第351页。
3　朱熹：《孟子集注·尽心章句上》，《四书章句集注》，中华书局1983年版，第350页。
4　阮元等撰集：《经籍籑诂》卷六十三，中华书局1982年版，第1378页。
5　参见何中华：《孟子"万物皆备于我"章臆解》，《孔子研究》2003年第5期。
6　陆九渊：《陆九渊集》卷一《书》，钟哲点校，中华书局1980年版，第5页。
7　陆象山的注解在很大程度上影响了后代学者对"万物皆备于我"的理解，也有越来越多的学者开始认识到陆象山注疏的不足之处。徐梵澄指出："'万物皆备于我矣'之说，是纯粹唯心论，即万事备具于吾心。"（徐梵澄：《陆王学述：一系精神哲学》，上海远东出版社1994年版，第96页）任继愈也主张"万物皆备于我是个主观唯心主义命题，反身而诚和强恕而行是主观唯心主义解决物我关系的原则"（任继愈主编：《中国哲学发展史（先秦）》，人民出版社1983年版，第318页）。张岱年指出，若将"万物皆备于我"理解为"万物皆备于我心"，"这个'心'是论者强加于孟子的。这称之为'增字解经'，乖离了孟子原意"（张岱年主编：《中国唯物论史》，河南人民出版社1994年版，第112页）。
8　梁启超：《梁启超论孟子遗稿》，王兴业编：《孟子研究论文集》，山东大学出版社1984年版，第489页。
9　黄俊杰：《中国孟学诠释史论》，社会科学文献出版社2004年版，第109页。

第三章 孟子与荀子

无须外假。尤其值得注意的是，性之善不仅仅是一道德精神，而且是人生之幸福与快乐，"反身而诚，乐莫大焉"。章太炎评论道："反观身心，觉万物确然皆备于我，故为可乐。"[1]善是乐，善是幸福。这一思想与康德哲学深相契合。康德实践理性中的"善"蕴含幸福，善不仅仅是道德律，有幸福才是至善。

"心善是否可能？"这一疑问已通过上述"乍见孺子将入于井"等生命体验与逻辑论辩给出证明。接下来的问题在于：心善何以可能？孟子的回答为"心之官则思，思则得之，不思则不得也"[2]。"思"即"省察"，"省察"之枢要在于"慎独"，"慎独"之义即陆象山所言"不自欺"。[3]因此，孟子的观点可梳理为：心能思，"自明诚"，所以心善。天道为"诚"，既真且善；人道当为"诚"，但人需"思"，也就是"诚之"，才能臻至"诚"理想生命境界，这一境界也就是真善美境界。"大人者，不失其赤子之心者也。"[4]赤子之心"纯一无伪"[5]，赤子之心即"诚"。因此，天人在"诚"这一境界维度上，有望通过"思"而臻于合一。东汉赵岐对心善何以可能的探究基本上延续了孟子的思路："性有仁义礼智，心以制之，惟心为正，人能尽极其心，以思行善，则可谓知其性矣。知其性，则知天道之贵善者也。"[6]心能"制"性，所以心"正"，心正所以心善。何谓"制"？焦循解释道："制谓裁制人之心。能裁度得事之宜，所以性善。"[7]"制"就是"裁制人心"，这一训释虽有循环论证

---

[1] 章太炎：《国学讲演录·诸子略说》，华东师范大学出版社1995年版，第175页。
[2] 朱熹：《孟子集注·告子章句上》，《四书章句集注》，中华书局1983年版，第467页。
[3] 陆九渊：《陆九渊集》卷三十四《语录上》，钟哲点校，中华书局1980年版，第418页。
[4] 朱熹：《孟子集注·离娄章句下》，《四书章句集注》，中华书局1983年版，第292页。
[5] 朱熹：《孟子集注·离娄章句下》，《四书章句集注》，中华书局1983年版，第292页。
[6] 焦循：《孟子正义·尽心章句上》，诸子集成本，中华书局2006年版，第517页。
[7] 焦循：《孟子正义·尽心章句上》，诸子集成本，中华书局2006年版，第517页。

之嫌，但以"裁制"释"制"，并未乖离赵岐原意。追溯起来，赵岐的观点与董仲舒的观点又有所契合："栣众恶于内，弗使得发于外者，心也。故心之为名栣也。"[1]《说文解字》释"栣"："弱儿，从木，任声。"卢文弨认为"栣"含义为"禁"[2]，苏舆也认为"栣、禁对文，然则栣即禁也"[3]。在《春秋繁露》的其他篇章中，也出现了"栣"字。譬如："栣众恶于内"，"天性不乘于教，终不能栣"，心即栣，"栣"为裁制、制约，心的基本含义就是裁制，也就是"思"与"正"。"人之受气苟无恶者，心何栣哉？吾以心之名，得人之诚。人之诚，有贪有仁。仁贪之气，两在于身。"[4]孟子、董仲舒、赵岐与焦循，前后之间凸现一以贯之的逻辑线索。

但是，如果断言孟子人性论只是"即心言性"，可能陷于偏曲之论。实际上，孟子并没有停留在"以心言性"思维阶段，而是百尺竿头更进一步，以"天"论性、"即天言性"，这正是孟子人性思想卓然高标之处。冯友兰指出："孟子因人皆有仁、义、礼、智之四端而言性善。人之所以有此四端，性之所以善，正因性乃'天之所与我者'，人之所得于天者。此性善说之形而上的根据也。"[5]孟子以"天"论性的实质，在于从形上学高度为人性中仁义礼智诸善端存在正当性进行辩护。在"尽心—知性—知天"逻辑框架中，天无疑是位格最高的哲学本体。在孟子思想体系中，"天"观念的含义比较繁复，既有自然之天的表述，也有主宰之天、运命之天和义理之天的成分，但分量最重的还是义理之

---

[1] 曾振宇、傅永聚注：《春秋繁露新注·深察名号》，商务印书馆2010年版，第293页。
[2] 曾振宇、傅永聚注：《春秋繁露新注·深察名号》，商务印书馆2010年版，第293页。
[3] 苏舆：《春秋繁露义证》，钟哲点校，中华书局1992年版，第293页。
[4] 曾振宇、傅永聚注：《春秋繁露新注·深察名号》，商务印书馆2010年版，第293—294页。
[5] 冯友兰：《中国哲学史》上册，华东师范大学出版社2000年版，第101页。

第三章 孟子与荀子

天。[1]牟宗三认为，荀子之天"乃自然的，亦即科学中'是其所是'之天"，而孔孟之天是"形而上的天，德化的天"。[2]章太炎先生尝言"孟子不言天"[3]，这或许不是一公允之论。"有天爵者，有人爵者。仁义忠信，乐善不倦，此天爵也；公卿大夫，此人爵也。"[4]仁义忠信是"天爵"，源自天，"天爵以德，人爵以禄"[5]。既然仁义忠信出乎天，孟子进而认为"人人有贵于己者"[6]。"贵"有"良贵"与"非良贵"之别，公卿大夫是"非良贵"，仁义忠信是"良贵"，"良者，本然之善也"[7]。本然之善的仁义忠信，人人皆备，所以孟子说"饱乎仁义"[8]。

既然仁义忠信是"天爵"，性中先天具备。那么是否至少从逻辑意义上可推定禽兽昆虫之性也具备仁义忠信之德？从《孟子·告子》篇前

---

[1] 在孟子天论中，"天"至少有四层义项。其一，自然之天，"天之高也，星辰之远也，苟求其故，千岁之日至，可坐而致也。""天时不如地利，地利不如人和。"其二，主宰之天，宇宙万物由天所生，天是社会制度的最终设计者、君王位置更迭的决定者。人是"天民"，应"畏天之威"，否则"必有天殃"。其三，运命之天，"行，或使之，止，或尼之，行止非人所能也。吾之不遇鲁侯，天也。臧氏之子，焉能使子不遇哉。""舜、禹、益相去久远，其子之贤不肖，皆天也，非人之所能为也。""君子创业垂统，为可继也。若夫成功，则天也。"运命之天是一种神秘的外在力量，是"非人之所能为也"。其四，义理之天，天道既超越又内在。天道高高在上，天道超越；另一方面天道又是内在的，天道彰显于人心时，又内在于人而为人性。郭店楚墓竹简多篇文章涉及儒家伦理存在正当性这一话题："凡物由亡生。有生乎名。有命有度有名，而后有伦。有迕有形有尽，而后有厚。有生有知而后好恶生。有物有𢤲有缘，而后教生。其生也亡为乎其型。知礼然后知型。型非职也。有天有命，有迕有形，有物有容，有家有名。有物有容，有尽有厚，有美有善。有仁有智，有义有礼有圣有善。亡物不物，皆至焉，而亡非己取之者。""伦"当为伦理道德，郭店楚墓竹简其他文章又称为"民伦""人伦"。孔颖达《中庸》疏："伦，道也，言人所行之行皆同道理。""人伦"降自于天，是天道或天命的人间化表现。
[2] 牟宗三：《历史哲学》，台湾学生书局1988年版，第113页。
[3] 章太炎：《国学讲演录·诸子略说》，华东师范大学出版社1995年版，第175页。
[4] 朱熹：《孟子集注·告子章句上》，《四书章句集注》，中华书局1983年版，第336页。
[5] 焦循：《孟子正义·告子章句上》赵岐"注"，诸子集成本，中华书局2006年版，第469页。
[6] 朱熹：《孟子集注·告子章句上》，《四书章句集注》，中华书局1983年版，第337页。
[7] 朱熹：《孟子集注·告子章句上》，《四书章句集注》，中华书局1983年版，第336页。
[8] 朱熹：《孟子集注·告子章句上》，《四书章句集注》，中华书局1983年版，第336页。

后文分析，孟子所言"天爵"只限于人性，并不涵盖禽兽昆虫之性。从理学立场出发，朱熹认为孟子思想体系存在缺陷，因此从逻辑层面加以"缝合"。二程、朱子皆主张"性即理"，"性者，浑然天理而已"。[1]在朱熹哲学逻辑结构中，性有"天命之性"和"气质之性"之分，"天命之性"先验蕴涵"健顺五常之德"。既然"天下无性外之物"[2]，既然天地万物都先在性禀具仁义礼智信"五常"之德，至少在逻辑上承认禽兽也禀受了"五常"成为无法回避之推论。对于这一问题，朱熹做了如下回答：

> 问："性具仁义礼智？"曰："此犹是说'成之者性'。上面更有'一阴一阳'，'继之者善'。只一阴一阳之道，未知做人做物，已具是四者。虽寻常昆虫之类皆有之，只偏而不全，浊气间隔。"[3]

既然"人物之性一源"，当然禽兽也具"五常"之德。人兽之别仅仅在于人能禀受"五常"之全体，禽兽由于气禀有别，只能得"五常"之偏："气相近，如知寒暖，识饥饱，好生恶死，趋利避害，人与物都一般。理不同，如蜂蚁之君臣，只是他义上有一点子明；虎狼之父子，只是仁上有一点子明，其它更推不去。恰似镜子，其它处都暗了，中间只有一两点子光。"[4]朱熹将"性"比喻为日光，人性得"性"之全和形气之"正"，受日光大；物性得"性"之偏，受日光小，因而只"有一点子明"。"性如日光，人物所受之不同，如隙窍之受光有大小也。"[5]虎狼

1　黎靖德编：《朱子语类》卷九十五《程子之书》，王星贤点校，中华书局1994年版，第2427页。
2　黎靖德编：《朱子语类》卷四《性理一》，王星贤点校，中华书局1994年版，第56页。
3　黎靖德编：《朱子语类》卷四《性理一》，王星贤点校，中华书局1994年版，第56页。
4　黎靖德编：《朱子语类》卷四《性理一》，王星贤点校，中华书局1994年版，第57页。
5　黎靖德编：《朱子语类》卷四《性理一》，王星贤点校，中华书局1994年版，第58页。

第三章　孟子与荀子

有"仁",蜂蚁有"义",尽管只"有一点子明",但毕竟"有一两点子光"。程朱理学之性既涵摄人性,也涵盖物性。既然"人物之性一源",而且"理无不善"[1],必然会得出人类和动物同样皆具"五常"之德的结论。遗憾的是,朱子误读了孟子思想的一个基本出发点:君子应当在人兽之别(几希)的立论层面谈论人性,不能体认仁义礼智为天之所命的人,只是"小人",或者根本不能被称为"人"。

因此,谈及天,自然涉及"命",二者在孟子思想中密不可分。[2]"莫之为而为者,天也;莫之致而致者,命也。"[3]徐复观认为,此"命"是"法则性质的天命",有别于"人格神性质的天命"。[4]儒家自孔子"为仁由己"开始,已将命与性相牵扯,"不知命,无以为君子也"[5]。继而演进至楚简《性自命出》和《中庸》"天命之谓性"等哲学命题的出现,其间已经历几代人的哲学思考与努力,孟子性命观正处于孔子与《性自命出》《中庸》之间的位置。如果仔细揣摩,我们发现《孟子·万章》之"命"表面上是"人格神性质的天命",但孟子要阐释的一个核心思想为"天与之,人与之"。在"天视""天听"背后,隐藏的是人心。因此,孟子之"命"实际上是"法则性质的天命"。不仅如此,还需揭明的一点在于:徐复观的论断可能也不尽完善,如果把孟子之"命"单纯界定为"法则性质的天命",那么与上述《左传》所载子产所言并无二致,性善只是外在的"命"。实际上,孟子的"命"与"心"相结合,哲学意涵已经出现了新气象。"存其心,养其性,所以事天也。夭寿不贰,

---

[1] 黎靖德编:《朱子语类》卷四《性理一》,王星贤点校,中华书局1994年版,第68页。
[2] 据陈梦家先生考证,"天命"是西周武王灭纣后才出现的概念,"商人称'帝命',无作天命者,天命乃周人的说法"(参见陈梦家:《尚书通论》,中华书局1985年版,第207页)。
[3] 朱熹:《孟子集注·万章章句上》,《四书章句集注》,中华书局1983年版,第308页。
[4] 徐复观:《中国人性论史》,华东师范大学出版社2005年版,第98—100页。
[5] 朱熹:《论语集注·尧曰第二十》,《四书章句集注》,中华书局1983年版,第195页。

修身以俟之，所以立命也。"¹"事"之含义为"奉承而不违"²，"立命"指"全其天之所付，不以人为害"³。存诸心之性是天之所命，当因循而不违。全性而生，顺命而行，方是"立命"。命已不能简单理解为"法则性质的天命"，命已内化为生命内在的诉求。命是内在的生命本然，而非外在的强制规范。正因如此，在孟子思想中，有"行仁义"与"由仁义行"之区别。韩婴曾说："子曰：'不知命，无以为君子。'言天之所生，皆有仁义礼智顺善之心。不知天之所以命生，则无仁义礼智顺善之心。无仁义礼智顺善之心，谓之小人。"⁴这段话中出现了天、命、心、性四个概念，仁义礼智是天之所命，存诸心而显现为性。不知命则不识心，命与心相印证，这也恰是孟子人性学说精髓之所在。领悟了命与心性的内在关系，才能理解孟子"人皆可以为尧舜"的命题。曹君之弟曹交，身高"九尺四寸以长"，与周文王、商汤和孔子身高相近，但只是饱食终日，无才无德。平庸如曹交之辈是否也可像尧舜一样成为圣人？孟子的回答非常肯定，关键在于愿不愿"为"。⁵何以人"为"则可以成为尧舜？赵岐做了很好的诠释："言人皆有仁义之心，尧舜行仁义而已。"⁶"人皆可以为尧舜"的道德与逻辑基础在于人皆有此"心"，顺心而"为"，犹如"掘井"：半途而废，"犹为弃井"⁷，持之以恒，方可见涌泉。具体就孟子本人而言，"四十不动心"⁸。"不动心"方能"养浩然之

1　朱熹：《孟子集注·尽心章句上》，《四书章句集注》，中华书局1983年版，第349页。
2　朱熹：《孟子集注·尽心章句上》，《四书章句集注》，中华书局1983年版，第349页。
3　朱熹：《孟子集注·尽心章句上》，《四书章句集注》，中华书局1983年版，第349页。
4　韩婴：《韩诗外传集释》，许维遹校释，中华书局1980年版，第219页。
5　朱熹：《孟子集注·告子章句下》，《四书章句集注》，中华书局1983年版，第339页。
6　焦循：《孟子正义·告子章句下》，诸子集成本，中华书局2006年版，第477页。
7　朱熹：《孟子集注·尽心章句上》，《四书章句集注》，中华书局1983年版，第358页。
8　朱熹：《孟子集注·公孙丑章句上》，《四书章句集注》，中华书局1983年版，第229页。

第三章 孟子与荀子

气",作为生命理想境界的"浩然之气","配义与道"于心,方能彰显这一生命浩大气象。仁义内在于心而成命,仁义不是外在的道德强制规范。郭店楚简《五行》有"义形于内谓之德之行,不形于内谓之行"记载,正与孟子"仁义内在"相印证。[1]朱熹认为,"浩然之气"生命气象就是"诚"之理想境界,"中与诚与浩然之气,固是一事"[2]。诚之境界,当然就是天人合一之境界。

综上所论,孟子人性学说中的"善"来源于天,落实于心,显现为"四端"。"四端"的特点为"才","才"具有先在性、普遍性特色。王夫之曾经评论说:"天是神化之总名,四时百物不相悖害之理,吾性亦在其中。"[3]就"尽心—知性—知天"这一运思路向和思想架构而言,天是理论预设,而人性之善则是真理。需辨明的一点是:孟子人性学说中的"善"是与善恶相对之善,还是绝对之善?宋代程颢的论述值得我们深思:"'生之谓性',性即气,气即性,生之谓也。人生气禀,理有善恶,然不是性中元有此两物相对而生也。有自幼而善,有自幼而恶,是气禀有然也。善固性也,然恶亦不可不谓之性也。盖'生之谓性','人生而静'以上不容说,才说性时,便已不是性也。"[4]对此段话应做两方面解读。其一,在"生之谓性"层面,"性即气,气即性",由于气禀之差异,人有善有恶,善恶皆谓之性。善是道德之善,善是相对于恶而言之善,善是包涵具体内涵之善。其二,在"人生而静"层面,乃性之本体。性之本体没有善恶二物相对而生,"不是性中元有此两物相对而

---

1 刘钊:《郭店楚简校释·五行》,福建人民出版社2005年版,第69页。与此观点相左的记载,可参见《管子·戒》"仁从中出,义从外作"。
2 黎靖德编:《朱子语类》卷六《性理三》,王星贤点校,中华书局1994年版,第104页。
3 王夫之:《四书笺解》卷八,《船山全书》,岳麓书社1996年版,第359页。
4 程颢、程颐:《二程集·遗书》卷一《二先生语一》,王孝鱼点校,中华书局2004年版,第10页。

生"。天命之性为善,善已不蕴含具体的内涵。不合气而言,更非与恶相对之善。此"善"是绝对之善,不可以善恶言之善。程颢认为,孟子所说的性是性之本体,告子所言性是气质之性。因此,孟子之"善"是绝对之善,是不可以善恶言之善。其后张九成进一步发挥道:"夫孟子之所论性善者,乃指性之本体而言,非与恶对立之善也。"[1]宋代学者的这一观点,很容易使人联想起柏拉图的"善"。柏拉图所谓的"善"不只是一个伦理原则,善作为最普遍的本质是存在之源,因而高于存在物,善既超越世间万物又内在于它们之中。二程和张九成等人论善之思想,从形而上高度大大深化了孟子性善说,在儒学史上是一大进步。但是,我们也需指出,二程和张九成等人采用"六经注我"方式得出的观点,反映的只是宋学的理论高度,并不意味着孟子哲学中的"善"已是绝对之善,已是不与恶相对之善。实际上,孟子人性学说中的"善"还只是一包含具体内容的伦理精神,善是与恶相对而言之善,善是道德之善。孟子之"善"不仅与二程和张九成等人思想相距甚远,与柏拉图的"善"差别也比较大。[2]

(二)"从其小体为小人":孟子并未否定"人性"有恶端

综上所论,孟子反复阐明的一个观点为:"性"或"人性"有善端。仁义礼智"四端"源自天,存诸心。人性之善是与善恶相对而言之善,"善"是涵摄具体内涵之善,善不是绝对之善。行笔至此,我们需进一

---

[1] 张九成:《孟子传》卷二十六,文渊阁四库全书本,第484页下。
[2] 孟子这一思维方式与观点和古希腊罗马斯多亚学派有相近之处。斯多亚学派也将道德本源追溯至自然(神),人是自然的作品,是神的作品,人之本性出自自然神,善也是来源于自然神。

第三章 孟子与荀子

步探讨两个关键问题：其一，孟子是否认为人性也有恶端？其二，如果人性有恶端，恶源自何处？这是非常重要的两个问题，直接关系到对孟子人性学说的整体评价。学界因对《孟子》一些文句理解有分歧，导致在孟子人性评价上众说纷纭。

因此，让我们先回到孟子的一个著名命题——"人所以异于禽兽者几希"。这一命题中两个概念的内涵有必要厘清：何谓"人"？侯外庐先生认为，此处"人"当指"君子"。[1] 何谓"几希"？朱熹训为"少"。[2] 王夫之的训释基本上与朱子相似，"言几于无也"[3]。在"人所以异于禽兽者几希"这一命题中，实际上隐含着另外一个命题："人同于禽兽者众多。"人若无"夜气"，"违禽兽不远矣"[4]；人如果逸居而无教，也"近于禽兽"[5]。恰如《汉书·匈奴传》所言："元元万民，下及鱼鳖，上及飞鸟，跂行喙息蠕动之类，莫不就安利，辟危殆。"[6] 趋利避害、食色安息，人与禽兽相同。

> 口之于味也，目之于色也，耳之于声也，鼻之于臭也，四肢之于安佚也，性也，有命焉，君子不谓性也。仁之于父子也，义之于君臣也，礼之于宾主也，智之于贤者也，圣人之于天道也，命也，有性焉，君子不谓命也。[7]

---

1 参见侯外庐等：《中国思想通史》第一卷，人民出版社1957年版，第385—386页。
2 朱熹：《孟子集注·离娄章句下》，《四书章句集注》，中华书局1983年版，第293页。
3 王夫之：《四书笺解》卷八，《船山全书》，岳麓书社1996年版，第323页。
4 朱熹：《孟子集注·告子章句上》，《四书章句集注》，中华书局1983年版，第331页。
5 朱熹：《孟子集注·滕文公章句上》，《四书章句集注》，中华书局1983年版，第259页。
6 班固：《汉书·匈奴传》，中华书局1962年版，第3763页。
7 朱熹：《孟子集注·尽心章句下》，《四书章句集注》，中华书局1983年版，第369页。

"味""色""声""臭"与仁义礼智皆是"性"概念中义项，只是君子不把"味""色""声""臭"称为性，而只称之为"命"。之所以称"命"不称"性"，罗根泽先生有一个精彩的阐发，他认为这一段文句，"先儒都解错了"，戴震把"谓"训释为"借口"，只有"戴震的解释还差不多"，并且说："为什么不说是性呢？恐怕人'借口于性以逞其欲'。"[1]因此，"君子所性"是从超越之性的层面立论。因为在儒家人格学说中，"君子"已是实现了生命内在超越的理想人格境界。但是，芸芸众生之性仍然蕴含了"味""色""声""臭"等生命本能欲求，与动物之性别无二致。于此，二程、朱子的观点值得一提。程颐认为："五者之欲，性也。然有分，不能皆如其愿，则是命也。不可谓'我性之所有'而求必得之也。"[2]"味""色""声""臭""安佚"皆是性，能否顺遂其愿，则在于"命"。朱子的观点基本与程颐吻合："'不能皆如其愿'，不止为贫贱。盖虽富贵之极，亦有品节限制，则是亦有命也。"

"形色，天性也；惟圣人然后可以践形。"[3]"形"指"体貌"，"色"指"妇人妖丽之容"。[4]合而言之，"形色"指谓人之生命体和自然欲求。"形色"也是"天性"。在这一基本观点上，孟子根本没有否定，反而言之凿凿申明"性也，有命焉"。冯友兰评论说，孟子所谓"性"，既有"逻辑和道德的意义"，"但也不完全排斥生物学的意义"。[5]孟子说"仁也者人也"[6]，"人"既涵摄圣人、君子，也包括普通大众。既然"人"范畴蕴含普通众生，"人"之"天性"自然不能完全排斥生物学意义上的

---

[1] 罗根泽：《诸子考索·孟荀论性新释》，人民出版社1958年版，第337页。
[2] 朱熹：《孟子集注·尽心章句下》，《四书章句集注》，中华书局1983年版，第369页。
[3] 朱熹：《孟子集注·尽心章句上》，《四书章句集注》，中华书局1983年版，第360页。
[4] 焦循：《孟子正义·尽心章句上》赵岐"注"，诸子集成本，中华书局2006年版，第552页。
[5] 冯友兰：《中国哲学史新编》第二册，人民出版社1964年版，第78页。
[6] 朱熹：《孟子集注·尽心章句下》，《四书章句集注》，中华书局1983年版，第367页。

第三章 孟子与荀子

基本规定。普通大众与圣人、君子之别在于：前者不能"践形"，后者则能以"正道"规范其自然欲求，使言行举止以"正道履居"。[1]

《孟子·告子》篇云："故天将降大任于斯人也，必先苦其心志，劳其筋骨，饿其体肤，空乏其身，行拂乱其所为，所以动心忍性，曾益其所不能。"这段话中的"动心忍性"四字值得仔细品味。何谓"忍"？《广雅·释言》云："忍，耐也。"[2]《荀子·非十二子》有"忍性情"，杨倞注："忍，谓违矫其性也。"朱熹注云："动心忍性，为竦动其心，坚忍其性也。然所谓性，亦指气禀食色而言耳。"[3]朱子以理气论性，故有"天命之性"与"气质之性"之分。朱子认为孟子"动心忍性"之性只指涉"气性"，"气性"有善有恶，故需"坚忍其性"。崔东壁对朱子所做的辩护有所不满，因此进一步质疑道："性果纯乎理义，又何忍焉？孟子之于性，何尝不兼气质而言之乎？盖孟子所谓性善，特统言之。若析言之，则善之中，亦有深浅醇漓之分焉，非兼气质而言，遂不得为善也。"[4]正因为性并非"纯乎理义"，所以需"忍"。"诐辞知其所蔽，淫辞知其所陷，邪辞知其所离，遁辞知其所穷。"[5]人之言，皆"生于其心"，朱熹称之为"皆本于心"。[6]人心正，则言语平正通达；人心不正，则言语邪僻偏颇。孟子的"知言"，也正是崔东壁所论性与善有"深浅醇漓之分"。

在孟子思想中，另外一对值得注意的概念为"大体"与"小体"："体有贵贱，有小大。无以小害大，无以贱害贵。养其小者为小人，养

---

1 焦循：《孟子正义·尽心章句上》赵岐"注"，诸子集成本，中华书局2006年版，第552页。
2 王念孙：《广雅疏证》，中华书局2004年版，第148页。
3 朱熹：《孟子集注·告子章句下》，《四书章句集注》，中华书局1983年版，第348页。
4 崔述：《崔东壁先生遗书十九种》中《孟子事实录》卷下，北京图书馆出版社2007年版，第30页。
5 朱熹：《孟子集注·公孙丑章句上》，《四书章句集注》，中华书局1983年版，第232—233页。
6 朱熹：《孟子集注·公孙丑章句上》，《四书章句集注》，中华书局1983年版，第233页。

其大者为大人。"[1] "大体"指"心志","小体"指"口腹"等自然欲求。[2] "大体"与"小体"同存在于人之身心,犹如人兼具四肢与五脏六腑。在《万章》篇中,孟子对何谓"小体"有一非常具体之阐述:"天下之士悦之,人之所欲也,而不足以解忧;好色,人之所欲,妻帝之二女,而不足以解忧;富,人之所欲,富有天下,而不足以解忧;贵,人之所欲,贵为天子,而不足以解忧。人悦之、好色、富贵,无足以解忧者,惟顺于父母,可以解忧。"[3] 富贵、利禄与食色,皆"人之所欲"。此"欲"具备普遍性,凡是"人"皆"悦之"。既然如此,君子与小人的区别何在?孟子回答说,两者区别在于"从","从其大体为大人,从其小体为小人"[4]。"从"与不"从"的精微之别在于"思","思"在《孟子》文本中出现27次,出现频率比较高。"思"有两层含义。其一,"思"是对自身天生禀赋之肯定,"心之官则思,思则得之,不思则不得也"[5]。"思"人心有"善端",并扩而充之,"立乎其大者",则为君子。其二,"思"意味着对自身天生禀赋之否定。王夫之评论说:"故谌天命者,不畏天命者也。禽兽终其身以用天而自无功,人则有人之道矣。禽兽终其身以用其初命,人则有日新之命矣。"[6] 禽兽终其一生,只是一自在的存在,只能"用其初命",无法实现自我否定;人则不同,人是"是其所不是"的自为存在,人有"日新之命",可以实现内在之否定,这一否定也就是生命的内在超越。但是,如果人心"蔽于物","心为形役,乃

---

[1] 朱熹:《孟子集注·告子章句上》,《四书章句集注》,中华书局1983年版,第334页。
[2] 朱熹:《孟子集注·告子章句上》,《四书章句集注》,中华书局1983年版,第334—335页。
[3] 朱熹:《孟子集注·万章章句上》,《四书章句集注》,中华书局1983年版,第303页。
[4] 朱熹:《孟子集注·告子章句上》,《四书章句集注》,中华书局1983年版,第335页。
[5] 朱熹:《孟子集注·告子章句上》,《四书章句集注》,中华书局1983年版,第335页。
[6] 王夫之:《诗广传》卷三,《船山全书》,岳麓书社2011年版,第464页。

第三章 孟子与荀子

兽乃禽"[1]。缘此，需明确的一个观点为：人性兼具"大体"与"小体"。"大体"贵，"小体"贱；"大体"善，"小体"恶。明乎此，方能理解清代陈澧何以会说："孟子所谓性善者，谓人人之性皆有善也，非谓人人之性皆纯乎善也。"[2]人性皆有善端，并不意味着人性已"纯乎善"。人之性虽然"皆有善"，但关键在于"立乎其大"，还是立其"小者"。[3]杨泽波教授认为，"在孟子，恶并没有独立的来源"[4]，他认为恶的产生有两方面原因：一是环境影响；二是利欲的影响。"良心本心存得住，就没有恶；良心本心存不住，就产生恶。"[5]恶属于后天的道德裁评，善源于先在性的才。先在性的才在后天加以扩充和落实，就形成为善行。

孟子尝言"可欲之谓善"[6]。高诱注："善，好也。"[7]焦循认为，"可欲即可好"，"好善"即"善善"。[8]"可欲"当与"可求"互训，"求则得之，舍则失之"。"求"强调"思"，"欲"注重人之情志。"可欲"实际上就是以人心之四端为善为好。"可欲"与"非可欲"相对而言，"善善"之"善"是真理，是一存在性事实，而非理论悬设。"非可欲"中隐含后天道德评价，所以孟子一再倡言"寡欲"："养心莫善于寡欲。其为人也寡欲，虽有不存焉者，寡矣；其为人也多欲，虽有存焉者，寡矣。"[9]"欲"生于心，欲与心同生死，有心自然有欲。欲有善有恶，所以赵岐、焦循

---

1 朱熹：《孟子集注·告子章句上》，《四书章句集注》，引范浚《心箴》语，中华书局1983年版，第334—335页。
2 陈澧：《东塾读书记》卷三，《陈澧集》，上海古籍出版社2008年版，第43页。
3 朱熹：《孟子集注·告子章句上》，《四书章句集注》，中华书局1983年版，第335页。
4 杨泽波：《孟子评传》，南京大学出版社1998年版，第315页。
5 杨泽波：《孟子评传》，南京大学出版社1998年版，第314—315页。
6 朱熹：《孟子集注·尽心章句下》，《四书章句集注》，中华书局1983年版，第370页。
7 焦循：《孟子正义·尽心章句下》，诸子集成本，中华书局2006年版，第585页。
8 焦循：《孟子正义·尽心章句下》，诸子集成本，中华书局2006年版，第585页。
9 朱熹：《孟子集注·尽心章句下》，《四书章句集注》，中华书局1983年版，第374页。

皆认为"养心"实即"治心"。[1] "人之有道也,饱食、暖衣、逸居而无教,则近于禽兽。圣人有忧之,使契为司徒,教以人伦:父子有亲,君臣有义,夫妇有别,长幼有叙,朋友有信。"[2] 人若"无教",则近于"禽兽"。人在后天人文教化缺位前提下,与禽兽存在着诸多类同之处。《孟子》文本经常出现"禽兽"一词,在很多场合指伦理道德与社会文化意义上之"禽兽",而非单纯指谓生物种类层面上之禽兽。犹如《荀子·非十二子》所言"禽兽行",也专指文化意义上的恶言恶行。朱子指出:"圣人设官而教以人伦,亦因其固有者而道之耳。"[3] "教以人伦"建基于人性"固有者"基础之上,如果人性中没有仁义善端,人伦教化只能是对牛弹琴、鸡对鸭讲。与此同理,人性中若趋向恶之潜质,"教以人伦"势必失去存在之逻辑前提,所以恶自然也是人性"固有者"。"鸡鸣而起,孳孳为善者,舜之徒也。鸡鸣而起,孳孳为利者,跖之徒也。欲知舜与跖之分,无他,利与善之间也。"[4] 舜与跖代表善与恶两种不同的人格形象,"尧舜,性之也"[5]。尧舜天性浑全,生来就善;跖因循欲望而行,成为恶之代表。"利与善"之分,实际上就是恶与善之别。善是与恶相对之善,恶是与善相对之恶。善是人性中"固有者",恶是人性中"固有者"的丢失。缘此,舜和跖代表了两种后天的道德形象,而不是先天的道德人格化形象。

综上所论,需梳理的一个观点为:孟子哲学重心在于论证人性何以有善。恶是与善相对之恶,恶不是一抽象的、绝对的存有,也并非仅仅

---

[1] 焦循:《孟子正义·尽心章句下》,诸子集成本,中华书局2006年版,第598页。
[2] 朱熹:《孟子集注·滕文公章句上》,《四书章句集注》,中华书局1983年版,第259页。
[3] 朱熹:《孟子集注·滕文公章句上》,《四书章句集注》,中华书局1983年版,第259—260页。
[4] 朱熹:《孟子集注·尽心章句上》,《四书章句集注》,中华书局1983年版,第356页。
[5] 朱熹:《孟子集注·尽心章句上》,《四书章句集注》,中华书局1983年版,第358页。

第三章　孟子与荀子

具有形式义。恶是人性中一客观存在之事实，人性有恶是真理，恶具有实质义。在孟学史上，关于恶之起源，一直是一个争论不休的话题，其中汉学和宋学尤其值得重视。陆贾思想既受荀子熏陶，也深深打上了孟子思想烙印。陆贾主张"调心"，人之所以有恶言恶行，在于"情欲放溢，而人不能胜其志也"[1]。陆贾将性与情分隔为二，性善而情恶。董仲舒将人性学说建立在阴阳理论基础上，天有阴阳，人有性情。阳中有阴，阴中有阳。"性情相与为一瞑，情亦性也，谓性已善，奈其情何？"[2]阳善阴恶，性善情恶。"天两有阴阳之施，身亦两有贪仁之性。"[3]在董仲舒思想体系中，性即情，因此可以说性兼具善恶之端。学者大多认为董仲舒开后世性三品说之先河，这不能不说是一误读误解。董仲舒明确指出，"圣人之性"和"斗筲之性"皆不可以"名性"[4]，唯独"中人之性"方可"名性"，"中人之性"的特点就在于"仁贪之气，两在于身"[5]。董仲舒虽然时常批评孟子，认为孟子立"善"的标准过低，"孟子下质于禽兽之所为，故曰性已善；吾上质于圣人之所为，故谓性未善"[6]。董仲舒认为，善当指"圣人之善"，而不应过于降低标准，将善定位于与禽兽之行的比较上。东汉高诱在为《淮南子》做注时，反复以儒释道，以孟释道更是其注一大特色。《淮南子·俶真训》："是故圣人之学也，欲以返性于初，而游心于虚也。"高诱注云："人受天地之中以生，《孟子》曰'性无不善'，而情欲害之。故圣人能返性于其初也。游心于虚，言

1　陆贾：《新语·资质》，王利器《新语校注》本，中华书局1986年版，第114页。
2　曾振宇、傅永聚注：《春秋繁露新注·深察名号》，商务印书馆2010年版，第214页。
3　曾振宇、傅永聚注：《春秋繁露新注·深察名号》，商务印书馆2010年版，第212页。
4　曾振宇、傅永聚注：《春秋繁露新注·深察名号》，商务印书馆2010年版，第214页。
5　曾振宇、傅永聚注：《春秋繁露新注·深察名号》，商务印书馆2010年版，第212页。
6　曾振宇、傅永聚注：《春秋繁露新注·深察名号》，商务印书馆2010年版，第216页。周广业认为，董仲舒所论，"盖摘外书性善之言"（周广业：《皇清经解续编》卷二百二十七《孟子四考一》）。

无欲也。"[1]道家之性指"静漠恬淡"之性，与孟子所言"性"在内涵与性质上出入较大。高诱显然忽略了这一区别，援孟入道，将"返性于其初"诠释为复归本初之善性，性善而情恶。《淮南子·本经训》"神明定于天下，而心反其初。心反其初，而民性善"，高诱注云："初者，始也，未有情也。未有情欲，故性善也。"[2]性先天自足圆满，情欲害性，恶源出于情，恶与性无涉。唐代李翱自述撰写《复性书》目的在于"开诚明之源"，告诫世人儒家自《中庸》《孟子》以降已有"穷性命之道"传统，性命之学并非源自佛教。但是，李翱的心性之学已糅杂了佛道思想，尤其是禅宗"明心见性"和道教的"灭情反性"观念对其影响至深："曰：'为不善者非性邪？'曰：'非也，乃情所为也。情有善有不善，而性无不善焉。'孟子曰：'人无有不善，水无有不下。夫水搏而跃之，可使过颡，激而行之，可使在山。是岂水之性哉？其所以导引之者然也。人之性皆善，其不善亦犹是也。'"[3]李翱认为，人之所以能成尧舜，在于孟子所言人性本善。恶言恶行源自"情"，"人之所以为圣人者，性也；人之所以惑其性者，情也"[4]。缘此，只要"复性"——返归人之本然善性，就能臻至圣人境界。无论是汉代学者，抑或唐代李翱，都自以为在"照着讲"。但是，除了董仲舒外，大多汉唐学者曲解了孟子思想中性与情的关系。性与情自然有区别，性是静，情是动；前者是潜能，后者是实现。"恻隐之心，仁也；羞恶之心，义也；恭敬之心，礼也；是非之心，智也。"从这一表述可看出，在孟子思想体系中，性是"未发"，情是性之"动"，性之"动"也就是"扩充"，两者在本质上有相

---

[1] 高诱注：《淮南子·俶真训》，诸子集成本，中华书局2006年版，第29页。
[2] 高诱注：《淮南子·俶真训》，诸子集成本，中华书局2006年版，第116页。
[3] 李翱：《复性书中》，《李文公集》，上海古籍出版社1993年版，第10页。
[4] 李翱：《复性书上》，《李文公集》，上海古籍出版社1993年版，第6页。

第三章 孟子与荀子

同之处。[1]孟子的性情论与楚简《性自命出》"喜怒哀悲之气,性也"[2]有相吻合之处,但与《中庸》有所不同,"喜怒哀乐之未发,谓之中;发而皆中节,谓之和。中也者,天下之大本也;和也者,天下之达道也。致中和,天地位焉,万物育焉"[3]。《中庸》作者认为喜怒哀乐是"情",情非性,"未发"喜怒哀乐之"中"才是性,性是天所命之性,性与情截然有别。

宋代学者超越汉唐学者"情—性"思维定式,另辟蹊径,在天理学说基础上,以"气禀"论证"恶"之来源,令人耳目一新:"凡人说性只是说'继之者善'也,孟子言人性善是也。夫所谓'继之者善'也者,犹水流而就下也。皆水也,有流而至海,终无所污,此何烦人力之为也?有流而未远,固已渐浊;有出而甚远,方有所浊。有浊之多者,有浊之少者。清浊虽不同,然不可以浊者不为水也……水之清,则性善之谓。故不是善与恶在性中为两物相对,各自出来。此理,天命也。顺而循之,则道也。循此而修之,各得其分,则教也。自天命以至于教,我无加损焉。此舜有天下而不与焉者也。"[4]性即理,天命之性纯然不杂,性之本体没有善恶"两物相对"。二程认为,孟子所言人性善,属于"继之者善"层面上立论。性之本体中没有与善相对之恶,性之本体全然为善。天命之性通过气质"安顿"于人心,"气禀"有厚有薄、有昏有明、有清有浊,气"蔽锢此理"[5],所以现实中人性有善有恶。人性如水,水之本源清澈透明,是乃水之本体,水在源泉上没有清浊之分。清

---

1 蒙培元认为,孟子"性与情在本质上是相同的,情就是性"。参见蒙培元:《蒙培元讲孟子》,北京大学出版社2006年版,第146页。
2 刘钊:《郭店楚简校释·性自命出》,福建人民出版社2005年版,第92页。
3 朱熹:《中庸章句》,《四书章句集注》,中华书局1983年版,第18页。
4 程颢、程颐:《二程集·遗书》卷一《二先生语一》,王孝鱼点校,中华书局1981年版,第10—11页。
5 黎靖德编:《朱子语类》卷四《性理一》,王星贤点校,中华书局1994年版,第66页。

浊只与水之流有关，清水被污染就成了浊水，浊水已非"元初水"。以水喻性，就性之本体而言，性只是善，善是性之本然状态，"何烦人力之为"？天命之性如果能如其自身逻辑顺利而完全地展现，则为善；天命之性因受"气禀"及其他因素阻隔不能因循其本然趋势完全实现，则为恶。"善固性也，然恶亦不可不谓之性也。"[1]善恶均谓之性是从这一意义上立论。气质之性意义上的善与恶，对性本体之善不加不损。犹如水源本来清澈，根本无须依赖外力。二程、朱子旨在说明：善是先在性的，恶是后天性的。善与恶位格不同，不是同一层次的概念。换言之，"善"有形而上来源，"恶"没有形而上来源。在宋代孟学史上，有一个人物容易被人忽略，此人就是胡宏。胡宏对孟子人性学说的思考，可谓奇峰突起，发人未发："宏闻之先君子曰：'孟子所以独出诸儒之表者，以其知性也。'宏请曰：'何谓也？'先君子曰：'孟子道性善云者，叹美之辞也，不与恶对。'"[2]胡宏认为，孟子性善的含义并非指谓"人性善"或"性是善的"，"善"只是一形容词，赞叹"性无限美好"，"善"已不能对"性"做任何限定，也非与"恶"相对之"善"。"或问性，曰：'性也者，天地之所以立也。'曰：'然则孟轲氏、荀卿氏、扬雄氏之以善恶言性也，非欤？'曰：'性也者，天地鬼神之奥也，善不足以言之，况恶乎？'"[3]"性"作为形而上本体，善不足以概括、描述性之特质，恶更无从表征与形容之。本体之性已超越善恶，因为善恶只能评判后天的"已发"，发而中节则为善，发而不中节则为恶。但本然之性属于"未发"层面，远远超出了善恶能够评判的畛域。无论是二程、朱子的"气

---

[1] 程颢、程颐：《二程集·遗书》卷一《二先生语一》，王孝鱼点校，中华书局1981年版，第10页。
[2] 胡宏：《胡宏集》附录一《宋朱熹胡子知言疑义》，吴仁华点校，中华书局1987年版，第333页。
[3] 胡宏：《胡宏集》附录一《宋朱熹胡子知言疑义》，吴仁华点校，中华书局1987年版，第333页。

第三章　孟子与荀子

性"说，抑或胡宏的善恶"不足以言"性论，表面上是阐发孟子人性思想，但在"照着讲"的背后，却已是在"自己讲"，哲学思辨水平已远远超越孟子。

研究孟子人性学说，在方法论上应当遵循"以孟释孟"原则，在文本释读与思想诠释上，应当区别"君子所性"[1]与"人之性"两个概念。在"君子所性"层面，孟子刻意强调君子与禽兽的"几希"之别，论证人性有"善端"，仁义礼智四端"根于心"。"四端"是"在我者"，而非"在外者"。君子与小人之别仅在于"存心"不同，"君子以仁存心，以礼存心"。因此，君子在应然意义上当以此"四端"为性。但是，在"人之性"层面，孟子认为"大体"与"小体"同在于人心。"味""色""声""臭"也是"天性"，尽管君子不将"味""色""声""臭"称为性，但芸芸众生之"天性"还是蕴含了"形色"基质。犹如《墨经》"杀盗非杀人"命题一样，君子不从生物学意义上界定"人"，只从伦理学或工夫论层面论证人之所以为人。在孟子看来，如果排除后天教化成分，人人近于"禽兽"。恶是与善相对之恶，恶并非仅具形式义，恶也具有实质义。善与恶皆有来源，善是人性中"固有者"，恶是人性善端的放失。秦汉以降，历代学人之所以对孟子人性学说理解不一、莫衷一是，大多在于未厘清"君子所性"与"人之性"两个概念的区别。如果从"君子所性"与"人之性"两个维度去理解与评论孟子的人性思想，我们发现，除董仲舒和扬雄思想与孟子人性学说存在着相同相通处外，西晋傅玄的思想也与孟子思想存在着逻辑上的演进关系：人有"五常之性"，又"怀好利之心"。[2]人既"有善可

1　朱熹：《孟子集注・尽心章句上》卷五，《四书章句集注》，中华书局1983年版，第355页。
2　傅玄：《傅子・贵教》，上海古籍出版社1990年版，第9—10页。

因",也"有恶可攻"。[1]人若不知"因善教义","则善端没矣"。[2]

通而论之,孟子"道性善"的哲学、伦理学与政治学之意义,或许可从三方面概括。

其一,孟子"道性善",接续孔子"我欲仁,斯仁至矣"而发,人性有善端,"人能弘道",因此人人有实现生命内在超越之可能。梁涛认为,孟子"道性善"之哲学意义在于揭明"人皆有善性;人应当以此善性为性"[3]。倡言生命存在内在超越之潜能,论证此在生命有限性与无限性的内在统一,恰恰是儒家之所以为儒家的标识之一。诚如李明辉所言:"'内在超越'——的特性是儒家思想乃至整个中国文化的一大特色。"[4]无论气学、理学,抑或心学,尽管在诸多观点上势同水火,但在强调生命内在超越这一核心问题上,却是异曲同工、殊途同归。孟子之功,莫大于此!

其二,孟子之所以"道性善",蕴含深切的现实人文关怀。对此,陆象山一语揭明孟子性善说的社会诉求:"孟子曰:'言人之不善,当如后患何?'今人多失其旨。盖孟子道性善,故言人无有不善。今若言人之不善,彼将甘为不善,而以不善向汝,汝将何以待之?"[5]孟子之意,在于宣明人人自有"善心""善端",当向内"思"与"求",以全其天命。"鼓舞激厉"[6]之社会教化意义远远超过纯粹的理论探讨,"《孟子》一书,只是要正人心"[7]。明乎此,方能体悟孟子"予岂好辩哉?予不得已也"用心良苦之所在。

---

[1] 傅玄:《傅子·贵教》,上海古籍出版社1990年版,第9页。
[2] 傅玄:《傅子·贵教》,上海古籍出版社1990年版,第10页。
[3] 梁涛:《郭店竹简与思孟学派》,中国人民大学出版社2008年版,第362页。
[4] 李明辉:《儒家视野下的政治思想》,北京大学出版社2005年版,第7页。
[5] 陆九渊:《陆九渊集》卷三十四《语录上》,钟哲点校,中华书局1980年版,第410页。
[6] 康有为:《孟子微》,《康有为全集》第五集,中国人民大学出版社2007年版,第418页。
[7] 朱熹:《孟子集注·序说》,《四书章句集注》,中华书局1983年版,第199页。

第三章 孟子与荀子

其三，孟子"道性善"，除现实的人文关怀外，其文化史意义还表现为倡导人性平等。康有为评论道："人人性善，文王亦不过性善，故文王与人平等相同。文王能自立为圣人，凡人亦可自立为圣人。"[1]人人皆有善端，此乃天之所赋，因为人性平等，所以"人皆可以为尧舜"。由人性平等，古今学者进而抉发出孟子社会政治学说隐含之平等、自由精神：人人皆"天民"[2]，"彼丈夫也，我丈夫也，吾何畏彼哉？"[3]"天视自我民视，天听自我民听。"[4]钱穆由此点明孟子性善说中蕴含"自由""平等"思想精髓。梁启超也揭示孟子性善说彰显"自由意志"精神[5]，黄俊杰认为此乃梁任公思孟学中"最具创发性之见解"[6]。如果再加上政治思想上之"革命"论、教育思想上之君子"五教"、经济思想上之"恒产"论，孟子思想体系中蕴含着深厚的正义性与公平性思想资源。这些正义、平等与公正思想，对于目前中国建构"现代国家"而言，将是十分重要的历史文化资源。1958年元月由唐君毅、牟宗三、张君劢、徐复观四人联名发表的《为中国文化敬告世界人士宣言》认为，中国人不仅可由儒家"心性之学"成就一"道德实践的主体"，同时也可由"心性之学"成就民主"政治的主体"。李明辉指出，在这一宣言中实际上存在一种有别于西方人性恶文化基石上的民主理论——"即建立在性善说之基础上的民主理论"[7]。

---

[1] 康有为：《孟子微》，《康有为全集》第五集，中国人民大学出版社2007年版，第418页。
[2] 朱熹：《孟子集注·尽心章句上》，《四书章句集注》，中华书局1983年版，第354页。
[3] 朱熹：《孟子集注·滕文公章句上》，《四书章句集注》，中华书局1983年版，第251页。
[4] 朱熹：《孟子集注·万章章句上》，《四书章句集注》，中华书局1983年版，第308页。
[5] 梁启超：《梁启超论孟子遗稿》，王兴业编：《孟子研究论文集》，山东大学出版社1984年版，第497页。
[6] 黄俊杰：《中国孟学诠释史论》，社会科学文献出版社2004年版，第12页。
[7] 李明辉：《儒家视野下的政治思想》，北京大学出版社2005年版，第29页。

二、"性质美":荀子人性论再认识

将荀子人性思想界定为"人性恶"或"性恶论",似乎已成为盖棺论定的学界共识。[1]但是,在这一常识或共识背后,却隐伏着深度的误读与误解。恰如牟宗三先生所言:"荀子之学,历来无善解。"[2]韦政通先生对荀子人性学说的衡评可谓独树一帜:"荀子不是人性本恶的主张者。"[3]可惜韦政通并未对此进行全面论证,这一与众不同的观点难免有些孤掌难鸣的况味。本人不揣谫陋,力图在前贤今哲思考基础上,对荀子人性思想本质与特点进行新的探讨。在研究思路上,回归荀子思想本身,"以荀释荀"。行文在结构上分为三个层层递进的部分:首先从荀子思想中心"礼"切入,探究礼之本质;进而论证礼之道德精神是"仁";最终落脚点在于荀子人性论,仁不是"无根"之仁,而是根植于荀子独有的道德形上学土壤之中,仁是"天德","义"是"人之所以为人"之所"贵",仁内在于人性,人有"性质美"。

(一)"先仁而后礼":仁是礼之"天地精神"

徐复观先生评价荀子为"先秦儒家最后的大师"[4]。孔子儒家"内圣

---

[1] 在学术研究动态上,1974年版,日本学者兒玉六郎在《日本中国学会报》第26辑上发表题为《荀子性朴説の提起—性僞之分に關する考察から》的论文。兒玉六郎将荀子人性思想界定为"性朴"而非"性恶"。2002年版,中国学者周炽成在其着《荀子韩非子的社会历史哲学》(中山大学出版社2002年版)一书中,也认为荀子人性学说是"性朴论"而非"性恶论"。"性朴论"是对汉以降"性恶论"的反思与修订,具有一定的启发意义。

[2] 牟宗三:《名家与荀子》,吉林出版集团有限责任公司2010年版,第129页。

[3] 韦政通:《中国思想史》,上海书店出版社2003年版,第220页。

[4] 徐复观:《中国人性论史》,华东师范大学出版社2005年版,第158页。

第三章　孟子与荀子

外王"之道，孟子与荀子分别引领一翼，展翅高飞。论及荀子仁学，从《荀子》全书展现的逻辑架构与思想主旨寻绎，抽茧剥笋，似乎应当从"礼"切入比较恰当。"礼起于何也？曰：人生而有欲，欲而不得，则不能无求；求而无度量分界，则不能不争；争则乱，乱则穷。先王恶其乱也，故制礼义以分之，以养人之欲，给人之求。使欲必不穷于物，物必不屈于欲。两者相持而长，是礼之所起也。"[1]从经验世界论证"礼"之起源，是荀子礼学一大特点。尽管荀子已从"先王"的高度证明礼之缘起，尧舜禹已是儒家之道人格化隐喻，但是，荀子的问题意识与思维路向始终没有完全祛除世俗社会的经验色彩。礼是个人安身立命之本，也是治国平天下之大本大纲。"故人无礼则不生，事无礼则不成，国家无礼则不宁。"[2]在荀子社会政治思想体系中，礼的重要性在于与儒家的王道政治理想密切联系。礼是实现儒家王道政治理想的唯一路径，"修礼者王"[3]，不修礼者"亡国危身"。[4]商王朝与五霸之一的楚国，都曾经在历史上叱咤风云、盛极一时，但最终都灰飞烟灭。坚甲利兵、高城深池，仍然避免不了衰亡的宿命。其中的道理就在于"由其道"，还是"非其道"。荀子所说的"道"就是"王道"，王道实质内涵就是礼义之道，"彼王者不然：仁眇天下，义眇天下，威眇天下。仁眇天下，故天下莫不亲也；义眇天下，故天下莫不贵也；威眇天下，故天下莫敢敌也。以不敌之威，辅服人之道，故不战而胜，不攻而得，甲兵不劳而天下服，是知王道者也"[5]。儒家的王道政治并非一善而无征的乌托邦，荀

1　王先谦：《荀子集解》，沈啸寰、王星贤点校，中华书局2006年版，第337页。
2　王先谦：《荀子集解》，沈啸寰、王星贤点校，中华书局2006年版，第24页。
3　王先谦：《荀子集解》，沈啸寰、王星贤点校，中华书局2006年版，第152页。
4　王先谦：《荀子集解》，沈啸寰、王星贤点校，中华书局2006年版，第153页。
5　王先谦：《荀子集解》，沈啸寰、王星贤点校，中华书局2006年版，第157页。

子认为，王道政治社会理想在历史上实现过，而且不止一次，尧、舜、禹和周文、武时代就是王道大行于世的时期。"用国者，得百姓之力者，富；得百姓之死者，强；得百姓之誉者，荣。三得者具，而天下归之；三得者亡，而天下去之。天下归之之谓王，天下去之之谓亡。汤、武者，循其道，行其义，兴天下同利，除天下同害，天下归之。故厚德音以先之，明礼义以道之，致忠信以爱之，赏贤使能以次之，爵服赏庆以申重之，时其事，轻其任，以调齐之，潢然兼覆之，养长之，如保赤子。"[1]王道政治的根本在于得人心，得人心才能"天下归之"。基于此，我们不难发现荀子的礼或礼义学说是在为天下的政治制度、法律制度与伦理体系立法。人自身是社会制度与伦理原则的立法者，上帝或其他神灵已丧失其存在的正当性。高扬人之主体性，祛除天神地祇的魅影。缺乏正当性与合法性证明的政治制度、法律制度与伦理体系，其存在的合理性值得怀疑。那么，天下政治制度、法律制度与伦理体系存在的正当性何在？荀子的回答非常明确："礼者，表也。"[2]杨倞注："表，标准也。"礼是准则，是"人道之极"。其实，在荀子思想体系架构中，作为最高准则的礼，并非仅仅适用于人类社会："天地以合，日月以明，四时以序，星辰以行，江河以流，万物以昌，好恶以节，喜怒以当。以为下则顺，以为上则明。万变，不乱；贰之，则丧也。礼岂不至矣哉！立隆以为极，而天下莫之能损益也。本末相顺，终始相应，至文以有别，至察以有说。天下从之者治，不从者乱；从之者安，不从者危；从之者存，不从者亡。"[3]日月之所以光明，因为有礼；天能覆、地能载，因为有礼。天地四时、日月星辰和人类社会都应因循"礼"而行。礼作为准

---

1 王先谦：《荀子集解》，沈啸寰、王星贤点校，中华书局2006年版，第220页。
2 王先谦：《荀子集解》，沈啸寰、王星贤点校，中华书局2006年版，第311页。
3 王先谦：《荀子集解》，沈啸寰、王星贤点校，中华书局2006年版，第346页。

则，具有普适性特点，不仅适用于人类社会，也普遍适用于自然界。缘此，礼既是人之"表"，更是自然之"表"。杨倞评论说："言礼能上调天时，下节人情，若无礼以分别之，则天时人事皆乱也。"[1]作为宇宙之"权衡"的礼，其基本功能是"分"，不仅确定人类社会之"分"，也预设了宇宙自然之"分"。担当自然与人类社会最高准则的礼，最大特点是"公"："公生明，偏生暗；端悫生通，诈伪生塞；诚信生神，夸诞生惑。此六生者，君子慎之，而禹、桀所以分也。"[2]"公"与"偏"相对，公的基本含义是"公平""中和"，恰如《王制》篇所言："故公平者，听之衡也；中和者，听之绳也。"荀子自己总结出"礼"有四大特点："厚""大""高""明"。[3]"厚""大"彰显出礼的适用性范围；"高"凸显礼之位格；"明"显现礼之公平、公正，也就是《儒效》篇所言"比中而行之"。礼有"厚""大""高""明"四大特点，注定自然与人类社会离不开礼的引导，"故人之命在天，国之命在礼"[4]。礼是"命"，这里出现的"命"不是至上人格神的意志，也不是运命之命，而是指代人力无法违忤的、放之四海而皆准的准则、法则与趋势。命意味着绝对性与普遍性，既然礼是命，就应顺命而行。"凡礼，始乎悦，成乎文，终乎悦校。故至备，情文俱尽；其次，情文代胜；其下，复情以归大一也。"[5]郝懿行认为"悦校"之"校"当作"恔"，"恔者快也"，"恔"就是愉悦、幸福，"此言礼始乎收敛，成乎文饰，终乎悦快"[6]。"情文俱尽"也就是文质彬彬，外在之礼仪与内在之情感交融为一，了无间隙。合乎人

---

[1] 王先谦：《荀子集解》，沈啸寰、王星贤点校，中华书局2006年版，第346页。
[2] 王先谦：《荀子集解》，沈啸寰、王星贤点校，中华书局2006年版，第51页。
[3] 王先谦：《荀子集解》，沈啸寰、王星贤点校，中华书局2006年版，第349页。
[4] 王先谦：《荀子集解》，沈啸寰、王星贤点校，中华书局2006年版，第51页。
[5] 王先谦：《荀子集解》，沈啸寰、王星贤点校，中华书局2006年版，第346页。
[6] 王先谦：《荀子集解》，沈啸寰、王星贤点校，中华书局2006年版，第346页。

心之礼，使人滋生愉悦与幸福，这是礼的最高境界。中国先秦思想史与古希腊一样，也追求快乐与幸福，只是对"幸福"内涵的界定不一，但思想旨趣多有相近相通之处。在孔、孟、老、庄、荀等先秦思想家心目中，"乐"就是人生幸福。荀子的"终乎悦校"就是快乐与幸福。这种生命的幸福因为与礼相"搭挂"（朱熹语），背后已有德性的因素作为道德支撑。符合自然德性的乐，才是真正的乐、真正的幸福。

但是，随之而来，必须深入思考一个问题：如何保证或证实礼的动机是善的？如何证明礼具有普适性价值？荀子常言"礼以顺人心为本"[1]，那么"顺人心"的原则与标准又何在？如果继而沿着荀子思想逻辑向前推进，我们欣喜地发现荀子已经在深入探讨一个形而上的问题：作为自然界与人类社会普遍准则的"礼"，其自身存在的正当性何在？如果礼不能超越经验世界的束缚，从形而上学高度寻求绝对根据，礼就成为漂浮无根的外在律令与空洞教条。缘此，礼背后隐伏的道德精神是什么？荀子常说"情安礼"[2]，性情何以能以礼为安？换言之，礼存在的"最终支撑"何在？荀子的回答是——"仁"："人主仁心设焉，知其役也，礼其尽也。故王者先仁而后礼，天施然也。"[3]仁先礼后，"先仁而后礼"，这是理解荀子仁与礼关系的枢要。"先仁而后礼"不仅是逻辑在先，更重要的还在于，仁是礼之伦理"最终支撑"。杨倞注："此明为国以仁为先也。""故曰：仁义礼乐，其致一也。君子处仁以义，然后仁也；行义以礼，然后义也；制礼，反本成末，然后礼也。三者皆通，然后道也。"[4]荀子之"道"，涵摄仁、义、礼三部分。君子行义贵在彰显仁之精神，仁

---

[1] 王先谦：《荀子集解》，沈啸寰、王星贤点校，中华书局2006年版，第475页。
[2] 王先谦：《荀子集解》，沈啸寰、王星贤点校，中华书局2006年版，第34页。
[3] 王先谦：《荀子集解》，沈啸寰、王星贤点校，中华书局2006年版，第473页。
[4] 王先谦：《荀子集解》，沈啸寰、王星贤点校，中华书局2006年版，第476页。

之基本精神为"爱人"。[1]行礼旨在贯彻义之精神。仁、义、礼三者何为"本"？何为"末"？从荀子思想内在逻辑体系分析，仁是本，仁是"天地精神"[2]，礼将仁义文化精神贯彻于人伦中，并且指导人类行为，才能称之为"礼"。杨倞说："本，谓仁义；末，谓礼节。谓以仁义为本，终成于礼节也。"[3]彰显"仁"伦理精神的礼义之道，荀子称之为"人之道"或"王道"。这种代表儒家社会政治理想的"王道"，又称为"先王之道"。"王道"并非单纯停留在形而上学的玄思中，以尧、舜、禹为代表的"先王"，他们施政的时代就是大道行于世的时期。"先王之道，仁之隆也，比中而行之。曷谓中？曰：礼义是也。道者，非天之道，非地之道，人之所以道也，君子之所道也。"[4]王念孙说："此言先王之道乃仁道之至隆者也。所以然者，以其比中而行之也。"[5]因循礼义之"中"而行，才能臻于"仁道"理想社会境界。在荀子看来，"先王之道"就是"王道"，"王道"就是"仁道"，"仁道"在历史上曾经大行于世。

（二）"向高度提"：道德形上学视域下的仁与人性

既然仁是礼存在正当性之文化精神与道德基础，那么仁自身存在的正当性又何在？对仁存在正当性的追问与证明，实际上又牵涉荀子思想另一重大理论问题：荀子思想体系中是否存在道德形上学？因为牟宗三先生曾经批评荀子思想"本原不足"。[6]是耶？非耶？时至今日有必要对

---

1 王先谦：《荀子集解》，沈啸寰、王星贤点校，中华书局2006年版，第274页。
2 牟宗三：《名家与荀子》，吉林出版集团有限责任公司2010年版，第134页。
3 王先谦：《荀子集解》，沈啸寰、王星贤点校，中华书局2006年版，第476页。
4 王先谦：《荀子集解》，沈啸寰、王星贤点校，中华书局2006年版，第121页。
5 王念孙：《读书杂志》之八《荀子杂志》，凤凰出版社2000年版，第751页。
6 牟宗三：《名家与荀子》，吉林出版集团有限责任公司2010年版，第135页。

此重新讨论。根据中国思想史的问题意识、运思路向与叙事模式，古代思想家通常将从两大向度进行证明：一是本体论，譬如中国思想史上的"天"论、"道"论、"气"论、"理"论等等，回答仁与本体之间是否存在某种"搭挂"；二是人性论，探讨仁与人性是否存在缘起关系。

1. 本体论与仁

在荀子的思想结构框架中，"天"无疑是位阶最高的概念，况且还有专门阐发"天"论的文章流传于世："天行有常，不为尧存，不为桀亡。应之以治则吉，应之以乱则凶。强本而节用，则天不能贫；养备而动时，则天不能病；修道而不贰，则天不能祸……故明于天人之分，则可谓至人矣。"在《荀子》一书中，"天"概念的义项繁复不一，并非单纯指谓"自然之天"。但就《天论》一篇而言，天的主要蕴含还是自然之天。天与地相对，天也与人相分，各自有自身规律、法则与职责。在《天论》篇中，出现了"天职""天功""天情""天官""天君""天养"等概念，恰恰没有"天性"一词出现，更没有讨论性与天的内在关系。这是偶然还是必然？答案应当是《天论》篇有意"截断"天与人性的内在关联。"天能生物，不能辨物也；地能载人，不能治人也。"[1]天、地、人各有"分"，天没有主观意念，所以不能"辨物"。《天论》篇主张"天"不能"辨物"，并不代表《荀子》三十二篇都"截断"天与人性的内在关系。值得注意的是，在《荀子》一书中，已有《不苟》与《大略》篇涉及天与人性之缘起：

> 君子养心莫善于诚，致诚则无它事矣。惟仁之为守，惟义之为行。

---

[1] 王先谦：《荀子集解》，沈啸寰、王星贤点校，中华书局2006年版，第356页。

第三章 孟子与荀子

诚心守仁则形，形则神，神则能化矣。诚心行义则理，理则明，明则能变矣。变化代兴，谓之天德。[1]

"人主仁心设焉，知其役也，礼其尽也。故王者先仁而后礼，天施然也。"[2] "天德"概念值得我们反复推敲与深究，或许能带给我们一大惊喜。众所周知，在孟子思想中，仁义礼智是"天爵"，所以"万物皆备于我"。楚简《成之闻之》也有"天德"记载："天降大常，以理人伦。制为君臣之义，着为父子之亲，分为夫妇之辨。是故小人乱天常以逆大道，君子治人伦以顺天德。"[3] 君臣之义、父子之亲和夫妇之辨等人伦源起于天，是"天德"内在属性的显现。在二程、朱子思想体系中，仁义礼智信是"天理之件数"，是天理内在固有属性之一。基于此，在荀子思想体系中的"天德"，是否也具有道德形上学的含义？杨倞注云："言始于化，终于变也，犹天道阴阳运行则为化，春生冬落则为变也。"[4] 春生、夏长、秋收、冬藏，天地有大德为"诚"，天之"诚"，落实于人心为"天德"。此"天"已经不单纯是自然之天，也蕴含义理之天因子。"天德"是"命"，具有绝对性和普遍性，所以君子应"顺命"。[5] 因循"命"而动的具体做法就是"慎其独"。郝懿行认为，"独"就是"诚"。"善之为道者，不诚则不独。"[6] 致诚就在于让内在人心的"独"彰显出来，具体显现为仁。"天地为大矣，不诚则不能化万物；圣人为知矣，不诚则不能化万民；父子为亲矣，不诚则疏；君上为尊矣，不诚则卑。夫诚

---

1 王先谦：《荀子集解》，沈啸寰、王星贤点校，中华书局2006年版，第46页。
2 王先谦：《荀子集解》，沈啸寰、王星贤点校，中华书局2006年版，第473页。
3 刘钊：《郭店楚简校释·成之闻之》，福建人民出版社2005年版，第137页。
4 王先谦：《荀子集解》，沈啸寰、王星贤点校，中华书局2006年版，第46页。
5 王先谦：《荀子集解》，沈啸寰、王星贤点校，中华书局2006年版，第46页。
6 王先谦：《荀子集解》，沈啸寰、王星贤点校，中华书局2006年版，第47页。

者，君子之所守也，而政事之本也，唯所居以其类至。操之则得之，舍之则失之。"由天道"诚"，证明人道当为"诚"；人道之诚因为天道诚的存在，而获得存在正当性。这一论证过程与逻辑特点，与孟子相比，似乎有一些相通之处。在孟子思想中，天道"诚"，人道"诚之"，人通过"思"，在德性之诚层面上实现天人合一。与孟子相比，《荀子》三十二篇只有《不苟》与《大略》两篇涉及本体之天与仁德的内在关系，论证远不如孟子全面深入。但是，即便如此，不能不说这是一个令人惊喜的重大发现，因为我们已经从《荀子》中发现荀子及其后学已经从"天"这一理论高度论证仁与本体的内在关系，尽管属于一鳞半爪，也是弥足珍贵。徐复观先生评论荀子论性，只"是纯经验的性格"，"人性论的成立，本来即含有点形上的意义。但荀子思想的性格，完全不承认形上的意义，于是他实际不在形上的地方肯定性"。[1]冯友兰先生也说："孟子言义理之天，以性为天之部分，此孟子言性善之形上学的根据也。荀子所言之天，是自然之天，其中并无道德的原理，与孟子异。"[2]徐复观、牟宗三与冯友兰先生所言，时至今日或许已有重新检视的必要。

2．人性论与仁

牟宗三先生评论说："荀子之学，历来无善解。宋明儒者，因其不识性，不予尊重，故其基本灵魂遂隐伏而不彰。"[3]自汉以降，"无善解"的现象一直绵延至今。当下学术界大多将荀子人性学说概括为"性恶论"，就是一个非常有代表性的"无善解"案例。时至今日，确实有必要正本清源、矫枉过正，以彰显荀子人性学说"基本灵魂"。我们先看看《荀

---

1 徐复观：《中国人性论史》，华东师范大学出版社2005年版，第142页。
2 冯友兰：《中国哲学史》上册，华东师范大学出版社2000年版，第217页。
3 牟宗三：《名家与荀子》，吉林出版集团有限责任公司2010年版，第129页。

第三章 孟子与荀子

子》一书中对"性"或"人性"的界定：

> 生之所以然者谓之性。性之和所生，精合感应，不事而自然谓之性。性之好、恶、喜、怒、哀、乐谓之情。情然而心为之择谓之虑。心虑而能为之动谓之伪。虑积焉，能习焉，而后成谓之伪。正利而为谓之事。正义而为谓之行。所以知之在人者谓之知。知有所合谓之智。智所以能之在人者谓之能。能有所合谓之能。[1]
>
> 性者，天之就也；情者，性之质也；欲者，情之应也。以所欲为可得而求之，情之所必不免也。以为可而道之，知所必出也。故虽为守门，欲不可去，性之具也。[2]
>
> 故曰：性者，本始材朴也；伪者，文理隆盛也。无性则伪之无所加，无伪则性不能自美。性伪合，然后圣人之名一，天下之功于是就也。故曰：天地合而万物生，阴阳接而变化起，性伪合而天下治。[3]

这是荀子关于"性"与"人性"概念最经典的界说，研究荀子人性学说必须建基于《正名》《性恶》《礼论》等篇章对"性"概念的界定。人性是人之所以为人的基本规定，人生只不过是这种普遍规定性的展开。荀子"性"或"人性"这一概念，蕴含三层义项：

其一，人之欲。

其二，感官功能与属性。

其三，"人之所以为人"的自然德性。

我们先讨论人之欲与感官功能意义上的人性，因为人之欲与感官

---

[1] 王先谦：《荀子集解》，沈啸寰、王星贤点校，中华书局2006年版，第399页。

[2] 王先谦：《荀子集解》，沈啸寰、王星贤点校，中华书局2006年版，第415页。

[3] 王先谦：《荀子集解》，沈啸寰、王星贤点校，中华书局2006年版，第356页。

功能同属于人之自然材质之性。"凡人有所一同：饥而欲食，寒而欲暖，劳而欲息，好利而恶害，是人之所生而有也，是无待而然者也，是禹、桀之所同也。目辨白黑美恶，耳辨声音清浊，口辨酸咸甘苦，鼻辨芬芳腥臊，骨体肤理辨寒暑疾养，是又人之所常生而有也，是无待而然者也，是禹、桀之所同也。可以为尧、禹，可以为桀、跖，可以为工匠，可以为农贾，在势注错习俗之所积耳。是又人之所生而有也，是无待而然者也，是禹、桀之所同也。"[1]耳能聪、目能明、口能言，属于人之感官功能，不可以善恶判断，在本文中无须对此再做进一步讨论。我们有必要深入探究的是人之欲，"欲食""欲暖""欲息"，犹如告子所言"食色"，"是人情之所同欲"[2]，即使贤如禹、汤，不肖如盗跖，在"食色"基本欲望上，也是"人之所生而有"。这些与生俱来的人之欲，都是"人情之所同欲"。这些生发于人之自然材质的欲，是人之"本始材朴"，有其合理合法、合符道德理性之成分，不可片面断定为"恶"。我们今天只有在"人之所生而有"立场上，才能真正理解《性恶》篇的主旨："人之性恶，其善者伪也。今人之性，生而有好利焉，顺是，故争夺生而辞让亡焉；生而有疾恶焉，顺是，故残贼生而忠信亡焉；生而有耳目之欲，有好声色焉，顺是，故淫乱生而礼义文理亡焉。然则从人之性，顺人之情，必出于争夺，合于犯分乱理，而归于暴。故必将有师法之化、礼义之道，然后出于辞让，合于文理，而归于治。用此观之，然则人之性恶明矣，其善者伪也。"[3]荀子所言"食色"人欲之性，存在着两种潜在的性向：

其一，"食色"之欲有可能朝着善的方向发展。杨倞将"伪"训为

---

[1] 王先谦：《荀子集解》，沈啸寰、王星贤点校，中华书局2006年版，第63页。
[2] 王先谦：《荀子集解》，沈啸寰、王星贤点校，中华书局2006年版，第213页。
[3] 王先谦：《荀子集解》，沈啸寰、王星贤点校，中华书局2006年版，第420页。

"矫","伪"是"矫其本性"。郝懿行对杨倞的观点断然否定:"杨氏不了,而训为矫,全书皆然,是其蔽也。"[1]先秦时期"伪"与"为"字义相通,泛指后天社会教化、制度文明与道德践履。如果简单地将"伪"训释为"矫",等于断章取义地认定人性全恶而无善。"所谓性善者,不离其朴而美之,不离其资而利之也。使夫资朴之于美,心意之于善,若夫可以见之明不离目,可以听之聪不离耳,故曰目明而耳聪也。"[2]人"有性质美"[3],这是理解与评价荀子人性学说非常重要的逻辑起点。荀子反复强调人性之善必须因循人性内在固有的"性质美",即"朴"与"资",先天的人性之"自美"(本始材朴)在"师法之化、礼义之道"引领下,人性自然而然朝着善的性向发展。

其二,"食色"之欲有可能朝着恶的方向蔓延。如果人性"离其朴""离其资",那是"性伤谓之病"。[4]"性伤"才会导致人之性恶。具体而论,"从人之性,顺人之情"就是"性伤",已经有"病"的人之性才有可能趋向于恶,恶是人性之"病"。《性恶》篇多次出现的"顺是",旨在阐明"争夺生""残贼生""淫乱生"等等"犯分乱理"现象,只与"从人之性"(王先谦指出,"从"之含义为"纵")的"性伤"有内在关联。[5]韦政通评论说:"依荀子之意,产生恶的关键在'顺是',照下文'从人之性,顺人之情'的话看,顺是就是依循着自然之性,放纵它而不知节制,于是有恶的产生。"[6]因此,荀子所说的"人之性恶",与

---

[1] 王先谦:《荀子集解》,沈啸寰、王星贤点校,中华书局2006年版,第420页。
[2] 王先谦:《荀子集解》,沈啸寰、王星贤点校,中华书局2006年版,第422页。
[3] 王先谦:《荀子集解》,沈啸寰、王星贤点校,中华书局2006年版,第434页。
[4] 王先谦:《荀子集解》,沈啸寰、王星贤点校,中华书局2006年版,第401页。
[5] 参见徐复观:《中国人性论史》,华东师范大学出版社2005年版;路德彬:《荀子与儒家哲学》第三章,齐鲁书社2010年版。
[6] 韦政通:《中国思想史》,上海书店出版社2003年版,第220页。

"未发"层面的"欲"没有关系，恶只与"性伤"前提下"已发"层面的"顺是"有涉。作为"本始材朴"自然材质意义上的欲，实际上不可以善恶界说。恶并不是"本始材朴"自然材质固有的本质属性，恶只与后天"已发"层面的个人行为相联。"今人之性，生而离其朴，离其资，必失而丧之。用此观之，然则人之性恶，明矣。"[1]荀子一再用"失而丧之""离""伤""病"等词语，实际上要声明："本始材朴"自然材质之性，是可以"美之""自美"的，后天世俗社会的"失而丧之"，才有可能将"本始材朴"自然人性引向恶。

荀子"性"或"人性"概念的第三层内容是"人之所以为人者"[2]的自然德性，这一重蕴含已直接涉及仁与人性究竟有无关系。徐复观先生认为荀子思想精神对于孔子的仁，"始终是格格不入的"，原因在于仁在荀子思想体系中只是"客观的知识"，而不是道德形上学境界的范畴，所以仁在荀子思想中"没有生下根"[3]。牟宗三先生也批评荀子思想"无根"。[4]荀子之仁果真是"无根"之仁吗？让我们还是回到荀子思想本身，以荀释荀。荀子论证其人性学说，存在着一个一以贯之的逻辑基础：在"人之所以为人者"基础上立论。"人之所以为人者，何已也？曰：以其有辨也。饥而欲食，寒而欲暖，劳而欲息，好利而恶害，是人之所生而有也，是无待而然者也，是禹桀之所同也。然则人之所以为人者，非特以二足而无毛也，以其有辨也……夫禽兽有父子，而无父子之亲，有牝牡而无男女之别。故人道莫不有辨。辨莫大于分，分莫大于礼，礼莫大于圣王。"[5]"二足而无毛"不是人之所以为人的本质规定，因为猩猩的体

---

[1] 王先谦：《荀子集解》，沈啸寰、王星贤点校，中华书局2006年版，第422页。
[2] 王先谦：《荀子集解》，沈啸寰、王星贤点校，中华书局2006年版，第78页。
[3] 徐复观：《中国人性论史》，华东师范大学出版社2005年版，第157页。
[4] 牟宗三：《名家与荀子》，吉林出版集团有限责任公司2010年版，第135页。
[5] 王先谦：《荀子集解》，沈啸寰、王星贤点校，中华书局2006年版，第79页。

第三章 孟子与荀子

貌特征与人类似，也是"二足而无毛"。缘此，人禽之别何在？在于人有"辨"，"辨"的实际内涵是"分"，"分"意味着道德自觉与价值选择，"分"遵循的原则是"礼"。换言之，人之所以为人的本质规定是德性，这种德性在荀子思想中体现为自然德性："水火有气而无生，草木有生而无知，禽兽有知而无义。人有气、有生、有知，亦且有义，故最为天下贵也。"[1]孟子人性论中有"良贵"与"非良贵"之别：仁义礼智"四端"是"大体"，"大体"是"良贵"；"食色"之欲是"小体"，"小体"是"非良贵"。大体贵，小体贱。荀子所推崇的"最为天下贵"与孟子心志"大体"相近，"义"才真正是人之所以为人的本质特性，义是人之"贵"。孟子、荀子所"贵"，与郭店楚墓竹简《语丛一》"夫〔天〕生百物，人为贵"[2]应该存在某种内在逻辑关联。义具有先在性、普遍性、绝对性特点，"义与利者，人之所两有也。虽尧、舜不能去民之欲利；然而能使其欲利不克其好义也。虽桀、纣不能去民之好义"[3]。"义"在《王制》《大略》篇中与"道"同义，泛指先在性、普遍性的自然德性（荀子作为自然德性的义，与亚里士多德"自然的德性"有几分近似之处）。从《王制》篇前后文文义判断，义是一综合概念，涵摄孝、忠、信、悌等具体德目："能以事亲谓之孝，能以事兄谓之弟，能以事上谓之顺，能以使下谓之君。"[4]在荀子思想体系中，义与仁经常连举为"仁义"，组成一复合词。《王制》篇中作为综合概念的义，理应涵盖了仁。尤其重要的是，仁内在于人性，"君子养心，莫善于诚。致

---

[1] 王先谦：《荀子集解》，沈啸寰、王星贤点校，中华书局2006年版，第162页。
[2] 郭店楚墓竹简《语丛一》"夫〔天〕生百物，人为贵"的记载，与《大戴礼记·曾子大孝》"天之所生，地之所贵，人为大矣"也非常接近。
[3] 王先谦：《荀子集解》，沈啸寰、王星贤点校，中华书局2006年版，第485页。
[4] 王先谦：《荀子集解》，沈啸寰、王星贤点校，中华书局2006年版，第163页。

诚，则无它事矣。惟仁之为守，惟义之为行。诚心守仁则形，形则神，神则能化矣。诚心行义则理，理则明，明则能变矣。变化代兴，谓之天德"[1]。诚是一个道德形上学色彩非常浓郁的概念。在先秦时期，诚与信迥然有别，信涉及人与人之间的道德关系，而诚与他人无关，诚只单向对道德主体有所规约。诚之基本内涵如《大学》所言"毋自欺"，朱熹云："诚，实也。意者，心之所发也。实其心之所发，欲其一于善而无自欺也。"[2]人之"天德"为诚，君子通过"养心"，体悟仁源起于"天德"，落实于人性为自然德性。杨倞注云："诚心守于仁爱，则必形见于外。"[3]仁内在于人性，所以需"诚心守仁"。一个"守"字，十分精确地揭明仁不是外在的道德规约与价值观，仁是"心之所发"，"致诚"就是让内在于人性的仁义"是其所是"地澄现与彰明。荀子"守仁""行义"之说，与孟子"仁义内在"近似，并且与郭店楚简"仁，性之方也，性或生之"[4]、"由中出者，仁、忠、信"[5]比较接近，荀子思想与郭店楚简内在逻辑关系有待于学界深入探讨。"仁义德行，常安之术也。"[6]荀子所言"常安"于仁义，是对孔子"仁者安仁"的"接着讲"，仁源起于普遍、绝对的人性，是人之所以为人之"命"。"人之命在天"[7]与"性自命出，命自天降"，两者之间存在着一以贯之的思想源流。明确了这一层含义，才能领悟何以能以仁为安、以仁为乐。在证明仁是内在于人性的自然德性基础上，才能顺理成章地理解"涂之人可以为禹"如何可能：

---

1 王先谦：《荀子集解》，沈啸寰、王星贤点校，中华书局2006年版，第46页。
2 朱熹：《四书集注·大学章句》，岳麓书社2004年版，第6页。
3 王先谦：《荀子集解》，沈啸寰、王星贤点校，中华书局2006年版，第46页。
4 刘钊：《郭店楚简校释·性自命出》，福建人民出版社2005年版，第100页。
5 刘钊：《郭店楚简校释·语丛（一）》，福建人民出版社2005年版，第186页。
6 王先谦：《荀子集解》，沈啸寰、王星贤点校，中华书局2006年版，第63页。
7 王先谦：《荀子集解》，沈啸寰、王星贤点校，中华书局2006年版，第310页。

第三章　孟子与荀子

> 凡禹之所以为禹者，以其为仁义法正也。然则仁义法正有可知可能之理，然而涂之人也，皆有可以知仁义法正之质，皆有可以能仁义法正之具，然则其可以为禹明矣。今以仁义法正为固无可知可能之理邪？然则唯禹不知仁义法正，不能仁义法正也。将使涂之人固无可以知仁义法正之质，而固无可以能仁义法正之具邪？然则涂之人也，且内不可以知父子之义，外不可以知君臣之正。不然，今涂之人者，皆内可以知父子之义，外可以知君臣之正，然则其可以知之质、可以能之具，其在涂之人明矣。[1]

追求生命内在超越，在有限的生命旅程中追求实现永恒的生命理想、享受生命理想境界之乐，是中国思想史一以贯之的文化精神。儒家如是，庄子道家如是，中国化的禅宗也复如是。"涂之人可以为禹"的道德形上学基础是人人"皆有可以知仁义法正之质，皆有可以能仁义法正之具"。"质"与"具"都是"本始材朴"，是人性自然材质。何谓"知"？何谓"能"？荀子自己有一训释："所以知之在人者，谓之知；知有所合，谓之智。智所以能之在人者，谓之能；能有所合，谓之能。"[2] "知"是认识论层面概念，"能"是实践理性与工夫论意义概念。"知"与"能"都是人固有的、先验性的本能、能力。"知"与"能"是"涂之人可以为禹"的前提条件，"积"则是"涂之人可以为禹"的唯一工夫论途径。"积"在荀子思想体系中是一非常独特的概念，在《荀子》文本中出现80多次，不可谓不重要。"积"的具体内涵是"化性起伪"，"化性"不是"灭性"，犹如"养心"不是"去心"。"化"是"是其所

---

[1] 王先谦：《荀子集解》，沈啸寰、王星贤点校，中华书局2006年版，第428页。
[2] 王先谦：《荀子集解》，沈啸寰、王星贤点校，中华书局2006年版，第400页。

是"与"是其所不是"的辩证统一,严防人性之欲趋向恶,固守与弘扬人性中趋向善之善因。"化性起伪"的具体道德化路径是先天人性之善质、能力,与后天人文教化、道德践履相结合。"本夫仁义法正之可知之理、可能之具",在"质""具""理"基石上,再"思索孰察""积善而不息"[1],方其如此,才有可能"积善"而为圣人。在道德理想人格的实现上,荀子特别强调"性"与"伪"的结合,两者不可偏废。荀子提出"能不能"与"可不可"的区别,"故小人可以为君子,而不肯为君子;君子可以为小人,而不肯为小人。小人、君子者,未尝不可以相为也,然而不相为者,可以,而不可使也。故涂之人可以为禹,则然;涂之人能为禹,未必然也"[2]。"能不能"是人性自然材质与能力,是实现理想人格之潜在可能;"可不可"是后天的道德自觉与践行。良驹虽有奔腾万里之潜能,如果没有伯乐的赏识与造父后天驯化,也不可能"一日而致千里"。伯乐与造父虽竭尽全力,也不可能让鸭子"一日而致千里"。"足可以遍行天下,然而未尝有能遍行天下者也。"[3]对于"能不能"这些人性自然材质"性质美"在成就圣人理想人格上之价值,戴震一针见血地指出:"此于性善之说不惟不相悖,而且若相发明。"[4]傅斯年继而评论说:"人之生质中若无为善之可能,则虽有充分之人工又焉能为善?木固待矫揉然后可以为直,金固待冶者然后可以为兵,然而木固有其可以矫揉以成直之性,金固有其可以冶锻以成利器之性,木虽矫揉不能成利器,金虽有不能成良冶也。"[5]人性自然材质与"圣人"理想人格之间

---

1 王先谦:《荀子集解》,沈啸寰、王星贤点校,中华书局2006年版,第429页。
2 王先谦:《荀子集解》,沈啸寰、王星贤点校,中华书局2006年版,第429页。
3 王先谦:《荀子集解》,沈啸寰、王星贤点校,中华书局2006年版,第429页。
4 戴震:《孟子字义疏证·性》,中华书局1982年版,第31页。另参见廖名春:《荀子新探》,台北文津出版社1994年版。
5 傅斯年:《性命古训辩证》,上海古籍出版社2012年版,第194页。

第三章　孟子与荀子

不是一"绝缘体",恰恰相反,圣人是人性自然材质"性质美"合乎逻辑与自然的推进与展现。在学术史上,将荀子人性学说界定为"人性恶"或"性恶论",几乎已成为一种共识,现在看来实在有重新认识与评价的必要。在韩愈心目中,荀子因为谈性恶,已不是"醇儒",所以被驱逐出儒家"道统"之外。程颐说:"荀子极偏驳,只一句'性恶',大本已失。"[1]郭沫若继而说荀子断言"人之性便全部是恶"[2]。徐复观认为,荀子的人性思想,只是"以欲为性"。[3]诸多先贤今哲往往忽略了荀子思想体系中的"性"概念蕴含三层义项:人之生理能力、人之欲与人之所以为人的自然德性。人之生理能力不可以善恶断定;人之欲本身并不存在内在固有的恶质,恶只与后天"已发"层面的自由意志有关;仁内在于人性,是人性固有的、先在性的、绝对的本质规定,人性具有先验性"性质美","诚心守仁"才是人之所以能为"禹"之道德基石。综上所论,将荀子人性学说界定为"性恶论""人性恶",不能不说是一误读误解,甚至可以说是千古奇冤。近半个世纪以来,日本与中国学术界有人将荀子人性学说界定为"性朴论",也有"犹抱琵琶半遮面"之不足,因为这种观点只看到了人性静的层面,却忽略了人性动的一面。人性动的层面远远比人性静重要,在人与人、人与社会的生存过程中,人性的本质才能如其所是展现出来。

荀子礼学的本质是为天下的制度与人伦立法。不合乎礼之根本精神的人间制度与人伦,已丧失存在的正当性。荀子的"礼"与"礼法",其间蕴含些许西方格劳秀斯"自然法"的因素。礼自身存在的文化精神

---

[1] 程颢、程颐:《二程集·遗书》卷十九《伊川先生语五》,王孝鱼点校,中华书局2004年版,第262页。

[2] 郭沫若:《十批判书·荀子的批判》,《郭沫若全集·历史编2》,人民出版社1982年版,第221页。

[3] 徐复观:《中国人性论史》,华东师范大学出版社2005年版,第140—145页。

是仁。仁先而礼后，仁不仅逻辑在先，更是礼之"天地精神"（牟宗三先生语）。[1]如果沿着荀子思想轨迹继续"向高度提"[2]，我们惊喜地发现：从道德形上学高度为仁存在正当性进行论证，是荀子仁学已经达到的理论新高度，与此同时，这也是学术界自汉以来一直忽略与低估的学术问题。在本体论层面，仁是"天德"，牟宗三称之为"客观精神"。作为"客观精神"的仁具有绝对性、普遍性特点，因而是人之"命"；在人性论层面，荀子一再声明人"有性质美"，"性伤"才有可能导致人性趋向恶。"人之性恶"与"未发"意义上的欲没有直接关系，恶不是"本始材朴"自然材质固有的本质属性，恶只与后天"已发"意义上的现象自我有涉。这里所说的"已发"，借用康德哲学的术语就是"任性"。因此，荀子思想中的"人之性恶"，与康德所言"根本恶"也有区别。康德认为人性既有趋善的禀赋，也有趋恶的倾向。人在静的状态下其实知善知恶，但为了某种现实利益最终选择了作恶。荀子所言"性恶"，是对人后天行为的道德裁评，并未论证人性中存在"根本恶"。荀子人性论在"人之所以为人"基础上立论，仁是"心之所发"，所以应"诚心守仁"，"致诚"就是让内在于人性之仁"是其所是"地彰明。徐复观先生认为荀子"完全不承认形上的意义""道德的发端，不上求之于神，也不求之于心，而是求之于圣王的法"[3]，这与牟宗三等诸位先生的评论与观点，今天看来已有重新商榷与衡评的必要。自汉代以降，将荀子人性学说简单界定为"人性恶"或"性恶论"，不能不说是一千年误读与误解。

---

1 牟宗三：《名家与荀子》，吉林出版集团有限责任公司2010年版，第134页。
2 牟宗三：《名家与荀子》，吉林出版集团有限责任公司2010年版，第133页。
3 徐复观：《中国人性论史》，华东师范大学出版社2005年版，第150页。

第四章 墨子与商鞅

一、竹简《鬼神之明》与墨家关系考辨

上博楚简《鬼神之明》是否属于墨家作品？这一问题近几年在学界引起了广泛讨论。在出土简帛中，与墨家有关的文献非常稀少。1957年出土于河南信阳长台关1号楚墓的《申徒狄》，学界普遍认为属于墨家著述。上博楚简《鬼神之明》出土后，在学界也引起了较大反响。引起争论的一个重要原因在于:《鬼神之明》是否如简文整理者曹锦炎先生所言属于墨家著作？日本学者浅野裕一认为，"将《鬼神之明》看做是墨家的著作是没有任何问题的"[1]，西山尚志也断定"《鬼神之明》是属于墨家的文献"[2]。但是，也有学者提出与之完全相反的观点，李锐认为，"或不如将之视为'反墨'的文献"[3]，丁四新也认为，"该篇也只可能属于墨家异端完全背离师说的作品"[4]。对同一篇简文产生观点如此

---

1 参见［日］浅野裕一:《上博楚简〈鬼神之明〉与〈墨子〉明鬼论》，丁四新主编:《新出楚简国际学术研讨会论文集》，湖北教育出版社2007年版，第139页。
2 参见［日］西山尚志:《上博楚简〈鬼神之明〉的所属学派问题》，任守景主编:《墨子研究论丛》（八），齐鲁书社2009年版。冈本光生也认为"上博楚简《鬼神之明》的原型和《墨子·公孟》两段对话的原型同时形成，后来《鬼神之明》的原型被墨家放弃了"，"我们可以说，有充分理由说明《鬼神之明》虽然在墨家内部得到过讨论，但没有被纳入《墨子》本书中，最终被放弃了"。（［日］冈本光生:《上博楚简〈鬼神之明〉与〈墨子·公孟〉所见两段对话》，任守景主编:《墨子研究论丛》［八］，齐鲁书社2009年版）
3 李锐:《论上博简〈鬼神之明〉篇的学派性质——兼说对文献学派属性判定的误区》，《湖北大学学报（哲学社会科学版）》2009年第1期。
4 丁四新:《上博楚简〈鬼神〉篇注释》，丁四新主编:《新出楚简国际学术研讨会论文集》，湖北教育出版社2007年版。

鲜明对立的情况，在近几年出土简帛的研究中，比较罕见。

（一）"鬼神"观念考

为便于讨论，先将《鬼神之明》全文整揭如下：

今夫鬼神又（有）所明，又（有）所不明，则㠯（以）亓（其）赏善罚暴也。昔者尧舜禹汤愳（仁）乂圣智，天下濾之。此㠯（以）贵为天子，富又（有）天下，长年又（有）誉（誉），逸（后）世遂（述）之。则鬼神之赏，此明矣。及桀受（纣）幽万（厉），焚圣人，杀讦（谏）者，恻（贼）百眚（姓），㥑（乱）邦家。▌此㠯（以）桀折于鬲山，而受（纣）首于只社，身不没，为天下笑。则鬼[神之罚，此明]矣。及五（伍）子疋（胥）者，天下之圣人也，鸱尼（夷）而死。荣夷公者，天下之㥑（乱）人也，长年而没。女（如）㠯（以）此诘之，则善者或不赏，而暴[者或不罚。古（故）]吾因加"鬼神不明"，则必又（有）古（故）。亓（其）力能至（致）安（焉）而弗为唬（乎）？吾弗智（知）也；意亓（其）力古（固）不能至（致）安（焉）唬（乎）？吾或（又）弗智（知）也。此两者枳（歧）。吾古（故）[曰："鬼神又（有）]所明，又（有）所不明。"此之胃（谓）唬（乎）▌？[1]

远在夏、商时代，就已产生了鬼神观念与鬼神崇拜。夏代统治者开始用天命神权思想论证君权存在合法性，殷商统治者继而建立了比较完

---

[1] 马承源主编：《上海博物馆藏战国楚竹书（五）》，上海古籍出版社2005年版，第307—320页。《鬼神之明》由曹锦炎先生释文。

第四章 墨子与商鞅

整的鬼神崇拜系统。孙诒让总结出了"天神、地示、人鬼"商人鬼神系统，陈梦家在《殷墟卜辞综述》中进一步将其分列如下：

甲、天神：上帝，日，东母，西母，云，风，雨，雪。

乙、地示：社，四方，四戈，四巫，山，川。

丙、人鬼：先王，先公，先妣，诸子，诸母、旧臣。[1]

金景芳的观点与陈梦家大抵相似："大体上说，殷人对自然崇拜，于天神有上帝、日、东母、西母、风、云、雨、雪等等；于地祇有社、方（四方）、山、岳、河、川等等；对祖先崇拜（周人称为'人鬼'的）不仅于先王、先妣有复杂的祀典，而且于名臣又有配享制度……"[2]这种天神、地祇、人鬼崇拜系统成为全社会民众精神信仰之基础，影响日渐深远。陈梦家指出，殷商时期祖先崇拜有一大特点，祖先崇拜与天神崇拜逐渐混合为一，而且"祖先崇拜压倒了天神崇拜"[3]。迨至西周，周人对这一天神、地祇、人鬼崇拜系统有所损益，根据《周礼·大宗伯》所载，具体表现在三方面：其一，在天神类系统，强调对上天、天帝之信仰，"昊天上帝"为天子祭祀的最高神灵；其二，人鬼类只祭后稷等先祖，删除了祭祀先妣、诸母等内容；其三，地祇类特别注重对社稷土谷之神的祭祀。周人虽强化了对"昊天上帝"的崇拜，但对祖先神的敬仰丝毫未弱化。《国语·鲁语》云：

> 黄帝能成命百物，以明民共财，颛顼能修之。帝喾能序三辰以固民，尧能单均刑法以仪民，舜勤民事而野死，鲧障洪水而殛死，禹能以德修鲧之功，契为司徒而民辑，冥勤其官而水死，汤以宽治民而除

---

1 陈梦家：《殷墟卜辞综述》，中华书局1988年版，第562页。
2 金景芳：《中国奴隶社会史》，上海人民出版社1983年版，第97页。
3 陈梦家：《殷墟卜辞综述》，中华书局1988年版，第562页。

其邪，稷勤百谷而山死，文王以文昭，武王以武烈，去民之秽。故有虞氏禘黄帝而祖颛顼，郊尧而宗舜。夏后氏禘黄帝而祖颛顼，郊鲧而宗禹。商人禘舜而祖契，郊冥而宗汤。周人禘喾而郊稷，祖文王而宗武王。[1]

祖先神崇拜源自图腾崇拜，从早期的动物、植物崇拜衍变为对人自身的崇拜，这是生命起源理论的一次飞跃。夏人、商人、周人所禘、所祖、所郊、所宗、所报之人，皆是声名显赫之祖先。

商周之后，在鬼神起源问题上，存在一个比较流行的观点："人死曰鬼"。《墨子·明鬼下》将鬼神分为三类："古之今之为鬼，非他也，有天鬼，亦有山水鬼神者，亦有人死而为鬼者。"《礼记·祭法》云："其万物死，皆曰折；人死曰鬼。"《尔雅·释训》亦云："鬼之为言归也。"《说文》释"鬼"："人所归为鬼。"但是，人死为鬼何以可能？在对这一问题深层次的探索上，无论思维方式，抑或具体论证过程，都存在一趋同性现象——皆从阴阳气学视域解释鬼神之生成。《左传》昭公七年（前535）载子产观点："人生始化曰魄，既生魄，阳曰魂。用物精多，则魂魄强。是以有精爽，至于神明。匹夫匹妇强死，其魂魄犹能冯依于人，以为淫厉。"这是较早地从生理学和阴阳气学角度解释鬼神起源的材料。《吕氏春秋·振乱》高诱注："魂，人之阳精也。阳精为魂，阴精为魄。"魄为人之形体，魂为人之精神。形体强壮，精神旺盛，则"魂魄强"。人死后躯体化为泥土，但精神可"至于神明"。普通人被迫害而死，其鬼魂仍然能依附在活人身上活动。《周易·系辞上传》云："精

---

[1] 左丘明：《国语集解·鲁语上》，徐元诰集解，王树民、沈长云点校，中华书局2002年版，第156—160页。

第四章 墨子与商鞅

气为物，游魂为变，是故知鬼神之情状。与天地相似，故不违。"《易传》作者非常明确地从气学高度阐释鬼神起源，"精气"化生万物，而且"游魂"也是由精气流变而成，由此可知鬼神同天地变化相似。《易传》实际上认为天地万物和人类生命，乃至鬼神都由精气化生，这就将自然、生命和精神意识置放于一共同的哲学本体之上。这一认识，比荀子"人有气有生有知亦且有义"的观点有所深化。《管子·内业》继而对鬼神之缘起做了进一步的发挥："凡人之生也，天出其精，地出其形，合此以为人。"何谓"精"？"精也者，气之精者也。""精"就是指精微无形之神气，"气之精""流于天地之间，谓之鬼神"，"鬼神"实即无所附着状态的、游动不已的精神。《内业》篇认为，健康的身体"可以为精舍"，存纳精神。人一旦排除了杂念，"敬除其舍，精将自来"。人的精神充足，悟性与智慧也就增多，"精之所舍，而知之所生"。所以说"气之精""藏于胸中，谓之圣人"。要保养身体，首先要知道如何涵养精神，"得之而勿舍"。在《易传》和《管子·内业》思想基础上，两汉时期的鬼神学说有所发展，基本上皆是沿着阴阳气学思维范式思考：

> 人死曰鬼。鬼者，归也。精气归于天，肉归于土，血归于水，脉归于泽，声归于雷，动作归于风，眼归于日月，骨归于木，筋归于山，齿归于石，膏归于露，发归于草，呼吸之气归复于人。[1]

> 且夫死者，终生之化，而物之归者也……精神者天之有也；形骸者地之有也。精神离形，各归其真，故谓之鬼，鬼之为言归也。其尸块然独处，岂有知哉？[2]

---

[1] 李昉等撰：《太平御览》卷八百八十三，中华书局1960年版，第3923页。
[2] 班固：《汉书·杨王孙传》，中华书局1962年版。

> 魂气归于天，形魄归于地。[1]
>
> 鬼神，阴阳也。[2]

通而论之，汉代学者对鬼神的认识可归纳为：人类生命由精神与形体结合而成。精神为阳性，又叫魂，或称魂气；躯体为阴性，又叫魄、魄气，阴精、阴神又被称作形骸、形魄。精神是元气本原固有的内在"因子"之一，人死后，精神离开躯体，化而为鬼。躯体是阴气所化生的生命质料，与精神相结合，成为有生命的个体。一旦精神游离躯体，生命个体就将成为一具没有知觉意识的尸体，迅速腐烂而为泥土。

楚简《鬼神之明》中的"鬼神"显然不是那种"人死曰鬼"普普通通的鬼，而是位居至上地位、具有主宰功能的神灵，偶像崇拜色彩十分浓郁。能对尧、舜、禹、汤予以赏赐，对夏桀、商纣进行惩罚的鬼神应当不是普通的鬼神，当是位尊权重如后稷先祖之类的祖先神。《鬼神之明》反复出现的是"鬼神之赏""鬼神之罚"，而非"天之赏""天之罚"或"上帝之赏""上帝之罚"。由此可以看出，《鬼神之明》中的鬼神应是人鬼类之祖先神。《墨子·大取》云："鬼，非人也。兄之鬼，兄也。"《小取》解释说："人之鬼，非人也。兄之鬼，兄也。祭人之鬼，非祭人也。祭兄之鬼，乃祭兄也。"从《大取》《小取》对"鬼"所下定义分析，《墨子》文本中的鬼神也是祖先神。这一文化现象在儒家《论语》中也有表现，《论语·泰伯》记载孔子说禹"菲饮食而致孝乎鬼神"，《礼记·表记》又载孔子言"夏道尊命，事鬼敬神而远之，近人而忠焉"。"殷人尊神，率民以事神，先鬼而后礼……""致孝乎鬼神"是西

---

[1] 孙希旦：《礼记集解·郊特牲》，沈啸寰、王星贤点校，中华书局1989年版，第714页。
[2] 孙希旦：《礼记集解·郊特牲》，沈啸寰、王星贤点校，中华书局1989年版，第709页。

第四章 墨子与商鞅

周时代"孝"内涵之一。根据有的学者考证,西周时代孝的内涵丰富,涵盖八个方面:敬养父母、祭享祖先、继承先祖遗志、孝于宗室、孝于婚媾、孝于夫君、孝友合一、勤于政事。[1]西周时代孝的对象广泛,不仅涵盖健在的父母尊长,也涵摄已去世的父、母、祖、妣;不仅指涉直系亲属,也指涉宗室、宗庙、宗老、大宗、兄弟、婚姻、朋友等等。缘此,大禹"致孝"的鬼神当是人鬼类的先祖。因此,孔子思想中的鬼神观与楚简《鬼神之明》基本相同。《墨子·公孟》列举"儒之道足以丧天下者"四大罪状,其中一条是"儒以天为不明,以鬼为不神,天、鬼不说,此足以丧天下"。《墨子·公孟》所言儒者,当是战国儒家,而非孔子之原始儒家。因为在墨子后学心中,孔子思想有"当而不可易者"。如果把楚简《鬼神之明》与《墨子·明鬼下》比较,其中的相同相通之处也非常明显:

> 子墨子曰:若以众之耳目之请,以为不足信也,不以断疑。不识若昔者三代圣王,尧、舜、禹、汤、文、武者,足以为法乎?故于此乎,自中人以上皆曰:"若昔者三代圣王,足以为法矣。"若苟昔者三代圣王,足以为法。然则姑尝上观圣王之事,昔者武王之攻殷诛纣也,使诸侯分其祭,曰:"使亲者受内祀,疏者受外祀。"故武王必以鬼神为有,是故攻殷伐纣,使诸侯分其祭。若鬼神无有,则武王何祭分哉!非惟武王之事为然也,故圣王其赏也必于祖,其僇也必于社。赏于祖者何也?告分之均也。僇于社者何也?告听之中也。非惟若书之说为然也,且惟昔者虞、夏、商、周三代之圣王,其始建国营都,日必择国

---

[1] 李裕民:《殷周金文中的"孝"和孔丘"孝道"的反动本质》,《考古学报》1974年第2期;王慎行:《试论西周孝道观的形成及其特点》,《社会科学战线》1989年第1期。

之正坛,置以为宗庙。必择木之修茂者,立以为菆位。必择国之父兄慈孝贞良者,以为祝宗。必择六畜之胜腯肥倅毛,以为牺牲,珪璧琮璜,称财为度。必择五谷之芳黄,以为酒醴粢盛,故酒醴粢盛,与岁上下也。故古圣王治天下也,故必先鬼神而后人者,此也。故曰:官府选效,必先祭器、祭服,毕藏于府,祝宗有司,毕立于朝,牺牲不与昔聚群。故古者圣王之为政若此。古者圣王必以鬼神为其务,鬼神厚矣。又恐后世子孙不能知也,故书之竹帛,传遗后世子孙。咸恐其腐蠹绝灭,后世子孙不得而记,故琢之盘盂,镂之金石,以重之。有恐后世子孙不能敬莙以取羊,故先王之书,圣人一尺之帛,一篇之书,语数鬼神之有也,重有重之。此其故何?则圣王务之。今执无鬼者曰:"鬼神者,固无有。"此则反圣王之务。反圣王之务,则非所以为君子之道也。

楚简《鬼神之明》与《墨子·明鬼下》在论证鬼神是否存在过程中,存在一个共同的逻辑思维特点:利用圣人崇拜社会心理来论证鬼神确实不仅是一历史事实,也是一经验事实。圣人崇拜是中国传统文化的一大特点。无论儒家、墨家还是道家,都认为人类生命存在着内在超越的可能性,而"圣人"就是人人所追求的理想人格境界,恰如《鬼神之明》所言:"昔者尧舜禹汤悬(仁)义圣智,天下法之。"《说文解字》释"圣":"通也,从耳、呈声。"由此可知它的本义与听觉功能有关。但是,这仅仅是"圣"字的初始含义,几千年中国传统文化中所呈现出来的圣人观念显然不是这一原初含义所能全部涵盖。换言之,能够充分呈现圣人观念及其对中华文化发生影响的,乃是在以后历史过程中对"圣"之原初含义所做的文化发生学意义的阐发。在中国传统文化中,圣人作为一种理想人格,有双重特点。其一,圣人是智慧的化身。孔子弟子与时人曾经讨论孔子何以被尊称为圣人:"太宰问于子贡曰:'夫子

第四章　墨子与商鞅

圣者与？何其多能也？'"朱熹注："太宰盖以多能为圣也。"又云："圣无不通，多能乃其余事……"[1]孔子被尊奉为圣人，这与他的"多能"有关，而中国人所理解的"能"或"智"有别于古希腊智者的逻辑学意义上的雄辩，而是指对天地人整个宇宙人生奥义的充分觉悟。《韩诗外传》提出"仁道"有四种境界：圣仁、智仁、德仁和谦仁。其中的"圣仁"是"上知天能用其时，下知地能用其财，中知人能安乐之"。[2]圣人兼通天、地、人"三才"，也就是《荀子·哀公》所说的"大圣者，知通乎大道，应变而不穷，辨乎万物之性情者也"。圣人兼通天地人，也就是与大道相通，"知通乎大道"。道是天地间的规律、法则，"道便是无躯壳底圣人，圣人便是有躯壳底道"[3]。唯圣人能够通道、与道为一，圣人是道之化身，是天下最高智慧者。因此，"圣仁"是四种圣人中境界最高者。其二，圣人具有神妙无方、妙不可测的能力。《尚书·大禹谟》说："帝德广运，乃圣乃神，乃武乃文。"宋代蔡沈《书集传》解释说："故自其大而化之而言，则谓之圣；自其圣而不可知而言，则谓之神；自其威之可畏而言，则谓之武；自其英华发外而言，则谓之文。""圣而不可知"是指圣人出神入化、神妙无方，正如《黄帝内经·素问·天元纪大论》所言："阴阳不测谓之神，神用无方谓之圣。"[4]在中国传统文化中，圣人被认为具有能够知往测来、料事必中的神秘能力："故圣人者后天地而生，而知天地之始；先天地而亡，而知天地之终。力不若天地，而知天地之任。"[5]圣与神相牵扯，圣即神，圣人无

---

[1] 朱熹：《论语集注·子罕第九》，《四书集注》，中华书局1983年版，第110页。
[2] 韩婴：《韩诗外传集释》，许维遹校释，中华书局1980年版，第25页。
[3] 黎靖德编：《朱子语类》卷一百三十《本朝四》，王星贤点校，中华书局1986年版，第3117页。
[4] 《黄帝内经·素问·天元纪大论》，中华书局2010年版，第525页。
[5] 黄怀信：《鹖冠子校注·能天》，中华书局2014年版，第362—363页。

所不知、无所不能。[1] 既然 "武王必以鬼神为有", 鬼神之存在就已获得了形而上的证明。对待鬼神的态度应当立足于信仰前提下的 "天下法之" 和 "三代圣王, 足以为法", 而非事实判断前提下的逻辑证明。楚简《鬼神之明》和《墨子》逻辑思维方式和部分文句上的趋同性, 应当引起我们高度的重视。

(二) "赏善罚暴" 考

"今夫鬼神又(有)所明, 又(有)所不明, 则曰(以)亓(其)赏

---

[1] 不仅如此, 圣人甚至具有与众不同的相貌。在历史上, 孔子的相貌一直在变化, 这种变化的曲线与孔子逐渐被神化的历程是一致的。根据《庄子·外物》记载, 孔子 "修上而趋下, 末偻而后耳"。孔子上身长下身短, 伸着脖子驼着背, 两只耳朵往后紧贴着脑袋。《荀子·非相》载 "仲尼长, 子弓短", 也指出孔子身材修长, 《孔子家语·困誓》记载孔子 "长九尺有六寸, 河目隆颡, 其头似尧, 其颈似皋繇, 其肩似子产, 然自腰已下不及禹者三寸, 累然如丧家之狗"。王肃注: "河目, 上下匡平而长。" 总而言之, 先秦时期有关孔子相貌的材料非常有限。迨至汉代, 史料有所增加。《史记·孔子世家》载: "孔子长九尺有六寸, 人皆谓之'长人'而异之。" 司马迁认为, 孔子在当时已有 "长人" 之绰号。《史记·孔子世家》又载: 孔子 "生而首上圩顶", 唐人司马贞在《史记·孔子世家》索隐中解释说: "圩顶言顶上窳也, 故孔子顶如反宇。反宇者, 若屋宇之反, 中低而四傍高也。" 孔子的头顶中间低四周高, 司马贞这一解释极有可能源自纬书。汉代谶纬神学出现后, 孔子逐渐被神化, 圣人自有异相。有关孔子相貌的材料越来越多, 相貌特点似乎越来越清晰: 孔子身高九尺六寸, 牛唇狮鼻、海口辅喉、虎掌龟脊。根据谶纬神学的表述, 可将孔子相貌概括为 "七露": 唇露齿、眼露睛、鼻露孔、耳露窿。明代学者张岱《夜航船》卷十三《容貌部·形体·四十九表》记载, 仲尼生而具四十九表: 反首、洼面、月角、日准、河目、海口、牛唇、昌颜、均颐、辅喉、骈齿……张岱 "四十九表" 的说法明显受到佛教影响, 因为佛有 "三十二相, 八十种好" 之记载, 受到佛教理论刺激的中国本土学者迫切地将儒学宗教化, 以此与佛教相抗衡。除孔子之外, 其他诸如 "黄帝龙颜" "尧眉八彩" "舜重瞳子" "禹耳三漏" "汤臂三肘" "文王四乳" 等等, 表述的都是这一共同的文化现象, 体现的是中华民族共同的深层意识与思维方式。董仲舒在《春秋繁露》一书中所讲的 "圣人之性", 显然也是指一种理想的人格境界, 这种理想的人格境界已经彻底超越了 "本我", 背弃了 "本我", 恶的属性已经彻底从人性中剔除。圣人已经获得了一个崭新的生命本质, 这一生命本质就是善。很显然, 这种理想的人格境界是为人类道德生命预设了有望超越自身的理想目标, 并不仅仅具有形而上的哲学思辨意义。

第四章 墨子与商鞅

善罚暴也。"[1]《鬼神之明》"赏善罚暴"思想实际上已涉及中国古代源远流长的善恶报应信仰。《老子》七十九章云:"天道无亲,常与善人。"类似文句又分别见于《说苑·敬慎》《孔子家语·观周》和《史记·伯夷列传》。"天道无亲"之"天道"与"不窥牖,见天道"之"天道",实际上是"道"的同义词。[2]"天"是周人崇拜对象,与殷人所崇拜的"帝"或"上帝"相比较,两种崇拜最大区别在于:"天"只是至上神;而"帝"或"上帝"既是殷人至上神,又是祖先神。天与周朝统治阶层没有血缘关系,所以"天道无亲"、一视同仁。河上公注云:"天道无有亲疏,唯与善人,则与司契同也。"[3]既然"常与",说明天有所选择,有其亘古不渝的价值取向。广而论之,"天道无亲,常与善人"实际上属于古代善恶报应思想。"圣人有明德者,若不当世,其后必有达人。"[4]"始作俑者,其无后乎!"[5]先秦时期的善恶报应观念认为人们的善恶行为不仅影响行为人本身,还会对后代子孙产生影响,恰如《易传·文言》所论:"积善之家,必有余庆,积不善之家,必有余殃。"其后《太平经》在善恶报应的基础上提出"承负说":"天地之性,半善半恶。故君子上善以闭奸。兴善者得善,兴恶者得恶。"[6]行善必得天福,作恶多端必遭上天诛杀,饱受承负之责。

此文需重点讨论的是,《鬼神之明》对鬼神"赏善罚暴"怀疑思想

---

1 马承源主编:《上海博物馆藏战国楚竹书(五)》,上海古籍出版社2005年版,第307—320页。采用曹锦炎先生释文。
2 刘笑敢认为:"这里的'天道'不限于'天之道'的意义,不限于自然界的道理,应该和本根之'道'是同义词。"(参见刘笑敢:《老子古今》,中国社会科学出版社2006年版,第476页)
3 王卡点校:《老子道德经河上公章句》,中华书局1993年版,第301页。
4 刘沅:《十三经恒解·春秋恒解·卷七》,谭继和、祁和晖笺解,巴蜀书社2016年版,第297页。
5 焦循:《孟子正义·离娄下》,诸子集成本,中华书局1987年版,第63页。
6 王明:《太平经合校》卷一百三十七至一百五十三《太平经钞壬部》,中华书局1960年版,第702页。

与《墨子》"以鬼神为明,能为祸福,为善者赏之,为不善者罚之"之间的关系。《墨子·明鬼下》:

> 故鬼神之明,不可为幽闲广泽、山林深谷,鬼神之明必知之。鬼神之罚,不可为富贵众强、勇力强武、坚甲利兵,鬼神之罚必胜之。若以为不然,昔者夏王桀贵为天子,富有天下,上诟天侮鬼,下殃傲天下之万民,祥上帝伐元山帝行。故于此乎天乃使汤至明罚焉。汤以车九两,鸟阵雁行。汤乘大赞,犯遂下众人之蝙遂,王乎禽推哆、大戏。故昔夏王桀,贵为天子,富有天下,有勇力之人推哆、大戏,生列兕虎,指画杀人。人民之众兆亿,侯盈厥泽陵。然不能以此圉鬼神之诛。此吾所谓鬼神之罚,不可为富贵众强、勇力强武、坚甲利兵者,此也。且不惟此为然,昔者殷王纣贵为天子,富有天下,上诟天侮鬼,下殃傲天下之万民,播弃黎老,贼诛孩子,楚毒无罪,刳剔孕妇,庶旧鳏寡,号咷无告也。故于此乎天乃使武王至明罚焉。武王以择车百两,虎贲之卒四百人,先庶国节窥戎,与殷人战乎牧之野。王乎禽费中、恶来,众畔百走,武王逐奔入宫,万年梓株,折纣而系之赤环,载之白旗,以为天下诸侯僇。故昔者殷王纣贵为天子,富有天下,有勇力之人费中、恶来、崇侯虎,指寡杀人。人民之众兆亿,侯盈厥泽陵,然不能以此圉鬼神之诛。此吾所谓鬼神之罚,不可为富贵众强、勇力强武、坚甲利兵者,此也。且《禽艾》之道之曰:"得玑无小,灭宗无大。"[1]

墨子对上天"不善之有罚,为善之有赏"的信仰非常坚定,不容有丝毫怀疑。综合《墨子》与《鬼神之明》"赏善罚暴"善恶报应思想,有四点值得注意:

---

[1] 孙诒让:《墨子间诂·明鬼下》,孙启治点校,中华书局2001年版,第242—247页。

第四章　墨子与商鞅

1.《墨子》善恶报应的主宰力量是上天。在《墨子》思想逻辑结构中，"天、鬼、人"呈现出三极结构，表面上看似乎壁垒森严、互不渗透，其实不然，人往往被称为"天之人""鬼神之主"。[1]"天、鬼、人"互为说明，在"天""鬼"背后真正起主宰作用的是人，民本主义色彩十分浓郁。简文《鬼神之明》缺乏人为"鬼神之主"之类表述，哲学思辨深度不如《墨子》，人文关怀深度也不及《墨子》。

2.《墨子》善恶报应的承载者是为善者或作恶者自身，夏王桀、殷王纣虽"勇力强武、坚甲利兵"，皆不能"圉鬼神之诛"；在这一点上，《鬼神之明》与《墨子》相同。"尧舜禹汤急（仁）义圣智"，鬼神使之"贵为天子"，桀、纣、幽、厉，为恶多端，鬼神罚以"折于鬲山""首于只社，身不没"。

3.《墨子》善恶报应的时空范围是现世现报。"戒之慎之，凡杀不辜者，其得不祥，鬼神之诛若此之憯遬也！"[2] "憯遬"，孙诒让《墨子间诂》认为"憯、速义同"，《玉篇·手部》又云："㨪，侧林切，急疾也。"从《鬼神之明》所列举尧、舜、禹、汤、夏桀、殷纣、伍子胥和荣夷公事例分析，《鬼神之明》作者也是主张现世现报，与《墨子》并无二致。

4. 在《墨子》思想中，"不善之有罚，为善之有赏"不仅是一深信不疑的信仰，而且也蕴含强烈的现实社会政治诉求：

> 逮至昔三代圣王既没，天下失义，诸侯力正。是以存夫为人君臣上下者之不惠忠也，父子弟兄之不慈孝弟长贞良也，正长之不强于听治，贱人之不强于从事也。民之为淫暴寇乱盗贼，以兵刃、毒药、水

---

[1] 孙诒让：《墨子间诂·非攻下》，孙启治点校，中华书局2001年版，第141页。
[2] 孙诒让：《墨子间诂·明鬼下》，孙启治点校，中华书局2001年版，第224页。

火，退无罪人乎道路率径，夺人车马、衣裘以自利者，并作由此始，是以天下乱。此其故何以然也？则皆以疑惑鬼神之有与无之别，不明乎鬼神之能赏贤而罚暴也。今若使天下之人，偕若信鬼神之能赏贤而罚暴也，则夫天下岂乱哉！[1]

天下失范的根源在于不信鬼神"能赏贤而罚暴"，《墨子》这一段话的背后实际上隐含着一个逻辑推断：人有所畏惧，方能对自身言行有所制约；人一旦无所畏惧，则无恶不作。

古圣王皆以鬼神为神明，而为祸福，执有祥不祥，是以政治而国安也。自桀纣以下，皆以鬼神为不神明，不能为祸福，执无祥不祥，是以政乱而国危也。[2]

这是典型的"三表法"之"本之于古者圣王之事"论证方法，这一逻辑论证方式在《鬼神之明》所列举尧、舜、禹、汤、夏桀、殷纣等历史事例中也客观存在。从"善者或不赏，而暴[者或不罚。古（故）]吾因加'鬼神不明'"之怀疑与诘问中，也可体悟简文作者希望鬼神在"赏贤罚暴"上能够不产生事实与逻辑上的矛盾，其中蕴含的社会政治诉求似乎也能感觉一二。

---

[1] 孙诒让：《墨子间诂·明鬼下》，孙启治点校，中华书局2001年版，第219—220页。
[2] 孙诒让：《墨子间诂·公孟》，孙启治点校，中华书局2001年版，第455页。《老子》六十章云："以道莅天下，其鬼不神。非其鬼不神，其神不伤人。非其神不伤人，圣人亦不伤人。夫两不相伤，故德交归焉。"类似文句出现于《庄子·天道》："故知天乐者，无天怨，无人非，无物累，无鬼责。故曰：'其动也天，其静也地，一心定而王天下；其鬼不祟，其魂不疲，一心定而万物服。'言以虚静推于天地，通于万物，此之谓天乐。""其鬼不祟"也就是"其鬼不神"，高亨先生认为，"老子相信有神，但认为是宇宙本体产生的灵物，不是宇宙万物的创造者"。

第四章　墨子与商鞅

楚简《鬼神之明》中的"鬼神"含义与《论语》《墨子》基本相同，主要指人鬼类的先祖，但在鬼神是否能"为祸福"上，观点与态度有所不同。孔子对待鬼神所持态度为"存而不论"，既"敬"且"远"，更多倡扬的是人如何积极入世，治国平天下；《鬼神之明》对鬼神"为祸福"持怀疑态度，既没有完全肯定，也没有完全否定；墨子对"鬼神之能赏贤而罚暴"的信仰坚不可摧、始终如一。虽然《墨子》文本中几次出现关于鬼神是否能"为祸福"的争议，但文章的立论是阐发墨子的核心观点，这与楚简《鬼神之明》主题思想有明显差异。据此推断，楚简《鬼神之明》思想虽与《论语》《墨子》有相通之处，但"鬼神又（有）所明，又（有）所不明"恰恰是墨家所一再批判的观点。因此，就楚简《鬼神之明》全篇思想基调而论，断定其为墨家文献确有圆枘方凿之嫌。

二、墨家从"尚天"到"贵义"的转向

在儒学史上，墨家几乎一直是"不受欢迎的人"。孟子抨击墨子兼爱"无父"，"无父"近于"禽兽"。宋代程伊川评论说："能亲亲，岂不仁民？能仁民，岂不爱物？若以爱物之心推而亲亲，却是墨子也。"[1] 从"爱物之心"推及"亲亲"，也就是从道德理性推演至道德情感和情感冲动，与儒家仁爱逻辑恰好相反。在程伊川看来，这种逆推在逻辑和理论上一大谬误就在于忽略了世界首先是人的世界，而非物的世界。"人

---

[1] 程颢、程颐：《二程集·遗书》卷二十三《伊川先生语九》，王孝鱼点校，中华书局2004年版，第310页。

的世界"意味着人首先是情感的存在,其次才是理性的存在。情感是人本源的行为动力,情感透显了人的生命本质和生命意义。明代王阳明接踵而起,批评墨家"兼爱"是"无根"之爱。基于儒家仁爱思想逻辑推论,仁是本体,"仁是造化生生不息之理"[1];爱是情,属于已发。仁作为本体,其发生"有个渐",既然爱人有个逐步发散的层次("渐"),必然也就"有个发端处"[2]。"仁理"发端的第一个经验世界生活场景是父母子女血缘挚爱之情,也即孟子所说"亲亲"之爱;由"亲亲"向外"推",显现为"仁民"之爱,"民"是陌生人,"仁民"即是陌生人之爱;由"亲亲""仁民"往外推所能达到的最终境界是"爱物"。因此,儒家仁爱哲学是"爱有差等"和"爱无差等"的辩证统一。作为"爱之理"的仁,没有时间性和空间性,因为它是形上学层面的绝对存在。但是,人作为"存在者"是有时间和空间的具体存在。"爱人"作为"仁理"的澄现,爱是普遍的无差等之爱;在工夫论层面,爱又自然而然呈现出由近到远的差等性。从"爱有差等"向外"推",才能引向"爱无差等"。"爱有差等"是"有个深爱做根"[3],犹如大树有根,春天方能发芽。"墨氏兼爱无差等,将自家父子兄弟与途人一般看,便自没了发端处;不抽芽,便知得他无根。"[4]儒家爱人,强调爱必须合乎人性与人情。方其如此,"仁者爱人"才不会陷入宗教的偏执与狂热。墨家"兼爱"泯灭"亲亲"之爱,片面追求"爱无差等",犹如大树无根,"有根方生,无根便死"。王阳明对墨家"兼爱"学说的批评,犹如平地一声惊雷,振聋发聩!阳明之判词,旨在揭露墨家思想的一大理论缺陷:墨

---

[1] 王阳明:《王阳明全集》卷一《传习录上》,吴光等编校,浙江古籍出版社2010年版,第28页。
[2] 王阳明:《王阳明全集》卷一《传习录上》,吴光等编校,浙江古籍出版社2010年版,第28页。
[3] 王阳明:《王阳明全集》卷一《传习录上》,吴光等编校,浙江古籍出版社2010年版,第3页。
[4] 王阳明:《王阳明全集》卷一《传习录上》,吴光等编校,浙江古籍出版社2010年版,第28页。

第四章　墨子与商鞅

家学说没有建立道德形上学！墨家"兼爱"思想单纯停留在经验世界的层面"转说转糊涂"。只看到了情，没有看到性；只看到了用，没有看到体；只注重枝叶繁茂，却忽略培植根本。换言之，"兼爱"何以可能？墨子并没有从哲学层面加以证明。

王阳明的"无根"之论，确属"烈耀破迷"之识，但也存在一些误读之处。其一，墨家学派有"墨离为三"之说，《墨子》一书成书时间从战国初期延续至战国晚期，前后持续二百余年。[1]《墨子》一书所载并非仅仅反映墨子本人思想，弟子以及再传弟子的思想也涵括其中，胡适将墨家学派划分为前期"宗教的墨学"和后期"科学的墨学"。[2]王阳明将墨子思想与墨子后学思想混合为一，忽略了墨子后学对墨子思想既有所继承，也有所发明。其二，墨子没有建构哲学义的本体论，建立的只是原始宗教意义上的本体论；后期墨家放弃了前期墨家"天本论"，建构了"义本论"，道德形上学基本确立。

（一）"尚同于天"：前期墨家"天本论"的建构

墨子完全从经验世界的维度，证明"兼爱"观念存在的正当性与重要性。自西周晚期以降，天子失驭，诸侯僭越，礼坏乐崩，天下大乱。"今若国之与国之相攻，家之与家之相篡，人之与人之相贼。"[3]天下大乱的根源是"不相爱"，有鉴于此，墨子开出的治世"药方"是"兼相爱，

---

[1] 胡适：《中国哲学史大纲》第六篇、第八篇，东方出版社1996年版；孙中原：《墨子及其后学》，中国国际广播出版社2011年版，第18页；丁四新：《论〈墨子·墨语〉墨家后学之鬼神观》，《安徽大学学报（哲学社会科学版）》2011年第2期。

[2] 参见胡适：《胡适学术文集·中国哲学史》，中华书局1991年版，第127—128页。

[3] 孙诒让：《墨子间诂·兼爱中》，孙启治点校，中华书局2001年版，第100页。

交相利"："天下之人皆相爱，强不执弱，众不劫寡，富不侮贫，贵不傲贱，诈不欺愚。"¹墨子所倡行的"兼相爱"，在伦理学上属于"爱无差等"人类普遍之爱，"夫爱人者，人必从而爱之"²。

墨子虽然力倡超越血缘与地域的人类普遍之爱，但并没有抛弃父慈子孝、兄友弟悌家庭伦理，"为人父必慈，为人子必孝，为人兄必友，为人弟必悌"³。但值得注意的是，墨子将家庭伦理的边界无限扩张、蔓延，导致家庭伦理与社会政治伦理混杂为一，私德与公德缠绕不清。"臣子之不孝君父""君之不慈臣""君臣父子皆能孝慈""视父兄与君若其身，恶施不孝""视子弟与臣若其身，恶施不慈"⁴之类表述俯拾皆是，由孝父扩张到孝君王，由父慈子扩张到君慈臣。家庭血缘亲情之爱与社会政治伦理边界模糊，私德与公德夹杂不分。墨子"爱无差等"观念的哲学性质与特点，与儒家著作《孝经》有些雷同。《孝经》作者在论证孝是"天经地义"的同时，立足于为天下立法的高度建构孝本论。孝不仅仅是家庭伦理，也是涵摄人与自然、人与社会政治的价值本体。无论是天子"治天下"，诸侯"治国"，抑或庶人"治家"，最高价值原则一律是孝。忠孝合一，从"孝亲"证明"孝君"正当性，是《孝经》作者的真实政治意图，《孝经》由此得以可能成为古代帝制意识形态的理论根源。与之相对，孟子从"恻隐之心"证明人性先天有善端，仁本论得以建构。仁本论的提出，既是对孝本论的否定与回拨，也是儒家内部的一场自我拯救运动。北宋程明道首次提出"仁体"观念："学者识得仁体，实有诸己，只要义理栽培。如求经义，皆是栽

---

1 孙诒让：《墨子间诂·兼爱中》，孙启治点校，中华书局2001年版，第102页。
2 孙诒让：《墨子间诂·兼爱中》，孙启治点校，中华书局2001年版，第103页。
3 孙诒让：《墨子间诂·兼爱下》，孙启治点校，中华书局2001年版，第126页。
4 孙诒让：《墨子间诂·兼爱上》，孙启治点校，中华书局2001年版，第98—100页。

第四章 墨子与商鞅

培之意。"¹程明道的"仁体"说旨在表明：天地万物由气所化生，实现了天地万物的浑然一体。这种天地万物浑然一体的人文表达就是"仁体"，这种仁体之"实"，通过"天地生物之心"得以外显；与此同时，在工夫论层面，通过后天的"栽培"，仁体可以贯通、内化为人的本质，成为人人有可能真实拥有的生命之"实"。隋唐以降，无论气学、心学抑或理学，无论对《论语》《孟子》存在多少种"异见"，"仁本"论已确立为儒家道统之核心思想，孝本论从隋唐以降逐渐被主流思想家扬弃。

与墨子和《孝经》相反，孟子为孝存在的正当性设置了一个合理的区域：家庭伦理。孝仅仅是私德，而不是公德。逾越家庭伦理半步，孝就走向自身的反面。此外，子思与孟子将孝剥离出社会政治伦理，君臣之间社会政治关系是"友"，"友，君臣之道也"。"不挟长，不挟贵，不挟兄弟而友。"²君臣之间政治伦理是"礼义"，君仁则臣义；君不仁，臣下依循道义或谏君，或弃职，或将君王"易位"。明乎此，才能理解为何孟子批评墨者夷之"以所贱事亲"。夷之信奉"爱无差等"，在葬亲一事上却实行"爱有差等"，信仰与实践之间产生背离。孟子因此批评夷之将"一本"错认为"二本"。恰如朱子所论："且人物之生，必各本于父母而无二，乃自然之理，若天使之然也。故其爱由此立，而推以及人，自有差等。今如夷子之言，则是视其父母本无异于路人，但其施之之序，姑自此始耳，非二本而何哉？"夷之只认识到了"理一"，却忽略了"分殊"。人不同于至上人格神——天，天是没有时间性和空间性的存在，但人是有时间性和空间性的具体存在者。在生物学和心理学

---

1 黄宗羲：《宋元学案》卷十三《明道学案》，全祖望补修，陈金生、梁运华点校，中华书局1986年版，第561页。
2 焦循：《孟子正义·万章章句下》，诸子集成本，中华书局1987年版，第690页。

意义上，如果将人与人之间的爱一层层还原，其中最本源的爱是母子之亲。由母子之亲向外"推"，扩展为父子之亲、兄弟之情、夫妻之爱，继而扩展为对陌生人的关爱和对大自然的亲近。儒家谈仁者爱人，爱不仅建构在人类学、心理学基础之上，更重要的还在于，儒家仁爱建立在哲学与情感基石之上。

缘此，王阳明对墨家学说所做的"无根"的评价，实际上是想揭示墨家思想的根本缺陷：道德形上学缺失。墨家"兼爱"思想只不过是治世之策论，而不是一种哲学思想。冯友兰先生也认为墨子"对于形上学本无兴趣"[1]，其思想学说只是一种客观知识，哲学形上学的大厦没有建立。但是，王阳明和冯友兰的论断也存在一些偏颇之处，忽略了墨子的天本论其实也是一种特殊类型的形上学。

墨子天本论的建构与其国家起源理论紧密相连。在国家建立之前，"人是其义，以非人之义"[2]，人类处于"皆以水火毒药相亏害"的自然状态。墨子所言"若禽兽然"的天下大乱，近似于霍布斯所说"所有人反对所有人的战争"的自然状态。霍布斯认为没有一元化权力的国家，就没有公共权力；没有公共权力，也就不可能催生社会正义。墨子认为天出于"爱民""利民"目的，从茫茫人海中选拔"贤可"者，"立以为天子"[3]，建立国家与公共权力，继而"划分万国，立诸侯国君"。随着从里到乡、由乡到国公共权力的完善，意识形态和价值观的建构应时而生。"上之所是必皆是之，上之所非必皆非之。"[4]全里平民百姓的利益诉求和价值观必须"尚同"于里长，全乡平民百姓的利益诉求和价值观必须

---

1 冯友兰:《中国哲学史》上册，华东师范大学出版社2000年版，第80页。
2 孙诒让:《墨子间诂·尚同上》，孙启治点校，中华书局2001年版，第73页。
3 孙诒让:《墨子间诂·尚同上》，孙启治点校，中华书局2001年版，第74页。
4 孙诒让:《墨子间诂·尚同上》，孙启治点校，中华书局2001年版，第74页。

第四章 墨子与商鞅

"尚同"于乡长,全乡人民的利益诉求和价值观必须"尚同"于国君,全国人民的利益诉求和价值观必须"尚同"于天子。方其如此,才能"一同天下之义",达到天下大治。墨子这一观点与逻辑,有点类似俄罗斯套娃。无论里长、乡长,抑或国君、天子,他们之所以能高踞这一官位,取决于一个根本性的前提——"仁人"。由此推论,墨子"尚同"论不是论证自下而上必须绝对服从上级个人权力意志,而是服膺里长、乡长、国君和天子这一官位所承载的义理——仁义。尤其值得一提的是,墨子"尚同"与"天志"逻辑的最终端并非推演至天子戛然而止,天才是天下共识的创立者。换言之,天是本体。"天子又总天下之义,以尚同于天。"[1]在墨子思想体系中,天存在的意义犹如"轮人之有规,匠人之有矩"[2]。天是位阶最高的"第一概念",天的本质是"爱人""利民","爱人利人,顺天之意"[3]。墨子天论的这一逻辑与观点,不禁使人联想起董仲舒的一大命题:"故屈民而伸君,屈君而伸天,《春秋》之大义也。"[4]学界对董仲舒这一命题多有误读。譬如,李泽厚先生认为董仲舒这一观点是为专制主义中央集权政治进行理论辩护,"董仲舒搞这一套,主要是为了以这种宇宙论系统确定君主的专制权力和社会的统治秩序"[5]。但是,如果将这一段话放在董仲舒政治哲学体系中考察,李泽厚的评论有失公允。而徐复观先生对之的评论发人深思,他认为"屈民而伸君"是"虚",属于"陪衬",目的是在策略上"先迎合统治者的心理"[6]。"屈君而伸天"

---

[1] 孙诒让:《墨子间诂·尚同下》,孙启治点校,中华书局2001年版,第94页。
[2] 孙诒让:《墨子间诂·天志上》,孙启治点校,中华书局2001年版,第195页。
[3] 孙诒让:《墨子间诂·天志中》,孙启治点校,中华书局2001年版,第203页。
[4] 曾振宇、傅永聚注:《春秋繁露新注·玉杯》,商务印书馆2010年版,第20页。
[5] 李泽厚:《中国古代思想史论》,人民出版社1986年版,第149页。
[6] 徐复观:《先秦儒家思想的转折及天的哲学的完成》,《两汉思想史》第二卷,华东师范大学出版社2001年版,第212页。

一句话才是"实",才是"进而说出自己的真正主张"的"主体"。先虚后实,虚晃一枪,"盖欲把君压抑(屈)于天之下,亦即是压抑于他所传承的儒家政治理想之下,使君能奉承以仁为心的天心,而行爱民之实"[1]。在两屈两伸中,落脚点是"伸天"。"天"指谓天命、天心,天命、天心的本质就是民心,民心即天命。因此,"屈君而伸天"的本质在于凸显民心,制约君权。两相比较,我们不难发现董仲舒天论对墨子天论有所昭承。在董仲舒天论的背后,我们时常可以发现墨子的绰约身影。

统而论之,墨子天本论的本质在于论证上天是社会政权存在合法性的本源,政权兴亡存废由天主宰。天首先是宇宙生成论层面的本源,天创生日月星辰,为人类带来光明;天创造山川河谷、五谷丝麻,布列春夏秋冬,为人类生活创造基本保障。天地万物变化无常,天是天地万物变化无常背后永恒不变的最高存在。不仅如此,天为人类社会创设国家这一社会管理制度,"为王公侯伯,以临司民之善否,使之赏贤而罚暴"[2]。既然国家由天创立,人间政权存在合法性和正当性的本源自然而然来自上天,而不是人间君王。具体而论,"爱人利人"(兼爱)是政权存在合法性和正当性的最高依据。天出于"爱人利人"目的建构国家,国家和政府自然应奉"兼爱"为治国理政最高圭臬。何以证明上天"爱天下百姓"?四海之内,上自君王列侯,下至贩夫走卒,"莫不犓牛羊,豢犬彘,洁为粢盛酒醴,以祭祀于上帝鬼神"[3]。从普天下无所不在的祭天习俗,可以证明上天确实"兼而食之";由上天"兼而食之",证明上天"兼而有之";由上天"兼而有之",证明上天"兼而明之";由

---

[1] 徐复观:《先秦儒家思想的转折及天的哲学的完成》,《两汉思想史》第二卷,华东师范大学出版社2001年版,第212页。

[2] 孙诒让:《墨子间诂·天志中》,孙启治点校,中华书局2001年版,第201页。

[3] 孙诒让:《墨子间诂·天志上》,孙启治点校,中华书局2001年版,第192页。

第四章 墨子与商鞅

上天"兼而明之",证明上天"爱天下百姓"。从形式逻辑而言,墨子这一论证过程恰如冯友兰先生所说有些"浅陋"。[1]但是,思想学说是否具有严密的逻辑性,并不是墨子政治思想的最高追求。墨子只是出于救世目的,力图阐述一个核心政治理念:"爱人利人,顺天之意。"[2]缘此,天主宰人间政权的兴亡存废,已是不证自明的结论。统治者如果"爱人利人",顺天之意,国家兴旺发达;统治者"憎人贼人",逆天之意,国家必将土崩瓦解。墨子在《天志》《明鬼》诸篇中,不厌其详地通过"本之于古者圣王之事"证明这一观点:夏桀虽贵为天子,富有天下,但"上诟天侮鬼,下殃傲天下之万民"[3],于是上天命令商汤替天行道,讨伐夏桀;商纣王虽拥有广土众民,但"上诟天侮鬼,下殃傲天下之万民,播弃黎老,诛贼孩子"[4],于是上天命令周武王兴师讨伐商纣王,商纣王政权灰飞烟灭。墨子在论述夏朝和商朝灭国失政的原因时,无一例外都用"天乃使汤""天乃使武王"文句,意在阐明商汤灭夏和周武王灭商都是承顺天命。上天这一至上人格神所承载的道德精神是兼爱,即"爱人利人"。因此,与其说上天命令商汤灭夏、武王灭商,毋宁说人民"命令"商汤灭夏、武王灭商。"天乃使"是虚,"民乃使"才是实。尤其值得注意的是,当有人与墨子辩论天帝鬼神是否确实存在时,墨子的回答时常游移不定、模棱两可。在他看来,从历史悠久的祭天事鬼传统信仰,足以证明天鬼的存在是一客观知识。但是,墨子继而又指出,"虽使鬼神请亡,此犹可以合欢聚众,取亲于乡里"[5]。"请亡"意谓

---

[1] 冯友兰:《中国哲学史》上册,华东师范大学出版社2000年版,第80页。
[2] 孙诒让:《墨子间诂·天志中》,孙启治点校,中华书局2001年版,第202页。
[3] 孙诒让:《墨子间诂·明鬼下》,孙启治点校,中华书局2001年版,第243页。
[4] 孙诒让:《墨子间诂·明鬼下》,孙启治点校,中华书局2001年版,第244页。
[5] 孙诒让:《墨子间诂·明鬼下》,孙启治点校,中华书局2001年版,第249页。

"确实不存在"。丰盛的祭品即使因为天地神祇不存在,神祇因此无缘享用,也可用来款待亲朋好友、协和邻里乡亲。借天言事是墨子一以贯之的叙事模式,另一方面,墨子又无法从哲学维度解决"天"观念内在的逻辑矛盾。天观念的本质以及蕴含的内在逻辑缺陷,限制了墨子思想上升为哲学。尽管如此,以上天信仰为核心的"天本论"已经建立。但是,这是一种原始宗教意义上的本体宇宙论,而不是哲学意义上的本体宇宙论。胡适将前期墨家称为"宗教的墨学",可以说把握了墨子思想的精髓。在中国哲学史视域中,宗教意义上的本体论有别于哲学意义上的本体论,前者建立在"想象""信仰"和"相信"基础上,属于对可感事物的想象性认识,这种想象性认识缺乏确定性,因此这种认识不是真理;后者属于对可知世界的认识,这种对思维"抽象世界"的认识建基于逻辑推理与思辨证明基石之上,因此属于真理性认识。需特别点明的是,古代中国哲学义的本体论皆建立在体用关系意义上。缘此,中国哲学史上的哲学义本体论与西方自柏拉图以降的本体论(ontology)差异鲜明。西方哲学始终存在两个世界:一个是经验的世界,另一个是理性的、逻辑的世界。由于西方哲学两离性特点,本体论是对理性的、逻辑的世界的描述,本体论及其原理和范畴只存在于逻辑世界中。本体论在西方哲学传统中属于形而上学,形而上学知识这一概念本身就说明"这些源泉不可能是经验性的"。形而上学属于"经验彼岸的知识",源自纯粹知性和纯粹理性,而不是出自经验世界的后天知识。但是,中国哲学始终不存在经验世界和理性世界两离性,无论气、道、天,抑或天理、良知,都是鸢飞鱼跃、道在器中。逻辑的、理性的、不可见的世界一直蕴含在经验的、可见的劈柴挑水的世俗生活中。杨国荣先生将中国哲学史上的本体论抽绎为"具体的形上学",可以说在"本体论在中国"这一家族相似意义上,梳理出了中国哲学本体论的独有特质。

（二）"贵义"：后期墨家"义本论"的建构

"兼爱"依然是后期墨家的思想核心，"兼爱相若，一爱相若""爱人之亲，若爱其亲""爱人非为誉也"[1]之类表述不胜枚举。墨家主张"爱无厚薄"，"秦国产的马"和"齐国产的马"都是马，没有必要刻意区分马的产地与类型，爱马在逻辑上指谓爱所有的马。兼爱天下，并非一定要枚举天下所有人的姓名之后才能证明兼爱具有普遍性，而是每个人在其生活经验所涉范围内将兼爱精神播撒出去。但是，在何种话语系统中论说"兼爱"，前期墨家和后期墨家已有云泥之别。前期墨家在"天本论"语境中论说兼爱如何可能，后期墨家另辟蹊径，开始在哲学层面上证明兼爱何以可能。

其一，仁义内在于人性。"仁义之为内外也，内，说在仵颜。"[2]"仁，爱也。义，利也。爱利，此也。所爱、所利，彼也。爱利不相为内外，所爱利亦不相为外内。"[3]后期墨家此处所说"内外"，与战国中晚期关于仁义与人性关系的争论密切相关。与孟子同时代的告子主张"仁内义外"，《管子·戒》篇也主张"仁从中出，义由外作"。后期墨家观点与孟子相近，皆倡导仁义内在于人性。仁与义是人性，爱与利人是情感；仁义是未发，爱利是已发。在后期墨家看来，"仁内义外"说犹如将左眼所见说成是视觉自内出、右眼所见说成是物象自外入一样，皆是疯癫谵妄"狂举"。尤其值得一提的是，后期墨家已经提出了"体爱"和"利爱"一对概念。"体爱"是指仁爱源自人性，普遍先天禀具的爱在后天经验世界中自然而然流露，"说仁：爱民者，非为用民

---

[1] 孙诒让:《墨子间诂·大取》，孙启治点校，中华书局2001年版，第415页。
[2] 孙诒让:《墨子间诂·经下》，孙启治点校，中华书局2001年版，第330页。
[3] 孙诒让:《墨子间诂·经说下》，孙启治点校，中华书局2001年版，第391页。

也"[1]。与此相对,"利爱"建基于功利主义基础上,爱他人带有某种功利性、目的性,"仁而无利爱,利爱生于虑"[2]。爱"获"这种"爱人"行为,并非纯粹出自内在人性,而是出于"虑获之利"的实际功利目的。由此可见,墨家"体爱"近似于孟子"由仁义行","利爱"类似于孟子"行仁义"。后期墨家的观点在逐渐向儒家"靠拢",这不得不说是一令人惊奇的发现。在儒学史上,孔子"仁者安仁,智者利仁"之说犹如空谷足音,孔子把"仁"分为"安仁"与"利仁"两类,《礼记·表记》进而将"仁"细分为三类:"仁者安仁,知者利仁,畏罪者强仁。"[3] "安仁"也可以理解为"乐仁",《大戴礼记·曾子立事》有"仁者乐道,智者利道"[4]表述。以仁为"安",以仁为"乐",意味着仁与人性有内在牵连。毛子水说"安仁,天性自然"[5],可谓切中肯綮。仁内在于生命本然是真理,仁不是外在强制性行为准则,仁蕴含自由意志。仁既然源自普遍人性,就具有普遍性、绝对性特点。普遍性意味着平等,人性平等思想,在孔子思想中已有萌芽。《史记·滑稽列传》裴骃《集解》云:"安仁者,性善者也;利仁者,力行者也;强仁者,不得已者也。"[6]以"仁"为"安""乐",说明仁是"善"。因为仁善,所以人人安于仁、乐于仁。反求诸己,体悟自性先验存有仁心仁德,人性天生有善,无须外假,人生之幸福莫过于此。也正是在这一意义上,君子可以"安仁""乐道"。既然"仁者安仁",而非"利仁",仁就不是手段,而是

---

1 孙诒让:《墨子间诂·经说上》,孙启治点校,中华书局2001年版,第334页。
2 孙诒让:《墨子间诂·大取》,孙启治点校,中华书局2001年版,第411页。
3 孙希旦:《礼记集解·表记第三十二》,沈啸寰、王星贤点校,中华书局1989年版,第1301页。
4 王聘珍:《大戴礼记解诂》,王文锦点校,中华书局1983年版,第77页。
5 参见毛子水注译:《论语今注今译》,重庆出版社2011年版,第50页。
6 司马迁:《史记·滑稽列传》,裴骃集解,司马贞索隐,张守节正义,中华书局编辑部点校,中华书局1982年版,第3214页。

第四章 墨子与商鞅

目的本身。君子行仁,是内在仁心仁德之彰显,不做作,不虚饰,自然纯粹,天然混一,犹如鱼不离水,瓜不离秧。"安仁者不知有仁,如带之忘腰,履之忘足。利仁者是见仁为一物,就之则利,去之则害。"[1]朱熹的这一阐发通俗易懂,切中要害。"上者率其性也,次者利而为之。"[2]卢文弨所说的"率其性",也就是孟子仁学思想中的"由仁义行"。与此相对,"利仁"之仁,是外在于人心的道德规范,"利仁"类似孟子思想中的"行仁义",朱熹称之为"硬去做"。"是真个见得这仁爱这一个物事好了,犹甘于刍豢而不甘于粗粝。"[3]"利仁"既然是"以仁为利而行之",行仁是手段,而非目的,因此智者之仁含有极强的以己为中心的社会功利性。"至若欲有名而为之之类,皆是以为利也。"[4]孔子仁学思想中既然已有"安仁"和"利仁"之分,一方面说明"仁者安仁"富有自由意志特点,另一方面说明孔子并非单纯停留于伦理学层面说仁,而是上升到人性论维度论说仁。既然已上升至人性论维度说仁,意味着孔子已经初步从哲学高度论说仁。孟子接踵而起,继而从"恻隐之心"证明仁确实普遍存在于人性之中,人有"不忍人之心"是真理,人人皆可在经验世界中自证自成。人先天"饱乎仁义",是从"实然"意义上立论。但是,需指出的是,第一个从哲学高度论说仁何以可能的思想家,并非孟子,而是孔子。两相比较,后期墨家的"体爱"与孔子"安仁"、孟子"由仁义行",后期墨家的"利爱"与儒家"利仁""强仁""行仁义"之说,无论在内涵上,抑或在逻辑上,都存在逐渐汇通与契合之处。

其二,"万事莫贵于义"[5]。墨家特别重视"义",无论前期墨家抑或

---

[1] 黎靖德编:《朱子语类》卷二十六《论语八》,王星贤点校,中华书局1986年版,第643页。
[2] 王聘珍:《大戴礼记解诂》,王文锦点校,中华书局1983年版,第77页。
[3] 黎靖德编:《朱子语类》卷二十六《论语八》,王星贤点校,中华书局1986年版,第642页。
[4] 程颢、程颐:《二程集·外书》卷六《罗氏本拾遗》,王孝鱼点校,中华书局2004年版,第381页。
[5] 孙诒让:《墨子间诂·贵义》,孙启治点校,中华书局2001年版,第439页。

后期墨家，率无差异。《墨子》一书正文"义"凡292见[1]，代表前期墨家的《兼爱》等"十论"，"义"凡出现191次。后期墨家"墨辩"部分（《经》上下、《经说》上下、《大取》、《小取》），"义"总共出现16次。后期墨家"墨语"部分（《耕柱》《贵义》《公孟》《鲁问》《公输》），"义"凡66见。在后期墨家思想架构中，义是最高价值本体，"万事莫贵乎义"。手足贵于冠履，生命贵于王位，但是，为了正义事业，应该舍生取义，视死如归。"争一言以相杀，是贵义于其身也。"[2]越国国君想用高官厚禄聘用墨子，墨子回答说：如果君王采用我的道术治理国家，我愿南下就职；如果只是以高官厚禄笼络我，却不推行我的治国之策，这是可耻的"以义粜"[3]。义重于生命，出卖道义以换取个人利益，墨家弃之如敝屣。墨家以"义"为天下立法，"义"不是董仲舒所言仅限于"正我"，而是"志以天下为芬"[4]，义的适用范围是天下，无论处江湖之远，还是居庙堂之高，义是绝对的道德律令。"义可厚，厚之。义可薄，薄之，之谓伦列。"[5]后期墨家谈兼爱，以义为鹄的。爱已有差等"伦列"，与前期墨家"天下之人皆相爱"的爱无差等相比较，已有轩轾之别。"厚之"抑或"薄之"，以义为规矩准绳。"德行、君上、老长、亲戚"这四类人应当厚爱。但是，如果这四类人的行为不符合义，是否还应当一如往旧"厚之"？后期墨家的回答是否定的。"厚亲不称行，而类行。"[6]如果亲情与道义发生冲突，应当重义而薄亲。后期墨家虽然论证爱有差等，但因为以义为最高价值原则，差等之中又彰显些许平等精神。

1　以孙诒让《墨子间诂》注本为依据统计。
2　孙诒让：《墨子间诂·贵义》，孙启治点校，中华书局2001年版，第439页。
3　孙诒让：《墨子间诂·鲁问》，孙启治点校，中华书局2001年版，第474页。
4　孙诒让：《墨子间诂·经说上》，孙启治点校，中华书局2001年版，第333页。
5　孙诒让：《墨子间诂·大取》，孙启治点校，中华书局2001年版，第405页。
6　孙诒让：《墨子间诂·大取》，孙启治点校，中华书局2001年版，第405页。

第四章 墨子与商鞅

后期墨家贵义的另外一个非常重要的表现，体现于在"义政"方面有不同于前期墨家的政治诉求。"义政"与"力政"相对，"义政"建基于义本论基石之上，义是国家主流意识形态和政治行为的最高价值原则。"力政"建立在功利主义价值观基础上，以追逐实际利益为基本内容，以满足统治者个人私欲为最终目标。"义政"则以"上利于天，中利于鬼，下利于人"为基本内容，以"兴天下之利"为最终理想归宿。广而论之，"义政"属于前期墨家和后期墨家共同的政治主张，前期墨家"义政"体现在"尚贤""尚同""非攻""非乐"等具体措施，尤其在"尚贤"策略上着墨极浓。前期墨家认为"尚贤"是"为政之本"，而且"尚贤"主张不是人为的臆想，乃"取法于天"[1]，是上天意志的彰显。尧、舜、禹、汤、文、武以"爱利万民"为治理天下之圭臬，这是贤能之人治理天下的典范，因此得到上天奖赏："立为天子，以为民父母，万民从而誉之曰圣王。"[2]遵循上天意旨、以"尚贤"治理天下者，被称为"圣王"；与此相对，诟天侮神，贬斥贤能，如夏桀、商纣之流，被贬称为"暴王"。"圣王"或"暴王"的裁定者是至上人格神——天，前期墨家由此具有主权在天、治权在贤的特色，与儒家主权在民、治权在贤观点有所不一。

后期墨家将"义政"论证为"良宝"。和氏之璧、隋侯之珠是世俗社会所追捧的"良宝"，在后期墨家看来，判断一件物品是否"良宝"的标准在于是否"利人"，和氏之璧、隋侯之珠显然"不可以利人"[3]，因此，"是非天下之良宝也"[4]。"义政"与和氏之璧、隋侯之珠不同，"今用义为政于国家，国家必富，人民必众，刑政必治，社稷必安"[5]。"义政"

---

1 孙诒让：《墨子间诂·尚贤中》，孙启治点校，中华书局2001年版，第60页。
2 孙诒让：《墨子间诂·尚贤中》，孙启治点校，中华书局2001年版，第60页。
3 孙诒让：《墨子间诂·耕柱》，孙启治点校，中华书局2001年版，第431页。
4 孙诒让：《墨子间诂·耕柱》，孙启治点校，中华书局2001年版，第431页。
5 孙诒让：《墨子间诂·耕柱》，孙启治点校，中华书局2001年版，第431页。

才是"天下之良宝"。在后期墨家的这一论证过程中,"义政"所追求的社会理想目标涉及"国家""人民""刑政"和"社稷",恰恰没有指涉前期墨家念念不忘的"上利于天""中利于鬼",而只保留了"可以利民"[1]。从"利天""利鬼"过渡到"利民",这是前期墨家向后期墨家的一大变化。理论重心的转变,凸显的是天本论与义本论的本质差异。天本论在社会政治上最高原则是以天为本原,义本论在社会政治信奉的最高价值原则是义。《鲁问》篇是后期墨家的文章,其中记载墨子与齐国国君的一番对话。墨子问,有人以砍斩人头来测试刀剑是否锋利,经过砍斩多人头颅之后证明刀剑确实锋利。但是,善恶必有报应,谁将承受滥杀无辜的报应?与此相应,侵占他国领土、抢掠他国百姓、屠杀无辜平民,谁将"受其不祥"?墨家并非一概反对战争,而是将战争分为"诛"与"攻"两类。"诛"是正义战争,"攻"是非正义战争。前期墨家认为战争正义与否的标准在于是否禀受上天意志,"天命殛之"[2];后期墨家则认为战争正义与否的标准在于是否"贼敖百姓"[3]。换言之,"利民"是决定战争正义或者不正义的唯一标准。

后期墨家在"义政"上的另一大特点是以利训义。"义,利也。"[4]道义以利为具体内容,缺乏利的道义,属于空而无当的"客言"。广而论之,尚利也是前期与后期墨家共同的政治主张,"利"在《墨子》一书凡378见,其中"十论"部分出现248次,"墨辩"与"墨语"部分出现94次。[5]前期墨家论"利",立足于至上神上天信仰而发,《尚贤》等"十

---

[1] 孙诒让:《墨子间诂·耕柱》,孙启治点校,中华书局2001年版,第431页。
[2] 孙诒让:《墨子间诂·非攻下》,孙启治点校,中华书局2001年版,第145页。
[3] 孙诒让:《墨子间诂·鲁问》,孙启治点校,中华书局2001年版,第467页。
[4] 孙诒让:《墨子间诂·经说上》,孙启治点校,中华书局2001年版,第334页。
[5] 以孙诒让《墨子间诂》注本为依据统计。

第四章 墨子与商鞅

论"主张是"利"的具体内容；后期墨家已将至上神上天信仰边缘化，尚利建立在仁义本体论基石之上。"功，利民也。"[1]"利"与"禄"相对，"禄"是私利，有"利民"之"功"的"利"才是公利。墨子派遣弟子胜绰前往齐国辅佐齐国大将项子牛。项子牛三次侵略鲁国，胜绰三次陪同项子牛。墨子勃然大怒，立即召回胜绰，并批评他说："言义而弗行，是犯明也。"[2]口头信奉道义，背地里却为了高官厚禄背弃正义，这是典型的"禄胜义"[3]和"倍义而乡禄"[4]。"利"是代表天下大多数人根本利益的公利，后期墨家称之为"天下之利"。弟子问墨子："为义孰为大务？"[5]墨子以"筑墙"为例作答：能挖土的挖土，能填土的填土，能夯筑的夯筑，各司其职，各尽所能，共同完成"筑墙"任务。"为义"与"为利"同义反复，"筑墙"之利在于"利人"。"筑墙"之利实现，"义事"也就大功告成。

"利"既然是天下之公利，这种"利"往往又以人同此心、心同此理的情感的方式呈现出来："利，所得而喜也。"[6]"利，得是而喜，则是利也。其害也，非是也。"[7]喜属于情感，只有能激发人内在普遍喜悦之情的"功"，才是真正的公利。公利顺应人类普遍的、善良的情感与欲求，而不是违忤人类普遍的情感。缘此，喜是公利在情感上的表达。巫马子质问墨子：你提倡"兼爱"，我主张"别爱"，皆是空而无征的阔论，都没有产生实际的社会功效。为何你决绝否定我的主张，却始终不渝称赞自己的理想？墨子反驳他说：假设有一个恶人蓄意在这儿纵火，有一

---

1 孙诒让:《墨子间诂·经上》，孙启治点校，中华书局2001年版，第315页。
2 孙诒让:《墨子间诂·鲁问》，孙启治点校，中华书局2001年版，第479页。
3 孙诒让:《墨子间诂·鲁问》，孙启治点校，中华书局2001年版，第479页。
4 孙诒让:《墨子间诂·耕柱》，孙启治点校，中华书局2001年版，第434页。
5 孙诒让:《墨子间诂·耕柱》，孙启治点校，中华书局2001年版，第426页。
6 孙诒让:《墨子间诂·经上》，孙启治点校，中华书局2001年版，第314页。
7 孙诒让:《墨子间诂·经说上》，孙启治点校，中华书局2001年版，第337页。

个人立即端着一盆水想要浇灭大火，另一个人却拿来火把想要增加火势，面对此情此景，你赞同端水者还是赞同举火把的人？巫马子说：我赞许"捧水者"，鄙视"掺火者"，其中的原因就在于"捧水者"的动机和意愿代表了天下大多数人的根本利益，动机善和功效善和谐一致，动机和功效的中和，能使人滋生喜悦的情感。值得注意的是，后期墨家"以利训义"政治思想，与战国晚期儒家"以礼训义"相映成趣。《荀子·大略》属于荀子后学作品，"以礼训义"体现的是儒家演变至战国晚期的哲学思考。"行义以礼，然后义也。"[1]《礼记·礼运》也有类似的表述："礼也者，义之实。"义虽是本体，但需要借助礼外显。在实践伦理层面行义，需要以礼来节制。"仁有里，义有门。"[2]义的"门"是礼，义通过礼这唯一的"门"出入才赋有正当性。"义非其门而由之，非义也。"[3]"礼义"在《荀子》一书中是一复合词，出现115次。"以礼训义"目的在于理顺欲望与道德理性之间的关系，后期墨家"以利训义"则力图证明权利与道德理性之间的辩证关系。墨家"义政"是"义本论"在政治生活领域的下贯，"天下之利"并非仅仅涵摄经济利益、物质利益，其深层的内涵应当是义这一本体观念下蕴含的人先验自然权利。"圣人有爱而无利，伣日之言也，乃客之言也。"[4]此处"圣人"应是义本论的具象化表达。"伣日"当是"伣曰"之误，《说文》："伣，譬喻也。""圣人有爱而无利"只是一譬喻性表达，属于"客言"，而不是"主言"。这一命题的真实内涵应表达为："圣人"（义本体）是无时间、无空间性的存在，人是有时间性和空间性的具体存在者。圣人之爱通过"伣曰之

---

[1] 王先谦：《荀子集解》，沈啸寰、王星贤点校，中华书局1988年版，第492页。
[2] 王先谦：《荀子集解》，沈啸寰、王星贤点校，中华书局1988年版，第491页。
[3] 王先谦：《荀子集解》，沈啸寰、王星贤点校，中华书局1988年版，第491页。
[4] 孙诒让：《墨子间诂·大取》，孙启治点校，中华书局2001年版，第407页。

第四章 墨子与商鞅

言"委婉曲折显示给世人:圣人之爱下贯于人间,彰显为"利"。利源出于圣人(义本体),而不是出自人世间物质利益之间的交换。因此,此"利"具有普遍性和绝对性。

春秋战国时代的诸子百家争鸣,经过数百年的相互驳难与碰撞,自战国中期以降,已逐渐形成相反相成、相通相融的文化大趋势。《墨子·公孟》是后期墨家作品,其中记载的墨子与程子一番对话颇具深意:墨子在对话中,居然多次称赞孔子。程子对此迷惑不解:"非儒,何故称于孔子也?"[1]墨子回答说:"是亦当而不可易者也。"[2]鸟在大暑热天高飞,鱼在大暑热天却深潜河底。孔子儒家思想具有客观知识特点,真理蕴含其中。"是亦当而不可易"这一观点,典型反映的是后期墨家在战国晚期文化融合汇通大趋势之下的文化立场。后期墨家思想体系中"爱人之亲,若爱其亲""仁义内在""万事莫贵乎义""义政""利民"等观念,表明后期墨家已在逐渐向儒家"靠拢"。诸子百家从相反走向相成,从相互辩驳走向相互融合这一文化现象,早在《汉书·艺文志》已有深刻剖析:

> 其言虽殊,辟犹水火,相灭亦相生也。仁之与义,敬之与和,相反而皆相成也。《易》曰:"天下同归而殊途,一致而百虑。"[3]

韩愈起而踵之,对儒墨两家思想内在的相融相通性加以阐发:

> 儒讥墨以上同、兼爱、上贤、明鬼,而孔子畏大人、居是邦不非其

---

[1] 孙诒让:《墨子间诂·公孟》,孙启治点校,中华书局2001年版,第460页。
[2] 孙诒让:《墨子间诂·公孟》,孙启治点校,中华书局2001年版,第460页。
[3] 班固:《汉书·艺文志》,中华书局1962年版,第1746页。

大夫,《春秋》讥专臣,不"上同"哉?孔子泛爱亲仁,以博施济众为圣,不"兼爱"哉?孔子贤贤,以四科进褒弟子,疾没世而名不称,不"上贤"哉?孔子祭如在,讥祭如不祭者,曰我祭则受福,不"明鬼"哉?¹

韩愈"孔墨相通"论显然有启发意义,当然其间也凸显了韩愈对儒家思想的把握多有蜻蜓点水之肤浅缺失。韩愈以"博爱"释仁,只看到了情感,却忽略了心性;只体悟仁之用,却迷失了仁之体。但是,撇开韩愈学术思想水平高低而论,他所指出的儒墨之间存在相成与相融之处,时至今日仍然具有一定的学术启发意义。缘此,我们不难发现,王阳明对墨家兼爱思想所做的"无根"之论,显然存在片面偏曲之处。王阳明只看到了前期墨家原始宗教义的"天本论",却忽视了后期墨家在心性论基础上建构的"义本论"。"仁义内在"不是"想象""信仰"之类宗教精神寄托,而是经验世界中人人可以自证自成的客观真理,道德形上学在后期墨家已经建立。

三、商鞅:一位被深度误解的思想家

商鞅在历史上是一位备受争议的人物。太史公称其为"天资刻薄人也"[2]。司马贞《索隐》:"刻谓用刑深刻,薄谓弃仁义,不悃诚也。"[3] 纪昀

---

1 马通伯校注:《韩昌黎文集校注·读墨子》,中华书局1957年版,第22页。
2 司马迁:《史记·商君列传》,裴骃集解,司马贞索隐,张守节正义,中华书局编辑部点校,中华书局1959年版,第2237页。
3 司马迁:《史记·商君列传》,裴骃集解,司马贞索隐,张守节正义,中华书局编辑部点校,中华书局1959年版,第2237页。

第四章 墨子与商鞅

的评价与太史公如出一辙："观于商鞅、韩非诸家，可以知刻薄寡恩之非。"[1]与此同时，数千年来对商鞅同情、理解甚至赞赏的衡评也不绝如缕。韩非将商鞅在历史上的贡献高度评价为"此亦功之至厚者也"[2]。在韩非心目中，商鞅就是一位"圣人"。[3]韩非是历史上第一位，同时也是最后一位称颂商鞅为"圣人"者，这与历代儒家对商鞅的评价可谓有天壤之别。章太炎先生撰有《商鞅》一文，为商鞅申两千多年来不白之冤："商鞅之中于谗诽也二千年，而今世为尤甚。其说以为自汉以降，抑夺民权，使人君纵恣者，皆商鞅法家之说为之倡。呜呼！是惑于淫说也甚矣。"[4]《商鞅》一文是章太炎为商鞅翻案的巨篇宏文，笔底波涛起伏，对于还商鞅以历史本来面目大有裨助。其后牟宗三先生又立场鲜明地指出：商鞅"不坏"。[5]"这样的法家是不坏的。商鞅是法家的典型。"[6]法家是从申不害、韩非开始变坏的，其中缘由在于申不害的"术"与道家相结合，"法家也变坏了"[7]。孰是孰非？或颂论，或诽语，其间必有当而不可易者。商鞅思想与行事是一面多棱镜，立场与视角的不同，必然导致商鞅这一历史人物影像重叠杂乱。

（一）"至德复立"：商鞅并未否定伦理道德正当性

在学术史上，有人批评商鞅废灭道德文化。换言之，商鞅思想反道

---

1 纪昀总纂：《四库全书总目提要》，河北人民出版社2000年版，第2565页。
2 陈奇猷：《韩非子新校注》，上海古籍出版社2000年版，第287页。
3 陈奇猷：《韩非子新校注》，上海古籍出版社2000年版，第287页。
4 汤志钧编：《章太炎政论选集》上册，中华书局1977年版，第68页。
5 牟宗三：《中国哲学十九讲》，吉林出版集团有限责任公司2010年版，第57页。
6 牟宗三：《中国哲学十九讲》，吉林出版集团有限责任公司2010年版，第57页。
7 牟宗三：《中国哲学十九讲》，吉林出版集团有限责任公司2010年版，第58页。

德文化。譬如，贾谊指责商鞅"遗礼仪，弃仁恩，并心于进取，行之二岁，秦俗日败"[1]，《淮南子·泰族训》也认为商鞅偏重刑法而弃绝道德，"今重法而弃义，是贵其冠履而忘其头足也"[2]。平心而论，学术史上前贤今哲对商鞅的针砭并非纯粹空穴来风，因为在《商君书》中可以发现大量的批判、抹杀甚至灭绝道德文化的言辞：

> 六虱：曰《礼》、《乐》；曰《诗》、《书》；曰修善、曰孝弟；曰诚信、曰贞廉；曰仁、义；曰非兵、曰羞战。国有十二者，上无使农战，必贫至削。十二者成群，此谓君之治不胜其臣，官之治不胜其民，此谓六虱胜其政也。[3]
>
> 辩慧，乱之赞也；礼乐，淫佚之征也；慈仁，过之母也；任举，奸之鼠也。乱有赞则行，淫佚有征则用，过有母则生，奸有鼠则不止。八者有群，民胜其政；国无八者，政胜其民。民胜其政，国弱；政胜其民，兵强。[4]

商鞅把仁义诚信孝悌等等称为"六虱"，这与韩非"五蠹"提法有异曲同工之处。但是，两者之间也有区别。韩非明确点明"儒者"是"五蠹"之一，是必须"灭"的，但是，在整部《商君书》中，从未提及"孔子""孔丘"，也没有"儒"或"儒者"概念。这说明商鞅及其后学所批评的对象并非单纯针对孔子学说，而是针对当时社会上普遍流

---

[1] 班固：《汉书·贾谊传》，中华书局1962年版，第2244页。
[2] 刘安：《淮南子·泰族训》，《诸子集成》第七册，高诱注，中华书局2006年版，第364页。
[3] 高亨：《商君书注译》，《高亨著作集林》第七卷，清华大学出版社2004年版，第500页。
[4] 高亨：《商君书注译》，《高亨著作集林》第七卷，清华大学出版社2004年版，第425页。另《韩非子·二柄》有"任贤，则臣将乘于贤以劫其君"，与《商君书·说民》"任举"近似。

第四章 墨子与商鞅

行的、占主导地位的价值观与主流文化。《靳令》篇所说的"非兵""羞战",也很难说专门针对儒家学派,因为墨家和公孙龙也有类似的思想。至于《靳令》篇的"贞廉"、《说民》篇的"任举",儒家和墨家都有类似共同的主张。商鞅之所以猛烈抨击礼、乐、仁、义、诚、信、孝、悌主流文化与价值观,有其深刻的社会历史背景。细而论之,盛行于世的礼乐文化和价值观与秦国力行的治国方略相抵牾,甚至水火不容。当年商鞅四见秦孝公,先以"帝王之道"游说,结果"未中旨"。[1]然后以"强国之术说君",孝公才"大说之"。[2]孝公追求的是"各及其身显名天下",既然如此,不用极端手段就无法达到这一社会理想目标。所谓"极端手段",就是将秦国变成一座军营,用什伍军事组织方式把全国人民组织起来。只用一种文化("壹教")来管理与教育平民百姓,"壹教"的具体内容就是"以法为教""以吏为师"。顾颉刚先生认为,秦始皇借助刑罚的裁制,不允许人民读书;汉武帝通过利禄的诱引,允许人民只读一种书,结果"始皇失败了,武帝成功了"[3]。其实秦国与秦王朝并非不允许人民读书,而是只允许人民读一种书,即"以法为教"的"壹教"。凡是符合"利出一孔"治国大略的价值观与文化都是合法的;反之,都是非法的,都是"淫道"。"淫道必塞"[4],否则"学者成俗,则民舍农"[5]。

但是,必须点明的是,将道德文化斥之为"六虱""淫道",只是秦

---

[1] 司马迁:《史记·商君列传》,裴骃集解,司马贞索隐,张守节正义,中华书局编辑部点校,中华书局1959年版,第2228页。
[2] 司马迁:《史记·商君列传》,裴骃集解,司马贞索隐,张守节正义,中华书局编辑部点校,中华书局1959年版,第2228页。
[3] 顾颉刚:《秦汉的方士与儒生》,上海古籍出版社2005年版,第36页。
[4] 高亨:《商君书注译》,《高亨著作集林》第七卷,清华大学出版社2004年版,第587页。
[5] 高亨:《商君书注译》,《高亨著作集林》第七卷,清华大学出版社2004年版,第408页。

国特殊时期的特殊文化政策。在"当今争于气力"的时代，要想彻底扭转"诸侯卑秦，丑莫大焉"[1]落后局面，将礼乐文明打入冷宫，是一时权宜之策，"故以王天下者并刑，力征诸侯者退德"[2]。瞿同祖先生指出，法家"行刑重其轻"，只是"止奸息暴的手段，不得已才用之"[3]。因此，对礼乐仁义诚信道德文明的批判并不是商鞅思想的全部内涵，更不是其思想本质。

其一，商鞅在内心深处从来就没有否定或弃绝道德文化。从商鞅知识背景与师承关系考察，他在入秦之前实际上是一个杂家。他的老师尸子思想的特点就是兼儒墨、合名法，无所不窥。尸子思想这一特点影响了青年时代商鞅的知识结构。入秦之初，商鞅之所以能分别以"帝道""王道"和"霸道"游说秦孝公，得益于他广博的知识来源。因此，我们不能断言商鞅弃绝道德文化，只是在何谓"德"的问题上，与其他学派存在较大分歧。"天下行之，至德复立。此吾以杀刑之反于德，而义合于暴也。"[4]在商鞅看来，依法治国、社会安定、无邪恶之行，"大邪不生，细过不失"，就是最高的"德"。高亨先生指出："法家反对儒家所谓仁义，但并不弃绝仁义，认为实行法治，社会安定，就是做到仁义了。"[5]

其二，法家之仁义观与儒家思想存在着相通兼容之处。"所谓义者，为人臣忠，为人子孝，少长有礼，男女有别。非其义也，饿不苟食，死不苟生。"[6]"义"的概念内涵比较广博，实际上是指道德自觉与道德践

---

1 司马迁：《史记·秦本记》，裴骃集解，司马贞索隐，张守节正义，中华书局编辑部点校，中华书局1959年版，第202页。
2 高亨：《商君书注译》，《高亨著作集林》第七卷，清华大学出版社2004年版，第555页。
3 瞿同祖：《中国法律与中国社会》，中华书局2003年版，第328页。
4 高亨：《商君书注译》，《高亨著作集林》第七卷，清华大学出版社2004年版，第462页。
5 高亨：《商君书注译》，《高亨著作集林》第七卷，清华大学出版社2004年版，第504页。
6 高亨：《商君书注译》，《高亨著作集林》第七卷，清华大学出版社2004年版，第555页。

第四章 墨子与商鞅

行。在这一层面上,商鞅对"义"观念的界定,与儒家有相近之处。孟子云:"大人者,言不必信,行不必果,惟义所在。"[1]义是最高价值原则,所以程颐认为"人皆知趋利而避害,圣人则更不论利害,惟看义当为不当为,便是命在其中也"[2]。所谓"命在其中",实际上是指义不是一种外在的行为规范,更重要的还在于,"义"内在于人心,是德性之心的外在显现。[3]义出于心,具有绝对性与普遍性,所以称之为"命"。王阳明认为"义即是良知",义内在于生命本然,是内在良知的自然展现。王阳明多次说到"自然",旨在说明义不只是知识,也不是外在道德意识,而是审美意义上的内在生命之美。正因为如此,义又是人生之乐。冯友兰评论说:"对儒家来说,人为什么要行仁义,是不需要提出的问题,因为这是人的本性。"[4]人既是人,就应该扩充其本性。扩充其本性就是实现人之所以为人,这与外在利益毫无关系。可以说,这一阐释与孟子思想合若符契。也恰恰在这一文化意义上,儒家与法家显现出根本的分歧。在商鞅思想中,义是外在的行为道德规范,义属于"有以为",而非"无以为";在儒家思想中,义却是内在于人心之"命",仁与义皆属于"无以为"。换言之,用孟子与告子的争辩术语来概括,"仁义内在",而非"仁内义外"。[5]

其三,法家与儒家对仁义忠孝等伦理道德价值观性质与适用范围评

---

[1] 焦循:《孟子正义》,诸子集成本,中华书局2006年版,第327页。
[2] 朱熹:《近思录》卷七,上海古籍出版社2002年版,第238页。
[3] 郭店楚简《五行》有"义形于内谓之德之行,不形于内谓之行"记载,正与孟子"仁义内在"说相印证。
[4] 冯友兰:《中国哲学简史》,新世界出版社2004年版,第65页。
[5] 韩非主张"仁内义外",与告子思想接近,与商鞅思想分歧较大。《韩非子·解老》云:"义者,君臣上下之事,父子贵贱之差也,知交,知交友朋之相助也宜。义者,谓其宜也。宜而为之,故曰:'上义为之而有以为也。'"(陈奇猷:《韩非子新校注》,上海古籍出版社2000年版,第374页)义是"有以为",与仁不同,仁是"无以为"。

价不一。"仁者能仁于仁，而不能使人仁。义者能爱于人，而不能使人爱。是以知仁义之不足以治天下也。"[1]商鞅认为，仁义忠孝等伦理道德价值观只对君子有效，对小人无法产生规范效应。仁义忠孝的适用范围是有限的，君子之德只能是单株的小草，无法形成"草上之风必偃"的大风。换言之，仁义忠孝并非是超越时空的绝对真理，并不具备普适性。但是，儒家的伦理观显然与法家"仁义有限论"截然不同。在朱熹思想体系中，天理是天地万物存在所以可能的最高根据，天理决定了某物之所以为某物的本质。天理是存在的第一原理，天理是存在的"所以然"。有人问："昨谓未有天地之先，毕竟是先有理，如何？"朱子回答："未有天地之先，毕竟也只是理。有此理，便有此天地。若无此理，便亦无天地，无人无物，都无该载了！"[2]天理先于天地人而存在，天理在逻辑上有"天地之先"的特点。在天地万物没有产生之前，天理"亘古今常存"。在一次与学生的对话中，朱子甚至说："且如万一山河天地都陷了，毕竟理却只在这里。"[3]"陷"意味着天地万物不复存在，有时空限定的实体必然消亡，但作为本体的天理，仍然可以永恒独立存在。有人问："未有人时，此理何在？"朱子答："也只在这里。如一海水，或取得一勺，或取得一担，或取得一碗，都是这海水。但是他为主，我为客，他较长久，我得之不久耳。"[4]朱子以有形体、有质量的"海水"比喻天理，多少会使人觉得有些南辕北辙，误以为本体论意义上的天理，也有空间与时间特性。恰恰相反，朱子想要表达的一个观点是：天理"无形体"。天理不具有具体实体才具备的物理时间特性，也没有具体存在所必须具有的空

---

[1] 高亨：《商君书注译》，《高亨著作集林》第七卷，清华大学出版社2004年版，第555页。
[2] 黎靖德编：《朱子语类》卷一《理气上·太极天地上》，王星贤点校，中华书局1994年版，第1页。
[3] 黎靖德编：《朱子语类》卷一《理气上·太极天地上》，王星贤点校，中华书局1994年版，第4页。
[4] 黎靖德编：《朱子语类》卷一《理气上·太极天地上》，王星贤点校，中华书局1994年版，第2页。

第四章 墨子与商鞅

间特性，换言之，不可以用时间与空间来界定天理这一概念。不仅如此，天理"无情意，无计度，无造作"。天理不是至上人格神，没有生命意识与情欲，也不会具体生成天地万物。正因为如此，天理才是一个"净洁空阔底世界"。因此，在"天理"是否可以脱离人的精神意识而独立存在这一点上，陆象山与朱子显然具有趋同性，天理都具有外向客观化特点。与此同时，天理是一百无欠缺的自在之物，人伦道德自然也是天理内在属性之一。"理者物之体，仁者事之体。事事物物，皆具天理，皆是仁做得出来。仁者，事之体。"[1]理是本体，仁是理在人性之落实；理是人伦道德存在正当性之根据，仁义礼智信"五常"是天理之分名。"天理既浑然，然既谓之理，则便是个有条理底名字……须知天理只是仁、义、礼、智之总名，仁、义、礼、智便是天理之件数。"[2]天理浑然不可分，天理与仁义礼智信"五常"的关系不是本原与派生物之间的关系，而是本原与属性之间的关系。仁义礼智并非由理"旋次生出"，理是人伦道德的"总名"，仁义礼智信则是天理之"件数"。二程曾指明"人伦者，天理也"，已从哲学高度将仁义定性为天理固有之性，朱熹在二程思想基础上继续论证仁义礼智是天理落实在每一人伦关系上的"一个道理"，如果豁然贯通，"便都是一理"[3]。朱熹把以仁义礼智信为内涵的理实有化，目的在于论证儒家伦理的普适性与永恒性。

其四，在法与德关系上，儒法两家的分歧十分明显。孔子主张先德后刑，先教后杀，父子相隐，"直"在其中。直是仁之表现，仁是价值体系之核心。在法与德关系上，仁是法之内在文化精神，这一观点在孔子思想中已有所显露，但还没有进行深入论证。在儒家思想史上，真

---

1 黎靖德编：《朱子语类》卷九十八《张子之书一》，王星贤点校，中华书局1994年版，第2510页。
2 《朱熹集》，四川教育出版社1996年版，第1885页。
3 黎靖德编：《朱子语类》卷九十八《张子之书一》，王星贤点校，中华书局1994年版，第2519页。

正阐发孔子法律思想的人物是荀子。在荀子思想中,"礼"规范了社会各阶层的权利和义务。礼不仅"正身",而且是国之"大分",礼既有西方自然法的色彩,也被赋予了根本法的性质。"故人之命在天,国之命在礼。"[1]礼的根本作用是"正国"[2],所以礼是"国之命"。基于此,荀子进而发明了"礼法"新概念:"礼法之大分也。"[3]"礼法之枢要也。"[4]"礼法"新概念的发明,具有划时代的文化意义,援礼入法、以礼论法,既是对法之性质的重新界定,更是对法背后隐伏之伦理精神的论证。有礼之法才是良法,无礼之法是恶法,"故非礼,是无法也"[5]。出于礼、入于刑,隆礼重法,礼法合一,其实质意在表明:法已不再是刑罚的汇合,而是建基于礼文化基石之上的新法,法被赋予了焕然一新的文化内核。因此,"礼法"思想的提出,为儒家王道政治文化根基的培植起到了关键作用。儒家法哲学开始发轫,尽管还只是一种哲学形态的萌芽而已。与儒家思想相对,法家探讨法与德关系的角度和观点都大不相同。"刑生力,力生强,强生威,威生德。德生于刑。"[6]类似文句反复出现于《靳令》《去强》等篇中,"威生德"在有些篇章中表述为"威生惠"。蒋礼鸿认为,"惠生于力,犹惠生于刑矣"[7]。德来源于刑,以刑罚治理乱世,才有可能导向道德文明社会。"非其义也,饿不苟食,死不苟生。此乃有法之常也。"[8]"常"之含义为内在条理、特性、本质,《说苑·修

---

1 王先谦:《荀子集解》,沈啸寰、王星贤点校,中华书局1988年版,第291页。
2 王先谦:《荀子集解》,沈啸寰、王星贤点校,中华书局2006年版,第303页。
3 王先谦:《荀子集解》,沈啸寰、王星贤点校,中华书局2006年版,第214页。
4 王先谦:《荀子集解》,沈啸寰、王星贤点校,中华书局2006年版,第221页。
5 王先谦:《荀子集解》,沈啸寰、王星贤点校,中华书局2006年版,第34页。
6 高亨:《商君书注译》,《高亨著作集》第七卷,清华大学出版社2004年版,第432页。
7 蒋礼鸿:《商君书锥指》,中华书局1986年版,第32页。
8 高亨:《商君书注译》,《高亨著作集》第七卷,清华大学出版社2004年版,第555页。

文》有"常者,质也"记载,含义基本一致。仁义诚信是"有法之常",无法则无德。社会通过轻罪重罚,达到"以刑去刑"社会理想境界之日,就是仁义诚信大行于世之时。"圣君独有之,故能述仁义于天下。"[1]认清了法与德的关系,才能真正把握仁义的内在真谛。法家认为儒家的理论缺陷在于空谈"老老、幼幼"社会大同理想,缺乏对实现社会大同理想途径的理论与制度设计。"背法而治,此任重道远而无马牛,济大川而无舡楫也。"[2]法是实现社会道德理想之必由途径,犹如济川之船桨、行远之车马。在商鞅看来,儒家因为没有厘清法与德之内在关系,因果颠倒,所以其学说善而无征、空而无果。

(二)"比德于殷、周":商鞅的社会理想愿景

在梳理德与法内在关系基础上,商鞅大张旗鼓地施行"行刑重轻"。"轻罪重罚"的目的并不仅仅在于惩罚犯罪者本人,而在于通过几十年甚至上百年的"刑不善",最终达到"以刑去刑"的社会理想境界,这正是商鞅矻矻以求的终生奋斗目标。明乎此,才真正读懂商鞅的内心世界。概而论之,商鞅所追求的"至德复立"的理想社会,至少有两大愿景。

其一,"比德于殷、周"[3],"移风易俗",男女有别。商鞅相秦十年,已处于各种社会矛盾的交汇点上,"宗室贵戚多怨望者"[4]。隐士赵良力劝

---

1 高亨:《商君书注译》,《高亨著作集》第七卷,清华大学出版社2004年版,第503页。
2 高亨:《商君书注译》,《高亨著作集》第七卷,清华大学出版社2004年版,第581页。
3 司马迁:《史记·商君列传》,裴骃集解,司马贞索隐,张守节正义,中华书局编辑部点校,中华书局1959年版,第2228页。
4 司马迁:《史记·商君列传》,裴骃集解,司马贞索隐,张守节正义,中华书局编辑部点校,中华书局1959年版,第2233页。

商鞅急流勇退、明哲保身。商鞅对自己十年改革进行辩护:"始秦戎翟之教,父子无别,同室而居。今我更制其教,而为其男女之别。大筑冀阙,营如鲁、卫矣。"¹值得注意的是,商鞅的辩护词中首先提到的并非政治制度、徭役制度与军事制度上的改革,而是社会道德文化建设方面的成就。鲁与卫代表周文,以商周文明建设秦国道德文化,"比德于殷周",是商鞅一生自我期许之奋斗目标。"营如鲁、卫矣"一句,掷地有声!其中蕴含着诸多感慨与慰藉。李斯对此评论说:"孝公用商鞅之法,移风易俗,民以殷盛,国以富强,百姓乐用,诸侯亲服,获楚、魏之师,举地千里,至今治强。"²我们必须将商鞅"移风易俗"改革置放于中国历史大背景中综合考察,才能认识清楚其间的文化巨变。在周代文明中,"男女有别"是社会伦理道德程度高的一项标杆。《礼记·内则》云:"道路,男子由右,女子由左。"³"女子出门,必拥蔽其面,夜行以烛,无烛则止。"⁴宋伯姬之所以死于一场大火,就是一直在等待傅姆的到来:"妇人之义,傅姆不在,宵不下堂。"⁵傅姆晚至,结果宋伯姬葬身于火海。在家庭伦理中,"男女授受不亲"也有详细规定,《礼记·曲礼》云:"男女不杂坐,不同椸、枷,不同巾、栉,不亲授。嫂叔不通问,诸母不漱裳。外言不入于梱,内言不出于梱。"⁶叔、嫂相接,在中原文明国家是被禁止的。齐人淳于髡曾以"嫂溺,则援之以手乎"向孟

---

1 司马迁:《史记·商君列传》,裴骃集解,司马贞索隐,张守节正义,中华书局编辑部点校,中华书局1959年版,第2234页。
2 司马迁:《史记·李斯列传》,裴骃集解,司马贞索隐,张守节正义,中华书局编辑部点校,中华书局1959年版,第2542页。
3 孙希旦:《礼记集解·内则第十二》,沈啸寰、王星贤点校,中华书局1989年版,第736页。
4 孙希旦:《礼记集解·内则第十二》,沈啸寰、王星贤点校,中华书局1989年版,第736页。
5 傅隶朴:《春秋三传比义》,中国友谊出版公司1984年版,第200页。
6 孙希旦:《礼记集解·曲礼上第一》,沈啸寰、王星贤点校,中华书局1989年版,第43—44页。

第四章 墨子与商鞅

子发难,孟子则以知"礼"通"权"应答。[1]但是,中原国家的文明之风丝毫没有传播至边陲之外的秦国,这与秦国历史密切相关。秦人原为东夷,生活在山东沿海一带,夏末向西迁徙。周武王灭商后,秦人迁至陕、甘一带与戎狄杂处。西周孝王时期,秦人首领非子因养马有功,被封于秦(今甘肃陇西一带)。秦人立国时间,远远晚于中原各国,社会文明化程度也远逊于鲁、宋诸国。以至于到秦孝公时代,中原各国盟会,仍然不邀请秦国,因为在中原各国眼中,秦国"与戎翟同俗,有虎狼之心,贪戾好利而无信,不识礼义德行"[2]。秦人不知礼义德行,寡廉鲜耻,"若禽兽"[3]。有鉴于此,商鞅治秦,依照鲁、卫风俗,雷厉风行地在秦国推行道德文明建设。秦孝公三年(前359),商鞅变法颁布《分户令》:"民有二男以上不分异者,倍其赋。"[4]兄弟必须分家,各立门户,否则"一人出两课"[5]。秦孝公十二年(前350),又重申《分户令》精神:"令民父子兄弟同室内息者为禁。"[6]在兄弟分居的基础上,又规定父子也必须分户。"同室"即同户,睡虎地秦简《法律答问》有:"可(何)谓'同居'?户为'同居',坐隶,隶不坐户谓殹(也)。"[7]商鞅两次"分户令",既有经济与政治管理上的考量,也有"移风易俗"、摒弃"戎翟之教"的社会道德教化目的。杨宽教授指出,商鞅变法禁止父子兄弟

---

[1] 杨伯峻:《孟子译注》,中华书局1960年版,第177页。
[2] 张清常、王延栋:《战国策笺注》,南开大学出版社1993年版,第625页。
[3] 张清常、王延栋:《战国策笺注》,南开大学出版社1993年版,第625页。
[4] 司马迁:《史记·商君列传》,裴骃集解,司马贞索隐,张守节正义,中华书局编辑部点校,中华书局1959年版,第2230页。
[5] 司马迁:《史记·商君列传》,裴骃集解,司马贞索隐,张守节正义,中华书局编辑部点校,中华书局1959年版,第2230页。
[6] 司马迁:《史记·商君列传》,裴骃集解,司马贞索隐,张守节正义,中华书局编辑部点校,中华书局1959年版,第2232页。
[7] 睡虎地秦墓竹简整理小组:《睡虎地秦墓竹简·法律答问》,文物出版社1978年版,第160页。

同室居住，目的在于"革除残留的戎狄风俗"[1]。商鞅以中原礼教文化革除秦国恶风陋俗的措施，在出土文献中多有体现。"某里士五（伍）甲诣男子乙、女子丙，告曰：'乙、丙相与奸，自昼见某所，捕校上来诣之。'"[2]秦律强调"男女洁诚"，对通奸之罪，绳之以法。如果发生家庭乱伦之行，更是严惩不贷。"同母异父相与奸，可（何）论？"[3]同母异父兄妹通奸，论为"弃市"。汉承秦制，强调男女有别，对家庭乱伦之行惩罚更趋酷烈。汉衡山王之子刘孝先自告谋反，朝廷"除其罪"，但最终却以"坐与王御婢奸，弃市"[4]。通奸罪竟然重于谋反罪，汉朝整齐风俗之礼法，与秦律相比有过之而无不及。

其二，从"壹刑"到"去刑"。商鞅思想中的"壹刑"蕴含三层意义。

首先，法之公正性。"民本，法也。"[5]法是体现国家道德精神的外在强制性约束力量，法应该具有普遍的约束力，上自君王、下至庶民，人人必须遵循。商鞅一再把法比作规矩、准绳与度量衡。"故法者，国之权衡也。"[6]因为只有这样论证法之性质，才可以说"法令者，民之命"。法既然是衡评是非功过的客观准绳，当然要蕴含公正之特点。法之公正性源自何处？换言之，法律公正性的依据何在？商鞅和其他法家一样，皆从"天道"寻求法之公正性存在之合理性。天之运行有其内在的规律和法则，其中一条最根本的法则为"天道无私"。天对万物无远

---

1 杨宽：《战国史》，上海人民出版社1980年版，第193页。
2 睡虎地秦墓竹简整理小组：《睡虎地秦墓竹简·封诊式》，文物出版社1978年版，第278页。
3 睡虎地秦墓竹简整理小组：《睡虎地秦墓竹简·法律答问》，文物出版社1978年版，第225页。
4 司马迁：《史记·淮南衡山列传》，裴骃集解，司马贞索隐，张守节正义，中华书局编辑部点校，中华书局1959年版，第3097页。
5 高亨：《商君书注译》，《高亨著作集》第七卷，清华大学出版社2004年版，第544页。
6 高亨：《商君书注译》，《高亨著作集》第七卷，清华大学出版社2004年版，第507页。

第四章 墨子与商鞅

无近、无偏无私。得天之道为"德",天之道显现于人之道、落实于法是为"公"。"公私之分明,则小人不疾贤,而不肖者不妒功。"[1]天下人的普遍权益为"公",个人利益为"私"。代表天下整体利益的法就是"公法",体现君王个人利益之法就是"私法"。因此,统治者当"立法为公","故尧舜之位天下也,非私天下之利也,为天下位天下也。论贤举能而传焉,非疏父子亲越人也,明于治乱之道也。故三王以义亲,五霸以法正诸侯,皆非私天下之利也,为天下治天下"[2]。商鞅于此提出了两个著名的论断:"为天下位天下"和"为天下治天下"。"天下"观念有别于"国","天下"指称的是一套价值体系以及建基于这一普遍价值体系之上的文明共同体。荀子指出"国"有可能被人以武力手段篡夺,但"天下"永远不可能被人攘为私有,因为"天下"的内核是价值观。商鞅认为"天下"不是君王一姓之天下,而是天下人之"天下",如果君王把"天下"当成自己私有之物,必将身亡国危。只有像尧舜那样,以天下为公,立法为公,"论贤举能",实行禅让制,才真正通晓治国之道。"故公私之交,存亡之本也。"[3]商鞅这些表述,与儒家思想存在相通相近之处。"为天下位天下"社会政治思想既是对宗法社会"家天下"传统的否定,又是对西周人文主义思潮的继承与发展。

其次,法之公平性。法既然代表国家和社会整体利益,就应该具有普遍适用的平等性特点。刑罚应该不分贵贱等级,不因人而异。司马迁虽然对法家多有微词,但对法家"不别亲疏,不殊贵贱,一断于法"[4]普

---

[1] 高亨:《商君书注译》,《高亨著作集》第七卷,清华大学出版社2004年版,第509页。
[2] 高亨:《商君书注译》,《高亨著作集》第七卷,清华大学出版社2004年版,第509页。
[3] 高亨:《商君书注译》,《高亨著作集》第七卷,清华大学出版社2004年版,第509页。
[4] 司马迁:《史记·太史公自序》,裴骃集解,司马贞索隐,张守节正义,中华书局编辑部校点,中华书局1959年版,第3291页。

遍适用的平等性原则仍给予高度评价："所谓壹刑者，刑无等级，自卿相将军以至大夫庶人，有不从王令、犯国禁、乱上制者，罪死不赦。有功于前，有败于后，不为损刑。有善于前，有过于后，不为亏法。"[1] "刑无等级"意味着不分贵贱亲疏，一断于法。在"刑无等级"理论中，商鞅还适度地提出了君王应守法的思想。尽管君王拥有立法、司法和行政诸大权，但法律一旦颁行，君王也有恪守法令的义务。《商君书·君臣》篇云："故明主慎法制。言不中法者，不听也；行不中法者，不高也；事不中法者，不为也。言中法，则辩之；行中法，则高之；事中法，则为之。"[2] 商鞅从言、行、事三方面论述君王与法的关系，"不为""不听"和"不高"是君王自身对待法律应持之态度。不合法律原则的"不为"，合乎法律原则的积极"为之"，此乃"治之至"。[3] 商鞅关于法律面前贵贱平等、"一断于法"的立法思想，并未仅仅停留于思辨领域。在司法实践上，商鞅也力图维护法的平等性原则。在推行新法过程中，太子驷在公子虔、公孙贾等宗法贵族势力唆使下，公然诋毁与阻挠新法推行。对于太子驷的违法行为，商鞅主张依法惩处，后来因为孝公出面求情，又考虑到太子驷是君位继承人不便施加肉刑，只好让太子师傅代其受刑，黥其师、劓其傅。太子犯法，刑及师、傅，这一案例实际上等于处罚了太子，况且太子师傅又都是宗室贵族。由此可见，商鞅不仅在理论上倡导"刑无等级"，在司法实践中也力求贯彻法的平等性原则。

复次，法之公开性。商周时代存在着"刑不可知，则威不可测"的神秘法传统，依恃不成文的习惯法和君主的命、诰来调整各种社会关

---

[1] 高亨：《商君书注译》，《高亨著作集》第七卷，清华大学出版社2004年版，第533页。
[2] 高亨：《商君书注译》，《高亨著作集》第七卷，清华大学出版社2004年版，第597页。
[3] 囿于时代的局限，商鞅尚不可能提出"刑君王"思想，更不可能在司法上真正做到君王犯法，与庶民同罪。对此，我们必须站在历史主义高度，对商鞅思想进行客观的评价。

第四章 墨子与商鞅

系。迨至春秋晚期郑国子产铸刑书,开创公布成文法先例。此事甫出,立即遭到叔向等人极力反对,其理由为"昔先王议事以制,不为刑辟,惧民之有争心也"[1]。"议事以制"是指"临事制刑,不豫设法"[2]。商周时代的法制特点是"以罪统例",而非"以罪量刑"。对于子产在法制方面开时代风气之举,叔向不仅抨击,而且诅咒:"民知争端矣,将弃礼而征于书。锥刀之末,将尽争之。乱狱滋丰,贿赂并行,终子之世,郑其败乎!"[3]商鞅继承了法家先驱子产等人公布成文法的传统,主张"宣明法制":"故圣人为法,必使之明白易知,名正,愚知遍能知之。"[4]商鞅认为,成文法颁布有两大优点。其一,"万民皆知所避就"[5]。成文法意味着法是刚性的行为规范,人们知道合法与非法的界限,了解自己的权利与义务。其二,"故吏不敢以非法遇民,民不敢犯法以干法官也"[6]。法令公开、透明,意味着法的可预见性。平民大众都通晓法律所赋予法吏的权利界限,法吏就不敢徇私枉法、任意断罪,罪犯也不敢法外求情或刁难法吏。韩非子评论说:"故法莫如显,而术不欲见。是以明主言法,则境内卑贱莫不闻之也。"[7]法必须"布之于百姓",才能达到"刑罚必于民心"的社会效果。商鞅治秦二十余载,在思想与舆论上高倡法律公开性同时,在制度层面上也采取了诸多措施保障法律的公开、透明。譬如,商鞅与其弟子建议"为法令置官吏"[8]。全国建立统一的司法

---

[1] 杜预:《春秋经传集解》,上海古籍出版社1988年版,第1275页。
[2] 杜预:《春秋经传集解》,上海古籍出版社1988年版,第1276页。
[3] 杜预:《春秋经传集解》,上海古籍出版社1988年版,第1276页。
[4] 高亨:《商君书注译》,《高亨著作集》第七卷,清华大学出版社2004年版,第625页。
[5] 高亨:《商君书注译》,《高亨著作集》第七卷,清华大学出版社2004年版,第625页。
[6] 高亨:《商君书注译》,《高亨著作集》第七卷,清华大学出版社2004年版,第619页。
[7] 陈奇猷:《韩非子新校注》,上海古籍出版社2000年版,第923页。
[8] 高亨:《商君书注译》,《高亨著作集》第七卷,清华大学出版社2004年版,第615页。

官吏队伍，在中央设立三名司法官吏，其中天子殿中置一名法官，御史置一名法官，丞相置一名法官。诸侯郡县皆分别设置一名法官，配备法吏若干名。由法官与法吏组成的司法机构具有两大职能，其一，定期向天下吏民颁布法令条文。出土秦简《尉杂》律有"岁雠辟律于御史"[1]的记载，"掌刑辟"的廷尉每年要到御史处核对法律条款，以免传抄讹误，这与《定分》篇中关于司法官吏每年定期核对并颁布法令条文的内容正相吻合。从秦简分析，地方官吏有定期公布法律条文之义务，《语书》实际上就是南郡郡守"腾"颁发给本郡各县、道的法律文告，"发书，移书曹，曹莫受，以告府，府令曹画之。其画最多者，当居曹奏令、丞，令、丞以为不直，志千里使有籍书之，以为恶吏"[2]。法律文书传达到县、乡、里时，各级政府须及时公之于众，"明法律令，事无不能"者为"良吏"；"不智（知）事，不廉絜（洁）"[3]，阻滞延宕法令施行者，将被视为"恶吏"。此外，《内史杂》律的"县各告都官在其县者，写其官之用律"[4]的记载表明，各县都官必须抄写法律条文，这也是官府公布法律条文的一种形式。其二，司法官吏有向吏民解释法令条文的义务，"吏民知法令者，皆问法官"[5]。《定分》篇这些阐述司法理论与制度的记载，已转化为秦国与秦朝的司法制度。秦简《法律答问》实际上就是司法官吏与吏民之间关于法令条文的答问录，"甲盗牛，盗牛时高六尺，系一岁，复丈，高六尺七寸，问甲可（何）论？当完城旦"[6]。秦朝成年男子平均身高是六尺五寸，尚未成年的孩子偷了别人一头牛，吏民

---

1 睡虎地秦墓竹简整理小组：《睡虎地秦墓竹简·秦律十八种》，文物出版社1978年版，第109页。
2 睡虎地秦墓竹简整理小组：《睡虎地秦墓竹简·语书》，文物出版社1978年版，第20页。
3 睡虎地秦墓竹简整理小组：《睡虎地秦墓竹简·语书》，文物出版社1978年版，第19页。
4 睡虎地秦墓竹简整理小组：《睡虎地秦墓竹简·秦律十八种》，文物出版社1978年版，第104页。
5 高亨：《商君书注译》，《高亨著作集》第七卷，清华大学出版社2004年版，第619页。
6 睡虎地秦墓竹简整理小组：《睡虎地秦墓竹简·法律答问》，文物出版社1978年版，第153页。

第四章 墨子与商鞅

问司法官吏应如何处罚？司法官吏回答说：先囚禁一年，一年后再量身高，如果身高已达6.7尺（约合今1.54米），就收录为城旦隶。这种答问录同样具有法律效力，在审理案件中经常援引，以资判决时参考。在商鞅之前，尚无思想家如此全面深入地论述司法原则、司法机构性质与职能。在这一意义上，商鞅学派的学说代表先秦时期司法诉讼理论所达到的最高水平。

法之公正、公平与公开，构成商鞅学说"壹刑"的基本架构。从法之公正、公平与公开，才有可能臻于"以刑去刑""至德复立"的理想社会境界。换言之，"壹刑"合乎逻辑的发展趋向就是"去刑"。"重刑，连其罪，则民不敢试。民不敢试，故无刑也。夫先王之禁，刺杀，断人之足，黥人之面，非求伤民也，以禁奸止过也。故禁奸止过，莫若重刑。刑重而必得，则民不敢试，故国无刑民。国无刑民，故曰：明刑不戮。"[1]商鞅所言"去刑"，并非"无刑"，或完全消弭犯罪现象，而是指通过长期公正、公平与公开的"壹刑"训导，全社会有望进入"明刑"的理想社会境界，"明刑之犹至于无刑也"[2]。所以，商鞅"去刑"的含义为"明刑"，韩非称之为"明法"。其思想实质一方面旨在表明法律的公正、公平与公开；另一方面意在说明，经过长期的"以壹辅仁"社会治理，法之性质已悄悄改变："国治，断家王，断官强，断君弱……故王者刑赏断于民心，器用断于家。治明则同，治闇则异。同则行，异则止。行则治，止则乱。治则家断，乱则君断。治国者贵下断，故以十里断者弱，以五里断者强。家断则有余，故曰：日治者王。官断则不足，故曰：夜治者强。君断则乱，故曰：宿治者削。故有道之国，治

---

[1] 高亨：《商君书注译》，《高亨著作集》第七卷，清华大学出版社2004年版，第533页。
[2] 高亨：《商君书注译》，《高亨著作集》第七卷，清华大学出版社2004年版，第533页。

不听君，民不从官。"¹在"有道之国"理想社会中，是非对错，已能"断于民心"，平民大众既不"听君"，也不"从官"，他们唯一"从"的是"心"。此"心"既是德性之心，也是法性之心。法由知识论层面的概念，转化为道德论意义上的观念。在长期法制教育与熏陶之下，法逐渐不再是外在强制性的制约力量，法已内化为人内在的、自然的生命本然欲求，法与德交融为一"心"。²通晓治国之要的统治者，商鞅称之为"王君""圣君"，"圣君"知道"以壹辅仁"的治国之道：社会高度法治化之日，就是社会道德文明大行于世之时。"耆老得遂，幼孤得长，边境不侵，君臣相亲，父子相保。"³"杀刑"与"圣德"相反相成、相生相依。"德礼为政教之本，刑罚为政教之用，犹昏晓阳秋相须而相成者也。"⁴至大至刚的法之精神与至善至美的道德境界水乳交融，犹如气之阴阳相辅相成。圣君深谙德与法相须而相成之"道"，所以真正"能述仁义于天下"。商鞅明乎此"道"，所以韩非称赞他是"功之至厚者"。"有道之国"的特点是"能述仁义于天下"，仁义是理想社会的国家精神，是政治制度、法律制度和道德价值体系的本体。通过"以刑去刑"，建构"能述仁义于天下"⁵的人类文明共同体，才是商鞅内心渴望并为之奋斗一生的社会理想。

综上所述，研究商鞅思想及其行事，有三点有待于深入讨论。

其一，对商鞅知识背景、知识结构和价值取向应全面深入研究。从商鞅青年时代治学与游学经历分析，将青年时代商鞅定位为杂家比较

---

1 高亨：《商君书注译》，《高亨著作集》第七卷，清华大学出版社2004年版，第435页。
2 曾振宇、崔明德：《由法返德：商鞅社会理想之分析》，《中国史研究》1997年第1期。
3 陈奇猷：《韩非子新校注》，上海古籍出版社2000年版，第287页。
4 长孙无忌等：《唐律疏议》，刘俊文点校，法律出版社1999年版，第3页。
5 高亨：《商君书注译》，《高亨著作集林》第七卷，清华大学出版社2004年版，第503页。

第四章 墨子与商鞅

符合历史事实。根据司马迁、班固和刘向等人的记载,商鞅年轻时拜杂家尸子为师,杂家的特点在于"兼儒墨,合名法"。商鞅四见孝公,分别以"帝道""王道"和"霸道"试探孝公所好,足以证明商鞅的知识背景与知识结构。商鞅的核心思想与价值取向不可单纯以"刻薄寡恩""轻罪重罚""利出一孔"来综括,"比德于殷周""以刑去刑"也是商鞅梦寐以求的社会理想愿景。在历史舞台上,存在着两个影像交叉重叠的商鞅:一个是师事尸子的杂家公孙鞅,另一个是被封于商、於之地的秦相商鞅。历史最终选择了商鞅以法家面目出现于世,而非商鞅自己愿意以法家面目显现于世。点明此区别,不无必要。

其二,商鞅并未全盘否定和废灭仁义道德文明,只是在仁义概念的界定、仁义理想实现之途径、法与德的内在关系等方面,与儒家存在一些分歧。在商鞅看来,法之内在文化精神是"爱民""利民"[1],"能述仁义于天下"是"有道之国"的本质特点。这些表述与儒家可谓殊途而同归,一致而百虑。也正是在这一层面上,商鞅与韩非不可混为一谈。商鞅思想深处有人文关怀成分,"法者所以爱民""以刑去刑""至德复立""为天下位天下""为天下治天下""比德于殷周""能述仁义于天下"等等论述,足以证明商鞅思想性质与儒家相比有相通兼容之处。商鞅"以刑去刑"理想社会,实质上是力图构建一个建基于"法内化为德"的人类文明共同体。

其三,中国古代法律的指导思想既有儒家成分,也有商鞅法家思想色彩。秦、汉律的蓝本可追溯到战国李悝《法经》,秦、汉时代法律文化精神(或言灵魂)"纯本于法家精神"自是不易之论。陈寅恪先生也尝言:"汉家法律,实本嬴秦之旧。"[2]但是,如果认为汉之后的中国古代

---

1 高亨:《商君书注译》,《高亨著作集林》第七卷,清华大学出版社2004年版,第370页。
2 陈寅恪:《陈寅恪集·金明馆丛稿初编》,生活·读书·新知三联书店2009年版,第145页。

思想的历史

法律文化之灵魂完全由儒家思想垄断,可能也是偏于一曲之论。首先,商鞅思想并未否定与排斥仁义道德文明,正文中已详论,此不赘述。其次,与其说儒家思想支配了一切古代法律,"一准乎礼",不如说儒家与法家思想联袂支配了一切古代法典,这恰恰是古代中华法系一大特色。长孙无忌在《唐律疏议》中开门见山的一段话值得我们细细品味:"夫三才肇位,万象斯分。禀气含灵,人为称首。莫不凭黎元而树司宰,因政教而施刑法。其有情恣庸愚,识沈愆戾,大则乱其区宇,小则睽其品式,不立制度,则未之前闻。故曰:'以刑止刑,以杀止杀。'刑罚不可弛于国,笞捶不得废于家。时遇浇淳,用有众寡。"[1]这是一段提纲挈领意义的导论,其思想贯穿于《唐律疏议》始终,事实上也渗透于宋元明清法律文本之中。"德礼"固然是法律文化之灵魂,"崇法"何尝又不是古代法律一以贯之的指导思想?长孙无忌所引"以刑止刑,以杀止杀"一语,出自商鞅等法家思想,这足以说明古代法律文化的内在精神是"王""霸"兼用、"隆礼重法"、"礼法并举"。"汉家自有制度,本以霸王道杂之,奈何纯(住)[任]德教,用周政乎?"[2]汉宣帝一语,道破了数千年古代法律文化内在玄机。

---

1 长孙无忌等:《唐律疏议》,刘俊文点校,法律出版社1999年版,第1页。
2 班固:《汉书·元帝纪》,中华书局1962年版,第277页。

第五章　董仲舒

一、民心即天命：董仲舒政治哲学评议

在20世纪学术史上，如果对研究董仲舒思想的代表性人物进行梳理，徐复观先生是一位无法回避的大家。他的治学方法以及许多观点，在学术的星空依然熠熠生辉。他认为，"汉代思想的特性，是由董仲舒所塑造的"[1]，"董仲舒建立了儒家的哲学大系统"[2]。与此同时，徐复观也客观指出董仲舒思想具有多面性特点，"横看成岭侧成峰"，要对董仲舒思想做一公允、厚实、全面的评价，实非易事。徐复观先生慨叹："这是思想史上很难处理的一位大思想家。"[3]非常有趣的是，并非徐复观一人于青灯黄卷之下发出这一感慨，当年胡适先生撰写董仲舒哲学时，几易其稿，一度还是搁笔不写。[4]由此看来，"很难处理"确实是研究董仲舒思想一大特点。尽管如此，释读董仲舒思想的多种"面相"，梳理董仲舒思想内在脉络，探寻其思想真实动机，发掘其思想的现代价值，仍然是当代学人任重道远的学术使命。缘此，笔者在前贤今哲研究基础上，力图对董仲舒政治思想中的天命、天心、民心与最高权力制约之间关系进行考辨与分析。在行文逻辑上，首先从天论与天命、天心入手；进而证明"民心即天命"，民心在"人道"的具体呈现是仁义；继而从"民

---

[1] 徐复观：《两汉思想史》第二卷，华东师范大学出版社2001年版，第182—183页。
[2] 徐复观：《两汉思想史》第二卷，华东师范大学出版社2001年版，第185页。
[3] 徐复观：《两汉思想史》第二卷，华东师范大学出版社2001年版，第184页。
[4] 《中国中古思想史长编》附录《中国中古思想小史》第五讲《儒教》，论及董仲舒思想，篇幅甚少。

心即天心"高度论证制约最高权力如何可能,董仲舒政治哲学如何由此获得一非常厚重的形而上根基;最后阐释董仲舒在政治哲学上思考的根本问题——何为政治之善?政权存在正当性何在?

(一)民心即天命

在董仲舒思想体系中,不同的"气"概念的位格有云壤之别。本体论层面的"气"有别于宇宙生成论层面之"气",二者不可混同为一。本体之气先于天地,气无方所,气无终始,气是一抽象的存在,气已获得了绝对的形式,所以气"不得与""不可见"[1]。董仲舒于此所表述的气,是本体论层面的观念,有些类似于黑格尔所说的"思想的一种抽象"[2]和"普遍的本质"[3]。此外,气也是宇宙生成论层面的概念。在宇宙生成论意义上,"天"时常可与"气"相互替代、相互说明。所以《春秋繁露》一书中,经常出现"天气"一词。天是气的隐喻之原型,气是无形无象的本原。"为生不能为人,为人者天也。人之人本于天,天亦人之曾祖父也。此人之所以乃上类天也。"[4]此处之"天"与"曾祖父",实质上都是气之具象化表述,在具象化背后隐伏的是抽象的万物之根。厘清了气与天之逻辑关系,才能读懂董仲舒建构在气学基础上的宇宙图式:"天地之气,合而为一,分为阴阳,判为四时,列为五行。行者,行也,其行不同,故谓之五行。五行者,五官也,比相生而间相胜也。

---

[1] 曾振宇、傅永聚注:《春秋繁露新注·重政》,商务印书馆2010年版,第102页。

[2] 《天地阴阳》云:"天地之间,有阴阳之气,常渐人者,若水常渐鱼也。所以异于水者,可见与不可见耳,其澹澹也。"

[3] [德]黑格尔:《哲学史讲演录》第一卷,贺麟、王太庆译,商务印书馆1995年版,第332页。

[4] 曾振宇、傅永聚注:《春秋繁露新注·为人者天》,商务印书馆2010年版,第223页。

第五章 董仲舒

故为治，逆之则乱，顺之则治。"[1]气—阴阳—四时—五行（金木水火土）—五行（仁义礼智信）—五官，构成一庞大、完备而又相互感应、相互证明、相互作用的宇宙理论。

在《春秋繁露》中，多义一身、多位一体，也是"天"概念一大特点。除了自然之天，至上人格神之天和义理之天也是"天"固有内涵。[2]在很多篇章中，至上人格神之天和义理之天合二为一。义理之天是体，人格神之天是用。换言之，义理之天借助于人格神之天这一颇具威严性、圣神性的"面具"出现。因此，在董仲舒思想体系中，"天"的主导性内涵是义理之天，而且这一内涵在董仲舒哲学中占据核心地位。[3]"天者，百神之大君也。事天不备，虽百神犹无益也。"[4]汉武帝沉溺于神仙之教，奉祀"太一""三一"诸神。董仲舒指出，遍祭群神而不祭天，有百害而无一益，借用孔子之言就是"获罪于天，无所祷也"[5]。上天与人一样，有喜怒哀乐之情感，"以类合之，天人一也"[6]。上天拥有至高无上的权力，不仅化生与养育万物，决定人之富贵寿夭，尤其重要的还在于：上天主宰人类社会最高权力的兴替。《春秋繁露》经常讨论"王者改制"，真正的"王者"理应"受命于天"[7]，得到了上天的承认与佑护。换言之，凡是没有得到天命首肯的王朝与统治者，其政权存在的合法性与正当性

---

1 曾振宇、傅永聚注：《春秋繁露新注·五行相生》，商务印书馆2010年版，第272页。
2 自然之天、义理之天和至上人格神之天，在《阴阳义》等有些文章中，并非泾渭分明，而是交融、糅合于一体。
3 金春峰先生指出："'天命'的内容，不只是上帝的意旨，也指支配宇宙的道德原理以及气的赋赐。"参见金春峰：《汉代思想史》，中国社会科学出版社2006年版，第123页。
4 曾振宇、傅永聚注：《春秋繁露新注·郊语》，商务印书馆2010年版，第298页。
5 曾振宇、傅永聚注：《春秋繁露新注·郊语》，商务印书馆2010年版，第298页。
6 曾振宇、傅永聚注：《春秋繁露新注·阴阳义》，商务印书馆2010年版，第249页。
7 曾振宇、傅永聚注：《春秋繁露新注·楚庄王》，商务印书馆2010年版，第12页。

值得怀疑。因此，一个新王朝创建之初，往往需"徙居处，更称号，改正朔，易服色"[1]。"王者改制"的所有举措，其目的在于证明新政权"顺天志"[2]。但是，"王者改制"有所改，有所不改，有所"有为"，有所"无为"。"制"可以改，"道"与"理"不可更易。"若夫大纲、人伦、道理、政治、教化、习俗、文义尽如故，亦何改哉！故王者有改制之名，无易道之实。"[3]道是无形的体，制是有形的用。有形的、可见的制，只有建立在无形的、不可见的道基石之上，才能获得存在的文化依托与道德基础。荀子当年就严格区分了"国"与"天下"的不同。称号、正朔、服色等等象征的是"国"，文明及其背后隐伏的民心属于"天下"范畴。"故可以有夺人国，不可以有夺人天下；可以有窃国，不可以有窃人天下也。夺之者可以有国，而不可以有天下。窃可以得国，而不可以有天下。"[4]国可以篡夺一时，但"天下"不可篡夺，因为天下实质性内涵之一是民心。董仲舒政治思想受荀子思想影响深厚，在"天下"观方面，董仲舒与荀子不同之处在于前者更多从天与天命角度立论。

由此而来，董仲舒进而想阐述的观点为：凡是顺受天命而立的君王，必定是顺应民心的君王。其实，董仲舒真正想要表述的观点是：凡是赢得民心的政权，一定是顺受天命的政权；凡是丧失民心的政权，必定也是被天命所否定乃至废绝的政权。一个新王朝建立之初，既要应天命"改制"，也必须从长远考虑赢取民心"作乐"。"改制"不同于"作乐"，"改制"与"作乐"有两点区别：

其一，"改制"意味着新政权得到了天命的支持，"作乐"意味着新

1　曾振宇、傅永聚注：《春秋繁露新注·楚庄王》，商务印书馆2010年版，第13页。
2　曾振宇、傅永聚注：《春秋繁露新注·楚庄王》，商务印书馆2010年版，第13页。
3　曾振宇、傅永聚注：《春秋繁露新注·楚庄王》，商务印书馆2010年版，第13页。
4　王先谦：《荀子集解》，沈啸寰、王星贤点校，中华书局1988年版，第326页。

第五章　董仲舒

政权得到了人民的拥护与爱戴。"制为应天改之,乐为应人作之。"[1]天命与民心,犹如一枚钱币的两面,其本质内涵是一致的,"彼之所受命者,必民之所同乐也"[2]。

其二,时间上不同。"改制"往往出现于新政权建立之始;"作乐"一般发生在新政权运行很长一段时间之后,或者某位杰出统治者去世之前。"是故大改制于初,所以明天命也;更作乐于终,所以见天功也。"[3]"作乐"并非时常出现,只有在类似尧、舜、禹、文、武等圣王时代才会发生。"王者,民之所往"[4],才会萌发"人心之动"。舜时期的《韶》,禹之时的《夏》,汤之时的《濩》,文王时代的《武》,皆是"天下同乐"[5]产生的"天功"。正如《史记·乐书》所论:"治定功成,礼乐乃兴。"[6]"制礼作乐"实际上已涉及政治哲学的一个重大问题:政权存在的正当性与合法性何在?依照儒家的观点,乐源起于人情之动,"凡音之起由人心生也"[7]。"由人心生"的音乐是自由意志的表达,而不是意志被奴役下的粉饰太平。

缘此,我们实际上已开始进入了董仲舒真实的内心世界。如果我们将以上论述"抽丝剥茧",做一逻辑上的梳理,自然而然可以得出以下结论:民心即天命。

论及"民心即天命",不妨再分析一个颇具代表性的事例——如何

1　曾振宇、傅永聚注:《春秋繁露新注·楚庄王》,商务印书馆2010年版,第14页。
2　曾振宇、傅永聚注:《春秋繁露新注·楚庄王》,商务印书馆2010年版,第14页。
3　曾振宇、傅永聚注:《春秋繁露新注·楚庄王》,商务印书馆2010年版,第14页。
4　曾振宇、傅永聚注:《春秋繁露新注·灭国上》,商务印书馆2010年版,第86页。
5　曾振宇、傅永聚注:《春秋繁露新注·楚庄王》,商务印书馆2010年版,第14页。
6　司马迁:《史记·乐书》,裴骃集解,司马贞索隐,张守节正义,中华书局编辑部点校,中华书局1982年版,第1175页。
7　阮元校刻:《礼记正义·乐记》,《十三经注疏》,中华书局2009年版,第3310页。

评价"汤武革命"。儒家与法家在这一问题的立场与观点,可谓泾渭分明。法家韩非从君臣尊卑有序视阈立论,明确否定汤武革命的正当性。儒家则一以贯之,异口同声高度肯定,甚至称颂这一通过暴力斗争手段实现政权转移的路径。孟子认为周武王"一怒而安天下之民"[1],丧失民心的君王,只是独夫民贼。因此,弑杀商纣王只不过是"诛一夫"而已。《周易·革卦·象》认为"天地革而四时成,汤武革命,顺乎天而应乎人"[2]。顺应天命与顺应人心并提,但前者是铺垫,后者才是本质。荀子进而提出"天下"无法通过暴力革命的方式夺取,因为"天下"的本质内涵是民心。夏桀、商纣"暴国之君"已沦落为"独夫",按照先秦时期"杀盗非杀人"的逻辑推演,独夫民贼甚至连人都不是,只能说是"禽兽"。汤、武并非用武力夺取天下,而是"天下归之"。"天下归之之谓王,天下去之之谓亡。"[3]在汤武革命的评价上,荀子思想充盈着自由思想的因素。"天下归之""天下去之",都是天下大众自由意志的表达与实现。如何评价汤武革命,在西汉时期是一个热门话题。汉景帝时期,围绕汤武革命正当性,发生了一场御前大辩论。黄生抨击汤武革命是以下犯上的僭逆行为,辕固生反驳说:"夫桀纣虐乱,天下之心皆归汤武,汤武兴天下之心而诛桀纣,桀纣之民不为之使而归汤武,汤武不得已而立,非受命为何?"[4]"天下之心"是因,"受命"是果。谁赢得"天下之心",谁才是"受命"而立的真命天子。这一场讨论在当时颇具政治敏感性,所以汉景帝指示今后不宜再讨论此话题。但是,董仲舒仍

---

[1] 朱熹:《孟子集注·梁惠王章句下》,《四书章句集注》,中华书局1983年版,第215页。
[2] 阮元校刻:《周易正义·革》,《十三经注疏》,中华书局2009年版,第124页。
[3] 王先谦:《荀子集解》,沈啸寰、王星贤点校,中华书局1988年版,第224页。
[4] 司马迁:《史记·儒林外传》,裴骃集解,司马贞索隐,张守节正义,中华书局编辑部点校,中华书局1982年版,第3122—3123页。

第五章　董仲舒

然在学术领域深入思考这一问题，并且从天论高度提升这一话题的理论深度。董仲舒首先从形而上视野树立一个政治哲学根本原则："且天之生民，非为王也；而天立王，以为民也。"[1]政府是谁之政府？洛克指出，人类自愿放弃其"自然法的执行权"，"授权"给社会，从而脱离"自然状态"，进入有"国家的状态"[2]。卢梭进而认为，人类为建立一个平等、公正的社会与政府，自愿放弃"自然的自由"，但是，"约定的自由"还存在，这一自由是对人类自愿让渡部分自由的补偿。洛克、卢梭从"人生而自由""天赋人权"理论出发，旨在阐明政权属于人民。儒家从孔子"天下为公"发端，经荀子"天为民立君"、《吕氏春秋·贵公》"天下非一人之天下也，天下之天下也"[3]、董仲舒"天为民立王"，延续至陆象山"天生民而立之君，使司牧之，故君者，所以为民也。《书》曰：'德惟善政，政在养民。'行仁政者所以养民"[4]，再到东林党人"以众论定国是"，继而延续至黄宗羲"古者以天下为主，君为客"[5]思想，在绵延数千年的思想长河中，隐伏着一个亘古不移的观点：权力顺应人民意志。这已成为儒家思想代代相传的思想"道统"。在确立"天为民立

---

1 曾振宇、傅永聚注：《春秋繁露新注·尧舜不擅移汤武不专杀》，商务印书馆2010年版，第158页。董仲舒这一思想显然源自荀子"天之生民，非为君也。天之立君，以为民也"，二者不仅观点一致，文句也基本上雷同。荀子与董仲舒思想皆与齐学有涉，其间的源流关系，于此也可窥其一斑。荀子这一观点，在战国秦汉时期比较流行。《左传》襄公十四年："天生民而立之君……天之爱民甚矣，岂其使一人肆于民上，以从其欲，而弃天地之性？必不然矣。"刘向《说苑·君道》云："夫天之生人也，盖非以为君也；天之立君也，盖非以为位也。夫为人君，行其私欲而不顾其人，是不承天意，忘其位之所以宜事也，如此者，《春秋》不予能君而夷狄之。郑伯恶一人而兼弃其师，故有夷狄不君之辞。人主不以此自省，惟既以失实心，奚因知之。故曰：有国者不可以不学《春秋》，此之谓也。"

2 ［英］洛克：《政府论》下册，叶启芳、瞿菊农译，商务印书馆2016年版，第54页。

3 吕不韦编：《吕氏春秋集释》，许维遹集释，梁运华整理，中华书局2009年版，第25页。

4 陆九渊：《陆九渊集》卷二十二《杂著·杂说》，钟哲点校，中华书局1980年版，第274页。

5 黄宗羲：《明夷待访录·原君》，吴光等点校，浙江古籍出版社2012年版，第2页。

王"政治哲学原则基础上,董仲舒进而阐释商汤弑夏桀、周武王弑商纣王,是"天夺之","天之所弃,天下弗祐,桀、纣是也"[1];商汤与周武王分别建立新王朝,属于"天予之","至德以受命,豪英高明之人辐辏归之"[2]。"天夺之"与"天予之"的标准在于:统治者是"安乐民"还是"贼害人"。[3]如果统治者是"贼害人"之流,那么已丧失君王之所以为君王的资格,堕落为"一夫"(孟子语)、"一夫之人"(董仲舒语)。对于"贼害人"的统治者,人人皆有权讨伐,汤武革命不是逞一己之力、泄一己之怒,而是替天行道、为民除害。所以登高一呼,应者云集。"王者,天之所予也;其所伐,皆天之所夺也。"[4]在"天为民立王"思想中,天是虚,人民是实。在"天夺之"与"天予之"这一大旗背后,张扬的恰恰是民心所向。[5]人的生命权等权利高于一切,在古代社会甚至高于主权。汤武革命,在人类历史进程中,并非一偶发的孤立事件,而是前后相续、瓜瓞连绵,呈现出周期性、规律性的历史特点。"故夏无道而殷伐之,殷无道而周伐之,周无道而秦伐之,秦无道而汉伐之。有道伐无道,此天理也。所从来久矣,宁能至汤、武而然耶!"[6]有道讨伐无道,"天理"昭昭。"万民之所欲"[7]就是"天心""王心""王道"[8],"天心""王心""王道"就是天理,这一天理在历史长河中屡次得到证明。将人心与"天理"相牵扯,从天理高度论证人心所向,这一思想在中国

---

[1] 曾振宇、傅永聚注:《春秋繁露新注·观德》,商务印书馆2010年版,第194页。
[2] 曾振宇、傅永聚注:《春秋繁露新注·观德》,商务印书馆2010年版,第196页。
[3] 曾振宇、傅永聚注:《春秋繁露新注·尧舜不擅移汤武不专杀》,商务印书馆2010年版,第158页。
[4] 曾振宇、傅永聚注:《春秋繁露新注·尧舜不擅移汤武不专杀》,商务印书馆2010年版,第158页。
[5] 黄宗羲进而在《明夷待访录·原臣》中提出了"万民之忧乐"理念:"盖天下之治乱,不在一姓之兴亡,而在万民之忧乐。是故桀、纣之亡,乃所以为治也;秦政、蒙古之兴,乃所以为乱也。"
[6] 曾振宇、傅永聚注:《春秋繁露新注·尧舜不擅移汤武不专杀》,商务印书馆2010年版,第158页。
[7] 曾振宇、傅永聚注:《春秋繁露新注·俞序》,商务印书馆2010年版,第113页。
[8] 曾振宇、傅永聚注:《春秋繁露新注·俞序》,商务印书馆2010年版,第112—113页。

第五章　董仲舒

哲学史上是一大进步。金春峰认为宋明理学所阐述的"天者理也、义也，仁为天心"，都是董仲舒思想的"变相"[1]。

行笔至此，势必进而回答一个问题：在董仲舒心目中，符合"天心""王心""王道"的"王"，该做如何界定？"古之造文者，三画而连其中，谓之王；三画者，天地与人也，而连其中者，通其道也，取天地与人之中以为贯，而参通之，非王者庸能当是？"[2]只有能贯通天道、地道与人道的统治者，才可称之为"王"。董仲舒对"王"概念的界定，并非出于对汉朝最高统治者权力的辩护，恰恰相反，对现实社会政治灌注了充盈的批判精神。在天道、地道与人道三者当中，天道下贯而为人道，所以天道是核心。天是人格神之天与义理之天的综合统一，"仁之美者在于天，天仁也，天覆育万物，既化而生之，有养而成之，事功无已，终而复始，凡举归之以奉人，察于天之意，无穷极之仁也"[3]。天有"生生之德"，这一论证思路与观点，基本上效仿《易传》路径。从"生生之德"，归结到天有道德属性，天有大德，天是一德性的存在，天是德性本体。[4]"天志仁，其道也义。"[5]仁属于天之德，"人之受命于天也，取仁于天而仁也"[6]。张之纯认为，"此言人之性理皆出于天"[7]。从人性论视阈分析，张之纯这一观点有一些道理。因为董仲舒认为天有阴阳，所以人性之中先在性蕴含"仁"与"贪"两种因子。但是，从《王道通三》立意分析，"人之受命于天"之"人"应当是指最高统治者"王"。王在

1　金春峰：《汉代思想史》，中国社会科学出版社2006年版，第179页。
2　曾振宇、傅永聚注：《春秋繁露新注·王道通三》，商务印书馆2010年版，第235页。
3　曾振宇、傅永聚注：《春秋繁露新注·王道通三》，商务印书馆2010年版，第235页。
4　在中国哲学史上，董仲舒较早地提出"气"有道德特性。
5　曾振宇、傅永聚注：《春秋繁露新注·天地阴阳》，商务印书馆2010年版，第356页。
6　曾振宇、傅永聚注：《春秋繁露新注·王道通三》，商务印书馆2010年版，第235页。
7　钟肇鹏：《春秋繁露校释》上，河北人民出版社2005年版，第734—735页。

政权存在正当性上受天命而立，自然而然应高标仁作为政治最高追求与最高德性原则。

"取仁于天而仁"，在政治伦理与制度伦理上，具体表现为"治其志而归之于仁"[1]。"仁，天心。"[2]仁，是天道根本精神的凝聚，"霸王之道，皆本于仁"[3]。这一表述是针对统治者而言的，要求君王守仁德、行仁政。当年荀子曾提出："天地生君子，君子理天地。"[4]又云："故仁人之用国，非特将持其有而已矣，又将兼人。"[5]"兼人"，就是通过施行仁政，赢取天下民心。董仲舒继而提出："是故《春秋》为仁义法，仁之法在爱人，不在爱我；义之法在正我，不在正人。我不自正，虽能正人，弗予为义；人不被其爱，虽厚自爱，不予为仁。"[6]董仲舒托《春秋》大义，从形式逻辑角度界定"仁"与"义"，在人伦意义上，与孔子思想相比，似乎新义不多。但是，在社会政治哲学领域，董仲舒对仁义的诠释有自己独特的思考。仁是"王道之体"[7]。王道有体用之分，仁是体，制度、措施、器物、正朔、服色等等是用。董仲舒实际上是在为天下立法，大而论之，也可以说儒家为天下立法。董仲舒力图从制度伦理层面重新诠释国家制度、法律与文化，力图为国家制度、法律与文化建构一个焕然一新的文化基础与道德依托。何种制度才是完美的？何种国家才是完善的？何种国家与制度，才是值得人类去追求的？概而言之，何为政治之善？董仲舒认为，国家制度、法律与文化如果符合仁义这一儒家王道之根本精

---

1 曾振宇、傅永聚注：《春秋繁露新注·王道通三》，商务印书馆2010年版，第235页。
2 曾振宇、傅永聚注：《春秋繁露新注·俞序》，商务印书馆2010年版，第113页。
3 曾振宇、傅永聚注：《春秋繁露新注·俞序》，商务印书馆2010年版，第113页。
4 王先谦：《荀子集解》，沈啸寰、王星贤点校，中华书局1988年版，第163页。
5 王先谦：《荀子集解》，沈啸寰、王星贤点校，中华书局1988年版，第199页。
6 曾振宇、傅永聚注：《春秋繁露新注·仁义法》，商务印书馆2010年版，第176页。
7 曾振宇、傅永聚注：《春秋繁露新注·俞序》，商务印书馆2010年版，第113页。

神,就获得了存在的正当性;反之,如果国家制度、法律与文化违逆仁义,就会丧失存在正当性。"'苟志于仁,无恶',此之谓也。"[1]"梁亡",是古代学者津津乐道的一个话题。对于梁国的灭亡,《春秋》仅仅用了"梁亡"两个字表述,但《春秋》笔法隐含的微言大义,却引发人们无尽的思考。《左传》《公羊传》和《谷梁传》虽然评价不一,但都指出属于"自亡""自取"。"自亡"就是在没有他国入侵的情况下,由于内部原因,导致国家灭亡。《公羊传》特意用了"鱼烂而亡"四字来评述,寓意深刻。"鱼烂"是由内因引发,由内而外蔓延。"梁亡"是由于统治者背仁弃义,公信力丧失,民心溃散,国君成为"枉上""枉君"。民众选择逃离,在古代社会是一种行之有效的表达自己权利意识的方式。董仲舒指出:"独身者,虽立天子诸侯之位,一夫之人耳,无臣民之用矣。如此者,莫之亡而自亡也。《春秋》不言伐梁者,而言梁亡,盖爱独及其身者也。故曰:仁者爱人,不在爱我,此其法也。"[2]董仲舒虽然还没有像明末黄宗羲那样从政治制度层面提出君王有"大害",但已从权利意识高度探讨人民大众的政治诉求。权利意识属于自由思想的基本内涵,缘此,在董仲舒政治哲学中,已经蕴含些许古代自由思想的色彩。

(二)"屈君而伸天":君权必须制约

既然"天为民立王",民心即天心、天命,仁即天心,仁是社会政治与制度伦理的"天理",那么要求统治者因循仁义天理而行,奉王道、行仁政,就是题中应有之义。换言之,如何制约最高权力,为权力运行

---

[1] 曾振宇、傅永聚注:《春秋繁露新注·玉英》,商务印书馆2010年版,第53页。
[2] 曾振宇、傅永聚注:《春秋繁露新注·仁义法》,商务印书馆2010年版,第178页。

套上天命、天心"紧箍咒",成为董仲舒进而要思考的社会政治问题。《春秋繁露·玉杯》篇中的一段话,时常被人误读:"故屈民而伸君,屈君而伸天,《春秋》之大义也。"[1]在学术史上,曾经有人认为这是董仲舒为专制主义中央集权政治进行理论辩护[2],但是,如果将这一段话放在《玉杯》全篇乃至《春秋繁露》全书架构中衡评,徐复观先生的论断发人深思。他认为,"屈民而伸君"是"虚",属于"陪衬",目的是在策略上"先迎合统治者的心理"[3],"屈君而伸天"一句话才是"实",才是"进而说出自己的真正主张"的"主体"。先虚后实,虚晃一枪,"盖欲把君压抑(屈)于天之下,亦即是压抑于他所传承的儒家政治理想之下,使君能奉承以仁为心的天心,而行爱民之实"[4]。在两屈两伸中,落脚点是"伸天"。"天"指谓天命、天心,天命、天心的本质就是民心。因此,"屈君而伸天"的真实意义在于高扬民心,制约君权。

如何将"屈君而伸天"思想付诸社会政治,将美好的政治理想化为具体的政治实践,是董仲舒政治哲学反复讨论的现实课题。从《春秋繁露》与《天人三策》分析,董仲舒在如何制约最高权力方面的论述,呈现出立体化、多层面的特点。

1. 用知识扩展统治者的眼界,提高统治者的智慧

"君子知在位者不能以恶服人也,是故简六艺以赡养之。"[5]以"六艺"教育君王,属于"王教"。《汉书·儒林传》尝言:"六学者王教之

---

1 曾振宇、傅永聚注:《春秋繁露新注·玉杯》,商务印书馆2010年版,第20页。
2 李泽厚先生认为:"董仲舒搞这一套,主要是为了以这种宇宙论系统确定君主的专制权力和社会的统治秩序。"参见李泽厚:《中国古代思想史论》,人民出版社1986年版,第149页。
3 徐复观:《两汉思想史》第二卷,华东师范大学出版社2001年版,第212页。
4 徐复观:《两汉思想史》第二卷,华东师范大学出版社2001年版,第212页。
5 曾振宇、傅永聚注:《春秋繁露新注·玉杯》,商务印书馆2010年版,第24—25页。

第五章　董仲舒

典籍。"[1]《书》是上古政治思想,"故长于事"。《诗》是文学,《庄子·天下》说:"《诗》以道志。"[2]《礼》是古代伦理学,《礼记·乐记》说:"先王之制礼乐,人为之节。"[3]《易》是自然哲学,学《易》明天道。《春秋》是史学,学《春秋》明人道。《史记·自序》引董仲舒言:"《春秋》辨是非,故长于治人。"[4]《乐》是乐教,可以化民成俗,"故长于风"[5]。知识多,则愚昧少;知识多,则智慧多。统治者知识量的增加,有利于提升统治者的管理智慧。

2. 用儒家伦理熏陶统治者的德性,用道德自律提升统治者道德情操

知识之真与政治之善是何种逻辑关系?知识之真必然导向善政吗?董仲舒显然已认识到两者之间的逻辑关系,所以大力倡导君王应"法天之行",以天德制约君王自身的性情。董仲舒首先从阴阳气论高度,论证天之暖清寒暑与人之喜怒哀乐,皆源起于阴阳之气。"人有喜怒哀乐,犹天之有春夏秋冬也。"[6]人的情感有其存在的正当性,因为都是"天气之然"[7]。春夏秋冬、暖清寒暑是上天的性情,上天性情的发生,有时、有序、有节、有常。[8]春季当时而发,呈现"和"之德;夏季当时而发,呈现生养之恩德;秋季当时而发,展现公平正义之德;冬季当时而

1　苏舆:《春秋繁露义证》,钟哲点校,中华书局1992年版,第35页。
2　苏舆:《春秋繁露义证》,钟哲点校,中华书局1992年版,第37页。
3　阮元校刻:《礼记正义·乐记》,《十三经注疏》,中华书局2009年版,第3315页。
4　苏舆:《春秋繁露义证》,钟哲点校,中华书局1992年版,第36页。
5　曾振宇、傅永聚注:《春秋繁露新注·玉杯》,商务印书馆2010年版,第25页。
6　曾振宇、傅永聚注:《春秋繁露新注·如天之为》,商务印书馆2010年版,第352页。
7　曾振宇、傅永聚注:《春秋繁露新注·如天之为》,商务印书馆2010年版,第353页。
8　《天容》云:"天之道,有序而时,有度而节,变而有常,反而有奉,微而至远,踔而致精,一而少积蓄,广而实,虚而盈。"(参见曾振宇、傅永聚注:《春秋繁露新注·天容》,商务印书馆2010年版,第240页)

发，彰显自重威严之德。"圣人视天而行"[1]，喜怒哀乐的收放应因循"有序而时""有度而节"的原则。时、节、序、常、度五者综括而言，就是遵循义而行："人主有喜怒，不可以不时，可亦为时，时亦为义。喜怒以类合，其理一也。故义不义者，时之合类也，而喜怒乃寒暑之别气也。"[2]知识之真与性情之善相结合，才有可能引向政治之善。性情之恶，必将淆乱天下，生民涂炭，"人主当喜而怒，当怒而喜，必为乱世矣"[3]。

3. 祥瑞与灾异

祥瑞与灾异建基于汉代普遍的大众信仰基础之上。上自王公贵族，下至贩夫走卒引车卖浆者流，都对祥瑞与灾异之说深信不疑。汉武帝元光元年（前134）"诏贤良"，行对策，所提出的问题中，居然有两个问题皆涉及祥瑞与灾异："三代受命，其符安在？""灾异之变，何缘而起？"[4]董仲舒的回答为：灾异皆源发于人事。统治者的政治行为违忤自然规律与人民意愿，必然招致"不常之变"，"凡灾异之本，尽生于国家之失"[5]。"国家之失"刚刚萌芽，上天出于仁爱之心，"振吾过"，"救吾失"，于是引发地震、洪水等灾害，表达上天的"谴告"；假使统治者昏庸暴虐，执迷不悟，上天进而引发日食、荧惑守心、夏雨雪等怪异天象来"惊骇"君王；假如统治者仍然不及时幡然醒悟，痛改前非，江山易主、汤武革命必将应时而至，"不若于道者，天绝之"[6]。祥瑞与灾异的

---

1 曾振宇、傅永聚注：《春秋繁露新注·天容》，商务印书馆2010年版，第240页。
2 曾振宇、傅永聚注：《春秋繁露新注·天容》，商务印书馆2010年版，第240页。
3 曾振宇、傅永聚注：《春秋繁露新注·王道通三》，商务印书馆2010年版，第239页。
4 班固：《汉书·董仲舒传》，中华书局1962年版，第2496页。
5 曾振宇、傅永聚注：《春秋繁露新注·必仁且智》，商务印书馆2010年版，第186页。
6 曾振宇、傅永聚注：《春秋繁露新注·顺命》，商务印书馆2010年版，第309页。

第五章 董仲舒

主导者、施行者是有意志的上天,"王者必受命而后王"[1],王权源出于上天,只有得到上天认可的王权,才获得存在的合法性,才会得到上天的庇护。但是,天命并非仅仅胶滞于一家一姓,而是天命无常,"唯命是德庆"[2],只有德侔天地之人,"皇天右而子之,号称天子"[3]。既然地上王权由上天所赋予,上天如何通过祥瑞与灾异表达意志、行使权力,就成为人间统治者如履薄冰般关注的话题。如前所述,上天只不过是一只披着"狼皮"的"羊"而已,"天下之人同心归之,若归父母,故天瑞应诚而至"[4]。天命的本质是民心,民心借助于上天这一外在超越性的外壳,才更显得具有神圣性、绝对性。

在《王道》《五行五事》《五行顺逆》《顺命》等多篇文章中,董仲舒不惜笔墨,反复阐明祥瑞与灾异如何与"国家之失"紧密相连。天降祥瑞还是天降灾异,关键在于"王正"抑或"王不正"。"王者,人之始也。"[5]符合儒家王道理想的"王",利用公权力积极推行人道。"王者承天统理"[6],君王上承天道,进而将天道贯彻于人道,这就是"正"。"教以爱,使以忠,敬长老,亲亲而尊尊,不夺民时,使民不过岁三日。民家给人足,无怨望愤怒之患、强弱之难,无谗贼妒疾之人,民修德而美好,被发衔哺而游,不慕富贵,耻恶不犯"[7],天下太平,人心归顺,上天将降甘露,"朱草生,醴泉出,风雨时,嘉禾兴,凤凰、麒麟游于

---

[1] 曾振宇、傅永聚注:《春秋繁露新注·三代改制质文》,商务印书馆2010年版,第135页。
[2] 曾振宇、傅永聚注:《春秋繁露新注·三代改制质文》,商务印书馆2010年版,第137页。
[3] 曾振宇、傅永聚注:《春秋繁露新注·顺命》,商务印书馆2010年版,第308页。
[4] 班固:《汉书·董仲舒传》,中华书局1962年版,第2500页。
[5] 曾振宇、傅永聚注:《春秋繁露新注·王道》,商务印书馆2010年版,第68页。
[6] 班固撰集,陈立疏证:《白虎通疏证》卷六《封禅·论符瑞之应》,吴则虞点校,中华书局1994年版,第283页。
[7] 曾振宇、傅永聚注:《春秋繁露新注·王道》,商务印书馆2010年版,第68页。

郊"[1]。类似于夏桀、商纣之流的暴君，毁弃仁义，骄溢妄行，将招致灾异，"日为之食，星陨如雨，雨螽，沙鹿崩；夏大雨水，冬大雨雪；陨石于宋五，六鹢退飞；陨霜不杀草，李梅实；正月不雨，至于秋七月；地震，梁山崩，壅河，三日不流"[2]。祥瑞或者灾异，都是人所招致。人的言行，会直接而深刻地影响自然天象。

透过天人感应层层迷障，我们其实不难发现，祥瑞与灾异学说充满了浓郁的社会功利目的。萧公权先生评论说："董子虽以言灾异下吏，然观《汉书·天文》《五行》两志所述，足知'天人相与'已成为西京之显学，而仲舒乃其重要之大师。抑吾人当注意，董子言天人，其意实重革命而轻受命，详灾异而略祯祥。试案现有之文献可证此论之非诬。盖其学犹有邹子谈天之遗意，与汉代曲学阿世之儒，推天命以媚时君者，皮毛相似，而精神迥殊。"[3]萧公权之论，非常精确，董仲舒论天人感应，确实呈现出两大特点。

其一，重心在谈灾异与谴告，对祥瑞谈得较少。根据《宋书·符瑞志》《新唐书·百官志》等正史记载，祥瑞大体可分为四类：其一，天文与自然现象，如瑞星、景云、五星连珠、瑞雪、醴泉、甘露之类；其二，动物，如麒麟、凤凰、龙、龟、鹿、兔、鸾、鹅等等；其三，植物，如嘉禾、灵芝、朱草之类；其四，器物，如鼎、钟、磬、玉璧等等。但是，在《春秋繁露》中，对祥瑞文化及其与社会政治的关系，论述不多。董仲舒政治思想的着力点在通过灾异影响时政。其实，作为董仲舒弟子的司马迁，在《史记·天官书》早已点明："凡天变，过度

---

[1] 曾振宇、傅永聚注：《春秋繁露新注·王道》，商务印书馆2010年版，第68页。
[2] 曾振宇、傅永聚注：《春秋繁露新注·王道》，商务印书馆2010年版，第71页。
[3] 萧公权：《中国政治思想史》，辽宁教育出版社1998年版，第279—280页。

第五章 董仲舒

乃占……然其与政事俯仰，最近（大）[天]人之符。"[1]谈天人相与的目的在于"与政事俯仰"，或者说是"诏救政"。《汉书·天文志》对《史记·天官书》的观点做了进一步的阐发："政失于此，则变见于彼，犹景之象形，响之应声。是以明君睹之而悟，饬身正事，思其咎谢，则祸除而福至，自然之符也。"[2]董仲舒自己也表述得十分清晰："所闻《诗》无达诂，《易》无达占，《春秋》无达辞。从变从义，而一以奉仁人。"[3]"《春秋》无达辞"的原因在于依从道义，因此不求通辞，从变而移。

其二，谈天人感应、天人相与，重点放在革命，而不是受命。董仲舒大谈天人关系，其实质不是为汉代皇权寻求存在的正当性与合法性。恰恰相反，董仲舒谈得更多的是"革命"。立足于儒家道义立场，针砭时政，觉君行道，抨击媚政之论，才是董仲舒谈天的真正意图。

通而论之，充分利用社会大众对祥瑞与灾异的普遍信仰，达到制约君权的政治目的，对荀子思想深有研究的大哲董仲舒，自然对荀子"君子以为文，百姓以为神"[4]的思想领悟极深。参悟了这一点，我们才能读懂《五行五事》篇。董仲舒将君王貌、言、视、听、思与木、金、火、水、土相配，论证两者之间存在逻辑与事实关联。如果君王心有不敬，会招致树木不直，"夏多暴风"；如果君王不诚信，将招致"金不从革，而秋多霹雳"[5]；如果君王不辨贤良奸佞，"则火不炎上，而秋多电"[6]；如果君王心胸狭窄，将直接导致庄稼歉收。貌、言、视、听、思五事，基本

---

[1] 司马迁：《史记·天官书》，裴骃集解，司马贞索隐，张守节正义，中华书局编辑部点校，中华书局1982年版，第1351页。
[2] 班固：《汉书·天文志》，中华书局1962年版，第1273页。
[3] 曾振宇、傅永聚注：《春秋繁露新注·精华》，商务印书馆2010年版，第64页。
[4] 王先谦：《荀子集解》，沈啸寰、王星贤点校，中华书局1988年版，第316页。
[5] 曾振宇、傅永聚注：《春秋繁露新注·五行五事》，商务印书馆2010年版，第292页。
[6] 曾振宇、傅永聚注：《春秋繁露新注·五行五事》，商务印书馆2010年版，第292页。

上涵盖统治者言行、政治伦理、行为伦理和政治决策，涉及面极广。耐人寻味的是，《尚书》《孔子家语》《说苑》《汉书》《论衡》等典籍皆有五行、五事方面的记载，五行与五事具体如何一一对应，各种典籍略有差异。譬如，"貌"应该配水还是配木？董仲舒对此并无意去深究。董仲舒真正关注的焦点在于：如何让统治者相信五行五事学说，进而以此约束自身的行为。

祥瑞与灾异学说，是董仲舒政治哲学非常重要的一环。借助祥瑞与灾异，董仲舒力图向天下统治者表达一个政治理念："不敢有君民之心。"[1]"君民"有别于"报民"，《礼记·表记》也有类似记载："子曰：下之事上也，虽有庇民之大德，不敢有君民之心，仁之厚也。"[2]《礼记·表记》明确表示"不敢有君民之心"，乃孔子所言。"君民"意谓统治者高踞于平民百姓之上，权力非源自人民所授。政权存亡与平民百姓无关，平民百姓只是被奴役者、被统治者。统治权不是"为公众谋利益"[3]，而是以实现统治者的利益为目的；"报民"意味政权建立在仁义价值理念基础上，统治者意识到权力来自天心、天命（民心），得民心者得天下，因此对权力始终有敬畏之心，对天下大众始终有感恩之情。恰如孔子所言：治国理政，犹如"懔懔焉如以腐索御奔马"[4]。康有为评论说："不敢有君民之心，盖圣人以为吾亦一民，偶然在位，但欲为民除患，非以为尊利也。此为孔子微言，后世不知此义，藉权势以自尊，务立法以制下，公私之判，自此始矣。"[5]康有为认为，董仲舒"不敢有君民之心"

---

1 曾振宇、傅永聚注：《春秋繁露新注·王道》，商务印书馆2010年版，第68页。
2 阮元校刻：《礼记正义·表记》，《十三经注疏》，中华书局2009年版，第3561页。
3 ［英］洛克：《政府论》下册，叶启芳、瞿菊农译，商务印书馆2016年版，第79页。
4 刘向：《说苑疏证》，赵善诒疏证，华东师范大学出版社1985年版，第173页。
5 康有为：《康有为全集》第二集，中国人民大学出版社2007年版，第403页。

第五章 董仲舒

是对孔子思想的赓续与发展，是孔子"天下为公"王道理想的进一步深化。康有为所言"为民除患"，近似于洛克所说"统治的剑"并非"单为统治者自己的利益"服务，而是为了保障天下所有人的权利与财产"不受他人的暴力或侵犯"[1]。

4. 贤能之人治理天下

主权在民心，治权在贤能，是儒家王道政治的核心理念。觉君行道是董仲舒政治哲学着力点，觉臣行道也是董仲舒政治哲学重心所在。重贤、尚贤，"任贤使能"，是儒家"治权在贤能"理想实现与否的前提性条件。"能致贤，则德泽洽而国太平。"[2]治权在贤能理念存在的正当性，又与"君道无为""臣道有为"理论紧密相关。关于"有为"与"无为"，老子、庄子、韩非子、《论语》、《中庸》、《易传》皆提及。但是，儒家孔子所说的"无为"[3]，其实质内涵与政治追求，与老子、韩非子相比较，有显著区别。《大戴礼记》的诠释比较精确："参！女以明主为劳乎？昔者舜左禹而右皋陶，不下席而天下治。"[4]臣劳君逸，任贤使能，贤能依据仁义之道治天下，孔子儒家无为思想既有别于韩非子、申不害的"无为"之"术"，也有异于老子"道法自然"意义上的无为。相比之下，董仲舒的无为与有为思想，既有儒家思想的浸润，又有韩非、申不害思想的渗透。董仲舒从天地之道论证"君无为""臣有为"，"天地之行美也。是以天高其位而下其施，藏其形而见其光，序列星而近至精，考阴

---

1 [英]洛克：《政府论》下册，叶启芳、瞿菊农译，商务印书馆2016年版，第79页。
2 曾振宇、傅永聚注：《春秋繁露新注·通国身》，商务印书馆2010年版，第132页。
3 《论语·卫灵公》："子曰：'无为而治者，其舜也与！夫何为哉？恭己正南面而已矣。'"（参见朱熹：《论语集注·卫灵公第十五》，《四书章句集注》，中华书局1983年版，第162页）
4 王聘珍：《大戴礼记解诂》，王文锦点校，中华书局1983年版，第3页。

阳而降霜露。高其位，所以为尊也；下其施，所以为仁也；藏其形，所以为神也"[1]。所以君王应"取象于天"，"以无为为道，以不私为宝"[2]，垂拱而治，分权与贤，任贤使能，"亲圣近贤"，施行仁政；另一方面，君王既然"取象于天"，也应"藏其形"[3]"隐居深宫"[4]，"为人君者，居无为之位，行不言之教，寂而无声，静而无形，执一无端，为国源泉。因国以为身，因臣以为心，以臣言为声，以臣事为形"[5]。君王虽然"隐居深宫"，但可以借助权术巩固自身君位，借助赏罚驾驭臣下，通过"执一无端"辨别臣下忠奸。与君王"取象于天"相对应，臣子则"法地之道"[6]，"暴其形，出其情"[7]，积极有为，勤勉奉职，朝夕进退，委身致命，伏节死难，辅佐君王，化成天下。君王"无为"，"其法取象于天"[8]；贤能之臣"有为"，"其法取象于地"[9]。臣道源出于地道，地道有为，所以臣道理应积极有为，"臣道有为"理念由此获得了形而上的根据。这一论证过程，在逻辑上尽管有比附的瑕疵，当然也不如黄宗羲直截了当地从社会分工理论出发喊出"故我之出而仕也，为天下，非为君也；为万民，非为一姓也"[10]痛快淋漓，但是，如果从历史主义立场评判，汉代董仲舒能从天地之道高度论证"臣道有为"，思想创新的色彩已灿然可观。

---

1 曾振宇、傅永聚注：《春秋繁露新注·天地之行》，商务印书馆2010年版，第345页。
2 曾振宇、傅永聚注：《春秋繁露新注·离合根》，商务印书馆2010年版，第116页。
3 曾振宇、傅永聚注：《春秋繁露新注·天地之行》，商务印书馆2010年版，第345页。
4 曾振宇、傅永聚注：《春秋繁露新注·天地之行》，商务印书馆2010年版，第347页。
5 参见曾振宇、傅永聚注：《春秋繁露新注·保位权》，商务印书馆2010年版，第125页。另外，本篇"黑白分明，然后民知所去就，民知所去就，然后可以致治，是为象则"一段话，与商鞅思想比较接近。
6 曾振宇、傅永聚注：《春秋繁露新注·离合根》，商务印书馆2010年版，第116页。
7 曾振宇、傅永聚注：《春秋繁露新注·离合根》，商务印书馆2010年版，第116页。
8 曾振宇、傅永聚注：《春秋繁露新注·天地之行》，商务印书馆2010年版，第345页。
9 曾振宇、傅永聚注：《春秋繁露新注·天地之行》，商务印书馆2010年版，第346页。
10 黄宗羲：《黄宗羲全集》第一册，浙江古籍出版社1985年版，第4页。

第五章 董仲舒

依照"君道无为""臣道有为"理念，势必从政治伦理学高度重新界定君臣之间政治关系。值得注意的是，董仲舒将君臣之间政治伦理界定为忠义。

孔子经常将忠与信并举，"主忠信"，主于内为忠，发于外为信。《论语》一书中尚未出现作为名词的"诚"概念，"忠信"已蕴含了些许宋代学者"诚"的韵味。《孟子》出现"忠"8次，不及《论语》出现频率一半。孟子的"忠信"往往与"孝悌"并举，后者是家庭伦理，前者是社会政治伦理。受孔子"士志于道"影响，孟子倡导忠于"道"，而非忠于君。《荀子》一书"忠信"概念出现25次，主要表现为政治伦理。荀子要求君王"务忠信"[1]，同时要求臣下"忠信而不谀"[2]。忠信既是对君王的政治伦理约束，也是对臣子政治伦理的界说。忠有"大忠""次忠""下忠"和"国贼"之分，大忠是"以德覆君而化之"[3]。"德"与"化"，都是立足于儒家王道政治立场而论，荀子具体诠释为"从道不从君"[4]。在先秦以孔孟荀为代表的儒家思想中，对君臣之间政治伦理的设计，达到最高水平的是思孟学派。"友，君臣之道也。"[5]友意味着平等，君臣之间是平等政治关系，当然这种平等是指人格上的平等，而非现实政治地位的平等。[6]郭店楚简这一思想，直接绍承孟子"土芥—寇雠"思

---

[1] 王先谦：《荀子集解》，沈啸寰、王星贤点校，中华书局1988年版，第305页。
[2] 王先谦：《荀子集解》，沈啸寰、王星贤点校，中华书局1988年版，第252页。
[3] 王先谦：《荀子集解》，沈啸寰、王星贤点校，中华书局1988年版，第254页。
[4] 王先谦：《荀子集解》，沈啸寰、王星贤点校，中华书局1988年版，第250页。
[5] 刘钊：《郭店楚简校释·语丛（三）》，福建人民出版社2005年版，第208页。郝大维、安乐哲对此给予高度评价："古典儒学界定君臣关系不是简单地如同父子关系，而是将父子关系与朋友关系结合的一种关系。"（参见郝大维、[美]安乐哲：《先贤的民主》，江苏人民出版社2004年版，第86页）
[6] 《庄子·人间世》云："内直者，与天为徒。与天为徒者，知天子之与己皆天之所子。"这一论述在一定程度上已蕴含政治地位平等的思想。（参见郭象注：《南华真经注疏内篇》卷二《人间世》，成玄英疏，曹础基、黄兰发点校，中华书局1998年版，第80页）

想而来[1]，后来又深刻地影响了黄宗羲政治哲学。黄宗羲认为，臣子"以天下为事，则君之师友也"[2]。

  与孔孟荀"忠"论不同之处在于，董仲舒别开生面地从五行学说视阈论证"忠"德的正当性。火生土，土生金。土受之于火，火与土形成父子关系，"常因其父，以使其子，天之道也"[3]。在五行之德中，董仲舒尤其推崇土德，"土者，五行之主也"[4]。在学术史上，将土列为五行之首，董仲舒是第一人。土位居中央，被称为"天润"，金、木、水、火皆需仰仗土德才能成就其功业，而土兼具金、木、水、火四行和春、夏、秋、冬四时之德。因此，土的地位显赫，土德最崇高。"土者，天之股肱也。其德茂美，不可名以一时之事。故五行而四时者，土兼之也。"[5]五行既是金、木、水、火、土，又指谓五德。土德对应的是忠，"是故圣人之行，莫贵于忠，土德之谓也"[6]。从火生土，推导出忠为土之德，在形式逻辑上难免存在一些瑕疵。"是故孝子之行，忠臣之义，皆法于地也。地事天也，犹下之事上也。"[7]但是，问题的关键在于，我们今天所要深究的并不是董仲舒土德为忠结论的得出，在逻辑上是否周全，概念内涵与外延是否周延，我们真正感兴趣的地方在于：董仲舒所阐述的"忠"，与孔孟荀儒家相比，出现了哪些变化？有哪些新的发展？此外，董仲舒所论述的忠德，有没有愚忠的色彩？忠与义是何种关系？

---

1 《郭店楚简·鲁穆公问子思》载："鲁穆公问于子思曰：'何如而可谓忠臣？'子思曰：'恒称其君之恶者，可谓忠臣矣。'"
2 黄宗羲：《黄宗羲全集》第一册，浙江古籍出版社1985年版，第5页。
3 曾振宇、傅永聚注：《春秋繁露新注·五行之义》，商务印书馆2010年版，第227页。
4 曾振宇、傅永聚注：《春秋繁露新注·五行之义》，商务印书馆2010年版，第229页。
5 曾振宇、傅永聚注：《春秋繁露新注·五行之义》，商务印书馆2010年版，第229页。
6 曾振宇、傅永聚注：《春秋繁露新注·五行之义》，商务印书馆2010年版，第229页。
7 曾振宇、傅永聚注：《春秋繁露新注·阳尊阴卑》，商务印书馆2010年版，第232页。

第五章 董仲舒

秦汉以降,因为政治上产生专制主义中央集权体制,在国家主流意识形态上,"忠孝合一""移孝作忠"慢慢渗透进"忠"观念之中,"忠"有逐渐"窄化"的趋势,臣下"绝对服从"君王逐渐成为"忠"的基本内涵。值得庆贺的是,董仲舒所倡导的忠,尚不可等同于愚忠。董仲舒通过诠释《春秋》大义,以"安社稷,利国家"[1]为忠臣信奉的最高政治圭臬。公元前675年,陈宣公娶卫国之女,鲁国以女陪嫁。公子结受国君之命,送鲁国之女前往陈国。按照周礼,应该送至卫国都城。但是,当公子结一行走至鄄城,听说齐和宋两国将联合攻鲁。于是公子结临时改变行程,自作主张代表鲁国国君参与盟会,最终化解了一场政治危机,保卫了鲁国的安全。对于公子结"专权"这一历史事件,《春秋》不仅没有批评,反而加以称许。其中原委在于,《春秋》有"常经",也有"应变",只要有利于"安社稷,利国家",大夫也可以专权"遂事"。董仲舒对此评论道:"故有危而不专救,谓之不忠。"[2]"忠"自然有忠于君王的职分,但是,忠建构在"安社稷,利国家"这一最高政治信条之下。如果君王言行与"安社稷,利国家"有所违忤,忠臣完全可以抗君之命,"唯天子受命于天,天下受命于天子,一国则受命于君。君命顺,则民有顺命;君命逆,则民有逆命"[3]。《礼记·表记》亦有类似的记载,并且明确标明这一段话是"子曰"。"君命顺"抑或"君命逆",其原则是君王言行或政治决策是因循天心、天命,还是忤逆天心、天命。如果君命有违于天心、天命,忠臣完全可以"逆命";如果君命因循天命,忠臣才可以"顺命"而行。董仲舒的"忠"观念,显然还没有遭受西汉主流意识形态的"污染",对孔子"主忠信"思想进行了政治哲学层面

---

[1] 曾振宇、傅永聚注:《春秋繁露新注·精华》,商务印书馆2010年版,第61页。
[2] 曾振宇、傅永聚注:《春秋繁露新注·精华》,商务印书馆2010年版,第61页。
[3] 曾振宇、傅永聚注:《春秋繁露新注·为人者天》,商务印书馆2010年版,第224页。

的发展。其实，如果刨根问底，我们发现荀子"忠"论可能更是董仲舒思想的直接源头："有能抗君之命，窃君之重，反君之事，以安国之危，除君之辱，功伐足以成国之大利，谓之拂。"¹敢于"抗君之命""强君挢君"²，才是真正的忠臣。

尤其值得一提的是，《春秋繁露》论忠，往往与义并提。孟子当年明确提出"事君无义，进退无礼，言则非先王之道者，犹沓沓也"³。荀子也说："以礼待君，忠顺而不懈。"⁴在荀子思想结构中，"礼义"是一复合词，礼外而义内。孟子、荀子"义"论，对董仲舒有所影响。董仲舒的思维方式与叙事模式有二：一是从宇宙论高度为其理论寻找形而上的根据；二是从《春秋》具体事例出发，推导出"放之四海而皆准"的普遍适用的社会法则。董仲舒是研究《春秋》的大家，阐述忠义思想，也往往通过我注《春秋》与《春秋》注我并重的方式发端。《春秋》所称赞的祭仲、仇牧、孔父、荀息、公子目夷等人属于忠臣，"此皆执权存国，行正世之义，守惓惓之心，《春秋》嘉气义焉"⁵。义是忠背后隐伏的文化精神，只有真正符合义的忠，才是真正意义上的忠。春秋时期齐晋爆发鞍之战，齐国战败。危难之际，逢丑父假扮齐顷公，作为一国之君的齐顷公于混乱之中狼狈逃脱，其后逢丑父被俘身亡。对于这一历史事件，《春秋》批评逢丑父"不知权"。董仲舒直截了当批评逢丑父"弗忠"，"由法论之，则丑父欺而不中权，忠而不中义"⁶。"忠而不中义"这一观念非常重要，"不中义"之忠，只是愚忠、伪忠。董仲舒认为，逢

---

1 王先谦：《荀子集解》，沈啸寰、王星贤点校，中华书局1988年版，第250页。
2 王先谦：《荀子集解》，沈啸寰、王星贤点校，中华书局1988年版，第250页。
3 朱熹：《孟子集注·离娄章句上》，《四书章句集注》，中华书局1983年版，第276页。
4 王先谦：《荀子集解》，沈啸寰、王星贤点校，中华书局1988年版，第232页。
5 曾振宇、傅永聚注：《春秋繁露新注·王道》，商务印书馆2010年版，第77页。
6 曾振宇、傅永聚注：《春秋繁露新注·竹林》，商务印书馆2010年版，第42页。

第五章 董仲舒

丑父有两大罪过：其一，以"邪道"辅佐君王，结果让一国之君的齐顷公蒙受耻辱；其二，欺骗其他诸侯国，致使齐国国君陷于奇耻大辱的窘境，"当此之时，死贤于生"[1]。儒家认为人的生命有两重：一是生理生命，一是德性生命。生死关头应当牺牲生理生命去成就德性生命，"故君子生以辱，不如死以荣"[2]。耻辱之心是情，情是已发，未发是性，耻辱之心源发于义，义是人性中先验的存有，义普遍存在于人性之中。"天施之在人者，使人有廉耻。有廉耻者，不生于大辱。"[3]由此可见，在董仲舒思想体系中，忠与义不可分离，忠外而义内。以邪道辅佐君王，导致君王蒙受耻辱，就是不义，不义也就是不忠。

从"臣有为"和忠义理论出发，董仲舒进一步阐释了忠臣应如何积极有为地制约君权。

首先，从"天之数"高度，论证政府组织机构设置的合法性。换言之，"民心即天心"理念开始与制度建设相结合，"民心即天心"已是一个明确的可作为制度操作的概念。天地自然之数的第一个规律是：天地万物呈现出数字"三"或"三"的倍数。"何谓天之大经？三起而成日，三日而成规，三旬而成月，三月而成时，三时而成功。寒暑与和，三而成物；日月与星，三而成光；天地与人，三而成德。"[4]从天地自然之数皆是三或三的倍数，进而推导出应相应设置三公、三卿、三大夫、三士、九卿、二十七大夫、八十一元士等官职，"是故其以三为选，取诸天之经"[5]。此外，"五"也是天地自然之数呈现出来的一大规律，"天地

---

1 曾振宇、傅永聚注：《春秋繁露新注·竹林》，商务印书馆2010年版，第42页。
2 曾振宇、傅永聚注：《春秋繁露新注·竹林》，商务印书馆2010年版，第42页。
3 曾振宇、傅永聚注：《春秋繁露新注·竹林》，商务印书馆2010年版，第42页。
4 曾振宇、傅永聚注：《春秋繁露新注·官制象天》，商务印书馆2010年版，第153页。
5 曾振宇、傅永聚注：《春秋繁露新注·官制象天》，商务印书馆2010年版，第153页。

之气，合而为一，分为阴阳，判为四时，列为五行。行者，行也，其行不同，故谓之五行。五行者，五官也，比相生而间相胜也"[1]。由气到阴阳、四时，再推演至五行，由五行进而推导出五官：司农、木、东方、春、仁，司营、土、中央、信，司徒、金、西方、秋、义，司马、火、南方、夏、智，司寇、水、北方、冬、礼。五种官职分别与四时、五行搭配，而且五种官职分别引领仁义礼智信一德。不仅如此，五种官职必须由圣人、君子、善人和正人担任。只有好人当政，才能真正实现王道理想，董仲舒称之为"立王事"[2]。

在"三""五"这些似乎神秘的数字崇拜背后，其实彰显更多的是董仲舒在汉代文官制度建立方面的沉潜思考。批判与否定建立在宗法血缘关系之上的世卿世禄制，倡导建构由士人阶层组成的文官制度，"故州郡举茂才孝廉，皆自仲舒发之"[3]。李泽厚先生评价说："进教化，立官制，重文士，轻武夫；建构一个由孝悌、读书出身和经由推荐、考核而构成的文官制度，作为专制皇权的行政支柱。这个有董仲舒参预、确立于汉代的政治—教育（'士—官僚'）系统是中国历史上的一件大事，也是了解自秦汉以来中国历史的重大关键之一。"[4]尤其重要的是，司农、司营、司徒、司马、司寇等五官，无论分工如何，皆有从仁义礼智信不同角度规谏君王、制约君权的责任。譬如，司农崇尚仁德，"进经术之士，道之以帝王之路，将顺其美，匡捄其恶"[5]；司营崇尚信德，"称述往古，以厉主意，明见成败，微谏纳善，防灭其恶，绝源

---

1 曾振宇、傅永聚注：《春秋繁露新注·五行相生》，商务印书馆2010年版，第272页。
2 曾振宇、傅永聚注：《春秋繁露新注·官制象天》，商务印书馆2010年版，第152页。
3 徐天麟：《西汉会要》，中华书局1966年版，第461页。
4 李泽厚：《中国古代思想史论》，人民出版社1986年版，第153页。
5 曾振宇、傅永聚注：《春秋繁露新注·五行相生》，商务印书馆2010年版，第272—273页。

第五章 董仲舒

塞隙，执绳而制四方，至忠厚信，以事其君"[1]。

其次，政府各部门之间权力相互制约。董仲舒从五行生克理论出发，进而论证权力相互制约如何可能。齐学邹衍比较重视五行相克学说，董仲舒受其影响，把依据五行理论设置的五大政府部门分别赋予五行属性：司徒属金，司农属木，司空属土，司寇属水，司马属火。按照五行相胜理论，司徒（金）克司农（木），司农（木）克司空（土），司空（土）克司寇（水），司寇（水）克司马（火），司马（火）克司徒（金）。譬如，司空本来有谏劝君王的职责，但是，如果司空玩忽职守，"主所为，皆曰可，主所言，皆曰善，谄顺主指，听从为比。进主所善，以快主意，导主以邪，陷主不义"[2]，沦落为谀臣，司农有权依照"木胜土"理论"诛之"。当然，我们应该看到，董仲舒关于政府各部门之间权力相互制约的学说，并未对汉代政府产生直接的影响。权力相互制约的理念是黄昏起飞的那只"猫头鹰"，属于沉思的理性。但是，立足于儒家为天下立法的高度，为贤能政治存在正当性进行理论证明，我们也可以说董仲舒的权力相互制约理念是一只晨曦初现就在树枝上叽叽喳喳唱歌的小鸟，这只"哲学的小鸟"具有不朽的理论超前意识。

冯友兰先生认为，董仲舒作为"群儒首""儒家宗"，代表了一个历史时期的"时代精神"，"此时之时代精神，此时人之思想，董仲舒可充分代表之"[3]。反思董仲舒政治哲学一系列命题与思想，譬如：民心即天命、"仁，天心"、"天为民立王"、"屈君而伸天"、"臣道有为"、"不敢有君民之心"、尚忠义、贤能治天下、"逆命"与"顺命"等等，我

---

1 曾振宇、傅永聚注：《春秋繁露新注·五行相生》，商务印书馆2010年版，第274页。
2 曾振宇、傅永聚注：《春秋繁露新注·五行相胜》，商务印书馆2010年版，第278页。
3 冯友兰：《中国哲学史》下册，华东师范大学出版社2000年版，第9—10页。

们逐渐发现董仲舒实际上一直在矻矻思索并力图论证政治哲学的根本性问题：何为政治之善？政权存在正当性何在？儒家"王道"不同于"霸道"，王道政治本质何在？众所周知，殷周之际是思想观念大变革之时，小邦周战胜大邑商，取胜的法宝不是军事力量，而是道德人心。从西周开始，一个新观念开始普遍传播："天命靡常"，唯德是从。天命已有德性色彩，道德人心才是政权存在正当性的基石。孔子建构了天下意义维度的道德精神和社会秩序，建构了人类价值共同体。董仲舒进一步从形而上维度加以阐释，从制度建设方面加以推进。董仲舒的回答是：超越现实个人利益和国家利益，将现实政治制度、政治决策、政治伦理、制度伦理和社会政治理想目标建立在仁义这一文化依托、国家伦理精神之上，以是否"爱民"作为政治原则，以是否顺应民心、是否符合仁义作为社会政治最高圭臬与终极奋斗目标，就是政治之善，也就是政权存在合法性、正当性的最高依据。洛克尝言：政府一切权力"只是得自人民的一种委托权力"[1]。既然权力来自人民的"授权"，政府所追求的最高目标就是"为人民谋福利"[2]。公元前594年，楚庄王派遣大将司马子反围攻宋国。宋国粮食耗尽，"易子而食，析骸而炊"[3]。宋国大将华元夜见司马子反，以实情相告。司马子反听闻平民百姓陷于水深火热之中，顿生恻隐怜悯之心，与华元订盟退军。"司马子反事件"是《春秋》以及三《传》讨论的一大热点话题，对于司马子反这种"废君命，与敌情"[4]的"轻君""不臣"之举，《春秋》不仅没有批评，反而"大之"，其缘由在

---

[1] ［英］洛克：《政府论》下册，叶启芳、瞿菊农译，商务印书馆2016年版，第89页。
[2] ［英］洛克：《政府论》下册，叶启芳、瞿菊农译，商务印书馆2016年版，第90页。
[3] 班固撰集，陈立疏证：《白虎通疏证》卷二《号·论三皇五帝三王五伯》，吴则虞点校，中华书局1994年版，第65页。
[4] 曾振宇、傅永聚注：《春秋繁露新注·竹林》，商务印书馆2010年版，第36页。

于司马子反以仁义作为军事决策最高原则,无辜平民百姓的生命高于现实的政治与军事利益,"推恩者远之为大,为仁者自然为美。今子反出己之心,矜宋之民,无计其间,故大之也"[1]。董仲舒认为,司马子反真正领悟并践行了儒家的"当仁不让"。仁义的本质就是对生命敬畏、对他人怜悯与关爱。《春秋》对242年期间发生的战争,不厌其烦地做详细的记载,其中"大义"就是战争对平民百姓造成深重的灾难。既然如此,生命权、财产权等人的基本权利就应该高于一切利益。"且《春秋》之法,凶年不修旧,意在无苦民尔;苦民尚恶之,况伤民乎!伤民尚痛之,况杀民乎!"[2]《春秋》对"苦民""伤民""杀民"之事深恶痛绝,"苦民""伤民""杀民"是最大的政治之恶,爱民是最大政治之善。爱民是儒家仁义王道政治的具体体现,举凡国家制度、人伦习俗和军事行动,建基于仁义这一根本性的价值本体和文化精神之上,并以民心和仁义作为国家主流意识形态所信奉的最高价值原则,才是王道政治。仁义政治如果得以实现,人类就可以实现自由的社会理想。

二、"人道义":董仲舒以义论孝

董仲舒被《汉书》称颂为"群儒首",孝是董仲舒哲学体系中的重要观念。不仅如此,董仲舒还是西汉"举孝廉"主要倡议者之一。具体而论,董仲舒在孝论方面对孔孟既有赓续,也有转向与发明。其一,从

---

[1] 曾振宇、傅永聚注:《春秋繁露新注·竹林》,商务印书馆2010年版,第36页。
[2] 曾振宇、傅永聚注:《春秋繁露新注·竹林》,商务印书馆2010年版,第33页。

宇宙论论证孝存在正当性。董仲舒从阴阳五行学说论证孝乃土德，孝是天地宇宙法则在人类血亲伦理的呈现。孝哲学化，换言之，孝是一哲学的概念，而不仅仅是道德层面的规范，这是孔孟孝论与董仲舒孝论最大区别之处。其次，从仁学维度论证孝是仁爱在父子之情的展现。董仲舒论孝，并非从血亲伦理入手，而是将孝德孝行扩展为仁爱发生的初始场域。其三，董仲舒深受荀子影响，为孝行建构"义"的道德基础。"义"并非仅仅属于子女一方应恪守的道德规范，而是父母子女双方都应遵守的道德理性原则。父母不义，子女有权放弃孝的道德责任。

（一）从宇宙论论证孝存在正当性

孔子论孝，从来不将孝与宇宙论相牵扯，认为孝只是血亲伦理之一维，孝是家庭伦理层面的概念，而不是哲学的概念。在孔子去世之后，有些孔门弟子力图将孝提升为道德本体。譬如，弟子有子将孝表述为"仁之本"，已显露出一丝偏离师门的苗头。其后《孝经》作者大张旗鼓宣讲孝是"天之经也，地之义也，民之行也"[1]，"经"与"义"含义相同，都是指宇宙恒常不变的法则。《大戴礼记·曾子大孝》也有类似表述："夫孝者，天下之大经也。"[2]以仁为本抑或以孝为本，孔门弟子和战国儒家在这一根本问题上已出现分歧。换言之，在孔子去世之后的儒家内部，已裂变出孝本论和仁本论两派。董仲舒秉承战国儒家之余绪，不遗余力地将道德的孝提升为道德形上学的概念。孝哲学化，这是孔子尚未涉及的话题，却是儒家孝论演变至汉代出现的新动向。

---

[1] 阮元校刻：《孝经·三才》，《十三经注疏》，中华书局2009年版，第5543页。
[2] 王聘珍：《大戴礼记解诂》，王文锦点校，中华书局1983年版，第84页。

第五章 董仲舒

从宇宙论角度将孝提升为哲学化概念，这是董仲舒运思的路向。先从一个预设的本原解释宇宙万物的创生和精神起源，然后在宇宙论观照下形成本体论。因此，这一论证过程又具体分为前后相连的两个阶段。

1. 从宇宙论高度论证孝正当性

董仲舒以气论孝，从而使孝获得宇宙论支持。在董仲舒气论思想架构中，阴阳和五行学说已经与气论汇流："天地之气，合而为一，分为阴阳，判为四时，列为五行。"[1] 阴阳、五行和四时都是气之"分"，也即已分之气的流行和作用。既然人与天、地和万物都源出于气，都是气的分有，"以类合之，天人一也"[2]。人类喜怒哀乐的情感，在天显现为春夏秋冬之"喜气""乐气""怒气"和"哀气"。由此可见，气不仅有物质义，也有精神义。在生理结构方面，人类小关节三百六十六，"副日数"；大关节十二，"副月数"；人有四肢，"副四时数"；人"乍视乍瞑，副昼夜也"；人有刚柔，"副冬夏"。董仲舒通过这种貌似周延的类比推理，最终力图推导出来的结论为"行有伦理，副天地也"[3]。人伦之理，与天地律则相对应。概而论之，孝德对应五行中的土德。《孝经》作者虽然表述孝是"天之经""地之义"，但缺乏具体的论证过程。孝何以是天经地义？由于作者语焉不详，难免有独断论嫌疑。董仲舒所做的哲学努力，可以视为对《孝经》作者建构思想"形式上系统"的"接着讲"。

董仲舒认为天存在"大经"，这种变中不变的"大经"，可以归结为数的规定性。"三起而成日，三日而成规，三旬而成月，三月而成时，

---

1 曾振宇、傅永聚注：《春秋繁露新注·五行相生》，商务印书馆2010年版，第272页。
2 曾振宇、傅永聚注：《春秋繁露新注·阴阳义》，商务印书馆2010年版，第249页。
3 曾振宇、傅永聚注：《春秋繁露新注·人副天数》，商务印书馆2010年版，第267页。

三时而成功。"[1]宇宙间一切存在最终都可以抽绎为数，数比宇宙间的事物更具有普遍性和恒常性。董仲舒特别推崇"三"和"五"这两个数字。《春秋繁露》"五行"排列顺序与《尚书》有异。《尚书·洪范》篇为水、火、木、金、土，董仲舒调整为木、火、土、金、水。董仲舒尤其对土称颂有加，称之为"天润"[2]。土代表季夏，火生土，因而土对于火有孝养之德，"夏主养"[3]。火为父，土为子，"父之所长，其子养之"[4]。父子之道源出于五行理论，"故五行者，五行也"[5]。五行既是金木水火土五种元素，也是仁义礼智信五种德行，"夫孝者，天之经也。此之谓也"[6]。何谓"地之义"？董仲舒认为地的特点是积极有为，地抚育万物生长，但从不与天争功，"勤劳在地，名一归于天"[7]。地把所有功劳归之于天，所以地有忠孝之德，"孝子之行取之土"[8]。之后《白虎通》又进一步对董仲舒思想加以阐发：子女为何应孝敬父母？"法夏养长木，此火养母也"[9]；子女为何应顺从父母？"法地顺天也"[10]。值得注意的是，东汉时期流行的五行之德观念与董仲舒大不相同。董仲舒认为孝属于土德，但东汉流行的观念则认为火德为孝。除《白虎通》外，东汉荀爽也认为东汉王朝在正朔上属于火德，在天显现为太阳，在地显现为火，在文献则显

---

1 曾振宇、傅永聚注：《春秋繁露新注·官制象天》，商务印书馆2010年版，第153页。
2 曾振宇、傅永聚注：《春秋繁露新注·五行之义》，商务印书馆2010年版，第229页。
3 曾振宇、傅永聚注：《春秋繁露新注·王道通三》，商务印书馆2010年版，第237页。
4 曾振宇、傅永聚注：《春秋繁露新注·五行对》，商务印书馆2010年版，第221页。
5 曾振宇、傅永聚注：《春秋繁露新注·五行对》，商务印书馆2010年版，第221页。
6 曾振宇、傅永聚注：《春秋繁露新注·五行对》，商务印书馆2010年版，第221页。
7 曾振宇、傅永聚注：《春秋繁露新注·五行对》，商务印书馆2010年版，第222页。
8 曾振宇、傅永聚注：《春秋繁露新注·五行对》，商务印书馆2010年版，第222页。
9 班固撰集，陈立疏证：《白虎通疏证》卷四《五行·论人事取法五行》，吴则虞点校，中华书局1994年版，第197页。
10 班固撰集，陈立疏证：《白虎通疏证》卷四《五行·论人事取法五行》，吴则虞点校，中华书局1994年版，第194页。

第五章 董仲舒

现为《周易》之《离》卦。荀爽特意说明这一观点"闻之于师"。从木生火，推导出火德为孝。继而又从火德孝，推导出汉朝为何应以孝治天下，"故汉制使天下诵《孝经》，选吏举孝廉"[1]获得了宇宙论支撑。尽管在土德孝抑或火德孝这一具体观点上意见不一，但在思维路径上却是惊人地一致，都是从阴阳五行理论出发，论证孝是天地宇宙法则在人类家庭伦理的自然呈现。

既然孝道被论证为天地自然运行法则的人间血亲伦理显现，违背孝道，等同于违迕天地宇宙法则。法天而行，自然而然就成为人类行为最高准则。董仲舒从阴阳五行理论出发，将一年分为金、木、水、火、土五个时间段，每一时间段七十二天。在每一时间段，人类应严格因循阴阳五行特性展开各自的活动。譬如，在"土用事"期间，统治者的主要工作为"则养长老，存幼孤，矜寡独，赐孝弟，施恩泽，无兴土功"[2]。换言之，如果统治者的言行和政治决策违逆宇宙阴阳五行规律，"不敬父兄"，将会导致"土有变"，地震、日食、洪水等灾害和诡异天象接踵而至。面对天地间的谴告，董仲舒适时从天人感应角度提出变救方案：如果统治者改弦易辙，广行德政，就可以得到上天的原谅。具体应对措施为"举孝悌，恤黎元"[3]。

行笔至此，难免使人产生疑虑：在宇宙论上，董仲舒思想到底是一元论还是二元论？如前所述，董仲舒不仅以气和阴阳五行理论解释宇宙与人类起源，甚至以气和阴阳五行诠释精神和道德缘起。但是，在《郊义》《郊语》等篇章，他又多次表述天是"百神之大君"[4]，换言之，天是

---

[1] 苏舆：《春秋繁露义证》，钟哲点校，中华书局1992年版，第322页。
[2] 曾振宇、傅永聚注：《春秋繁露新注·治水五行》，商务印书馆2010年版，第286页。
[3] 曾振宇、傅永聚注：《春秋繁露新注·五行变救》，商务印书馆2010年版，第290页。
[4] 曾振宇、傅永聚注：《春秋繁露新注·郊语》，商务印书馆2010年版，第298页。

至上人格神。天有喜怒哀乐情感，天有意志，在"类"这一意义上，天与人是同类。但是，需点明的是，至上人格神之天是虚的，是董仲舒出于政治上制约君权而建构的一个唬人的人文幌子。简言之，至上人格神之天是虚，义理之天是实。拉大旗做虎皮，最典型的表述莫过于《春秋繁露·玉杯》篇中的一段话："故屈民而伸君，屈君而伸天，《春秋》之大义也。"[1]在两"屈"两"伸"中，落脚点是"伸天"。"天"即天心，指谓儒家"以仁为心"的道德义理，天心的本质就是民心。"屈君而伸天"的真实含义在于高扬儒家政治理想，抑制君权，张扬民心。因此，在宇宙论上董仲舒奉行的是一元论，而非二元论。

2. 从仁学证明孝存在正当性

阴阳五行中的土德何以就转化成人类社会的孝德？换言之，孝德源出于土德如何可能？"孝子之行取之土"如果缺乏中间的论证过程，这一结论仍然可以被视为哲学上的独断论。缘此，仁学的隆重出场似乎可以恰如其分地"弥缝"这一逻辑上的漏洞："仁之美者在于天。天，仁也。"[2]"天有大德"这一观点的得出，在问题意识上仍然是接续《易传》而发。天（气）创生日月山川、花鸟人兽，天"泛爱群生"[3]。但天从不居功自傲，花开花落、云卷云舒，天地万物"是其所是"地生长变化。天"下其施，所以为仁也"[4]。从"天仁"到"为仁"，是从天有德性到天有德行的落实。在这一转化过程中，天的色彩逐渐褪色，天的地位逐渐虚化，以德性指代本体，仁作为价值本体的角色被浓墨重彩地推出来。

---

1 曾振宇、傅永聚注：《春秋繁露新注·玉杯》，商务印书馆2010年版，第20页。
2 曾振宇、傅永聚注：《春秋繁露新注·王道通三》，商务印书馆2010年版，第235页。
3 曾振宇、傅永聚注：《春秋繁露新注·离合根》，商务印书馆2010年版，第116页。
4 曾振宇、傅永聚注：《春秋繁露新注·天地之行》，商务印书馆2010年版，第345页。

第五章 董仲舒

在宇宙论上，人与万物存在一个共同的本原——"元"。元即一、天、气。不仅如此，人类还存在一个共同的价值本原："天之为人性命，使行仁义而羞可耻。"[1] 人的道德性命源自"天心"，"天心"落实于人为性。董仲舒的人性论之"性"，指的是"如其生之自然之资"[2]。先在性、普遍性的自然禀赋才是人性之"性"的固有内涵，后天社会化的教化与工夫论不在"质"概念之内。因此，性又可称为"质"。"阳气仁"[3]，"阴气贪"，所以人性之中既有仁质，也有贪质。荀子曾经说人有"性质美"，"性质"指的是先天的"本始材朴"，"本始材朴"可许之以"美"，但不可许之以"善"。值得注意的是，董仲舒对荀子人性论多有吸纳，对孟子人性论多有微词。董仲舒认为，孟子人性论的错误就在于混淆了"质"与"文"、"善"与"善端"两对概念的区别。孔子尝言"文质彬彬"，从其回答丧葬之事"宁简，宁戚"以及子夏所答"绘事后素"就可得知，孔子所说的"质"偏重于原始的情感，与董仲舒所言略有不同。董仲舒将"文质彬彬"具体诠释为"文"为礼，"质"中有仁有贪。"质"是先天的自然禀赋，"文"是后天的道德教化；董仲舒批评孟子将人与禽兽相比较，"动之爱父母，善于禽兽，则谓之善"[4]。"爱父母"是人与动物共同具备的生物自然情感，属于"在天所为之内"[5]的质美，而不是"继天而成于外"的性善。仁与贪作为"质"，皆先在性存在于人性之中，董仲舒称之为"天性"。既然如此，人性就不可被草率归纳为"性善"或"性恶"，而应抽绎为"性未善"。

---

[1] 曾振宇、傅永聚注：《春秋繁露新注·竹林》，商务印书馆2010年版，第41页。
[2] 曾振宇、傅永聚注：《春秋繁露新注·审查名号》，商务印书馆2010年版，第211页。
[3] 曾振宇、傅永聚注：《春秋繁露新注·阳尊阴卑》，商务印书馆2010年版，第233页。
[4] 曾振宇、傅永聚注：《春秋繁露新注·审查名号》，商务印书馆2010年版，第215页。
[5] 曾振宇、傅永聚注：《春秋繁露新注·实性》，商务印书馆2010年版，第217页。

由此而来，董仲舒势必要回答一个哲学问题：善是什么？"循三纲五纪，通八端之理，忠信而博爱，敦厚而好礼，乃可谓善，此圣人之善也。"[1]这是一个从工夫论维度对"什么是善"的解释，而不是从逻辑学维度对"善是什么"的界定。"圣人之善"相对于"孟子之善"而论。"孟子之善"将人类与动物共同具有的自然情感称之为善，董仲舒认为这是"美"，而不是"善"。"善当与教，不当与性。"[2]"教"指谓后天道德教化和个体道德践行。细而论之，宇宙论层面的"阳气仁"落实在人性，显现为"仁质"，"阳气仁"作为"通八端之理"的"理"而存在，因而具有本体的性质。"三纲"涵摄君臣、父子和夫妇，"五纪"指涉父义、母慈、兄友、弟恭和子孝，"八端"指谓礼、义、廉、耻、孝、悌、忠、信。无论"三纲""五纪"，抑或"八端"，都蕴含父子人伦和孝德。"天心"落实于人心，显现为仁。在社会关系领域，仁的基本内涵是"爱在人"。"爱在人"这一界说将人从生物性的性别和社会关系的等级中解放出来，将人还原为绝对的"人"。"爱在人"的第一个生活场域，就是父子亲情之爱。因此，仁是孝德背后隐藏的"理"，孝是仁在血亲伦理场域的自然展现。《春秋》昭公十九年（前523）载："许世子止弑其君买。"[3]许悼公病重期间，世子止不分日夜服侍其父进药，可能药不对症，许悼公服药之后瞬即死亡。《春秋》用了"弑"字，明显蕴含谴责世子止之意，《左传》对世子止也有所批评。但是，董仲舒指出"《春秋》之听狱也，必本其事而原其志"[4]。"原其志"意即考察其行为动机，"原心定罪"。世子止在其父患病期间，日夜侍候床前，对其父有

---

[1] 曾振宇、傅永聚注：《春秋繁露新注·审查名号》，商务印书馆2010年版，第215页。
[2] 曾振宇、傅永聚注：《春秋繁露新注·审查名号》，商务印书馆2010年版，第214页。
[3] 阮元校刻：《春秋左传正义·昭公十九年》，《十三经注疏》，中华书局2009年版，第4532页。
[4] 曾振宇、傅永聚注：《春秋繁露新注·精华》，商务印书馆2010年版，第63页。

第五章 董仲舒

恻怛爱敬之心，世子止没有伤害其父的主观动机，所以不应受到世人谴责。在董仲舒依据儒家经义决狱平讼的诸多案件中，还有一例案件值得讨论："甲有子乙以乞丙，乙后长大，而丙所成育。"[1]甲是乙的生父，丙是乙的养父。在一次酒宴中，甲在酒酣耳热之际对乙说："汝是吾子。"乙听后勃然大怒，"怒杖甲二十"。依照汉代法律，"殴父也，当枭首"[2]，于是甲以"不孝"罪向县官控告乙。董仲舒按照《春秋》经义审讯之后断案："甲能生乙，不能长育，以乞丙，于义以绝矣。虽杖甲，不应坐。"[3]甲虽然是生父，但从未尽到抚育子女的责任，父子之间早已恩断情绝。甲借酒劲告诉其是乙之父，对乙而言，甲所言是对养父丙的侮辱，所以，乙殴打的并不是父亲，而是羞辱自己的陌生人。在这一案例中，董仲舒之所以判决乙无罪，其深层内涵还在于表述一个道德观念：情感重于血缘。父子之爱并非单一源自血缘关系，孝爱更多来自对日常经验生活中所获爱心的自然报答。乙对养父有深深孝爱之心，才会做出"怒杖甲二十"的行为。

董仲舒分别从宇宙论和仁论两条路径证明孝存在正当性，这种哲学努力可概括为宇宙本体论的思维模式。首先，从气论和五行理论建构一个涵摄天、地、人的庞大宇宙图式，继而从"天人一也"相互感应世界观，推导出孝德源于"火生土"；其次，将天（气）虚化，以德性指代本体，仁"蜕变"而出，仁作为价值本体地位急剧上升，仁是孝德孝行背后隐伏的"理"，孝是仁本在父子人伦自然而然的呈现，仁论并非与宇宙论脱节，而是在宇宙论观照下建构而成。

---

1 苏舆：《春秋繁露义证》，钟哲点校，中华书局1992年版，第93页。
2 苏舆：《春秋繁露义证》，钟哲点校，中华书局1992年版，第93页。
3 苏舆：《春秋繁露义证》，钟哲点校，中华书局1992年版，第93页。

（二）"人道义"："义"是孝行的道德基础

孔子为孝行建构了一个道德基础——敬。"今之孝者，是谓能养。至于犬马，皆能有养。不敬，何以别乎？"[1]传承孔子孝道的曾子以爱释敬，直截了当揭明敬的本质即是爱，孝行的道德基础是"忠爱以敬"。孟子接踵而起，提出"大孝终身慕父母"[2]。"慕"是持久性的依依眷恋之情，子女即使年逾花甲，对父母仍然抱有孺子般纯洁的依恋之心。从孔子到曾子、孟子，在孝行孝德上，存在一个一以贯之的文化共同点：将孝建立在"爱"这一道德基础上。恰如王阳明所言："须是有个深爱做根。"[3]

迨至战国晚期，孝的道德基础发生了一个比较大的"拐弯"：由注重情感向崇尚道德理性转向。"礼义"在《荀子》一书是一复合词，凡见115次。"以礼训义"体现的是儒家演变至战国晚期的哲学思考，"行义以礼，然后义也"[4]。《礼记·礼运》也有类似的表述："礼也者，义之实。"[5]在实践伦理层面行义，需要以礼来引导。"义有门"之"门"是礼，义通过礼这唯一的"门"出入才赋有正当性，"义非其门而由之，非义也"[6]。"以礼训义"的目的在于理顺欲望、情感与理性之间的关系。在父子关系一维，"礼义"被荀子建构为孝行道德基础，"然而孝子之道，礼义之文理也"[7]。礼义是本，孝行是用。孝己、曾子和闵子骞等人之所以被世人称赞为孝子，在于他们几十年如一日"綦于礼义"[8]。广而

---

[1] 朱熹：《论语集注·为政第二》，《四书章句集注》，中华书局1983年版，第56页。
[2] 朱熹：《孟子集注·万章章句上》，《四书章句集注》，中华书局1983年版，第303页。
[3] 王阳明：《王阳明全集》卷一《传习录上》，吴光等编校，浙江古籍出版社2010年版，第3页。
[4] 王先谦：《荀子集解》，沈啸寰、王星贤点校，中华书局1988年版，第492页。
[5] 阮元校刻：《礼记正义·礼运》，《十三经注疏》，中华书局2009年版，第3088页。
[6] 王先谦：《荀子集解》，沈啸寰、王星贤点校，中华书局1988年版，第437页。
[7] 王先谦：《荀子集解》，沈啸寰、王星贤点校，中华书局1988年版，第491页。
[8] 王先谦：《荀子集解》，沈啸寰、王星贤点校，中华书局1988年版，第442页。

第五章 董仲舒

论之，重义尚义在战国晚期已成为全社会共同推崇的价值观，义并非儒家一派独享的文化资源，后期墨家也提出了"万事莫贵于义"[1]的主张。后期墨家以"义"为天下立法，"义"不是董仲舒所言仅限于"正我"，而是"志以天下为芬"[2]，义的适用范围是天下，无论处江湖之远，抑或居庙堂之高，义是绝对的道德律令。"义可厚，厚之。义可薄，薄之，之谓伦列。"[3]"厚之"或者"薄之"，以义为规矩准绳。在家庭伦理方面，如果"老长、亲戚"行为不符合义，是否还应当一如往旧"厚之"？后期墨家的回答是否定的："厚亲不称行而类行。"[4]如果亲情与道义发生冲突，应当重义而薄亲。后期墨家以义为最高价值原则，也将义树立为孝行的道德基础。

董仲舒赓续荀子"礼义"观念，对儒家之外的诸家思想有所吸纳，但也有自己的发明。首先，"人道义"与"天道施""地道化"并列，"施""化"都是普遍性、超越性的宇宙律则。天地之道统称为"天理"，天理在心，落实为"义"。恰如《为人者天》所言："人之德行，化天理而义。"[5]其次，《天道施》将义与礼合于一文讨论，而且出现了"礼义"这一复合词。但是，与荀子"礼义"思想不同之处在于：荀子"以礼训义"，礼为本，义为用，礼甚至具有些许西方格劳秀斯的"自然法"思想色彩；董仲舒"以义训礼"，义是"化天理"而成，本身"含得命施之理"[6]，义因而具有普遍性和超越性。天与人一样具有喜怒哀乐情感，具体外现为春夏秋冬。春夏秋冬的运行之所以具有亘古不变的规律性，

---

1 孙诒让：《墨子间诂·贵义》，孙启治点校，中华书局2001年版，第439页。
2 孙诒让：《墨子间诂·经说上》，孙启治点校，中华书局2001年版，第333页。
3 孙诒让：《墨子间诂·大取》，孙启治点校，中华书局2001年版，第405页。
4 孙诒让：《墨子间诂·大取》，孙启治点校，中华书局2001年版，第405页。
5 曾振宇、傅永聚注：《春秋繁露新注·为人者天》，商务印书馆2010年版，第223页。
6 曾振宇、傅永聚注：《春秋繁露新注·天道施》，商务印书馆2010年版，第359页。

原因在于天地必须遵循义这一普遍性的道德。从天人合一理论出发，董仲舒认为，既然天人同构，"凡人之性，莫不善义"[1]。义是本，礼是末。礼仪正当性存在一个形而上的本源，那就是源自天理的义。礼的功效在于"体情而防乱"[2]，既要因顺人的欲望与情感，但又不可使人丧失道德理性，喜怒哀乐应"当义而出"。《春秋》庄公二十五年（前669）："大水，鼓用牲于社于门。"[3]《左传》认为洪水泛滥之时，诸侯"鼓用牲于社"不合礼仪，属于"非常"之举，"非常"即非礼。但是，董仲舒对《春秋》这一条经义的诠释与《春秋》三传迥然有异。董仲舒认为洪水泛滥属于"阴灭阳""卑胜尊"，天地所作所为"不义"；土地神（社）严重失职，沦为"不义"之神。《说苑·辨物》甚至抨击土地神"大逆不义"[4]。因此，平民大众参赞天地之化育，"变天地之位，正阴阳之序"[5]，有权对土地神"鸣鼓而攻之，朱丝而胁之"[6]。通过"鸣鼓"和"朱丝"谴责、惩戒土地神的理论依据就在于"义"是天地神祇和人类应共同遵循的道德律则，"是故胁严社而不为不敬灵"[7]。

董仲舒将道德哲学建立在"义"这一道德理性基础之上。义不只是天地之神和人类共同恪守的道德，而且也是父母子女双方必须遵守的家庭伦理。董仲舒为人类孝行确立了一个道德基础——义。子女孝德孝行应建立在义这一道德基石之上，冬温夏清、昏定晨省这些礼仪如果缺乏义作为道德支撑，就只不过像王阳明所说如"戏子"在舞台上一招一式

1　曾振宇、傅永聚注：《春秋繁露新注·玉英》，商务印书馆2010年版，第49页。
2　曾振宇、傅永聚注：《春秋繁露新注·天道施》，商务印书馆2010年版，第358页。
3　阮元校刻：《春秋左传正义·庄公二十五年》，《十三经注疏》，中华书局2009年版，第3862页。
4　刘向撰，向宗鲁校证：《说苑校证·辨物》，中华书局1987年版，第450页。
5　曾振宇、傅永聚注：《春秋繁露新注·精华》，商务印书馆2010年版，第60页。
6　曾振宇、傅永聚注：《春秋繁露新注·精华》，商务印书馆2010年版，第60页。
7　曾振宇、傅永聚注：《春秋繁露新注·精华》，商务印书馆2010年版，第60页。

第五章 董仲舒

的华丽表演而已。尤其值得一提的是，如果父母言行不义，双方血缘亲情关系的道德基础就趋于崩塌。既然维系父子双方的道德基础（义）已荡然不存，子女有权放弃孝敬孝养的义务。简言之，如果父母不义，子女就有权不孝。《春秋繁露》罗列的三个事例，颇具代表意义。

其一，世子蒯聩不忠不孝。卫国世子蒯聩为夺权发动兵变，结果被其父卫灵公驱逐出境。卫灵公命令石曼姑拥立蒯聩之子辄为国君。晋国将军赵鞅率领军队护送蒯聩返回卫国戚邑，企图抢夺国君之位，于是辄连忙派遣卫曼姑率领军队包围戚邑。对于卫国父子三代争权事件，《公羊传》提出了两条原则。首先，"不以家事辞王事"[1]。辄遵从祖父之命继承王位属于"王事"，辄拒绝父亲蒯聩回国争夺王位属于"家事"。"王事"高于"家事"，不应因为"家事"妨碍"王事"。其次，"上之行乎下"[2]。卫灵公是王父，蒯聩是父，王父长父亲一辈，听从王父命令抗拒父亲回国抢夺王位，既合乎法也合乎义。因此，《公羊传》认为辄以兵拒父之举，符合义理。《公羊传》这一立场得到历代许多学人认可，《说苑·辨物》认为"辞蒯聩之命，不为不听其父"[3]。《汉书·隽不疑传》也认为"昔蒯聩违命出奔，辄拒不纳，《春秋》是之"[4]。董仲舒是公羊学大家，对于《公羊传》这一立场比较赞同："辞父之命而不为不承亲"[5]，并高度称赞辄拒父之行为"义矣夫"！其实，董仲舒之所以称许辄拒父命，还有更深一层的道德裁评。蒯聩违连卫灵公之命，在卫国发动兵变属于不忠不孝之举；被父亲驱逐出国之后又谋划回国抢夺王位属于不仁

---

1 阮元校刻：《春秋公羊传注疏·哀公三年》，《十三经注疏》，中华书局2009年版，第5098页。
2 阮元校刻：《春秋公羊传注疏·哀公三年》，《十三经注疏》，中华书局2009年版，第5099页。
3 苏舆：《春秋繁露义证》，钟哲点校，中华书局1992年版，第88页。
4 苏舆：《春秋繁露义证》，钟哲点校，中华书局1992年版，第87页。
5 曾振宇、傅永聚注：《春秋繁露新注》，商务印书馆2010年版，第60页。

不慈之举。对于卫灵公而言,蒯聩叛乱属于不忠不孝事件;对于其子辄而言,蒯聩回国抢夺王位,不慈不仁。概而言之,不忠不孝不慈之人,也就是"不义"之徒。既然蒯聩身为父亲不义,身为儿子的辄就有权不履行孝敬的道德义务。由此可见,"义"是对父子双方的道德约束,而非仅仅是子女一方应恪守的道德规范。

其二,鲁庄公不孝生母。鲁桓公夫人齐姜与齐襄公私通,鲁桓公早有耳闻。鲁桓公在出访齐国期间,酒酣耳热之际,当场斥责齐襄公与齐姜通奸,儿子姬同并非鲁桓公亲生子。齐姜与齐襄公于是合谋,派人杀害鲁桓公。齐姜儿子姬同即位,是为鲁庄公。齐姜自知罪孽深重,逃奔齐国避难。《春秋》庄公元年(前794):"三月,夫人孙于齐。"[1]《春秋》仅称呼齐姜"夫人",而不称"姜氏"。《春秋》三传观点一致,皆认为《春秋》"贬之也"。鲁庄公身为人之子,有时难免思念母亲。何休注:"念母则忘父,背本之道也。故绝文姜不为不孝。"[2]文姜身为人妻,参与谋杀亲夫;身为母亲,参与谋害庄公父亲。文姜不义,《左传》认为庄公"绝不为亲,礼也"[3]。母亲不义在先,儿子可以不孝。董仲舒的观点与《春秋》三传以及何休如出一辙:"绝母之属而不为不孝慈,义矣夫。"[4]

其三,周襄王是不孝之子。《春秋》僖公二十四年:"冬,天王出居于郑。"[5]普天之下,皆是天子地盘,为何《春秋》作者使用"出居"一词?《春秋》三传认为隐含批评之意。周襄王母亲比较宠爱少子带,周襄王对母亲的孝爱逐渐由"养志"之孝转变为"养口体"之孝。在孔子、曾子看来,"养口体"之孝无异于"犬马之孝"。在一场兵变中,周

---

1 阮元校刻:《春秋公羊传注疏·庄公元年》,《十三经注疏》,中华书局2009年版,第4829页。
2 阮元校刻:《春秋公羊传注疏·庄公元年》,《十三经注疏》,中华书局2009年版,第4830页。
3 阮元校刻:《春秋左传正义·庄公元年》,《十三经注疏》,中华书局2009年版,第3826页。
4 曾振宇、傅永聚注:《春秋繁露新注·精华》,商务印书馆2010年版,第60页。
5 阮元校刻:《春秋公羊传注疏·僖公二十四年》,《十三经注疏》,中华书局2009年版,第4906页。

第五章 董仲舒

襄王逃奔郑国避难，《春秋》三传认为，"出居"不仅是指谓地理空间，而且是指周襄王在情感上与母亲有意疏离。何休诠释说："不能事母，罪莫大于不孝，故绝之言出也。"[1] 董仲舒的观点与《公羊传》和何休基本雷同："出天王而不为不尊上。"[2]《孝经》将人分为天子、诸侯、卿大夫、士和庶人五等，社会地位不同，孝德孝行也有上下之别。"谨身节用，以养父母"[3] 是庶人大众的孝德，天子最高的孝德是严父配天。周公是普天下孝子的楷模，在明堂祭祀上帝时，周公以先父文王配祀上帝。将周公与周襄王比较，高下优劣立判。周襄王不孝也就是不义，因此，将周襄王驱逐出王都，董仲舒认为这是"直行其道"[4] 的正义行为。

在以上三个事例中，前两个例子涉及父子和母子血亲伦理，后一个涉及位极天子的孝德孝行。董仲舒通过诠释《春秋》，凸显出他对儒家"义"观念的理解存在一个颇具创造性的定义：义的本质在于"正我"而不是"正人"。之所以说"颇具创造性的定义"，是因为思想家在战国中晚期对"义"的认识出现了分歧。一种观点以"宜"释"义"，譬如，郭店楚简《语丛三》云："义者，宜也。"《中庸》又云："义者宜也，尊贤为大。"[5] 孔颖达疏："宜，谓于事得宜。"[6] 朱熹《四书章句》也认为"宜者，分别事理，各有所宜也"[7]。儒家之外的其他学派也持类似观点，《管子·心术上》："义者，谓各处其宜也。"[8]《韩非子·解老》："义

---

1 阮元校刻：《春秋公羊传注疏·庄公元年》，《十三经注疏》，中华书局2009年版，第4829页。
2 曾振宇、傅永聚注：《春秋繁露新注·精华》，商务印书馆2010年版，第60页。
3 阮元校刻：《孝经注疏·庶人》，《十三经注疏》，中华书局2009年版，第5542页。
4 曾振宇、傅永聚注：《春秋繁露新注·精华》，商务印书馆2010年版，第60页。
5 朱熹：《中庸集注》，《四书章句集注》，中华书局1983年版，第28页。
6 阮元校刻：《礼记正义·中庸》，《十三经注疏》，中华书局2009年版，第3536页。
7 朱熹：《中庸集注》，《四书章句集注》，中华书局1983年版，第28页。
8 黎翔凤撰，梁运华整理：《管子校注·心术上第三十六》，中华书局2004年版，第770页。

者，谓其宜也。"¹ "义者宜也"是一种典型的文字学"声训"层面的诠释路径，偏重于实然，忽略了应然。另外一种观点是以"正"释"义"。《礼记·乐记》云："仁以爱之，义以正之。"² 《礼记·丧服四制》也说："礼以治之，义以正之。"³ 以"正"诠释"义"，并不是儒家一派的理念。譬如，《墨子·天志下》云："义者，正也。"⁴《文子·道德》也云："正者，义也。"⁵ "正"即正当、正义，道德维度上的应然意义昭然若揭。以"宜"释"义"和以"正"释"义"，最大区别就在于：合宜于一时一地，未必具有普遍性和超越性，因此，合宜未必合乎正义、正当；与此相对，"正"具有普遍性和超越性，正义、正当肯定合宜。由此可见，董仲舒"以义正我"既是对《礼记·乐记》的"接着讲"，也是对墨家和道家思想的"接着讲"。但是，《礼记》和《墨子》《文子》所说的"正之""正"，既涵摄正己，也蕴含正人和正事。董仲舒所言"正"，专指"正我"，"义之法在正我，不在正人"⁶。由外向内转，由外在化转向内在化；由"志以天下为芬"，转为单向律己。在儒家义学史上，董仲舒哲学实现了一大跨越。

不仅如此，董仲舒还将"义之法在正我"观念大力向外推扩。"以义正我"不仅适用于家庭伦理，也适用于社会政治伦理。"梁亡"，是《春秋》三传反复讨论的一个话题。对于梁国灭亡事件，《春秋》作者惜墨如金，仅仅用了"梁亡"两字。但《春秋》笔法隐含的微言大义，却在学术史上引发多次讨论。《左传》云："梁亡，不书其主，自取之

---

1 王先慎：《韩非子集解·解老》，钟哲点校，中华书局1998年版，第131页。
2 阮元校刻：《礼记正义·乐记》，《十三经注疏》，中华书局2009年版，第3315页。
3 阮元校刻：《礼记正义·丧服四制》，《十三经注疏》，中华书局2009年版，第3682页。
4 孙诒让：《墨子间诂·天志下》，孙启治点校，中华书局2001年版，第207页。
5 王利器：《文子疏义》，诸子集成本，中华书局2009年版，第225页。
6 曾振宇、傅永聚注：《春秋繁露新注·仁义法》，商务印书馆2010年版，第176页。

第五章 董仲舒

也。"¹《公羊传》认为:"此未有伐者,其言梁亡何?自亡也。其自亡奈何?鱼烂而亡也。"《谷梁传》进一步解释说:"自亡也,湎于酒,淫于色,心昏耳目塞,上无正长之治,大臣背叛,民为寇盗,梁亡,自亡也。"²梁国国君昏庸无道、纸醉金迷,民众不堪其命,挈妇携子纷纷逃离梁国。大臣背叛,上下离心离德,国君成为孤家寡人。秦国军队一旦兵临城下,梁国瞬间灰飞烟灭。梁国虽然遭外敌灭国,但《左传》《公羊传》和《谷梁传》都异口同声点明属于"自亡""自取"。"自亡"就是由于内部原因,导致国家灭亡。《公羊传》特意用了"鱼烂而亡"四字,可谓鞭辟入里。"鱼烂"是由内因引发,由内向外溃烂。《公羊传》还用了"恶正"两字评述,意谓"梁亡"是由于统治者背信弃义,导致民心溃散,国君成为"枉上""枉君"。"独身者,虽立天子诸侯之位,一夫之人耳,无臣民之用矣。如此者,莫之亡而自亡也。《春秋》不言伐梁者,而言梁亡,盖爱独及其身者也。"³清末康有为的评论可以看作公羊学派一以贯之的立场:"止爱其身,无臣民之用,故为独夫。虽在位,而如无位;虽未亡,而以为亡矣。"⁴梁国国君没能做到以义"正我",结果导致国家灭亡。义贵在"正我"并非仅仅适用于家庭伦理,在社会政治伦理领域同样适用。"正我"将人的主体性凸显,儒家义观念内含的自由意志得到前所未有的张扬。

综上所述,如果将董仲舒孝论置放于两千多年儒学史框架衡评,有两点值得提出来讨论。

---

1 阮元校刻:《春秋左传正义·僖公十九年》,《十三经注疏》,中华书局2009年版,第3929页。
2 阮元校刻:《春秋谷梁传注疏·十有九年》,《十三经注疏》,中华书局2009年版,第5208页。
3 曾振宇、傅永聚注:《春秋繁露新注·仁义法》,商务印书馆2010年版,第178页。
4 康有为:《春秋董氏学》卷六下《春秋微言大义·不君》,楼宇烈整理,中华书局1990年版,第185页。

首先，亚里士多德认为苏格拉底的"美德即知识"的哲学意义在于建构一种理性主义的道德哲学，美德存在于灵魂的理性之中。与之相映成趣的是，董仲舒重"义""人道义"，将"义"建构为道德哲学的基石，孝应建立在义这一道德理性基础之上。由重"敬"与"敬爱"，转向重"义"。换言之，从"应该爱"转向"如何爱"。这是儒家孝论在道德基础方面的一大转向。父母不义，子女有权不孝。在血亲伦理视域，推崇道德理性而非道德情感。在思维方式上，甚至存在一丝西方近现代契约论色彩。

其次，从宇宙论维度论证孝存在正当性，也是儒家孝论延续至董仲舒发生的一大转向。这一转向由《孝经》肇其端，董仲舒将其推向一个前所未有的理论高度。但是，自唐宋以降，鲜有思想家再从宇宙论论孝，而是转向本体论，这是儒家孝论思想史出现的新形态。周敦颐以"诚"为本体，"诚"是"五常"和"百行"之体，孝是"百行"之一，诚自然而然也成为孝的本体。朱熹继而以"天理"论孝，"如论孝，须穷个孝根源来处"[1]。客观实有的"天理"落实在人，显现为性理。性理的具体内容为仁义礼智，仁犹如一家四兄弟之长兄，举仁便代表其他三德。因此，仁可以代表性理，"孝弟固具于仁"[2]。仁是本，孝是"事"。王阳明对朱子"形上—形下"二分的思维模式与理论架构多有批评，认为天理只是心之理，"心外无理"，离开心，不存在所谓外在客观独立的理。王阳明常言"天理是良知"，但只有心臻于"明""觉"境界，这一命题才得以成立。良知内在于心，具有内在性特点。具有内在性的良知如何在劈柴挑水的经验世界中实现外在化，并进而实现自身，构建具有

---

[1] 黎靖德编：《朱子语类》卷一百一十七《朱子·训门人》，王星贤点校，中华书局1986年版，第2815页。
[2] 黎靖德编：《朱子语类》卷二十《论语·学而篇上》，王星贤点校，中华书局1986年版，第460页。

第五章 董仲舒

普遍人文价值的意义世界,这是王阳明哲学的问题意识。以人人在世俗生活中皆可以自证自成的孝道诠释良知的外在性和普遍必然性,成为证明"良知外在化"的首选之路。缘此,阳明论孝首先从本源上论证"孝之理",这是孝行的"头脑","如事亲,便要穷孝之理"[1]。"孝之理"在子女的"心"内,而不是在父母的"身上"。此心是"心即理"之心,也是王阳明哲学中的"主一"之"一"。在良知与孝的关系上,良知是本体,"意"是发用。"意"不可简单等同于念头或者欲念,天理良知范导下的"意"才是真正的意。"意之所在便是物。如意在于事亲,即事亲便是一物。"[2]以良知之心"事亲",此心自然而然呈现为孝。"知是心之本体。心自然会知。见父自然知孝,见兄自然知弟。见孺子入井,自然知恻隐。"[3]在这一段话中,4次出现"自然",或许受到陈白沙"自然"思想的熏陶。王阳明于此旨在表明:孝行"不假外求",由孝心自然流露,孝行发自孝心,孝心源自天理良知这一"德性的本原"和"先天的理性原则"。因此,孝是良知发见"最真切笃厚"之处。人人皆可以在自己的生活世界中,借助孝证明良知属于放之四海而普遍存在的本体。以本体论取代宇宙论论孝,其哲学进步意义在于:孝回归情感本位。孝从情感出发,最终回归于情感。孔子为孝行建构了"敬"这一道德基础,曾子继而将"敬"诠释为"忠爱以敬",敬亲以"忠爱"作为情感基石。但是,孔子、曾子尚停留于血亲伦理层面以爱敬论孝,而不是从哲学维度发论。王阳明以天理良知诠释"为何要事亲",继而以知行合一范导"如何去事亲"。既然"心外无理"、天理内在,孝直截了当由本心发出,孝就具有"自然"特性。所谓"自然"是指孝源自本心的自

---

[1] 王阳明:《王阳明全集》卷一《传习录上》,吴光等编校,浙江古籍出版社2010年版,第36页。
[2] 王阳明:《王阳明全集》卷一《传习录上》,吴光等编校,浙江古籍出版社2010年版,第6页。
[3] 王阳明:《王阳明全集》卷一《传习录上》,吴光等编校,浙江古籍出版社2010年版,第7页。

然情感，在劈柴挑水等日常生活中，孝心透过"真诚恻怛"情感得以展现。以良知之"真诚恻怛"面对父母尊长，自然而然显现为孝，"只是一个真诚恻怛，便是他本体"[1]。如果"真诚恻怛"情感有所遮蔽，在父母面前不可能彰显出孝。"温清之节""奉养之宜"不仅仅是"学问思辩"，关键在于是否"有个深爱做根"。"诚孝的心"就是根，有"诚孝的心"自然产生"真诚恻怛"情感。阳明以"真诚恻怛"论孝，意在表明孝是以"自然"的"深爱"为根源。从孔子、曾子的"忠爱"发展至朱熹仁是"爱之理"以及王阳明"深爱"，不仅是"爱"的回归，也是从血亲伦理到道德哲学的升华。

（三）"一准乎礼"：儒家孝道对中国古代法律之影响

一种思想学说如果要对社会大众产生深刻而全面的影响，往往通过两种途径实现：其一，借助政府公权力，将思想与观念转化为制度（政治制度、教育制度、法律制度等等），通过社会制度来外在强制性规约人的言行和生活方式；其二，借助政府的力量，将一种思想与观念提升为主流意识形态并且融化在教育之中，在此基础上，进一步推广为全社会普遍认同的文化观与价值观，实现文化认同。前者是狂风暴雨式的，后者是春风化雨式的。手段与途径虽不同，最终目标却是一致。

以儒家孝论为例，一般认为西汉人才选拔制度"举孝廉"就是儒家思想影响古代制度建设的典型案例。在家孝敬父母，在朝廷必然孝敬君王；在家廉正，为官必然爱民。从思想观念到制度建设这一转化过程中，汉代大儒董仲舒起到了关键性作用，"故州郡举茂才孝廉，皆自仲

---

[1] 王阳明：《王阳明全集》卷二《传习录中》，吴光等编校，浙江古籍出版社2010年版，第92页。

第五章 董仲舒

舒发之"[1]。延至唐代，唐代的行政法、诉讼法、民法和刑法等部门法都深受儒家孝论之浸润，其中行政法、民法与刑法尤其具有代表性。《唐律》是集中国古代法律之大成者，承前启后，影响深远。一方面，《唐律》总结了以往各朝各代的立法精神与司法实践，使之系统化与完善化，成为有效调节社会关系的法律规范；另一方面，《唐律》成为宋、元、明、清编纂法律与诠释律例之准则，历代"承用不废"。正如清代纪昀所论："论者谓唐律一准乎礼，以为出入得古今之平，故宋世多采用之。元时断狱，亦每引为据。明洪武初，命儒臣同刑官进讲《唐律》，后命刘惟谦等详定《明律》，其篇目一准于唐……盖斟酌画一，权衡允当，迨今日而集其大成。而上稽历代之制，其节目备具，足以沿波而讨源者，要惟《唐律》为最善。故著之于录，以见监古立法之所自焉。"[2] 一直到清末沈家本援西入中，按照西方法律思想与体例特点来重新编撰《刑事、民事诉讼法》，这种历朝历代奉《唐律》为最高圭臬的格局才被打破。有学者认为，《唐律》的出现意味着中国传统法律制度儒家化进程的最终完成，"所谓中国封建法律的儒家化亦就是其宗法伦理化，就是儒家伦理法思想全面指导立法和法律注释，并积淀、衍化为律疏的原则和规则，《唐律疏义》正是这样一部儒家伦理化的法典"[3]。唐律最大的特征是"一准乎礼"，而礼之内在精神为"别贵贱""异尊卑"。礼是唐律的灵魂，唐律是礼的法律表现。"礼""法"贯通，表里如一。唐代法律在立法精神与体式内容、量刑轻重上，究竟受到多少儒家孝论的影响？是否确实像有的学者所说《唐律》意味着中国传统法律制度儒家化进程的最终完成？甚至说"儒家的思想支配了一切古代法典"？

---

1 苏舆：《春秋繁露义证》，钟哲点校，中华书局1992年版，第507—508页。
2 纪昀总纂：《四库全书总目提要》，河北人民出版社2000年版，第2161—2162页。
3 俞荣根：《儒家法思想通论》，广西人民出版社1998年版，第584页。

1．"五刑之中，十恶尤切"："不孝"入罪

"十恶"是古代法律中"常赦所不原"的十宗大罪。唐代法律中的"十恶"为：谋反、谋大逆、谋叛、恶逆、不道、大不敬、不孝、不睦、不义和内乱。《唐律疏议》云："五刑之中，十恶尤切，亏损名教，毁裂冠冕，特标篇首，以为明诫。其数甚恶者，事类有十，故称'十恶'。"[1]何谓"不孝"？《唐律疏议》界定说："善事父母曰孝。既有违犯，是名'不孝'。"[2]侍奉父母尊长、遵从长辈意志为孝；违反父母尊长意志、侵犯父母尊长之尊严则为不孝。隋唐时代"孝"观念的所指与能指，与孔子、曾子、孟子与荀子儒家相比，已发生了重大变化。此间的孝观念已实现忠孝合一、家庭伦理与政治伦理合流，孝与不孝的标准主要显现为是否在意志与行动上绝对无条件地顺从父母尊长的意志。通而论之，唐律中的"不孝"之罪主要涵摄五个方面。

其一，"告言、诅詈祖父母父母"[3]。《唐律疏议》解释说："本条直云：'告祖父母父母'，此注兼云'告言'者，文虽不同，其义一也。诅犹咒也，詈犹骂也。依本条'诅欲令死及疾苦者，皆以谋杀论'，自当'恶逆'。唯诅求爱媚，始入此条。"[4]子孙不得控告、谩骂、诅咒祖父母父母，违者即为不孝，"皆以谋杀论"。据《宋史·舒亶传》记载，舒亶在任临海尉期间，有一村民被控告酒后辱骂并驱逐后母。该嫌疑犯被拘拿之后，一再声称被诬陷。在疑犯"不服"的情况下，舒亶竟然亲自斩杀疑犯。当时正值王安石当政，舒亶的行为，王安石深感惊讶，也受到社会普遍称赞，最后官至御史中丞。关于诅咒，《贼盗律》还有更为详

---

[1] 刘俊文：《唐律疏议笺解》卷一《名例·十恶》，中华书局1996年版，第56页。
[2] 刘俊文：《唐律疏议笺解》卷一《名例·十恶》，中华书局1996年版，第61页。
[3] 刘俊文：《唐律疏议笺解》卷一《名例·十恶》，中华书局1996年版，第61页。
[4] 刘俊文：《唐律疏议笺解》卷一《名例·十恶》，中华书局1996年版，第62页。

第五章　董仲舒

细的规定:"诸有所憎恶,而造厌魅及造符书咒诅,欲以杀人者,各以谋杀论减二等。"[1]《唐律疏议》说:"若于期亲尊长及外祖父母、夫、夫之祖父母、父母,各不减,依上条皆合斩罪。"[2]诅咒有罪,甚至"欲以杀人"与杀人同等裁定,这种立法思想在中国法律文化中绝非空穴来风,实际上存在着源远流长的法律文化渊源。在商鞅法哲学中,"刑用于将过"是颇具特色的立法理论之一。"刑加于罪所终,则奸不去;赏施于民所义,则过不止;刑不能去奸,而赏不能止过者,必乱。故王者刑用于将过,则大邪不生;赏施于告奸,则细过不失。"[3]商鞅为了发挥刑罚的社会威慑功效,竟然将未遂犯和已遂犯、思想犯罪与行为犯罪完全混而为一,施以同样性质的刑罚。商鞅这种"刑用于将过"的立法理论实际上开创了"思想有罪"的先例,且对中国古代法律文化产生了深远的影响。《睡虎地秦墓竹简》载:"甲谋遣乙盗,一日,乙且往盗,未到,得,皆赎黥。"[4]"赎黥"是秦律对一般盗窃犯罪行为施予的常刑,但是,这是一件合谋盗窃案,甲乙两人共同策划预谋,甲派乙前去行窃,未到达盗窃地点就被擒获,本应属于盗窃未遂犯,但结果是甲乙两人均受到与盗窃已遂犯同样的"赎黥"刑罚。这一司法裁决的法律依据就是商鞅关于未遂犯与已遂犯同罪的立法原则——"刑用于将过"。

其二,"及祖父母父母在,别籍、异财"[5]。《唐律疏议》解释说:"祖父母、父母在,子孙就养无方,出告反面,无自专之道。而有异财、别籍,情无至孝之心,名义以之俱沦,情节于兹并弃,稽之典礼,罪恶

---

[1] 刘俊文:《唐律疏议笺解》卷十八《盗贼·憎恶造厌魅》,中华书局1996年版,第1311页。
[2] 刘俊文:《唐律疏议笺解》卷十八《盗贼·憎恶造厌魅》,中华书局1996年版,第1311页。
[3] 孙诒让:《商子校本·开塞》,祝鸿杰点校,中华书局2014年版,第45—46页。
[4] 刘俊文:《唐律疏议笺解》卷二十《盗贼·共盗并赃论》,中华书局1996年版,第1445页。
[5] 刘俊文:《唐律疏议笺解》卷一《名例·十恶》,中华书局1996年版,第62页。

难容。二事既不相须,违者并当十恶。"[1]祖父母、父母健在,子孙无权分居独立,也无权占有与支配家庭财产,违者即为不孝。在《户婚律》中,对此做了更为详尽的规定:"诸祖父母、父母在,而子孙别籍、异财者,徒三年"[2],"诸居父母丧,生子及别籍、异财者,徒一年"[3]。据此,子孙别籍异财存在着三种情况,分别承担着不同的法律责任。

《旧唐书·于公异传》载:于公异少时为后母所不容,仕宦成名后,不再返归乡里。于公异素与宰相陆贽不和,陆贽于是以于公异"无素行"为理由,上奏皇上,建议罢免其职务。唐德宗于是下诏说:祠部员外郎于公异,年少时"为父母之所不容",显达之后,"安于弃斥,游学远方,忘其温清之恋,竟至存亡之隔,为人子者,忍至是乎!"[4]于是罢免于公异官职,放归田里。先前举荐于公异为官的尚书左丞卢迈,也受到"夺俸两月"的惩罚。于公异遭贬斥的罪名是"安于弃斥,游学远方",其实质含义是不孝养父母。这一罪名也同时意味着儿女即使遭父母尊长虐待或遗弃,也不得心怀怨恨,弃置父母而不养,否则,即为不孝。从唐朝司法案例分析,对子孙别籍异财的判罚往往比律令严厉,除了于公异案外,唐玄宗天宝三载(744)制曰:"其有父母见在,别籍异居,亏损名教,莫斯为甚。亲殁之后,亦不得分析。自今已后,如有不孝不恭伤财破产者,宜配隶碛西,用清风教。"[5]这是用流代徒,远重于"徒三年"。唐肃宗乾元元年(758)进一步规定:"百姓中有事亲不孝,别籍异财,玷污风俗,亏败名教,先决六十,配隶碛西,有官品者,禁

---

1 刘俊文:《唐律疏议笺解》卷一《名例·十恶》,中华书局1996年版,第62页。
2 刘俊文:《唐律疏议笺解》卷十二《户婚·子孙别籍异财》,中华书局1996年版,第936页。
3 刘俊文:《唐律疏议笺解》卷十二《户婚·子孙别籍异财》,中华书局1996年版,第937页。
4 刘昫等:《旧唐书》卷一百三十七《列传·于公异传》,中华书局1975年版,第3767页。
5 王钦若等编纂:《册府元龟》卷五十九《帝王部·兴教化》,凤凰出版社2006年版,第628页。

第五章　董仲舒

身奏闻。"¹ 流刑附杖刑，进一步加重了刑罚。这一司法现象对宋代也有所影响。《宋刑统》颁布于宋太祖建隆四年（963），律令中有关对子孙别籍异财的定罪量刑与唐律一致。但是，在宋朝初期的司法实践中，往往偏离这一既定的量刑标准。譬如，开宝二年（969），宋太祖"诏川、峡诸州察民有父母在而别籍异财者，论死"²，对别籍异财者不是"徒三年"，而是"论死"。这一与律令原则相背离的司法量刑标准在宋初实行了十余年，一直到宋太宗太平兴国八年（983），才专门下诏宣布废除这一酷刑："诏川、峡民祖父母、父母在，别籍异财者，前诏并弃市，自今除之，论如律。"³ "论如律"意味着重新按照《宋刑统》的既定刑律标准论罪，对别籍异财者不再论死弃市。沈家本在《历代刑法考·律令六》中就别籍之罪定为死刑评论说："此法太重，当为一时一地而设，故太宗除之。"⁴

其三，"若供养有缺"⁵。《唐律疏议》云："《礼》云：'孝子之养亲也，乐其心，不违其志，以其饮食而忠养之。'其有堪供而阙者，祖父母、父母告乃坐。"⁶ "若供养有缺"属自诉案件，不告不受理。在儒家思想中，养亲是整个孝论思想体系中最低档次的伦理要求，儒家称之为"养口体"之孝，有别于精神层面的"养志"之孝。"今之孝者，是谓能养。至于犬马，皆能有养；不敬，何以别乎？"甚至有些动物也能做到从物质层面上反哺双亲，人类假若不能将孝亲提升到精神层面的敬亲、爱亲，人之孝论就将沦落为禽兽之孝。众所周知，人类道德体

1　王钦若等编纂：《册府元龟》卷五十九《帝王部·兴教化》，凤凰出版社2006年版，第628页。
2　脱脱等：《宋史》卷二《本纪·太祖》，中华书局1985年版，第30页。
3　脱脱等：《宋史》卷二《本纪·太宗》，中华书局1985年版，第71页。
4　沈家本：《历代刑法考·律令·别籍异财》，邓经元、骈宇骞点校，中华书局1985年版，第971页。
5　刘俊文：《唐律疏议笺解》卷一《名例·十恶》，中华书局1996年版，第62页。
6　刘俊文：《唐律疏议笺解》卷一《名例·十恶》，中华书局1996年版，第62页。

系可划分为两大层次：第一类是涵摄社会有序化的基本要求，如避免暴力与伤害、忠实履行义务，避免社会陷于崩溃；第二类指那些有助于提高生活质量、提升精神境界的伦理原则，如博爱、同情与慷慨等等。前者是底线伦理，后者是精英伦理。底线伦理是一种应然的要求，需要已然的具有权威性、普遍适用性与事后惩戒性的法律制度保障其实现。但是，精英伦理不具备普遍性，也不可能使之法律化，因为法律无法强迫某人做到他力所能及的优良程度。基于此，作为道德诉求的外在表现样式的法律制度，只能对底线伦理负有责任。在一个家庭中，子女有能力从物质生活上供养父母却未能尽心尽力，导致"堪供而阙者"，是为不孝。《斗讼律》进一步规定说："诸子孙违犯教令及供养有阙者，徒二年。"[1]但是，如果子孙确实家境贫寒，无力供养双亲，不合有罪。此外，律文同时又规定，该条文属于自诉案件，"皆须祖父母、父母告，乃坐"[2]。如果父母尊长不起诉，则不立案追究。在《户婚律》中，对养父母的赡养责任也做了详尽的规定："诸养子，所养父母无子而舍去者，徒二年。若自生子及本生无子，欲还者，听之。"[3]《疏议》曰："依《户令》：'无子者，听养同宗于昭穆相当者。'既蒙收养，而辄舍去，徒二年。若所养父母自生子及本生父母无子，欲还本生者，并听。即两家并皆无子，去住亦任其情。若养处自生子及虽无子，不愿留养，欲遣还本生者，任其所养父母。"[4]依律，如果无子，可以收养同宗同姓之子侄为子。收养责任成立之后，被收养者无权擅自舍弃养父母，违者"徒二年"。如果养父母收养之后又生下亲生儿子，或者说

---

[1] 刘俊文：《唐律疏议笺解》卷二十四《斗讼·子孙违犯教令》，中华书局1996年版，第1636页。
[2] 刘俊文：《唐律疏议笺解》卷二十四《斗讼·子孙违犯教令》，中华书局1996年版，第1636页。
[3] 刘俊文：《唐律疏议笺解》卷十二《户婚·养子舍去》，中华书局1996年版，第941页。
[4] 刘俊文：《唐律疏议笺解》卷十二《户婚·养子舍去》，中华书局1996年版，第941页。

第五章 董仲舒

亲生父母膝下无子，欲回归亲生父母者合法。如果两家都无子，去留由养子自主决定。如果后来养父母自生子，或者说养父母虽无子但不愿继续收养，可由养父母自主决断。从《户婚律》规定可看出，法律所保护的对象为收养者。收养关系一旦确立，被收养者个人的法律权利比较微弱。

其四，"居父母丧，身自嫁娶，若作乐，释服从吉"[1]。《疏议》云："'居父母丧，身自嫁娶'，皆谓首从得罪者。若其独坐主婚，男女即非'不孝'。所以称'身自嫁娶'，以明主婚不同十恶故也。其男夫居丧娶妾，合免所居之一官，女子居丧为妾，得减妻罪三等；并不入'不孝'。若作乐者，自作、遣人等。乐，谓击钟、鼓，奏丝、竹，匏、磬、埙、篪，歌舞、散乐之类。'释服从吉'，谓丧制未终，而在二十七月之内，释去衰裳而著吉服者。"[2]父母丧期为二十七个月，在此期限内，子女不得擅自嫁娶、作乐与释服从吉，违者即为不孝。"身自嫁娶"是指子女自己做主而产生的嫁娶行为；如果嫁娶是由父母尊长做主，则不入十恶大罪。在古代社会，妻与妾的法律权利与地位有如云泥之别。《户婚律》规定："诸以妻为妾，以婢为妻者，徒二年。以妾及客女为妻，以婢为妾者，徒一年半。"[3]《疏议》说："妻者，齐也，秦晋为匹。妾通买卖，等数相悬。婢乃贱流，本非俦类。若以妻为妾，以婢为妻，违别议约，便亏夫妇之正道，黩人伦之彝则，颠倒冠履，紊乱礼经，犯此之人，即合二年徒罪。"[4]婢与妾属贱人，是可以买卖的商品。妻与妾的社会身份如同"冠履"，上下不可颠倒。因此，男子在居丧期间娶妾，女子在居丧

---

1 刘俊文：《唐律疏议笺解》卷一《名例·十恶》，中华书局1996年版，第62页。
2 刘俊文：《唐律疏议笺解》卷一《名例·十恶》，中华书局1996年版，第62页。
3 刘俊文：《唐律疏议笺解》卷十二《户婚·以妻为妾》，中华书局1996年版，第1016页。
4 刘俊文：《唐律疏议笺解》卷十二《户婚·以妻为妾》，中华书局1996年版，第1016页。

期间为妾，只承担一定的刑事责任，但不视为"不孝"之罪。

其五，"闻祖父母父母丧，匿不举哀及诈称祖父母父母死"[1]。《疏议》曰："依《礼》：'闻亲丧，以哭答使者，尽哀而问故。'父母之丧，创巨尤切，闻即崩殒，擗踊号天。今乃匿不举哀，或拣择时日者，并是。其诈称祖父母、父母死，谓祖父母、父母见在，而诈称死者。若先死而诈称始死者，非。"[2]《疏议》所提及的《礼》，当指《礼记》。其中的《问丧》与《奔丧》等篇详细记述了居丧之礼。《问丧》篇载："亲始死"[3]，孝子立即去冠、光脚、把上衣掖进腰带，痛哭三天，水米不进。"恻怛之心，痛疾之意，伤肾、干肝、焦肺，水浆不入口，三日不举火，故邻里为之糜粥以饮食之。夫悲哀在中，故形变于外也。痛疾在心，故口不甘味，身不安美也。"[4]《奔丧》篇陈述了身居异国他乡的子女，听到父母去世的消息回家奔丧的礼节："始闻亲丧，以哭答使者，尽哀；问故，又哭尽哀。遂行，日行百里，不以夜行；唯父母之丧见星而行，见星而舍；若未得行，则成服而后行。过国至竟，哭，尽哀而止。哭辟市朝，望其国竟哭。至于家，入门左，升自西阶，殡东，西面坐，哭尽哀，括发、袒，降，堂东即位，西向哭，成踊，袭、绖于序东，绞带，反位，拜宾，成踊，送宾，反位。"[5]《奔丧》所载"见星而舍"与《祭统》所载"不避昼夜"相矛盾，总之仕宦者若遭父母大丧，必须离职归家奔丧，否则将被视为大逆不道，为社会所不容。战国军事家吴起少有大志，执意入仕从政，治国平天下，为此不惜散尽家财，结交权贵，以求跻身于

---

[1] 刘俊文：《唐律疏议笺解》卷一《名例·十恶》，中华书局1996年版，第62页。
[2] 刘俊文：《唐律疏议笺解》卷一《名例·十恶》，中华书局1996年版，第62页。
[3] 阮元校刻：《礼记正义·问丧》，《十三经注疏》，中华书局2009年版，第3594页。
[4] 阮元校刻：《礼记正义·问丧》，《十三经注疏》，中华书局2009年版，第3594页。
[5] 阮元校刻：《礼记正义·奔丧》，《十三经注疏》，中华书局2009年版，第3588页。

上层社会。但事与愿违，吴起不仅未打开仕途之门，反而招来邻里乡党的嘲讽。吴起一怒之下，"杀其谤己者三十余人"[1]。这一举动虽然让那些嘲笑者付出了生命代价，但也使他自己失去了在故乡立足的可能性。吴起在离别故国时，对老母咬臂发誓："起不为卿相，不复入卫。"[2]吴起离卫至鲁，投师于名儒曾申门下。不久，母亲亡故，吴起坚守诺言，终不归家奔丧。曾申不能容忍吴起这种不孝之举，"曾子薄之，而与起绝"[3]。吴起后来虽位至卿相，但因母死不归的劣迹而屡屡遭时人贬责。《汉书·陈汤传》载：西汉元帝时，陈汤"少好书，博达善属文"，富平侯张勃"高其能"，适逢朝廷诏令列侯举荐茂才，张勃于是将陈汤荐于朝廷。陈汤在等待升官赴任之际，恰逢其父亡故，他担心回家奔丧会错失仕宦的机会，于是留居京城，秘不发丧。后来事发，司隶以大逆之罪上告陈汤，并告张勃推举不实。朝廷闻奏，将陈汤下狱治罪，削减张勃食邑二百户，以示惩罚。

2．"嫁娶违律"：儒家孝观念对婚姻法的影响

在中国古代社会，由于文献记载不同，合法成婚年龄一直是一聚讼未决的问题。迨至唐朝，法定适婚年龄为男二十、女十五。唐太宗贞观元年（627）二月下诏："诏民男二十、女十五以上无夫家者，州县以礼聘娶；贫不能自行者，乡里富人及亲戚资送之。"唐玄宗开元二十二年（734）对法定婚姻年龄又做出了新的规定：以男十五、女十三为嫁娶年龄。

概而论之，儒家孝论对唐代婚姻法的影响主要体现在以下几方面。

1　王钦若等编纂：《册府元龟》卷二百五十三《列国君部·信谗》，凤凰出版社2006年版，第2888页。
2　王钦若等编纂：《册府元龟》卷二百五十三《列国君部·信谗》，凤凰出版社2006年版，第2888页。
3　王钦若等编纂：《册府元龟》卷二百五十三《列国君部·信谗》，凤凰出版社2006年版，第2888页。

（1）父母尊长的主婚权。

《户婚律》规定："诸卑幼在外，尊长后为定婚，而卑幼自娶妻，已成者，婚如法；未成者，从尊长。违者，杖一百。"[1]《疏议》解释说："'卑幼'，谓子、孙、弟、侄等。'在外'，谓公私行诣之处。因自娶妻，其尊长后为定婚，若卑幼所娶妻已成者，婚如法；未成者，从尊长所定。违者，杖一百。'尊长'，谓祖父母、父母及伯叔父母、姑、兄姊。"[2]依照唐律，法定主婚权在父母尊长，婚姻当事人无权决定自己的婚姻大事。具体地说，又分为两种情况：其一，子孙在外工作，自行订婚，父母尊长订婚在后，如果此时子孙已经成婚，婚姻关系合法有效；其二，如果子孙虽已订婚，但尚未成婚，则子孙自行订定的婚姻不合法，父母尊长所订的婚姻有效，违者"杖一百"。既然婚姻大事是父母之命、媒妁之言，父母尊长与子孙所应承担的法律责任也就有所不同。《户婚律》规定："诸嫁娶违律，祖父母、父母主婚者，独坐主婚。若期亲尊长主婚者，主婚为首，男女为从。余亲主婚者，事由主婚，主婚为首，男女为从；事由男女，男女为首，主婚为从。其男女被逼，若男年十八以下及在室之女，亦主婚独坐。未成者，各减已成五等。媒人，各减首罪二等。"[3]

其一，《户婚律·贼盗篇》对"嫁娶违律"条例做了详细规定。譬如，"诸同姓为婚""尊卑共为婚姻""诸娶逃亡妇女为妻妾""娶所监临之女""诸杂户不得与良人为婚""略人为妻妾者"等等。《户婚律·贼盗篇》的这些规定其来有自，或许受到了《大戴礼记》的影响："女有五不取：逆家子不取，乱家子不取，世有刑人不取，世有恶疾不取，丧

---

[1] 刘俊文：《唐律疏议笺解》卷十二《户婚·卑幼自娶妻》，中华书局1996年版，第1054页。
[2] 刘俊文：《唐律疏议笺解》卷十二《户婚·卑幼自娶妻》，中华书局1996年版，第1054页。
[3] 刘俊文：《唐律疏议笺解》卷十二《户婚·居父母丧主婚》，中华书局1996年版，第1030页。

妇长子不取。逆家子者，为其逆德也；乱家子者，为其乱人伦也；世有刑人者，为其弃于人也；世有恶疾者，为其弃于天也；丧妇长子者，为其无所受命也。"[1]《疏议》对"嫁娶违律"解释说："'嫁娶违律'，谓于此篇内不许为婚，祖父母、父母主婚者，为奉尊者教命，故独坐主婚，嫁娶者无罪。假令祖父母、父母主婚，为子孙娶舅甥妻，合徒一年，唯祖父母、父母得罪，子孙不坐。"[2]如果婚姻违律，须分清谁是"主婚者"、谁是听从者。如果青年男女为顺从父母尊长意志不得不成婚，"奉尊者教命"无罪，主婚之父母尊长有罪。

其二，"期亲"是指服丧一年的亲属，《唐律疏议》释"期亲"："期亲尊长，次于父母，故主婚为首，男女为从。'余亲主婚者'，余亲，谓期亲卑幼及大功以下主婚，即各以所由为首：事由主婚，主婚为首，男女为从；事由男女，男女为首，主婚为从。虽以首从科之，称'以奸论'者，男女各从奸法，应除名者亦除名。"[3]

其三，关于"男女被逼"，《疏议》解释说："谓主婚以威若力，男女理不自由，虽是长男及寡女，亦不合得罪。若男年十八以下及在室之女，亦主婚独坐，男女勿论。"[4]主婚人以威力逼迫婚姻当事人成婚，婚姻当事人无罪。由此可以看出，婚姻当事人的意愿已成为唐律量罪定刑的参考依据。唐朝成丁年龄凡三变，唐高祖时规定21岁为成丁，唐玄宗改为23岁，唐代宗又改为25岁。但是，唐朝法律所规定的成丁年龄却是18岁，这与均田制和赋役层面所规定的成丁年龄有所区别。

其四，"未成者"是指虽然嫁娶违律，但尚处于订婚而未成婚阶段。

1　王聘珍：《大戴礼记解诂》，王文锦点校，中华书局1983年版，第255页。
2　刘俊文：《唐律疏议笺解》卷十二《户婚·嫁娶违律》，中华书局1996年版，第1075—1076页。
3　刘俊文：《唐律疏议笺解》卷十二《户婚·嫁娶违律》，中华书局1996年版，第1076页。
4　刘俊文：《唐律疏议笺解》卷十二《户婚·嫁娶违律》，中华书局1996年版，第1076页。

《疏议》解释说:"'未成者',谓违律为婚,当条合得罪,定而未成者,减已成五等。假有同姓为婚,合徒二年,未成,即杖八十,此是名减五等。其媒人犹徒一年,未成者杖六十,是名'各减首罪二等'。各准当条轻重,依律减之。略举同姓为例,余皆仿此。凡违律为婚,称'强'者,皆加本罪二等;称'以奸论'有强者,止加一等。媒人,各减奸罪一等。"[1]

(2)婚姻关系的解除

根据《唐律·户婚》记载,唐代离婚有三种方式:其一,"出妻",指由夫方提出的强制离婚;其二,强制离婚,凡发现有"义绝"和"违律结婚"者必须强制离婚;其三,"和离"。

①"出妻"。在先秦时代,男女离婚被称为"出""归""大归"。《春秋谷梁传·成公五年》云:"妇人之义,嫁曰归,反曰来归。"[2]《春秋左传·文公十八年》载:"夫人姜氏归于齐,大归也。"[3]这种遍及史册的"来归""大归",显现的皆是男性的绝对权力。西汉陈平少时家贫,寄居在其兄陈伯家。陈伯有薄田三十亩,披星戴月,耕耘不已,供养陈平外出求学。陈平高大健硕,虽然家贫也不务农,陈伯之妻愤愤不平:"有叔如此,不如无有。"[4]陈伯听说后,"逐其妇而弃之"[5]。《史记·循吏列传》载:鲁相公仪休见其妻子织布技巧高超,竟然将她赶出家门,燔烧织布机,理由是不与民争利。在貌似清廉、鲠直的背后,显扬的是对女性权利的侵犯。《礼记·内则》公开宣称婚姻关系维系与否的最终权力在于父母尊长:"子有二妾,父母爱一人焉,子爱一人焉,由衣服

---

[1] 刘俊文:《唐律疏议笺解》卷十二《户婚·嫁娶违律》,中华书局1996年版,第1077页。
[2] 阮元校刻:《春秋谷梁传注疏·成公五年》,《十三经注疏》,中华书局2009年版,第5251页。
[3] 阮元校刻:《春秋左传正义·文公十八年》,《十三经注疏》,中华书局2009年版,第4040页。
[4] 王钦若等编纂:《册府元龟》卷九百二十《总录部·贫》,凤凰出版社2006年版,第10482页。
[5] 王钦若等编纂:《册府元龟》卷九百二十《总录部·贫》,凤凰出版社2006年版,第10482页。

第五章 董仲舒

饮食，由执事，毋敢视父母所爱，虽父母没不衰。子甚宜其妻，父母不说，出。子不宜其妻，父母曰是善事我，子行夫妇之礼焉，没身不衰。"[1] "离婚"一词大概最早出现于《晋书·刑法志》，其后《世说新语》也有"离婚"一词。从此以后，普遍用"离婚""离之""两愿离"或"离"等词语来表示婚姻关系的解除。从存世文献分析，可能从商鞅变法之后婚姻关系已被纳入法律调整的范围。《法律答问》云："女子甲为人妻，去亡，得及自出，小未盈六尺，当论不当？已官，当论；未官，不当论。"[2]在秦国与秦王朝，妻子无权擅自离开丈夫出走，丈夫却具有单方面休弃妻子的法定权利。"未盈六尺"即不满15岁，秦律对未满15岁的逃婚妇女按两种情况处理：如果这一婚姻已经官府认可，官府可对逃妻依法查处；否则，官府不予受理。"女子甲去夫亡，男子乙亦阑亡，相夫妻，甲弗告请（情），居二岁，生子，乃告请（情），乙即弗弃，而得，论可（何）也？当黥为城旦舂。"[3]女子甲离夫私逃，男子乙知情不报，结果女子甲黥为舂，男子乙黥为城旦。"'弃妻不书，赀二甲。'其弃妻亦当论不当？赀二甲。"[4]休妻而不在官府登记者，罚二甲。这一法则虽说是为了维护程序法的权威性，其间也彰显出男子在法律上休妻权利的正当性。汉承秦制，汉律对逃婚妇女的惩处比秦律更加严酷。张家山汉简《奏谳书》记载了一个因娶逃亡者为妻而遭受处罚的案例，通过它我们对这条禁令有更深入的认识：女子符逃亡，诈称未曾傅籍，并"自占书名数"，为大夫明的依附人口。大夫明将符嫁为隐官解妻，解对于符的逃亡情况并不知晓。后来符逃亡的事情暴露，符、解二人双

---

[1] 阮元校刻：《礼记正义·内则》，《十三经注疏》，中华书局2009年版，第3169页。
[2] 王辉、王伟编著：《秦出土文献编年订补》睡虎地简《法律答问》，三秦出版社2014年版，第251页。
[3] 王辉、王伟编著：《秦出土文献编年订补》睡虎地简《法律答问》，三秦出版社2014年版，第251页。
[4] 王辉、王伟编著：《秦出土文献编年订补》睡虎地简《法律答问》，三秦出版社2014年版，第252页。

双被拘执，依汉律："取（娶）亡人为妻，黥为城旦，弗智（知），非有减也。"虽有吏为解辩护："符有数明所，明嫁为解妻，解不智（知）其亡，不当论。"但廷报却答复曰：有关禁娶逃亡的法律已经相当明确，无须再议，解虽不知实情，"当以取（娶）亡人为妻论，斩左止为城旦"[1]。受秦、汉法律的影响，唐律也有禁娶逃亡妇女的法律规定："诸娶逃亡妇女为妻妾，知情者与同罪，至死者减一等。离之。即无夫，会恩免罪者，不离。"[2]《疏议》云："妇女犯罪逃亡，有人娶为妻妾，若知其逃亡而娶，流罪以下，并与同科；唯妇人本犯死罪而娶者，流三千里。仍离之。即逃亡妇女无夫，又会恩赦得免罪者，不合从离。其不知情而娶，准律无罪，若无夫，即听不离。"[3]唐律对娶逃亡妇女为妻妾者的惩处区别对待，"知情者与同罪"[4]，"不知情而娶，准律无罪"，由此可见，唐律这一法令与秦律比较近似，与汉律反而相距较远，这或许与汉初吏民脱籍流亡现象非常严重有关。

"七出"是"出妻"重要内容之一。"七出"概念始见于《大戴礼记》《春秋公羊传》等典籍。《大戴礼记·本命》载："妇有七去：不顺父母去，无子去，淫去，妒去，有恶疾去，多言去，窃盗去。不顺父母去，为其逆德也；无子，为其绝世也；淫，为其乱族也；妒，为其乱家也；有恶疾，为其不可与共粢盛也；口多言，为其离亲也；盗窃，为其反义也。"[5]《春秋公羊传·庄公二十七年》何休注："妇人有七弃五不娶三不去……无子弃，绝世也；淫佚去，乱类也；不事舅姑弃，悖德也；口

---

1 江陵张家山汉简整理小组：《江陵张家山汉简〈奏谳书〉释文》，《文物》1993年第8期。
2 刘俊文：《唐律疏议笺解》卷十二《户婚·娶逃亡妇女》，中华书局1996年版，第1044页。
3 刘俊文：《唐律疏议笺解》卷十二《户婚·娶逃亡妇女》，中华书局1996年版，第1044页。
4 刘俊文：《唐律疏议笺解》卷十二《户婚·娶逃亡妇女》，中华书局1996年版，第1045页。
5 王聘珍：《大戴礼记解诂》，王文锦点校，中华书局1983年版，第255页。

第五章 董仲舒

舌弃，离亲也；盗窃弃，反义也；嫉妒弃，乱家也；恶疾弃，不可奉宗庙也。"[1]西汉刘向编撰的《列女传》也有类似的记载："且妇人有七见去，夫无一去义。七去之道，妒正为首，淫僻、窃盗、长舌、骄侮、无子、恶病皆在其后。"[2]《孔子家语·本命解》则曰："七出者，不顺父母者，无子者，淫僻者，嫉妒者，恶疾者，多口舌者，窃盗者。"[3]《大戴礼记》和《孔子家语》作者把"不顺父母"放在首位，何休则把"无子"放在第一位。因时代变迁，价值观已有所变化。尽管史籍对"七出"内涵与顺序的记载不尽相同，但其基本思想趋同，都是对女性权利单方面限制和对男性权利片面张扬，此所谓"妇人有七见去，夫无一去义"。"七出"思想后来被唐朝法律所肯定与采纳，《户婚律》云："诸妻无七出及义绝之状，而出之者，徒一年半。"[4]《疏议》说："伉俪之道，义期同穴，一与之齐，终身不改。故妻无七出及义绝之状，不合出之。七出者，依令：'一无子，二淫泆，三不事舅姑，四口舌，五盗窃，六妒忌，七恶疾。'"[5]唐律之"七出"与何休之表述最为贴近，由此可以看出"七出"概念的生成与流转过程。唐德宗时，中军鼓角使、左神武军大将军令狐建之妻，乃成德节度使李宝臣之女。令狐建想抛弃其妻，便找了一个借口，污蔑其妻与门下客郭士伦私通，以"淫泆"罪名抛弃其妻。唐中宗时，兵部尚书李迥秀之母少贱，"妻尝詈媵婢，母闻不乐，迥秀即出其妻。或问之，答曰：'娶妇要欲事姑，苟违颜色，何可留？'"[6]这是以"不事舅姑"出妻的典型案例。除了以"七出"条例休妻，诸多家庭

---

1 阮元校刻：《春秋公羊传注疏·庄公二十七年》，《十三经注疏》，中华书局2009年版，第4862页。
2 王照圆：《列女传补注·宋鲍女宗》，虞思征点校，华东师范大学出版社2012年版，第65页。
3 王国轩、王秀梅译注：《孔子家语·本命解》，中华书局2011年版，第318—317页。
4 刘俊文：《唐律疏议笺解》卷十二《户婚·妻无七出而出之》，中华书局1996年版，第1055页。
5 刘俊文：《唐律疏议笺解》卷十二《户婚·妻无七出而出之》，中华书局1996年版，第1055页。
6 欧阳修、宋祁：《新唐书》卷九十九《列传·李迥秀》，中华书局1975年版，第3914页。

琐事也成为出妻原因。据《旧唐书·源休传》载：源休娶吏部侍郎王翊之女为妻，唐德宗时，"因小愤而离"[1]，妻族认为源休休妻之举有悖于律令，因而上诉，下御史台验理，"休迟留不答款状，除名，配流溱州"[2]。唐宪宗元和年间，户部尚书李元素也因出妻违律而被停官："初，元素再娶妻王氏，石泉公方庆之孙，性柔弱，元素为郎官时娶之，甚礼重。及贵，溺情仆妾，遂薄之。且又无子，而前妻之子已长，无良，元素寝疾昏惑，听谮遂出之，给与非厚。妻族上诉，乃诏曰：'李元素病中上表，恳切披陈，云妻王氏，礼义殊乖，愿与离绝。初谓素有丑行，不能显言，以其大官之家，所以令自处置。访闻不曾告报妻族，亦无明过可书，盖是中情不和，遂至于此。胁以王命，当日遣归，给送之间，又至单薄。不唯王氏受辱，实亦朝情悉惊。如此理家，合当惩责。宜停官，仍令与王氏钱物，通所奏数满五千贯。'"[3]李元素休妻的理由是王氏"礼义殊乖"，这一理由不符合"七出"条例。李元素虽然被朝廷斥责，但未否定其出妻之行。由此可见，在"七出"范围之外，男性的出妻权受法律保护。《大元通制条格》卷四载："东昌路王钦因家私不和，画到手模，将妾孙玉儿休弃归宗，伊父母主婚将本妇改嫁殷林为正妻，王钦却行争悔。本部议得：王钦虽画手模将妾休弃，别无明白休书，于理未应。缘本妇改嫁殷林为妻，与前夫已是义绝，再难同处，合准已婚为定。今后凡出妻妾，须用明立休书，即听归宗，似此手模，拟合禁治。都省准拟。"[4]王钦的过错仅在于只"画手模"，没有写"明白休书"；换言之，只要出具"明白休书"，法律给予男性离婚的自由裁量权相当大。

---

1 刘昫等：《旧唐书》卷一百二十七《列传·源休传》，中华书局1975年版，第3574页。
2 刘昫等：《旧唐书》卷一百二十七《列传·源休传》，中华书局1975年版，第3574页。
3 刘昫等：《旧唐书》卷一百三十二《列传·李元素传》，中华书局1975年版，第3658—3659页。
4 方龄贵校注：《通制条格校注》卷四《户令·嫁娶》，中华书局2011年版，第173页。

第五章　董仲舒

如果说"七出"是男性离婚权的过度张扬,"三不去"则是对男性离婚权利的适度限制。《大戴礼记·本命》说:"妇有三不去:有所取,无所归,不去;与更三年丧,不去;前贫贱,后富贵,不去。"[1]妻子被离弃但无家可归者,可以不去;妻子与丈夫共同服过三年之丧,对父母孝顺的,可以不去;娶时夫家贫贱,婚后富贵发达的,妻子可以不去。《春秋公羊传·庄公二十七年》何休注云:"尝更三年丧不去,不忘恩也;贱取贵不去,不背德也;有所受无所归不去,不穷穷也。"[2]何休于此把"三不去"提炼为三种美德:"不忘恩""不背德""不穷穷"。唐律进而对"三不去"做了明确规定:"'虽犯七出,有三不去',三不去者,谓一经持舅姑之丧,二娶时贱后贵,三有所受无所归。而出之者,杖一百。并追还合。"[3]但是,《户婚律》同时又规定:如果有恶疾与奸,虽有"三不去"法律条款的存在,男子仍然可以休妻。缘此,在"七出"条款中,实际上只有五种情况适用于"三不去"。元朝法律稍有更动,仅规定"其犯奸者,不用此律"[4]。

② 义绝。汉代儒家认为,夫妇以义相合,义绝则离。"昏礼者,将合二姓之好,上以事宗庙,而下以继后世也。故君子重之……敬慎重正,而后亲之,礼之大体,而所以成男女之别,而立夫妇之义也。男女有别,而后夫妇有义;夫妇有义,而后父子有亲;父子有亲,而后君臣有正。故曰:'昏礼者,礼之本也。'"[5]在中国古代社会,子女成婚是体"道"、遵"天命"的大事,以至于父母要向即将成婚的儿子敬酒,以表

1　王聘珍:《大戴礼记解诂》,王文锦点校,中华书局1983年版,第255页。
2　阮元校刻:《春秋公羊传注疏·庄公二十七年》,《十三经注疏》,中华书局2009年版,第4862页。
3　刘俊文:《唐律疏议笺解》卷十二《户婚·妻无七出而出之》,中华书局1996年版,第1056页。
4　方龄贵校注:《通制条格校注》卷四《户令·嫁娶》,中华书局2011年版,第174页。
5　阮元校刻:《礼记正义·昏义》,《十三经注疏》,中华书局2009年版,第3647—3648页。

达"敬慎重正"之意。由此而来,夫妇之间如何以义相处,也就提升到了"礼之本"的高度。在唐朝法律中,"义绝"属于强制性离婚方式之一。《户婚律》罗列了"义绝"的五种具体情况:一是丈夫殴打妻子的祖父母、父母和杀害妻子的外祖父母、伯叔父母、兄弟、姑母、姊妹;二是夫妻双方的祖父母、父母、外祖父母、伯叔父母、兄弟、姑母、姊妹相互残杀;三是妻子打骂丈夫的祖父母、父母和杀伤丈夫的外祖父母、伯叔父母、兄弟、姑母、姊妹;四是妻子同丈夫五服之内的亲戚或丈夫同岳母有奸情;五是妻子图谋害死丈夫。凡犯其中一条,"虽会赦,皆为义绝"[1]。《户婚律》说:"诸犯义绝者离之,违者徒一年。"[2]《疏议》解释说:"夫妻义合,义绝则离。违而不离,合得一年徒罪。离者,既无'各'字,得罪止在一人,皆坐不肯离者;若两不愿离,即以造意为首,随从者为从。皆谓官司判为义绝者,方得此坐,若未经官司处断,不合此科。"[3]犯有义绝者,由官府强制性判离,不离者,"徒一年"。但是,如果未经官府判决,不离者无罪。《全唐文》有一"义绝"案例:刘氏堂外甥结婚之后,品行不端,时常"恶言丑语,所不忍闻"[4],并且"纵横凶悖,举止癫狂"[5],于是女方提出离婚。根据"无义则离"的法律原则,"因遣作书,遂令告绝"[6]。"义绝"一般必须出具文书,而且有中人出面作证。

③ 和离。和离是指在双方自愿基础上达成的协议离婚,这是一种法

---

[1] 刘俊文:《唐律疏议笺解》卷十二《户婚·妻无七出而出之》,中华书局1996年版,第1056页。

[2] 刘俊文:《唐律疏议笺解》卷十二《户婚·义绝离之》,中华书局1996年版,第1060页。

[3] 刘俊文:《唐律疏议笺解》卷十二《户婚·义绝离之》,中华书局1996年版,第1060—1061页。

[4] 董诰等编:《全唐文》卷五百四十二《令狐楚·为人作奏贬晋阳县主簿姜钵状》,中华书局1983年版,第5505页。

[5] 董诰等编:《全唐文》卷五百四十二《令狐楚·为人作奏贬晋阳县主簿姜钵状》,中华书局1983年版,第5505页。

[6] 董诰等编:《全唐文》卷五百四十二《令狐楚·为人作奏贬晋阳县主簿姜钵状》,中华书局1983年版,第5505页。

第五章 董仲舒

律和社会风俗皆承认的离婚方式。唐朝社会风气比较开放,女子再嫁不为失节,也不以屡嫁为耻。唐代公主再嫁、三嫁者比较多,在唐肃宗以前各位皇帝的公主中,再嫁者23人,三嫁者4人。实际上,这种离婚方式早已出现。《周礼·地官·媒氏》:"媒氏掌万民之判。凡男女,自成名以上,皆书年月日名焉。令男三十而娶,女二十而嫁。凡娶判妻入子者,皆书之。"[1]宋郑锷注云:"民有夫妻反目,至于仳离,已判而去,书之于版,记其离合之由也。"[2]江永也认为:"书之者,防其争讼也。"[3]这种离婚方式一是基于自由意志,男女双方都是行为主体;二是法律手续齐备。《史记·管晏列传》载:春秋时齐相晏婴的车夫胸无大志、"意气扬扬,甚自得也"[4],其妻于是提出离婚。离婚的理由为:齐相晏婴虽然身不满六尺,但"名显诸侯";车夫高大健硕,却胸无大志。汉代朱买臣家庭贫寒,每天靠砍柴为生。其妻嫌其贫苦,主动提出离婚。朱买臣苦劝其妻说:我再拼搏几年,必当富贵。其妻讥讽说:"如公等,终饿死沟中耳,何能富贵?"[5]于是决绝而去。《唐律·户婚律》规定:"若夫妻不相安谐而和离者,不坐。"[6]《疏议》曰:"'若夫妻不相安谐',谓彼此情不相得,两愿离者,不坐。"[7]《宋刑统·户婚律》云:"若夫妻不相安谐而和离者,不坐。"[8]无论文字抑或内涵,宋律与唐律基本一致。夫妇感情不洽,双方自愿离婚,法律予以支持。但是,如果法律程序不完备,或

---

[1] 孙诒让:《周礼正义》卷二十六,中华书局2013年版,第1033—1038页。
[2] 崔高维点校:《周礼》,辽宁教育出版社1997年版。
[3] 孙诒让:《周礼正义》卷二十六,中华书局2013年版,第1038页。
[4] 司马迁:《史记·管晏列传》,裴骃集解,司马贞索隐,张守节正义,中华书局编辑部点校,中华书局1982年版,第2135页。
[5] 班固:《汉书·严朱吾丘主父徐严终王贾传·朱买臣》,中华书局1962年版,第2791页。
[6] 刘俊文:《唐律疏议笺解》卷十二《户婚·义绝离之》,中华书局1996年版,第1060页。
[7] 刘俊文:《唐律疏议笺解》卷十二《户婚·义绝离之》,中华书局1996年版,第1061页。
[8] 窦仪等:《宋刑统》卷十四《户婚律·和娶人妻》,吴翊如点校,中华书局1984年版,第224页。

者和离并非出于双方自由意志，法律会加以禁止。譬如，《唐律·户婚律》规定："即妻妾擅去者，徒二年；因而改嫁者，加二等。"[1]《疏议》解释说："妇人从夫，无自专之道，虽见兄弟，送迎尚不逾阈。若有心乖唱和，意在分离，背夫擅行，有怀他志，妻妾合徒二年。因擅去而即改嫁者，徒三年，故云'加二等'。"[2]敦煌文书中有一类汉文离婚契约，年代上属唐代至北宋初期，可统称作"放妻书"或"放妻手书"，从中可窥见唐代离婚现象的大致情况。

例一："（前缺）从结契，要尽百年，如水如鱼，同欢□□。生男满十，并受公卿，生女柔容，温和内外。六亲叹美，远近似父子之情；九族悒（邑）怡，四时而不曾更改。奉上有谦恭之道，恤下无儻（党）无。家饶不尽之财，姆妇称延长之庆。何乃结为夫妻，六亲聚而成怨，九族见而含恨。酥乳之合，上（尚）恐异流；猫鼠同窠，安能见久。今对六亲，各自取意，更不许言夫说妇。今妇一别，更选重官双职之夫，随情窈窕（窕），美眘（齐）音乐，琴瑟合韵。伏愿郎娘子千秋万岁，布施欢喜。三年衣粮，便献药仪。宰报云。"[3]

例二："放妻书一道。盖闻夫天妇地，结因于三世之中；男阴（阳）女阳（阴），纳婚于六礼之下。理贵恩义深极，贪爱因浓性。生前相守抱白头，死后要同于黄土。何期二情称怨，互角憎多，无秦晋之同欢，有参辰之别恨。偿了赤索非系，树阴莫同。宿世怨家，今相遇会，只是二要互敌，不肯藁遂。家资须却少多，家活渐渐存活不得。今亲姻村老等与妻阿孟对众平论，判分离别遣夫主留盈讫。自后夫则任娶贤失，同牢延不死之龙；妻则再嫁良媒，合巹契长生之奉。虑却后忘有搅扰，贤

---

[1] 刘俊文：《唐律疏议笺解》卷十二《户婚·义绝离之》，中华书局1996年版，第1061页。
[2] 刘俊文：《唐律疏议笺解》卷十二《户婚·义绝离之》，中华书局1996年版，第1061页。
[3] 沙知：《敦煌契约文书辑校》，江苏古籍出版社1998年版，第470—471页。

第五章 董仲舒

圣证之，促于万劫千生，常处□□之趣。恐后无信，勒此文凭，略述尔由，用为验约。"[1]

从这两份离婚文书中可看出，凡和离有三个必要条件。其一，须有中人主持离婚仪式，中人应是与双方当事人无关的第三者。其二，和离须出具书面契约，这是离婚程序的具结形式。敦煌契约文书中保存了数份"放妻书样文"，格式和语言大致相同，说明和离已成为被全社会普遍认可的离婚方式。其三，在离婚程序中，夫妇双方亲属必须到场，"聚会二亲""今对六亲，各自取意""今亲姻村老等与妻阿孟对众平论"[2]，双方议定离婚事宜，这其中不仅包括离婚之缘由，也包含夫妻财产的分割。从《唐律》与敦煌离婚文书分析，妇女的有些基本权利能得到保障。

《唐律疏议·名例》尝言："德礼为政教之本，刑罚为政教之用，犹昏晓阳秋相须而成者也。"[3]礼为本，刑为用，这是荀子"隆礼重法"、以礼入法思想在社会法律制度上的具体实践。瞿同祖先生在论述中国法律的儒家化进程时指出："法律之儒家化汉代已开其端。汉律虽为法家系统，为儒家所不喜，但自汉武标榜儒术以后，法家逐渐失势，而儒家抬头，此辈于是重整旗鼓，想将儒家的精华成为国家制度，使儒家主张借政治、法律的力量永垂不朽。汉律虽已颁布，不能一旦改弦更张，但儒家确有许多机会可以左右当时的法律。"[4]又言："历代的法典都出于儒者的手笔，并不出于法家之手，这些人虽然不再坚持反对法治，但究是奉儒家为正统的，所以儒家的思想支配了一切古代法典，这是中国法系的

---

1 沙知：《敦煌契约文书辑校》，江苏古籍出版社1998年版，第473页。
2 沙知：《敦煌契约文书辑校》，江苏古籍出版社1998年版，第479页。
3 刘俊文：《唐律疏议笺解》卷一《名例》，中华书局1996年版，第3页。
4 瞿同祖：《中国法律与中国社会》，中华书局2003年版，第357—358页。

一大特色，不可不注意。"[1]证诸唐朝法典，瞿同祖先生所论似乎尚有可商榷之处。如果我们揆诸儒家一以贯之的孝道，会发现在所谓的"法律之儒家化"进程中，历代统治者对儒家孝道的采纳与继承，存在着片面性的倾向。换言之，历代统治者从来就没有忠实不二地继承光大儒家孝道，儒家孝道的精髓一直是湮没不彰。因此，恐怕还不能说《唐律》意味着中国传统法律制度儒家化进程最终完成，更不能说"儒家的思想支配了一切古代法典"。我们或许可以说儒家孝道部分影响了中国古代法律制度，因为儒家孝道中真正核心的部分从未影响过中国古代法律制度，更遑论政治制度。广而言之，儒家道统意义上的思想与观念，从来就没有被古代历代统治者全盘继承与光大，也从来没有被真正转化为制度。朱子曾经说过的一段话，或许有椎心泣血之痛："千五百年之间，正坐如此。所以只是架漏牵补，过了时日。其间虽或不无小康，而尧、舜、三王、周公、孔子所传之道，未尝一日得行于天地之间也。若论道之常存，却又初非人所能预。只是此个自是亘古亘今常在不灭之物，虽千五百年被人作坏，终殄灭他不得耳。汉唐所谓贤君何尝有一份气力扶补得他耶？"[2]儒家之道，自孔子至朱子已有一千六百年之变迁。朱子认为，儒家之道从来就没有真正"得行于天地之间"，虽屡遭歪曲、压制甚至清除，但儒家之道如日月之辉，光耀天下。每念及朱子此言，热泪盈眶，感慨系之！天地之间，舍此人吾谁与归？

---

1 瞿同祖：《中国法律与中国社会》，中华书局2003年版，第346—347页。
2 李文炤：《近思录集解》，华东师范大学出版社2015年版，第156页。

第六章 程颐与朱熹

一、"善便有一个元底意思":
程伊川"天理"思想的哲学指向

在中国哲学史上,程颐(世称伊川先生)无疑是一位公认具有"创造性"的思想家。正如英国汉学家葛瑞汉所言:"在新儒学复兴儒学的运动中,真正有创见的人物是程伊川。如果衡量一位哲学家伟大的尺度是他的贡献的独创性和他的影响大小的话,毫无疑义,程伊川是两千年来最伟大的儒学思想家!"[1]这位"最富有创造性"[2]的思想家"最伟大之处",在于构建以"天理"为核心的哲学思想体系。学界对程伊川的研究硕果累累,但有些问题似乎还有待于进一步探讨与商榷。譬如:究竟应当如何理解与评判"天理"的特点、性质与哲学旨趣?理与气究竟是什么关系?"天理"如何可能从形上学维度为"性"与"仁"存在正当性辩护?仁学成为中国自由主义伦理基础与文化依托如何可能?

(一)理气关系:"理无形"与"离了阴阳更无道"

在中国哲学史上,真正有创造性的思想家在其思想体系中,必定有几个独创性的概念。在二程哲学体系中,"天理"无疑是最具标志

---

1 [英]葛瑞汉:《二程兄弟的新儒学》,程德祥等译,大象出版社2000年版,第32页。
2 [英]葛瑞汉:《二程兄弟的新儒学》,程德祥等译,大象出版社2000年版,第32页。

性的概念。虽然《庄子》《韩非子》《礼记》等典籍已出现"天理"一词,"能指"虽同,但"所指"与哲学意涵已有翻天覆地的变化。正是在这一意义上,程明道颇为自豪地说:"吾学虽有所受,天理二字却是自家体贴出来。"[1]"自家体贴出来"的"天理",在哲学性质上,无生无灭,犹如华严宗所言:"涅槃无生无出故。若法无生无出,则无有灭。"[2]既然天理不可以"生灭"界说,自然没有空间的特性,"理无形也,故因象以明理。理既见乎辞,则可以由辞而观象"[3]。"道体物不遗,不应有方所。"[4]"理无形"的表述在程伊川文章中多次出现,"有方所,则有限量"[5]。天理无方所,不存在具体存在所具有的空间特性。此外,天理有时间特性吗?换言之,天理有时间起始吗?程伊川没有回答这一问题,这正是他的卓然高明之处,因为"没有回答"意味着这一问题本身就是一伪问题。程伊川是否受到庄子与华严宗、禅宗的哲学影响,尚有待于细究。庄子明确点明"道无终始,物有死生"[6]。道与物截然相分,形上层面的"道",不可以"终始"来界说。道没有具象那种度量时间属性,具体之物才有度量时间属性,因为时间与空间只是具体存在才具有的存在方式。天理无形,天理无终始,甚至"天理"这一概念本身之"能指"与"所指",也是"只是道得如此,更难为名状"[7]。

---

1 程颢、程颐:《二程集·外书》卷十二《传闻杂记·上蔡语录》,王孝鱼点校,中华书局2004年版,第424页。
2 道霈纂要:《大方广佛华严经疏论纂要》卷八十九《如来出现品第三十七之四》,纪华传整理,中华书局2020年版,第82页。
3 程颢、程颐:《二程集·粹言》卷一《论书篇》,王孝鱼点校,中华书局2004年版,第1205页。
4 程颢、程颐:《二程集·遗书》卷二上《二先生语二上》,王孝鱼点校,中华书局2004年版,第21页。
5 程颢、程颐:《二程集·周易程氏传》卷三《周易下经上·益》,王孝鱼点校,中华书局2004年版,第913页。
6 郭庆藩:《庄子集释》,王孝鱼点校,中华书局1961年版,第584页。
7 程颢、程颐:《二程集·遗书》卷二上《二先生语二上》,王孝鱼点校,中华书局2004年版,第38页。

第六章 程颐与朱熹

天理在语言与逻辑上"难为名状",使用"天理"这一概念也不过是"强为之名",这一观点与《老子》"道可道,非常道"显然有异曲同工之妙。但是,如果将天理界定为大乘空宗意义上的"空",无疑也是大错特错。"和靖尝以《易传序》请问曰:'"至微者理也,至著者象也,体用一原,显微无间",莫太泄露天机否?'伊川曰:'如此分明说破,犹自人不解悟。'"[1]天理是"至微",是无形无象的"实",不是大乘空宗绝对之"空"。张载曾经说:"太虚者,气之体。"[2]太虚即气,"清虚一大"的太虚是气之本然状态。程伊川也多次谈太虚,但对"太虚"这一概念做了全新的哲学界定:

> 又语及太虚,曰:"亦无太虚",遂指虚曰:"皆是理,安得谓之虚?天下无实于理者。"[3]
>
> 又语及太虚,先生曰:"亦无太虚。"遂指虚曰:"皆是理,安得谓之虚!天下无实于理者。"或谓"许大太虚",先生谓:"此语便不是。这里论甚大与小!"[4]

《河南程氏遗书》和《宋元学案》记录的这一段语录基本相同,只是《宋元学案》多出了后面一段对话而已。程伊川把太虚"置换"为理,"旧瓶装新酒",含义与哲学意义焕然一新。天理不可以"大与小"界说,但是,天理是"实",不是佛教所言世界无根。因为有"实"的

---

[1] 程颢、程颐:《二程集·外书》卷十二《传闻杂记·涪陵记善录》,王孝鱼点校,中华书局2004年版,第430页。
[2] 张载:《张载集·正蒙·乾称》,章锡琛点校,中华书局1978年版,第66页。
[3] 程颢、程颐:《二程集·遗书》卷三《二先生语三》,王孝鱼点校,中华书局2004年版,第66页。
[4] 黄宗羲:《宋元学案》卷十五《伊川学案上》,全祖望补修,陈金生、梁运华点校,中华书局1986年版,第610页。

哲学特性，天理才能成为世界统一性的本体。"问：'鸢飞戾天，鱼跃于渊'，莫是上下一理否？曰：'到这里只是点头。'"[1]面对大千世界的山川树木、鸟语花香，只能"点头"，不可用语言表述，甚至也不能用概念界说，因为人类能说与所说的只是哲学本体的一偏，而非其全体。"天理云者，这一个道理，更有甚穷已？不为尧存，不为桀亡。人得之者，故大行不加，穷居不损。这上头来，更怎生说得存亡加减？是佗元无少欠，百理具备。"[2]天理是自在的存在，不是人的创造物。不会因为尧是圣人而有所增加，也不会因为夏桀暴虐而减损。"穷物理者，穷其所以然也。"[3]不论你喜欢还是不喜欢，天理作为宇宙的"所以然"始终存在。"莫之为而为，莫之致而致，便是天理。"[4]这句话前半截源出于《孟子》，在"尽心—知性—知天"逻辑结构中，孟子力图证明"四端"之德性具备普遍性与绝对性，所以人人需"立命"。程伊川巧妙移植过来，旨在说明作为天地间"所以然"的天理，其存在与作用具有普遍性和绝对性特点。在这一意义上，天理也是"命"。

实际上，本文论证至此，力图证明的一个观点为：天理基本上主要属于本体论层面的概念。恰如冯友兰先生所论：程伊川哲学中的"天理"，属于在"具体的世界"之外的"概念之世界"中存在的"概念或形式"。但是，特别需指出的是，程伊川的有些表述，容易使人产生一事实判断：天理（理、道）既是本体论，又是宇宙生成论。譬如，"道

---

[1] 黄宗羲：《宋元学案》卷十五《伊川学案上》，全祖望补修，陈金生、梁运华点校，中华书局1986年版，第610页。

[2] 程颢、程颐：《二程集·遗书》卷二上《二先生语二上》，王孝鱼点校，中华书局2004年版，第31页。这一段话虽是程明道所言，但也代表程伊川思想。二程兄弟哲学思想有同有异，这一段话当是异中之同。

[3] 程颢、程颐：《二程集·粹言》卷二《人物篇》，王孝鱼点校，中华书局2004年版，第1272页。

[4] 程颢、程颐：《二程集·遗书》卷十八《伊川先生语四》，王孝鱼点校，中华书局2004年版，第215页。

第六章 程颐与朱熹

则自然生万物"[1],"天理生生"[2]。如果天理(理、道)能"生万物",那么天理(理、道)也是宇宙生成论层面的观念。天理一方面"无方所"、无始无终,甚至"难为名状";另一方面天理又能"生万物"。刘蕺山批评程伊川思想"大而未化",是否就是针对程伊川天理哲学的内在多重属性而发?因此,为了正确认识天理的特点与哲学性质、澄清一些误读误解,有必要进一步深入地从"理气关系"的视域加以论证。

(1)在宇宙生成论视域,程伊川比较强调"气"的本源地位。"天地阴阳之气相交而和,则万物生成,故为通泰。"[3]"阴阳不相交遇,则万物不生。"[4]"天之道,以其气下际,故能化育万物,其道光明。下际谓下交也。地之道,以其处卑,所以其气上行,交于天,皆以卑降而亨也。"[5]宇宙万物的生成皆是天地阴阳二气"相交而密"所为,在时间上是"生则一时生"[6]。程伊川在此区分了两个概念:"气化"与"形化"。"万物之始,皆气化;既形,然后以形相禅,有形化;形化长,则气化渐消。"[7]"气化"先于"形化","气化"之气是宇宙万物客观存在之始基和天地万物统一性之基础。"气化之在人与在天,一也。"[8]"形化"又

---

[1] 程颢、程颐:《二程集·遗书》卷十五《伊川先生语一》,王孝鱼点校,中华书局2004年版,第149页。

[2] 程颢、程颐:《二程集·粹言》卷二《天地篇》,王孝鱼点校,中华书局2004年版,第1228页。

[3] 程颢、程颐:《二程集·周易程氏传》卷一《周易上经上·泰》,王孝鱼点校,中华书局2004年版,第753页。

[4] 程颢、程颐:《二程集·周易程氏传》卷三《周易下经上·姤》,王孝鱼点校,中华书局2004年版,第924页。

[5] 程颢、程颐:《二程集·周易程氏传》卷二《周易上经下·谦》,王孝鱼点校,中华书局2004年版,第774页。

[6] 程颢、程颐:《二程集·遗书》卷二上《二先生语二上》,王孝鱼点校,中华书局2004年版,第33页。

[7] 程颢、程颐:《二程集·遗书》卷五《二先生语五》,王孝鱼点校,中华书局2004年版,第79页。

[8] 程颢、程颐:《二程集·粹言》卷二《天地篇》,王孝鱼点校,中华书局2004年版,第1226页。

被称为"种生","气既化后,更不化,便以种生去"[1]。天地万物种类繁殊,在阴阳之气"推迁改易"作用下,都是各个"以形相禅",不相淆乱。譬如,人类属于"真元之气"(可能受到道教影响),霜露属于"星月之气",雹属于"阴阳相搏之气",麒麟是"太平和气",甚至鬼神也可以"气之聚散"解释。总而言之,"盖天地间无一物无阴阳"[2]。既然宇宙万物都是"气化"与"形化"的作用,那么每一种具体存在死亡之后,既散之气归于何处?张载认为气是不灭的,天地间每一种存在都只不过是气的存在方式而已,既散之气将复归于无形太虚。程伊川明确不同意这一观点:"凡物之散,其气遂尽,无复归本原之理。"[3]具体事物消亡,就是气散;既散之气不复存在,更不可能回归本源之气。张载的气论虽然起到了对佛老学说的批判作用,但在宇宙论上将本源之气与具体事物之气混淆不清,大大降低了气的哲学抽象性。天地间有"生气","生气"犹如洪炉与潮水,潮涨潮落,生生不息。当然,这种"生气"是"形化"意义上的气,而非"气化"层面的本源之气。"形化"层面的气有终始,"此是气之终始";但"气化"层面的本源之气没有终始,"动静无端,阴阳无始,非知道者,孰能识之?"[4]程伊川对张载思想的批评,其实并没有否定气的地位与作用,反而在宇宙本体论上抬升了"气化"之气的抽象性与本源性。尤其值得一提的是,在宇宙生成论上,程伊川主要从阴阳二气的"交感"解释天地万物之源起,这一学说的特点

---

[1] 程颢、程颐:《二程集·遗书》卷十八《伊川先生语四》,王孝鱼点校,中华书局2004年版,第199页。

[2] 程颢、程颐:《二程集·遗书》卷十八《伊川先生语四》,王孝鱼点校,中华书局2004年版,第237页。

[3] 程颢、程颐:《二程集·遗书》卷十五《伊川先生语一》,王孝鱼点校,中华书局2004年版,第163页。

[4] 程颢、程颐:《二程集·经说》卷一《易说·系辞》,王孝鱼点校,中华书局2004年版,第1029页。

第六章 程颐与朱熹

在《周易程氏传》中体现得比较典型。《易传》最大的特色在于从阴阳二气证明天地万物存在何以可能，阴阳学说与气学已经"牵手"与"汇流"。《周易程氏传》是程伊川晚年著述，观点已趋于成熟。整部《周易程氏传》在宇宙生成论上，基本上是"萧规曹随"，像《易传》作者一样以阴阳气论证明天地万物的性质与特点，相对而言，对天理或理的论述比较少。这一思想特点，反映了程伊川哲学思想一个倾向：在宇宙生成论上，程伊川肯定与强调"气化"之气的根源性与主宰性，主要以气论证宇宙天地万物的"所从来"。程伊川气论在哲学上主要解决了一个重大问题：面对佛教所言世界无根，程伊川从气论高度为人与宇宙万物的生成变化建构了一个统一性的物质基础。

（2）在本体论层面，程伊川更多强调天理的意义。本体论层面的天理，"寂然不动"，天理是"静"。人心"感"天理，通达天地万物之理；"动静无端，阴阳无始"层面的本体之气与理相"感"，成为天地万物存在之"所以然"。在这一意义上，本体论层面的天理属于理气合一意义上的天理。理不离气（"气化"之气），气不离理，理气相融，合一不分。

论及程伊川哲学思想体系中的理、气关系，以下两段话不可忽略：

> 离了阴阳更无道，所以阴阳者是道也。阴阳，气也。气是形而下者，道是形而上者。形而上者则是密也。[1]

> 离阴阳则无道。阴阳，气也，形而下也。道，太虚也，形而上也。[2]

---

[1] 程颢、程颐：《二程集·遗书》卷十五《伊川先生语一》，王孝鱼点校，中华书局2004年版，第162页。

[2] 程颢、程颐：《二程集·粹言》卷一《论道篇》，王孝鱼点校，中华书局2004年版，第1180页。

以上表述，因为非常重要，所以在《遗书》《粹言》与《宋元学案》中反复出现。其中有三点值得我们深思。其一，有些学界同仁往往注重"所以阴阳者是道"这一层含义，强调天理或道的"所以然"哲学特点，却往往忽略了"离了阴阳更无道"这层含义同样重要。程伊川一再说明理与气不可"离"，理与气相即相融，浑然一体。离开了理的气，是僵死之气；离开了气的理，属于漂浮无根之空无，毫无意义。黄宗羲用"更无道"语，语气与立场更加坚定。其二，"形而上"与"形而下"的区别，应仔细分辨。"形而上"与"形而下"的区别仅仅在于幽与显，而非"有与无"。"有无"是佛老的提法，张载为了相区别，特意以"幽显"取代"有无"。理、道和太虚是"密"，"密"即微，指理细微不可见，不是经验认识的对象。华严宗在本体论上也经常使用"理"这一范畴，但是其含义与程伊川有较大差异。程伊川哲学中的"理"是"实"，不是绝对的空无；华严宗的"理"，既有"真理"的含义，更有"空无自性"之"空"的色彩。其三，此处"阴阳，气也"之气，属于"形化"层面的气，而非"气化"层面的本体之气。换言之，此处理与气的关系，指的是天理与"形化"之气的关系，而非天理与"气化"之气的关系。简单用"质料"一词来界说程子哲学中的"气"，有些笼统与偏颇，因为气有"气化"之气与"形化"之气的区别。用西方哲学中的"质料"解释"形化"层面的气或许有几分吻合，但是，用"质料"来对译或诠释"气化"层面的本体之气显然有些南辕北辙。换言之，用"质料"指谓"气化"之气，是对本体之气的"矮化"。"气化"之气属于"未发"，与天理互融互摄。"动静无端，阴阳无始"是本体之气最大特点。天理与本体之气相互涵摄不可分，但天理与"形化"之气有"形上"与"形下"的区别。

因此，我们只有立足于"理不离气""理气合一"，才能读懂程伊川

第六章　程颐与朱熹

为何一方面论述天理"寂然不动",是"所以阴阳者";另一方面又反复多次大谈"天理生生":

> 天理生生,相续不息,无为故也。使竭智巧而为之,未有能不息也。[1]
>
> 道则自然生万物。今夫春生夏长了一番,皆是道之生,后来生长,不可道却将既生之气,后来却要生长。道则自然生生不息。[2]
>
> "鼓万物而不与圣人同忧",天理鼓动万物如此。[3]
>
> 天道,生万物,各正其性命而不妄。王者体天之道,养育人民,以至昆虫草木,使各得其宜,乃对时育物之道也。[4]

"天理生生"是从《易传》"生生之谓易"脱胎而来,"生生之谓易"侧重于强调易的"生生"之德性,当然程伊川的天理也有这一层含义(这一点放在文章后面论述)。除此之外,两者的哲学蕴涵已有所不同。天理不会"生"气,也不可能"生"阴阳。"天理生生"之天理,当是融合了"气化"本体之气的天理。理气合一意义上的天理,才有可能"生生"。牟宗三先生曾经为《老子》"道生一""先天地生"进行辩护,将"生"诠释为"在",借以遮掩与削减"道"的宇宙生成论成分,抬升道的本体论地位:"'生'亦'在'义,'先天地生'即'先乎天地而存在'也。"[5]"'道生德畜'是超越意义的生、畜,是系属于道与

---

[1] 程颢、程颐:《二程集·粹言》卷二《天地篇》,王孝鱼点校,中华书局2004年版,第1228页。
[2] 程颢、程颐:《二程集·遗书》卷十五《伊川先生语一》,王孝鱼点校,中华书局2004年版,第149页。
[3] 程颢、程颐:《二程集·遗书》卷五《二先生语五》,王孝鱼点校,中华书局2004年版,第78页。
[4] 程颢、程颐:《二程集·周易程氏传》卷二《周易上经下·无妄》,王孝鱼点校,中华书局2004年版,第824页。
[5] 牟宗三:《才性与玄理》,吉林出版集团有限责任公司2010年版,第131页。

德而言者。"¹牟宗三先生基于文化自觉立场上的辩护,其良苦用心令人钦佩,但就今本《老子》对"道"所做界说而言,把"道生之""道生一"和"周行而不殆"完全看成"超越意义"的"生"与"周行",恐怕有待商榷。因此,程伊川的"天理生生"既蕴含"生生何以可能在于天理"之本体论成分,即强调天理"所由以说明的第一点";但是,与此同时,"天理生生"命题并不排斥宇宙生成论色彩,两者兼而有之。究竟应如何理解与评判"天理生生",学界对此理解不一,甚至分歧较大。譬如,日本学者沟口雄三认为,"程子的天理具有强烈的万物生生的'活脉'"²,"天理对万物的发生或生生起到能动的作用,或者说天理自身是一个生生不息的具有生命力的'活动之脉'这样一种形象"³。沟口雄三先生认为,程子的天理主要还只是一生成论意义上的本体,他进而指出程伊川与朱熹"天理"观念也恰好在这一层面澄现出不同的哲学指向。根据他的梳理,《朱子语类》中"天理"概念出现280余次,"朱子'天理'用例的90%以上是指人的内心世界的澄明、洒落,从广义上说,是指内心的道德性的"⁴。与此相对,"程子的天理鼓动或是动以天理是与自然界的生成相关联的"⁵。在他看来,朱熹的天理主要是价值本体论,而程颐的天理是宇宙生成论。孰是孰非,尚有待于深入讨论。但沟口雄三客观指出程伊川天理确实涵摄生成论属性,这应当不是空穴来风

---

1 牟宗三:《才性与玄理》,吉林出版集团有限责任公司2010年版,第138页。
2 [日]沟口雄三:《中国的思维世界》,刁榴、牟坚等译,生活·读书·新知三联书店2014年版,第215页。
3 [日]沟口雄三:《中国的思维世界》,刁榴、牟坚等译,生活·读书·新知三联书店2014年版,第216页。
4 [日]沟口雄三:《中国的思维世界》,刁榴、牟坚等译,生活·读书·新知三联书店2014年版,第219页。
5 [日]沟口雄三:《中国的思维世界》,刁榴、牟坚等译,生活·读书·新知三联书店2014年版,第218页。

第六章 程颐与朱熹

的臆想。在笔者看来，与"动静无端，阴阳无始"本体之气合而为一的天理确实存在两重属性：既是本体论层面的"所以然"，又是生成论层面的"所从来"。一钥开二门，融和无碍，并不矛盾冲突。其实在论述天理"生生不息"的同时，程伊川更想表达的一层含义为：天地万物包括人类的"性命"，由天理而"正"。所以，在理气关系上，程伊川比较经典的表述为："道者，一阴一阳也。动静无端，阴阳无始。非知道者，孰能识之？"[1]"至显莫如事，至微莫如理，而事理一致也，微显一源也。"[2]"事"即心所指向的物，指的是具体存在与言行，事是显。理或道是源，理（道）是涵摄了气之理（道），此处之气不是"既曰气，便是二"意义上的"已发"之气，而是"阴阳无始"层面的"未发"之气、"气化"之气。"阴阳无始"的"未发"之气，在位格上与天理"并驾齐驱"。由理事合一、理事一源，程伊川旨在论证理气相即。"冲穆无朕，万象森然已具，未应不是先，已应不是后。如百尺之木，自根本至枝叶皆是一贯，不可道上面一段是无形无兆，却待人旋安排引出来，教入涂辙。既是涂辙，却只是一个涂辙。"[3]"冲穆无朕"指的是"气化"之气，因为"应"描述的是一分为二的阴阳之气的运动交感变化。"万象森然已具"诠释无行迹之气何以能化生种类繁殖之万物，因为气是蕴含理之气。一棵树的树根与枝叶是连贯一体的，不能说树根属于天理，枝叶属于气生。天理与气是同一个"涂辙"，理与气不分先后，一棵树澄现的既是理又是气化之气。理气是本体，树是现象，现象澄现本体，现象即本体。杨开沅评论说："此段发明道器一贯，最为明白。知此，则'理

---

[1] 程颢、程颐：《二程集·经说》卷一《易说·系辞》，王孝鱼点校，中华书局2004年版，第1029页。
[2] 程颢、程颐：《二程集·粹言》卷一《论事篇》，王孝鱼点校，中华书局2004年版，第1222页。
[3] 黄宗羲：《宋元学案》卷十五《伊川学案上》，全祖望补修，陈金生、梁运华点校，中华书局1986年版，第616页。

生气''才说性便不是性''人性中曷尝有孝弟来',皆头上安头,屋上架屋矣。"[1]

程伊川理事圆融、体用相即的思想,或许受到华严宗的影响:"湛然平静如镜者,水之性也。及遇沙石或地势不平,便有湍激,或风行其上,便为波涛汹涌,此岂水之性也哉。"[2]唐宋时期学人经常用水与波浪关系比喻性情,程伊川也不例外。从"性即理"意义上论,其中自然涵摄体用关系。唐代华严宗大师法藏说:"事虽宛然,恒无所有,是故用即体也,如会百川以归于海。理虽一味,恒自随缘,是故体即用也,如举大海以明百川。由理事互融,故体用自在。"[3]百川汇流而成大海,川与海融合一体,体用一如。在《种智普耀门》一文中,用水与波浪关系比喻体用相即,更加浅显易懂:"十,分三智者,谓达尘性空无之理,决择邪正,顺理入真。此决择之心,是加行智。又,见此尘,全是亡言绝虑,性超图度,能所不起,动念亦非,此为正体智。又,见尘缘起幻有,不碍差别,虽种种差别,莫不空无所有。以不失体故,全以法体而起大用,一多无碍,主伴相摄,一即一切,一切即一,是为后得智。然上诸义,法无分齐,现必同时,理不碍差,隐显一际。用则波腾鼎沸,全真体以运行;体即镜净水澄,举随缘而会寂。若曦光之流采,无心而朗十方;如明镜之端形,不动而呈万像。"[4]本体与现象的关系,犹如水

---

1 黄宗羲:《宋元学案》卷十五《伊川学案上》,全祖望补修,陈金生、梁运华点校,中华书局1986年版,第616页。
2 程颢、程颐:《二程集·遗书》卷十八《伊川先生语四》,王孝鱼点校,中华书局2004年版,第204页。
3 石峻等编:《中国佛教思想资料选编 隋唐五代卷·法藏·三、华严经义海百门》,中华书局2014年版,第127页。
4 石峻等编:《中国佛教思想资料选编 隋唐五代卷·法藏·三、华严经义海百门》,中华书局2014年版,第114—115页。

第六章 程颐与朱熹

与波浪，水显现为波浪，波浪本质上就是水，现象乃本体自身之澄现，"一切即一""隐显一际"。此外，水与波浪又是同时显现，体用不分先后。理是永恒的，本身没有时间性。理通过气进入时间，又超越时间，所谓"现必同时，理不碍差"。

由此可以看出，朱熹晚年的理气关系论与程伊川相比较还是存在一些差异。陈来教授总结朱熹理气论有三变：早年主张"理气无先后"，鹅湖之会后转为"理在气先"，晚年定论为理逻辑在先。如果仔细推敲朱熹晚年的一些言论，其中有些观点似乎还有商榷的余地：

> 或问"理在先，气在后"。曰："理与气本无先后之可言。但推上去时，却如理在先，气在后相似。"[1]
>
> 或问"必有是理，然后有是气，如何？"曰："此本无先后之可言。然必欲推其所从来，则须说先有是理。然理又非别为一物，即存乎是气之中；无是气，则是理亦无挂搭处。气则为金木水火，理则为仁义礼智。"[2]
>
> 或问先有理后有气之说。曰："不消如此说。而今知得他合下是先有理，后有气邪；后有理，先有气邪？皆不可得而推究。然以意度之，则疑此气是依傍这理行。及此气之聚，则理亦在焉。盖气则能凝结造作，理却无情意，无计度，无造作。只此气凝聚处，理便在其中。且如天地间人物草木禽兽，其生也，莫不有种，定不会无种了白地生出一个物事，这个都是气。若理，则只是个净洁空阔底世界，无形迹，他却不会造作；气则能酝酿凝聚生物也。但有此气，则理便在其中。"[3]

---

1 黎靖德编：《朱子语类》卷一《理气上·太极天地上》，王星贤点校，中华书局1986年版，第3页。
2 黎靖德编：《朱子语类》卷一《理气上·太极天地上》，王星贤点校，中华书局1986年版，第3页。
3 黎靖德编：《朱子语类》卷一《理气上·太极天地上》，王星贤点校，中华书局1986年版，第3页。

晚年朱熹有时说理与气"本无先后",有时又说"不可得而推究"。到底谁先谁后?抑或根本就不存在先后?以下两段表述似乎已有较确定的回答:

> 问:"有是理便有是气,似不可分先后?"曰:"要之,也先有理。只不可说是今日有是理,明日却有是气;也须有先后。且如万一山河大地都陷了,毕竟理却只在这里。"[1]
>
> 周子康节说太极,和阴阳滚说。《易》中便抬起说。周子言"太极动而生阳,静而生阴"。如言太极动是阳,动极而静,静便是阴;动时便是阳之太极,静时便是阴之太极,盖太极即在阴阳里。如"易有太极,是生两仪",则先从实理处说。若论其生则俱生,太极依旧在阴阳里。但言其次序,须有这实理,方始有阴阳也。其理则一。虽然,自见在事物而观之,则阴阳函太极;推其本,则太极生阴阳。[2]

朱熹认为,从"次序"上讲,理在气先。此处所说的"次序"之"先",既是逻辑层面的"先",又是时间意义上的"先"。因为"万一山河大地都陷了,毕竟理却只在这里","山河大地"是现象世界、气的世界,气具有时间性。因此,朱熹晚年所坚持的"理在气先",应当将其归纳为"逻辑在先",但不是"逻辑上在先"。"逻辑上在先"是指逻辑顺序上在先,一个思想体系中的位阶最高的抽象概念相对于具体概念而言,前者是后者的根据,后者是前者的展现。"逻辑在先"指涉逻辑的外在关系而非逻辑的内在关系。换言之,关涉以逻辑称谓的概念体系

---

[1] 黎靖德编:《朱子语类》卷一《理气上·太极天地上》,王星贤点校,中华书局1986年版,第4页。
[2] 黎靖德编:《朱子语类》卷七十五《易十一·上系下·第十一章》,王星贤点校,中华书局1986年版,第1929页。

与现实世界的关系。尤其重要的是,"逻辑在先"与"时间在先"并无矛盾。在西方哲学史上,柏拉图的理念在先、康德的先验范畴在先和黑格尔的绝对精神在先,都蕴含时间在先的特点。

(二)天理"元善":仁善源于天理至善

天理既是本体论,又是宇宙生成论。其实在程伊川哲学思想体系中,价值本体论的因素特别凸显。二程兄弟精心建构的以天理为核心的哲学思想,其最终的哲学追求并不是着迷于对逻辑世界进行探索。"醉翁之意不在酒",二程天理哲学的真正兴趣与最高目标是经验世界,即人自身如何成己成德,"止于至善",在人生"此岸"实现内在超越。换言之,二程兄弟天理哲学的真正兴趣在于证明"止于至善"何以可能以及"仁义"等儒家伦理观念存在的正当性与普遍性。其实从形上学的高度证明儒家仁义等价值观存在正当性,并非滥觞于二程兄弟,"启山林"者当属孔子。孔子"仁者安仁"命题已初步从道德形上学高度说明仁本之仁下贯而为人之普遍本性,仁内在于生命本然,仁不是外在的强制性行为准则。牟宗三先生评论说:孔子之"仁即是性,即是天道"[1];孟子起而踵之,从心性论高度证明仁出于天,因而具有"命"之绝对性,仁是善,又具有正当性特点,仁是善与正当性的完美统一。孟子仁论与天、命、心、性相结合,论证了仁的来源和正当性,证明了人性何以平等,在人性平等基础上进而证明"仁者安仁"是否可能。孔子开创的仁学演进至孟子,以仁为核心的道德形上学基本建立。冯友兰先生说:"孟子言义理之天,以性为天之部分,此孟子言性善之形上学的根

---

[1] 牟宗三:《名家与荀子》,吉林出版集团有限责任公司2010年版,第135页。

据也。"[1]在儒家道统上，程伊川是对孔孟思想与逻辑的"接着讲"，标志性的命题就是"性即理"：

> 性即理也，所谓理，性是也。[2]
> 伯温又问："孟子言心、性、天，只是一理否？"曰："然。"[3]
> 心也，性也，天也，非有异也。[4]

"性即理"之"即"不是谓词"是"，而是"若即若离"之"即"，含有"融合"之义。从人与本体关系视域立论，性是天理在人之朗现，是人之所以为人的本质规定。人作为认识与实践主体，理"夯实"为性理，理才具有活泼泼的意义。由此而来，"性即理"层面的"性"自然而然具有"善"的品格：

> 气有善不善，性则无不善。人之所以不知善者，气昏而塞之耳。[5]
> 自理言之谓之天，自禀受言之谓之性，自存诸人言之谓之心。[6]

---

1 冯友兰：《中国哲学史》上册，华东师范大学出版社2000年版，第217页。
2 程颢、程颐：《二程集·遗书》卷二十二上《伊川先生语八上》，王孝鱼点校，中华书局2004年版，第292页。
3 程颢、程颐：《二程集·遗书》卷二十二上《伊川先生语八上》，王孝鱼点校，中华书局2004年版，第297页。
4 程颢、程颐：《二程集·遗书》卷二十五《伊川先生语十一》，王孝鱼点校，中华书局2004年版，第321页。对于程子"性即理"思想在中国哲学史上的意义，朱熹的评价比较恰当："如'性即理也'一语，直是孔子后惟是伊川说得尽。这一句便是千万世说性之根基，是个公共底物事。"参见黄宗羲：《宋元学案》卷十六《伊川学案下》，全祖望补修，陈金生、梁运华点校，中华书局1986年版，第650页。
5 程颢、程颐：《二程集·遗书》卷二十一下《伊川先生语七下》，王孝鱼点校，中华书局2004年版，第274页。
6 程颢、程颐：《二程集·遗书》卷二十二上《伊川先生语八上》，王孝鱼点校，中华书局2004年版，第296—297页。

第六章　程颐与朱熹

性，即理也。天以阴阳五行化生万物，气以成形，而理亦赋焉，犹命令也。于是人物之生，因各得其所赋之理，以为健顺五常之德，所谓性也。[1]

程伊川、朱熹皆认为性是天理在人之实现，"性者，浑然天理而已"[2]。在程朱哲学逻辑结构中，有"理之性"和"气质之性"之分，"理之性"先验蕴涵"健顺五常之德"。具体而言，仁、义、礼、智、信、忠、孝、廉、耻都是性之固有内涵。"父止于慈，子止于孝，君止于仁，臣止于敬。"[3]"仁、义、礼、智、信五者，性也。"[4]"须知天理只是仁、义、礼、智之总名，仁、义、礼、智便是天理之件数。"[5]天理浑然不可分，天理与仁、义、礼、智、信"五常"的关系不是本体与派生物之间的关系，而是本体与属性之间的关系。仁、义、礼、智、信并非由理"旋次生出"，理是人伦道德的"总名"，仁、义、礼、智、信则是天理之"件数"。父慈子孝、长幼有序、夫妇有别、兄友弟悌，各有所止，当止其所止则安，失其所止则乱。在社会伦理诸德目中，仁的地位最高，仁是"体"或"全体"，义、礼、智、信是"支"："仁者，全体；四者，四支。仁，体也。义，宜也。礼，别也。智，知也。信，实也。"[6]在社会伦

1　朱熹：《中庸集注》，《四书章句集注》，中华书局1983年版，第17页。
2　黎靖德编：《朱子语类》卷九十五《程子之书一》，王星贤点校，中华书局1986年版，第2427页。
3　程颢、程颐：《二程集·周易程氏传》卷四《周易下经下·艮》，王孝鱼点校，中华书局2004年版，第968页。
4　程颢、程颐：《二程集·遗书》卷二上《二先生语二上》，王孝鱼点校，中华书局2004年版，第14页。
5　黄宗羲：《宋元学案》卷四十八《晦翁学案上》，全祖望补修，陈金生、梁运华点校，中华书局1986年版，第1528页。
6　程颢、程颐：《二程集·遗书》卷二上《二先生语二上》，王孝鱼点校，中华书局2004年版，第14页。

理体系层面，仁是集合概念，义、礼、智、信、忠、孝、廉、耻等是仁之精神在各个社会关系准则中的具体表现。"学者须先识仁。仁者，浑然与物同体。义、礼、知、信皆仁也。识得此理，以诚敬存之而已，不须防检，不须穷索。"[1] "仁，浑沦言，则浑沦都是一个生意，义、礼、智都是仁；对言，则仁、义、礼、智一般。"[2]程朱哲学中之"仁"，犹如周敦颐哲学思想中之"诚"。诚是太极之德，贯通天人上下。仁是"理之性"之德，因此，仁有"公"之品格。"又问'如何是仁？'曰：'只是一个公字。学者问仁，则常教他将公字思量。'"[3] "仁之道，要之只消道一公字。"[4] "公"是仁内含之天理，仁是"公"之具体实现。朱熹对此诠释说："要识仁之意思，是一个浑然温和之气，其气则天地阳春之气，其理则天地生物之心……这不是待人旋安排，自是合下都有这个浑全流行物事。此意思才无私意间隔，便自见得人与己一，物与己一，公道自流行。"[5]天地之理是"公道"，"公道"在人心彰显为仁。朱熹所说的"公道"，在程伊川思想中等同于"道心"："'人心'，私欲也；'道心'，正心也。"[6]公与私相对，私是人欲、"客气"，公的基本特点是"克尽己私"[7]，

---

[1] 程颢、程颐：《二程集·遗书》卷二上《二先生语二上》，王孝鱼点校，中华书局2004年版，第16—17页。

[2] 黎靖德编：《朱子语类》卷六《性理三·仁义礼智等名义》，王星贤点校，中华书局1986年版，第107页。

[3] 程颢、程颐：《二程集·遗书》卷二十二上《伊川先生语八上》，王孝鱼点校，中华书局2004年版，第285页。

[4] 程颢、程颐：《二程集·遗书》卷十五《伊川先生语一》，王孝鱼点校，中华书局2004年版，第153页。

[5] 黎靖德编：《朱子语类》卷六《性理三·仁义礼智等名义》，王星贤点校，中华书局1986年版，第111页。

[6] 程颢、程颐：《二程集·遗书》卷十九《伊川先生语五》，王孝鱼点校，中华书局2004年版，第256页。

[7] 程颢、程颐：《二程集·遗书》卷二十二上《伊川先生语八上》，王孝鱼点校，中华书局2004年版，第285页。

第六章　程颐与朱熹

也就是中正、公平、公正，克尽己私方能彰显天理之中正、公平特性。以"公"说仁，是程伊川哲学一大特点，目的在于矫正以"爱"说仁有可能导致的偏差。"仁者公也"之"公"，在本质上与"天下为公"之"公"旨意相同，体现的都是儒家公共性思想。既然"仁者公也"[1]，仁是"公"，自然意味着仁是善，仁善的形而上根据来自"至善之源"[2]的性："盖本然之性，只是至善。"[3]

由此而来，性善何以可能，已是程伊川势必需要回答的问题。葛瑞汉指出，程伊川在论证"性善何以可能"思路上，其问题意识与逻辑路向可梳理为：从天理落实到性，性善因为天理善。"至于二程，伊川毫不犹豫地把善归于理，因而也归于性。"[4]葛瑞汉这一诠释应当是"原样理解"，从天理至善落实到性善仁善，确实是程伊川一以贯之的运思路向："如天理底意思，诚只是诚此者也，敬只是敬此者也，非是别有一个诚，更有一个敬也。天理云者，这一个道理，更有甚穷已？不为尧存，不为桀亡。人得之者，故大行不加，穷居不损。这上头来，更怎生说得存亡加减？是佗元无少欠，百理具备。"[5]天理是天地万物"所以阴阳者"，是"事物之所由成为事物者"[6]。既是天地自然存在之最终依据，又是人类社会应然法则，所以称之为"百理具备"。不仅如此，天理还是性善何以可能之形而上学根据："天下之理，原其所自，未有

1　程颢、程颐：《二程集·遗书》卷五《二先生语九》，王孝鱼点校，中华书局2004年版，第105页。
2　黎靖德编：《朱子语类》卷五十九《孟子九·告子上·性无善无不善章》，王星贤点校，中华书局1986年版，第1388页。
3　黎靖德编：《朱子语类》卷五十九《孟子九·告子上·性无善无不善章》，王星贤点校，中华书局1986年版，第1387页。
4　[英]葛瑞汉：《二程兄弟的新儒学》，程德祥等译，大象出版社2000年版，第209页。
5　程颢、程颐：《二程集·遗书》卷二上《二先生语二上》，王孝鱼点校，中华书局2004年版，第31页。
6　[古希腊]亚里士多德：《形而上学》，吴寿彭译，商务印书馆1991年版，第88—89页。

不善。"[1] "天道运行，赋与万物，莫非至善无妄之理，而不已焉，是则所谓天命者也。"[2] 天理"至善"，程伊川、朱熹这一观点，在中国哲学史上非常重要。从形上学高度论证哲学本体"至善"，可能肇始于《庄子》。《齐物论》中的"无己""无功""无名"，表面上是赞颂真人之德，实际上是表述"道"之德性，因为真人、圣人、至人都是道之人格化隐喻。道至善，在《骈拇》篇中表述为道"臧"："吾所谓臧者，非仁义之谓也，臧于其德而已矣；吾所谓臧者，非所谓仁义之谓也，任其性命之情而已矣。"[3] "臧"即善，成玄英《疏》云："臧，善也。"[4] 德源出于道，德"臧"自然以道"臧"为前提。"臧于其德"和"任其性命之情"，都是指道在人性之彰显。道善决定了人性善，人性（"真性"）中的仁义是"道德不废"意义上的仁义，这种仁义是"大仁""至仁"。在儒家谱系中，寻找并证明"至善"，也是自孔子以来历代儒家矻矻以求的哲学使命。《大学》"止于至善"，还停留在生活伦理的视域论证，尚未上升到形上学的本体论高度证明。周敦颐以"诚"论太极之德，太极本体已蕴含"纯粹至善"的超越德性，但尚处于发轫时期。一直到程明道、程伊川和朱晦庵，才系统、深入从哲学形上学高度证明"至善"何以可能。

缘此，程朱是如何从形上学层面证明"天理"至善的呢？粗略分析，似乎可分为两个层面。

其一，从天理"生生之德"意义上立论。在程伊川、朱熹思想逻辑

---

1 程颢、程颐：《二程集·遗书》卷二十二上《伊川先生语八上》，王孝鱼点校，中华书局2004年版，第292页。
2 刘源渌：《近思续录》卷一《道体篇》，黄珅校点，华东师范大学出版社2015年版，第41—42页。
3 胡文英：《庄子独见》，李花蕾点校，华东师范大学出版社2011年版，第61页。
4 郭庆藩：《庄子集释》，王孝鱼点校，中华书局1961年版，第327页。

第六章　程颐与朱熹

结构中，对"天理至善"何以可能的证明，首先从《易传》"一阴一阳之谓道，继之者善也，成之者性也"论断中寻求理论资源。"'生生之谓易'，是天之所以为道也。天只是以生为道，继此生理者，即是善也。善便有一个元底意思。'元者善之长'，万物皆有春意，便是'继之者善也'。"[1]"造化所以发育万物者，为'继之者善'，'各正其性命'者，为'成之者性'。"[2]《易传》所言"生生"之德，是从宇宙生成论视域立论，"天地之大德曰生"。宇宙本原化生万物，宇宙之间一片春意盎然，云卷云舒、花开花落，每一种物体都按照其本性自由自在生长。但宇宙本原从不居功自傲，宇宙本原有"生生"之德，"生生"之德即是善。在传统思想资源意义上，除《易传》外，程伊川、朱熹思想与老子"道"论有几分相通之处。老子"道法自然"即"道不违自然"。道生成万物，但道"生而不有，为而不恃，长而不宰"[3]，道并不居功自傲，也不干预天下万物，而是遵循万物之本性（自然），让天地万物自身如其自身地存在与变化。道不仅是宇宙本原，而且道有大德。换言之，道是价值本源与根据。严灵峰认为老子之道有四重义项，其中之一就是道乃人生修身养性之应然法则。[4]道是一"德性"的最高存在，程伊川所论的天理也先验地具有德性。

其二，进一步从超越的意义层面立论。周敦颐《通书》云："'大哉乾元，万物资始'，诚之源也。'乾道变化，各正性命'，诚斯立焉。纯

1　程颢、程颐：《二程集·遗书》卷二上《二先生语二上》，王孝鱼点校，中华书局2004年版，第29页。
2　黎靖德编：《朱子语类》卷七十四《易十·上系上·第五章》，王星贤点校，中华书局1986年版，第1897页。
3　朱谦之：《老子校释》，中华书局1984年版，第42页。
4　严灵峰：《老庄研究》，台北中华书局1966年版，第378页。

粹至善者也。"[1]周敦颐以"诚"贯通天人，以形上本体之诚，论证人之心性之诚何以可能，价值本体已蕴含"纯粹至善"的先在德性。二程思想中"善便有一个元底意思"，应当是对周敦颐思想的"接着讲"：

  "一阴一阳之谓道"，道非阴阳也，所以一阴一阳道也。如一阖一辟谓之变。[2]

  离了阴阳更无道，所以阴阳者是道也。阴阳，气也。气是形而下者，道是形而上者。形而上者则是密也。[3]

  理则一而已，其形者则谓之器，其不形者则谓之道。然而道非器不形，器非道不立。盖阴阳亦器也，而所以阴阳者道也。是以一阴一阳，往来不息，而圣人指是以明道之全体也。[4]

程伊川、朱熹在运思路向与观点上，显然与《易传》作者大异其趣：一是以"天理"取代了阴阳气论，理是"所以阴阳者"；二是不再局限于从宇宙生成论角度立论，而是从本体论高度证明。作为非对象性存在的天理，其自身之善天然具有"元"的特性："善便有一个元底意思。"天理之善是"元善"，"元善"之善属于至善，"元善"不是与恶对立的善，而是超越了善恶对立的善。天地万物"无独必有对"，皆是对象性存在。但是，天理是"独"，"独"也就是"元"，"元者物之先也。

---

1 黄宗羲:《宋元学案》卷十一《濂溪学案上》，全祖望补修，陈金生、梁运华点校，中华书局1986年版，第482页。
2 程颢、程颐:《二程集·遗书》卷三《二先生语三》，王孝鱼点校，中华书局2004年版，第67页。
3 程颢、程颐:《二程集·遗书》卷十五《伊川先生语一》，王孝鱼点校，中华书局2004年版，第162页。
4 《朱熹集》，四川教育出版社1996年版，第2147页。

第六章　程颐与朱熹

物之先，未有不善者"[1]。如果说"未有不善"还属于正言反说，以否定句形式表述天理至善（元善）的正面含义，那么以下师生之间的问答已跨越伦理学高度，直接从本体论视域讨论天理何以至善："或曰：'《大学》在止于至善，敢问何谓至善？'子曰：'理义精微，不可得而名言也，姑以至善目之，默识可也。'"[2]《大学》中的"止于至善"还只是伦理学层面的概念，与生命理想境界相牵连，但是，二程于此所回答的显然已不是伦理学意义上的"至善"，而是本体世界层面的"至善"。天理至善不可以概念界定，也不可以语言表述与界说，只可以"目之"与"默识"。或许这正是东西方旧形而上学共同面临的一道哲学之"坎"，所以康德会为人类理性划定一范围。人类虽不能认识与证明，但可以信仰。信仰虽不能证明，但可以相信。"目之"与"默识"，既有求诸普遍证明的特点，也蕴含信仰与体悟的成分。也正是在这一意义上，天理至善（元善）也是"命"："理也，性也，命也，三者未尝有异。穷理则尽性，尽性则知天命矣。"[3]理是"命"，天理元善也是"命"，这是程朱哲学上接孟子思想的一大命题。此处之"命"，蕴含两层义旨。

其一，命意味着普遍性、平等性。"人之于性，犹器之受光于日，日本不动之物。"[4]"犬、牛、人，知所去就，其性本同，但限以形，故不可更。如隙中日光，方圆不移，其光一也。"[5]天、理、性、命在朱熹哲学体系中，环环相扣、相互说明。"问：'天与命，性与理，四者之别：

1　程颢、程颐：《二程集·粹言》卷二《人物篇》，王孝鱼点校，中华书局2004年版，第1268页。
2　程颢、程颐：《二程集·粹言》卷一《论书篇》，王孝鱼点校，中华书局2004年版，第1208页。
3　程颢、程颐：《二程集·遗书》卷二十一下《伊川先生语七下》，王孝鱼点校，中华书局2004年版，第274页。
4　程颢、程颐：《二程集·遗书》卷三《二先生语三》，王孝鱼点校，中华书局2004年版，第67页。
5　程颢、程颐：《二程集·遗书》卷二十四《伊川先生语十》，王孝鱼点校，中华书局2004年版，第312页。

天则就其自然者言之，命则就其流行而赋于物者言之，性则就其全体而万物所得以为生者言之，理则就其事事物物各有其则者言之。到得合而言之，则天即理也，命即性也，性即理也。是如此否？'曰：'然。'"[1]分而言之，各各不同，在天为命，理落实于人心为性，已发为情。因此，命强调的是天理"流行"。儒家自孔子"仁者安仁"、孟子"四端之心"肇始，就开启了人性平等之先河。程伊川、朱熹起而踵之，从天理高度论证人性源出于天理之分有，因此天地万物和人类皆在性理层面存有共同的性，"'天命之谓性'，此言性之理也"[2]。自尧舜以至平民百姓，皆本来就具有共同的性理，皆拥有生命的尊严，皆具备内在自我超越的道德生命。

其二，"命"意味着无条件性、绝对性。"天之赋与谓之命，禀之在我谓之性，见于事业谓之理。"[3]"在天曰命，在人曰性。"[4]"天所赋为命，物所受为性。"[5]程伊川、朱熹用性沟通天人，贯通形而上、形而下。在性理意义上，性源自天理，所以又称之为性命。性命观念表明：作为"天之赋与"的性命，在本体层面与天理无二，只是在实践理性领域有本与用的区分。天理与性理恒常自存而遍在，先天地而独立，即使天地山河塌陷，理、性、命仍然"颠扑不破"。理善不与恶对，善是超越性的、独立的、固有的、先在性的"元善"。

---

[1] 黎靖德编：《朱子语类》卷五《性理二·性情心意等名义》，王星贤点校，中华书局1986年版，第82页。

[2] 程颢、程颐：《二程集·遗书》卷二十四《伊川先生语十》，王孝鱼点校，中华书局2004年版，第313页。

[3] 黄宗羲：《宋元学案》卷十五《伊川学案上》，全祖望补修，陈金生、梁运华点校，中华书局1986年版，第630页。

[4] 程颢、程颐：《二程集·遗书》卷二十四《伊川先生语十》，王孝鱼点校，中华书局2004年版，第315页。

[5] 黎靖德编：《朱子语类》卷十八《大学五·传五章》，王星贤点校，中华书局1986年版，第410页。

第六章　程颐与朱熹

程朱道德形上学中预设天理至善（元善）是极其必要的，因为天理至善的无条件存在，"性善""仁善"等观念的存在才获得存在的正当性。天理至善，在整个程朱理学体系中，无疑起着一个十分重要的"拱心石"的作用。程伊川关于天理至善（元善）的思想，后来对胡宏产生了深刻影响："宏闻之先君子曰：'孟子所以独出诸儒之表者，以其知性也。'宏请曰：'何谓也？'先君子曰：'孟子道性善云者，叹美之辞也，不与恶对。'"[1]胡宏认为，孟子性善的含义并非指谓"人性善"或"性是善的"，"善"只是一形容词，赞叹"性无限美好"，"善"已不能对"性"做任何限定，也非与"恶"相对之"善"。"或问性，曰：'性也者，天地之所以立也。'曰：'然则孟轲氏、荀卿氏、扬雄氏之以善恶言性也，非欤？'曰：'性也者，天地鬼神之奥也，善不足以言之，况恶乎？'"[2]"性"作为天理在人之落实，善不足以概括、描述性之特质，恶更无从表征与形容之。性理层面的性已超越善恶对立，因为善恶只能评判后天的"已发"，发而中节则为善，发而不中节则为恶，但本然之性属于"未发"层面，远远超出了善恶能够评判的畛域。胡宏的善恶"不足以言"性论，通过对孟子人性论的阐发，对程伊川天理至善思想有所体悟。

缘此，我们不禁要问：恶有独立的形上来源吗？明道与伊川对此观点有歧义。程伊川、朱熹的回答是：恶不存在形上学的根据，恶与天理本体无关，恶与性命无涉，恶只与"形化"层面之气有关。"气有善不善，性则无不善。"[3]"寿夭乃是善恶之气所致。仁则善气也，所感者亦

---

[1] 胡宏：《胡宏集》附录一《宋朱熹胡子知言疑义》，吴仁华点校，中华书局1987年版，第333页。
[2] 胡宏：《胡宏集》附录一《宋朱熹胡子知言疑义》，吴仁华点校，中华书局1987年版，第333页。
[3] 程颢、程颐：《二程集·遗书》卷二十一下《伊川先生语七下》，王孝鱼点校，中华书局2004年版，第274页。

善。善气所生，安得不寿？鄙则恶气也，所感者亦恶。恶气所生，安得不夭？"[1]在程伊川思想体系中，因为气有"气化"与"形化"之分，气禀之气已不是张载哲学意义上的"气本"。天理是至善无恶，"形化"之气有善有恶。恶不存在一个超越经验世界的形上根源，天理无须对恶负责。"恶专是气禀，不干性事。"[2]恶"不干性事"，自然更"不干"天理事。理与气已经截然相分，"形化"之气需对恶负责，恶源自恶气。纯善无恶之天理与有善有恶之"形化"之气，成为程伊川哲学一大主题。

刘蕺山尝论："小程子大而未化，然发明有过于其兄者。"[3]刘蕺山立足于"心学"立场批评程伊川"大而未化"，或许针对理气关系而发，但显然也有浓郁的门户之见。刘蕺山客观点明"发明有过于其兄"，当是平允确当之论。程伊川对"天理"概念的界定，在哲学与逻辑层面显得非常周密：天理无形，天理无终始，甚至"天理"观念本身"难为名状"。但天理是"实"，不是绝对之空。因为有"实"的哲学特性，天理才能成为世界统一性的本体。在理与气的关系上，程伊川哲学呈现出两个特点。在宇宙论上，侧重阐释"气"的本源性地位。而且气有"气化"与"形化"之分，"气化"先于"形化"，"气化"之气"动静无端，阴阳无始"。在价值本体论层面，则更多强调天理的作用。价值本体论层面的天理，应当理解为"理气合一"意义上的天理。理不离气（"气化"之气），气不离理，理气相融。由此可以看出，朱熹晚年的理气关系论与程伊川相比较存在一些差异。

---

[1] 程颢、程颐：《二程集·遗书》卷十八《伊川先生语四》，王孝鱼点校，中华书局2004年版，第224页。

[2] 黎靖德编：《朱子语类》卷九十五《程子之书一》，王星贤点校，中华书局1986年版，第2429页。

[3] 黄宗羲：《宋元学案》卷十五《伊川学案上》，全祖望补修，陈金生、梁运华点校，中华书局1986年版，第588页。

第六章 程颐与朱熹

在哲学旨趣上,二程兄弟天理哲学的真正兴趣在于证明人"止于至善"何以可能以及"仁义"等儒家伦理观念存在的正当性与普遍性,而非矻矻探寻逻辑世界之本质。从孔子"仁者安仁"肇始,儒家仁学开启了绵延流长的一个文化道统:仁与人性有内在关联。孟子"即心言性""即天论性",从性命论、形式逻辑和生命经验三大层次证明仁为天之所"命",落实于人心为善端。"命"意味着无条件性和普遍性,普遍性意味着人性平等,无条件性说明仁是"善",是"应当",是自由。在中国哲学史上,二程、朱子"仁学"标志着以仁为核心的儒家道德形上学达到了前所未有的高峰。陈淳尝言:"自孔门后,人都不识仁。"[1]陈淳认为二程、朱子以天理论仁,从形上学而非伦理学层面界说仁,才真正抉发出孔孟仁学的内在精神。"人伦者,天理也。"在逻辑上,程朱可能受到了庄子、禅宗、华严宗和周敦颐思想的影响。"善便有一个元底意思",天理之善属于绝对性的"元善","元善"意味着无条件性、先在性。天理之善是至善,不是与恶对立的善,而是超越了善恶对立的善。换言之,天理"元善"是无条件命令。理善,所以"理之性"善;性善,所以仁善。仁在普遍的人性中是无条件的命令,无条件意味着自由,仁是儒家自由意志视域中的自由。程朱从价值本体论证明:因为天理至善,所以仁善。这一思路与康德多少有点神似之处,应该说这是儒家哲学一大跃进。二程和朱熹以"天理"论仁,以公言仁,以体用言仁,以生生之意喻仁。通过引入体用、性情、动静、已发未发等观念与理论深入探讨与开拓儒家仁学新内涵、新境界,而且也使孔、孟仁学中某些模糊不清的概念与表述逐渐明晰、丰富与精确。经过二程和朱子的创造性诠释,儒家仁学在广度和深度上都获得了重大的提升,理论形态

---

1 陈淳:《北溪字义》,熊国祯、高流水点校,中华书局1983年版,第25页。

趋向成熟与完备，儒家道德形上学臻于巅峰状态。证明"至善"，臻于"至善"，是儒家一大思想主题。从伦理学意义上的《大学》"止于至善"出发，经周敦颐太极"纯粹至善"，一直到道德形上学意义上的程伊川"天理至善"（元善）思想的诞生，历代儒家探求至善的哲学步履递进递佳。二程、朱子"仁善由于天理善"思想的诞生与论证，标志着儒家仁学成为中国自由主义伦理基础与文化依托得以可能。

二、"在理上看"和"在物上看"：朱子论理与气

与二程一样，在朱熹思想体系中，位阶最高的概念是"理"或"天理"。理是天地万物存在所以可能的普遍根据，理决定了某物之所以为某物的本质。理是存在的第一原理，理是存在的"所以然"。有人问朱子："昨谓未有天地之先，毕竟是先有理，如何？"朱子回答："未有天地之先，毕竟也只是理。有此理，便有此天地。若无此理，便亦无天地，无人无物，都无该载了。"[1] 理先于天地人而存在，理在逻辑上有"天地之先"的特点。在天地万物产生之前，理"亘古今常存"[2]。在一次与学生的对话中，朱子甚至说："且如万一山河大地都陷了，毕竟理却只在这里。"[3] "陷"意味着天地万物不复存在，有时空限定的具体存在消亡，作为本体的理，仍然可以独立存在。有人问："未有人时，此理何在？"朱子答："也只在这里。如一海水，或取得一勺，或取得一担，或

---

[1] 黎靖德编：《朱子语类》卷一《理气上·太极天地上》，王星贤点校，中华书局1986年版，第1页。
[2] 黎靖德编：《朱子语类》卷三《鬼神》，王星贤点校，中华书局1986年版，第46页。
[3] 黎靖德编：《朱子语类》卷一《理气上·太极天地上》，王星贤点校，中华书局1986年版，第4页。

第六章　程颐与朱熹

取得一碗，都是这海水。但是他为主，我为客，他较长久，我得之不久耳。"[1]朱子以有形体、有质量的"海水"比喻理，多少会使人有些误解，误以为本体论意义上的理，也有空间特性。恰恰相反，朱子想要表达的一个观点是：理"无形体"[2]。理不具有具体存在才具备的度量时间特性，也没有具体存在所必须具有的空间特性。换言之，不可以用时间与空间来界定理。不仅如此，理"无情意，无计度，无造作"[3]。理不是至上人格神，理没有生命意识与情欲，也不会具体"生"天地万物。正因为如此，理才是一个"净洁空阔底世界"[4]。在《答杨子顺》一文中，朱子特意点明理是"形而上者"："谓一阴一阳之谓道已涉形器，五性为形而下者，恐皆未然。阴阳固是形而下者，然所以一阴一阳者，乃理也，形而上者也。五事固是形而下者，然五常之性则理也，形而上者也。"[5]阴阳五行属于形而下，理是阴阳五行背后隐藏的"所以然"，因此属于"形而上者"。

在理与气关系上，程伊川哲学呈现两个特点。在宇宙论视阈，侧重阐释"气"的本源性地位。而且气有"气化"与"形化"之分，"气化"先于"形化"。"气化"之气"动静无端，阴阳无始"。在本体论视阈，则更多强调天理的存在。天理"寂然不动"，天理是"静"。人心"感"天理，通达天地万物之理，因此人负有责任将天理的意义揭示出来。二程的理气论是朱子理气思想的直接源头。朱子的理气关系学说

---

[1] 黎靖德编：《朱子语类》卷一《理气上·太极天地上》，王星贤点校，中华书局1986年版，第2—3页。

[2] 黎靖德编：《朱子语类》卷一《理气上·太极天地上》，王星贤点校，中华书局1986年版，第1页。

[3] 黎靖德编：《朱子语类》卷一《理气上·太极天地上》，王星贤点校，中华书局1986年版，第3页。

[4] 黎靖德编：《朱子语类》卷一《理气上·太极天地上》，王星贤点校，中华书局1986年版，第3页。

[5] 曾枣庄、刘琳主编：《全宋文》第二百四十八册·卷五千五百七十五《朱熹一四八·答杨子顺》，上海辞书出版社、安徽教育出版社2006年版，第353页。

必须一分为二，分别"在理上看"和"在物上看"，才能顺藤摸瓜，厘清其中的逻辑脉络。

（一）"在理上看"：形而上的维度

所谓"在理上看"，就是从逻辑上思辨与分析。"'问理与气'。曰：'伊川说得好，曰"理一分殊。"合天地万物而言，只是一个理。'"[1] "理一分殊"与华严宗"一多相摄"有天壤之别，与道家道教思想有一些渊源关联。花有花之理，水有水之理。在纷繁万千的具体存在之理之上，还有更高更本质的普遍之理。"天下之理万殊，然其归则一而已矣，不容有二三也。"[2] 理是一，因为本体之理的存在与作用，宇宙万物才具有统一性；也正因为"分殊"，天地万物才呈现出多样性。理是一，因而在理气关系上，理有"先"的特性。"理与气本无先后之可言。但推上去时，却如理在先，气在后相似。"[3] "或问：'必有是理，然后有是气，如何？'曰：'此本无先后之可言。然必欲推其所从来，则须说先有是理。'"[4] 此处之"先"，似乎不是度量时间层面上的"先"，冯友兰先生早年将其概括为"逻辑在先"，令人耳目一新。这里所说的"推上去""推其所从来"，都不是时间上的次序，而是哲学上何为第一性、何为第二性的表述。在朱子晚年的一系列对话、书信与著述中，"理在气先"的表述比较确定。《大学或问》是朱子60岁的作品，云："天道流行，发育

---

1 黎靖德编：《朱子语类》卷一《理气上·太极天地上》，王星贤点校，中华书局1986年版，第2页。
2 曾枣庄、刘琳主编：《全宋文》第二百四十九册·卷五千五百九十《朱熹一六三·答余正甫》，上海辞书出版社、安徽教育出版社2006年版，第200页。
3 黎靖德编：《朱子语类》卷一《理气上·太极天地上》，王星贤点校，中华书局1986年版，第3页。
4 黎靖德编：《朱子语类》卷一《理气上·太极天地上》，王星贤点校，中华书局1986年版，第3页。

第六章 程颐与朱熹

万物，其所以为造化者，阴阳五行而已。而所谓阴阳五行者，又必有是理而后有是气，及其生物，则又必因是气之聚而后有是形。"[1]《答赵致道》稍晚于《大学或问》，朱子在信中说："所疑理气之偏，若论本原，即有理然后有气，故理不可以偏全论。"[2]理不可以"偏全"来界说，气则可以"偏全"表述，因为本体论不可混同于人性论。作为本体的理，可以脱离气独立存在吗？朱子的回答无疑是肯定的："所谓理与气，此决是二物。但在物上看，则二物浑沦，不可分开各在一处，然不害二物之各为一物也。若在理上看，则虽未有物，而已有物之理。然亦但有其理而已，未尝实有是物也。"[3]朱子在这里提出了两个概念："在物上看"与"在理上看"。"在理上看"，就是从本体论高度立论。在本体论上，理作为存在之理，在具体事物产生之前就已客观存在。不仅如此，万一天地万物都消亡了，"毕竟理却只在这里"。淳熙十五年（1188），59岁的朱子在《答陆子静》一文中的观点，与《答刘叔文》的观点有所呼应："周子所以谓之'无极'，正以其无方所，无形状，以为在无物之前，而未尝不立于有物之后；以为在阴阳之外，而未尝不行乎阴阳之中；以为通贯全体，无乎不在，则又初无声臭影响之可言也。"[4]学界通常认为，《答陆子静》几封书信，标志着朱子"理在气先"思想的确立。朱子在此信中，从"无极即理"的角度，论述无极既可以在"无物之前"，又显现于有时空特征的具体事物之中。总之，本体论层面的理，

---

[1] 刘源渌：《近思续录》卷一《道体篇》，黄珅校点，华东师范大学出版社2015年版，第31页。
[2] 曾枣庄、刘琳主编：《全宋文》第二百四十八册·卷五千五百七十七《朱熹一五〇·答赵致道》，上海辞书出版社、安徽教育出版社2006年版，第390页。
[3] 曾枣庄、刘琳主编：《全宋文》第二百四十七册·卷五千五百三十一《朱熹一〇四·答刘叔文》，上海辞书出版社、安徽教育出版社2006年版，第55页。
[4] 曾枣庄、刘琳主编：《全宋文》第二百四十五册·卷五千四百九十六《朱熹六九·答陆子静》，上海辞书出版社、安徽教育出版社2006年版，第302页。

亘古亘今是可以离开天地万物而独立存在的。强调天理的客观性，对于批评佛教流行的世界无根实空理论，无疑具有进步意义。既然如此，理"在先"就不仅仅是逻辑在先，也有事实在先的特点。结合朱子所言"且如万一山河天地都陷了，毕竟理却只在这里"综合分析，冯友兰先生所高度概括的"逻辑在先"只涵摄了理的一个方面的性质。事实在先，也是朱子理本论视阈中"理"的本质特性之一。换言之，理既是逻辑在先，也是事实在先。

关于"逻辑在先"，冯友兰在晚年还有一个详细的说明："就存在说，理气是互相依存的。又说'动静无端，阴阳无始'。这是说'大用流行'是无始无终的，就存在说，理、气先后问题就没有意义了。但朱熹仍然认为，照理论上说应该还是理先气后，他认为理是比较根本的。就这一点说，先后问题就是本末问题，理是本，气是末；也就是轻重问题，理为重，气为轻。本和重在先，轻和末在后，这样的在先就是所谓的逻辑的在先。"[1]既然"理先气后"是建基在本末、轻重基础之上，"先"就不仅仅指思维逻辑与理论逻辑层面上的"在先"，也有哲学性质上谁为第一性、谁为第二性意义上的"在先"了。值得一提的是，唐君毅先生对冯友兰的"逻辑在先"多有批评。他首先列举了五种"在先"：一是时间上的先后；二是心理认识上的先后；三是认识论的先后；四是逻辑上的先后；五是形上学的先后。[2]然后他指出："不能以时间上之先后、心理认识上之先后、知识论之先后、逻辑上之先后，释朱子所谓理先气后，则唯有就朱子本人之言与意所谓形上之先以释理之先。所谓形上之先者，以今语释之，即在宇宙之根本真实之意义上，理为超乎形以

---

[1] 冯友兰:《中国哲学史新编》第五册，人民出版社1988年版，第167—168页。
[2] 唐君毅:《朱子理气关系论疏释》,《历史与文化》1947年第1期。

第六章　程颐与朱熹

上之最根本之真实，而气则根据理之真实性而有其形以内之真实性者。而吾人之论说宇宙之真实，当先肯定未形之理之真实而后能肯定已形之气之真实。此形上之先后义不仅与逻辑上之先后义迥别，而由逻辑先后之分析亦决不足以成就此形上学中之先后义。"[1]唐君毅认为，释读朱子思想，应读懂朱子的"言与意"。"理先气后"建立在真实性根据之上，气的真实性建立在理的真实性基础之上。逻辑在先与理是否"超乎形以上之最根本之真实"，有些风马牛不相及；冯友兰的"逻辑在先"误读了朱子的思想，甚至可以说否定了"理先气后"。因此，用"形上之先"，才能真正解释朱子的"理先气后"。

"在理上看"，意味着从本体论的视阈进行逻辑分析，"理在气先"的本质是在哲学性质上标明理是第一性的，气是第二性的，理在逻辑分析意义上有主宰义与决定义。"逻辑在先"从纯粹的、抽象的理论形态出发揭示朱子理气关系特质，虽然发掘出了理论的逻辑与价值，但也有一些片面性。

（二）"在物上看"：理气合一

"在物上看"，就是从宇宙生成论视阈分析，立足于知识论高度，以现有的知识为根据，阐释具体的世界是如何发生与演变。在宇宙生成论层面，朱子非常强调气的地位与作用。"一元之气，运转流通，略无停间，只是生出许多万物而已。"[2]"天地统是一个大阴阳。"[3]朱子一生无论在青年时期还是暮年，认为气是宇宙天地万物的本原，这一观点始终没

1　唐君毅：《朱子理气关系论疏释》，《历史与文化》1947年第1期。
2　黎靖德编：《朱子语类》卷一《理气上·太极天地上》，王星贤点校，中华书局1986年版，第4页。
3　黎靖德编：《朱子语类》卷一《理气上·太极天地上》，王星贤点校，中华书局1986年版，第9页。

有改变。他的老师李侗深受周濂溪气学影响,这一师承关系对朱子知识结构的形成产生了决定性作用。[1] "天地初间只是阴阳之气。这一个气运行,磨来磨去,磨得急了,便拶许多渣滓,里面无处出,便结成个地在中央。气之清者便为天,为日月,为星辰,只在外,常周环运转。地便只在中央不动,不是在下。"[2]在朱子宇宙论架构中,气是本原,气有阴阳属性,金木水火土五行是"质",在性质上,阴阳与五行皆是气。但是,阴阳只是气内在的固有属性,气的这一属性决定了天地万物皆有阴阳之性:"数只是算气之节候,大率只是一个气。阴阳播而为五行,五行中各有阴阳。甲乙木,丙丁火;春属木,夏属火。年月日时无有非五行之气,甲乙丙丁又属阴属阳,只是二五之气。"[3]气不是"质",五行才是"质",有的学者将气界定为"质料",显然有所偏颇。"阴阳是气,五行是质。有这质,所以做得物事出来。五行虽是质,他又有五行之气做这物事,方得。然却是阴阳二气截做这五个,不是阴阳外别有五行。"[4]五行本质上是阴阳之气所生,五行不离阴阳。朱子有一句话比较难理解:"气之精英者为神。金木水火土非神,所以为金木水火土者是神。在人则为理,所以为仁义礼智信者是也。"[5] "神"在气学史上地位

---

[1] 朱熹在《周子通书后记》中述及读周子之书的心路历程:"熹自蚤岁即幸得其遗编而伏读之,初盖茫然不知其所谓,而甚或不能以句。壮岁获游延平先生之门,然后始得闻其说之一二。比年以来,潜玩既久,乃若初有得焉。虽其宏纲大用所不敢知,然于其章句文字之间,则有以实见其条理之愈密,意味之愈深而不我欺也。顾自始读以至于今,岁月几何?倏焉三纪。"这是朱熹58岁所作之文。此段文字包含两层意思:其一,朱子师从李侗之前已读过周子之书,但"茫然不知其所谓";其二,师从李侗之后,经李侗讲论,才对周子之书有所领悟。李延平之师罗从彦对周濂溪多有称赞,两代名师对朱子的影响,肯定在朱子思想中会有所体现。
[2] 黎靖德编:《朱子语类》卷一《理气上·太极天地上》,王星贤点校,中华书局1986年版,第6页。
[3] 黎靖德编:《朱子语类》卷一《理气上·太极天地上》,王星贤点校,中华书局1986年版,第8页。
[4] 黎靖德编:《朱子语类》卷一《理气上·太极天地上》,王星贤点校,中华书局1986年版,第9页。
[5] 黎靖德编:《朱子语类》卷一《理气上·太极天地上》,王星贤点校,中华书局1986年版,第9页。

第六章 程颐与朱熹

非常重要，但含义有所不一。在《易传》中，神在功能、作用的意义上，被用于描绘阴阳二气周转变化的恒常与神妙。在张载气学中，神概念的含义已有所变化。太虚本体的内在规律、条理被称为"神"，"天下之动，神鼓之也。神则主（于）[乎]动，故天下之动，皆神[之]为（之）也"[1]。气何以能动？神是内在动因。因此，在张载哲学体系中，神的基本内涵与"理"相近。朱子所说的"神"，与张载又有所不一。朱子这一段话中所说的"神"，应当是金木水火土产生何以可能的本源，因此，神应该是气，而且是理气合一层面上的本体之气。

梳理清楚气与阴阳、五行的关系，有助于我们更清晰地辨别朱子的宇宙论。"天地间无非气"[2]，天地万物无一不是气化的结果："一草一木，皆天地和平之气。"[3]世界是气化的产物，人类也是由气化生。阳气为魂，形成人的精神知觉；阴气为魄，产生人的形体。《朱子语类》曰："问：'生第一个人时如何？'曰：'以气化。二五之精合而成形，释家谓之化生。'"[4]气聚为人，气散为鬼。既散之气，不能复归为太虚之气。"可几问：'大钧播物，还是一去便休，也还有去而复来之理？'曰：'一去便休耳，岂有散而复聚之气！'"[5]这一番对话实际上有所指，这是针对张载太虚即气思想而发。朱子认为，聚散之气与本原之气不可混杂，张载气学的不足在于太虚"夹气作一处"[6]，形上本体与经验世界的区别，没有分隔与厘清，逻辑上的分析与知识论层面的阐释混为一谈。追根溯源，

---

1 张载：《张载集·横渠易说》，章锡琛点校，中华书局1978年版，第205页。
2 黎靖德编：《朱子语类》卷三《鬼神》，王星贤点校，中华书局1986年版，第34页。
3 黎靖德编：《朱子语类》卷四《性理一·人物之性气质之性》，王星贤点校，中华书局1986年版，第60页。
4 黎靖德编：《朱子语类》卷一《理气上·太极天地上》，王星贤点校，中华书局1986年版，第7页。
5 黎靖德编：《朱子语类》卷一《理气上·太极天地上》，王星贤点校，中华书局1986年版，第8页。
6 黎靖德编：《朱子语类》卷九十九《张子书二》，王星贤点校，中华书局1986年版，第2538页。

朱子的这一思想显然直接源自程伊川。"又语及太虚，先生曰：'亦无太虚。'遂指虚曰：'皆是理，安得谓之虚！天下无实于理者。'或谓'许大太虚'，先生谓：'此语便不是。这里论甚大与小！'"[1]程伊川认为，假使太虚是本体，是不可以"大与小"来界说。现象世界背后的本体是理，而不是气。气只是宇宙生成论层面的概念，也只有从这一视阈出发，才能解释为何二程、朱子都一致承认鬼也是气化之物。当年王充言之凿凿地批评"人死为鬼"的世俗观点，提出气聚为人，气散为鬼，鬼只不过是气散之物。但是，王充在否定一种荒谬的世俗学说的同时，又在建构一种同样错误的观点。与他人不同之处仅仅在于：人死为鬼还是气散为鬼。朱子与王充一样，也批判"人死为鬼"说："释氏却谓人死为鬼，鬼复为人。如此，则天地间常只是许多人来来去去，更不由造化生生，必无是理。"[2]朱子批评的矛头既指向佛教，也指向张载思想。在朱子看来，张载气本论与佛教学说一样，都是"轮回"，佛教是"各自轮回"，张载气本论"依旧一大轮回"[3]。

值得注意的是，即使在宇宙生成论层面，"理先气后"仍然占据朱子哲学主导性地位，越到晚年，这一特色越发明显。"理气合一"必须在"理先气后"这一基础上立论，才不会导致认识上的偏差。换言之，"理先气后"是本体论，"理气合一"只是陈来教授所说的构成论。"天下未有无理之气，亦未有无气之理。"[4]"理未尝离乎气。"[5]"有是理，必有

---

[1] 黄宗羲：《宋元学案》卷十五《伊川学案上》，全祖望补修，陈金生、梁运华点校，中华书局1986年版，第610页。
[2] 黎靖德编：《朱子语类》卷三《鬼神》，王星贤点校，中华书局1986年版，第37页。
[3] 黎靖德编：《朱子语类》卷九十九《张子书二》，王星贤点校，中华书局1986年版，第2537页。
[4] 黎靖德编：《朱子语类》卷一《理气上·太极天地上》，王星贤点校，中华书局1986年版，第2页。
[5] 黎靖德编：《朱子语类》卷一《理气上·太极天地上》，王星贤点校，中华书局1986年版，第3页。

第六章 程颐与朱熹

是气,不可分说。都是理,都是气。那个不是理,那个不是气。"[1]类似这样的语句比较多,基本上都是从人与物生成意义上论述。具体就人类的诞生而言,本源有二:人的形体、语言来源于气,人的性命源出于理。没有形体之气,理就缺乏"顿放"之处;没有理所赋予的性命,人就只剩下一具躯体空壳。"人之所以生,理与气合而已。天理固浩浩不穷,然非是气,则虽有是理而无所凑泊。故必二气交感,凝结生聚,然后是理有所附著。"[2]《大学或问》也是朱子晚年作品,认为理与气有分有合:"天道流行,发育万物,其所以为造化者,阴阳五行而已;而所谓阴阳五行者,又必有是理,而后有是气;及其生物,则又必因是气之聚,而后有是形。故人物之生,必得是理,然后有以为健顺五常之性;必得是气,然后有以为魂魄五脏百骸之身。周子所谓'无极之真,二五之精,妙合而凝'者,正谓是也。然以其理而言之,则万物一原,固无人物贵贱之殊;以其气而言之,则得其正且通者为人,得其偏且塞者为物,是以或贵或贱而不能齐也。"[3]阴阳五行之气与理同是天地万物"造化者",魂魄形体与仁义性命,缺一不可,两者相合才可称之为人。

由此而来,朱子进而表达的一个观点为:理与气不杂、不离。"太极之义,正谓理之极致耳。有是理即有是物,无先后次序之可言。故曰'易有太极',则是太极乃在阴阳之中,而非在阴阳之外也。今以'大中'训之,又以乾坤未判、大衍未分之时论之,恐未安也。形而上者谓之道,形而下者谓之器。今论太极而曰'其物谓之神',又以天地未

---

[1] 黎靖德编:《朱子语类》卷三《鬼神》,王星贤点校,中华书局1986年版,第46页。
[2] 黎靖德编:《朱子语类》卷四《性理一·人物之性气质之性》,王星贤点校,中华书局1986年版,第65页。
[3] 刘源渌:《近思续录》卷一《道体篇》,黄珅校点,华东师范大学出版社2015年版,第31页。

分，元气合而为一者言之，亦恐未安也。有是理即有是气，气则无不两者。"¹ 太极作为"理之极致"，寓含于二气五行之中，而不是存在于阴阳五行之外。理与气没有割离，理在气中，理是一种具体的普遍，而不是超越经验世界的抽象普遍。在《答何叔京》一文中，朱子侧重阐述理与气不杂："'体用一源'者，自理而观，则理为体，象为用，而理中有象，是一源也。'显微无间者'，自象而观，则象为显，理为微，而象中有理，是无间也。"² "理中有象"³，是从"体用一源"角度发论；"象中有理"，是从"显微无间"层面论证。理与象不可混而为一，"理象便非一物"。总而言之，理与气既不离又不杂。但是，需特别点明的是，理与气不离不杂，分别是从不一样的视阈表述的。理气不离，是宇宙论的表达；理气不杂，是本体论的陈述。

我们只有从"在物上看"与"在理上看"不同层面解读，或许才能释读看上去似乎有些矛盾的陈述。譬如，"夫太极动而二气形，二气形而万化生"⁴，太极是否能"动"？如果太极可以动，太极还能是形而上本体吗？我们还是回到朱子本人的解释："太极者，如屋之有极，天之有极，到这里更没去处，理之极至者也。阳动阴静，非太极动静，只是理有动静。理不可见，因阴阳而后知。理搭在阴阳上，如人跨马相似。"⁵

---

1 曾枣庄、刘琳主编：《全宋文》第二百四十五册·卷五千五百〇一《朱熹七四·答程可久》，上海辞书出版社、安徽教育出版社2006年版，第374页。
2 曾枣庄、刘琳主编：《全宋文》第二百四十六册·卷五千五百一十三《朱熹八六·答何叔京》，上海辞书出版社、安徽教育出版社2006年版，第156页。
3 曾枣庄、刘琳主编：《全宋文》第二百四十六册·卷五千五百一十三《朱熹八六·答何叔京》，上海辞书出版社、安徽教育出版社2006年版，第156页。
4 黎靖德编：《朱子语类》卷四《性理一·人物之性气质之性》，王星贤点校，中华书局1986年版，第59页。
5 黎靖德编：《朱子语类》卷九十四《周子之书·太极图》，王星贤点校，中华书局1986年版，第2374页。

朱子用"人跨马"来论证"理有动静",这一比喻非常经典,在朱子著述中反复提及。太极(理)只蕴含动静之理,太极本身不会动,阴阳之气才能动。太极"凑泊"在气上,犹如人骑在马上,马在动人不动,人随着马动而动。"太极理也,动静气也。气行则理亦行,二者常相依而未尝相离也。"[1]

概而论之,朱子的理气论基本上是对程伊川思想的继承。虽然受周濂溪以及其老师李延平的影响,在理本论架构中引入了无极、太极概念,以壮大其说,但哲学新意并不多,甚至有叠床架屋之嫌。

三、"理不外乎气":陈淳对朱熹思想的继承与发明

陈淳是朱子晚年高弟,撰有《北溪字义》等著述。宋光宗绍熙元年(1190),61岁的朱子出守漳州,陈淳"抱十年愿见不可得之诚",拜朱子为师。朱子比较喜欢这位弟子,一见面就滋生"恨见之晚"感慨,并多次对人说:"南来,吾道喜得陈淳。"[2]陈淳对朱子也是敬仰有加,称赞朱子是当之无愧的"宗主""嫡嗣",其学问"扫千百年之谬误"[3]。陈淳虽然是朱子高足,但并非一味固守师说,亦步亦趋,而是在"得于亲炙"的基础上,又广泛吸取周子、二程、张横渠等人思想,甚至远揽董

---

1 黎靖德编:《朱子语类》卷九十四《周子之书·太极图》,王星贤点校,中华书局1986年版,第2376页。
2 黄宗羲:《宋元学案》卷六十八《北溪学案》,全祖望补修,陈金生、梁运华点校,中华书局1986年版,第2220页。
3 陈淳:《北溪字义》,熊国祯、高流水点校,中华书局1983年版,第74页。

仲舒、王充等思想家的观点为己说。在理学的几个核心问题上，陈淳的观点显然与朱子有所不同。正是既有所"亲炙"，又有所发明，才奠定了陈淳在思想史上的地位。

（一）"理气合一"

在朱子思想体系中，位阶最高的概念是"理"。理是天地万物存在所以可能的本体，理决定了某物之所以为某物的本质。有人问朱子：理是否在天地之先？朱子回答说："未有天地之先，毕竟也只是理。有此理，便有此天地。"[1]理先于天地而存在，理在逻辑上有"天地之先"的特点。在天地万物没有产生之前，理"亘古今常存"[2]。在理气关系上，朱子一生观点多变。早年、中年与晚年皆有变化，有一段时间也主张"理气合一"。但是，晚年定论应当是"理在气先"。理与气存在形而上与形而下的分别，从逻辑上"推上去"，理在先，气在后。[3]朱子的这种"理先气后"，表明在其概念体系内部，理与气位阶不一，理高于气。理不仅逻辑上在先，而且不可以度量时间界说。换言之，理通过气进入时间，一旦进入时间，理气不分先后。但是，在借气进入时间之前，理没有度量时间属性。朱子晚年的"理在气先"，或许如此理解才能领悟其真髓。有所不同的是，陈淳在理气关系上，别出心裁地提出"天即理"命题。据陈淳自己交代，"天即理"命题的提出，深受张载思想熏陶。张载尝言："由太虚，有天之名；由气化，有道之名。"[4]太虚与阴阳

---

[1] 黎靖德编：《朱子语类》卷一《理气上·太极天地上》，王星贤点校，中华书局1986年版，第1页。
[2] 黎靖德编：《朱子语类》卷三《鬼神》，王星贤点校，中华书局1986年版，第46页。
[3] 黎靖德编：《朱子语类》卷一《理气上·太极天地上》，王星贤点校，中华书局1986年版，第3页。
[4] 张载：《张载集·正蒙·太和》，章锡琛点校，中华书局1978年版，第9页。

第六章 程颐与朱熹

之气的关系,既内在又超越。太虚是阴阳之气运动变化何以可能的最高根据,阴阳二气是太虚本体的作用与表现。因此,在张载思想体系中,天只是太虚本体的直观化、形象化的譬喻,切不可说"天即太虚"或"太虚即天"。吊诡的是,陈淳断言张载所说的"天"就是理:"古圣贤说天,多是就理上论。"[1]陈淳这一解读,或许是为他自己的理论学说寻找一个哲学依据。因为陈淳一再强调,理不是一个纯粹观念性的存在,理是"实理"。理作为"实理"具体彰显于:理是阴阳二气内在的"路脉"。"一元之气流出来,生人生物,便有个路脉。"[2]既然理是气的内在"路脉",理与气融合贯通,不可分离。理气和合为一,理才不会成为"死理","理不成死定在这里"[3]。理是活理,不是死理。概而言之,陈淳"天即理"命题的提出,其实质在于强调理的客观实在性。

从天理具有"实"客观性哲学特点出发,陈淳进而批评老子、庄子道家将"道"界说为一"空虚道理":"老庄说道,都与人物不相干,皆以道为超乎天地器形之外。"[4]道既然是个"空虚道理",说明道悬隔于万事万物之外,道仅仅是一观念性存在,远离经验世界,游离人类历史。不得不说的是,陈淳对道家"道"论多有误解。老子与庄子的道论,其实差别很大。具体就庄子哲学而言,庄子虽然强调"道未始有封""物物者非物",但又声明道有"周、遍、咸"三大特点。庄子与东郭子关于"道恶乎在"一段对话,典型地体现出道的哲学本质。东郭子问庄子:道"恶乎在"?庄子以"无所不在"相答。东郭子请求庄子再做具体解答,庄子继而说:道"在蝼蚁""在稊稗""在瓦甓""在

---

1 陈淳:《北溪字义》,熊国祯、高流水点校,中华书局1983年版,第38页。
2 陈淳:《北溪字义》,熊国祯、高流水点校,中华书局1983年版,第38页。
3 陈淳:《北溪字义》,熊国祯、高流水点校,中华书局1983年版,第38页。
4 陈淳:《北溪字义》,熊国祯、高流水点校,中华书局1983年版,第38页。

屎溺"。"周、遍、咸三者,异名同实,其指一也。"[1]道在蝼蚁、稊稗、瓦甓、屎溺,其实都是在表达一个哲学观点:道是一"具体的普遍",而不是"绝对的普遍"。"绝对的普遍"只存在于逻辑世界之中,与经验世界、现实世界相隔断,从来与人类历史不搭界。但是,"具体的普遍"与经验世界不相脱离,与人类生活世界不相隔断。现实生活中每一件细小的、卑微的存在,都能彰显道的存在。清代学者胡文英评论说:"所谓盈天地皆物,而盈物皆道也。"[2]"道不离器","盈物皆道",道在器中,恰恰是庄子道论的根本特点。具有讽刺意味的是,陈淳一再阐述的"其实道不离乎器,道只是器之理"[3],恰恰与庄子哲学基本观点有吻合之处。

在对道家思想有所误读基础之上,陈淳继而分辨道与理的细微区别。道与理在程朱理学家思想体系中"只是一件物"[4],但细而论之,还是存在一些细微差别。道重在强调本体的普遍性、永久性,"故万古通行者,道也"[5]。理侧重于表述本体的绝对性,"万古不易者,理也"[6]。所谓"万古不易",实际上就是指具体经验世界中万事万物的一个个"当然之则"。"理乃是在物之理,性乃是在我之理。在物底便是天地人物公共底道理。"[7]理作为"公共底道理",在日常生活中"活泼泼"显发作用。为君止于仁,仁就是"当然";为臣止于敬,敬就是"当然";为父止于慈,为子止于孝,慈孝就是"当然"。绝对性、普遍性、永恒性,

---

1 郭庆藩:《庄子集释》,王孝鱼点校,中华书局1961年版,第750页。
2 胡文英:《庄子独见》,李花蕾点校,华东师范大学出版社2011年版,第166页。
3 陈淳:《北溪字义》,熊国祯、高流水点校,中华书局1983年版,第39页。
4 陈淳:《北溪字义》,熊国祯、高流水点校,中华书局1983年版,第41页。
5 陈淳:《北溪字义》,熊国祯、高流水点校,中华书局1983年版,第42页。
6 陈淳:《北溪字义》,熊国祯、高流水点校,中华书局1983年版,第42页。
7 陈淳:《北溪字义》,熊国祯、高流水点校,中华书局1983年版,第42页。

第六章 程颐与朱熹

构成天理（道与理）的三大本质特点。如前所述，天理虽然是形而上存在，但绝非一个观念性的"空虚"，"其实道不离乎物，若离物则无所谓道"[1]。君臣有义，君臣是器，义是道与理。在君臣政治伦理中，透显出"义"，而不是在君臣伦理之外，存在一个只高悬于逻辑世界之中的"义"。理不离气，道不离器，儒家的学问，本质上就是实学，"圣门之学，无一不实"[2]。

由此而来，需辨明的一个问题是：理是否可以脱离气独立存在？在理、气关系上，这是一个十分关键而又敏感的问题。朱子认为，在天地万物没有产生之前，理"亘古今常存"[3]。朱子甚至说："且如万一山河大地都陷了，毕竟理却只在这里。"[4]"陷"意味着天地万物不复存在，有时空限定的具体存在消亡，作为本体的理，仍然可以走出人类历史而独立存在。不仅如此，理"无情意，无计度，无造作"[5]。理不是至上人格神，理没有生命意识与情欲，也不会直接生成天地万物。正因为如此，理才是一个"净洁空阔底世界"[6]。在这一问题上，陈淳的观点与朱子显然有所不同。陈淳始终坚持"理不外乎气"[7]"道不离乎物"[8]，理只是气之理，理与气不可隔断。理从来没有游离于气之外，也从来没有走出时间。"理气"[9]一词是陈淳的发明创造，这一概念既不见于程子，也不见于朱子。陈淳发明"理气"概念，就是要说明"理气"是"天地

---

1 陈淳：《北溪字义》，熊国祯、高流水点校，中华书局1983年版，第39页。
2 陈淳：《北溪字义》，熊国祯、高流水点校，中华书局1983年版，第39页。
3 黎靖德编：《朱子语类》卷三《鬼神》，王星贤点校，中华书局1986年版，第46页。
4 黎靖德编：《朱子语类》卷一《理气上·太极天地上》，王星贤点校，中华书局1986年版，第4页。
5 黎靖德编：《朱子语类》卷一《理气上·太极天地上》，王星贤点校，中华书局1986年版，第3页。
6 黎靖德编：《朱子语类》卷一《理气上·太极天地上》，王星贤点校，中华书局1986年版，第3页。
7 陈淳：《北溪字义》，熊国祯、高流水点校，中华书局1983年版，第72页。
8 陈淳：《北溪字义》，熊国祯、高流水点校，中华书局1983年版，第39页。
9 陈淳：《北溪字义》，熊国祯、高流水点校，中华书局1983年版，第80页。

间公共之物",人得"理气"而生,气尽而亡。人死亡之后,理复归本体"理气",不会随着具体生命的死亡而消亡。

如何全面理解陈淳的"理不外乎气","太极"是另一个切入点。当年朱子或许是为了更圆融地诠释理是"形而上者",别出心裁地从周敦颐哲学中借用了"无极"与"太极"两大概念。周敦颐的"太极图"以及对太极、无极的诠解,显然汲取了陈抟等人的思想,但也做出了颠覆性的界说。令人惊讶的是,少年时代就拜周濂溪为师的二程兄弟,在其思想体系中,完全弃绝太极图、无极与太极思想。对于二程兄弟为何不谈太极图,黄百家在《濂溪学案》案语中引述丰道生的观点说:"至于《太极图》,两人生平俱未尝一言道及,盖明知为异端,莫之齿也。"[1]丰道生认为二程兄弟认定周敦颐《太极图》和太极无极之说属于"异端",所以二程终其生不愿提及。对于这一学术史上的悬案,朱子有几个说法,其中一个解释是"二程不言太极者,用刘绚记程言,清虚一大,恐人别处走。今只说敬,意只在所由,只一理也"[2]。虽然程伊川曾经说过"离阴阳则无道。阴阳,气也,形而下也。道,太虚也,形而上也",在宇宙生成论上,理与气合一,道不离阴阳,但是,在本体论层面,理与气又是不杂不混,形而上截然有别于形而下。"二程不言太极"的真实原因,既是对异端的"莫之齿",也是对张载"清虚一大"气论有所贬谪,对张载所言既散之气复归太虚之气多有批判。二程兄弟对张载"太虚即气"的直接批评,也是对周濂溪无极、太极思想的间接否定。在二程兄弟看来,本体论上的理本论以及宇宙论层面的理气说,完全可以圆融无碍地诠释世界的诞生以及世界诞生在逻辑分析上何以可能;在理本

---

[1] 黄宗羲:《宋元学案》卷十二《濂溪学案下》,全祖望补修,陈金生、梁运华点校,中华书局1986年版,第524页。

[2] 黎靖德编:《朱子语类》卷九十三《孔孟周程张子》,王星贤点校,中华书局1986年版,第2358页。

第六章 程颐与朱熹

论架构中，再引入无极太极学说，无异于叠床架屋、画蛇添足。

但是，作为程伊川忠实信徒的朱熹，却一反程伊川之所为，大张旗鼓地在理本论架构中引入太极无极学说。朱子特意指明，太极与无极本来就是儒家自家固有的"宝藏"，与《老子》和道教没有丝毫关联。"孔子赞《易》，自太极以下，未尝言无极也，而周子言之。"[1]朱子认为"太极"是孔子发明的概念，"无极"是周敦颐首先提出来的。朱子认为《老子》中的"无极"的内涵是"无穷"[2]，因此与儒家的思想南辕北辙。颇有反讽意味的是，虽然朱熹声明太极与无极直接源自周敦颐哲学，却对无极与太极的本质内涵做了颠覆性的诠释。太极与无极不再是气，而是理！旧瓶装新酒，"城头变幻大王旗"。朱子弟子陈淳问何谓"太极"？朱子回答说："太极只是天地万物之理。"[3]在回答另外几位学生的类似提问中，也一再言之凿凿地标明"太极只是一个'理'字"[4]。既然太极就是理，基于周濂溪"无极而太极"的逻辑，朱子思想中的无极也应该是理。"然曰无极而太极，太极本无极，则非无极之后别生太极，而太极之上先有无极也。"[5]朱子答《杨子直》一信写于40至41岁之间，属于中年时期的观点。淳熙十五年，朱子59岁，在《答陆子静》一文中，仍然一如既往阐述同样的思想："故语道体之至极，则谓之太极；语太极之流行，则谓之道。虽有二名，初无两体。"[6]太极即理，无极也

---

1 曾枣庄、刘琳主编：《全宋文》第二百四十五册·卷五千四百九十六《朱熹六九·答陆子静》，上海辞书出版社、安徽教育出版社2006年版，第300页。
2 曾枣庄、刘琳主编：《全宋文》第二百四十五册·卷五千四百九十六《朱熹六九·答陆子静》，上海辞书出版社、安徽教育出版社2006年版，第303页。
3 黎靖德编：《朱子语类》卷一《理气上·太极天地上》，王星贤点校，中华书局1986年版，第1页。
4 黎靖德编：《朱子语类》卷一《理气上·太极天地上》，王星贤点校，中华书局1986年版，第2页。
5 曾枣庄、刘琳主编：《全宋文》第二百四十六册·卷五千五百二十六《朱熹九九·答杨子直》，上海辞书出版社、安徽教育出版社2006年版，第395页。
6 曾枣庄、刘琳主编：《全宋文》第二百四十五册·卷五千四百九十六《朱熹六九·答陆子静》，上海辞书出版社、安徽教育出版社2006年版，第302页。

即理。将无极太极引入理本论体系之中,果真不是"架屋下之屋,叠床上之床"?朱子对此有专门的解释,在几封书信中都一再声明:"不言无极,则太极同于一物而不足为万化根本;不言太极,则无极沦于空寂而不能为万化根本。"[1]在朱子看来,援无极、太极入理本论思想架构,只是一种随时设教的"方便法门"。在向芸芸众生宣讲理本论时,如果不讲无极,芸芸众生往往会将太极错认为是有空间与时间局限的存在;如果不讲太极,众人又有可能将无极等同于佛家绝对的空无,"闻人说有即谓之实有,见人说无即以为真无耳"[2]。实际上,如果细细推究朱子的诸多命题,譬如"未有天地之先,毕竟也只是理"、"性即理"、太极即理等等,其中透显出一个朱子力图要表达的哲学观点:天理虽然是形而上的本体,是一个"净洁空阔底世界",但是,与西方"第一哲学"本体论(ontology)最大的不同在于:宋明理学中的天理,是可以通过人心来感应的。形而上的本体与形而下的经验世界,通过人心得以连接,透过人心得以体悟与证明其真实存在。人心感应天理的最高境界就是"诚",朱子以"真实无妄"界说"诚",天道之"诚"与人道"诚之",通过人的"实然之心"得以贯通。

作为朱子晚年高足,陈淳也效仿乃师,以理诠释太极。援太极入理本论。论证"太极即理",从此也成为陈淳思想一大课题。但是,陈淳的太极、无极思想并非一味墨守师说。相比之下,有继承也有创新发明。

其一,步朱子之后尘,论述"太极即理"。"太极只是浑沦极至之

---

[1] 曾枣庄、刘琳主编:《全宋文》第二百四十五册·卷五千四百九十六《朱熹六九·答陆子静》,上海辞书出版社、安徽教育出版社2006年版,第302页。

[2] 曾枣庄、刘琳主编:《全宋文》第二百四十五册·卷五千四百九十六《朱熹六九·答陆子静》,上海辞书出版社、安徽教育出版社2006年版,第302页。

理，非可以气形言。"¹陈淳像其师朱子一样，断然否定"太极"学说源自道家，认为《易传》才是儒家"太极"思想的源泉。柳宗元、邵康节是"以气言"太极，周濂溪是"以理言"太极。

其二，太极不是纯粹"悬空"的观念。"太极只是总天地万物之理而言，不可离了天地万物之外而别为之论。才说离天地万物而有个理，便成两截去了。"²太极本体属于"具体的普遍"，不是脱离经验世界的纯粹概念，也从来没有离开人的历史。

其三，太极与气"无些子缝罅"³。在宇宙论上，理与气完全融合为一，彼此的边界完完全全重合。"然此理不是悬空在那里。才有天地万物之理，便有天地万物之气；才有天地万物之气，则此理便全在天地万物之中。"⁴理与气衔接毫无缝隙，而且理与气没有先后之分，也不应该以"先后"界说。"那相接处全无些子缝罅，如何分得孰为先、孰为后？"⁵理气"无先后"，这一观点与朱子晚年的理气关系论显然不一致。朱子晚年的理，是可以脱离经验世界而独立存在的，完全可以游离人的世界。理气合一，还是理先气后，成了陈淳与朱子哲学上的一大分歧。但是，陈淳在有些表述中，似乎给人留下"理先气后"的印象，譬如："夫未有天地之先，只自然之理而已。有是理则有是气，有动之理则动而生阳，有静之理则静而生阴。"⁶细细推敲斟酌，陈淳于此所说的"先有理"，不是"理生气"层面的"先"，也不是时间层面的"先"，而应当是构成论意义上的"先"。动静阴阳，有动之理，才有动之现象；有

1　陈淳：《北溪字义》，熊国祯、高流水点校，中华书局1983年版，第43页。
2　陈淳：《北溪字义》，熊国祯、高流水点校，中华书局1983年版，第45页。
3　陈淳：《北溪字义》，熊国祯、高流水点校，中华书局1983年版，第45页。
4　陈淳：《北溪字义》，熊国祯、高流水点校，中华书局1983年版，第45页。
5　陈淳：《北溪字义》，熊国祯、高流水点校，中华书局1983年版，第45页。
6　陈淳：《北溪字义》，熊国祯、高流水点校，中华书局1983年版，第81页。

静之理，才有静之现象。动静之理，是动与静、阴与阳的内在"路脉"。"气无所不在，则理无所不通。"[1]理气合一，时间不分先后，构成上有因果关联："若说截然在阴阳五行之先，及在阴阳五行之中，便成理与气为二物矣。"[2]不可说理在阴阳二气之先，这一表述比较好理解。但是，也不可说理在阴阳五行之"中"。因为理与气是"浑沦一理"，既然是"浑沦"，就不可分开说。理是阴阳五行背后隐伏的终极根据，决定了阴阳二气运行变化何以可能。理气无先后、"理不外乎气"，应当是陈淳在理气关系上的基本观点。"理不外乎气"，表明陈淳思想中的"理气"已不是二程、朱子哲学层面上的本体论，而是"下陷"为宇宙生成论。陈淳理气"无些子缝罅"的思想，后来对罗钦顺、王廷相、刘宗周和黄宗羲等人又产生了直接的影响。

（二）"五常一体"

从天理高度说"仁"，是二程、朱子思想一大特点。所谓"天理高度"，意味着不是局囿于道德学视阈论仁，而是从知识论、本体论维度论说仁。这一哲学追问，有助于我们领悟二程、朱子思想所达到的哲学高度，有助于我们去揭开深藏于二程、朱子思想深处的一大秘密，有助于我们真正认清楚天理哲学的人文关怀。程朱提出"性即理"，性"是在我之理"[3]，天理具体落实在人，被称为"性"。由此也可以说，性是天理的"分有"。性的基本内涵是仁义礼智信，在五常或四德之中，仁的地位显赫，因为仁可以"包四德"。程伊川说："四德之元，犹五常之

---

1 陈淳：《北溪字义》，熊国祯、高流水点校，中华书局1983年版，第40页。
2 陈淳：《北溪字义》，熊国祯、高流水点校，中华书局1983年版，第72页。
3 陈淳：《北溪字义》，熊国祯、高流水点校，中华书局1983年版，第42页。

第六章 程颐与朱熹

仁，偏言则一事，专言则包四者。"[1]以元、亨、利、贞搭配仁、义、礼、智、信，以自然之道证明伦理道德存在正当性。元、亨、利、贞是"天命"，是宇宙自然法则与规律。天命之元，落实在人为仁；天命之亨，落实在人为礼；天命之利，落实在人为义；天命之贞，落实在人为智。朱子进而认为，元、亨、利、贞是天心之德，以元为通贯；人心之德是仁、义、礼、智，以仁为通贯："盖天地之心，其德有四，曰元、亨、利、贞，而元无不统。其运行焉，则为春、夏、秋、冬之序，而春生之气无所不通。故人之为心，其德亦有四，曰仁、义、礼、智，而仁无不包。"[2]天地之心与人之心相对应，仁、义、礼、智是未发之性，"发用"出来就是"爱恭宜别"之情。元、亨、利、贞与仁、义、礼、智相对应的目的，是力图从哲学形上学证明仁、义、礼、智存在的正当性。天心之德在人，自然表现为人心之德。仁、义、礼、智既是私德，也是公德，充满了公共理性色彩。

以自然之道之绝对性、普遍性，论证"心之理"正当性，陈淳基本上亦步亦趋地效仿二程、朱子。"人性之有仁、义、礼、智，只是天地元、亨、利、贞之理。"[3]仁在天为元，与春季相配，天地万物萌芽发露。礼在天为亨，与夏季相配，天地万物蓬勃生长。义在天为利，与秋季相配，万物成熟，各得其所。秋有肃杀之气，所以义如刀刃，遇事而裁断，事事各得其宜。智在天为贞，与冬季相配，天地万物归根复命，宇宙万事皆有定数。自然之道充满"生意"，所以，元与仁意味着"生意"之始，亨意味着"生意"之通，利意味着"生意"之遂，贞意味着"生

---

1 陈淳：《北溪字义》，熊国祯、高流水点校，中华书局1983年版，第22页。
2 黄宗羲：《宋元学案》卷四十八《晦翁学案上》，全祖望补修，陈金生、梁运华点校，中华书局1986年版，第1510页。
3 陈淳：《北溪字义》，熊国祯、高流水点校，中华书局1983年版，第22页。

意"之藏。从二程、朱子到陈淳的这一论证思路，容易让人想起战国秦汉时期十分流行的宇宙图式，天、地、阴阳、气、四时、五行、五味、五方、五脏一一比附，彼此之间相互感应、相互作用。所不同的是，战国秦汉时期的宇宙图式是在一种宇宙论或宇宙生成论背景下展开的，二程、朱子的四德配五常理论，建基于天理本体论之上，"盖通天地间，惟一实然之理而已"[1]。天理是"实"理，不是单纯存在于逻辑世界的纯粹观念，本身无所谓"坎陷"。换言之，天理从不需要什么"坎陷"。天理贯通于天地内外，涵摄天地人物。超越于天理之外的道，从来就不存在。因此，元、亨、利、贞与仁、义、礼、智相提并论，进而相互论证，绝非是一种譬喻或比附，实质上是天理"理一分殊"的彰显。

程伊川曾经指出，仁、义、礼、智四德有"专言"和"偏言"的两种说法。从"偏言"层面表述，仁是爱之理，义是宜之理，礼是敬之理，智是知之理。仁、义、礼、智四个概念边界明确，外延清晰。从"专言"角度分析，仁的位阶又显然高于其他三德。"专就仁看，则仁又较大，能兼统四者，故仁者乃心之德。"[2]所谓"兼统"，是指仁可以涵摄义、礼、智三者。譬如一家四兄弟，父母早亡的情况下，依照礼俗，长兄为大，称呼长兄姓名，就代表了全家，称呼其他三兄弟之名，只能代表具体的个人。由此而来，需进一步探索的问题是：为何仁能够"兼统"义、礼、智三德？"盖人心所具之天理全体都是仁，这道理常恁地活，常生生不息。"[3]仁是人心"天理全体"，所以程明道称之为"仁体"，程伊川继而以"兼统"界说。陈淳从三方面对程朱思想做出深入阐发：

---

[1] 曾枣庄、刘琳主编：《全宋文》第二百四十八册·卷五千五百六十九《朱熹一四二·答陈安卿》，上海辞书出版社、安徽教育出版社2006年版，第262页。
[2] 陈淳：《北溪字义》，熊国祯、高流水点校，中华书局1983年版，第18页。
[3] 陈淳：《北溪字义》，熊国祯、高流水点校，中华书局1983年版，第18—19页。

第六章 程颐与朱熹

其一,"以理言"。天理在人为性,在心为仁。仁是人心"全体天理之公"[1]。程子所说"仁者,天下之公,善之本也"[2]和朱子所言"心之德,爱之理"[3],其实都是从天理视阈说仁。"心之德"是从本体立论,天理是仁的本体,仁又是爱的本体;"爱之用"是从作用上言说,爱是仁的情感具体表现。概而论之,程朱以天理说仁,旨在表明仁既是私德,又是公德。仁是人类社会公共理性,涵盖陌生人社会。

其二,"以心言"。"心之德"之心,纯粹天理充盈,没有一丝一毫私欲夹杂其中。"纯是天理"之心,二程、朱子称之为"公",具有公共性。孔子称赞颜回"三月不违仁",在"三月"这一时间段,颜回的心处于清澈透明的"公"状态。孔子批评冉雍"不知其仁",是指冉雍的心始终有私欲夹杂。程子说:"只是无纤毫私欲,少有私欲便是不仁。"[4] "以心言"仁,实质上是从工夫论层面界说仁。

其三,"以事言"。"以事言"仁,实际上就是在日常生活中以仁义自守,以仁义行世。孔子称赞"殷有三仁",就是"以事言"仁的典型例子。在大是大非大灾难面前,即使白刃在前,火海在后,仍能视死如归、舍生取义。

因此,陈淳"以理言""以心言""以事言",分别是从本体论、境界论、工夫论和日常伦理层面论证:仁是心之全德、天理全体。仁"流行"到父子人伦,显现为慈与孝;仁"流行"到夫妻,显现为礼与别;仁"流行"到君臣,显现为忠;仁"流行"到朋友,显现为诚信。二程、朱子与陈淳的仁说,与王阳明的良知与致良知,至少在逻辑上,

---

1 陈淳:《北溪字义》,熊国祯、高流水点校,中华书局1983年版,第26页。
2 陈淳:《北溪字义》,熊国祯、高流水点校,中华书局1983年版,第26页。
3 陈淳:《北溪字义》,熊国祯、高流水点校,中华书局1983年版,第26页。
4 陈淳:《北溪字义》,熊国祯、高流水点校,中华书局1983年版,第26页。

已有一些融合贯通之处。

值得发掘的是，在继承程朱仁体与"仁包四德"思想基础上，陈淳别出心裁地提出仁、义、礼、智、信"五常一体"、五常互包思想。仁、义、礼、智、信五者之间融合无间，一动俱动，交错互现，你中有我，我中有你，互融互合，互证互明。

关于仁、义、礼、智、信五常一体、五常互包思想，陈淳从三个方面论证。

其一，纵向分析。父子有亲就是仁，君臣有节就是义，夫妇有别就是礼，长幼有序就是智，朋友有信就是信。五常每一个观念都有相对确定的内涵，都有相对清晰的外延。

其二，横向分析。从仁这一视阈判别五常，父子有亲，君臣有义，夫妇有别，长幼有序，朋友有信，其实这五个方面都可以视为仁在不同人伦的具体"流行"。"以仁言，则所谓亲、义、序、别、信，皆莫非此心天理流行，又是仁。"[1]从义这一视阈判断，父子应当亲，君臣应当义，夫妇应当别，长幼应当序，朋友应当信，五常"各当乎理之宜，又是义"[2]；从礼视阈分析，父子有亲，君臣有义，夫妇有别，长幼有序，朋友有信，各有节文，仪轨不乱，五常又都是礼；从智视阈分析，知道父子有亲、君臣有义、夫妇有别、长幼有序、朋友有信是善、是真理，是非善恶，"当然而不昧"[3]；从信视阈分析，在日常生活当中切切实实做到了父子有亲、君臣有义、夫妇有别、长幼有序、朋友有信，"诚然而不妄"，五常就都是信。

其三，纵横交错分析。先秦儒家说"亲亲，仁也"，之所以敬爱双

---

[1] 陈淳:《北溪字义》，熊国祯、高流水点校，中华书局1983年版，第23页。

[2] 陈淳:《北溪字义》，熊国祯、高流水点校，中华书局1983年版，第23页。

[3] 陈淳:《北溪字义》，熊国祯、高流水点校，中华书局1983年版，第23页。

第六章 程颐与朱熹

亲,是因为在仁爱情感背后,深藏人性之仁,"所以爱亲之诚,则仁之仁也"[1]。人之所以谏亲,在于仁爱背后蕴含义;人之所以每天奉行温清定省礼节,是因为仁中蕴含礼;仁爱父母,进而仁民爱物,只要良知没有被遮蔽,人人都明白这一是非善恶道理,这是仁中含智;几十年如一日,踏踏实实敬亲爱亲,这是仁中有信。仁中自然蕴含义、礼、智、信,义中自然而然蕴含仁、礼、智、信,礼中自然蕴含仁、义、智、信,智中自然蕴含仁、义、礼、信,信中自然蕴含仁、义、礼、智。"五者随感而发,随用而应,或才一触而俱动,或相交错而互见,或秩然有序而不紊,或杂然并出而不可以序言。"[2]牵一发而动全身,一动俱动,互涵互包,交错互见。譬如,见人受伤,顿生恻隐之心,同时又愤恨施暴者,这是仁爱的同时又萌生义;见人干坏事,顿生憎恶之心,与此同时,又希望此人能改恶从善,这属于义中涵摄仁;见宾客进门,理应以礼相待,唯恐礼节上有所不周,这属于礼中带智;在日常生活中,对万事万物都有个是非善恶判断,并妥善处理遇到的一事一物,不违礼节,这是智中含礼。五常"纵横颠倒,无所不通"[3],仁、义、礼、智、信彼此贯通无碍,五常之间是一个有机的系统,仁、义、礼、智、信连为一体,相互联系,相互作用。

二程、朱子的"仁体"与"仁包四德",侧重于论证仁作为天理"分有"的哲学意义。陈淳五常一体、五常互包等命题在肯定仁体前提下,专门论述义、礼、智、信的价值与地位,避免程朱高倡"仁包四德"有可能导致四德的虚化和边缘化。此外,无论是"性即理"、仁性爱情,抑或五常一体、五常互包,陈淳实际上想证明一个观点:仁属于

---

[1] 陈淳:《北溪字义》,熊国祯、高流水点校,中华书局1983年版,第23页。
[2] 陈淳:《北溪字义》,熊国祯、高流水点校,中华书局1983年版,第24页。
[3] 陈淳:《北溪字义》,熊国祯、高流水点校,中华书局1983年版,第24页。

"天理自然流行"[1]。论及仁是"天理自然流行",陈淳尝言理有四大特点,有助于我们进一步理解仁何以是"天理自然流行"。

其一,"理有能然"[2]。乍见孺子入井,触动恻隐之心。恻隐是情感,是气,恻隐之心何以能够发生?是因为恻隐情感的背后有仁性驱使,仁是人性先验的存有,不是人后天建构与设计出来的,而是对天理与人关系的重大发现。仁是人发现的人性奥秘,犹如阿里巴巴喊着"芝麻开门"走进神秘山洞发现了奇特宝藏。正因为人先天具有仁性,所以在"乍见"情景之下,会自然而然引发恻隐之心。

其二,"理有必然"。乍见孺子入井,必然会引发恻隐之心,施以援手。人不是槁木死灰,人心是活泼泼的。活泼泼的人心见孺子入井,必然触动内在的恻隐之心,"虽欲忍之,而其中惕然自有所不能以已也"[3]。即使出于后天某种功利性考量忍住不上前抢救孺子,但是,基于内在仁性之上恻隐之心"不容已",恻隐之心犹如地下泉水,生生不息,喷涌不止。即使有人出于某种利益上的欲求强行压制,但泉水一如既往"不容已"。

其三,"理有当然"。乍见孺子入井,触动恻隐之心,不假思索上前营救,这是天理之"当然"。人与禽兽的区别就在于有"不容已"之天理良心,"当然"就是人类特有的价值判断与价值选择,一旦违背"当然",就是"悖天理而非人类"[4]。具体而论,"当然"又可细分为两类。

---

1 陈淳:《北溪字义》,熊国祯、高流水点校,中华书局1983年版,第33—34页。
2 曾枣庄、刘琳主编:《全宋文》第二百九十五册·卷六千七百二十七《陈淳一七·理有能然必然当然自然》,上海辞书出版社、安徽教育出版社2006年版,第229页。
3 曾枣庄、刘琳主编:《全宋文》第二百九十五册·卷六千七百二十七《陈淳一七·理有能然必然当然自然》,上海辞书出版社、安徽教育出版社2006年版,第229页。
4 曾枣庄、刘琳主编:《全宋文》第二百九十五册·卷六千七百二十七《陈淳一七·理有能然必然当然自然》,上海辞书出版社、安徽教育出版社2006年版,第229页。

第六章　程颐与朱熹

一是以义裁断，在"合做底事上直言其大义如此"[1]。譬如，孺子入井应当恻隐，为父应当慈，为子应当孝，为君应当仁，为臣应当义，凡事都以"义"做裁断，"惟其义尽，所以仁至"。二是以智立身处世，事事"拣别其是是非非"[2]。视其所当视，听其所当听。是非善恶辨别清楚，"则得其正而为理"[3]。

其四，"理有自然"。乍见孺子入井，触动恻隐之心，奋勇上前营救，属于"天理之真流行，发见自然而然，非有一毫人伪预乎其间"[4]。乍见孺子入井，我们可以说是"触动""引发"了恻隐之心，但不可以说"滋生"恻隐之心。见到或者没有见到孺子入井，恻隐之心本来就存在于我心，"乍见"引发了我先天固有的恻隐而已。"乍见"不是见到孺子入井，马上立一个"心"去盘算、计较是否去上前营救，而是"乍见"与恻隐之心同一时间闪现。这种闪现，犹如大自然电闪雷鸣。"乍见"与恻隐之心，在时间上完全同步，不分先后。在学术史上，王夫之曾经对孟子关于恻隐之心的观点提出质疑："且如乍见孺子将入于井，便有怵惕恻隐之心，及到少闲，问知此孺子之父母却与我有不共戴天之仇，则救之为逆，不救为顺，即此岂不须商量？"[5]应该说，王夫之没有读懂孟子的"恻隐之心"，他的这一反驳失之偏颇。如果因不共戴天之仇而弃孺子入井于不顾，这已经是由后天的功利性利益支配其行为。但

1　曾枣庄、刘琳主编：《全宋文》第二百九十五册·卷六千七百二十七《陈淳一七·理有能然必然当然自然》，上海辞书出版社、安徽教育出版社2006年版，第229页。
2　曾枣庄、刘琳主编：《全宋文》第二百九十五册·卷六千七百二十七《陈淳一七·理有能然必然当然自然》，上海辞书出版社、安徽教育出版社2006年版，第229页。
3　曾枣庄、刘琳主编：《全宋文》第二百九十五册·卷六千七百二十七《陈淳一七·理有能然必然当然自然》，上海辞书出版社、安徽教育出版社2006年版，第230页。
4　曾枣庄、刘琳主编：《全宋文》第二百九十五册·卷六千七百二十七《陈淳一七·理有能然必然当然自然》，上海辞书出版社、安徽教育出版社2006年版，第230页。
5　王夫之：《读四书大全说》卷八《孟子·公孙丑上篇》，岳麓书社2011年版，第945页。

是，孟子力图要证明的是：人之仁、义、礼、智"四心"，超越后天人文教化与知识。不是"乍见孺子将入于井"会"滋生"出我的恻隐之心，而是恻隐之心本来就存在于我心，孺子入井只不过是触动、引发了我内在的恻隐之心而已，"稍涉安排商量，便非本心"[1]。恻隐之心属于"本心"，不是后天"安排商量"产生的，而是不假思索的"天理之直流行"。

从仁是"天理自然流行"出发，如果进一步深入思考，我们不难发现，虽然在"仁包四德"与"五常一体"思想方面，陈淳观点有别于朱子，但是，在仁与人的自然权利关系上，彼此的文化立场和观点又趋于一致。朱子和陈淳之所以从天理高度论说"仁"，其中一个隐含的缘由就是：仁是人的自然权利。仁是人的自然权利，包含三个相连贯的命题。

其一，仁作为自然权利，是天理"自然本有之理"[2]。仁是天理的自然规定，不假外求，内在先验自足。孟子称之为"天爵"，其具体内涵是仁、义、礼、智"四德"。既然仁、义、礼、智出于天，孟子进而认为"人人有贵于己者"[3]。"贵"有"良贵"与"非良贵"之别，公卿大夫是"非良贵"，仁、义、礼、智是"良贵"。"良者，本然之善也"[4]，本然之善的仁、义、礼、智，人人皆备，所以孟子说"饱乎仁义"[5]。仁义之"饱"，不是后天父母、师长"喂饱"的，而是人人先天自然而然"饱"。理解了"饱乎仁义"，方能读懂"万物皆备于我"。二程、朱子

---

[1] 王夫之：《读四书大全说》卷八《孟子·公孙丑上篇》，岳麓书社2011年版，第945页。
[2] 曾枣庄、刘琳主编：《全宋文》第二百四十五册·卷五千四百八十六《朱熹五九·又论仁说》，上海辞书出版社、安徽教育出版社2006年版，第151页。
[3] 朱熹：《孟子集注·告子章句上》，《四书章句集注》，中华书局1983年版，第336页。
[4] 朱熹：《孟子集注·告子章句上》，《四书章句集注》，中华书局1983年版，第336页。
[5] 朱熹：《孟子集注·告子章句上》，《四书章句集注》，中华书局1983年版，第336页。

第六章　程颐与朱熹

先后从天理本体维度证明仁义源自天理,这是一个事实判断。与此同时,二程、朱子认为,仁义出自天理这一真理,又可以自动转换为价值判断。朱熹认为性是天理在人的实现:"性者,浑然天理而已。"[1]性有"理之性"和"气质之性"之分,"理之性"先验蕴涵"健顺五常之德"。仁、义、礼、智、信、忠、孝、廉、耻都是性之固有内涵。"须知天理只是仁、义、礼、智之总名,仁、义、礼、智便是天理之件数。"[2]天理与仁、义、礼、智、信"五常"的关系不是本体与派生物之间的关系,而是本体与属性之间的关系。在五常之中,仁的地位最高,仁是"体"或"全体",义、礼、智是"支":"仁者,全体;四者,四支。"[3]仁是集合概念,义、礼、智、信、忠、孝、廉、耻等是仁之精神在各种社会关系中的自然流行发用。"学者须先识仁。"[4]程朱哲学中之"仁",犹如周敦颐哲学思想中之"诚"。诚是太极之德,贯通天人上下;仁作为"天理"之德,"不是待人旋安排"[5],而是显现为"一个浑然温和之气"[6],作为一个亘古不移的价值判断,自然发用流行于人的经验世界中。

朱子晚年弟子陈淳起而踵之,在朱子仁是天理"自然本有之理"基础上,进而提出仁是"天理自然流行"[7]。当年曾子以"忠恕"概括孔子一

1　黎靖德编:《朱子语类》卷九十五《程子之书一》,王星贤点校,中华书局1986年版,第2427页。
2　曾枣庄、刘琳主编:《全宋文》二百四十六册·卷五千五百一十三《朱熹八六·答何叔京》,上海辞书出版社、安徽教育出版社2006年版,第152页。
3　程颢、程颐:《二程集·遗书》卷二上《二先生语二上》,王孝鱼点校,中华书局2004年版,第14页。
4　程颢、程颐:《二程集·遗书》卷二上《二先生语二上》,王孝鱼点校,中华书局2004年版,第16页。
5　黎靖德编:《朱子语类》卷六《性理三·仁义礼智等名义》,王星贤点校,中华书局1986年版,第111页。
6　黎靖德编:《朱子语类》卷六《性理三·仁义礼智等名义》,王星贤点校,中华书局1986年版,第111页。
7　陈淳:《北溪字义》,熊国祯、高流水点校,中华书局1983年版,第33—34页。

贯之道。忠是内在的尽己之心，是对自己的道德要求；恕是对待他人的道德态度，是由未发转向已发过程中的价值判断与选择，既有价值之心的因素，也包含外在的礼仪节文。忠与恕相合，就是仁。陈淳撰有《一贯》一文，"一"是天理本体，"自其浑沦一理而言，万理莫不森然具备"[1]。"贯"是体用之用，指谓"一理流出去"，贯行到天地万事万物。按照二程、朱子的思维逻辑，天理在天为命，在人为性，性中仁包四德。陈淳这里所说的"一贯"之贯，就是仁。仁从"一理流出去"，在父为慈，在子为孝，在夫妻为别，在朋友为信，在君臣为义。甚至视之明，听之聪，色之温，貌之恭，动容周旋之礼，都是仁"从这大本中流出见于用"[2]。大至参天地之化育，小到日常洒扫应对、挑水劈柴，都是仁的体现与应用，"无非此一大本流行贯串"[3]。陈淳特意提及孔子待师长之道，以论证"一贯"之理。一位名叫冕的盲人乐师曾来拜访孔子，孔子亲自出门迎接，走到阶沿，孔子细心提醒他"小心台阶"。走到座席旁，孔子又提醒他座席的位置。待主客坐下后，孔子一一介绍："某在斯，某在斯。"师冕告辞后，弟子子张问"与师言之道与"？问孔子这是否就是尊重盲人的礼仪，孔子回答"然，固相师之道也"，指出这就是尊敬师长之礼仪。生活礼仪的深处，可以感悟价值本体之仁的存在。

其二，仁、义、礼、智、信作为人先验的自然权利，具有普遍性。人人拥有自然权利的唯一理由就是他们都是人。人的自然本质"天生注定"人人享有基本的权利和实现这些自然权利的自由。无论是贵戚之胄，还是贩夫走卒，人人都有仁性。犹如"月印万川"，月光播撒每一寸山河大地。

---

1 陈淳：《北溪字义》，熊国祯、高流水点校，中华书局1983年版，第31页。
2 陈淳：《北溪字义》，熊国祯、高流水点校，中华书局1983年版，第31页。
3 陈淳：《北溪字义》，熊国祯、高流水点校，中华书局1983年版，第31页。

第六章　程颐与朱熹

孟子认为"人皆有仁义之心"[1]，所以"人皆可以为尧舜"。程伊川从"性即理"出发，进而认为，人降生于世"仁固已存乎其中"[2]。既然仁是"固已存乎其中"，仁就属于全人类，而不是仅仅属于某一社会阶层。正因为仁具有普遍性，才能成为一种天然而普遍的自然权利。在这一自然权利与道德基础之上，圣人境界才得以可能臻至。其后朱熹进一步推导：既然"天下无无性之物"[3]，既然天地万物都先在性禀具仁、义、礼、智、信"五常"之德，那么，至少在逻辑上承认天地万物甚至禽兽也禀受了"五常"成为无法回避之问题。对于这一问题，朱熹做了如下回答："虽寻常昆虫之类皆有之，只偏而不全，浊气间隔。"[4]既然"人物之性一源"，当然禽兽也具"五常"之德。人兽之别仅仅在于，人能禀受"五常"之全体，禽兽由于气禀有别，只能得"五常"之偏："如蜂蚁之君臣，只是他义上有一点子明；虎狼之父子，只是他仁上有一点子明；其他更推不去。恰似镜子，其他处都暗了，中间只有一两点子光。"[5]朱熹将"性"比喻为日光，人性得"性"之全和形气之"正"，受日光大；物性得"性"之偏，受日光小，因而只"有一点子明"："性如日光，人物所受之不同，如隙窍之受光有大小也。"[6]孟子当年明确指出，人与禽

---

1 焦循：《孟子正义·告子章句下》，诸子集成本，中华书局1987年版，第810页。
2 程颢、程颐：《二程集·遗书》卷二十三《伊川先生语九》，王孝鱼点校，中华书局2004年版，第309页。
3 黎靖德编：《朱子语类》卷四《性理一·人物之性气质之性》，王星贤点校，中华书局1986年版，第56页。
4 黎靖德编：《朱子语类》卷四《性理一·人物之性气质之性》，王星贤点校，中华书局1986年版，第56页。
5 黎靖德编：《朱子语类》卷四《性理一·人物之性气质之性》，王星贤点校，中华书局1986年版，第57页。
6 黎靖德编：《朱子语类》卷四《性理一·人物之性气质之性》，王星贤点校，中华书局1986年版，第58页。

兽的"几希"之别，就在于人先天赋有仁、义、礼、智道德本质，禽兽是绝对没有的。程朱的天理既是人类共同体的道德根基，也是人类与宇宙万物的"共同善"。既然如此，就必须承认虎狼有"仁"，蜂蚁有"义"，尽管只"有一点子明"，但毕竟"有一两点子光"。

其三，仁作为自然权利，与人的本性密不可分。但是，人必须借助理性对这一自然权利进行认识。

霍布斯曾经指出自然权利有两大特点：一是自然权利是自由的基本内容；二是自然权利来源于人的天性。[1]朱子指出仁作为"爱之理"，是天理"自然本有之理"。后生弟子首先在认识论上需"识仁之名义"，认识到仁为"自然本有之理"是千古不易的真理；其次，在工夫论与境界论上，后生弟子"知其用力之方"[2]。陈淳第一次拜见朱子时，朱子就谆谆教诲陈淳做学问需从"根原"处下手。换言之，思考问题需打破就道德论道德的藩篱，应上升到本体论层面探究事物的根源。陈淳撰有《孝本原》一文，专门探究"人为何行孝"。"为人子止于孝，近因读'事父母几谏'至'父母之年不可不知'等章，极索玩味，似略见根原确定处，未知是否，试一言之。夫人子于父母，其所以拳拳竭尽如此，笃切而不敢缓，极至而不敢少歉者，是果何为而如此也？"[3]孝源自父母的恳切教导吗？孝源自对父母责骂的畏惧吗？孝源自父母对我的殷切期望吗？孝源自圣人制定的道德教条吗？孝源自对神明的敬畏吗？孝源自对乡党、友朋讥讽的反省吗？人降生于世，绝不可能"天降而地出"，

---

[1] ［英］霍布斯：《利维坦》，黎思复、黎廷弼译，商务印书馆1985年版，第97页。
[2] 曾枣庄、刘琳主编：《全宋文》第二百四十五册·卷五千四百八十六《朱熹五九·又论仁说》，上海辞书出版社、安徽教育出版社2006年版，第148页。
[3] 曾枣庄、刘琳主编：《全宋文》第二百九十五册·卷六千七百二十六《陈淳一六·孝根原》，上海辞书出版社、安徽教育出版社2006年版，第211页。

第六章 程颐与朱熹

也不可能像孙悟空那样,裂石而出。怀胎十月而出,不是父母的"安排计置",而是"为天所命,自然而然"。所谓"自然而然",意味着人的出生是天道自然而然,"人道之所不能无俯仰戴履"[1]。人道因循天道,人禀阴阳二气而有此身,又禀天理而有此性。人生天地间,"岂能出乎天理之外哉?"[2]人性中的仁作为"理之性"核心,并不是后天教化所形成,而是先天的禀赋。但是,人只有从哲学高度思考,才能梳理天理与仁的关系。仁源自天理,作为普遍性、绝对性的自然权利和道德自律赋予人类,正因为如此,既然人生于世,无法一日而游离出天理之外,"决不可空负人子之名于斯世。决然在所当孝,而决不容于不孝"[3]。当年程子增字解经,将孝悌训读为"行仁之本"而非"仁之本",目的就在于从天理本体层面证明:仁作为天理之性,是孝存在正当性的形而上依据。陈淳的《孝本原》在问题意识与观点上,对程朱的观点做了更加详细的阐释。

陈淳师事朱子二十余载,大有七十子之徒追随孔子气象。但是,陈淳对朱子并非仅仅是"萧规曹随""述而不作",在继承的同时,又有自己的沉潜思考和独到发明。在理气关系上,朱子晚年的观点是"理在气先",但陈淳强调"理不外乎气"、理气无先后。程朱的天理本体论,衍变至陈淳转化为宇宙论;在天理与四德、五常关系上,程朱和陈淳都认为"性即理",也都从天理高度论说仁。天理是宇宙生命共同体的道德根基,是人类命运共同体的"共同善"。元、亨、利、贞与仁、义、

---

[1] 曾枣庄、刘琳主编:《全宋文》第二百九十五册·卷六千七百二十六《陈淳一六·孝根原》,上海辞书出版社、安徽教育出版社2006年版,第211页。
[2] 曾枣庄、刘琳主编:《全宋文》第二百九十五册·卷六千七百二十六《陈淳一六·孝根原》,上海辞书出版社、安徽教育出版社2006年版,第212页。
[3] 曾枣庄、刘琳主编:《全宋文》第二百九十五册·卷六千七百二十六《陈淳一六·孝根原》,上海辞书出版社、安徽教育出版社2006年版,第212页。

礼、智相对应,证明仁、义、礼、智既是私德也是公德,共同理性的特点无处不在。程朱提出"仁包四德",陈淳别出心裁地论证"五常一体"、五常互包,避免了过于彰显仁体导致义、礼、智、信四德虚化的可能。在仁与四德关系的论证上,陈淳的思想显然对程朱思想有所完善与推进。尤其值得一提的是,程朱和陈淳之所以从天理高度说仁,其中一个非常重要的缘由在于:仁是人的自然权利。仁作为人的自然权利,"固已存乎其中",生而具有,先天自足,自然权利对于人而言是定言命令,人们通过理性对自然权利进行认识与把握,在经验世界中实现自然权利是人的自由。自然权利属于自由思想观念,由此入手,我们实际上又可以深入发掘与梳理宋明理学内在的自由思想传统。

四、"理气一物":罗钦顺对程朱哲学"接着讲"

《明史·儒林传序》尝言:"时天下言学者,不归王守仁则归湛若水,独守程朱不变者,惟[吕]柟与罗钦顺云。"[1]在理学与心学明辩暗诋之时,罗钦顺"笃信程朱";在与王阳明"心学"论辩中,旗帜鲜明地阐发程朱思想。正因如此,罗钦顺被后人誉为宋学"中坚"。实际上,罗钦顺对程朱理学并非"照葫芦画瓢",而是"笃信"与"独守"中有所创新。时人批评罗钦顺对程朱思想多有"错看",恰恰因为"笃信""错看"和"发明",罗钦顺思想因而具备自身特色,并得以在古代哲学史上独树一帜。

---

[1] 张廷玉等:《明史》卷二百八十二《儒林一·吕柟》,中华书局编辑部点校,中华书局1974年版,第7244页。

第六章　程颐与朱熹

（一）"错看"：从"理一分殊"到"气一分殊"

罗钦顺是"朱学后劲"，在其思想体系中，"理"自然是一非常重要的概念。"盖此理之在心目间，由本而之末，万象纷纭而不乱；自末而归本，一真湛寂而无余。惟其无余，是以至约。乃知圣经所谓'道心惟微'者，其本体诚如是也。"[1]理是"至约"，"至约"与佛教大乘空宗的"空"不同，后者是绝对虚无，前者是指理无具体规定性，"'上天之载，无声无臭'，又安有形体可觅邪？然自知道者观之，即事即物，此理便昭昭然在心目之间，非自外来，非由内出，自然一定而不可易"[2]。理无方所，不是一具体存在，因此无"形体可觅"。朱熹曾经说"理只是泊在气上"[3]，罗钦顺批评说："理果是何形状，而可以'堕'、以'泊'言之乎？"[4]以"泊"描述理之特性，意味着理具有空间和重量，理"堕"为一具体存在。罗钦顺认为，朱熹这一错误观点源于他"平日将理气作二物看，所以不觉说出此等话来"[5]。"盖内外只是一理，但有纤毫不合，便成窒碍，所见终未为的也。且吾心之理与人伦庶物之理，皆所谓'无声无臭'者也。既曰穷理，孰非明其所难明者乎？"[6]在世界统一性意义上，理是一具有本体特性的概念。朱子曾经提出"格物致知"，在主、客二分前提下，心通过即物穷理的无限追求，一旦豁然贯通，便达到对天理的认知。罗钦顺别出心裁，提出"物格则无物"以别于朱子之说："余所云'物格则无物'者，诚以工深力到而豁然贯通，则凡屈

---

[1] 罗钦顺：《困知记》序，阎韬点校，中华书局2013年版，第1页。
[2] 罗钦顺：《困知记》续卷上，阎韬点校，中华书局2013年版，第93页。
[3] 罗钦顺：《困知记》附录《论学书信》，阎韬点校，中华书局2013年版，第206页。
[4] 罗钦顺：《困知记》附录《论学书信》，阎韬点校，中华书局2013年版，第206页。
[5] 罗钦顺：《困知记》附录《论学书信》，阎韬点校，中华书局2013年版，第206页。
[6] 罗钦顺：《困知记》附录《论学书信》，阎韬点校，中华书局2013年版，第151页。

伸消长之变，始终聚散之状，哀乐好恶之情，虽千绪万端，而卓然心目间者，无非此理。一切形器之粗迹，举不能碍吾廓然之本体，夫是之谓无物。孟子所谓'尽心知性而知天'，即斯义也。天人物我，其理本一，不容私意安排，若有意于合物我而一之，即是牵合之私，非自然之谓矣。"[1] "物格"日久，一旦豁然贯通便臻至"无物"境界，天地上下只有一理亘古长存。但是，如果认为理是位格最高的概念，那就是差之毫厘、谬以千里了。在罗钦顺思想体系中，存在着一个与理不可分割的哲学本体概念——气。"理果何物也哉？盖通天地，亘古今，无非一气而已。气本一也，而一动一静，一往一来，一阖一辟，一升一降，循环无已。积微而著，由著复微，为四时之温凉寒暑，为万物之生长收藏，为斯民之日用彝伦，为人事之成败得失。千条万绪，纷纭胶轕，而卒不可乱，有莫知其所以然而然，是即所谓理也。初非别有一物，依于气而立，附于气以行也。"[2] 这是一段贯通全局的表述，气是宇宙本原，天地万物之生，"无非二气之所为"[3]；理是气运动变化的条理，是"莫知其所以然而然"的内在法则、规律和属性。理与气有所区别，但理不可脱离气而独立存在。"吾夫子赞《易》，千言万语只是发明此理，始终未尝及气字，非遗之也，理即气之理也。"[4] 气是实体概念，理是属性概念。在这一意义上，理气是一物，理与气合一。这是罗钦顺思想中最核心的、最具创新色彩的观点。黄宗羲评价说："盖先生之论理气，最为精确。"[5] "理气一物"思想在罗钦顺晚年的一系列书信中反复得到论证与补

---

[1] 罗钦顺：《困知记》附录《论学书信》，阎韬点校，中华书局2013年版，第152页。
[2] 罗钦顺：《困知记》卷上，阎韬点校，中华书局2013年版，第5—6页。
[3] 罗钦顺：《困知记》附录《论学书信》，阎韬点校，中华书局2013年版，第214页。
[4] 罗钦顺：《困知记》附录《论学书信》，阎韬点校，中华书局2013年版，第184页。
[5] 罗钦顺：《困知记》附录《传记资料》，阎韬点校，中华书局2013年版，第297页。

第六章　程颐与朱熹

充:"仆从来认理气为一物,故欲以'理一分殊'一言蔽之……《易·大传》曰:'《易》有太极,是生两仪,两仪生四象,四象生八卦。'夫太极,形而上者也;两仪、四象、八卦,形而下者也。圣人只是一直说下来,更不分别,可见理气之不容分矣。"[1]值得一提的是,罗钦顺申明理气合一思想并非出自"臆决",而是有所本,程颢的"器亦道,道亦器"就是"理气一物"的知识源头:"其认理气为一物,盖有得乎明道先生之言,非臆决也。明道尝曰:'形而上为道,形而下为器,须着如此说,器亦道,道亦器。'又曰:'阴阳亦形而下者,而曰道者,惟此语截得上下最分明。原来只此是道,要在人默而识之也。'窃详其意,盖以上天之载,无声无臭,不说个形而上下,则此理无自而明,非溺于空虚,即胶于形器,故曰'须着如此说'。名虽有道器之别,然实非二物,故曰'器亦道,道亦器'也。至于'原来只此是道'一语,则理气浑然,更无罅缝,虽欲二之,自不容于二之,正欲学者就形而下者之中,悟形而上者之妙,二之则不是也。"[2]在罗钦顺所引程颢的两段话中,有两点必须辨明。其一,《系辞》中的"形而上"指气(精气),气是宇宙本原。但是,程颢将《系辞》观点加以更改,气是形而下,理(道)才是形而上。"气,形而下者。"[3]"有理则有气,有气则有数。"[4]阴阳之气是具体存在,是经验认识的对象;道、理是最高抽象,是理性认识之对象。正因为如此,道、理必须"默而识之"。其二,程颢之所以提"器亦道,道亦器"之说,有双重考虑:一是防止人们把道(理)错认为绝对虚无;二是担心人们将道(理)误解为具存。这一忧虑后来在朱

---

[1] 罗钦顺:《困知记》附录《论学书信》,阎韬点校,中华书局2013年版,第196—197页。
[2] 罗钦顺:《困知记》附录《论学书信》,阎韬点校,中华书局2013年版,第202—203页。
[3] 程颢、程颐:《二程集·遗书》卷三《二先生语三》,王孝鱼点校,中华书局2004年版,第64页。
[4] 程颢、程颐:《二程集·经说》卷一《易说·系辞》,王孝鱼点校,中华书局2004年版,第1030页。

熹思想中也有体现。有人问朱熹："佛氏之空，与老子之无一般否？"朱熹回答说："不同，佛氏只是空豁豁然，和有都无了，所谓'终日吃饭，不曾咬破一粒米；终日著衣，不曾挂著一条丝'。若老氏犹骨是有，只是清净无为，一向恁地深藏固守，自为玄妙，教人摸索不得，便是把有无做两截看了。"[1]佛教之"空"是绝对虚无，老子之"无"是含"有"之无。但是，程颢的"器亦道，道亦器"不可等同于"道即器""器即道"，更不可混同于"道即气""气即道"。道（理）存在于器之中，天地万物是道之显现与证明，道和器是本体与现象之间的关系，"离了阴阳更无道，所以阴阳者是道也。阴阳，气也。气是形而下者，道是形而上者"[2]。理（道）与气不仅名有别，实也是"二物"。理是道，气是器；理是形而上，气是形而下。理与气之间的界限非常清晰，理与气确确实实是"二之"，罗钦顺所说的"理气浑然，更无隙缝"，显然是一种错误理解。因此，罗钦顺是在误读明道先生观点基础上，形成了他的理气合一说。时人林次崖批评罗钦顺对程颢的"器亦道，道亦器"的体悟是"错看"，罗钦顺对此颇为不满，并且自负地预言："窃谓明道复起，亦必有取于斯言。"[3]

为了深入论证"理气一物"这一思想，罗钦顺特意提出有两大命题必须辨明：一是"就气认理"；二是"认气为理"。"就气认理"意味着气是第一概念，有气方有理，理只是气之理；"认气为理"混淆了实体概念与属性概念的区别，甚至有可能陷入二本论之泥淖。"理须就气上认取，然认气为理便不是。此处间不容发，最为难言，要在人善观而默识

---

1 黎靖德编：《朱子语类》卷一百二十六《释氏》，王星贤点校，中华书局1986年版，第3011—3012页。
2 程颢、程颐：《二程集·遗书》卷十五《伊川先生语一》，王孝鱼点校，中华书局2004年版，第162页。
3 罗钦顺：《困知记》附录《论学书信》，阎韬点校，中华书局2013年版，第205页。

第六章 程颐与朱熹

之。'只就气认理'与'认气为理',两言明有分别,若于此看不透,多说亦无用也。"[1]此外,在"理气一物"的论证上,罗钦顺还多次借用薛瑄的"理气无缝隙"命题。但是,罗钦顺对薛瑄"理气无缝隙"之说的认同是有所选择的。因为在罗钦顺看来,薛瑄的思想存在着诸多矛盾之处。薛瑄一方面高倡"理气无缝隙",另一方面又反复证明"气有聚散,理无聚散",二者之间实际存在着"窒碍"。罗钦顺认为,气散有散之理,气聚有聚之理,宇宙间不存在无理之气,也不存在离气之理。罗钦顺这一表述既与程颐"有理则有气"有哲学性质上的差异,也与薛瑄"理气无缝隙"有别。薛瑄一有一无之说,实际上导致理气之间有缝隙,而导致这一逻辑"窒碍"的原因,罗钦顺认为就在于薛瑄客观上将理气看成"二物":"夫一有一无,其为缝隙也大矣,安得谓之'器亦道,道亦器'耶?盖文清之于理气,亦始终认为二物,故其言未免时有窒碍也。"[2]在罗钦顺看来,历史上认理气为"二物"的并非薛瑄一人,周敦颐、朱熹和张载也是代表性人物。周敦颐把太极与阴阳之气一分为二,朱熹受其影响,继而提出"理先气后"。罗钦顺批评他们说:"凡物必两而后可以言合,太极与阴阳果二物乎?其为物也果二,则方其未合之先各安在耶?"[3]张载又言:"由太虚,有天之名;由气化,有道之名;合虚与气,有性之名;合性与知觉,有心之名。"[4]"太虚"是气之本然状态,太虚是本体论层面的概念,"气化"之气是宇宙生成论层面的概念,阴阳二气化生万物,万物各有其内在之条理(道)。作为宇宙本体的太虚与作为气化之道、之理,厘然有别,不可混同为一。但是,罗钦顺却认为

---

[1] 罗钦顺:《困知记》卷下,阎韬点校,中华书局2013年版,第42页。
[2] 罗钦顺:《困知记》卷下,阎韬点校,中华书局2013年版,第49页。
[3] 罗钦顺:《困知记》卷下,阎韬点校,中华书局2013年版,第37—38页。
[4] 张载:《张载集·正蒙·太和》,章锡琛点校,中华书局1978年版,第9页。

张载这一表述"语涉牵合,殆非性命自然之理也"[1]。罗钦顺对张载气学之精髓大多未领悟,却敢于大胆下论断,这未尝不是"错看"和"臆决"。

从"就气认理"出发,合乎逻辑的推演便是对二程和朱子"理一分殊"思想的重新阐发。"理一分殊"这一命题最早出现于程颐的《答杨时论西铭书》中,是程颐对张载《西铭》中关于道德起源论的一种概括。罗钦顺的"理一分殊"既然脱胎于程朱思想,在两个基本点上与前人基本雷同。其一,"理一分殊"蕴含伦理学意义:"天地人物,止是一理。然而语天道则曰阴阳,语地道则曰刚柔,语人道则曰仁义,何也?盖其分既殊,其为道也自不容于无别。然则鸟兽草木之为物,亦云庶矣,欲名其道,夫岂可以一言尽乎?大抵性以命同,道以形异。"[2]天道、地道和人道由于"其分既殊",道也有别。具体就人道而言,"千圣相传,只是一理"。尧舜所言之"中"、孔子所言"不逾之矩"、颜子所言"卓尔"、子思所言"上下察"、孟子所谓"跃如",皆是终极之理在伦理道德领域之显现,生命的内在超越植根于天理的外在实现。"天人物我所以通贯为一,只是此理而已,如一线之贯万珠,提起便都在掌握。故尽己之性,便能尽人物之性,可以赞化育而参天地。"[3]伦理学层面的"理一分殊"在第二部分详述。其二,世界统一性意义上的"理一分殊":"盈天地之间者惟万物,人固万物中一物尔。'乾道变化,各正性命。'人犹物也,我犹人也,其理容有二哉?然形质既具,则其分不能不殊。分殊,故各私其身;理一,故皆备于我。"[4]在宇宙论意义上,人是万物之一,天地人物在哲学本质上相同。在宇宙生成论上,由于形

---

[1] 罗钦顺:《困知记》卷下,阎韬点校,中华书局2013年版,第38页。
[2] 罗钦顺:《困知记》续卷上,阎韬点校,中华书局2013年版,第95—96页。
[3] 罗钦顺:《困知记》续卷下,阎韬点校,中华书局2013年版,第108页。
[4] 罗钦顺:《困知记》卷上,阎韬点校,中华书局2013年版,第3页。

质不同,所以"分不能不殊"。"杨方震《复余子积书》有云:'若论一,则不徒理一,而气亦一也。若论万,则不徒气万,而理亦万也。'此言甚当,但'亦'字稍觉未安。"[1]罗钦顺认为杨廉所论理气,基本妥当,只是"亦"字纯属画蛇添足之笔。因为理气本一,所以气一则理一,气万则理万。添加一"亦",有理气"二物"之嫌。缘此,理具有多重含义,切不可察其一而忽略其余。罗钦顺常常以"观山"来比喻理之特质:"穷理譬则观山,山体自定,观者移步,其形便不同。故自四方观之,便是四般面目,自四隅观之,又各是一般面目。面目虽种种各别,其实只是此一山。山之本体则理一之譬也,种种面目则分殊之譬也。在人所观之处,便是日用间应接之实地也。"[2]

罗钦顺和二程、朱子的"理一分殊"有同有异,异大于同。换言之,两者的"同"是貌合而神离。在二程、朱子的思想体系中,理无疑是位格最高的概念,气是宇宙生成论意义上的概念,但是,在罗钦顺思想逻辑结构中,气才是位格最高的概念,理是气之理。虽然在很多场合只谈理,未谈气,但在哲学性质上气是实体概念,理是属性概念。二程、朱子的"理一分殊"实质上已被罗钦顺偷换为"气一分殊",理学已被气学悄悄"兼并"和整合,这是宋明理学史上一个重大的哲学转向。正因为出现由"理一分殊"到"气一分殊"的转化,阴阳气论得以全方位和"理一分殊"汇流。"至理之源,不出乎动静两端而已。静则一,动则万殊,在天在人一也。"[3]理是静、是一,阴阳是动、是两,阴阳变化化生天地万物。静与动是相对的,从"主宰处观之",动即静;

---

1 黄宗羲:《明儒学案》卷四十七《诸儒学案中一·文庄罗整庵先生钦顺》,沈芝盈点校,中华书局2008年版,第1120页。
2 罗钦顺:《困知记》续卷上,阎韬点校,中华书局2013年版,第88—89页。
3 罗钦顺:《困知记》卷上,阎韬点校,中华书局2013年版,第10页。

从"流行处观之",静也是动。[1]罗钦顺谈理与阴阳动静关系,实际上是在论证一个重大的理论问题:"理一分殊"何以可能?换言之,在宇宙生成论上,理(气)化生天地万物的动力何在?张载曾经说:"一物两体,气也;一故神(两在故不测)。两故化(推行于一)。"[2] "一"指宇宙本原,"两"指阴与阳。张载认为,"一物两体"是宇宙间的普遍规律,阴阳二气的聚散推移成为一切事物运动变化的内在根据。在运动变化中,万物得以化生。"天惟运动一气,鼓万物而生。"[3]世界因"一"而得以同一,气有"两"(阴与阳)得以运动变化。在张载思想结构中,阴阳是推动宇宙万物运动变化的动力因。罗钦顺显然赞同张载这一核心思想:"理,一也,必因感而后形。感则两也,不有两即无一。然天地间,无适而非感应,是故无适而非理。"[4]这段话是对张载"一故神,两故化"思想之阐发,一、两、感等概念完全脱胎于张载哲学,其思想内涵也完全一致。"神化者,天地之妙用也。天地间非阴阳不化,非太极不神,然遂以太极为神,以阴阳为化则不可。夫化乃阴阳之所为,而阴阳非化也。"[5]一即太极,太极即气(理),神是从宇宙本体的主宰义上立言,化是指阴阳二气产生天地万物的作用、功效。本体不可混同于本体之功能,但气(理)与阴阳互涵互证。"理只是气之理,当于气之转折处观之。"[6]所谓"气之转折处"也就是阴阳二气的运动变化。正因为有阴阳二气的相摩相荡,天地万物的化生才得以可能,宇宙本体的存在才能得到证明。罗钦顺在动力因问题上的论证,无论是观点抑或所用之概

---

[1] 罗钦顺:《困知记》续卷上,阎韬点校,中华书局2013年版,第99页。
[2] 张载:《张载集·正蒙·参两》,章锡琛点校,中华书局1978年版,第10页。
[3] 张载:《张载集·横渠易说》,章锡琛点校,中华书局1978年版,第185页。
[4] 罗钦顺:《困知记》卷上,阎韬点校,中华书局2013年版,第17页。
[5] 罗钦顺:《困知记》卷上,阎韬点校,中华书局2013年版,第17页。
[6] 罗钦顺:《困知记》续卷上,阎韬点校,中华书局2013年版,第89页。

念,皆源自张载。唯一不同的在于,二程、朱子之理被偷换为气,"理一分殊"实质上已被替换为"气一分殊"。

概而论之,罗钦顺的"理气一物""气一分殊"思想从程朱哲学内部否定了"理本气化""理先气后",而与张载关学遥相呼应。在理、气关系上,张载纳理入气,以气统理:"由气化,有道之名。"[1]"天地之气,虽聚散、攻取百涂,然其为理也顺而不妄。"[2]气之聚散变化多端,但"气化"中皆存在着"顺而不妄"之条理、规律。条理、规律即理,理不能脱离气而独立存在。张载的气本论哲学受到朱熹多次批评:"纵指理为虚,亦如何夹气作一处?"[3]朱熹认为,张载将气与理夹作一处,颠倒了构成论层面的物与本体之间的关系,只看到了形而下,却未看到形而上,因此张载气本论的"源头有未是处"[4]。罗钦顺"理气一物""就气认理""理在气中""气一分殊"等命题的提出与论证,将程朱否定的张载气本论重新树立。中国哲学史上的这一否定之否定的哲学历程,显现的并不仅仅是理本论哲学与气本论哲学之间的诘难与抗辩,更重要的在于,在遭受佛教精深理论刺激之后,中国古代学术思想在思辨哲学领域已向前大大迈进了一步。

(二)"发明":从"性即理"到"性即气"

本体兼摄价值本源,是中国古代哲学一大特点,非唯"理"或"天理"如是。在中国古代哲学中,本体兼摄价值本源,在逻辑和义理上十

---

1 张载:《张载集·正蒙·太和》,章锡琛点校,中华书局1978年版,第9页。
2 张载:《张载集·正蒙·太和》,章锡琛点校,中华书局1978年版,第9页。
3 黎靖德编:《朱子语类》卷九十九《张子书二》,王星贤点校,中华书局1986年版,第2538页。
4 黎靖德编:《朱子语类》卷九十九《张子书二》,王星贤点校,中华书局1986年版,第2532页。

分必要，因为理、气、道是价值总根据，仁、义等具体德目才能获得存在的正当性。

理作为价值本源，蕴含两大层面的内容。

其一，理是仁、义、礼、智等德目存在正当性的总根据。二程尝言："圣人本天，佛氏本心。"天即天理，"本天"意指以天为总根据、总根源。伦常之典源出于天，爵位之礼源出于天。"本天"与"本心"，是儒佛两家在宇宙论上的差异，"儒佛异同，实判于此"[1]。天（天理）贯穿天地人物，天地人物在天理层面臻于同一。不仅如此，天（天理）还彰显出"至善"德性光辉。"斯理也，在天在人，在事在物，盖无往而不亭亭当当也，此其所以为至善也。"[2]天理至善，至善之天理在天道上显现为阴阳，在地道上显现为柔刚，在人道上的落实就是仁与义，"自道体言之，浑然无间之谓仁，截然有止之谓义。自体道者言之，心与理一之谓仁，事与理一之谓义"[3]。"理善"何以可能？中国哲学中的"理善"有点近似于康德实践理性中的"公设"。"自由"这一概念是康德哲学中的最高理性概念，同时也是一最基本的"公设"，"所谓公设，我理解的是一种理论的、但在其本身不可证明的命题，它不可分离地附属于无条件有效的先天实践法则"[4]，"公设"就是无须证明或不能证明的哲学基本前提，这一基本前提是康德思想体系中的"拱心石"，其他概念因为这一"公设"的存在而获得存在的正当性。上接二程和朱子，罗钦顺从道体和体道两个向度诠释仁、义、礼、智等德目，与孔、孟有所不同。从道体而言，天理在人道的实现即为仁，天理有所止为义。从体道

---

1 罗钦顺：《困知记》续卷下，阎韬点校，中华书局2013年版，第105页。
2 罗钦顺：《困知记》附录《论学书信》，阎韬点校，中华书局2013年版，第198页。
3 罗钦顺：《困知记》续卷下，阎韬点校，中华书局2013年版，第111页。
4 ［德］康德：《实践理性批判》，韩水法译，商务印书馆2000年版，第134页。

第六章 程颐与朱熹

而言，在道德体认与践履中，理与心为一，了无间隔，便是仁；人之行为合乎天理，便是义；灿然有条理次序，名之曰礼；有所判断取舍，名之曰智。罗钦顺认为，仁、义、礼、智等德目因为是天理之彰显，所以它们是先验的、绝对的实在："人物之生，本同一气，恻隐之心，无所不通。故'亲亲而仁民，仁民而爱物'，皆理之当然，自有不容已者，非人为之使然也。"[1]天地万物源自一气（理），既然本源相同，山川河流皆有恻隐之心，泛心论色彩在罗钦顺思想中时有展现。当年孔子主张从"爱人"情感去接近仁本体，孟子进而扩展为"亲亲""仁民""爱物"三境界，罗钦顺继而从哲学高度论证以"仁"为代表的儒家基本观念的正当性，仁是"理之当然"，而非人类社会文明进化到一定阶段的产物。在天地未形之前，仁、义、礼、智等等德目就已经存在，"非人为之使然"，它自身是"如有所立卓尔"。[2]因此，罗钦顺一再强调，不可"以觉言仁"，"以觉言仁固非，以觉言智亦非也。盖仁、智皆吾心之定理，而觉乃其妙用。如以妙用为定理，则《大传》所谓'一阴一阳之谓道'，'阴阳不测之谓神'，果何别邪？"[3]"觉"是工夫论意义上的概念，"觉"是功用而非本体，"以觉言仁"意味着"仁"是后天的、经验性的德目，但在罗钦顺看来，这显然是一认识论意义上的错误，也易与佛教以觉言性混为一谈。仁、义、礼、智"皆吾心之定理"，"夫理之所在，神明生焉，理一定而不移，神万变而不测"。[4]理超越时空而存在，亘古而不移。理是体而非用，作为理之属性的仁、义、礼、智，自然也具有"一定而不移"的超越特性。

---

1 罗钦顺：《困知记》卷上，阎韬点校，中华书局2013年版，第18页。
2 罗钦顺：《困知记》卷上，阎韬点校，中华书局2013年版，第3页。
3 罗钦顺：《困知记》卷上，阎韬点校，中华书局2013年版，第14—18页。
4 罗钦顺：《困知记》三续，阎韬点校，中华书局2013年版，第132页。

其二,"性即理"。心性论是罗钦顺一生用力最勤之所在,"拙《记》累千万言,紧要是发明心性二字,盖勤一生穷究之力,而成于晚年者也"[1]。在心性论上,罗钦顺对二程、朱熹和张载有所继承,也有所批评:"孔子教人,莫非存心养性之事,然未尝明言之也。孟子则明言之矣。夫心者人之神明,性者人之生理,理之所在谓之心,心之所有谓之性,不可混而为一也……精之又精,乃见其真。其或认心以为性,真所谓'差毫厘而谬千里'者矣。"[2]在对心、性、理几大概念的界定上,尤其要辨明的是:心是具有思维功能的认识器官,心与性有别,心性不合一,"认心以为性"是心学和禅宗的观点,而非程朱理学所持哲学立场;"性即理",性也是道心,"道心性也,人心情也"[3]。因为理即道心,所以性即理即道心。但是,"性即理"这一命题必须建基于"理之所在谓之心,心之所有谓之性"这一基础上认识才是合理的,这意味着"性即理"的含义并非"性是理"或"性等同于理",而是说性是理之夯实与朗现。"此理在人则谓之性,在天则谓之命。心也者,人之神明而理之存主处也。岂可谓心即理,而以穷理为穷此心哉?"[4]从"此理在人则谓之性"出发,罗钦顺"性即理"与二程、朱子"性即理"思想的内在脉络也就比较容易梳理。"朱子尝言:'伊川"性即理也"一语,便是千万世说性之根基。'……有以'性即理'为不然者,只为理字难明,往往为气字之所妨碍,才见得不合,便以先儒言说为不足信。殊不知工夫到后,虽欲添一个字,自是添不得也。"[5]罗钦顺多次表明其人性论思想源自程颐

---

1 罗钦顺:《困知记》附录《论学书信》,阎韬点校,中华书局2013年版,第211页。
2 罗钦顺:《困知记》卷上,阎韬点校,中华书局2013年版,第1页。
3 罗钦顺:《困知记》卷上,阎韬点校,中华书局2013年版,第2页。
4 罗钦顺:《困知记》附录《论学书信》,阎韬点校,中华书局2013年版,第149页。
5 罗钦顺:《困知记》续卷上,阎韬点校,中华书局2013年版,第88页。

第六章 程颐与朱熹

"性即理",对程颐"性即理"的认同是多年"参互体认"之后,才知其为"千万世说性之根基"。在罗钦顺看来,程颐"性即理"不可等同于"性是理""理是性",而是指性乃理在人心之分有与澄现。罗钦顺的这一认识,符合程颐思想之原意。在程颐人性论中,"性"与"才"有别。性"出于天",是天理之澄明,因而无不善;才"出于气"[1],非"极本穷原之性",因而有善有不善。尽管对程颐"性即理"褒奖有加,但是,罗钦顺的"性即理"与程颐"性即理"相比,其中的差异也比较显著。程颐"性即理"立足于理本论基础之上,理是气之主宰,而罗钦顺的"性即理"之理是理、气合一之理,气之哲学地位已有根本性变化:"若吾儒所见,则凡赋形于两间者,同一阴阳之气以成形,同一阴阳之理以为性,有知无知,无非出于一本。"[2]换言之,罗钦顺的"性即理"实质上是"性即气",性为气之彰显:"气与性一物,但有形而上下之分尔。"[3]颇为吊诡的是,罗钦顺口口声声说明其人性论思想是多年"参互体认"程颐"性即理"之后悟出,并高度称赞其为"千万世说性之根基",但是,程颐"性即理"已被罗钦顺偷换为"性即气",程颐"性即理"的内在核心已被颠覆。旧瓶装新酒,这未尝不是一种哲学创新与"发明"之方式。

认清了罗钦顺的"性即理"实质上是"性即气",才能进一步看透罗钦顺伦理学层面上的"理一分殊"。罗钦顺的"理一分殊"虽然源自二程,但是必须从气本论角度认识才能辨清二者之间的差异。罗钦顺的"理一分殊"与二程、朱子一样,也涵括两大层面的含义:一是本体

---

[1] 程颢、程颐:《二程集·遗书》卷十九《伊川先生语五》,王孝鱼点校,中华书局2004年版,第252页。
[2] 罗钦顺:《困知记》续卷上,阎韬点校,中华书局2013年版,第72页。
[3] 罗钦顺:《困知记》卷上,阎韬点校,中华书局2013年版,第13页。

论和宇宙生成论意义上的理气合一、气生万物,前已详述;二是指心性论。罗钦顺探讨理、气关系,最终的落足点还是心性:"窃以性命之妙,无出'理一分殊'四字,简而尽,约而无所不通,初不假于牵合安排,自确乎其不可易也。盖人物之生,受气之初,其理惟一,成形之后,其分则殊。其分之殊,莫非自然之理;其理之一,常在分殊之中。此所以为性命之妙也。语其一,故人皆可以为尧舜;语其殊,故上智与下愚不移。圣人复起,其必有取于吾言矣。"[1] "理一分殊"涵盖人与犬牛等等天地万物之性,人与犬牛在"受气之初"皆有"理一","理一"是先验的、普遍的,这种人性论上的决定论在思维路向上与孟子并无二致,而且这种心性论意义上的平等论,也与孟子所论吻合。"盖受气之初,犬牛与人,其性未尝不一,成形之后,犬牛与人,其性自是不同。"[2] "受气之初"是理一,"成形之后"是分殊。理一是"性善","'性善',理之一也,而其言未及乎分殊;'有性善,有性不善',分之殊也,而其言未及乎理一"[3]。善来自理,因而人与犬牛皆蕴含善之因子。"未发之中,非惟人人有之,乃至物物有之。"[4]缘此,需要论证的是,恶来自何处?"盖人生而静,即未发之中,一性之真,湛然而已,更着言语形容不得,故曰'不容说'。'继之者善',即所谓'感于物而动'也,动则万殊,刚柔善恶于是乎始分矣。"[5]罗钦顺从"未发""已发"理论诠释善恶起源,理是道心,是未发,因此理善;恶源自"感于物而动"的"已发",恶虽然也是性之内涵之一,但恶之"性"与善之"性"并非源于同一个

---

[1] 罗钦顺:《困知记》卷上,阎韬点校,中华书局2013年版,第9页。
[2] 罗钦顺:《困知记》卷上,阎韬点校,中华书局2013年版,第27页。
[3] 罗钦顺:《困知记》卷上,阎韬点校,中华书局2013年版,第9—10页。
[4] 罗钦顺:《困知记》卷上,阎韬点校,中华书局2013年版,第16页。
[5] 罗钦顺:《困知记》卷上,阎韬点校,中华书局2013年版,第26页。

第六章　程颐与朱熹

性。善之性源自理、天理、道心，即"本体之精纯"；恶之性实际上就是程颐所说的"才"，指受生之后的性，也就是"气质之性"，所以有"才说性时，便已不是性"之辨。性之善恶犹如水之清浊，清静是水之本体，有"感动之物欲"方有水之浊。李侗尝言："动静真伪善恶皆对而言之，是世之所谓动静真伪善恶也，非性之所谓动静真伪善恶也。惟求静于未始有动之先，而性之静可见矣。求真于未始有伪之先，而性之真可见矣。求善于未始有恶之先，而性之善可见矣。"[1]性有本然之性和后天之性之分。本然之性因出自天理而呈现出静、真、善之属性，后天之性因"感于物而动"而善恶混。罗钦顺显然十分赞同李侗这一观点，因此特意点明"此等言语，是实下细密工夫体贴出来，不可草草看过"[2]。

中国古代思想史上的"理、气之辩"，如果从11世纪的二程兄弟算起，延续到16世纪中叶的罗钦顺，其间经历了五百多年的漫长历程。从二程的"理本气化""理一分殊"，到朱熹的"理本气末""理先气后"，再到罗钦顺的"理气为一""理在气中"，显现出理气关系史的逻辑衍变轨迹，而贯穿于其中的，则是理本论与气本论哲学绵延数百年的争辩、诘难、冲突、融合与汇流。在中国古代思想史上，二程最早由理统气、由理训气，罗钦顺则对程朱派的理气论进行了大胆的哲学解构与重构，理本论嬗变为气本论，理学嬗变为气学。罗钦顺从程朱营垒内部颠覆了理学体系，进而与张载和王廷相气学前后呼应。对于罗钦顺在古代学术思想史上的贡献，黄宗羲曾给予高度的称赞："呜呼，先生之功伟矣！"[3]程朱理学是罗钦顺学术思想的母体，其知识背景与知识结构皆出于程朱

---

[1] 罗钦顺:《困知记》卷上，阎韬点校，中华书局2013年版，第28页。
[2] 罗钦顺:《困知记》卷上，阎韬点校，中华书局2013年版，第28页。
[3] 黄宗羲:《明儒学案》卷四十七《诸儒学案中一·文庄罗整庵先生钦顺》，沈芝盈点校，中华书局2008年版，第1108页。

理学。罗钦顺在中国思想史上地位的确立，在其理论方法层面，既源于"错看"，也来自多年参悟基础上的"发先儒之所未发"。罗钦顺的"错看"，实际上就是一种误读、误解。譬如，罗钦顺将其"理气为一"思想源头溯自程颢理学，并将程颢理气关系归纳为理气交融，"理气浑然，更无隙缝"，这一认识就是一种误读意义上的"错看"，"错看"未尝不是哲学创新之路径。除了"错看"所得，其余应归结为罗钦顺多年"参互体认"基础上对前人思想之发挥与"发明"。"理一分殊"演变为"气一分殊"，"性即理"演变为"性即气"，"理先气后"演变为"就气认理"，都是在多年"参互体认"之后的"发明"，这些"发明"是一种法理学意义上的"主观故意"，而非"无心插柳柳成荫"式的误读、误解，因为罗钦顺为此曾经申明："盖诚有见其所以然者，非故与朱子异也。"[1] 探求"所以然"是其终生追求之目标，"笃信"与"独守"是其追求真理之学术基础。罗钦顺虽被时人誉为"紫阳功臣"，但他对程朱思想（尤其是朱子）多有批评甚至否定。正是这种批评与否定，才得以推动理学向气学的大转向。

---

[1] 罗钦顺：《困知记》附录《论学书信》，阎韬点校，中华书局2013年版，第182页。

第七章 陆象山与王阳明

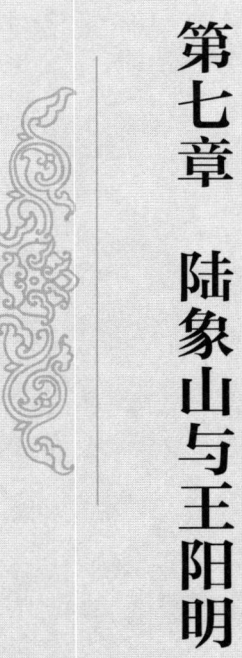

一、"须大做一个人"：陆象山的心学底色及其扩展

在学术谱系上，陆象山的思想主要源自孟子，学界殆无疑义。有人曾经当面询问陆象山："先生之学亦有所受乎？"陆象山申明："因读《孟子》而自得之。"[1]王阳明虽然批评陆象山思想有些"粗"，但也客观褒扬"自是而后有象山陆氏，虽其纯粹和平，若不逮于二子，而简易直截，真有以接孟氏之传。其议论开阖，时有异者，乃其气质意见之殊，而要其学之必求诸心，则一而已。故吾尝断以陆氏之学，孟氏之学也"[2]。牟宗三先生的观点与王阳明别无二致："他显然有所本，其所本者即是《孟子》。"[3]具体就仁学而论，孟子仁学源自孔子。从心性论高度论证仁义存在正当性，并进而蔓延扩展到"仁政"，是孟子思想的内在逻辑和哲学成就。陆象山思想既对孟子思想有所继承，又有所"自得"与发明。

（一）从"仁者安仁"到"恻隐之心，仁之端也"

《中庸》言："仁者，人也。"[4]孟子又言："仁也者，人也。"[5]陆象山继

---

[1] 陆九渊：《陆九渊集》卷三十五《语录下》，钟哲点校，中华书局1980年版，第471页。
[2] 陆九渊：《陆九渊集》《附录一》，钟哲点校，中华书局1980年版，第538页。
[3] 牟宗三：《从陆象山到刘蕺山》，吉林出版集团公司2010年版，第3页。
[4] 朱熹：《中庸章句》，《四书章句集注》，中华书局1983年版，第28页。
[5] 朱熹：《孟子集注·尽心章句下》，《四书章句集注》，中华书局1983年版，第367页。

而说:"仁,人心也。"[1]由"人"到"人心",虽然仅有一字之差,却凸显了仁学从先秦儒家至陆象山心学的演变轨迹。

今本《论语》二十篇,仅有四篇未讨论仁。一个值得注意的倾向是:面对诸多学生的"问仁",孔夫子并没有从哲学与逻辑学高度界定"仁是什么",而是基本上立足于"为仁之方"层面,有针对性地一一加以点拨与引导。但是,在不厌其烦一一加以启发的背后,孔子对于"仁是什么",肯定存在一个哲学与逻辑学意义上的思考。换言之,正因为孔子在纷繁复杂的经验世界之上对仁有一个非常清晰的形而上界定,他才能在经验世界以一接万、应对无瑕。实际上,我们在《论语》有限的文字材料中,可以发掘出一些"蛛丝马迹"。譬如,"仁者安仁,知者利仁"[2]。孔子把"仁"分为"安仁"与"利仁"两类。《礼记·表记》进而将"仁"细分为三类:"仁者安仁,知者利仁,畏罪者强仁。"[3] "安仁"实际上也就是"乐仁",恰如《大戴礼记·曾子立事》所言:"仁者乐道,智者利道。"[4] "利仁"既然是"以仁为利而行之",行仁就是手段,而非目的,所以智者之仁散发极强的社会功利性色彩。"至若欲有名而为之之类,皆是以为利也。"[5]如果进一步刨根问底,我们可以体悟到"安仁",实质上是"心安"。个体之心清晰地知道仁义是善,不仁不义是恶。人可以自作主张,"收拾精神",自由选择行善去恶,"我欲仁,斯仁至矣"[6]。方其如此,心才能安于仁。由此我们发现,孔子"仁者安仁",已经蕴含自由意志成分。徐复观先生将孔子人性思想归纳为

---

1 陆九渊:《陆九渊集》卷二十一《论语说》,钟哲点校,中华书局1980年版,第264页。
2 朱熹:《论语集注·里仁第四》,《四书章句集注》,中华书局1983年版,第69页。
3 阮元校刻:《礼记正义·表记》,《十三经注疏》,中华书局2009年版,第3557页。
4 王聘珍:《大戴礼记解诂》,王文锦点校,中华书局1983年版,第77页。
5 程颢、程颐:《二程集·外书》卷六《罗氏本拾遗》,王孝鱼点校,中华书局2004年版,第381页。
6 朱熹:《论语集注·述而第七》,《四书章句集注》,中华书局1983年版,第100页。

第七章 陆象山与王阳明

"仁是作为生命根源的人性"[1]，仁落实在人，属于自由意志层面的人之所以为人的本质，而不是仅指天然的欲望与情感。

孔子"仁者安仁"虽然已开始探讨仁与人性的内在关系，但中间的论证过程，今人已无法窥其全豹。"乃所愿，则学孔子"的孟子在心性论层面全面证明性善，并尝试在哲学维度继续建构仁本论。孟子对仁义与人性关系的证明方式有多种，运用最娴熟的证明方式是韦政通先生所说的"证诸人类普遍情感经验"，其中最典型的例子就是"孺子入井"。孟子通过"孺子入井"这一具体生活场景，借助归纳推理力图证明一个观点：恻隐之心与仁义礼智"四端"，人人先天具有，人人对"四心""四德"有十分清晰的道德自觉。"恻隐之心，仁之端也；羞恶之心，义之端也；辞让之心，礼之端也；是非之心，智之端也。"[2]仁、义、礼、智"四端"是人性中先天固有的"天爵"，犹如人一呱呱坠地就有四肢一样。不仅如此，人人对人性内在的"天爵"有"善"与"是"的价值认可。正因为如此，孟子说人人先在性"饱乎仁义"。概而言之，孟子多向度的论证，是要展示这一观点：仁义内在于人性，是可以证实的人之本质。只要意志和行动都自由的个体，人人可以证明"四心""四德"确实存在于我内心，这是一个终极性的证明，无须借助于论证至上人格神的存在。其次，"四心""四德"作为人之所以为人的普遍本质，有别于天性中朴素的食色欲望。"四心""四德"在人的经验世界中随时随地都可能灵光闪现。"四心""四德"注定人在本质上不是"被决定"的存在，而是一个个充溢着自由意志精神的道德主体，"万物皆备于我"[3]。在孟子与告子关于"仁义内在"抑或"仁内义外"的辩

---

[1] 徐复观：《中国人性论史》，华东师范大学出版社2005年版，第62页。
[2] 朱熹：《孟子集注·公孙丑章句上》，《四书章句集注》，中华书局1983年版，第238页。
[3] 朱熹：《孟子集注·尽心章句上》，《四书章句集注》，中华书局1983年版，第350页。

论中,孟子所言"且谓长者义乎?长之者义乎"[1]以及"夫物则亦有然者也,然则耆炙亦有外与"[2],在学术史上可谓醍醐灌顶之言。之后王阳明继而开导弟子徐爱:孝敬之心是在你的心上,还是在你父母身上?"仁也者,人也。"[3]人是经验世界中形而下的具体存在,有时间与空间的限定。仁是道德形上学的观念性存有,超越时间而亘古存在。朱子诠释说:"仁者,人之所以为人理也。然仁,理也;人,物也。以仁之理,合于人之身而言之,乃所谓道者也。"[4]仁是绝对精神,人是有时空限定的有限的生命存在。人如果没有仁性,就是一行尸走肉;仁如果没有落实于人,只是一个纯粹逻辑世界的观念。仁与人的结合,是天道与人道的合一、灵魂与血肉之躯的合一,为有限的生命实现无限的内在超越创立了哲学根据。在孟子思想逻辑架构中,从义理之天而言谓之"理"(孟子"理义"之理),从天授而言谓之"仁",从人得之而言谓之"性"。形而上的仁下贯至人性,才形成人之所以为人的本质("人之理"),孟子称之为"合而言之,道也"[5]。基于此,我们才能真正读懂孟子人性思想中的"性善"。其一,在"人之性"层面,"大体"与"小体"、"天爵"与"人爵"同时存在于每个生命个体。"口之于味也,目之于色也,耳之于声也,鼻之于臭也。"[6]虽然也是性,但这只是生理欲望之性。小体与人爵并非具有先在性的恶,不加以引导的欲望才会导向恶。但是,恶是否也具有一个形而上的本源?这一问题并不是孟子思想讨论的重心,人心何以普遍有"四心""四德",才是孟子矻矻以求的哲学论证目标。其二,

---

1 朱熹:《孟子集注·告子章句上》,《四书章句集注》,中华书局1983年版,第327页。
2 朱熹:《孟子集注·告子章句上》,《四书章句集注》,中华书局1983年版,第327页。
3 朱熹:《孟子集注·尽心章句下》,《四书章句集注》,中华书局1983年版,第367页。
4 朱熹:《孟子集注·尽心章句下》,《四书章句集注》,中华书局1983年版,第367页。
5 朱熹:《孟子集注·尽心章句下》,《四书章句集注》,中华书局1983年版,第367页。
6 朱熹:《孟子集注·尽心章句下》,《四书章句集注》,中华书局1983年版,第369页。

第七章　陆象山与王阳明

在"君子所性"层面，人人在自由意志视域中，自作主宰，自觉以人性中固有的"四心""四德"作为自己的本性。君子与小人的区别就在于"存心"不同，君子以仁义礼智"存心"，小人以食色欲求"存心"。这种"存心"属于"主观故意"，而非单纯出于天然的、原始的本能。"仁，人之安宅也；义，人之正路也。"[1]自觉以仁义为性，心才能有所安。君子与圣人不一，圣人是理想人格，"出乎其类，拔乎其萃"者才能成为圣人。君子属于现实人格，凡是服膺并践行"礼义廉耻"价值观之人都可被称为君子。"尽其心者，知其性也。知其性，则知天矣。"[2]君子人格充溢着自由意志精神，强调个体在主体自觉意义上，自作主宰，自由做出道德选择。因此，只有对孟子人性论中这两层含义加以梳理，才能真正理解孟子"道性善"的内在奥义。"仁之于父子也，义之于君臣也，礼之于宾主也，智之于贤者也。"[3]仁既是性又是命，但是，君子在自由意志基础上，从"实然"自然而然转向"应然"，"立乎其大者"[4]，将仁、义、礼、智认可为人的本性，而不将其单纯认可为命运。由此可见，仁的位格显然高于礼、智、信三德，仁甚至已具有统摄、涵盖其他三德地位的色彩。在"事之体"语境下，孟子追随孔子继续建构仁本论。

（二）"斯人千古不磨心"

以孟学为宗的陆象山，在仁学上最大的贡献在于从心本论高度论说仁。"四端者，即此心也；天之所以与我者，即此心也。人皆有此心，

1　朱熹：《孟子集注·离娄章句上》，《四书章句集注》，中华书局1983年版，第281页。
2　朱熹：《孟子集注·尽心章句上》，《四书章句集注》，中华书局1983年版，第349页。
3　朱熹：《孟子集注·尽心章句下》，《四书章句集注》，中华书局1983年版，第369页。
4　陆九渊：《陆九渊集》卷十《与邵叔谊》，钟哲点校，中华书局1980年版，第1页。

心皆具是理，心即理也。"¹ "心即理"是陆象山哲学标志性命题，二程虽然说过"心是理"，朱子也说过"理即是心，心即是理"，但概念的内涵与外延有所不一。陆象山"心即理"之"理"，主要蕴含两层义项。

其一，理是价值本体，理是普遍的、绝对的最高原理。"乾坤同一理也"，"尧舜同一理也"² ，"千古圣贤若同堂合席，必无尽合之理。然此心此理，万世一揆也"³。这个"万世一揆"之理，是天地万物存在何以可能之终极根据，也是人类社会法律、制度、意识形态和人伦存在正当性的道德本源和最高价值原则。"典礼爵刑，莫非天理，《洪范》九畴，帝实锡之。古所谓宪章、法度、典则者，皆此理也。"⁴父义、母慈、兄友、弟恭、子孝是"五典"，又称之为"天叙"。墨、劓、剕、宫、大辟是"五刑"，又称之为"天讨"。"天叙""天讨""天秩"和"天命"，统而论之"皆是实理"⁵。由此而来，可以推演出乾坤、尧舜"同一理"的"理"，具有善的特质，"此理充塞宇宙，天地鬼神，且不能违异，况于人乎？诚知此理，当无彼己之私。善之在人，犹在己也"⁶。"道可谓尊，可谓重，可谓明，可谓高，可谓大。"⁷ "此理即是大者，何必使他人明指大者？既见此理，此理无非，何缘未知今是？此理非可以私智揣度傅会。"⁸ "尊""重""明""高""大"，"至大、至刚、至直、至平、至公"⁹，统而论之就是"善"。本体论意义上的"理"善，不是善恶对立意

1　陆九渊：《陆九渊集》卷十一《与李宰》，钟哲点校，中华书局1980年版，第149页。
2　陆九渊：《陆九渊集》卷十二《与赵咏道》，钟哲点校，中华书局1980年版，第161页。
3　陆九渊：《陆九渊集》卷三十四《语录上》，钟哲点校，中华书局1980年版，第405页。
4　陆九渊：《陆九渊集》卷十九《荆国王文公祠堂记》，钟哲点校，中华书局1980年版，第233页。
5　陆九渊：《陆九渊集》卷三十五《语录下》，钟哲点校，中华书局1980年版，第464页。
6　陆九渊：《陆九渊集》卷十一《吴子嗣》，钟哲点校，中华书局1980年版，第147页。
7　陆九渊：《陆九渊集》卷三十五《语录下》，钟哲点校，中华书局1980年版，第460页。
8　陆九渊：《陆九渊集》卷十一《与朱济道》，钟哲点校，中华书局1980年版，第143页。
9　陆九渊：《陆九渊集》卷三十五《语录下》，钟哲点校，中华书局1980年版，第441页。

义上的善，而是超越善恶相对而论语境下的绝对善。二程、朱子也曾经指出天理至善："天下之理，原其所自，未有不善。"[1]"盖天道运行，赋与万物，莫非至善无妄之理而不已焉，是则所谓天命者也。"从哲学高度论证天理"至善"，才能真正为人类，甚至为宇宙万物奠定一个共同的道德根基，论证一个亘古不移的"共同善"，建构一个以"天下"为基础的社会共同体。既然理至善，人作为天、地、人三才之一，首先应当认识以理作为道德规范的最高原则，因循理而行："此理在宇宙间，未尝有所隐遁，天地之所以为天地者，顺此理而无私焉耳。人与天地并立而为三极，安得自私而不顺此理也？"[2]

其二，理具有客观独立性，理是可以不依人之意志而独立存在的客观精神。"此理在宇宙间，固不以人之明不明、行不行而加损。"[3]"道在宇宙间，何尝有病，但人自有病。千古圣贤，只去人病，如何增损得道？"[4]理本质上是一种客观精神，没有时间和空间特性，理通过人的认识与修行才进入度量时间，"知与不知，元无加损于此理"[5]。陆象山哲学思想"理"的这一性质，不禁使人联想起朱子哲学中的"天理"。在朱熹思想体系中，理是天地万物存在所以可能的普遍根据，理决定了某物之所以为某物的本质。理是存在的第一原理，理是存在的"所以然"。有人问："昨谓未有天地之先，毕竟是先有理，如何？"朱子回答："未有天地之先，毕竟也只是理。有此理，便有此天地。若无此理，便亦无

---

[1] 程颢、程颐：《二程集·遗书》卷二十二《伊川先生语八上》，王孝鱼点校，中华书局2004年版，第292页。
[2] 陆九渊：《陆九渊集》卷十一《与朱济道》，钟哲点校，中华书局1980年版，第142页。
[3] 陆九渊：《陆九渊集》卷二《与朱元晦》，钟哲点校，中华书局1980年版，第26页。
[4] 陆九渊：《陆九渊集》卷三十四《语录上》，钟哲点校，中华书局1980年版，第395页。
[5] 陆九渊：《陆九渊集》卷三十五《语录下》，钟哲点校，中华书局1980年版，第452页。

天地，无人无物，都无该载了！"¹理先于天地人而存在，理在逻辑上有"天地之先"的特点。在天地万物产生之前，理"亘古今常存"²。有人问："未有人时，此理何在？"朱子答："也只在这里。如一海水，或取得一勺，或取得一担，或取得一碗，都是这海水。但是他为主，我为客，他较长久，我得之不久耳。"³朱子以有形体、有质量的"海水"比喻理，多少会使人有些误解，误以为本体论意义上的理，也有空间特性。恰恰相反，朱子想要表达的一个观点是：理"无形体"⁴。理不具有具体存在才具备的度量时间特性，也没有具体存在所必须具有的空间特性。换言之，不可以用时间与空间来界定理这一概念。不仅如此，理"无情意，无计度，无造作"⁵，理不是至上人格神，没有生命意识与情欲，也不会具体生成天地万物，正因为如此，理才是一个"净洁空阔底世界"⁶。因此，在"理"是否可以脱离人的意识而独立存在这一点上，陆象山与朱子显然具有趋同性，理具有客观性特点。值得注意的是，朱子与陆象山这一观点与王阳明截然不同。在王阳明思想体系中，理只是心之理，离开心，不存在所谓客观独立的理。理已经被王阳明彻底从外在拉回至心中，理的内向化哲学特征非常鲜明。

陆象山"心即理"之心，就是孟子所说的"赤子之心""本心"和"良知"。本心以仁、义、礼、智为具体的内涵："四端者，即此心也；天之所以与我者，即此心也。"⁷陆象山又将这一本心称为"良心正理"，

---

1 黎靖德编：《朱子语类》卷一《理气上》，王星贤点校，中华书局1986年版，第1页。
2 黎靖德编：《朱子语类》卷三《鬼神》，王星贤点校，中华书局1986年版，第46页。
3 黎靖德编：《朱子语类》卷一《理气上》，王星贤点校，中华书局1986年版，第2页。
4 黎靖德编：《朱子语类》卷一《理气上》，王星贤点校，中华书局1986年版，第1页。
5 黎靖德编：《朱子语类》卷一《理气上》，王星贤点校，中华书局1986年版，第3页。
6 黎靖德编：《朱子语类》卷一《理气上》，王星贤点校，中华书局1986年版，第3页。
7 陆九渊：《陆九渊集》卷十一《与李宰》，钟哲点校，中华书局1980年版，第149页。

第七章　陆象山与王阳明

人心端正，正理在人心，方可称之为良心。"良心正理"是先验的存有，并不是通过后天学习而获得；后天的学习只不过是一种启发与觉醒，告诉你"此心此理，我固有之，所谓万物皆备于我"[1]。个体生命如白驹过隙，忽然而已。正理是"常"，亘古而不移。本心自然也是"常"，本心可以超越时空而永恒存在，"斯人千古不磨心"。"心即理"不可等同于"心就是理"或"心等同于理"，而是说"不磨"之心可以实现与理的融合。所谓"心与理融合"，蕴含两层义旨。其一，人先验具有"良心正理"，只要是人，无论贫穷贵贱，命中注定具备仁义之心："东海有圣人出焉，此心同也，此理同也。西海有圣人出焉，此心同也，此理同也。南海、北海有圣人出焉，此心同也，此理同也。千百世之上有圣人出焉，此心同也，此理同也。千百世之下有圣人出焉，此心同也，此理同也。"[2]此心此理，超越时间与空间，公平公正地赋予每一个生命个体。人从此不仅有生理生命，更有德性生命。德性生命的"固有"，证明人人都是有尊严的个体存在。生命有尊严，意志有自由，自然而然体悟人在宇宙间的责任与担当："宇宙内事乃己分内事，己分内事乃宇宙内事。"[3]其二，从正理到良心、从理到心的融合，在逻辑上具体是如何实现"接转"的？从陆象山思想内在逻辑分析，人性是非常关键的枢纽。换言之，从正理到良心，通过人性得以完美结合。道、理在天为乾、坤，道、理在地为刚、柔，道、理在人为仁、义。道、理与仁义之间，还存在人性这一中间枢纽环节。理在人夯实为性，"人性本善，其不善者迁于物也。知物之为善，而能自反，则知善者乃吾性之固有"[4]。

---

[1] 陆九渊：《陆九渊集》卷一《与曾宅之》，钟哲点校，中华书局1980年版，第13页。
[2] 陆九渊：《陆九渊集》卷三十三《象山先生行状》，钟哲点校，中华书局1980年版，第388页。
[3] 陆九渊：《陆九渊集》卷三十三《象山先生行状》，钟哲点校，中华书局1980年版，第388页。
[4] 陆九渊：《陆九渊集》卷三十四《语录上》，钟哲点校，中华书局1980年版，第416页。

在对人性普遍本质的思考路径和基本观点方面，陆象山基本上是对孟子思想"学着讲"。孟子尝言："天下之言性也，则故而已矣，故者以利为本。"陆象山指出，孟子这一段话"人多不明其首尾文义"[1]，应当以庄子"去故与智"来诠释孟子"则故而已"之"故"。《庄子·刻意》篇中的"故"与"知（智）"，指的是违忤人性的机心诈谋和奇技淫巧行为。陆象山训"故"为"陈迹"，意较宽泛。朱子以"已然之迹"诠释孟子"天下之言性也，则故而已矣"之"故"，忽略了孟子此语是对天下之人对人性的粗浅理解，而非正面阐述对人性的界说。"天下之言性也，则故而已矣"之"故"，训释为"习"，比较妥帖，也就是"性相近，习相远"之"习"。"习"是现象自我，而非本质自我。"四端""四心"意义上的"性善"，才是本质自我。缘此，在工夫论上，存在"硬把捉"和"求放心"两种路径。"硬把捉"的理论前提是"仁义外在"，仁义不是我人性中的"固有根本"，而是外在的道德规范与原则，所以在日常生活中时时刻刻需"防闲"。陆象山追随孟子所倡导的"求放心"，建基于"四心""四端"先在性内在于我本性前提之下，性善"从肺肝中流出，是自家有底物事，何尝硬把捉？"[2]"求放心"的关键在于"立志"，当有人询问如何"立志"时，陆象山说："立是你立，却问我如何立？若立得住，何须把捉。"[3]陆象山这一回答多少有些禅宗公案的味道。自禅宗菩提达摩"一苇渡江"以来，在关于何谓"佛性"以及如何成佛的对话中，经常可以看到类似的机锋。"立志"意味着本体论层面的"心"，具体夯实与内化为道德个体之心，显现为我真实拥有的道德性人格。"立志"表明"理"不再是静态的理，"心"也不是静态的心。"立

---

1 陆九渊：《陆九渊集》卷三十四《语录上》，钟哲点校，中华书局1980年版，第415页。
2 陆九渊：《陆九渊集》卷三十五《语录下》，钟哲点校，中华书局1980年版，第443页。
3 陆九渊：《陆九渊集》卷三十五《语录下》，钟哲点校，中华书局1980年版，第443页。

第七章　陆象山与王阳明

志"充满了动感，充溢着自由意志的色彩，因为"立志"意味着鲜活的生命个体对生命本质已有深刻把握，意味着在工夫论和境界论层面"日日新"地践履。

既然本心的实际内涵就是仁义，那么，陆象山对"仁"有自己独创性的界说吗？陆象山说"仁自夫子发之"[1]，仁经过孔子的论述成为儒家最核心的概念。孟子继而从天论、人性论、伦理学、政治思想、形式逻辑及日常生活修行等方面进行全方位论证，陆象山称之为"孟子十字打开"[2]。"十字打开"说明孟子对仁义的论说既有形而上的哲学证明，又有形而下的生活实践与体悟。陆象山对仁学的哲学思考，建基于孟子"十字打开"基石之上。在工夫论层面，陆象山借用孔子对颜回"问仁"的"三鞭""三转语"故事，表达行仁在工夫论和境界论层面有本末先后顺序。颜回多次"问仁"，孔子回答都不一样，而且都不是从哲学与逻辑学视野界定"仁是什么"，而是具体针对颜回的性格与智力水平，分阶段循序渐进加以指引。孔子第一次的答语是"克己复礼"，第二次的答语是"一日克己复礼，天下归仁焉"，进而又告诫颜回"为仁由己，而由人乎哉？"在颜回问仁的"三鞭""三转语"[3]中，既蕴含认识论方面的引导，又有工夫论层面的"提撕"。在认识论视域，陆象山旨在表明理在人为性，仁是性中固有的本质，"仁，人心也"[4]；在工夫论层面，既然人人"饱乎仁义"，在人性上完美自足，人就有责任以"天爵""大体"存心，通过非礼勿视、勿听、勿言和勿动，臻至"归仁"理想境界。"三鞭""三转语"究其实质，是从人之所以为人的德性个体层面发论，陆象

1　陆九渊：《陆九渊集》卷三十五《语录下》，钟哲点校，中华书局1980年版，第443页。
2　陆九渊：《陆九渊集》卷三十四《语录上》，钟哲点校，中华书局1980年版，第398页。
3　陆九渊：《陆九渊集》卷三十四《语录上》，钟哲点校，中华书局1980年版，第397页。
4　陆九渊：《陆九渊集》卷三十二《里仁为美》，钟哲点校，中华书局1980年版，第377页。

山于此对仁做出的界定是"仁,人心也"。这一哲学界说,基本上沿袭《中庸》与孟子思想,陆象山哲学的独创性并未彰显出来。值得注意的是,陆象山与弟子杨简关于"如何是本心"的讨论,凸显陆象山在仁学方面的哲学贡献。弟子杨简在富阳问陆象山:"如何是本心?"陆象山回答说:"恻隐,仁之端也;羞恶,义之端也;辞让,礼之端也;是非,智之端也。此即是本心。"陆象山以孟子语录对答,恻隐是情,属于已发;仁是性,属于未发。朱子当年以"心主性情"提炼孟子"四心""四德"思想,心是主宰,但是,杨简对象山这一回复不太满意,其中缘由或许在于:从知识论而言,幼时诵读《四书》就能烂熟于心,本心这一观念,难道只能停留于知识论层面的表述?后来发生了"扇讼"案件,杨简依照法律条文,断定是非曲直。断案完毕之后,杨简再一次问:"如何是本心?"陆象山巧妙结合刚才的"扇讼"案指点杨简:"闻适来断扇讼,是者知其为是,非者知其为非,此即敬仲(杨简字)本心。"[1]陆象山这番话如醍醐灌顶,杨简恍然大悟。"简忽省此心之无始末,忽省此心之无所不通。"[2]杨简"忽大觉",或许可以从两个方面解读。其一,以仁义为具体内涵的本心,不仅仅是人之所以为人的本质,而且也是法律、制度、意识形态的价值本体。杨简在"扇讼"案中,用法律条文裁定是非曲直。何为是,何为非,何为善,何为恶,表面上分析,似乎是法律制度在起作用,但是,如果法律制度不是建基于道德精神基础之上,缺乏本心的指引,这种法律只是恶法,而不是善法。法律究其本质,是借助于国家公权力来具体实现道德精神。因此,本心落实在法律制度与案件诉讼领域,已经成为背后隐藏的自然法。其二,"忽省此心之无所不通",表明

---

[1] 陆九渊:《陆九渊集》卷三十六《年谱》,钟哲点校,中华书局1980年版,第488页。
[2] 陆九渊:《陆九渊集》卷三十六《年谱》,钟哲点校,中华书局1980年版,第488页。

他已摆脱知识论的羁绊，从工夫论和自由意志维度重新认识本心。在形而下的劈柴挑水、洒扫应对日常生活中真真切切把握、体悟了自己"本心"。"心"原来也可以具体落实为我心，我心原来可以与本体之心相贯通。本心不再是外在的，而是我内心真实的拥有。此心不仅是理性的，而且更重要的还在于：心也是情感的存在。心既合乎理性规定，又渗入情感认同，因为只有借助情感认同与接纳，此心才能由外在客观的心，转化为"我"内在主体的心。本心与"我"心合二为一，这才真真是人生之乐。类似事例在王阳明与时人的对话中，也一再出现。有一位负责讼狱的官员非常仰慕王阳明的学问，但错误地将良知、格物、本心看成是脱离经验世界的"悬空"之物。王阳明纠正他说："我何尝教尔离了薄书讼狱悬空去讲学？尔既有官司之事，便从官司的事上为学，才是真格物。"譬如审理一案件，不可因为被告应对无理，就起了"怒心"；不可因对方伶牙俐齿，就起了"善心"；不可因为自己事务冗杂，随意断案，是非对错，应该有一个定盘神针主宰。这一定盘神针就是基于人类普遍理性的良知，良知才是法律条文背后的道德精神。但是，王阳明于此特别强调人人应从经验世界中去体领与把握良知。意之所在便是"物"，这位官员的"物"就是日常的薄书讼狱。鸢飞鱼跃，上下贯通，在日常的薄书讼狱中发现我的本心、践履我的本心。本心既是理性，也是情感认同。理性被情感拥抱，才是真正的本心。

（三）"须大做一个人"：仁是自然权利

陆象山"心即理"观念的哲学意义在于：既然理落实于人性，显现为仁义，那么仁义既是先在性的德性，又自然而然属于人的自然权利。陆象山仁学是德性与权利的完美统一，彼此之间不存在扞格。"道遍满天下，无些小空阙。四端万善，皆天之所予，不劳人妆点。"¹道满天下、理满天下，仁义遍在于人性。无论王公贵族抑或贩夫走卒，在人性上一律平等。仁义先在性被赋予，犹如人呱呱坠地就有四肢一样。"圣人与我同类，此心此理谁能异之？"²人不分圣凡，地不分南北，只要是人，都先验性具备仁义道德人格，此心此理是天之所命，命意味着先验性、普遍性、绝对性。如果人人认识到在道德人格上充满了普遍必然性，自由意志油然而生。"收拾精神""自作主宰""人须是力量宽洪，作主宰"³，诸如此类的语句在陆象山文章中反复出现，旨在谆谆教诲世人："良心正理"既然是天之所赋予，"不劳人妆点"，就不应当昧着良心做草木禽兽，而是有责任挺立道德主体，凸显个体自由意志，在世俗世界实现自然权利，"宇宙之间，如此宽阔，吾身立于其中，须大做一个人"⁴。"大做一个人"的第一步在于"立志"，"先立乎其大者"⁵。"大"相对于"小"而论，"大"指"大体"，"小"指"小体"。"大体"以仁为核心，"立志"就是在深刻认识"本心之善"基石之上，自觉以"良心正理"为德性生命本色，以自由意志为引导，"仁以为己任"，成为君子圣人。在具体成己成物的工夫论路径上，陆象山指出，既然仁属于普遍的人心，"共进乎仁"就是人心所向。因此，独自一人"进乎仁"，不如与一乡之人、一国之人、天下之人共同"进乎仁"："仁也者，固人之所自为者也。然吾之独仁，不若与人焉而共进乎仁；与一二人焉而共进乎仁，孰若与众人而共进乎仁。"⁶"故一人之仁，不若一家之仁之为美；一家之仁，不

1　陆九渊：《陆九渊集》卷三十五《语录下》，钟哲点校，中华书局1980年版，第448页。
2　陆九渊：《陆九渊集》卷十三《与郭邦逸》，钟哲点校，中华书局1980年版，第171页。
3　陆九渊：《陆九渊集》卷三十五《语录下》，钟哲点校，中华书局1980年版，第453页。
4　陆九渊：《陆九渊集》卷三十五《语录下》，钟哲点校，中华书局1980年版，第439页。
5　陆九渊：《陆九渊集》卷一《与邵叔宜》，钟哲点校，中华书局1980年版，第1页。
6　陆九渊：《陆九渊集》卷三十二《里仁为美》，钟哲点校，中华书局1980年版，第377页。

第七章 陆象山与王阳明

若邻焉皆仁之为美；其邻之仁，不若里焉皆仁之为美也。""进乎仁"不仅仅是个人的生命理想境界，也是一乡之人、一国之人乃至天下人共同奋斗的梦想。尤其值得一提的是，这一人类梦想是基建于仁这一道德精神和文化依托基础之上，如果丧失了这一基石，人类的终极追求只是一个善而无证的乌托邦。由此可见，陆象山之所以在哲学上孜孜以求论证，目的在于在经验世界建构一个人类伦理共同体。人类伦理共同体不是建立在欲望的满足和利益的追求上，而是奠基于一个全人类共有的人性基础和道德精神依托之上，方其如此，"为万世开太平"才具有一个牢固的道德理性根基。陆象山伦理共同体的理论建构，就是自然权利的制度化、具象化。换言之，也可以说是自然权利向社会权利的过渡与转化。从这意义上分析，"共进乎仁"也可以说是自由思想的儒家式表达。

对于"共进乎仁"，陆象山不仅有纯粹的哲学思考，也有对当下社会的评价、批评和献言献策，治国平天下的"入世"色彩非常浓郁。在《与刘伯协》一文中，陆象山阐述"理"与"势"的关系："窃谓理势二字，当辨宾主。天下何尝无势，势出于理，则理为之主，势为之宾。"[1] "理"与"势"的关系，实际上就是仁义与政治权位的关系，换言之，也就是政权存在正当性、合法性的最高价值原则何在的问题。陆象山为政治权力正当性确立了儒家的价值理性："仁义上说事。"[2] 仁义是政治权力背后隐伏的道德基础和价值原则。仁义是"主"，政治势位是"宾"。凡是符合理（仁义）的政治权力，就获得了存在的正当性；凡是不符合仁义（理）的政治权力和统治者，就丧失了存在的正当性。"天下如此则为有道之世，国如此则为有道之国，家如此则为有道之家，人

---

[1] 陆九渊：《陆九渊集》卷十二《与刘伯协》，钟哲点校，中华书局1980年版，第168页。
[2] 陆九渊：《陆九渊集》卷三十四《语录上》，钟哲点校，中华书局1980年版，第414页。

如此则为有道之人，反是则为无道。"[1]陆象山对主与宾、"有道"与"无道"的思考，实质上是为现实政治制度和主流意识形态建构一个政治本体论：仁本论。陆象山政治本体论的建构及其特色，在对"汤武革命"的评价上，表现得尤其典型。如何评价"汤武革命"？儒家与法家在这一问题的立场与观点，可谓泾渭分明。法家韩非从君臣尊卑有序视阈立论，明确否定汤武革命的正当性。儒家则一以贯之，异口同声高度肯定甚至称颂这一通过暴力斗争实现政权转移的路径。董仲舒在孟子、荀子思想基础上，进一步从天论高度提升这一话题的理论深度。董仲舒首先从形而上视野树立一个政治哲学根本原则："且天之生民，非为王也；而天立王，以为民也。"[2]董仲舒的这经典表述，在陆象山思想中得到了延续："又况天生民而立之君，使司牧之，故君者，所以为民也。《书》曰：'德惟善政，政在养民。'行仁政者所以养民。"[3]在仁政这一政治本体论立场上，陆象山对"汤武革命"的评价，几乎与孟子、荀子和董仲舒如出一辙："汤放桀，武王伐纣，即'民为贵，社稷次之，君为轻'之义。孔子作《春秋》之言亦如此。"[4]儒家从孔子"天下为公"发端，经荀子"天为民立君"、《吕氏春秋·贵公》"天下非一人之天下也，天下之天下也"、董仲舒"天为民立王"，到陆象山"故君者，所以为民也"，再到东林党人"以众论定国是"，继而延续至黄宗羲"古者以天下为主，君为客"思想，在绵延数千年的思想长河中，隐伏着一个亘古不移的观点：权力应当顺应人民意志。"仁义上说事"，已成为儒家思想

---

[1] 陆九渊：《陆九渊集》卷十二《与刘伯协》，钟哲点校，中华书局1980年版，第168页。
[2] 曾振宇、傅永聚注：《春秋繁露新注·尧舜不擅移、汤武不专杀》，商务印书馆2010年版，第158页。
[3] 陆九渊：《陆九渊集》卷二十二《杂说》，钟哲点校，中华书局1980年版，第274页。
[4] 陆九渊：《陆九渊集》卷三十五《语录下》，钟哲点校，中华书局1980年版，第473页。

第七章　陆象山与王阳明

代代相传的思想"道统"。陆象山政治本体论的建构，足以摇撼学术史上有些人对陆象山思想的误解。有人认为陆象山心学属于"狂禅"，束手空谈心性，缺乏入世的政治品格。证诸陆象山哲学，可谓千年误读误解。"经世"恰恰是陆象山思想的人文关怀，而这也正是儒家与佛教根本区别之所在。佛教理论的原点是人生皆苦，以追求出世为人生目标，所奉行的价值观充满了"偏执"与"自私"色彩。儒家自孔子以来一直强调宇宙意识，天有天道，地有地道，人有人道。人在宇宙间"灵于万物，贵于万物"[1]。人作为自由意志的存在，有责任在天地间挺立道德主体，通晓天道、地道与人道，承担起"尽人道"进而赞天地化育的义务。所以，儒家的本色是入世，儒家所奉行的价值观的特点是"义"和"公"。"从其教之所由起者观之，则儒释之辨，公私义利之别，判然截然，有不可同者矣。"[2]关于陆象山心学的"经世"特点，不妨再举一例。在法理与法制方面，陆象山认为德与法如同左右手，不可偏废："尝谓古先帝王未尝废刑，刑亦诚不可废于天下，特其非君之心，非政之本焉耳。"[3]但是，需明确的是，仁是法律制度与司法诉讼背后起主宰作用的价值本体，以"宽仁之心"制定法律，法是善法；以"宽仁之心"裁决司法案件，被告也会心服口服。在历史上，尧举荐舜执政，舜一上台就"诛四凶"；鲁定公重用孔子为大司寇，孔子甫执政就"诛少正卯"。时代虽不同，处决的对象也不同，但舜和孔子都是以"宽仁之心"施行刑罚，"恭行天讨，致斯民无邪慝之害"[4]。疑罪从无，是儒家一以贯之的法律思想。陆象山结合自己的从政经历，对"疑罪从无"司法理论有自己

1　陆九渊：《陆九渊集》卷二《与王顺伯》，钟哲点校，中华书局1980年版，第17页。
2　陆九渊：《陆九渊集》卷二《与王顺伯》，钟哲点校，中华书局1980年版，第17页。
3　陆九渊：《陆九渊集》卷三十《政之宽猛孰先论》，钟哲点校，中华书局1980年版，第358页。
4　陆九渊：《陆九渊集》卷三十《政之宽猛孰先论》，钟哲点校，中华书局1980年版，第358页。

切身的体会:"五刑之用,谓之天讨,以其罪在所当讨,而不可以免于刑,而非圣人之刑之也,而可以猛云乎哉?蛮夷滑夏,寇贼奸宄,舜必命皋陶以明五刑。然其命之辞曰:'以弼五教,期于无刑。'皋陶受士师之任,固以诘奸慝、刑暴乱为事也,然其复于舜者,曰'御众以宽',曰'罚弗及嗣',曰'罪疑惟轻',曰'与其杀不辜,宁失不经,好生之德,洽于民心,兹用不犯于有司'。"[1] "与其杀不辜,宁失不经"文句,出现于《左传》。《左传·襄公二十六年》引《夏书》"'与其杀不辜,宁失不经',惧失善也"[2]。远在夏代的法律就强调与其造成冤假错案,宁可不执行常法,道德人心的丧失与不分对错施行法律相比,其社会意义有云泥之别。《尚书·吕刑》也强调司法应奉行"疑罪从无"原则:"五刑之疑有赦,五罚之疑有赦,其审克之。简孚有众,惟貌有稽,无简不听,具严天威。"[3]在司法诉讼中,如果被告对司法判决有疑义,应反复核对证据。如果官府没有充足证据,就不应当草率做出判决。"墨辟疑赦""劓辟疑赦""剕辟疑赦""宫辟疑赦""大辟疑赦",证据不充分,被告对五刑有疑义,皆可以从轻处理,甚至无罪赦免。疑罪从无,是儒家仁心在法理与司法诉讼中的彰显。

黄百家评论说:"子舆氏后千有余岁,缵斯道之坠绪者,忽破暗而有周、程。周程之后,曾未几,旋有朱、陆。"[4]陆象山学宗程明道与孟子,尤其对孟子心性之学多有"自得"。孟子从心性论层面论仁,证明人先验性"饱乎仁义"。陆象山起而踵之,进一步从"心即理"哲学高度论仁。理作为客观精神可以游离人而独立存在,理有外向客观化特点。"心

---

1 陆九渊:《陆九渊集》卷三十《政之宽猛孰先论》,钟哲点校,中华书局1980年版,第356页。
2 阮元校刻:《春秋左传正义·襄公二十六年》,《十三经注疏》,中华书局2009年版,第4323页。
3 阮元校刻:《尚书正义·吕刑》,《十三经注疏》,中华书局2009年版,第530页。
4 陆九渊:《陆九渊集》《附录三》,钟哲点校,中华书局1980年版,第566页。

即理"意味着在自由意志视域下,"四心"等道德意识与道德情感获得了形而上论证,同时也可自证我心可以实现与理融合合一。"斯人千古不磨心","心"的本质内涵是"良心正理",以仁义为本质规定。既然人人先天禀具仁义,"不劳人妆点",仁义既是人之所以为人的德性,又是全人类的先在性自然权利,缘此,人因而有责任"自作主宰""收拾精神",挺立道德主体,彰显自由意志,在经验世界中完全呈现德性本质,实现自然权利。自然权利的实现,体现在两个层面:其一,"成己",在事上磨炼,成为君子圣人;其二,"成物",与天下大众"共进乎仁",建构以仁义为道德基础和文明依托的人类伦理共同体,自然权利因而也就转化为社会权利。陆象山对"四君子汤""疑罪从无""汤武革命""有道无道"等等论述,充分表明其哲学既有"尊德性"意义上的心性论根基,又蕴含深厚的社会人文关怀,"道问学"和"经世"的色彩非常浓郁。诚如陆象山自己所言:"既不知尊德性,焉有所谓道问学?"[1]陆象山哲学重在呼吁人人有道德人格的尊严,"立乎其大者",挺立德性主体,焕发自由意志,让自由权利在社会领域充分实现,人才真正实现了自身的价值。仁学的本质就是自由。由此可以看出,陆象山哲学蕴含丰富的自由思想。

二、"须是有个深爱做根":王阳明孝论的人文价值

徐复观在《中国孝道思想的形成、演变及其在历史中的诸问题》长文中指出:孝是"中国的重大文化现象之一。它的功过,可以说是中国

---

[1] 陆九渊:《陆九渊集》卷三十六《年谱》,钟哲点校,中华书局1980年版,第494页。

文化的功过"¹。孝文化必须为"中国文化的功过"担责,这一断语可谓字字重如泰山。揆诸史实,历代大儒昭承孔子之绪,虽然无不论孝,但孝论迥然有别。在孔子看来,"人为何行孝"是一个无须论证的问题。孔子从伦理学层面为行孝设立一个道德基础——"敬"。君子的"养志"之孝与小人的"养口体"之孝,轩轾之别就在于是否"敬亲"。传承孔子孝道的曾子接踵而起,提出"忠爱以敬"孝亲原则。从《孝经》肇始,尝试从宇宙论或者本体论高度论证"人为何行孝"。《孝经》从天论高度提出孝是"天之经也,地之义也,民之行也"²,但《孝经》只对孝为何是"民之行"有所解释,并未论证孝何以是"天经地义"。有趣的是,汉代"儒者宗"董仲舒从天论与阴阳五行论证孝为何是"天经地义":"土者,火之子也。"董仲舒从火生土推演出"孝子之行取之土"³。朱熹别具一格地从"父子本同一气"的理气本体宇宙论高度论述"仁是理,孝弟是事。有是仁,后有是孝弟"⁴。仁是性理,也是孝之本体,孝是仁的发用。有别于朱子以理气论孝、以"为仁"行孝,王阳明独辟蹊径从天理良知高度论证"为何行孝",从知行合一范导"如何行孝",儒家孝论由此跃上焕然一新的理论高峰。

(一)"见父自然知孝":以孝诠释良知普遍必然性

良知内在于人心,具有内在性特点。具有内在性的良知如何在劈柴挑水的经验世界中实现外在化,并进而实现自身,构建具有普遍人文价

---

1 徐复观:《中国思想史论集》,九州出版社2013年版,第185页。
2 阮元校刻:《孝经注疏·三才章第七》,《十三经注疏》,中华书局2009年版,第5543页。
3 曾振宇、傅永聚注:《春秋繁露新注·五行对》,商务印书馆2010年版,第222页。
4 黎靖德编:《朱子语类》卷二十《论语二》,王星贤点校,中华书局1986年版,第462页。

第七章 陆象山与王阳明

值的意义世界，这是王阳明哲学体系中的问题意识。有人必有家，有家必有父子亲情，有亲情必有人伦之孝，因此，以人人在世俗生活中皆可以自证自成的孝道诠释良知的外在性和普遍必然性，成为证明"良知外在化"的首选之路。缘此，阳明论孝首先从本源上论证"孝之理"，这是孝行的"头脑"，"如事亲，便要穷孝之理"[1]。王阳明与梁日孚的一番对话颇具代表性。梁日孚对王阳明将"居敬"与"穷理"打拼为同一件事产生疑惑。"居敬"属于伦理学，"穷理"属于认识论范畴，彼此理应泾渭分明，梁日孚界定说"居敬是存养功夫，穷理是穷事物之理"[2]。理分为物理之理与伦理之理，这一界说基本上沿袭二程、朱子的观点，因为程伊川说过："一草一木皆有理，须是察。"[3]但是，当王阳明让梁日孚举例说明何谓"居敬"与"穷理"时，梁日孚解释说："如事亲，便要穷孝之理。事君，便要穷忠之理。"[4]梁日孚对何谓"穷理"的举例出人意料地陷入了王阳明哲学话语路径，"居敬"与"穷理"都变为伦理学与工夫论层面的概念。"忠与孝之理，在君亲身上？在自己心上？若在自己身上，亦只是穷此心之理矣。"[5]孝在子女的"心"内，而不是在父母的"身上"。此心是"性即理"之心，更是"心即理"之心。此心才是王阳明哲学中的"主一"之"一"，而不是梁日孚所说的"如读书，便一心在读书上。接事，便一心在接事上"[6]。梁日孚对"主一"释读的错误在于将"主一"理解为工具理性，而不是价值理性。"如此则

---

1 王阳明：《王阳明全集》卷一《语录一》，吴光等编校，浙江古籍出版社2010年版，第36页。
2 王阳明：《王阳明全集》卷一《语录一》，吴光等编校，浙江古籍出版社2010年版，第36页。
3 程颢、程颐：《二程集·遗书》卷十八《伊川先生语四》，王孝鱼点校，中华书局2004年版，第193页。
4 王阳明：《王阳明全集》卷一《语录一》，吴光等编校，浙江古籍出版社2010年版，第36页。
5 王阳明：《王阳明全集》卷一《语录一》，吴光等编校，浙江古籍出版社2010年版，第36页。
6 王阳明：《王阳明全集》卷一《语录一》，吴光等编校，浙江古籍出版社2010年版，第36页。

饮酒便一心在饮酒上，好色便一心在好色上"[1]，当王阳明运用形式逻辑归谬法揭明其中的错误时，"主一"这一概念完全烙上了王学的印记。"一者，天理。主一是一心在天理上。"[2]由此而来，人"为何行孝"已经是水落石出。王阳明常言"良知即是天理"[3]，良知与天理区别仅仅在于：天理是从"静"处说，良知是从"动"处立论，一心具二门。心一旦处于"昭明灵觉""自然明觉"状态，也就是"现实心"回归"本体心"之时。在良知与孝的关系上，良知是本体，"意"是发用。"意"不可简单等同于念头或者欲念，天理良知范导下的"意"才是真正的意，"意之所在便是物。如意在于事亲，即事亲便是一物"[4]。以良知之心"事亲"，此心自然而然呈现为孝。牟宗三认为"事亲"既是一"行为系统"，也是一"知识系统"。"我为什么应当事亲"属于"行为系统"，"温清之定省""奉养之节目"属于"知识系统"，"知识宇宙"在"行为宇宙"中实现自身。[5]"知是心之本体。心自然会知。见父自然知孝，见兄自然知弟。见孺子入井，自然知恻隐。"[6]在这一段话中，4次出现"自然"，或许受到陈白沙"自然"思想熏陶。王阳明于此旨在表明：孝行"不假外求"，由孝心自然流露。孝行发自孝心，孝心源自天理良知这一"德性的本原"和"先天的理性原则"[7]。

由此而来，需要进一步思考的问题是：孝与友、悌、忠、信等德目是什么逻辑关系？在《孝经》思想结构中，孝是上位概念，"夫孝，德

---

1 王阳明：《王阳明全集》卷一《语录一》，吴光等编校，浙江古籍出版社2010年版，第36页。
2 王阳明：《王阳明全集》卷一《语录一》，吴光等编校，浙江古籍出版社2010年版，第36页。
3 王阳明：《王阳明全集》卷六《文录三》，吴光等编校，浙江古籍出版社2010年版，第232页。
4 王阳明：《王阳明全集》卷一《语录一》，吴光等编校，浙江古籍出版社2010年版，第6页。
5 牟宗三：《从陆象山到刘蕺山》，吉林出版集团有限责任公司2010年版，第160—161页。
6 王阳明：《王阳明全集》卷一《语录一》，吴光等编校，浙江古籍出版社2010年版，第7页。
7 杨国荣：《心学之思：王阳明哲学的阐释》，中国人民大学出版社2009年版，第125页。

第七章 陆象山与王阳明

之本也,教之所由生也"[1]。孝甚至取代仁,上升为道德的本源。与《孝经》作者力图建构孝本论大异其趣的是孟子的哲学思考。孟子列举仁爱三大场域:"亲亲""仁民"与"爱物"。"亲亲""仁民"与"爱物"三者属于同一层次的"仁者爱人",亲亲之爱不是"仁民"与"爱物"得以成立的逻辑前提。换言之,"仁民"与"爱物"之爱并非从亲亲之爱推演出来。王阳明进而认为:"良知只是一个,随他发见流行处当下具足。""致此良知"以"事亲",便是孝;"致此良知"以从兄,便是悌;"致此良知"以事君,便是忠。友悌忠信各自直接源自良知之"意",而非以事亲之孝心推演于事君显现为忠。孝与忠信友悌诸德是平行关系,而不是上位概念与下位概念之间的逻辑关系,"不是事君的良知不能致,却须又从事亲的良知上扩充将来,如此又是脱却本原,著在支节上求了"[2]。以孝论证忠信友悌正当性,属于"脱却本原"之举,孝悌忠信之间"不须假借"。王阳明这一思路与观点,与孟子若合符契。其哲学意义在于:孝不是本体,良知才是本体。[3]"化良知为德性"[4],孝悌忠信皆是良知的分有。孟子所言"尧舜之道,孝弟而已"[5]并非旨在建构孝本论,而是揭示一个客观事实:如果将人类情感还原,情感的内核是父母子女之情。人自呱呱坠地开始,得到的第一份爱源自父母。子女长大成人,献出的第一份爱也是回馈父母。王阳明继而认为,孝悌是良知发见"最真切笃厚"[6]之处,人人皆可以在自己的生活世界中,借助孝悌证明良知

---

[1] 阮元校刻:《孝经注疏·开宗明义章第一》,《十三经注疏》,中华书局2009年版,第5525页。
[2] 王阳明:《王阳明全集》卷一《语录一》,吴光等编校,浙江古籍出版社2010年版,第92页。
[3] 按照王阳明哲学的逻辑架构,良知在社会伦理层面,呈现为仁。
[4] 杨国荣:《心学之思:王阳明哲学的阐释》,中国人民大学出版社2009年版,第125页。
[5] 朱熹:《孟子集注·告子章句下》,《四书章句集注》,中华书局1983年版,第339页。
[6] 王阳明:《王阳明全集》卷二《语录二》,吴光等编校,浙江古籍出版社2010年版,第92页。

属于放之四海而普遍存在的本体。程明道对《论语》中有子所言"孝悌也者，其为仁之本与"[1]一段话非常不满，因而增字解经，在仁前面增加一个"行"字："行仁自孝弟始，孝弟是仁之一事，谓之行仁之本则可，谓是仁之本则不可。"[2]王阳明对程明道这一观点深表赞同，并且一再申明"其说是矣"[3]。

康德哲学中的"良知"，既是一种善良意志、道德判断能力，又是一种道德情感。相映成趣的是，王阳明的良知既是"是非之心"，又渗入情感认同。心一旦"昭明灵觉"，回归"本体心"，良知便彰显出"当下即是"的现实性品格。作为良知发用的孝心与孝行，在经验世界中往往通过情感直接显发出来。在劈柴挑水的日常生活中，孝心具体通过"真诚恻怛"情感得以展现。情感是人类行为的原初动力之一，人在本质上首先是情感的存在，然后才是理性的存在。以良知之"真诚恻怛"面对父母尊长，自然显现为孝；"真诚恻怛"面对兄长，自然显现为悌；"真诚恻怛"面对陌生人，自然呈现为信；"真诚恻怛"面对君王，自然呈现为忠。"只是一个真诚恻怛，便是他本体。"[4]天理原来是"有所指向"，这与佛教"无所指向"截然有别。这个"有所指向"强调人的主体性，强调人的实践理性，强调人至真至切的情感流露，强调心对天理的呼唤。如果"真诚恻怛"情感有所遮蔽，在父母面前不可能彰显出孝。与此同理，悌、信、诚、友、忠在不同客观对象面前同样显发不出来。心只有臻入"真诚恻怛"情感状态，真心呼唤天理，才是良知。与

1　朱熹：《论语集注·学而第一》，《四书章句集注》，中华书局1983年版，第48页。
2　程颢、程颐：《二程集·遗书》卷十八《伊川先生语四》，王孝鱼点校，中华书局2004年版，第183页。
3　王阳明：《王阳明全集》卷二《语录二》，吴光等编校，浙江古籍出版社2010年版，第93页。
4　王阳明：《王阳明全集》卷二《语录二》，吴光等编校，浙江古籍出版社2010年版，第92页。

第七章 陆象山与王阳明

此相对,在"温凊之节""奉养之宜"[1]等孝亲礼仪领会与表达方面,舞台上的"戏子"可能比现实生活中芸芸众生更拿捏到位,甚至可以赢得台下一片掌声,但是,在王阳明看来,演员的表演只是伪善,而不是"至善"。如果把"温凊之节""奉养之宜"当作知识对象处理,三五日就可讲授完毕,但是,王阳明指出,"温凊之节""奉养之宜"不仅仅限于"学问思辩",关键在于是否"有个深爱做根"[2]。王阳明继而指出,"诚孝的心"就是根,有"诚孝的心"自然产生"真诚恻怛"情感。有无"真诚恻怛"道德情感,成为区分戏子表演与真孝子的分水岭。阳明以"真诚恻怛"论孝,旨在表明孝是自然而然的情感展现,孝不是认识论层面的对象,也不是伦理学层面的"它者",而是审美境界意义上的自然美德。

良知一旦臻于"真诚恻怛"情感状态,是人生最大快乐,因而王阳明经常说"乐是心之本体"[3],这是以情感指代本体,犹如孟子"诚者天之道"[4]以德性指代本体。乐有"七情之乐"与"圣贤之乐"的分别,"圣贤之乐"实际上就是儒学史上常谈常新的"孔颜乐处"之乐。"圣贤之乐"是一种精神之乐,类似于亚里士多德所说的"幸福"在于灵魂体现德性的活动。儒家虽然没有"幸福"这一观念(有别于《尚书·洪范》"五福"),但"孔颜乐处"之乐就是儒家的"幸福"。儒家的这种幸福观偏重于精神之乐,恰如王阳明所言:"良知即是乐之本体。"[5]王阳明这一论断,其哲学意义在于:人类行为的动力源何在?休谟认为理性

---

[1] 王阳明:《王阳明全集》卷一《语录一》,吴光等编校,浙江古籍出版社2010年版,第3页。
[2] 王阳明:《王阳明全集》卷一《语录一》,吴光等编校,浙江古籍出版社2010年版,第3页。
[3] 王阳明:《王阳明全集》卷三《语录三》,吴光等编校,浙江古籍出版社2010年版,第122页。
[4] 朱熹:《孟子集注·离娄章句上》,《四书章句集注》,中华书局1983年版,第282页。
[5] 王阳明:《王阳明全集》卷五《文录二》,吴光等编校,浙江古籍出版社2010年版,第208页。

无法成为人类行为的主动力,并且将其转化为具体的行动:"理性是完全没有主动力的,永远不能阻止或产生任何行为或感情。"[1]与休谟不同,王阳明认为理性引导之下的情感才是人类行为的主动力。有孝亲之情却无理性指引,人的孝行势必沉沦为"犬马之孝";有理性而无内在情感,孝行势必沦为"戏子"表演,更遑论体领人生之乐。"只要此心纯乎天理之极"[2],即以天理良知范导人类孝亲之情,才会产生真正的"乐",也就是王阳明晚年的口头禅"常快活"。

此外,如果将王阳明孝论置放于其一生时间长河中考察,我们发现阳明孝论还存在一个特点:"用佛入儒"。弘治十六年(1503),王阳明时年32岁,因病归越,在会稽山修筑阳明洞,日夕勤练道教导引"真空练形法",与此同时,潜心究读佛书,"溺于佛氏之习",甚至一度想"遣弃世累"出家为僧。徘徊良久,对家人亲情的思念之情始终萦绕于心。无论在责任上,抑或在情感上,都无法做到与亲人一刀两断。"久之,悟此念生自孩提,人之种性。灭绝种性,非正学也。"[3]"种性"概念出自大乘佛教,《楞伽经》列举了五种"种性"[4],《宗镜录》解释说"体同曰性,相似名种"[5],王阳明于此应当是化用了佛教"种性"一词。耿宁认为"种性是一个佛教的表达:对于王阳明来说,它在这里大致是指人的固持本性,在孟子看来,它是善的"[6]。王阳明意识到"种性"与儒家"念亲"之间存在亲和之处,彼此之间都蕴含先在性、普遍性特点,

---

[1] [英]休谟:《人性论》,关文运译,商务印书馆1980年版,第497—498页。
[2] 王阳明:《王阳明全集》卷一《语录一》,吴光等编校,浙江古籍出版社2010年版,第4页。
[3] 束景南:《王阳明年谱长编》第一册,上海古籍出版社2017年版,第263页。
[4] 释正受:《楞伽经集注》卷一,释普明点校,上海古籍出版社2016年版,第72页。
[5] 释延寿集:《宗镜录》卷七,三秦出版社1994年版,第84页。
[6] [瑞士]耿宁:《人生第一等事——王阳明及其后学论"致良知"》上册,倪梁康译,商务印书馆2014年版,第105页。

第七章 陆象山与王阳明

因此，在这一时期表面上似乎存在"以佛释儒"，确切地说应该是化用佛教概念。根据钱德洪、邹守益等人记载，32岁的王阳明在钱塘期间，曾经以儒家"爱亲本性"和佛教"种性"喝悟一位"不语不视"闭关三年的高僧。王阳明询问高僧是否还有家人健在？当高僧回答还有老母亲在家乡时，王阳明进而问他思念母亲的念头是否还会在心底偶尔涌现？高僧思忖良久，缓缓说道："不能不起。"阳明随即以儒家"爱亲本性"循循善诱："此念，人之种性。若果可断，寂灭种性矣。"[1]这一时期出现的"种性"与"爱亲本性"相互格义的材料，虽然仅仅出自钱德洪、邹守益、耿定向等人的记载，未见王阳明本人直接表述，但是，从湛甘泉梳理王阳明一生思想演变的"五溺"心路历程分析，青年时代的王阳明"出入二氏"，"用佛入儒"可以视为青年王阳明思想一大特点。值得注意的是，"用佛入儒"并非仅仅停留于王阳明青年时期，而是伴随其一生心路历程。正德十六年（1521），50岁的王阳明在致陆原静的一封书信中，以佛教"本来面目"诠释儒家"良知"，以佛教"种性"诠释儒家"良知"之"本自宁静""善恶自辨"特性："只是一念良知，彻头彻尾，无始无终，即是前念不灭，后念不生。今却欲前念易灭，而后念不生，是佛氏所谓断灭种性，入于槁木死灰之谓矣。"[2]如果说记录32岁王阳明有关"种性"的材料仅仅源自弟子门人之笔，那么致陆原静书信中出现的"种性"概念直接发自晚年王阳明之口。由此可见，王阳明一直在化用佛教"种性"概念。"念亲"与"种性"互释，贯穿于王阳明一生思想历程。但衡今评论说："其用佛入儒，用儒入佛处，自是唐宋以来第一人。"[3]证诸史实，确乎不谬。

---

1 束景南：《王阳明年谱长编》第一册，上海古籍出版社2017年版，第263页。
2 王阳明：《王阳明全集》卷二《语录二》，吴光等编校，浙江古籍出版社2010年版，第73页。
3 陈荣捷：《王阳明〈传习录〉详注集评》，重庆出版社2017年版，第184页。

（二）以知行合一范导"如何行孝"

良知是孝道的本源，知行合一是孝行的实践原则。王阳明哲学本质上是伦理哲学，在论证知行合一命题过程中，时常以孝作为典型案例来证明知行不可隔离。知行关系是儒学史上常谈常新的话题，程伊川尝言"知之深，则行之必至，无有知之而不能行者。知而不能行，只是知得浅"[1]，黄宗羲由此认为"伊川先生已有'知行合一'之言矣"[2]。但是，程伊川的"知"与"行"存在一个先后有序的时间差，知先而行后。朱熹也有类似的表述，但也说过"须是于知处求行，行处求知"[3]。朱子这一观点，或许对王阳明有所影响。王阳明哲学中的"知"与"行"本来就是合一，而且"应该"合一。此外，知与行不存在时间上的先后，知与行属于同一行为的两个不同向度，彼此之间不存在时间差。正如有的学者所言："说知即逻辑地包含行，说行即逻辑地包含知。"[4]

正德七年（1512）岁末，王阳明在南下舟中与弟子徐爱讨论"知行合一"。徐爱说：人在知识上"知得父当孝，兄当弟"，但在日常生活中往往"不能孝，不能弟"，因此"便是知与行分明是两件"。王阳明点拨他说：知行存在"本体的知行"和"非本体的知行"，"此已被私欲隔断，不是知行的本体了。未有知而不行者，知而不行，只是未知"[5]。

---

1 程颢、程颐：《二程集·遗书》卷十五《伊川先生语一》，王孝鱼点校，中华书局2004年版，第164页。

2 黄宗羲：《宋元学案》卷十五《伊川学案上》，全祖望补修，陈金生、梁运华点校，中华书局1986年版，第603页。

3 黎靖德编：《朱子语类》卷二十三《论语五》，王星贤点校，中华书局1986年版，第546页。朱熹又云："然知之而不肯为，亦只是未尝知之耳。"（参见黎靖德编：《朱子语类》卷二十三《论语五》，王星贤点校，中华书局1986年版，第551页）

4 参见张学智：《明代哲学史》（修订版），中国人民大学出版社2012年版，第94页；陈立胜：《入圣之机：王阳明致良知工夫论研究》，生活·读书·新知三联书店2019年版，第116页。

5 王阳明：《王阳明全集》卷一《语录一》，吴光等编校，浙江古籍出版社2010年版，第4页。

第七章 陆象山与王阳明

"本体的知行"与"非本体的知行"最大区别在于:"本体的知行"属于"真知",在良知范导下,知与行不相隔断,知涵摄了"必能行"义项。王阳明以《大学》"好好色"为例加以阐述:"见好色"属于知,"见"不是中性之见,而是良知之见。不是先"见"了,然后再立一个"心"来"好色",而是"见"与"心"同时呈现,不分先后。"好好色"属于行,行既指外在行为,又蕴含心理意识活动。我们夸奖某人是孝子,不是指某人只懂得孝的大道理,而是在日常生活中踏踏实实践行了孝德。"知"是"必能行"之知,犹如"知痛",肯定是曾经受过伤疼痛过;"知寒",必定曾经有挨冻经历。"某尝说知是行的主意,行是知的功夫。知是行之始,行是知之成。"[1]

除了一再阐明知行不分先后,王阳明经常以孝为例阐释知行合一真谛。"知之真切笃实处,即是行;行之明觉精察处,即是知。知行工夫,本不可离。"[2]这是王阳明晚年"知行合一"最经典的表述,东正纯甚至认为这属于"文成说知行之定本"[3]。在作为知行合一"定本"的这一封信中,王阳明表达的一个观点是:知行"本不可离"。理在心内,不在心外。心是集合概念,可涵摄仁、义、理三个观念。从"全体恻怛"情感而言,心是仁;从强烈实现自我的道德驱动力而言,心是义;从事物之"条理"而言,心是理。阳明晚年对知行合一所做的界定,依然以孝亲为例进行论证:"故有孝亲之心,即有孝之理。无孝亲之心,即无孝之理矣。"[4]"孝亲之心"是"孝之理"存在的前提与依据,"孝之理"是"孝亲之心"固有的内涵。从"孝亲之心"之外去寻找"孝之理",必

---

[1] 王阳明:《王阳明全集》卷一《语录一》,吴光等编校,浙江古籍出版社2010年版,第5页。
[2] 王阳明:《王阳明全集》卷二《语录二》,吴光等编校,浙江古籍出版社2010年版,第46页。
[3] 陈荣捷:《王阳明〈传习录〉详注集评》,重庆出版社2017年版,第134页。
[4] 王阳明:《王阳明全集》卷二《语录二》,吴光等编校,浙江古籍出版社2010年版,第47页。

将导致知与行的隔离。这封信表面上是回复顾东桥"专求本心,遂遗物理"[1]的观点,实际上是对朱子先有"孝之理"、后有"孝亲之心"的批评。阳明指出顾东桥"外心以求理"[2]可能导致知行分裂。宇宙万物种类繁殊,一事一物皆有理,但是,这个世界是人建构的意义世界,事事物物之理皆存在于心内。"外吾心而求物理,无物理矣。"[3]由此可见,王阳明其实从来没有忽略对天地万物外在客观自然之理的探索。此外,王阳明晚年在一些书信中多次以孝为例论说知行合一。王阳明在致顾东桥一封信中讨论如何评价舜"不告而娶",面对诸如此类"变常之事",既无历史前例可循,也无现成礼法可依,指导人们行为的价值准则只有良知,舜"不告而娶"缘由在于"无后为大"。在忠与孝发生矛盾的情况下,舜首先选择了后者,但在效果上,既成全了臣子之忠,也实现了孝子之心。孟子当时借塑造舜这一孝子形象,旨在表述孝亲贵在"养志"而不是"养口体"。阳明于此再次讨论舜"不告而娶",力图说明"行"可以实现"知","以是而言可以知致知之必在于行,而不行之不可以为致知也,明矣"[4]。

王阳明不仅是知行合一理论建构者,而且以自己一生孝亲经历证悟知行合一。恰如钱穆所言:"只是本着己心来指点人心。"[5]弘治十五年(1502,时年31岁),王阳明告病归越,养病期间醉心于道教导引术,日夕与道友谈仙论道,甚至一度想离家远遁。出世与入世的矛盾时时在心头纠结,最终还是"念亲"的意念战胜了出世的想法。在宦

---

1 王阳明:《王阳明全集》卷二《语录二》,吴光等编校,浙江古籍出版社2010年版,第47页。
2 王阳明:《王阳明全集》卷二《语录二》,吴光等编校,浙江古籍出版社2010年版,第47页。
3 王阳明:《王阳明全集》卷二《语录二》,吴光等编校,浙江古籍出版社2010年版,第47页。
4 王阳明:《王阳明全集》卷二《语录二》,吴光等编校,浙江古籍出版社2010年版,第55页。
5 钱穆:《宋明理学概述》,九州出版社2010年版,第210页。

第七章 陆象山与王阳明

官王瑾之乱期间，王阳明惨遭辱殴，继而贬谪龙场驿。在远赴龙场驿之前，王阳明又一次萌发了远遁隐世的念头。虽然遇仙游海、入山遇虎多有虚构成分，但是，最终打消隐居武夷山终老念头的原因，在于道士语重心长的规劝："汝有亲在，万一瑾逮尔父，诬以北走胡，南走粤，何以应之？"[1]孝亲并不仅仅在于从知识论上懂得如何昏定晨省、温清奉养，更重要的在于一旦面对生死危急关头，对亲人的关爱以及对家庭的责任依然萦绕心头。在南赣任职期间，阳明在官署特意建造"思归轩"，并作《思归轩赋》抒发思念亲人之情。宁王叛乱爆发，王阳明挺身而出平定叛乱，虽然功勋卓越，仍不免遭受官场谗幸陷害。王阳明再一次滋生放弃仕宦生涯、隐居终老念头，"以一身蒙谤，死即死耳，如老亲何？"对亲人的挂念，也再一次成为王阳明面对波诡云谲、倾轧不已的黑暗政坛仍然抗争前行的精神动力。王阳明曾经两年之内四次上疏归乡省亲，正德十六年，王阳明的"冒罪以请"终于得到朝廷批准。父子相见，76岁的老父以"知足不辱、知止不殆"教诲刚刚度过生死劫难的王阳明，王阳明当即下跪："大人之教，儿所日夜切心者也。"[2]

王阳明生命哲学中的理想人格是圣人，孝亲是臻至圣人境界的第一步。王阳明以"精金"比喻圣人，尧舜是万镒精金，孔子是九千镒精金，分两虽不同，本质却一样。良知既具有"人人同具"普遍必然性，也具有个体性特点。尘世间人人"力量气魄"不同，但"此心""人人自有"，"无不具足"。无论是达官贵人，抑或"自弊自昧"的"愚不肖者"，只要"此心纯乎天理"，人人"皆可以为尧舜"。可悲的是有些人

---

[1] 束景南：《王阳明年谱长编》第一册，上海古籍出版社2017年版，第409页。
[2] 束景南：《王阳明年谱长编》第三册，上海古籍出版社2017年版，第1230、1432页。

明明是"桀纣心地",却企图做"尧舜事业"。[1]缘此,如何培植"尧舜心地"成为阳明思考的一大伦理问题。他认为,培植"尧舜心地"必须从儿童教育开始,"蒙以养正"。儿童的特点是"乐嬉游而惮拘检"[2],因此,启蒙教育应该像春风化雨一般,由浅入深滋润孩子心田:"诱之以歌诗以发其志意,导之习礼以肃其威仪,讽之读书以开其知觉。"[3]王阳明主张启蒙教育的第一课"惟当以孝弟忠信礼义廉耻为专务"[4]。在人伦"八德"中,孝位列首位。即便在戎马倥偬的生涯中,王阳明也不忘告诫其子王正宪"勤读书,要孝弟"[5]。王阳明在平时的教学生涯中,严格要求弟子在每日上课之前必须反省四个问题,前两个问题是"在家所以爱亲敬畏之心,得无懈忽未能真切否?温凊定省之仪,得无亏缺未能实践否?"[6]从孔子到王阳明,历代大儒无不重视孝德教育,其中原委在于通过孝亲培植感恩之心。孔子当年之所以在"三年之丧"礼仪上对宰我有所批评,表面上是埋怨宰我不懂丧葬之礼,实质上是指责宰我感恩之心尚未牢固树立。感恩之心是灵魂的清洁剂,一个人只有感恩之心树立起来,心智才趋于成熟,王阳明称之为"凡做人,在心地"[7]。

王阳明根据"心地"高低,将人的精神品质划分为三种境界:"生知安行者""学知、利行者"和"困知、勉行者"。"生知安行"显然脱胎于孔子"仁者安人"[8],《礼记·表记》继而细分为"仁者安仁,知者

---

1 王阳明:《王阳明全集》卷一《语录一》,吴光等编校,浙江古籍出版社2010年版,第34页。
2 王阳明:《王阳明全集》卷二《语录二》,吴光等编校,浙江古籍出版社2010年版,第95页。
3 王阳明:《王阳明全集》卷二《语录二》,吴光等编校,浙江古籍出版社2010年版,第95页。
4 王阳明:《王阳明全集》卷二《语录二》,吴光等编校,浙江古籍出版社2010年版,第95页。
5 束景南:《王阳明年谱长编》第三册,上海古籍出版社2017年版,第1072页。
6 王阳明:《王阳明全集》卷二《语录二》,吴光等编校,浙江古籍出版社2010年版,第96页。
7 束景南:《王阳明年谱长编》第三册,上海古籍出版社2017年版,第1072页。
8 朱熹:《论语集注·里仁第四》,《四书章句集注》,中华书局1983年版,第69页。

第七章 陆象山与王阳明

利仁，畏罪者强仁"[1]。"安仁"也可以称之为"乐仁"，以仁为安，也就是以仁为乐。恰如楚简《五行》所言"不仁不安，不安不乐，不乐无德"[2]。既然心安于仁，且乐于仁，仁与人性必然存在内在的牵连。牟宗三进而从哲学高度论定孔子之"仁即是性，即是天道"[3]。三种"心地"之人，在如何孝亲的工夫论上，显然有轩轾之别："生知安行者"属于圣人境界，"只是依此良知落实尽孝而已"。[4]所谓"落实"，与陈白沙和湛甘泉所言"自然"有相通之处，"理出于天然，故曰自然也"[5]。鸢飞鱼跃、勿忘勿助，皆是孝心的"自然"流露。"学知、利行者"即《礼记》所言"知者"，立足于功利主义立场，将孝理解为外在强制的道德规范，这类人务必"时时省觉"，求其"放心"，以"不自欺"之心"依此良知尽孝"；"困知、勉行者"即《礼记》所言"畏罪者"，这种人的孝心已被"私欲所阻"，在工夫论上必须发挥"人一己百、人十己千"的力量勇于战胜自我、超越自我，才有可能将"蔽锢已深"的良知从"私欲"中超拔出来。圣人虽然已臻于"生知安行"境界，在现实生活中却往往能做到"降尊纡贵"，以责人之心律己，以忠恕之心孝亲。"困知、勉行者"恰恰相反，不能做到克己复礼，却时常自以为已跻身"生知安行"境界，心被私欲主宰反而浑然不知。[6]历史上的舜与瞽叟就是"生知安行"和"困知、勉行者"两类道德人格的典型代表。王阳明在庐陵为官期间审理了一场父子相讼案，父亲控告儿子不孝，儿子指责父亲不

1　阮元校刻：《礼记正义·表记》，《十三经注疏》，中华书局2009年版，第3557页。
2　刘钊：《郭店楚简校释·五行》，福建人民出版社2005年版，第78页。
3　牟宗三：《名家与荀子》，吉林出版集团有限责任公司2010年版，第135页。
4　王阳明：《王阳明全集》卷二《语录二》，吴光等编校，浙江古籍出版社2010年版，第74页。
5　陈献章：《陈献章集》下册，孙通海点校，中华书局1987年版，第896页。
6　王阳明：《王阳明全集》卷二《语录二》，吴光等编校，浙江古籍出版社2010年版，第74页。

慈。王阳明调解之后说了一番话，结果"父子相抱恸哭而去"[1]。同僚有些好奇，询问王阳明究竟说了什么话让父子当场和解，王阳明解释说："我言舜是世间大不孝的子，瞽瞍是世间大慈的父。"这一句正话反说的话让人惊愕不已，王阳明解释说：众所周知，舜是历史上的大孝子，但是，舜"常自以为大不孝"，"攻其恶，求其过"。[2]面对父母的埋怨，舜不是指责父母没有恪守慈德，而是不断反躬自问：在何处尚未完全尽到孝德？正因为舜严于律己，"日思所以不能尽孝处，所以愈能孝"。与此相反，瞽瞍倚老卖老，总是偏执于曾经养育了舜这一客观事实，时常胁迫舜对自己百依百顺。父慈子孝，本是父子双方应遵守的人伦道德。《贾子·道术》云："亲爱利子谓之慈。"[3]瞽瞍从来不以慈德严格要求自己，反而一再陷害舜（根据《孟子》所载），因此，瞽瞍"常自以为大慈，所以不能慈"[4]，瞽瞍本是"桀纣心地"，却不知悔改。形成鲜明对照的是，舜已是圣人心地，在父母面前一再以"困知、勉行"提撕自身，以"尽己""推己"勉励自身，勇于反省，勇于思过，既成全了孝德，又在人格境界上成全了自我。

（三）"耻其不能致得自己良知"：耻是唤醒良知的情感装置

王阳明与朱熹对孟子"四心""四德"的理解有所不一。朱子认为恻隐、羞恶、辞让与是非属于已发之情，仁、义、礼、智是未发之性，心有统摄情性的功能；王阳明则认为，恻隐、羞恶、辞让、是非之情

1　王阳明：《王阳明全集》卷三《语录三》，吴光等编校，浙江古籍出版社2010年版，第123页。
2　王聘珍：《大戴礼记解诂》，王文锦点校，中华书局1983年版，第69页。
3　贾谊：《新书校注》，阎振益、钟夏校注，中华书局2000年版，第303页。
4　王阳明：《王阳明全集》卷三《语录三》，吴光等编校，浙江古籍出版社2010年版，第123页。

第七章 陆象山与王阳明

与仁、义、礼、智四性，统统都是良知的"表德"，不存在朱子所说的"未发之性"与"已发之情"的区分。[1]"心之发也，遇父便谓之孝，遇君便谓之忠。"[2]孝悌忠信皆直截了当由心发出，不必透过"已发"来表达"未发"。这种别具一格的诠释无疑具有创新意义。但是，在世俗世界中，个体的"私意"时常占据上风，由此引出一个重大理论问题，有待于王阳明从哲学层面解答：心一旦被"私欲客气"遮蔽，如何找回迷失的良知？面对"私欲客气"时常挟持时，"是非之心"是否偶尔会出现"瞌睡"现象？简言之，良知是否存在滞后缺陷？弟子陆原静问"良知亦有起处"[3]，王阳明指出这一提问本身存在问题，良知应从本体论层面和工夫论层面区别辨析。从本体而言，作为"心之本体"的良知"无起无不起"，良知在本质上不存在所谓发端不发端一说。如果承认良知也有"不起"之时，等于承认良知本体并不具有普遍性和超越性，但是，在经验世界层面，由于人生活在"私意"欲望的追逐之中，良知确实存在偶尔被遮蔽之时。曾经有弟子戏谑地问阳明：人入睡时，良知是否也昏睡？王阳明回答说：作为人之定盘神针的良知在价值本源层面，具有超越性的特点，与此同时，作为具体实践指引的道德知识而言，良知又从不缺席，因此，即使人处于昏睡之时，天理良知仍然清醒不昧，"虽妄念之发，而良知未尝不在"[4]。此处良知虽然也"在"，但良知被妄念重重压抑，良知的作用一时发生不出来，犹如太阳永恒存在，但乌云时常遮蔽太阳的光辉。因为人既是道德的存在，也是世俗生物性存在，在日常生活中，心时时被私欲昏念绑架也是随处可见的客观事实。既然

---

1 王阳明：《王阳明全集》卷一《语录一》，吴光等编校，浙江古籍出版社2010年版，第17页。
2 王阳明：《王阳明全集》卷一《语录一》，吴光等编校，浙江古籍出版社2010年版，第17页。
3 王阳明：《王阳明全集》卷二《语录二》，吴光等编校，浙江古籍出版社2010年版，第67页。
4 王阳明：《王阳明全集》卷二《语录二》，吴光等编校，浙江古籍出版社2010年版，第67页。

如此，如何让人心迅速从"现实心"复归"本体心"，就成为王阳明哲学体系中必须解决的一个理论问题，由此引出阳明哲学架构中一个重要的观念——"耻"。"耻"属于本源情感，植根于人性内部，耻感的发生是人基于对道德人格的维护而在心理中产生的价值冲突。耻感的重要性在于：耻是唤醒良知的情感装置。犹如烧热水的水壶，温度达到一百度时就会鸣鸣作响，提醒主人水已烧开。阳明在《与黄宗贤》一封信中说："《中庸》谓'知耻近乎勇'，所谓知耻，只是耻其不能致得自己良知耳。今人多以言语不能屈服得人为耻，意气不能陵轧得人为耻，愤怒嗜欲不能直意任情得为耻，殊不知此数病者，皆是蔽塞自己良知之事，正君子之所宜深耻者。今乃反以不能蔽塞自己良知为耻，正是耻非其所当耻，而不知耻其所当耻也。可不大哀乎！"耻有"耻非其所当耻"与"耻其所当耻"区别。君子以"蔽塞自己良知为耻"，在意念和行为被私欲挟持和"耻其不能致得自己良知"之间，耻犹如茫茫大海上的灯塔在发挥积极的警醒与引导作用。作为儒家"三达德"之一的耻，其发生机制往往透过"不安"这一情绪表达出来："当从父兄之命即从父兄之命，亦只是致良知。其间权量轻重，稍有私意于良知，便自不安。"[1] "不安"是一种情绪和情感，显现的是因为价值观冲突在内心滋生的焦虑与痛苦。"不安"的背后隐伏的是耻，耻作为一种道德情感和价值意识，往往在半夜三更"夜气"发生之时，最容易生发出来。耻的本质是道德觉醒，"知耻近乎勇"，有道德觉醒才有可能产生知行合一意义上的勇，因此，正是耻的力量才得以将人从世俗妄念的泥淖中拯救出来，将人从"常人"状态提升为君子人格。由不安滋生耻，由耻迸发勇，由勇实现良知，展现出王阳明良知思想内在逻辑进路。有了耻这一道德情感提醒

---

[1] 王阳明：《王阳明全集》卷六《文录三》，吴光等编校，浙江古籍出版社2010年版，第234、229页。

第七章 陆象山与王阳明

装置,良知才得以时常被"呼唤"回来。在世俗经验世界而非本体论层面,良知借助耻被激活。然而,良知借助耻而唤醒在时间上显然存在个体性差异。弟子薛侃经常因孝亲悔悟过错,王阳明说悔悟是治病药方,治病贵在第一时间快速下药,"若滞留于中,则又因药发病"[1]。这种"多悔"是第一时间发生,良知未被"私意"压制,耻在第一时间提醒良知在场。王阳明曾经以"有母在""起念否"喝悟闭关三年的和尚,使得这位高僧连夜赶回阔别已久的家乡。王阳明借用禅家棒喝手段,激发、唤醒和尚内心的羞耻感。虽然"念亲"之心在他的内心已压抑多年,但这一"爱亲本性"像灰烬中的火星一样仍然客观存在。像高僧这种人的羞耻意识的唤醒,就不是第一时间发生,而是多年之后被王阳明用巧计激活,"良知愈思愈精明"[2]。缘此,王阳明时常借用佛教"常提念头"偈语,告诫弟子在孝亲工夫论上需"戒惧克治",必须时时"常提不放"[3],在孝亲时持之以恒"主一"。"主一"之"一"是天理,而非"现实心"。王阳明于此所言天理,其实就是天理发用的"本体心"。

为了防范心被"私欲客气"遮蔽,王阳明结合自身一生孝亲体验,在工夫论上梳理出两点孝亲心得。

其一,以理节情。王阳明认为天理"亦自有个中和处"[4]。天理良知是"心之本体","中和"是天理内在规定性。人作为具有自由意志的存在者,自然情感与天理良知之间存在一些张力。因此,在处理情感与天理良知关系上,"必须调停适中"[5]。陆澄在鸿胪寺任职期间,从家

---

1 王阳明:《王阳明全集》卷一《语录一》,吴光等编校,浙江古籍出版社2010年版,第34页。
2 王阳明:《王阳明全集》卷三《语录三》,吴光等编校,浙江古籍出版社2010年版,第120页。
3 王阳明:《王阳明全集》卷二《语录二》,吴光等编校,浙江古籍出版社2010年版,第74页。
4 王阳明:《王阳明全集》卷一《语录一》,吴光等编校,浙江古籍出版社2010年版,第19页。
5 王阳明:《王阳明全集》卷一《语录一》,吴光等编校,浙江古籍出版社2010年版,第19页。

信得知小儿病危，伤心欲绝，"甚忧闷不能堪"[1]。王阳明宽慰他说："此时正宜用功。"[2]所谓"用功"是指情感的宣泄"过"或者"不及"，都违忤天理良知"中和"。当年孔子弟子子夏得知儿子去世消息，哭瞎了双眼，曾子批评子夏"丧尔子，丧尔明，尔罪"[3]。父母爱子女是人之天性，但如果情感宣泄太"过"，便走向了天理良知"中和"的反面。情感有待于天理良知节制，有所"调停适中"的情感才能实现天理"中和"。湛甘泉以"中正"作为天理的一种内在规定性，从而为随时随地体认天理提供了一个目标指向。王阳明的"中和"与湛甘泉的"中正"都指涉在工夫论层面，如何事事"磨炼"，进而澄现天理。王阳明在批评陆澄有些"过"的同时，进一步指出面对父母丧事，子女往往"欲一哭便死，方快我心"[4]，却忘记了《孝经》"毁不灭性"的教诲。慎终追远是子女应尽的道德义务，但如果在情感表达上趋于极端，恰恰如同《大学》所言"有所忧患，不得其正"[5]。战国晚期的儒家出现了"以礼训义"的思想潮流[6]，目的在于为义存在的正当性提供一个形而上的哲学根据，从而与盗跖之徒所信奉的"仁义圣智勇"相割离。王阳明"以理节情"，旨在将自然情感调适至中和程度，达到朱熹所言"所好所乐皆中理"[7]。

---

1 王阳明：《王阳明全集》卷一《语录一》，吴光等编校，浙江古籍出版社2010年版，第18页。
2 王阳明：《王阳明全集》卷一《语录一》，吴光等编校，浙江古籍出版社2010年版，第18页。
3 孙希旦：《礼记集解·檀弓上第三》，沈啸寰、王星贤点校，中华书局1989年版，第192页。
4 王阳明：《王阳明全集》卷一《语录一》，吴光等编校，浙江古籍出版社2010年版，第19页。
5 阮元校刻：《礼记正义·大学》，《十三经注疏》，中华书局2009年版，第3634页。
6 《荀子·大略》："行义以礼，然后义也。"（王先谦：《荀子集解》，沈啸寰、王星贤点校，中华书局1988年版，第492页）《礼记·礼运》也有类似的表述："礼也者，义之实。"（阮元校刻：《礼记正义·礼运》，《十三经注疏》，中华书局2009年版，第3088页）
7 黎靖德编：《朱子语类》卷十六《大学三》，王星贤点校，中华书局1986年版，第343页。

第七章 陆象山与王阳明

其二，身心合一。"佛氏不着相，其实着了相。吾儒着相，其实不着相。"[1]佛教偏执于父子、君臣和夫妇等概念名相，以"逃避"方式处理人世间社会关系和家庭伦理，结果导致身心割离。在王阳明看来，佛教的这种"不着相"，其实是有所"着"，"着"于自身出离生死苦海。因此，佛教这种"期必"，究其实质是"自私"。儒家正好相反，不执着于概念名相，以良知之心自然面对人伦纲常，喜怒哀乐自然而然流露。面对父母，良知之心"还他以仁"；面对君臣，良知自然"还他以义"；面对夫妇，良知自然"还他以别"。[2]儒家从来不会把人伦道德看成"虚妄"，不逃避，不偏执，这恰恰是儒家与佛教区别之所在。王阳明在多处与学生讨论一个问题：读书的最高目标是"调摄此心"。这一讨论实际上涉及知识与道德的关系。读书如果掺杂某种功利性欲求，读书便成为工具理性意义上的手段，但是，天底下的父母都希望孩子为科举考试而读书，有"声名牵缠"的知识与道德之间难免产生一些抵牾。换言之，身心之间产生了一些张力。如何化解科举功名与读书"调摄此心"之间的矛盾？王阳明认为良知之下，千事万事只是一事，那就是以"纯乎天理之心"应对科举功名。科举考试恰恰是与"圣贤印对"的途径之一，犹如种地养亲不会"累于学"[3]一样。如果"为学之志真切"[4]，就会意识到无论科举抑或种地，最终的追求都是"成己"。王阳明举例说，湛甘泉就是一"纯孝人"："母命之"参加科举考试，他顺应母亲意愿参加科举；"母命之"出仕为官，他顺应母亲意愿仕宦；"母命之"迎养老人，他"既归而复往"。举凡读书、应试、仕宦和赡养老人，都不会"易其

---

[1] 王阳明：《王阳明全集》卷三《语录三》，吴光等编校，浙江古籍出版社2010年版，第108页。
[2] 王阳明：《王阳明全集》卷三《语录三》，吴光等编校，浙江古籍出版社2010年版，第108页。
[3] 王阳明：《王阳明全集》卷一《语录一》，吴光等编校，浙江古籍出版社2010年版，第33页。
[4] 王阳明：《王阳明全集》卷一《语录一》，吴光等编校，浙江古籍出版社2010年版，第33页。

爱亲之诚"[1]，更不会妨碍其成为"贤者"。

牟宗三认为王阳明的"事亲"观念应该从两个方面解读："知事亲"与"事亲"。前者关涉"为何要事亲"，后者解决"如何去事亲"。犹如"造桌子"必然蕴含"知桌子"这一"知识中之物"成为"整全行为"中的一部分，"在行为宇宙中成就了知识宇宙"。[2]王阳明以天理良知解释"为何要事亲"，继而以知行合一范导"如何去事亲"。既然"心外无理"、天理内在，孝直截了当由本心发出，孝就具有"自然性"特质。所谓"自然性"是指孝源自本心的自然流露与实现，人不是遵循外在的天理与道德规范而行孝，而是因循内心独立自主的自由意志。孝行出于自然而然，而不是应然而然，换言之，在王阳明孝论中，孝不是认识论层面的"它者"，也不单纯是伦理学意义上的"应该"，实质上已成为审美境界意义上的观念。正因为如此，王阳明哲学具有一定的早期启蒙色彩。王阳明的启蒙思想可归纳为内在启蒙，而不是外在启蒙。日本学者井上哲次郎、高濑武次郎指出王阳明哲学对明治维新产生了积极的推动作用[3]，侯外庐认为在明清之际开始萌生了早期的启蒙思想。具体而论，在黄宗羲、唐甄等人的早期启蒙思想中，依稀可以寻觅到王阳明思想的身影。从这一意义上说，王阳明是明清之际社会启蒙思潮的先行者。

---

1 束景南：《王阳明年谱长编》第二册，上海古籍出版社2017年版，第798—799页。
2 牟宗三：《从陆象山到刘蕺山》，吉林出版集团有限责任公司2010年版，第160—161页。
3 参见［日］冈田武彦：《日本人与阳明学》，［日］冈田武彦等著：《日本人与阳明学》，钱明编译，台海出版社2017年版，第22页。

第八章　张载与古代气学

一、"托神道以设教":李淳风"气占"考论

"气占"是中国古代气学内涵之一,但学界对之研究甚少。"气占"与中国古代天文学有关,也与中国古代思想信仰有涉。学界对中国古代天文学史的研究,以往关注的焦点多在于天象记录和观测技术,对其中蕴含的天占、日占、月占、星占、气占、风占等内容,往往斥之以"伪科学"而视若敝屣。"中国古代天文学史"这一概念的边界十分宽泛,绝非"自然科学"这一概念所能涵摄。单纯以现代天文学理论裁量中国古代天文学史,难免导致中国古代天文学史中隐含的人文关怀特点的遗失。大陆陈来教授、江晓原教授、刘朝阳教授、刘乐贤教授等人从历史考索、哲学论证和天学研究诸多角度对天象占多有研究。台湾黄一农教授从"社会天文学史"角度研究"星占"对中国古代战争的影响,其研究视角与观点令人耳目一新。[1]

---

1 英国剑桥大学李约瑟先生和美国宾夕法尼亚大学席文(Nathan Sivin)先生最早认识到中国古代天文学中蕴含浓厚的社会政治目的但没有进行深入和全面的探析。中国台湾黄一农教授自1989年起揭举"社会天文学史"大旗从"荧惑守心""五星会聚"等特殊天象入手,进行一系列个案研究。他将古代科技史与传统历史的研究相结合,综合"外史诉求"和"内史析探",进而揭示中国古代天文学史独特的人文特点。比如,在《中国星占学上最凶的天象:"荧惑守心"》和《汉成帝与丞相翟方进死亡之谜》两篇论文中,黄一农对史籍中所有"荧惑守心"记录逐一考证和验算,发现23次"荧惑守心"天象记录中有17次是伪造的;而实际上曾经真实出现过的38次"荧惑守心"天象,却绝大部分未见诸史籍记录。不仅如此,"荧惑守心"天象还往往和人世间权力斗争密切相关。参见黄一农:《社会天文学史十讲》,复旦大学出版社2004年版。

（一）"气占"判断吉凶的依据和原则

殷周时代，卜筮之风隆盛，灼龟为卜问，蓍占为筮问。这两种祷问术数因有殷墟甲骨和《周易》的传世，人们知之甚详。其实，中国古代实际上还存在着另一种祷问方式——气占。气为云气，卜与巫通过观察云气来预测人事吉凶休咎。按照周礼，每逢春分秋分、夏至冬至、立春立夏、立秋立冬，国君必亲带巫、卜到宫门附近的高台观察云气，占卜吉凶。因此，各诸侯国一般都建有"望国氛""望氛祥"之类的高台，因其用途与神事有关，故称之为"灵台"。《周礼》中的"眡祲"官"掌十辉之法，以观妖祥，辨吉凶"[1]，郑注云"辉谓日光气也"[2]，"十辉"具体指太阳的十种光气。《周礼》中的"保章氏"负责"以五云之物，辨吉凶、水旱降丰荒之祲象"[3]，所谓"五云之物"也是特指日旁云气的五种颜色，古人认为它预示着不同的灾祸或吉祥，郑司农云："以二至二分观云色，青为虫，白为丧，赤为兵荒，黑为水，黄为丰。"[4]

除了《周礼》[5]，在可考的先秦文献中，关于这方面的史料近于一鳞半爪。《汉书·艺文志》著录有《别成子望军气》《常从日月星气》《黄帝杂子气》，颜师古认为常从是老子之师，因此《老子》一书蕴含兵学方面论述。这三种文献皆是先秦古籍，但早已佚失。弥足珍贵的是，《墨子》中的《迎敌祠》和《号令》两篇文章保存了一些尚待学人评估的材料。《墨子·迎敌祠》是墨家探讨城池防守战术的文章，开宗详述

---

1 孙诒让：《周礼正义》卷四十八，中华书局2013年版，第1979页。
2 孙诒让：《周礼正义》卷四十八，中华书局2013年版，第1979页。
3 孙诒让：《周礼正义》卷五十一，中华书局2013年版，第2124页。
4 孙诒让：《周礼正义》卷五十一，中华书局2013年版，第2124页。
5 《周礼》真伪和成书年代问题是聚讼纷纭的一大学术公案。历代学者为此进行了旷日持久的争论，至少形成了西周说、春秋说、战国说、秦汉之际说、汉初说、王莽伪作说等六种说法。笔者认为《周礼》编辑成书年代偏晚，约编成于战国后期，但其单篇流传的年代显然要早。

第八章　张载与古代气学

兵临城下应如何祭祀和誓师，紧接其后言及"气占"："凡望气，有大将气，有小将气，有往气，有来气，有败气，能得明此者可知成败吉凶。举巫、医、卜有所，长具药，宫之，善为舍。巫必近公社，必敬神之。巫、卜以请守，守独智巫、卜望气之请而已。"[1]城池被围之时，守城主将让卜、医、巫等专司气占，通过观察云气来推算敌方何时进攻，我方宜何时反攻。专司"望气"的卜、医、巫伴随守城主将左右，随时将观察云气变幻的"望占"实情禀报给守城主将。卜、医、巫不可将不利于鼓舞士气的"气占"结果泄露给守城将士，否则将受重惩，即《墨子·号令》所云："巫祝史与望气者必以善言告民，以请上报守，守独知其请而已。无与望气妄为不善言，惊恐民，断勿赦。"[2]在古代社会，"军气占"是战争爆发之前"庙算"内容之一，"圣人独知气变之情，以明胜负之道"[3]。通晓气占之道，方能知己知彼，掌握战争的主动权，因此，李淳风认为军气占的最大作用在于"探祸福之源，征成败之数"[4]。因为古人相信胜败可"逆知"，军气占的价值逐渐被过分渲染和夸大，甚至到了"进退以气为候"的程度："其军中有知晓时气者，厚宠之，常令清朝若日午察彼军及我军上气色，皆须记之。若军上气不盛，加警备守，辄勿轻战，战则不足，守则有余。察气者，军之大要，常令三五人参马登高若临下察之，进退以气为候。"[5]

天上云气变化多端，通过望占云气推算吉凶休咎的依据和原则何在？李淳风认为："夫气者，万物之象，日月光照之使见。是故天地之

---

[1] 孙诒让：《墨子间诂·迎敌祠》，孙启治点校，中华书局2001年版，第574页。
[2] 孙诒让：《墨子间诂·号令》，孙启治点校，中华书局2001年版，第609页。
[3] 《越绝书》卷十二《越绝外传记军气》，《四部丛刊·史部》，上海涵芬楼借江安傅氏双鉴楼藏明双柏堂刊本，第97页。
[4] 李淳风：《乙巳占》卷九，《续修四库全书》，上海古籍出版社2002年版，第142页。
[5] 瞿昙悉达：《开元占经》卷九十七，中央编译出版社2006年版，第711页。

性，人最为贵，其所应感亦大矣。人有忧乐喜怒诚诈之心，则气随心而见至。日月照之以形其象，或运数当有，斯气感召，人事与之相应，理若循环矣。"[1]人为因，天为果。先有社会人事之变，后有云气之变与之相应。正如陈来教授所言："一定的天象必有人事祸福随于其后。"[2]正因如此，人们可以通过望占云气以预测吉凶祸福。根据李淳风这一观点，我们可以从中抽绎出古代"气占"预测吉凶的三条依据。

其一，根据云气颜色预测吉凶。"稍云精白者，其将悍，其士怯。""青白，其前低者，战胜；其前赤而仰者，战不胜。"[3]"军上有赤色气者，径抵天，军有应于天，攻者其诛乃身。"[4]"若烟非烟，若云非云，郁郁纷纷，萧索轮囷，是谓卿云。卿云（见），喜气也。若雾非雾，衣冠而不濡，见则其域被甲而趋。"[5]"卿云"又称"庆云""景云"，李淳风《乙巳占》卷八"云气吉凶占"解释说："庆云，赤紫色，如烟非烟，如云非云，郁郁纷纷萧索，是谓庆云，亦曰景云，见者国有庆。庆云有五色，润泽和缓，见于城上，景云也。"[6]《史记·天官书》"正义"引京房《易（兆）[飞]候》亦云："视四方常有大云，五色具，其下贤人隐也。青云润泽蔽日在西北，为举贤良也。"[7]《开元占经》进一步发挥说："贤人气，视四方常有大云，五色具者，其下贤人隐也。青云润泽蔽日在西

---

[1] 李淳风：《乙巳占》卷一，《续修四库全书》，上海古籍出版社2002年版，第33页。
[2] 陈来：《古代思想文化的世界》，生活·读书·新知三联书店2009年版，第73页。
[3] 司马迁：《史记·天官书》，裴骃集解，司马贞索隐，张守节正义，中华书局编辑部点校，中华书局1982年版，第1337页。
[4] 《越绝书》卷十二《越绝外传记军气》，《四部丛刊·史部》，上海涵芬楼借江安傅氏双鉴楼藏明双柏堂刊本，第97页。
[5] 司马迁：《史记·天官书》，裴骃集解，司马贞索隐，张守节正义，中华书局编辑部点校，中华书局1982年版，第1339页。
[6] 李淳风：《乙巳占》卷八，《续修四库全书》，上海古籍出版社2002年版，第139页。
[7] 司马迁：《史记·天官书》，裴骃集解，司马贞索隐，张守节正义，中华书局编辑部点校，中华书局1982年版，第1338页。

第八章 张载与古代气学

北,为举贤良也。""军上有五色气,上与天连,此天应之军,不可击。"[1]

其二,根据云气之象预测吉凶。"云气有兽居上者,胜。"[2]"其大根而前绝远者,战。"[3]"阵云如立垣。杼云类杼。轴云抟两端兑。杓云如绳者,居前互天,其半半天。其蜺者类阙旗故。钩云句曲。诸此云见,以五色合占。而泽抟密,其见动人,乃有占;兵必起,合斗其直。"[4]马王堆帛书《天文气象杂占》有"如杼,万人[死下]""见此,长如车轭,死者盈千。如辕,死者盈万。如敦布,百万死下"[5]等记载,含义与此同。在此基础上,《乙巳占》和《开元占经》这方面的记载不胜枚举:"气如人无头,如死人卧,如两蛇,赤气随之,必有大战,将败。四望无云,独见赤云如狗入营中,其下流血。"[6]"军败之气,如群鸟乱飞,疾伐之,必大胜。"[7]

其三,根据云气运行态势预测吉凶。"气相遇者,卑胜高,兑胜方。气来卑而循车通者,不过三四日,去之五六里见。"[8]"兑"通"锐",《荀子·议兵》有"兑则若莫邪之利锋,当之者溃"[9]之说。《乙巳占》有类似记载:"将军之气如龙如虎,在杀气中。两军相当,若发其上,则其将猛锐……猛将气如尘埃,头锐而卑本大而高。"[10]《开元占经》卷九十七

---

[1] 瞿昙悉达:《开元占经》卷九十四,中央编译出版社2006版,第692—693页。
[2] 司马迁:《史记·天官书》,裴骃集解,司马贞索隐,张守节正义,中华书局编辑部点校,中华书局1982年版,第1336页。
[3] 班固:《汉书·天文志》,中华书局1962年版,第1297页。
[4] 司马迁:《史记·天官书》,裴骃集解,司马贞索隐,张守节正义,中华书局编辑部点校,中华书局1982年版,第1337页。
[5] 《天文气象杂占》,《续修四库全书》,上海古籍出版社2002年版,第16页。
[6] 李淳风:《乙巳占》卷九,《续修四库全书》,上海古籍出版社2002年版,第149页。
[7] 瞿昙悉达:《开元占经》卷九十七,中央编译出版社2006版,第714页。
[8] 司马迁:《史记·天官书》,裴骃集解,司马贞索隐,张守节正义,中华书局编辑部点校,中华书局1982年版,第1337页。
[9] 王先谦:《荀子集解》,沈啸寰、王星贤点校,中华书局1988年版,第268页。
[10] 李淳风:《乙巳占》卷九,《续修四库全书》,上海古籍出版社2002年版,第143页。

《猛将军阵胜负云气占》又云:"气如尘埃,前卑后高者,将士精锐,不可击。气如堤阪,前后摩地,避之勿击。见彼军上气如尘埃粉沸,其色黄白,如旗幡晖晖然,无风而动,将士勇猛不可击。"[1]

《墨子》、《越绝书》、马王堆帛书《天文气象杂占》、《史记·天官书》、《汉书·天文志》等典籍主要立足于兵学谈论"气占"。在《史记·天官书》309例占辞中,涉及军事的有124则,几乎占所有占辞的40%。[2]基于此,使人自然而然地萌发这样一个推测:司马迁当年创作《史记·天官书》"气占"这一部分时,原来是有所本的。除《史记·天官书》罗列的昆吾、巫咸、史佚、苌弘、甘公和石申等人外,墨家学说与帛书《天文气象杂占》也是其写作的直接来源之一。而《史记·天官书》和《汉书·天文志》后来又成为《乙巳占》创作源泉,前后的逻辑脉络比较清晰。

(二)李淳风《乙巳占》对气占思想的发展

由于史料阙失,今人已难以了解《周礼》、《墨子》、帛书《天文气象杂占》、《史记·天官书》和《汉书·天文志》中"军气占"的全部内容。《乙巳占》中的"军气占"材料丰富详尽,可以说是中国古代"气占"思想的集大成之作。[3]李淳风认为,"《易》曰:'天垂象,见吉凶,

---

1 瞿昙悉达:《开元占经》卷九十七,中央编译出版社2006年版,第713页。
2 刘朝阳:《史记天官书之研究》,《刘朝阳中国天文学史论文选》,大象出版社2000年版,第39—104页。
3 学界尚无全面探讨气占的论文,与天象占有关的文章主要有赵贞:《唐代星变的占卜意义对宰臣政治生涯的影响》,《史学月刊》2004年第2期;关增建:《日食观念与传统礼制》,《自然辩证法通讯》1995年第2期;江晓原:《六朝隋唐传入中土之印度天学》,《汉学研究》1992年第2期;董煜宇:《天文星占在北宋皇权政治中的作用》,《上海交通大学学报》2003年第3期。

第八章 张载与古代气学

圣人则之。'又云:'观乎天文,以察时变;观乎人文,以化成天下。'故伏羲画卦,以定逆顺之征;轩辕说图,实著阴阳之道。盖大圣人所以通天地之至理,极造化之能事,体好缀于神机,作范拟于系象。唯神也,故冥默可寻;唯机也,故幽玄可验"[1]。李淳风的思维方式与《周易》如出一辙,皆认为人类通过某种技艺与手段,发挥人的主体性,就可以预测吉凶,从而掌握自身命运。《乙巳占》在军气占方面的论述条分缕析、层次分明,具体分为"军胜气""军败气""降城气""猛将气""围城气""伏兵气""游兵气""屠城气""暴兵气"等等。尤其值得注意的是对"军胜气"和"军败气"的表述。

其一,军胜气。

在《周礼》和《墨子》之中,看不到有关"军胜气"的表述。马王堆帛书《天文气象杂占》开始出现这方面的记载,但内容很少。《乙巳占》有关"军胜气"的记载丰富详尽,蔚为大观。《开元占经》卷九十七中的《胜军气》基本上抄自《乙巳占》,别无新意。譬如,马王堆帛书《天文气象杂占》载:"不出五日,大战,主人胜。"[2] 此条所绘图像为树,占文意指如有树状云气出现,则会出现大战,并且主方获胜。与此相关的占文在《天文气象杂占》中还有:"在帀(师)上,归。"[3] "夜半见如布咸(缄)天,有邦亡。"[4]《乙巳占》卷九《军胜气象占》对此有详细阐发:"凡气占与天连,此军士众强盛,不可击;若在吾军上,可战大胜。军上气如火光,将军猛,士卒猛,不可击;若在吾军上,战必

---

[1] 李淳风:《乙巳占》卷九,《续修四库全书》,上海古籍出版社2002年版,第142页。类似记载又见于瞿昙悉达《开元占经》卷九十七"猛将军阵胜负云气占":"凡兴军动众陈兵,天必见其云气,示之以安危,故胜则可逆知也。"

[2]《天文气象杂占》,《续修四库全书》,上海古籍出版社2002年版,第16页。

[3]《天文气象杂占》,《续修四库全书》,上海古籍出版社2002年版,第16页。

[4]《天文气象杂占》,《续修四库全书》,上海古籍出版社2002年版,第18页。

大胜。军上气如尘埃粉沸，其色黄白，如旌旗无风自扬，其势指敌，我军欲胜，可急击之。有云如布匹广前后大，军行气也。"¹从图像与文字考查，《乙巳占》此条文与马王堆帛书当有一共同的祖本，而《开元占经》卷九十七《猛将军阵胜负云气占》之"胜兵气"的记录与《乙巳占》基本雷同："凡敌军上气如山堤上林木，不可与战。在吾军大胜。或如火光，亦大胜。或敌上白气坌沸如楼，缘以赤气者，兵劲不可击。在吾军必大胜"。²

《史记·天官书》尝云："云气有兽居上者，胜。""其大根而前绝远者，当战。青白，其前低者，战胜；其前赤而仰者，战不胜。"³马王堆帛书《天文气象杂占》有"在城上，不出五［日］拔"的记载⁴，所绘图像为虎，与《史记》"云气有兽居上者，胜"记载相近。《乙巳占》卷九《军胜气象占》起而踵之，做了进一步阐发："凡云气似虎居上者，胜。""敌上气如乳虎者，难攻。""两军相当，白气沸粉如楼，缘之以赤气者，锐不可击；若在吾军上，战必大胜。""两军相当，上有气如蛇，齐首向敌胜。""敌上气如匹布，此权将之气，不可攻；若在吾军上，战胜。""敌上有云如牵，不可击。""遥望军上如斗鸡，赤白相随在云中，得天助也，不可击。""军上气如尘埃、前后高者，将士精锐，不可击。""军上常有气，其兵难攻。""军上云如华盖，勿往与战。""有气如飞鸟，徘徊在其上，或来而高者，兵精锐，不可敌。"⁵《开元占经》进而认为"气如虎"是将军之气，说明我军将领有勇有谋，与此同时，"气

1　李淳风：《乙巳占》卷九，《续修四库全书》，上海古籍出版社2002年版，第143—144页。
2　瞿昙悉达：《开元占经》卷九十七，中央编译出版社2006年版，第712页。
3　类似的记载见于《汉书·天文志》。
4　《天文气象杂占》，《续修四库全书》，上海古籍出版社2002年版，第17页。
5　李淳风：《乙巳占》卷九，《续修四库全书》，上海古籍出版社2002年版，第144页。

第八章　张载与古代气学

如虎"也是"胜兵气","胜兵气上与天连……或如乳虎……此皆雄兵猛士之气"[1]。如果在我军之上,"急战大胜",如果在敌军上空,则"不可击","云气如伏虎居上,或如华盖,或如杵形向外,或如赤马,或如山岳,皆不可攻"[2]。

《天文气象杂占》载:"在帀(师)上,取。"[3]此条所绘图像为马,有云气如马悬浮于军队上空,对我军有利。《乙巳占》卷九《军胜气象占》亦云:"军上气如牛,高头低尾昂首勿与战。军上云如杵形,勿与战。"[4]参照其他版本,"军上气如牛"之后或有阙文,当校理为"军上气如牛马"。《开元占经》卷九十四《云气杂占》认为"气如马"是"帝王气",并且认为云气如马是人间帝王出现的预兆:"范增曰:吾使人望沛公,其气冲天,五色相撩,皆为龙虎,此非人臣气也。"[5]如果两军对垒,敌军上空"气如龙马",对我方不利;如果"气如龙马"在我军上空,则可出击:"敌上气如龙马,杂色,郁郁冲天者,帝王之气,不可击。若在吾军,必得天助。""两军相当,敌上有气如飞马徘徊,或来而高者,兵精难击。"[6]《武备志》对此进一步发挥说:"云如野马向前行,在我军上胜;在敌军上勿战,大凶。"[7]

其二,军败气。

关于"军败气"的描述,《史记·天官书》中有"其前赤而仰者,战不胜""阵云如立垣,杼云类杼,轴云抟两端兑"等记载。所谓"杼云"

---

1 瞿昙悉达:《开元占经》卷九十七,中央编译出版社2006年版,第693页。
2 瞿昙悉达:《开元占经》卷九十七,中央编译出版社2006年版,第693页。
3 《天文气象杂占》,《续修四库全书》,上海古籍出版社2002年版,第17页。
4 李淳风:《乙巳占》卷九,《续修四库全书》,上海古籍出版社2002年版,第144页。
5 瞿昙悉达:《开元占经》卷九十四,中央编译出版社2006年版,第692页。
6 瞿昙悉达:《开元占经》卷九十四,中央编译出版社2006年版,第692—693页。
7 茅元仪:《武备志》卷一百六十一,华世出版社1996年版,第6559页。

是指云之形状如织布之梭，马王堆帛书《天文气象杂占》有"如杼，万人［死下］。［如］杼三，三万人死下"[1]的记载，含义与此相同。"轴云"是指云之形状如车轴，《天文气象杂占》载："见此，长如车轼，死者盈千；如辕，死者盈万。如敦布，百万死下。"[2]孙诒让认为"轼"与"轴"字形相近，其义应相同。[3]马王堆帛书《天文气象杂占》有"邦有女丧，库兵尽出"[4]的记载，所绘图像是月傍有厚黑云。《乙巳占》卷第九《军败气象占》对此做了全面阐发："有气上黄下白，名曰善气，所临军欲求和。云退，向北，其象死散；向东，则不可信，众能为害；向南，将死。敌上气囚废枯散，如马肝色，或如死灰，或拟妪盖，如或类腌鱼，皆将士散败……黑气如坏山随军上者，名曰营首之气，其军必败。"[5]

马王堆帛书《天文气象杂占》载："日军（晕）有云如□，陈于四方。有它邦□城及军其邦。□□赤云如日月，入之□□日军（晕），有四耳（珥）。"[6]此条有文无图。占文意指日晕之时，若有状如某物的云气陈列于日晕四周，则有战事发生，且对我方不利。《乙巳占》卷九《军胜气象占》有类似表述："云如日月，而赤气绕，日月晕状有光者，所战之地大胜，不可攻。"[7]《开元占经》的记载与此基本雷同："云如日月而有赤气绕之，似日月晕，或有光者，所见之城邑不可攻。"[8]

马王堆帛书《天文气象杂占》载："在帀（师）上，大将死。"[9]所

---

1 《天文气象杂占》，《续修四库全书》，上海古籍出版社2002年版，第16页。
2 《天文气象杂占》，《续修四库全书》，上海古籍出版社2002年版，第16页。
3 参见刘乐贤：《马王堆天文书考释》，中山大学出版社2004年版，第129页。
4 《天文气象杂占》，《续修四库全书》，上海古籍出版社2002年版，第17页。
5 李淳风：《乙巳占》卷九，《续修四库全书》，上海古籍出版社2002年版，第145页。
6 《天文气象杂占》，《续修四库全书》，上海古籍出版社2002年版，第18页。
7 李淳风：《乙巳占》卷九，《续修四库全书》，上海古籍出版社2002年版，第144页。
8 瞿昙悉达：《开元占经》卷九十七，中央编译出版社2006年版，第693页。
9 《天文气象杂占》，《续修四库全书》，上海古籍出版社2002年版，第16页。

第八章 张载与古代气学

绘图像为猪。又，马王堆帛书《天文气象杂占》："在帀（师）上，败。""云如牛，十介，入人野，五日亡地。"[1]所绘图像为牛，为战败之兆。《乙巳占》卷九《军败气象占》有与帛书相类似的表述："军上气如羊形，或如猪形，此是瓦解之象，军必败。敌上有气如双蛇，疾往攻之，大胜……军上有黑气如牛形，或如马形，从云雾中渐渐入军，名曰天狗下食血，则军散败。敌上气如群鸟乱飞，此衰气……敌上云如群羊，如惊鹿，必退走，急击之……敌上气如双蛇，如飞鸟，如决堤垣，如坏屋，如人相指，如人无头，如惊鹿相逐，如人形相向，皆将败之象。"[2]《开元占经》卷九十七《猛将军阵胜负云气占》之"败军气"基本上录自《乙巳占》，别无新意："军败之气，如群鸟乱飞，疾伐之，必大胜。气乍明乍暗，皆有诈谋。气过旬不散，城有大辅，疾去之勿攻。凡敌上气如双蛇飞鸟，如缺垣，如坏屋，如人无头，如惊獐，如走鹿相逐，如鸡相向，皆为败军杀将之气。敌上气如囷仓正白，见日益明者，将士猛锐，不可击之。敌上气黑中有赤气在前，精悍不可当。敌上气如转蓬者，击之立破。"[3]

此外，"气占"这一祷问术数在其他社会人事活动中是否就不适用呢？其实不然。以气占来推测人事吉凶，在古代社会十分普遍，如《左传·僖公五年》载："公既视朔，遂登观台以望。而书，礼也。凡分、至、启、闭，必书云物，为备故也。"[4]春分秋分、夏至冬至、立春立夏、立秋立冬之时，君王须登台看"云物"，将天地之异象（即妖祥）记录下来，以便在相应要发生的人事变故上做好应对准备。《史记·孝文本

---

1 《天文气象杂占》，《续修四库全书》，上海古籍出版社2002年版，第15页。
2 李淳风：《乙巳占》卷九，《续修四库全书》，上海古籍出版社2002年版，第145—146页。
3 瞿昙悉达：《开元占经》卷九十七，中央编译出版社2006年版，第714页。
4 洪亮吉：《春秋左传诂》卷七，中华书局1987年版，第277页。

纪》载孝文十五年（前165）有黄龙等祥瑞出现，赵人新垣平趁机投其所好，欺君惑众："赵人新垣平以望气见，因说上设立渭阳五庙。"[1]两年之后，新垣平的骗局终被戳穿，结果被"夷三族"。又，《隋书·萧吉传》载：萧吉精通阴阳算术，"尝行经华阴，见杨素冢上有白气属天，密言于帝。帝问其故，吉曰：'其候素家当有兵祸，灭门之象。改葬者，庶可免乎！'帝后从容谓杨玄感曰：'公家宜早改葬。'玄感亦微知其故，以为吉祥，托以辽东未灭，不遑私门之事。未几而玄感以反族灭，帝弥信之"[2]。

（三）"验人事之是非，托神道以设教"

综观《乙巳占》所论，有两点值得我们深入思考。

其一，天命是否可以更易？李淳风长期担任太史令，既是天文学家，又是占星大家。当时社会上流行一条谶语，其中预言："唐三世之后，则女主武王代有天下。"唐太宗对此耿耿于怀，秘招李淳风商议，欲将有嫌疑者尽杀之。李淳风说："臣据象推算，其兆已成。然其人已生，在陛下宫内，从今不逾三十年，当有天下，诛杀唐氏子孙歼尽。"[3]唐太宗欲将有嫌疑者斩尽杀绝，李淳风劝阻他说："天之所命，必无禳避之理。王者不死，多恐枉及无辜。"[4]即使这次将其处死，此人必将复生，届时她将"杀戮陛下子孙，必无遗类"[5]。李淳风的劝谏发挥了很大作用，"太宗善其言而止"，从而避免了一次滥杀。但是，李淳风所说

---

1 司马迁：《史记·孝文本纪》，裴骃集解，司马贞索隐，张守节正义，中华书局编辑部点校，中华书局1982年版，第430页。
2 魏征等：《隋书》卷四十三，中华书局1973年版，第1776—1777页。
3 刘昫等：《旧唐书》卷七十九《列传·李淳风传》，中华书局1975年版，第2719页。
4 刘昫等：《旧唐书》卷七十九《列传·李淳风传》，中华书局1975年版，第2719页。
5 刘昫等：《旧唐书》卷七十九《列传·李淳风传》，中华书局1975年版，第2719页。

第八章 张载与古代气学

的"天之所命，必无禳避之理"的观点与《乙巳占》的主体思想存在着深刻的矛盾。《乙巳占》是中国古代天象占著作，其基本原理就是通过观测天象，揣度"天心""天意"，人类据天象而修德，进而期盼变易天象，让上天收回对自己不利的成命。望占是手段，变易天象与天命才是真正目的，如果没有这一条，占星学赖以存在的基础也就被颠覆了。《周礼》中的"眡祲"官"掌十辉之法"的目的，就在于"诏救政，访序事"[1]。《史记·天官书》说"日变修德，月变省刑，星变结和……太上修德，其次修政，其次修救，其次修禳，正下无之"[2]，应对天象之变的上上策是修德，修禳排在非常次要的位置。李淳风《乙巳占》中还有专门冠以"修德"为名的篇目，可见他对德的一种天学意义的重视。在《修德》一文中，李淳风首先论证上天是至高无上的人格神，时时在俯视人间社会，通过"垂象"表达其意志。天与君王的关系是父子关系，"夫人君顺天者，子从父之教也。见灾不修德者，逆父之命也。顺天为明君，顺父为孝子"[3]。天有"德"，换言之，天是至真至纯美德之化身[4]，人的最终努力是追求天人合德："《易》曰：'大人者，与天地合其德，与日月合其明，与四时合其序，与鬼神合其吉凶。'此顺天地之化也。先天而天不违，后天而奉天时。天且不违，而况于人乎？况于鬼神乎？此天人至德，同乎天也。"[5]如果统治者不修德，天将通过灾异来表达其"谴告之义"；如果统治者仍然不思悔改，则后患无穷："不修德

---

1 孙诒让：《周礼正义》卷五十一，中华书局2013年版，第2128页。
2 司马迁：《史记·天官书》，裴骃集解，司马贞索隐，张守节正义，中华书局编辑部点校，中华书局1982年版，第1351页。
3 李淳风：《乙巳占》卷三，《续修四库全书》，上海古籍出版社2002年版，第73页。
4 中国古代德化之天的思想传统凸显出中国古代自然观与西方之区别。西方论自然往往不涉及价值与德性，天是自然之天。中国古代的自然观往往与价值、德性相涉。
5 李淳风：《乙巳占》卷三，《续修四库全书》，上海古籍出版社2002年版，第73页。

以救，则天裂地动，日月薄蚀，五星错度，四序愆期，云雾昏冥，风寒惨裂，兵饥役疾，水旱过差，遂至亡国丧身，无所不有。"[1]因此，君王理应"斋戒洗心，修政以道，顺天之道也"[2]，其原则是"日变修德，礼重责躬；月变修刑，恩从肆赦；星变结和，义敦邻睦"[3]，其具体做法应当是"其救之也，君治以道，臣谏以忠，进用贤良，退斥谗佞，刑宽狱缓，为孤育寡，薄赋宽徭，矜哀无告，散后宫积旷之女，配天下鳏独之男，齐七政于天象，顺四时以布令，舆人之诵必听，刍荛之言勿弃，行旅束帛，以贲丘园，推安车以搜岩穴，然后广建贤戚蕃屏皇家，磐石维磐石城，本支百世，然则此灾可弭也，国可保也，身可安也"[4]。综观《修德》的思维方式和基本观点，无非是在表达这样一种理念：人类通过修德，最终有望实现"变恶从善、改乱为治"的社会理想，而达到这一目标的一个最重要的因素就是让上天收回成命。

两相参照，可以看出《修德》篇所阐述的观念与《旧唐书·李淳风传》所载"天之所命，必无禳避之理"之间似乎产生了深刻的矛盾。但是，如果我们深入探究下去，就会发现这种矛盾其实是一种假象。《旧唐书·李淳风传》评论李淳风"每占候吉凶，合若符契，当时术者疑其别有役使，不因学习所致，然竟不能测也"[5]，李淳风以占候灵验闻名于世，但他却一再申明"多言屡中，非余所尊"[6]。占星家所要追求的就是望占的灵敏性、准确性，李淳风却把占星家的这一立足点推翻。如果"多言屡中"不是李淳风的终极追求，那么他的最终目的又何在？《乙

1　李淳风：《乙巳占》卷三，《续修四库全书》，上海古籍出版社2002年版，第74页。
2　李淳风：《乙巳占》卷三，《续修四库全书》，上海古籍出版社2002年版，第73页。
3　李淳风：《乙巳占》卷三，《续修四库全书》，上海古籍出版社2002年版，第73页。
4　李淳风：《乙巳占》卷三，《续修四库全书》，上海古籍出版社2002年版，第74页。
5　刘昫等：《旧唐书》卷七十九《列传·李淳风传》，中华书局1975年版，第2719页。
6　李淳风：《乙巳占》卷三，《续修四库全书》，上海古籍出版社2002年版，第75页。

第八章　张载与古代气学

巳占》卷三暴露了李淳风内心世界的真实想法:"权持正,斟酌治纲,验人事之是非,托神道以设教,忠节上达,黎庶下安,此则中古之贤史。"[1]天道幽远,变化莫测,"托神道以设教""验人事之是非"才是一位"贤史"矻矻以求的目标。《乙巳占》李淳风自撰"序"进一步阐明了他的这一意图。他认为,自然及人事变化无穷,这些变化可以按不同种类相互感应,"同声相应,鹤鸣闻于九皋;同气相求,飞龙吟乎千里"[2]。在茫茫宇宙之中,人最具有代表性,"事之所召,随类毕臻"[3],因此,人观察天象变化是手段,干预时政、制约人君、关怀民瘼才是真正的价值指向:"故宋常晋野,志存设教;京房谷永,义在救君。"[4]天文象占是工具理性,"设教"与"救君"才是最终社会目的。其实李淳风这种观点古已有之,甚至可以说是儒家一以贯之的文化精神。《史记·天官书》早就标明:"凡天变,过度乃占……然其与政事俯仰,最近(大)[天]人之符。"[5]观"天数"的目的在于"与政事俯仰",或者说是"诏救政"。《汉书·天文志》对《史记·天官书》的观点做了进一步的阐发:"政失于此,则变见于彼,犹景之象形,响之应声。是以明君睹之而寤,饬身正事,思其咎谢,则祸除而福至,自然之符也。"[6]董仲舒的表述最为清晰:"所闻《诗》无达诂,《易》无达占,《春秋》无达辞。从变从义,而一以奉仁人。"[7]"《春秋》无达辞"的原因在于依从道义,因此不

---

[1] 李淳风:《乙巳占》卷三,《续修四库全书》,上海古籍出版社2002年版,第74页。
[2] 李淳风:《乙巳占》序,《续修四库全书》,上海古籍出版社2002年版,第19页。
[3] 李淳风:《乙巳占》序,《续修四库全书》,上海古籍出版社2002年版,第19页。
[4] 李淳风:《乙巳占》卷三,《续修四库全书》,上海古籍出版社2002年版,第75页。
[5] 司马迁:《史记·天官书》,裴骃集解,司马贞索隐,张守节正义,中华书局编辑部点校,中华书局1982年版,第1351页。
[6] 班固:《汉书·天文志》,中华书局1962年版,第1273页。
[7] 曾振宇、傅永聚注:《春秋繁露新注·精华》,商务印书馆2010年版,第64页。

求通辞，从变而移。因此，《旧唐书·李淳风传》中"天之所命，必无禳避之理"这句话只不过是在特殊时间针对特殊情况的权宜之策，或者说是"托神道以设教"的一次典型事例，李淳风为了实现制约皇权的社会理想，在自己思想学说中人为制造裂痕也在所不惜。在中国历史上，用天象干预人事、制约皇权，已成为士大夫薪火相传之传统，譬如，唐开元七年（719）五月发生日食，唐玄宗"素服以俟变，彻乐减膳，命中书、门下察系囚，赈饥乏，劝农功"[1]，唐玄宗改弦易辙的目的在于应对天象变异，通过"亲君子，远小人"等"修德"措施来消弭天人矛盾。在天象占中，彗星出现是大凶之兆，《续资治通鉴长编》卷一百六十六载：宋皇祐元年（1049）二月丁卯，"彗出虚，晨见东方，西南指，历紫微至娄，凡一百一十四日而没，诏：'自今月五日不御正殿，其尚食所供常膳，宜亦减省，中外臣僚极言当时切务。'"[2]宋仁宗节衣缩食、广开言路，是为了回应上天之谴告。正因为天文学对皇权安危有直接影响，所以古代对私习天文多有禁止，法律禁止私习天文始于西晋，"禁星气、谶纬之学"。此后历代多有禁令，例如，《晋书·石季龙上》载，后赵石虎于建武二年（318）下令"禁郡国不得私学星谶，敢有犯者诛"[3]。北魏孝明帝熙平二年（517），"重申天文之禁，犯者以大辟论"[4]。唐朝对私习天文的禁令达到最高峰，"诸玄象器物，天文，图书，谶书，兵书，七曜历，太一，雷公式，私家不得有，违者徒二年……若将传用，言涉不顺者，自从'造妖言'之法。'私习天文者'，谓非自有书，转相习学者，亦得二年徒坐"[5]。

---

[1] 司马光：《资治通鉴》卷二百一十二，中华书局1956年版，第6736页。
[2] 李焘：《续资治通鉴长编》卷一百六十六，中华书局2004年版，第3983页。
[3] 房玄龄等：《晋书》卷三，中华书局1974年版，第56页。
[4] 魏收：《魏书》卷九，中华书局1974年版，第225—226页。
[5] 长孙无忌等：《唐律疏议》，刘俊文点校，法律出版社1999年版，第212—213页。

第八章　张载与古代气学

其二，"军气"望占吉凶祸福的逻辑与事实依据何在？何以云气似虎、似马为军胜气？似羊、似牛、似猪就是战败之气？关于这一点，尽管《乙巳占》诸篇都没有明确的解释，但我们认为这与中国古代的祥瑞崇拜密切相关。《宋书·符瑞志》对两汉以降的祥瑞进行梳理，归纳出107种祥瑞。另据《新唐书·百官志》的记载，唐代祥瑞已上升到148种。[1]根据历代史书的记载，祥瑞大体可分为四类：其一，天文与自然现象，譬如瑞星、景云、五星连珠、瑞雪、醴泉、甘露；其二，动物，譬如麒麟、凤凰、龙、龟、鹿、兔、鸾、鹅等等；其三，植物，譬如嘉禾、灵芝、朱草之类；其四，器物，譬如鼎、钟、磬、玉璧等等。在这四大类祥瑞之中，虎与马皆位列其中。虎，"白虎，王者不暴虐，则白虎仁，不害物"[2]，虎能食鬼御魅、驱妖除魔，因此被视为瑞兽，《风俗通·祀典》云："虎者，阳物，百兽之长也，能执搏挫锐，噬食鬼魅。"[3]《武备志》亦云："云如骆驼、如狮子、如虎、如龙、如斗牛者皆猛将之势，在我军上胜，在敌军上勿攻战。"[4]马，《宋书·符瑞志》介绍了几种马，譬如龙马、腾黄、白马、泽马等等，其中龙马地位最高："龙马者，仁马也，河水之精。高八尺五寸，长颈有翼，傍有垂毛，鸣声九哀。"[5]在古代社会，有时马的出现被视为天降祥瑞："汉章帝元和中，神马见郡国。晋怀帝永嘉六年二月壬子，神马鸣南城门。"[6]正因为如此，《乙巳

---

[1]《新唐书·百官志》载："凡景星、庆云为大瑞其名物六十有四；白狼、赤兔为上瑞，其名物三十有八；苍乌、朱雁为中瑞，其名物三十有二；嘉禾、芝草、木连理为下瑞，其名物十四。"

[2] 沈约：《宋书》卷二十八，中华书局1974年版，第807页。

[3]《宋书》卷二十八《符瑞志中》中收录了多处虎为祥瑞的事例，譬如"元嘉二十五年二月己亥，白虎见武昌，武昌太守蔡兴宗以闻"，"元嘉二十六年四月戊戌，白虎见南琅邪半阳山，二虎随从，太守王僧达以闻"。

[4] 茅元仪：《武备志》卷一百六十一，华世出版社1996年版，第6559页。

[5] 沈约：《宋书》卷二十八，中华书局1974年版，第802页。

[6] 沈约：《宋书》卷二十八，中华书局1974年版，第802页。

占》卷九"帝王气象占"认为"敌上气中龙马,杂色郁郁冲天者,此皆帝王之气,不可击。若在吾军上,战必大胜"[1]。

在社会心理学上,气占与人们趋吉避凶的心理诉求有关[2],在世界观上,则与古代社会源远流长的天人感应、天人合一宇宙观密不可分。"天"字在商代甲骨文中已经出现,甲骨文"天"作"🧍"或"🧍",突出人之头颅。《说文》:"天,颠也。"在甲骨文中,"天"与"上"或"大"字通借,在当时尚无主宰之天或自然之天含义。[3]陈梦家指出:"卜辞的'天'没有作'上天'之义的,'天'之观念是周人提出来的。"[4]天与人发生关系,在金文中已出现。《大盂鼎》:"□九月,王才(在)宗周令(命)盂。王若曰:'盂,不(丕)显文王,有天有大令(命)。'"[5]周人之"天"与殷人之"帝"的最大区别在于:周人之"天"与"德"相牵扯。周人首次以德论天,用德之有无说明天命之转移,这是天人感应思想最早的形态。后来的《尚书》《诗经》《左传》《礼记》《吕氏春秋》等,大都用自然现象比附说明社会现象:凤凰游、麒麟现,是天降祥瑞;天雨石、地裂缝、日食月蚀,是天降灾异。《史记·天官书》进而从天象学角度论述天人合一,其核心观点为:"云气各象其山川人民所聚积。"[6]山

---

1 李淳风:《乙巳占》卷九,《续修四库全书》,上海古籍出版社2002年版,第143页。
2 江晓原甚至认为中国古代天文学本质上是一种政治巫术。"事实上,据我多年来研究得出的结论,天学(或者,许多喜欢美化我们祖先的人喜欢用的名称:天文学),在中国古代,它最初曾是王权确立的必要条件之一,后来则长期成为王权的神圣象征,因此它本质上可以说是一种政治巫术——尽管在实施、运作这一政治巫术时确实需要使用天文学知识和方法。"(《天学:古代的政治巫术》,《南方周末》2005年10月13日)
3 参见于省吾:《甲骨文字诂林》第一册,中华书局1996年版,第210页。
4 陈梦家:《殷墟卜辞综述》,科学出版社1956年版,第58页。
5 郭沫若:《两周金文辞大系考释》,上海书店出版社1999年版,第34页。
6 司马迁:《史记·天官书》,裴骃集解,司马贞索隐,张守节正义,中华书局编辑部点校,中华书局1982年版,第1338页。

第八章　张载与古代气学

川形势和民风不同，显现在天上的云气也各异。天与人相互影响、相互作用："仰则观象于天，俯则法类于地。天则有日月，地则有阴阳。天有五星，地有五行。天则有列宿，地则有州域。三光者，阴阳之精，气本在地，而圣人统理之。"[1] 天上的日、月、星三光是由地上阴阳二气精华凝聚而成，天之象是地之象的折射："故北夷之气如群畜穹闾，南夷之气类舟船幡旗。大水处，败军场。破国之虚，下有积钱；金宝之上，皆有气，不可不察。海旁蜄气象楼台；广野气成宫阙然。"[2]《乙巳占》亦云："韩云如布，赵云如牛，楚云如日，宋云如车，鲁云如马，卫云如犬，周云如车轮，秦云如行人，魏云如鼠，郑云如绛衣，越云如龙，蜀云如囷。"[3] 本源在人，显现在天。人事之得失，在天象上皆有对应之兆象，《周易·系辞上》所谓"天垂象，见吉凶"，李淳风对此做了进一步的论证："夫天地者，万物之祖也。覆载养育，左右无方。况人禀最灵之性，君为率土之宗，天见人君得失之迹也，必报吉凶，故随其所在，以见变异。天有灾变者，所以谴告人君觉悟之，令其悔过，慎思虑也。"[4] 从宇宙生成论高度分析，天是至上人格神，天创造宇宙万物；从哲学性质上言，天人一体，相互感应，"同声相应""同气相求"。"谴告"是上天意志的体现，目的在于迫使统治者悔过自新。由此可见，隐伏在李淳风气占思想背后，对此起支撑作用的是一种天人感应、天人合一的宇宙观。

---

[1] 司马迁：《史记·天官书》，裴骃集解，司马贞索隐，张守节正义，中华书局编辑部点校，中华书局1982年版，第1342页。

[2] 司马迁：《史记·天官书》，裴骃集解，司马贞索隐，张守节正义，中华书局编辑部点校，中华书局1982年版，第1338页。

[3] 李淳风：《乙巳占》卷九，《续修四库全书》，上海古籍出版社2002年版，第150—151页。马王堆帛书《天文气象杂占》有类似记载。

[4] 李淳风：《乙巳占》卷一，《续修四库全书》，上海古籍出版社2002年版，第27页。马王堆帛书《天文气象杂占》有类似记载。

行笔至此，我们发现在《乙巳占》字里行间似乎总飘浮着董仲舒的影子。董仲舒以五行学说为指导，将一年360天划分为五个单元，每一单元72天。从冬至那天算起的72天，木气主事。木代表东方、春天，董仲舒认为在这一时期统治者的工作重点应该是劝课农桑。如果政令遵循时令运行规律，上天将降祥瑞，"恩及草木，则树木华美，而朱草生"[1]，换言之，如果人之行为逆五行之气而动，上天之谴告表现为"春凋秋荣，秋木冻，春多雨"[2]。当人事乖离天时、天降灾异之时，人们可以发挥主观能动性，改弦易辙，以求达到更易天命之目的："救之者，省徭役，薄赋敛，出仓谷，振困穷矣。"[3]上天通过祥瑞与谴告表达其意志，人们也可以通过自身努力使上天收回成命，这种思维方式和观点在李淳风《乙巳占》的"修德""辰星占"和"天象"等篇章中都有不同程度的体现。由此可以看出，《乙巳占》与《春秋繁露》之间存在着一种内在的逻辑关联。梁启超先生的一个论断对我们认识这一问题非常关键，他认为阴阳学说"其始盖起于燕齐方士，而其建设之传播之宜负罪责者三人焉。曰邹衍、曰董仲舒、曰刘向"[4]。董仲舒的天人感应思想建基于阴阳五行理论之上，而这种阴阳五行理论又源自以邹衍为代表的阴阳五行家。董仲舒的阴阳五行、天人感应思想，后来在李淳风思想中得到延续与发展。

中国古代天文学蕴含着丰富的人文诉求，黄一农称之为"浓厚的人文精神及其丰富的社会性格"[5]。李淳风当年告诫后人："至若多言屡中，

---

[1] 曾振宇、傅永聚注：《春秋繁露新注·五行顺逆》，商务印书馆2010年版，第281页。
[2] 曾振宇、傅永聚注：《春秋繁露新注·五行变救》，商务印书馆2010年版，第290页。
[3] 曾振宇、傅永聚注：《春秋繁露新注·五行变救》，商务印书馆2010年版，第290页。
[4] 梁启超：《阴阳五行说之来历》，《饮冰室合集》第四册，中华书局1989年版，第56页。
[5] 参见黄一农：《通书——中国传统天文与社会的交融》，《社会天文学史十讲》，复旦大学出版社2004年版，第311页。

非余所尊，唯尔学徒，幸勿胶柱。"[1]他希望后人善于从天象学中体悟弦外之音，切勿单纯就天象论天象。具体就李淳风的气占思想而言，其中蕴含着"存教""救君"和"辅国利民"[2]等社会政治目的与人文关怀。忧国忧民、干预时政、制约君权是中国古代儒生一以贯之的传统，手段不一，最终追求却是一致。在李淳风思想深处，"君治以道，臣谏以忠，进用贤良，退斥谗佞，刑宽狱缓，为孤育寡，薄赋宽徭，矜哀无告"[3]是其一生追求的社会理想境界。"验人事之是非，托神道以设教。"我们或许只有从此入手，才能真正读懂李淳风的天象学。

二、本体主体化：张载气学特点及其人文关怀

（一）理气合一：太虚是气与神的统一

隋唐以降的思想家，大多有出入释老、泛滥百家的知识背景，恰如清代学者全祖望所论："两宋诸儒，门庭径路，半出于佛、老。"[4]张载的学术经历也不外乎是。据《宋史·张载传》载，张载"少熹谈兵"，21岁时受范仲淹指点，矻矻沉潜于儒家典籍，其后又"访诸释老"，最终"以《易》为宗，以《中庸》为体，以孔孟为法"[5]。张载思想的问题意识

---

[1] 李淳风:《乙巳占》卷三,《续修四库全书》，上海古籍出版社2002年版，第75页。

[2] 李淳风:《乙巳占》卷九,《续修四库全书》，上海古籍出版社2002年版，第142页。

[3] 李淳风:《乙巳占》卷三,《续修四库全书》，上海古籍出版社2002年版，第74页。

[4] 黄宗羲:《宋元学案》卷八十一《西山真氏学案》，全祖望修补，陈金生、梁运华点校，中华书局1986年版，第2708页。

[5] 脱脱等:《宋史》卷四百二十七《列传·张载传》，中华书局1985年版，第12724页。

与治学理路，是对先秦儒学的"接着讲"。张载思想体系中一些重要的概念，也都是因袭自先秦儒家。老树开新花，"能指"虽同，但"所指"与哲学意涵已有云泥之别。在张载思想体系中，"太虚""太极"与"太和"三个概念的内涵与本质如何界定？三者之间是形式逻辑上的同一关系，抑或交叉关系？牟宗三先生认为，太虚与太极两概念基本上可以混说，属于"有独立意义的本体"，其特点是"清通无象之神"。"太和"有别于太虚、太极，"太和"是"综持说之词""以明道之创生义"[1]。换言之，"太和"属于宇宙论层面概念，而"太虚""太极"是本体论层面概念。牟宗三还自创了"太虚神体"一词，特别点明张载"太虚即气"命题中的"即"，不是"等义"，"虚与神非是气之谓词（predicates），非是气之质性（properties）"。"太虚即气"命题中的"太虚"是体，气是用，太虚与气的关系是"体用不贰之论，既超越亦内在之圆融之论"。因为太虚"是一、是全、是遍"，如果将太虚"视为气之实然的质性"，太虚就将成为一"有限量"的存在。牟宗三先生的观点在学术界影响深远，在某种意义上甚至成为有引领意义的"范式"，但是，在太虚与气的关系上，牟宗三先生的诸多观点仍然存在可商榷之处。

在张载的著述中，一词多义的现象普遍存在。"太虚"至少有两种不同的含义。其一，虚空、空间。"气坱然太虚，升降飞扬，未尝止

---

[1] 参见牟宗三：《心体与性体（上）》，吉林出版集团有限责任公司2013年版，第378—385页。关于太虚与气的关系，学界分歧比较大。丁为祥教授认为，太虚是"形上本体"，气只是"宇宙论始源概念"。如果"以太虚为气的本然或本来状态"，"等于抹煞了张载的本体论，是太虚完全成为一个与气等值互换而无意义的概念了"（参见丁为祥：《虚气相即》，人民出版社2000年版，第295页）。陈来教授认为："太虚、气、万物都是同一实体的不同状态。"（参见陈来：《宋明理学》，辽宁教育出版社1991年版，第59页）杨立华教授认为，太虚与气的关系是"无形之气与有形之气的关系"，太虚"无形而有象"，因此，"太虚仍是某种对象性的存在者"。实际上，"清通而不可象"的"神"，才是"更高的形而上者"（参见杨立华：《气本与神化》，北京大学出版社2008年版，第36—43页）。

第八章　张载与古代气学

息"[1],"太虚不能无气,气不能不聚而为万物,万物不能不散而为太虚"[2]。宇宙空间充满了阴阳二气,阴阳二气相摩相荡,生成宇宙万物。任何一种物体消亡后,只是变换一种样态仍旧存在于宇宙。能量守恒,物质不灭。其二,形上本体。"太虚无形,气之本体,其聚其散,变化之客形尔;至静无感,性之渊源。有识有知,物交之客感尔。客感客形与无感无形,惟尽性者一之。"[3]《太和》篇这一段话应当与《乾称》篇"太虚者,气之体"合观,才能探赜索隐,领悟其中的真髓。太虚有别于具体存在,前者的特点是"无感无形",后者的特点是"客感客形"。刘儗云:"客者,本无而适至之称,以聚散、知识之在外者言。"[4]"客感客形与无感无形",应从两个层面释读。一方面,"无形"与"客形",在于说明作为本体的太虚没有空间特性,或者说不可以空间"方所"来界定太虚本体。"神易无方体""体不偏滞,乃可谓无方无体"[5]。另一方面,"客感客形"说明天地之间具体存在物有时间和客观性特点,但是,作为本体的太虚是不可以时间来界说。先秦时代的庄子曾经点明"道无终始,物有死生"[6],道与物截然相分,形上层面的"道",不可以"终始"来界说。道没有具象那种度量时间属性,具体之物才有度量时间属性,因为时间与空间只是具体存在才具有的存在方式。程伊川的"天理"不仅无形,而且也无终始,甚至"天理"这一概念本身之"能指"与"所指",也"只是道得如此,更难为名状"。张载思想体系中的"太虚"与庄子的"道"、程伊川的"天理"一样,也是超越"客感客形"的形

1　张载:《张载集·正蒙·太和》,章锡琛点校,中华书局1978年版,第8页。
2　张载:《张载集·正蒙·太和》,章锡琛点校,中华书局1978年版,第7页。
3　张载:《张载集·正蒙·太和》,章锡琛点校,中华书局1978年版,第7页。
4　林乐昌:《正蒙合校集释》,中华书局2012年版,第19页。
5　张载:《张载集·正蒙·乾称》,章锡琛点校,中华书局1978年版,第65页。
6　郭庆藩:《庄子集释》,王孝鱼点校,中华书局1961年版,第584页。

而上存在。太虚不可以时间与空间界定，但是，太虚是"实"，太虚是有，这恰恰是张载所一再强调的核心观点："天地之道无非以至虚为实，人须于虚中求出实……金铁有时而腐，山岳有时而摧，凡有形之物即易坏，惟太虚（处）无动摇，故为至实。"[1] "金铁"是"客形"，具有时间的相对性、有限性。太虚不同于"金铁"等具体物质，太虚是"至实"，"至实"的最大特点是"至虚之实，实而不固"。林乐昌教授指出："'至虚之实'，'至'言太虚本体之绝对性；'实'言太虚本体之终极实在性，非谓有'客形'之'实体'也。"[2]作为终极实在性的太虚之"实"，其特点在于"不固"，不偏滞于有空间和时间限量的存在。因为太虚"不固"，所以"太虚为清"。太虚之清是超越清浊对立之清，属于"至清"。刘玑评论道："太虚乃为清之至，惟至清则无碍。"[3] "有两亦（一）在，无两亦一在"[4]，太虚本体的存在，具有绝对性、非对象性特点。所以，太虚不是一"不形以上"的纯粹观念性存在，也不可简单等同于西方哲学史上的"理念"或"绝对精神"，而是一"不形以上"的绝对实有，是变幻莫测的现象世界背后的不变者。面对无形无象的太虚，或许我们说"太虚存在"就已足够，但是，还需特别指明的一点是，太虚之"实"是气，太虚本质上是"气之实然的质性"。"一物两体者，气也。一故神，两故化，此天所以参也。"[5] "一"指涉本体，"神"是本体气蕴含的内在条理、规律与属性。对于太虚何以能是"气之体"，王夫之说："太虚之为体，气也，气未成象，人见其虚，充周无间者皆气也。"[6]

---

[1] 张载：《张载集·张子语录》，章锡琛点校，中华书局1978年版，第325页。
[2] 林乐昌：《正蒙合校集释》，中华书局2012年版，第934页。
[3] 刘玑：《正蒙会稿》卷一，中华书局2021年版，第31页。
[4] 张载：《张载集·横渠易说》，章锡琛点校，中华书局1978年版，第233页。
[5] 张载：《张载集·横渠易说》，章锡琛点校，中华书局1978年版，第233页。
[6] 王夫之：《张子正蒙注》卷九，《船山全书》，岳麓书社2011年版，第377页。

《乾称》篇说:"性通极于无,气其一物尔。"[1] "无"即"太虚","无"不同于"气","无"是"谓气未聚,形未成,在天之神理"[2]。"无"是本体之气与理的综合,而"气其一物"之"气"属于阴阳之气,也就是已发之气。"无"是阴阳二气创生宇宙万物何以可能之所以然,是宇宙生成论背后隐藏的第一原因。

在张载思想体系中,太虚是位阶最高的哲学概念,是其思想体系的逻辑起点。如前所述,太虚不可以用时间与空间来界说。除此之外,在太虚学说中,有一个概念出现频率特别高,那就是"神":"一物两体,气也;一故神,(两在故不测)。两故化,(推行于一)。此天之所以参也。"[3] "神"有别于"化","神"用于界说太虚本体之气,"化"是阴阳二气的作用与功能。两者界限分明,不可混淆为一。在张载的许多文章中,经常用规律、属性与作用代替本体,甚至以作用指代本体:"万物形色,神之糟粕,性与天道云者,易而已矣。"[4] 又云:"凡天地法象,皆神化之糟粕尔。"[5] 从规律、属性与作用的层面立论,也可以阐释天地万物存在何以可能以及天地万象创生的具体原因。缘此,什么是"神",势必应该有一明确的交代。朱熹解释道:"神又自是神,神却变得昼夜,昼夜却变不得神。神妙万物。"朱熹意在说明"神"超出人之主观愿望,属于阴阳动静背后存在的所以然。其实,张载本人对"神"有一明确的界定:"神者,太虚妙应之目。"[6] "天之不测谓神,神而有常谓天。"[7] "感

---

[1] 张载:《张载集·正蒙·乾称》,章锡琛点校,中华书局1978年版,第64页。
[2] 王夫之:《张子正蒙注》卷九,《船山全书》,岳麓书社2011年版,第368页。
[3] 张载:《张载集·横渠易说》,章锡琛点校,中华书局1978年版,第233页。
[4] 张载:《张载集·正蒙·太和》,章锡琛点校,中华书局1978年版,第10页。
[5] 张载:《张载集·正蒙·太和》,章锡琛点校,中华书局1978年版,第9页。
[6] 张载:《张载集·正蒙·太和》,章锡琛点校,中华书局1978年版,第9页。
[7] 张载:《张载集·正蒙·天道》,章锡琛点校,中华书局1978年版,第14页。

应"被用来描述宇宙之间具体存在的发生与作用,太虚本体是绝对性的"独",所以,"妙应"不同于"感应","妙应"是用于解释太虚本体的作用。张伯行释"妙应"为"不见而章,不动而变,无为而成也"[1]。在学术渊源上,"妙应"一词源自《易传》:"神也者,妙万物而为言者也。"牟宗三先生有一精彩的评论:"'妙'是什么意思呢？就是它在万物后面运用,这个妙表示运用的意思。妙是个运用,它是个主动,万物是个被动。万物要后面有个神在运用才能够变化,生生不息,有千变万化,无穷的复杂。无穷的复杂就是神在后面来运用它。所以'神也者妙万物而为言者也',这句话有本体的意义。中国人了解这个神是通过function这个观念来了解,function是作用。这个function跟普通说的function不同,就'神也者妙万物而为言者也'说,在万物后面起作用的神只有一个,不能说妙桌子的这个神跟妙粉笔的那个神是两个神。这样一来,这个运用,这个function,就着天地万物而言,就着它能够妙这个天地万物而为言,那么,这个function一定是无限的作用。"[2]牟宗三认为,"妙"是神之作用,是万物背后的主宰者和发动者属性的显现。

缘此,在太虚本体论中,神的意义或作用何在？"鼓天下之动者存乎神。""天下之动,神鼓之也。神则主(于)[乎]动,故天下之动,皆神[之]为(之)也。"[3]太虚既然是"至清""至静",张载势必需要从理论高度回答一个问题:宇宙万物生长变化的内在规律何在？天地阴阳变化的"动力因"何在？天地阴阳二气何以就能化生天地万物？在中国气学史上,战国竹书《恒先》最大贡献在于第一次明确提出"气是自生"的命题。"气是自生"思想表明气需回答宇宙万物"所由成""所从

---

[1] 林乐昌:《正蒙合校集释》,中华书局2012年版,第71页。
[2] 牟宗三:《周易哲学演讲录》,华东师范大学出版社2004年版,第74页。
[3] 张载:《张载集·横渠易说》,章锡琛点校,中华书局1978年版,第205页。

第八章 张载与古代气学

来",但是,《恒先》整篇文章从头至尾没有出现阴阳概念,更没有以此建构庞大的宇宙图式。阴阳学说与气学的汇流,目的就在于论证"动力因"问题。从现有传世文献分析,阴阳学说与气学的"联姻"或许最早出现于《国语》。伯阳父用阴阳二气的摩荡推移来诠释自然和社会现象:"阳伏而不能出,阴迫而不能蒸,于是有地震。今三川实震,是阳失其所而镇阴也。"[1]伯阳父从阴阳二气交感互动角度,论证宇宙万物的生成与变化。在《国语》之后,阴阳学说与气学的结合应提及通行本《老子》:"道生一,一生二,二生三,三生万物。万物负阴而抱阳,冲气以为和。"[2]但是,这一段文句不见于竹简本《老子》,这极有可能是后来添加进通行本《老子》的。楚简《太一生水》紧附于《老子》丙本之后,当是诠释《老子》之文,但其宇宙生成图式却是大一—天地—神明—阴阳—四时—沧热—湿燥—岁,其中也无"道生一"和"万物负阴而抱阳"命题,气只不过是与天、地、土并列的质料,这恰恰说明《太一生水》作者所看到的《老子》没有"万物负阴而抱阳"一节。上博简《凡物流形》有"聒(闻)之曰:一生两,两生厽(参),厽(参)生女(母?),女(母?)城(成)结。是古(故)又(有)一,天下亡(无)不又(有);亡(无)一,天下亦亡(无)一又(有)"[3],这篇文章虽然大量出现"一",而且有类似于通行本《老子》四十二章"一生二,二生三"文句,但仍然没有"道生一""万物负阴而抱阳"和"冲气以为和"等论断,更没有论述"一"生"二"如何可能,无"一"何以就无"有"。在《老子》一书中,"阴阳"确实只出现了1次,但认为"非书中

---

[1] 左丘明:《国语集解·周语上》,徐元诰集解,王树民、沈长云点校,中华书局2002年版,第26页。
[2] 朱谦之:《老子校释》,中华书局1984年版,第174页。
[3] 此段文句参照王中江教授考证和重新编联的结论,参见王中江:《〈凡物流形〉编联新见》,简帛网,2009年3月3日,网址:http://www.bsm.org.cn/?chujian/5200.html。

重要语"却有失偏颇。如果我们从通行本《老子》四十二章中抽掉阴阳气论,宇宙论意义上的道论"大厦"就会坍塌,因为无法解释道生万物如何可能。《老子》作者的弟子或弟子的弟子发现了这一内在逻辑缺陷,因此增补"道生一,一生二,二生三,三生万物。万物负阴而抱阳,冲气以为和"一节。所增补的这一节在《老子》文本思想体系中,意义极其重大,因为祖本《老子》作者没有回答的一个关键问题——道生万物如何可能——终于在形上学的高度得到论证。《庄子·田子方》显然受到了《老子》四十二章阴阳气论的影响:"至阴肃肃,至阳赫赫。肃肃出乎天,赫赫发乎地。两者交通成和而物生焉,或为之纪而莫见其形。"[1] 阴阳二气"交通成和",天地万物得以化生,阴阳作为动力因的地位与作用自此得以彰显。从《老子》四十二章和《庄子·田子方》中的表述分析,《庄子·田子方》当是对《老子》阴阳气论的阐发。《淮南子·天文训》继而评论说:"一而不生,故分而为阴阳,阴阳合和而万物生。"[2] 在中国古代气学史上,阴阳气论的成熟应以《易传》为标志。《易传》阴阳气论可梳理为三个要点:阴阳对立、阴阳交感和阴阳转化。三者合而论之,称之为"一阴一阳之谓道"。但是,无论先秦儒家还是道家,都没有从形上学高度探讨一个更深入的问题:"阴阳和合",何以就能化生天地万物?阴阳作为宇宙生成论"动力因"何以可能?如果这一理论问题没有得到论证,建基于阴阳气论基础上的宇宙论只是一种独断论,张载气学也就仅仅止步于宇宙论,而未升华为本体论。果真如此,气本论确实也如同牟宗三所言,将僵化为一块"光板"。张载气学的哲学贡献之一,恰恰就在于前无古人地从哲学发生学和逻辑发生学高度论证阴

---

[1] 郭庆藩:《庄子集释》,王孝鱼点校,中华书局1961年版,第712页。
[2] 刘文典:《淮南鸿烈集解》卷三,中华书局2013年版,第112页。

第八章 张载与古代气学

阳二气化生天地万物何以可能。这是宇宙论与本体论的区别,也是张载在宇宙论基础上构建本体论的开始。

缘此,"殊异的相互对立"的阴阳二气何以能"动"?张载的回答是——"神"。"神"这一概念虽然直接源自《易传》,但神灵等原始自然宗教的色彩已祛除,哲学内涵已焕然一新。天地阴阳二气之"动"的根源在于"神","神鼓之也"。"神"如何能"鼓动"天地阴阳二气"磨来磨去"?根源在于"动静合一存乎神"。太虚是"静之本","至静无感",超越动静对立,这是本体论的建构。另一方面,或许受到周敦颐"静极复动"思想影响,作为太虚属性、条理的神,在逻辑上就必须建构"动静合一"之理,静中有动之理,动中有静之理。"静而无静",才能满足宇宙论的需要。刘儗评论说:"神者,理也,气之主也。动者,事也,气之为也。动而非气,故不能自立;气而非神,又何以主张、推行是哉?是动生于气而命于理。"[1]神是阴阳二气背后的"所由以说明的第一点",也是太虚本体内含之理。道与理不一,道用于描述阴阳二气内在的规律和特点,理用于阐释太虚本体的属性与作用。阴阳二气推移变化,无穷无尽,神作为"气之主"的主宰意义也就无所不在,"虚明照鉴,神之明也。无远近幽深,利用出入,神之充塞无间也"[2]。在《易传》诸篇中,神具有神妙的含义。在张载思想体系中,神的内涵和本质也确实令人难以捉摸。"一故神",任何物体都有"小大精粗",唯独神不可直观认识,"神即神而已,不必言作用"[3]。在阴阳二气推动万物生成变化的背后,一定存在着"所由以说明的第一点"。在张载思想逻辑结构中,这个"所由以说明的第一点"是对阴阳二气宇宙论的说明,而不

---

1 刘儗:《新刊正蒙解》卷一,邱利平点校,中华书局2021年版,第293页。
2 张载:《张载集·正蒙·神化》,章锡琛点校,中华书局1978年版,第16页。
3 张载:《张载集·横渠易说》,章锡琛点校,中华书局1978年版,第200页。

是直接对宇宙万物的说明。经常挺身而出,代表太虚"说明"的"新闻发言人"就是"神"。"神"的性质如何把握与确定?在学术史上,许多学者认为,神的实质就是太虚本体蕴含的"理"。徐必达认为,"神即太虚之理"[1]。余本认为:"神,理也。所以主张万化而运于无形者,自其微而言,故曰'天德'。"[2]刘儓也认为:"神,以理言,在天则为德,所谓'维天之命,于穆不已'者也;化,以用言,在天则为道,所谓'四时运行,万物始终'者也。"[3]王夫之是继张载之后气学史上代表性人物,在注解《神化》篇"神,天德,化,天道。德,其体,道,其用,一于气而已"[4]一段话时,也已经表露出神蕴含"理"之义:"气,其所有之实也。其氤氲而含健顺之性,以升降屈伸,条理必信者,神也。神之所为聚而成象成形以生万变者,化也。故神,气之神;化,气之化也。"[5]神和化皆"一于气",神是体,化是用,神的作用在于解释"含健顺之性"何以可能,"升降屈伸,条理必信"何以可能。因此,"一于气"是指理与气皆统一于太虚本体中。张载经常以"神"言太虚,实质上是以"理"言太虚本体。[6]除此之外,"教"的含义基本上也与"理"等同:"浮而上者阳之清,降而下者阴之浊,其感(遇)[通]聚(散)[结],为风雨,为雪霜,万品之流形,山川之融结,糟粕煨烬,无非教也。"[7]"天道四时行,百物生,无非至教。"[8]何谓"教"?朱熹认为:"教便是说

---

1 林乐昌:《正蒙合校集释》,中华书局2012年版,第958页。
2 林乐昌:《正蒙合校集释》,中华书局2012年版,第199页。
3 林乐昌:《正蒙合校集释》,中华书局2012年版,第199页。
4 张载:《张载集·正蒙·神化》,章锡琛点校,中华书局1978年版,第15页。
5 王夫之:《张子正蒙注》卷二,《船山全书》,岳麓书社2011年版,第76—77页。
6 张载有时也直接用"理"来表达太虚本体之规律与属性,譬如:"诸子浅妄,有有无之分,非穷理之学也。"(《横渠易说·系辞上》)"天下之理得,元也。"(《横渠易说·上经·乾》)
7 张载:《张载集·正蒙·太和》,章锡琛点校,中华书局1978年版,第8页。
8 张载:《张载集·正蒙·天道》,章锡琛点校,中华书局1978年版,第13页。

第八章 张载与古代气学

理。"王夫之也认为:"风雨、雪霜、山川、人物,象之显藏,形之成毁,屡迁而已结者,虽迟久而必归其原,条理不迷,诚信不爽,理在其中矣。教者,朱子所谓'示人以理也'是也。"[1]作为理本论的思想家和作为气本论的思想家,虽然立场与观点多有扞格,但在"教"概念的训释上,观点基本趋同。

综上所述,太虚本体是神与气的合一;换言之,太虚是理与气的"滚说"。"至清""至静""至实"的气是太虚"实然的质性",神是太虚内含的规律、条理。太虚有别于阴阳二气,前者是本体论上最高存在,后者是宇宙论概念。张载用阴阳二气论证宇宙天地万物的"所从来",与此同时,又用太虚与神论证阴阳二气"所从来"。阴阳之气创造了物质世界,太虚则证明阴阳之气创造物质世界如何可能。太虚本质上是"至实""至静""至清","至实"的本质就是无形之气。不仅如此,张载在证明"太虚即气"的同时,经常以"神"指代太虚本体。神的实然义之一是理,神是阴阳二气化生天地万物何以可能的"理"。"理"或"教",都是指谓经验世界背后的第一原因。"凡言神,亦必待形然后著,不得形,神何以见?'神而明之,存乎其人',然则亦须待人而后能明乎神。"[2]现象世界可以用语言解释,在可以用语言解释的现象世界背后,一定隐藏着难以用语言与逻辑界说的本体世界。太虚与神虽然"不可致思",但仍虽勉强通过人揭示其意义。人能弘道,而这也恰恰是"神而明之"的含义。

行笔至此,我们不难发现二程、朱子对张载气学的质疑与批评多有误读与曲解:

---

[1] 王夫之:《张子正蒙注》卷一,《船山全书》,岳麓书社2011年版,第28页。
[2] 张载:《张载集·横渠易说》,章锡琛点校,中华书局1978年版,第208—209页。

> 又语及太虚，先生曰："亦无太虚。"遂指虚曰："皆是理，安得谓之虚！天下无实于理者。"……或谓"许大太虚"，先生谓："此语便不是。这里论甚大与小！"[1]
>
> 《正蒙》所论道体，觉得源头有未是处。故伊川云："过处乃在《正蒙》。"……如以太虚太和为道体，却只是说得形而下者，皆是"发而皆中节谓之和"处。[2]
>
> 又问：横渠云：太虚即气，乃是指理为虚，似非形而下。曰：纵指理为虚，亦如何夹气作一处？[3]

程伊川和朱熹立足于理本论立场，对张载思想多有批评。其中一个最明显的误解在于：未厘清太虚与太和、阴阳二气之间的区别，将三者混同为一。太和是阴阳未发之气，阴阳二气是已发之气。太和和阴阳气皆是宇宙论层面的概念，而太虚和神却是本体论层面的概念，两者有天壤之别。阴阳二气创造了物质世界，太虚证明了阴阳二气创造物质世界何以可能。程伊川将张载的太虚简单地等同为空间，朱熹批评张载"夹气作一处"，其实都没有认清张载太虚本体是神与气的合体，而在虚空中相摩相荡的气只是阴阳之气而已。朱熹批评张载气本论与佛教学说一样，都是"轮回"，佛教是"各自轮回"，张载气本论"依旧一大轮回"，这一观点，不仅是误读，甚至可以说是曲解。其实在宋明理学史上，二程、朱子在批评张载思想的同时，恰恰在否定中有所绍承，笔者认为这应是学界同仁潜心思考与探讨的问题。

1　程颢、程颐：《二程集·遗书》卷三《二先生语三》，王孝鱼点校，中华书局2004年版，第66页。
2　黎靖德编：《朱子语类》卷九十九《张子书二》，王星贤点校，中华书局1986年版，第2532页。
3　黎靖德编：《朱子语类》卷九十九《张子书二》，王星贤点校，中华书局1986年版，第2538页。

（二）"虚者仁之原"：太虚创造意义世界

如前所述，太虚本体是气与神的合一。神是太虚本体内在固有的条理、规律，是阴阳二气运动变化何以可能的所以然，因此，神也可称之为"理"或"教"。除此之外，神其实还具有另一层内涵——太虚本体之德性："神，天德。"此处之"天"，是太虚本体的隐喻，"天德"就是太虚之德。在有些篇章中，"天德"又被称为"至德"，价值本体意义上的太虚，往往又可称之为"神"。因此，太虚不仅是一形上本体，更重要的还在于，太虚是一价值本体、德性本体。在价值本体层面，太虚最高德性是"诚"："天所以长久不已之道，乃所谓诚。"[1] 诚的特点是"一而不已"，"长久而不已"。张载从"生生之谓大德"视域论证本体先验具有"诚"之至善德性，在运思路向上，与二程、朱子并无二致。张载云："诚有是物，则有终有始；伪实不有，何终始之有！故曰'不诚无物'。"[2] 诚与伪相对，前者是本体之德，后者是人类之情实。"不诚无物"，是以德性指代本体。太虚本体之诚，张载有时又称之为"天理"："盖理乃天德。"[3] "只为天理常在，身与物均见，则不自私。"[4] 天理作为最高价值原理，其本质就是"诚"："天理一贯，则无意、必、固、我之凿。意、必、固、我，一物存焉，非诚也。"[5] "意、必、固、我"是"私己"人欲，与诚相违忤，二者势若水火。天理与人欲对举，主张"烛天理"，去人欲。因此，宋明理学史上"存天理，灭人欲"的命题，早在

---

[1] 张载：《张载集·正蒙·诚明》，章锡琛点校，中华书局1978年版，第21页。
[2] 张载：《张载集·正蒙·诚明》，章锡琛点校，中华书局1978年版，第21页。
[3] 张载：《张载集·横渠易说》，章锡琛点校，中华书局1978年版，第130页。
[4] 黄宗羲：《宋元学案》卷十八《横渠学案下》，全祖望修补，陈金生、梁运华点校，中华书局1986年版，第760页。
[5] 张载：《张载集·正蒙·中正》，章锡琛点校，中华书局1978年版，第28页。

张载思想中已有比较完整的表述。"循天下之理之谓道,得天下之理之谓德,故曰'易简之善配至德'。"[1]张载借用《系辞》语录,旨在表达一个核心思想——太虚至善,"至善者,虚也"。太虚之善不是与恶对立的善,而是超越善恶对举的至善,犹如王夫之所论:"至德,天之德也。"[2]张载哲学思想这一特点,在中国思想史上并非一孤例,从形上学层面论证至善,一直是中国哲学矻矻以求的一大主题。庄子的"道"既是形上本体,也是一德性本体。"道"是"臧","臧"就是善。道先验至善,道落实在人而为"德"。因为道善,所以性善,"道"由此成为逍遥自由何以可能的哲学根基。程朱思想中的"天理",是宇宙万物的"所以然":"莫之为而为,莫之致而致,便是天理。"[3]此外,天理又是"至善"的德性本体:"天下之理,原其所自,未有不善。"[4]"盖天道运行,赋与万物,莫非至善无妄之理而不已焉,是则所谓天命者也。"[5]天理之善是"元善","善便有一个元底意思"[6]。"元善"之善属于至善,"元善"不是与恶对立的善,而是超越了善恶对立的善。由此可见,中国思想史上的本体论,的确有别于西方哲学史上ontology视域中的本体论。西方哲学史上的本体,往往是出于思维的需要而设计的,目的在于追求逻辑自洽。中国哲学史上的本体是实而不是纯粹逻辑世界的悬设,目的在于为人类社会的价值体系奠定一个形而上的根基,为生命的终极意义寻求一上哲学的证明。

1　张载:《张载集·正蒙·至当》,章锡琛点校,中华书局1978年版,第32页。
2　王夫之:《张子正蒙注》卷五,《船山全书》,岳麓书社2011年版,第194页。
3　程颢、程颐:《二程集·遗书》卷十八《伊川先生语四》,王孝鱼点校,中华书局2004年版,第215页。
4　程颢、程颐:《二程集·遗书》卷二十二《伊川先生语八》,王孝鱼点校,中华书局2004年版,第292页。
5　刘源渌:《近思续录》卷一,华东师范大学出版社2015年版,第41—42页。
6　黎靖德编:《朱子语类》卷九十七《程子之书三》,王星贤点校,中华书局1986年版,第2488页。

第八章　张载与古代气学

太虚至善，是张载思想体系的逻辑起点。从这一逻辑起点出发，进而推演出涵括天地人的思想体系。在逻辑发生学上，论证太虚本体至善，不仅仅是出于理论体系建构的需要，其实更重要的还在于，证明太虚本体至善，有着深切的现实人文关怀。具体而论，这一人文关怀有两大指向。

其一，"天地之性"存在何以可能？

太虚是一德性本体，太虚至善。既然如此，探讨人如何成己成物、止于至善，就成为张载哲学本体论的重心。从太虚本体至善出发，合符逻辑的推演为：太虚落实于天道，彰显为"乾坤"；落实地道，显现为"刚柔"；落实于人道，表现为性，此性就是"天地之性"。天道、地道和人道都是太虚之德与理在不同领域的证明，本质上并无二致，理一而分殊。《易传·说卦》云："穷理尽性以至于命。"张载诠释说："性尽其道，则命至其源也。"[1] 又云："天道即性也，故思知人［者］不可不知天，能知天斯［能］知人矣。［知天］知人，与穷理尽性以至于命同意。"[2] 张载儒家所说的"性"，既有别于佛教的"寂灭"，也不同于告子的"生之谓性"，而是有所"执守"，"执守"意味着儒家人性论建立在价值本体论基石之上。牟宗三先生说："落于个体生命上说，此清通之神、太虚即吾人之'性'也。"[3] 从太虚本体而论，称之为"理"；从太虚本体所授而言，称之为"命"；从人受之于天（太虚）而言，称之为"性"。张载云："天授于人则为命，（亦可谓性）。人受于天则为性，（亦可谓命）。"[4] 性与命，在张载思想体系中，经常称之为"性命"或"道

1　张载：《张载集·横渠易说》，章锡琛点校，中华书局1978年版，第234页。
2　张载：《张载集·横渠易说》，章锡琛点校，中华书局1978年版，第234页。
3　牟宗三：《心体与性体（上）》，吉林出版集团有限责任公司2013年版，第384页。
4　张载：《张载集·张子语录》，章锡琛点校，中华书局1978年版，第324页。

德性命"。张载云:"故天地之塞,吾其体;天地之帅,吾其性。民吾同胞,物吾与也。"[1]朱熹与王夫之皆训"塞"为气,应无疑义。"帅"是志、心,也可训释为理,人得天地之心以为性。源自"天地之帅"的"天地之性",具有先验性、普遍性和绝对性。正因为如此,张载强调"道德性命是长在不死之物也,已身已死,此则常在"[2]。太虚本体不生不灭,自然而然其内在的神理也永恒长存,"性通乎气之外,命行乎气之内"。不仅如此,尚需特别指明的是,作为太虚德性本体之理落实于人的"天地之性",因为太虚至善,自然而然先验赋有善的特性。有人问:"智愚之识殊,疑于有性;善恶之报差,疑于有命。"张载回答说:"性通极于无。气其一物尔;命禀同于性,遇乃适然尔。"[3]人生天地间,命同性同。因为性源出于"无","无"就是太虚本体。天地之性源于太虚,所以具有先验善的品格,"性于人无不善"。也正是在这一意义上,张载畅言人应"率性"而行,"儒者穷理,故率性可以谓之道"[4]。

在中国古代人性论史上,人性一分为二,天地之性与气质之性同时并存于个体生命之中,这一观点始于张载。二程、朱子深受张载思想浸润,继而有"天命之性"与"气质之性"之分。"形而后有气质之性,善反之则天地之性存焉。故气质之性,君子有弗性者焉。"在这一段话中,值得玩味的是"君子有弗性"一句。张载"君子有弗性"思想,脱胎于孟子的"君子所性"论点,区别仅在于前者是否定句,后者是肯定句。由此也透露了学术史上一大线索:在宋代思想史上,张载真正领悟了孟子人性思想真髓。程颢称赞张载为"孟子后一人",并非空穴来风。

---

1 张载:《张载集·正蒙·乾称》,章锡琛点校,中华书局1978年版,第62页。
2 张载:《张载集·经学理窟》,章锡琛点校,中华书局1978年版,第273页。
3 张载:《张载集·张子语录》,章锡琛点校,中华书局1978年版,第332页。
4 张载:《张载集·正蒙·中正》,章锡琛点校,中华书局1978年版,第31页。

第八章 张载与古代气学

孟子认为"人性"有善端,"四端"源自天,存诸性。但是,"大体"与"小体"同存在于人之性,犹如人兼具四肢与五脏六腑。君子与小人的区别在于"从",从其大体为大人,从其小体为小人。所以,评价孟子人性论,应当区别"善端"与善、"君子所性"与"人之性"两对概念。"善端"是善质,善属于"已发";在"君子所性"层面,孟子刻意强调君子与禽兽的"几希"之别,论证人性有"善端",仁、义、礼、智四端"根于心"。"四端"是"在我者",而非"在外者",因此,君子在应然意义上,应当自觉以"四端"为性,而不可以"小体"为性。概而言之,孟子的"性善说",是在"君子所性"这一意义上立论。张载将人性分为天地之性与气质之性,无论在逻辑思维路向抑或学术观点上,都直接受到孟子思想的影响。天地之性纯善无恶,如"月印万川",遍在于人之性。在人性论上,人人平等。气质之性具体受"气禀"制约,有清浊、善恶之杂。在存在论意义上,因为天地之性与气质之性同时存在于个体生命之中,每一个个体生命的性都是"性未成"之性,都有待于后天超越。也正是在这一意义上,张载提出"君子有弗性"命题。"君子有弗性"是说君子应当在应然层面,自觉以受之于天的"天地之性"为性,即以"道德性命"为性,切不可以受气禀影响的"气质之性"为性。大家耳熟能详的"横渠四句"中的"为生民立命","命"指的是理命、性命,而不是气命。"立命"是指君子应当挺立天地之性为"成性成身"之性,切不可以无节制的耳目口腹之生理欲望为安身立命之性。无论是孟子还是张载,都是主张在道德自觉意义上以天赋善端为性,但都未断然否定人性之中完全没有恶端,"性未成则善恶混,故亹亹而继善者斯为善矣"[1]。所谓"成",就是《系辞》"继此者善也,成

---

[1] 张载:《张载集·正蒙·诚明》,章锡琛点校,中华书局1978年版,第23页。

之者性也"意义上的"成",也称之为"成性"或"反"。在工夫论上,具体展开为究竟是"德胜其气",还是"德不胜气"?如果"德不胜气",气命主宰了理命,人将沦落为小人;如果"德胜其气",意味着天地之性主宰了人的德行,"胜"也就是"成性",理命、性命战胜了气命,"纤恶必除,善斯成性矣"[1]。存在先于本质,"善斯成性"之"善"不同于"继此者善"层面的先天善端,而是"成之者性"个体生命道德实践意义上的善,"变化气质"意义上的善。"为学大益,在自(能)[求]变化气质。"[2]换言之,是"存天理,灭人欲"道德践履中的后天之善。由此可见,自由意志的色彩,在张载思想中非常浓郁。

天地之性完全实现的人格化载体是圣人。"大人成性则圣也化,化则纯是天德也。圣犹天也,故不可阶而升。"[3]圣人是个体生命的最高理想境界,圣人一言一行纯是天德,从心所欲不逾矩。圣人这一生命境界并非生而既有,而是后天经过长期体悟和知行合一,才有可能臻至的"成身成性"内在超越境界。"大能成性之谓圣。"成圣何以可能?当年孟子说圣人的标准是"仁且智",那么,仁与智兼摄于一人之身如何可能?张载的哲学贡献,恰恰在于从自由意志高度进行论证。张载理论上的思考,首先从对佛教学说的批判切入:"释氏语实际,乃知道者所谓诚也,天德也。其语到实际,则以人生为幻妄,[以]有为疣赘,以世界为荫浊,遂厌而不有,遗而弗存。"[4]佛教大乘以空为宗,以天地万物为凭空起见,以生命为疣赘,如《楞严经》所言:"一切浮尘,诸幻化相。"天地人物,皆是梦幻泡影,如露如电。不仅如此,《法华经》认为人间

---

1 张载:《张载集·正蒙·诚明》,章锡琛点校,中华书局1978年版,第23页。
2 张载:《张载集·横渠易说》,章锡琛点校,中华书局1978年版,第76页。
3 张载:《张载集·横渠易说》,章锡琛点校,中华书局1978年版,第69页。
4 张载:《张载集·正蒙·乾称》,章锡琛点校,中华书局1978年版,第65页。

有"劫浊""见浊""烦恼浊""众生浊"和"命浊",因此世俗社会本质上是"五浊恶世"。生命的理想境界在人生的"彼岸",而不是在人生"此岸"。冀望在世俗社会实现内在超越,已被佛教完全从理论上"斩草除根",这恰恰是儒家与佛教水火不容之处。张载立足于《中庸》"诚明"理论,畅言"儒者则因明致诚,因诚致明,故天人合一,致学而可以成圣"[1]。"诚"是"天德",也即太虚本体之先验德性。"天德"不偏滞于人,一即是多,多即是一,一与多相摄,天地万物一体之诚;"明"是王夫之所说的"性之良能"。"性之良能"源出于理命、性命,人人皆先天具有这一"良能"。"自明诚",因而人人皆有可能实现。本质与属性之间融洽无间,诚与明可以上下贯通,"故交相致,而明诚合一"。一旦"明诚合一",生命便进入"以性成身"的圣人境界。人的世俗生命有待于超越,因为"性未成则善恶混";人的世俗生命完全有可能超越,因为在自由意志上,人人皆有"因明致诚"的良能、良知。"君子之道,成身成圣以为功者也;未至于圣,皆行而未成之地尔"。

其二,"虚则生仁":太虚作为"仁之原"何以可能?

对儒家仁学正当性的哲学论证,其实从孔子就已肇始。"仁者安仁",犹如空谷足音,意义深远。"安仁"就是以仁为安,以仁为乐。人何以能以仁为"安",而非"利仁"与"强仁"?"安仁"意味着仁与人性有涉,仁是内在人性的先验固有,而非外在强制性的行为规范和伦理教条。孟子以"恻隐之心"论仁,"乍见孺子将入于井",皆会"诱发""怵惕恻隐之心",证明"四端"如同人之"四体",皆是先验的存有,与后天人文教化无涉,甚至与知识论也无关,"盖自本原而已然,非旋安排教如此也"[2]。尽心才能知性,知性方能知天。从人性论和本体

---

[1] 张载:《张载集·正蒙·乾称》,章锡琛点校,中华书局1978年版,第65页。
[2] 黎靖德编:《朱子语类》卷十七《大学四》,王星贤点校,中华书局1986年版,第383页。

论高度证明仁存在正当性，儒家道德形上学基本建立。张载起而踵之，进一步从价值本体论高度论证仁存在正当性：

> 虚者，仁之原。[1]
> 虚则生仁，仁在理以成之。[2]
> 敦厚虚静，仁之本；敬和接物，仁之用。[3]

"敦厚虚静"，本来用于描述太虚本体遍在性、无形无象等特性，现在被"移植"用于界说仁的特点。仁甚至也像太虚一样，有"本"与"用"的区分。张载用"原""生"等概念界说太虚与仁之间关系，力图证明仁是太虚本体的属性与作用。从太虚本体属性视域而论，太虚是仁之本源；从太虚作用视域而言，仁是太虚所生化。这一结论是如何推导出来的？中间的论证过程是否缺乏？翻遍张载著述，不难发现对"虚者仁之原"的论证过程是张载思想反复关注的一大焦点，相关材料也比较多。从理论渊源、问题意识和叙事模式分析，张载对"虚者仁之原"的论证基本上绍续《易传》。《说卦》云："昔者圣人之作《易》也，将以顺性命之理。是以立天之道曰阴与阳，立地之道曰柔与刚，立人之道曰仁与义。"[4]天、地、人，是易的三才，易道涵括天道、地道与人道。圣人"立"天、地、人之道，终极目的其实不在于探索自然奥秘，而在于挺立"性命之理"。张载诠释说：

---

[1] 张载:《张载集·张子语录》，章锡琛点校，中华书局1978年版，第325页。
[2] 张载:《张载集·张子语录》，章锡琛点校，中华书局1978年版，第325页。
[3] 张载:《张载集·张子语录》，章锡琛点校，中华书局1978年版，第325页。
[4] 李鼎祚:《周易集解》卷十七，中华书局2016年版，第503页。

第八章　张载与古代气学

易一物而三才备：阴阳气也，而谓之天；刚柔质也，而谓之地；仁义德也，而谓之人。[1]

一物而两体，其太极之谓与！阴阳天道，象之成也；刚柔地道，法之效也；仁义人道，性之立也。[2]

"一物两体"是张载核心命题之一。《易传》作者立足于宇宙论视域讨论易有"三才"，张载思想与《易传》不同之处在于：从价值本体论角度论证"一物两体"。天道、地道与人道，贯通为一，张载称之为"神"，王夫之称之为"神理"。在德性形上学层面，张载将遍及天、地、人之间的太虚、太和与太极之德，统称为"诚"："乃知道者所谓诚也，天德也。"[3]诚分化在人，彰显为性，性的核心内涵就是仁义："仁义人道，性之立也。"从人之道层面而论，仁是太虚之德"诚"的具体落实，或者说是"仁者天之心"。"天体物不遗，犹仁体事无不在也。'昊天曰明，及尔出王；昊天曰旦，及尔游衍'，无一物之不体也。"[4]在宇宙论上，天（太和）是天地万物本根，换言之，天（太和）创造了物质世界；仁是事之本体，仁创造了价值世界、意义世界。在本体论上，太虚作为本体，涵摄天与仁，是天与仁背后隐藏的终极根据和第一原因。太虚既是存在论意义上的实然，又是道德论意义上的应然。因此，我们也可以说：阴阳二气创造了物质世界，太虚创造了价值世界与意义世界。"'礼仪三百，威仪三千'，无一物而非仁也。"[5]人世间的礼仪规范、伦理道德，

1　张载：《张载集·横渠易说》，章锡琛点校，中华书局1978年版，第235页。
2　张载：《张载集·正蒙·大易》，章锡琛点校，中华书局1978年版，第48页。
3　张载：《张载集·横渠易说》，章锡琛点校，中华书局1978年版，第65页。
4　张载：《张载集·正蒙·天道》，章锡琛点校，中华书局1978年版，第13页。
5　张载：《张载集·正蒙·天道》，章锡琛点校，中华书局1978年版，第13页。

乃至于政治制度、法律制度，必须以仁为体，以仁为本，才获得存在的正当性。朱熹评论说："'体事'，谓事事是仁做出来。如'礼仪三百，威仪三千'，须是仁做始得。凡言体，便是做他那骨子。"[1]行笔至此，忽然恍然大悟，原来张载气学落脚点在仁学，而仁学重心又指向一个非常具体而又明确的社会目标——为人间立法。人是自身立法者，具体在宋明理学家看来，儒家对人类社会应当有所担当与责任，所以儒家应当是人类社会立法者。程伊川尝言"为治之大原"源出于天理，是天理在人类社会的彰显与落实，"圣王之法"具有永恒性与普遍性，"若孔子所立之法，乃通万世不易之法"[2]。在政治哲学与社会理想目标上，张载与二程兄弟的相同性远远大于相异性。"道之外无物，物之外无道，是天地之间无适而非道也。"[3]以仁为核心的道德理性是人的本性，道德理性使人能制定社会制度与伦理规则，并使人人遵守这些社会法则与规范。"天理常在"，人类遵从基于自身道德理性制定的社会法则与伦理规范，就是自由。恰如康德所言："你意志的准则始终能够同时用作普遍立法的原则。"[4]

缘此，张载仁学的真面目已淋漓尽致袒露在我们面前。因循张载思想的内在逻辑继续向前探寻，我们才能真正理解，为何在社会政治哲学层面，张载多次论述"民心"。重视"民心"，是儒家一以贯之的道统。孟子尝言："得天下有道，得其民，斯得天下矣。得其民有道，得其心，斯得民矣。"[5]得民心者得天下，这一儒家道统在董仲舒思想中有新的表

---

[1] 黎靖德编：《朱子语类》卷九十八《张子之书一》，王星贤点校，中华书局1986年版，第2509页。
[2] 程颢、程颐：《二程集·遗书》卷十七《伊川先生语三》，王孝鱼点校，中华书局2004年版，第174页。
[3] 程颢、程颐：《二程集·遗书》卷四《二先生语四》，王孝鱼点校，中华书局2004年版，第73—74页。
[4] ［德］康德：《实践理性批判》，韩水法译，商务印书馆1999年版，第32页。
[5] 朱熹：《孟子集注·离娄章句上》，《四书章句集注》，中华书局1983年版，第280页。

第八章 张载与古代气学

述:"故屈民而伸君,屈君而伸天,《春秋》之大义也。"[1]此处之"天"不是人格神,而是民心,是"民惟邦本""天视自我民视,天听自我民听"思想的赓续。张载认为民心"至公","天无心,心都在人之心"[2]。天心实质上就是民心,"仁者天之心",民心的内核就是"仁心"意义上的人民普遍善良意志。方其如此,才可以说"至公"。顺应民心,在社会理想上有多重含义。细而论之,在经济思想方面,财产权是儒家自孔孟以来始终关注的话题,程伊川曾经提出"三本"主张:"以顺民心为本,以厚民生为本,以安而不扰为本。"[3]"顺民心"在经济上的体现是"厚民生","厚民生"的具体措施是"因民所利而利之"。何为儒家之"利"?张载有一颇具代表性界定:"利,利于民则可谓利,利于身利于国皆非利也。"[4]"利于民"与"利于国""利于身"相对,"利于民"才是真正的"利"。哈耶克认为财产权是衡量一种社会制度善恶与否的首要道德标准,也是自由得以存在与延续的两大社会条件之一。张载云:"家不富,志不宁。"[5]家富才是衡量国家是否富裕的唯一标准,而家富的前提就在于是否拥有土地等财产。"仁政必自经界始",基于"为万世开太平"的儒家王道理想,张载综合《周礼》与《孟子》记载,提出"井田"经济措施。他提出按照土地国有原则,先把土地收为国有,然后再分配给农民,让耕者有其田,"今以天下之土棋画分布,人受一方,养民之本也"[6]。姑且不论张载的"井田制"主张是否为一善而无果的"乌托邦"设想,或如朱熹所言,推行古已有之的"井田制"只有"讲学"层面的

---

[1] 曾振宇、傅永聚注:《春秋繁露新注·玉杯》,商务印书馆2010年版,第20页。
[2] 张载:《张载集·经学理窟》,章锡琛点校,中华书局1978年版,第256页。
[3] 程颢、程颐:《二程集·外书》卷五《二先生语五》,王孝鱼点校,中华书局2004年版,第531页。
[4] 张载:《拾遗》,章锡琛点校,中华书局1978年版,第375页。
[5] 张载:《张载集·横渠易说》,章锡琛点校,中华书局1978年版,第95页。
[6] 张载:《张载集·经学理窟》,章锡琛点校,中华书局1978年版,第249页。

学理意义。但是，在张载看来，推行"井田制"建基于深厚的历史传统和丰沛的理论资源之上。推行井田制，是"仁义人道"在社会经济制度上的实现。正因为如此，"悦之者众"。

论述至此，有两大观点似乎可以导出。

1.本体论在张载哲学思想中已经确立。太虚"无感无形""无方体""至静""至清"，太虚有别于太和与阴阳之气。太虚是"至虚之实"，太虚是实体，不是"不形以上"纯粹观念性存在。太虚之"实"，本质上是气，是"气之实然的质性"。牟宗三先生将气从太虚这一"独立意义的本体"中剔除，太虚成为一徒具形式的"光板"。"神"在张载思想体系中意义重大、地位"显赫"、作用非凡。神是太虚内在的条理、规律，也可以说是太虚固有之理，而非高悬于太虚之上的本体。神与化不同，"化"用于诠释阴阳二气运动变化规律与本质；"神"则说明阴阳二气运动变化何以可能。张载用阴阳二气论证天地万物"所从来"，进而又用太虚与神论证阴阳二气存在与作用何以可能。太虚本体是气与神的合一，换言之，太虚是气与理的统一。理气合一，是张载气学一大特点，并非迨至明代薛瑄、罗钦顺和明末黄宗羲等人，才萌发理气合一思想。太虚是本体论，太和与阴阳二气属于宇宙论。阴阳之气创造了物质世界，太虚则论证阴阳之气创造物质世界何以可能。因此，以太虚为核心的本体论，在张载哲学思想中已经建立。

2.太虚不仅是一形上本体，更重要的还在于，太虚是一德性本体、价值本体。张载思想体系中的本体论，可以高度抽绎为德性本体论。诚是太虚之德，太虚至善。广而论之，中国哲学本体论一个最显著特点，就是本体往往是德性本体、价值本体。太虚至善，是张载思想体系的逻辑起点。张载论证太虚至善，有着深切的现实人文关怀：

其一，由太虚至善这一逻辑出发，进而推导出"天地之性"存在正当性、普遍性和永恒性。"道德性命是长在不死之物","天地之性"与"气质之性"并存于个体生命之中,因为人性皆是"性未成"之性,都有待于后天内在超越。在人性论层面,自由意志的色彩非常浓郁。尤其值得一提的是,学界以往过多注意到张载人性论受到佛教影响,却忽略了孟子思想对张载人性论的浸润。张载"君子有弗性",源自孟子的"君子所性",无论在问题意识抑或思维路向与观点上,张载思想都是对孟子人性论的"接着讲"。

其二,从太虚至善出发,为儒家仁义学说寻找形而上学根据。"仁者天之心",仁是太虚诚德在人道的落实。仁是"事"之本体,人世间的制度与伦理,都必须以仁为体,才获得存在的正当性和合法性。仁实际上成为人类文化与制度文明背后隐伏的道德基础、价值依托和人文精神。仁义精神的张扬,实质上是人作为主体性存在的挺立。细而论之,本体主体化,儒家为天下立法,才是张载德性本体论的内在旨趣与"本来面目",儒家一以贯之的王道理想与批判性品格,在张载思想中又一次得到凸显。

三、响应西方:严复与中国古代气学的"西化"

"重估一切价值",是严复这一代学人普遍的精神追求。在他们看来,夷之"长技"不仅体现在兵器、工业、宗教与政治制度,更优长之处在于文明,"长技"就是文明,文明才是近代中国落后的深层次原因,文明才是"中西之分"的本质所在。缘此,立足于西方文化立场,对传统中国文化猛烈批评与否定,似乎已是"人同此心"的世界浩荡潮流。在批判与颠覆的同时,以西释中、反向格义,对中国哲学与文化进行恣意颠覆与重构,似乎已成为以严复为代表的这一代学人义不容辞的时代责任。

黑格尔曾经说:哲学与文化上的区别,在于"思想范畴的区别"[1]。一个国家的文化传统中如果存在"哲学",那么肯定存在着一套独创性的哲学概念与观念系统。"气"是中国哲学主干概念之一,并贯穿于中国思想史始终。严复"以西释中",运用反向格义的治学方法,对中国传统气学进行了颠覆性的诠释与重构。伽达默尔尝言:"谁想理解某个文本,谁总是在完成一种筹划。一当某个最初的意义在本文中出现了,那么解释者就为整个本文筹划了某种意义。"[2]经过严复精心"筹划"的"气",让国人既感到熟悉又陌生。这一"与我们一起发生"的"东西",究竟属于"不同理解"、过度诠释,抑或诠释暴力?掩卷而思,感慨良多!

(一)"所恨中国文字,经词章家遣用败坏,多含混闪烁之词"

中国近现代思想转型,就其本质而言是库恩所谓"范式"转型,严复恰恰是这一代知识分子中最具有范式寻求意义的代表性人物,是近代中国第一个真正了解西方文化的思想家。严复的问题意识以及他试图解决这些问题的方法,在很大程度上左右了近代中国思想发展轨迹。正因为如此,学术界不约而同地用"第一"来称赞严复。蔡元培说:"五十年来,介绍西洋哲学的,要推侯官严复为第一。"[3]梁启超说:"西洋留学生与本国思想界发生关系者,复其首也。"[4]近代以来,中国文化走向现

---

[1] [德]黑格尔:《哲学史讲演录》第一卷,贺麟、王太庆译,商务印书馆1995年版,第47页。
[2] [德]伽达默尔:《真理与方法》上卷,洪汉鼎译,上海译文出版社1999年版,第343页。
[3] 高平叔编:《五十年来中国之哲学》,《蔡元培哲学论著》,河北人民出版社1985年版,第274页。
[4] 梁启超:《清代学术概论》,上海古籍出版社2005年版,第82页。

第八章 张载与古代气学

代化的一大重要标志就是引进了西方逻辑。[1]在"响应西方"思想指导下，严复不仅向国人大量介绍了西方的哲学、政治学、经济学以及自然科学，而且十分重视对科学方法论——逻辑学的介绍。正是由于严复第一次全面系统地介绍西方逻辑学，他开辟了中国学术研究建立在科学方法论基础上的新天地。"自严先生译此二书，论理学始风行国内，一方学校设为课程，一方学者用为致学方法。"[2]譬如，章太炎在《无神论》一文中，用形式逻辑的论证方法批判基督教思想；梁启超在《中国历史研究法》一文中运用归纳法来研究西周时期的部落分布情况。严复大力宣扬西方逻辑科学，良有以焉。培根曾说逻辑学是"一切法之法，一切学之学"，严复认识到这是西方自然科学的基础与方法论，更是西学"命脉之所在"[3]，"而有用之效，征之富强；富强之基，本诸格致。不本格致，将无所往而不荒虚，所谓'蒸砂千载，成饭无期'者矣"[4]。经过严复这种开创性的工作，西方逻辑学知识受到中国知识界的热烈欢迎，"一时风靡，学者闻所未闻，吾国政论之根柢名学理论者，自此始也"[5]。逻辑定义、推理与证明的广泛运用，使现代学术著作卓然有别于古代学术著作，中国学术呈现出焕然一新的面貌，近现代中国文化由于西方逻辑学的传入与运用而风气大变。

中青年时期的严复，是一位典型的"西化"论者。他认为中国之所以一直没产生"精深严确之科学哲学"，其奥秘就在于本土哲学与文化

---

[1] 早在明代末年，著名学者李之藻就翻译过西方逻辑学著作《名理探》，但此书并未在学术界产生重大影响，西方逻辑学没有在中国真正扎根。直到清末严复发现了西方逻辑学的奥秘，并不遗余力在全社会倡导与宣传，近代中国从而掀起一股提倡逻辑学科学方法之社会热潮。
[2] 郭湛波：《近五十年中国思想史》，山东人民出版社1997年版，第183页。
[3] 严复：《论世变之亟》，《严复集》，中华书局1986年版，第2页。
[4] 严复：《救亡决论》，《严复集》，中华书局1986年版，第43页。
[5] 王蘧常：《严几道年谱》，商务印书馆1936年版，第55页。

的"细胞"——概念本身存在着"含混闪烁"之逻辑缺陷。在中西文化的比较研究中,通过对中国传统学术深层次的探寻,严复认为中国传统学术作为一个整体的、系统的"学",存在着一个内在根本性的缺陷:叙事模式与思想结构上缺乏严谨周密的证明;在形式逻辑方面,概念语义含混,外延边界模糊。如果说王夫之当年对中国文化的这一内在缺失已有了一些模糊觉察,如今严复通过对西方哲学与逻辑学的研究,对中国传统学术"语义含混"逻辑缺陷的认识,可以说是"别有洞天":

> 人类能力,莫重于思辨。而语言文字者,思辨之器也。求思审而辨明,则必自无所苟于其言始。言无所苟者,谨于用字已耳。[1]
>
> 汝等试翻何等字书,上自五雅三仓、《说文》《方言》,直至今之《经籍纂诂》,便知中国文字,中有歧义者十居七八,特相去远近异耳。[2]

在严复看来,所谓"学"必须符合两大条件:一是逻辑性,二是实证性。援引这一标准来衡量中国传统学术思想,无论是伦理学还是哲学,在理论上都只是一些思想火花的"拼盘",外表光鲜艳丽,内在杂乱无章,如同一堆散钱,缺乏内在的逻辑联系。"凡学必有其因果公例,可以数往知来者,乃称科学。"[3]符合形式逻辑基本规律,结论经过证明并且可以据已知以推论未知,方能称之为科学。严复认为,中国传统学术思想,从来只是重视结论而忽略产生这些结论的逻辑证明过程:"所恨中国文字,经词章家遭用败坏,多含混闪烁之词,此乃学问发达之大

---

[1] [英]耶方斯:《名学浅说》,严复译,商务印书馆1981年版,第15页。
[2] [英]耶方斯:《名学浅说》,严复译,商务印书馆1981年版,第17页。
[3] 严复:《〈群学肄言〉译余赘语》,《严复集》,中华书局1986年版,第125页。

第八章　张载与古代气学

阻力。"[1] "然而人类言语,其最易失误而事理因以不明者,莫若用字而不知其有多歧之义。此杨朱所以有亡羊之泣也。"[2] 大到整个中国传统哲学形态,小到传统哲学与文化的"细胞"——概念,都存在着这种"含混闪烁"的逻辑缺陷。

具体就"气"概念而言,严复说:"有时所用之名之字,有虽欲求其定义,万万无从者。"他曾经与一位饱读经书的"中国老儒先生"坐而论道,严复问:"人何以病?""中国老儒先生"答:"邪气内侵。"严复问:"国家何以衰?"答:"元气不复。"严复问:"'贤人之生'何以可能?"答:"间气。"严复问:"吾足忽肿。"答:"湿气。"严复又问了其他一些问题,"中国老儒先生"皆以"厉气、淫气、正气、余气、鬼神者二气"作答。严复无论问什么问题,上自宇宙论、生命起源,下至医学病理、风湿脚肿,"中国老儒先生"无一例外皆以"气"解释。"气"涵摄一切,没有边界,真是一神奇无比、无所不包的文字。严复因此感叹:"今试问先生所云气者,究竟是何名物,可举似乎?吾知彼必茫然不知所对也。然则凡先生所一无所知者,皆谓之气而已。指物说理如是,与梦呓又何以异乎!"[3] "今试问先生所云气者,究竟是何名物"这段话,实际上是要求对方从西方形式逻辑的角度对"气"概念下一定义——"气是什么?"因为苏格拉底说过"应该抛弃任何一个用未经解释或未经承认的名辞来说明的答案"[4],任何一个概念如果未经逻辑界定,就缺乏存在的正当性。当我对任何东西不知道它是"什么",也就不知道它"如何"。如果一个概念可以用来诠释人类认识所有对象,那么这

1　严复:《政治讲义》,《严复集》,中华书局1986年版,第1247页。
2　[英]耶方斯:《名学浅说》,严复译,商务印书馆1981年版,第15页。
3　以上参见[英]耶方斯:《名学浅说》,严复译,商务印书馆1981年版,第18—19页。
4　北京大学哲学系编:《古希腊罗马哲学》,商务印书馆1982年版,第167页。

一概念是否具有逻辑正当性就值得怀疑。既然逻辑正当性可疑，这一概念所表述的内容就等同于"梦呓"。"中国老儒先生"之所以陷入"茫然不知所对"之窘境，或许今天可以做两种维度的解读。

其一，这是东西方学术在知识背景、问题意识与思维方式上的碰撞。严复希望对方能用苏格拉底、亚里士多德以来的西方逻辑学理论，来规范中国本土哲学中的"气"。在严复看来，"气"概念的内涵"含混闪烁"；逻辑外延模糊游移，"意义歧混百出"，但是，固守于一曲之偏的"中国老儒先生"，显然在知识结构上，缺乏"语言说人"的西方形式逻辑学训练。两人的辩论，基本上属于鸡同鸭讲、对牛弹琴。

其二，严复所列举的这位"中国老儒先生"，仅仅是一个案。力图从这一个案证明中国本土哲学概念"意义歧混百出"，其实在逻辑上缺乏充足理由，在学理上缺乏充分论证。这位"中国老儒先生""茫然不知所对"，只反映了他本人对中国哲学文化特点的认识比较浅薄，但同时，也凸显了严复本人对中国本土学术思想缺乏深入的哲学认识与体悟。冯友兰先生曾经评论说，中国哲学史上的"气"概念既有"相对的意义"，也有"绝对的意义"："我们不能说气是什么。其所以如此，有两点可说。就第一点说，说气是什么，即须说：存在底事物是此种什么所构成者。如此说，即是对于实际，有所肯定。此种什么，即在形象之内底。就第二点说，我们若说气是什么，则所谓气，亦即是一能存在底事物，不是一切事物所有以能存在者。气并不是什么。所以气是无名，亦称为无极。"[1]"形象之内"的气，有方所、有时间，可以用形式逻辑界说，有比较确定的边界；但是，作为"一切事物所有以能存在者"层面的气，已经是本体论层面的最高概念，气是存在，而不是存在者。气是

---

[1] 冯友兰：《新原道》，《中国现代学术经典·冯友兰卷》，河北教育出版社1996年版，第811页。

第八章　张载与古代气学

哲学第一概念,具有"不可定义"特性。气不是一具体"存在底事物",气本身已经不能用空间与时间来规范,气无时间性,气通过宇宙论层面的阴阳二气才得以进入时间。气之"相对的意义"与"绝对的意义"的区别,正在于此。因此,无论"相对的意义"的气,抑或"绝对的意义"的气,在中国哲学史上都客观存在。换言之,在每一位思想家思想体系中,"气"概念的内涵相对确定,外延相对周延。譬如,在张载思想体系中,太虚本体之气显然有别于阴阳二气,前者是本体论层面上的概念,后者是宇宙生成论层面的概念。两者位阶不同,迥然有别,不可混淆。在朱熹思想结构中,陈来教授总结朱熹理气论有三变:早年主张"理气无先后",鹅湖之会后转为"理在气先",晚年定论为理"逻辑在先"。[1]无论朱熹早年还是晚年,理与气概念的逻辑界定是比较明确的,并不存在"意义歧混百出"的逻辑缺陷。令人遗憾的是,严复没有严格区分本体论层面的气和宇宙生成论层面的气。"绝对的意义"层面的气,始终没有进入严复知识结构之中。

(二)反向格义:严复对"气"概念的颠覆与重构

在中国学术思想史上,既发生过"格义",也出现过"反向格义"。六朝时期的鸠摩罗什曾经感叹:"但改梵为秦,失其藻蔚,虽得大意,殊隔文体。有似嚼饭与人,非徒失味,乃令呕哕也。"[2]鸠摩罗什的感叹中蕴含着诸多的困惑与无奈,"依实出华"多半只是一梦想。近代以降,在"以西释中"治学方法风靡中国之时,也有些学者在思考一个问题:

---

[1] 陈来:《朱子哲学研究》,华东师范大学出版社2000年版,第10—11页。
[2] 释僧祐:《出三藏记集》卷十四,中华书局1995年版,第534页。

"以中释西"是否可能?譬如以中国义理学为标尺,建构一部"西洋义理学史"?冯友兰认为这种平等的反向设问无法成立,因为"在中国近代史中,所谓中西之分,实际上是古今之异"[1]。冯友兰认为,"以西释中""汉话胡说"在一定意义上是以现代阐释古代传统。依循这一思路与评判标准,中国本土哲学与文化要真正实现向近现代化形态的转换,首先必须进行像李泽厚所说的"澄清含混的语义批判"[2]!在学术史上,一个典型的案例就是严复立足于西方近代自然科学成就,以西方哲学与逻辑学为"尺子",既"格义"又"会通",对中国传统哲学中的"气"概念做全新的哲学界定。

其一,"始于一气,演成万物"[3]。"一气之转,物自为变。此近世学者所谓天演也。"[4]天地万物种类繁殊,在"多"之背后隐伏着一个共同之"一",即"物类繁殊,始惟一本"。严复略谙西方近代自然科学知识,认为一切物质都是由64种化学元素构成,在一定条件下,元素间不同的分化组合构成不同的具体物象:"虽化学所列六十余品,至热度高时,皆可以化气。而今地球所常见者,不外淡、轻、养三物而已。"[5]由此出发,严复进而对气的哲学性质做出了进一步的规定:气是"力"。严复在对《庄子·知北游》"通天下一气"的评语中说:"今世科学家所谓一气常住,古所谓气,今所谓力也。"[6]严复将气诠释为力,极有可能是受到了斯宾塞哲学的影响。斯宾塞在康德不可知论影响下,认为对一切可理解的东西的解释只说明后面还有不可理解的东西存在,现象背后

---

[1] 冯友兰:《中国哲学史新编》第六册,人民出版社1989年版,第155页。
[2] 李泽厚:《中国近代史学史论》,人民出版社1979年版,第273页。
[3] 严复:《原强修订稿》,《严复集》,中华书局1986年版,第17页。
[4] 严复:《〈庄子〉评语》,《严复集》,中华书局1986年版,第1106页。
[5] [英]耶方斯:《名学浅说》,严复译,商务印书馆1981年版,第18页。
[6] 严复:《〈庄子〉评语》,《严复集》,中华书局1986年版,第1136页。

第八章 张载与古代气学

存在着绝对实体,绝对实体是不可知的,可知的只是经验现象,不可知的则是绝对实体,即他所称的"力"。而力之所以不可知,是因为证明这种力的试验都要预先假定这种力存在,经验方法却不能用来证明力的恒久性。"力"是恒久存在的,是既无开端又无终结的无条件的实在,是一切现象的终极原因,是对经验进行科学组织的基础,因而也必然是一切知识的来源。需要点明的是,严复此处所讲的力虽然也许来源于斯宾塞哲学,但是,严复只领悟了斯宾塞哲学的皮毛,并未把握其内在精髓,因为斯宾塞所说的"力",不是知识的对象,它是绝对不可知的,只能通过宗教信仰接近。因此严复以力训气,是力图把气界定为一种具体物质性存在:"今夫气者,有质点、有爱拒力之物也,其重可以称,其动可以觉。"[1]章太炎1899年著《菌说》,也将气界定为天地万物生成之始基,他认为气即"以太",而其实质则为"阿屯"。近代物理科学曾经把"以太"假设为传播光的媒介,章太炎称之为"传光气",表明他把"以太"定义为气,而其实质则是"阿屯"(atom),阿屯即原子。近代物理学借用古希腊哲学中的原子范畴来表示构成物质的最基本的粒子。章太炎以它确定气——以太的实质,在当时是以科学概念取代经验直观的概念。客观存在是实在的,它们的始基也不能是虚无的存在或纯粹的抽象。近代实证科学认为,阿屯尽管极其微小,但仍有其实在的形体,可以用实验的手段确定其大小,并且以一定的速度进行着或快或慢的运动。

其二,气有吸引力和排斥力。吸引和排斥本是西方文化中固有的概念,严复译为"爱力"与"拒力",中国传统学术思想中与此相对应的概念是"阴阳"。中国古典气学一直将阴阳看作宇宙本原在内在结构上

---

[1] [英]耶方斯:《名学浅说》,严复译,商务印书馆1981年版,第18页。

所具有的基本属性,是宇宙万物产生与运动的动力因。阴阳二气循环推移,化生出天地万物。在中国古代气学史上,将气与阴阳理论论证到最高水平的人物是张载。在宇宙生成论上,张载认为宇宙万物都是由阴阳二气聚合而成,因此每一具体实存内部都存在着阴阳"二端"。阴阳"二端"的对立与统一,促使宇宙万物运动变化不已。张载进而又提出,这种运动变化是神秘莫测的:"一物两体,气也;一故神,(两在故不测)。两故化,(推行于一)。此天之所以参也。"[1] "一"是天地万物背后"所以然"——气,"两"指阴阳。张载"一"与"两"、"分"与"合"的哲学表述,是对中国古代气学一大贡献,即使对张载思想多有批评的朱熹,对张载这一观点也极为赞许:"横渠说得极好,须当子细看。"[2]

与此恰巧形成一种有趣对应的是,古希腊的阿那克西美尼和第欧根尼,也在哲学上以"气"作为宇宙存在的终极根据。气既然是宇宙本原,那么气化生宇宙万物的动力是什么?泰利士和阿那克西曼德对此均没有明确说明。在西方哲学史上,第一个明确阐述这一关键性问题的人是阿那克西美尼,他认为气本原存在着热与冷这一对永恒的内在矛盾,正是由于热与冷的矛盾对立作用,宇宙万物得以化生。热的具体表现形式是稀散,冷的具体表现形式为凝聚,气通过稀散和凝聚形成不同的存在。公元前5世纪的恩培多克勒提出宇宙间存在着两种原始的力量:一是联合,二是分离。亚里士多德曾批评恩培多克勒没有彻底地使用这些原理,但是也客观承认恩培多克勒是历史上第一位把运动的原理论证为"殊异的相互对立"的哲学家。牛顿万有引力的发现,加深了人们对

---

1 张载:《张载集·横渠易说》,章锡琛点校,中华书局1978年版,第233页。
2 黎靖德编:《朱子语类》卷九十八《张子之书一》,王星贤点校,中华书局1986年版,第2511页。

第八章 张载与古代气学

吸引理论的认识。当西方哲学将排斥力与吸引力带进本体论殿堂,将宇宙万物存在与变化的根源归结为排斥与吸引的对立统一规律时,西方哲学宇宙论开始告别它的古典形态,因为真正的物质理论必须给予排斥和吸引同样重要的地位,只以吸引为基础的物质理论是不充分的、片面的。在西方哲学史上,"真正的物质理论"是由康德建构的,因为康德克服了牛顿片面强调吸引力的缺陷,认为物质就是排斥与吸引的统一。黑格尔评价说:"这不能不归功于康德,康德完成了物质的理论,因为他认为物质是斥力和引力的统一。"[1] 严复站在西学立场上,援西学入气本论,对"中学"做反向格义,将排斥力译为"拒力",将吸引力译为"爱力",从"爱力"与"拒力"矛盾对立统一运动的角度来对古典气论中有关运动变化终极动力因问题进行重构:"故物之少也,多质点之力。何谓质点之力?如化学所谓爱力是已。及其壮也,则多物体之力。凡可见之动,皆此力为之也。"[2] "大宇之内,质力相推,非质无以见力,非力无以呈质。"[3] 源远流长的阴阳理论从此被废弃,"爱力"与"拒力"理论被用来诠释中国思想史上"气"本原的内在结构。值得注意的是,"爱力""拒力"概念从此在中国学术界迅速地流行起来,譬如,谭嗣同在西方近代自然科学知识影响下,用"以太"概念来表述宇宙本原,代替了以前使用的气观念。谭嗣同对"以太"做了一些崭新的哲学规定:其一,以太是万物构成之最基本的原质;其二,以太是万物之所以然;其三,以太是事物相互作用的媒介;其四,以太是天地万物之间的"爱力""吸力",日月星辰乃至天河之星团,"皆互相吸引不散去,曰惟

---

[1] [德]黑格尔:《小逻辑》,贺麟译,商务印书馆1986年版,第216页。
[2] 严复:《天演论》,《严复集》,中华书局1986年版,第1328页。
[3] 严复:《天演论》,《严复集》,中华书局1986年版,第1320页。

以太"[1]。在谭嗣同哲学思想中，气是构成万物的原质，而以太是原质之原；日月星辰相吸相摄，气使之运而不坠，而以太便是物体间相互吸摄的"爱力"与"吸力"。实际上，以太是对气概念所做的进一步哲学提炼，是对气本质哲学意义的规定，是气的转化。由此我们也可发现，传统的阴阳理论已被学术界逐渐舍弃，代之而起的，是西方的吸引与排斥理论。

其三，气有广延性、有重量。"道"是中国哲学史上另一个非常有代表性的概念，"道可道，非常道；名可名，非常名"。道贯穿形上和形下世界，道不可言说，不可用概念界定，不可用西方分析哲学对其做逻辑规定，只能对其功能做粗略的描述。《老子》文本一方面大量用"似""或""象""不知"等犹疑之词来表明道是超越人类认知能力的存在；另一方面又常用"一"和"无"来描述道作为宇宙起始意义上的"至小无内"特性。为何道存在着"一""无""大"等诸多别名？因为"道"这一概念本身也是"强为之名"。正因为道不是经验认识的对象，才能彰显道作为世界万物总根源和总依据的无限性和绝对性。与此相对应，对"气"做何种哲学与逻辑规定，直接反映出中国古代气学的哲学水平。譬如，王充哲学中的气概念有厚薄之分、粗精之别："万物之生，俱得一气。气之薄渥，万世若一。"[2]从哲学史进程分析，将气之无形无象特性论证到哲学最高境界的人物是张载。在张载"太虚即气"的命题中，太虚之气与阴阳二气不是逻辑上的同一概念。两者位阶不同，太虚之气是本体论意义上的概念，其特点是"静""清""神"。太虚之气无形无相，没有空间特性，也没有时间特性，自然也不存在重

---

[1] 谭嗣同：《仁学》，《谭嗣同全集》，中华书局1998年版，第294页。
[2] 王充：《论衡校释》卷十八，黄晖撰，中华书局1990年版，第803页。

量特性。换言之,太虚之气不可用时间与空间界说:"太虚无形,气之本体,其聚其散,变化之客形尔。"[1]种类繁殊的天地万物是阴阳之气的"客形",无形无象的太虚则是气之本体。聚散变化的"客形"由阴阳二气化生,但太虚本体之气自本自根,没有具体的规定性,不是经验认识的对象。海德格尔说:存在这一概念是"不可定义的","虽然传统逻辑的'定义方法'可以在一定程度内规定存在者,但这种方法不适用于存在"[2]。气是存在,而不是存在者。气本身没有时间性,气通过阴阳二气进入时间。因为气是天地万物存在所以可能的普遍根据,气决定了某物之所以为某物的本质。气是存在的第一原理,气是存在的"所以然"。程伊川哲学中的理,也具有类似的哲学特点,理"寂然不动",天理是"静"。人心"感"天理,通达天地万物之理;但是,在宇宙论上,"动静无端,阴阳无始"层面的本原之气与理相"感",成为天地万物存在之"所以然"。在《程氏易传》等著述中,宇宙生成论层面的理属于理气合一意义上的理。理不离气,气不离理,理气相融,合一不分。

在西方哲学史上,德谟克利特将原子的属性规定为两种:体积和形状。后来伊壁鸠鲁又加上了第三重属性——重量。德谟克利特等人建构的原子论是对早期希腊各派哲学家的综合与发展,标志着古希腊哲学开始进入体系化阶段。罗素曾经总结出原子的五大特点,指出原子在宇宙论上是一种微小的、其细无内的、不可再入的物质基本粒子。[3]在认识论上,"原子不可入"的观点是为了避免阿那克萨哥拉的"种子"可以

---

1 张载:《张载集·正蒙·太和》,章锡琛点校,中华书局1978年版,第7页。
2 [德]海德格尔:《存在与时间》,陈嘉映、王庆节译,商务印书馆2020年版,第6页。
3 [英]罗素:《西方哲学史》,马元德译,商务印书馆1991年版,第97页。

无限分割所造成的逻辑矛盾而提出。芝诺曾从逻辑上剖析了无限分割与不可分割之间的矛盾：无限分割的结果等于点，等于零；而零的总和还是零，于是万物等于零。原子论者正视了这一问题，于是提出了原子具有不可入的内在规定性。但是，现代自然科学的发展，使原子"不可分"的传统观点受到了严峻的挑战。其实早在黑格尔，就对原子论者将世界看成是由一块块完全封闭的、独立自存的"宇宙之砖"堆积而成的宇宙图式进行了批判："这里立刻就表明了整个学说的空疏性。又在近代，特别是通过伽桑第，这种原子论的观念又得到复兴。但主要的问题是，只要人们把原子、分子、细小部分等等认作是独立自存的东西，则它们的联合就只是机械的；被联合者总是彼此外在，它们的结合只是外在的，——一种凑合。"[1]严复显然没有看到黑格尔等人对原子论者的批判，没有认识到原子论"学说空疏性"，更没有对张载等思想家的气论进行分析研究，而是"截断众流"，在《名学浅说》中以西方古代原子论来改造中国古代的气论，"今夫气者，有质点、有爱拒力之物也，其重可以称，其动可以觉"[2]。气嬗变而为一有重量的、无处不在的、细微的物质基本粒子。

每一种哲学与文化形态都具有自身的独创性。由此而来，每一种哲学与文化形态中的概念，因为自身赋有的独创性而呈现出"不可译性"。中国哲学中的"气"就具有这一特点。在西方学术界，自16世纪以来，"气"一词究竟应该做何种定义与界说，至今未达成一个统一的观点。日本学者福井文雅曾经做过梳理。在德国学术界，"气"概念的译名有三种：①Wirkungskraft（活动力、影响力）；②Lebenskraft（生

---

[1] [德]黑格尔:《哲学史讲演录》第一卷，贺麟、王太庆译，商务印书馆1995年版，334页。
[2] [英]耶方斯:《名学浅说》，严复译，商务印书馆1981年版，第18页。

第八章　张载与古代气学

命力）；③Odem（气息、呼吸）。在法国学术界，"气"一词则被译成：①air atmosphérique（地球上的大气）；②souffle du vent（风吹出之息）；③haleine（出气、断气）；④vapeur（蒸汽），émanation（发散）；⑤gaz（气体），fluide（流体）；⑥esprits vitaux（精气），vigueur（力量的强度、效力），energie（精力、气力）；⑦impatience（缺欠忍耐心），colère（发怒）；⑧disposition ou sentiment de l'âme（精神的某种倾向，或者精神上的某种意识）；⑨manière d'être（存在状况），apparence（外观）；⑩intelligence（分析理解能力），vaison（理性），principe intellectuel（知的原动力）。在英国学术界，"气"的英译语有以下几例：①breath, air, vapour, stream; vital fluid, temperature, energv; anger; ②ether（大气以外的媒介物）；③material force；④陈荣捷教授把"元气"译成the prime forcé，把"气"译成force；⑤李约瑟教授把气译成subtle spirits。[1]中国哲学"气"概念在西方学术界译名的歧异性，恰恰证明了一种文化现象：如果能在西方文化概念库中寻找到一个在内涵与外延上都和中国哲学"气"概念十分吻合的对应词，那是一种不正常的文化现象；反之，如果在西方文化概念库中无法找到一个在内涵与外延上都和中国哲学"气"概念完全吻合的对应词，那恰恰是一种正常的文化现象。

本杰明·史华兹尝言：19世纪最后十年与20世纪最初十年中的一代知识分子代表了"价值观念的真正变革者、西方新观念的载体"[2]。严复气论是"以西释中""汉话胡说"的典型事例。他运用西方哲学与逻辑

---

[1] 参见［日］小野泽精一等编：《气的思想》，李庆译，上海人民出版社1990年版，第528—537页。

[2] Benjamin Schwartz, *Reflections on the May Fourth Movement: A Symposium*, Cambridge, Mass: East Asian Research Center, Harvard University, 1972, pp. 2–4.

学原理以及自然科学成就，对中国古典气学所进行的反向格义努力，是对中国古典气学一次具有哲学"革命"意义的"筹划"。经过"西学"铸范重新"锻打"的"气"，已经"蜕变"为一有重量的、有广延性的、细微的物质基本粒子。严复的这一哲学解构与重构工作，其哲学意义何在？或者说有哲学意义吗？至少在严复本人看来，中国古典气学中一直存在的"含混闪烁""意义歧混百出"的逻辑缺陷，终于得到了具有里程碑意义的超越。气作为一个哲学概念，其外延边界相对清晰，内涵规定相对稳定。中国古典气学以严复为界石，似乎可以说进入了一个崭新时代。但是，我们也应清醒地认识到，严复以西释中，援"西学"入中国古典气论，赋予气一些可用科学实验手段获得的物质性质，其逻辑内涵越来越确定、逻辑外延越来越清晰，气也因此逐渐蜕变为某种特殊的、具体的存在。其原有的哲学抽象性、普遍性的程度大大降低，原有的哲学"本体论"意义大大弱化，中国本土哲学概念的内在"韵味"大大丧失。气，经过严复的不懈努力，已经彻底西方化。犹如旧瓶装新酒，二锅头的酒瓶装上了威士忌酒，"梦里不知身是客"。在"重估一切价值"思想引导下，高喊冲决思想网罗、清算旧有价值观念、全方位响应西方，是严复这一代"先进中国人"焦躁心理的普遍反映，因此，中国古典气学嬗变到近代严复，是一个牺牲本土哲学的独创性以换取所谓现代性与科学性的过程。换言之，严复思想中的"气"不再是中国哲学本土的概念与观念，与中国本土哲学实际上已绝缘，因为中国哲学中的气虽然无形无相，但气是实。本体论层面的气（以张载为例）不是逻辑上的悬设，也不是为了逻辑与思维上的自洽而存在的。气是实，生命的意义因气得以奠定，伦理道德体系的正当性因气得以树立。形上之气在具体的经验世界中得以朗现与实现。另一方面，"汉化胡说"，严复矻矻以求的世界化、现代化，最后也并没有将"气""西化"为黑格尔哲学意义上获得"绝对形式"的"纯粹概念"。气已经逐渐从哲学形而上学殿堂中被抛弃，蜕变为一具体的、特殊的物质存在，完成了其作为天地万物存在的"所以然"被用于从哲学高度对世界本质进行探索的历史使命。综上所论，严复通过反向格义对中国本土哲学概念的重构存在着过度诠释的倾向，以西释中是一次失败的尝试，严复是中国古典气学终结者。

图书在版编目（CIP）数据

思想的历史 / 曾振宇著. — 北京：商务印书馆，
2025. — ISBN 978 – 7 – 100 – 24927 – 0

Ⅰ.B2

中国国家版本馆 CIP 数据核字第 202558PG13 号

权利保留，侵权必究。

思想的历史

曾振宇　著

商 务 印 书 馆 出 版
（北京王府井大街36号　邮政编码 100710）
商 务 印 书 馆 发 行
山 东 临 沂 新 华 印 刷 物 流
集 团 有 限 责 任 公 司 印 刷
ISBN 978 – 7 – 100 – 24927 – 0

2025年5月第1版　　　开本 720×1000　1/16
2025年5月第1次印刷　印张 34¼

定价：156.00元